D1719205

Kohlhammer

Religionspädagogik innovativ

Herausgegeben von

Rita Burrichter
Bernhard Grümme
Hans Mendl
Manfred L. Pirner
Martin Rothgangel
Thomas Schlag

Band 19

Die Reihe „Religionspädagogik innovativ" umfasst sowohl Lehr-,
Studien- und Arbeitsbücher als auch besonders qualifizierte Forschungsarbeiten. Sie versteht sich als Forum für die Vernetzung von
religionspädagogischer Theorie und religionsunterrichtlicher Praxis,
bezieht konfessions- und religionsübergreifende sowie internationale Perspektiven ein und berücksichtigt die unterschiedlichen Phasen
der Lehrerbildung. „Religionspädagogik innovativ" greift zentrale
Entwicklungen im gesellschaftlichen und bildungspolitischen
Bereich sowie im wissenschaftstheoretischen Selbstverständnis der
Religionspädagogik der jüngsten Zeit auf und setzt Akzente für eine
zukunftsfähige religionspädagogische Forschung und Lehre.

Nele Spiering-Schomborg

„Man kann sich nicht entscheiden, als was man geboren wird"

Exodus 1 im Horizont von Intersektionalität und empirischer Bibeldidaktik

Verlag W. Kohlhammer

Diese Arbeit wurde unter dem Titel „*Man kann sich nicht entscheiden, als was man geboren wird.“ Die Exodusexposition im Horizont von Narratologie, empirischer Bibeldidaktik und Intersektionalität. Impulse für die Bibelauslegung und -didaktik* als Dissertation am Fachbereich 02 der Universität Kassel eingereicht und am 14.03.2016 erfolgreich verteidigt.

1. Auflage 2017

Print:
ISBN 978-3-17- 978-3-17-032525-8

E-Book-Format:
pdf: ISBN 978-3-17- 978-3-17-032526-5

Dank

Es gibt Zeit, Worte zu machen, Zeit zu umarmen, sagt Kohelet. Ich möchte beides gleichzeitig tun und nehme mir deshalb Zeit für *umarmende Worte*.

Viele Menschen haben mir in den ganz unterschiedlichen Phasen des Forschungsprozesses, zuvor und auch danach, ihre Zeit und weit mehr als das geschenkt.

Seit nunmehr 10 Jahren bin ich zunächst als Lehramtsstudentin und studentische Hilfskraft, dann als Doktorandin, schließlich als wissenschaftliche Mitarbeiterin an der Universität Kassel im Institut für katholische Theologie tätig. Das Umfeld, in dem ich mich hier bewege, ist geprägt durch tragfähige, vertrauensvolle und – was in Institutionen oft vermisst wird – egalitäre Beziehungen. Wissenschaft hat einen besonderen Platz im Dialog, der Raum gibt für Persönliches, ohne danach zu drängen. Diese Bedingungen waren und sind eine maßgebliche Motivation für mich. Sie haben meinem Mut und Wunsch zum Forschen beflügelt. Allen voran möchte ich mich dafür bei *Prof. Dr. Ilse Müllner* bedanken. Auch weil sie mir einen Weg zu biblischen Texten eröffnet hat, der meiner inneren Landkarte durch das Alte Testament grundlegende Orientierung gibt – mit so vielen wertvollen Reisetipps im Gepäck. Bei der Entstehung dieser Arbeit war sie stets an meiner Seite

Prof. Dr. Petra Freudenberger-Lötz, die dieses Projekt ebenfalls betreut hat und mir gerade in Bezug auf empirische Fragestellungen eine große Hilfe war, möchte ich ebenfalls herzlich danken, außerdem *Dr. Andrea Fischer* und *Dr. Yvonne Sophie Thöne* sowie den *Teilnehmer_innen des Kassler Oberseminars* im Fachgebiet Altes Testament.

Mit Exodus 1 im Zentrum lege ich eine Arbeit vor, die vieles repräsentiert, was mich zuvorderst wissenschaftlich, aber auch politisch und persönlich umtreibt. Im DFG-Graduiertenkolleg ›Dynamiken von Raum und Geschlecht‹ konnte ich diese Forschungsinteressen unter idealen Rahmenbedingungen verfolgen. Mein besonderer Dank gilt dabei *Dr. Urania Milevski* und *Dr. Anne Mariss*, die mir über Ihre fachliche Expertise hinaus ein zu Hause in Kassel gegeben haben. Bedanken möchte ich mich weiterhin bei *Dr. Silke Förschler* und *Dr. Johanna Neuhauser*. Für die Inspiration, Ermutigung und gemeinsame Zeit, zuweilen ganz abseits von Wissenschaft.

Ein großes Dankeschön geht an jene, die mich durch ihre inhaltlichen und formalen Korrekturvorschläge unterstützt haben: *Anja Christine Bartels, Susanne Kersten* und speziell *Viktor Rinke* sowie *Timothea Imionidou* für die kompetente Hilfe bei der Erstellung des Manuskripts. Auch *Prof. Dr. Annegret Reese-Schnitker* gebührt hier mein Dank und sodann den Herausgeber_innen der Reihe ›Religionspädagogik innovativ‹ für die Aufnahme der Studie.

Die Auszeichnung mit dem ›Barbara- und Alfred-Röver-Stiftungspreis‹ ist mir eine besondere Freude. Für die Förderung bedanke ich mich beim Stiftungsbeirat.

»Oft bekommen Wörter Flügel und fliegen weiter« – spricht Kohelet. Dass die *Schüler_innen der Offenen Schule Waldau* dazu bereit waren, ihre Gedanken, Erfahrungen und Perspektiven in Worten verpackt mit mir auf Forschungsreise zu schicken, dafür bin ihnen und den verantwortlichen *Lehrkräften* überaus dankbar.

Katharine Bergfeld, Inga Kahofer, Miriam Mausberg, Janne Niemann und *Henrike Tarner.* Ihre Freundschaft hat diese Arbeit an so vielen Stellen bereichert – Danke!

Wer nunmehr alles zusammenhält, mich stets mit vollster Zuversicht, Wärme und der nötigen Gelassenheit begleitet, ist meine Familie: *Arne Spiering* und *Leon Spiering; Jutta Spiering* und *Rainer Spiering* und besonders *Kai Schomborg.* Ihnen gilt mein größter Dank.

Inhaltsverzeichnis

Die empirischen Daten und weitere Materialien sind als elektronische Zusatzmaterialien unter folgendem Link verfügbar:
http://blog.kohlhammer.de/theologie/Exodus-1/

I Hinführung

1 Einleitung

In seinem Buch ›Deutschland schafft sich ab‹ (2010) kündigt Thilo Sarrazin den Verfall der Bundesrepublik an. Im Verlauf von neun Kapiteln, die entlang von Themen wie Armut, Arbeit, Bildung, Zuwanderung und Demografie strukturiert sind, konkretisiert der Autor seine Hypothese. Dabei schlägt sich der undifferenzierte Modus, der auch die weiteren Ausführungen des Politikers prägt, bereits in der Einleitung nieder. Plattitüden, wie »Wer zu viel isst, wird dick«,[1] bieten einen Vorgeschmack auf Sarrazins verkürzte Argumentationen, die im Fortgang insbesondere türkische Migrant_innen betreffen:

> Ganze Clans haben eine lange Tradition von Inzucht und entsprechend viele Behinderungen. Es ist bekannt, dass der Anteil der angeborenen Behinderungen unter den türkischen und kurdischen Migranten weit überdurchschnittlich ist. Aber das Thema wird gern totgeschwiegen. Man könnte ja auf die Idee kommen, dass auch Erbfaktoren für das Versagen von Teilen der türkischen Bevölkerung im deutschen Schulsystem verantwortlich sind.[2]

An den Rassismus und obendrein Bodyismus – der hier zugegebenermaßen aus dem Kontext ›gepflückt‹ ist – schließen biopolitische Normalisierungs- und Regulierungsforderungen unmittelbar an: »[…] wir wollen keine nationalen Minderheiten«[3] stellt Sarrazin klar. »Und wer vor allem an den Segnungen des deutschen Sozialstaats interessiert ist, der ist bei uns schon gar nicht willkommen.«[4]

›Wir und die anderen‹; mit dieser Exklusionsrhetorik beschwört Sarrazin sein vermeintlich homogenes Publikum. Dass er und weitere Gleichgesinnte durchaus Gehör in der Gesellschaft finden oder zumindest Interesse wachrufen, belegen nicht nur knapp 1,5 Millionen verkaufte Exemplare von ›Deutschland schafft sich ab‹. Auch der enorme Hass, welcher Flüchtlingen entgegeneilt, zeigt, dass Fremdenfeindlichkeit in Deutschland – und freilich nicht bloß hier – tagesaktuell ist. Postfaktische Politik befördert diese Gewalt noch.

> »Seht doch, das Volk Israel ist zahlreicher und stärker als wir selbst. Lasst uns klug gegen sie vorgehen, damit sie nicht weiter wachsen und uns eventuell den Krieg erklären, sich zu unseren Feinden schlagen, gegen uns kämpfen und dann aus diesem Land auswandern« (Ex 1,9-10).[5]

---

[1] Sarrazin, Deutschland schafft sich ab, 9.
[2] Ebd., S. 316.
[3] Ebd., S. 326.
[4] Ebd.
[5] Übersetzung nach der ›Bibel in gerechter Sprache‹.

Das sind die Worte, die der ägyptische König – gewissermaßen in der Spur eines ›Eygpt First‹ – in der Exodusexposition an sein Volk richtet. Wenn schon die Kontexte kaum unterschiedlicher sein könnten und noch dazu auf ungleiche ›Welten‹ referieren, treten zumindest bezüglich der eingesetzten Strategien Gemeinsamkeiten zwischen der biblischen Erzählung und gegenwärtigen rassistischen Kampagnen hervor. Und doch sind es diese erschreckenden Analogien, die den inhaltlich-hermeneutischen Anstoß für die vorliegende Arbeit geliefert haben.

»Man kann sich nicht entscheiden, als was man geboren wird und auch in welchem Land«,[6] konstatiert Eva. Die 15-jährige Schülerin hat soeben das erste Kapitel des Exodusbuches gelesen, und zwar den Vers, der vom geplanten Genozid der männlichen israelitischen Säuglinge durch den ägyptischen König berichtet. Ihre Aussage greift grundlegende Merkmale der vorliegenden Studie auf: Im thematischen Zentrum stehen exegetische und didaktische Fragen in Bezug auf u.a. Macht, Gewalt, Differenz und Egalität. Durch ihre Lesart zeigt Eva *eine* Möglichkeit an, Diskriminierungen zu begegnen; eine andere Form der Kritik kann zunächst einmal ihre Wahrnehmung und sodann eine gezielte Durchdringung sein:

Ex 1,1-22 reiht sich in alttestamentliche Texte ein, in welchen Gewalt und Ungleichheit aufs Engste mit sozialen Positionierungen, wie z.B. ›Rasse‹[7] oder Geschlecht, verknüpft sind. Um solche kategorialen Verknüpfungen darzustellen, hat sich in der deutschsprachigen Forschung zunächst die Signatur ›intersectionality‹ bzw. Intersektionalität durchgesetzt. Fragen danach, wie sich Differenzlinien gegenseitig intensivieren, mindern, verändern und in welcher Form sie auftreten, bilden heute das Kerngeschäft intersektionaler Arbeit. Als Zugang, dessen Wurzeln im ›Black Feminism‹ und der ›Critical Race Theory‹ liegen, hat Intersektionalität nicht nur Eingang in die Gender Studies, die Kultur- und Sozialwissenschaften gefunden, sondern ferner in die Geisteswissenschaften. Mit den Herausgeberinnen des Sammelbandes ›Doing Gender – Doing Religion‹ (2013) erweist sich »[d]as Konzept der ›Intersektionalität‹ […] als ›eye opener‹ auch für die Analyse von Texten der Antike […].«[8] Aber bereits in den 1990er Jahren hat u.a. Elisabeth Schüssler Fiorenza zentrale Weichen für eine intersektionale Exegese gelegt. Wenn die Bibelwissenschaftlerin von feministischer Theologie als Kyriarchatsforschung spricht, versteht sie darunter vor allem eine ideologiekritische Analyse, die miteinander verflochtene Herrschaftsstrukturen untersucht. Das Zusammenspiel von Kategorien der Ungleichheit, deren Reflexion konstitutiv für eine Kyriarchatsanalyse ist, korrespondiert mit intersektionalen Konzeptionen. Dabei zielen intersektionale Analysen m.E. allerdings noch stärker als exegetische Ansätze dieser Provenienz auf die theoretische, empirische

---

6   Eva, Interview, A. 21.

7   Im Rahmen dieser Studie wird die Kategorie ›Rasse‹ aufgrund ihres problematischen Status in einfache Guillemets gesetzt. Sensibilität für ein nicht-essentialistisches Verständnis in Bezug auf Kategorien bzw. kategoriale Zuschreibungen soll aber im Blick auf alle Kategorien maßgebend sein. Fremdsprachige Begriffe werden ebenfalls durch einfache Guillemets gekennzeichnet, Eigennamen sind nur im Ausnahmefall davon nicht betroffen.

8   Eisen u.a., Doing Gender, S. 27.

und historische Erfassung von unterschiedlichen sozial-konstruierten Kategorien sowie ihre Wirkungsweisen ab.

Die Förderung intersektionaler Vorgehensweisen in den Bibelwissenschaften, gerade in Exegese und Didaktik, stellt eine grundlegende Zielperspektive meiner Arbeit und zugleich ein Forschungsdesiderat dar: Das intersektionale Paradigma wird im Folgenden deshalb angesichts seiner theoretischen Dimensionen ausdifferenziert und im Rahmen der Textauslegung von Ex 1 praktisch veranschaulicht.

Obwohl eine intersektionale Bibelarbeit zunächst einmal den Text und seinen engeren Kontext zentriert, sind alltägliche Bibellektüren in Bezug auf eine ideologiekritisch-erfahrungsorientierte Auslegung, wie sie hier angebahnt werden soll, maßgebend. Für das Feld der wissenschaftlichen Exegese sind aktuelle Leser_innen allerdings noch recht neue Ansprechpartner_innen. Aber: Die Einsicht, wonach Texte erst im Dialog mit Rezipierenden ihre eigentlichen Bedeutungen erhalten, ist für mein Herangehen maßgebend. Ausgangspunkt der Sinnkonstruktion ist dennoch immer die Textwelt.

Im Rahmen dieser Studie werden einerseits die von Ex 1 ausgehenden ›textgeleiteten Prozesse‹, andererseits die ›wissensgeleiteten Prozesse‹ von empirischen Leser_innen,[9] herausgearbeitet und zueinander ins Verhältnis gesetzt. Merkmale einer intersektionalen Bibelauslegung möchte ich daraufhin *erstens* auf der Grundlage von hermeneutisch-theoretischen Einsichten und *zweitens* durch die wissenschaftliche bzw. ›alltägliche‹ Lektüre der Exodusexposition entwerfen.

Weil die Bibel im Horizont dieser Untersuchung nicht nur exegetisches Interesse wachruft, sondern zugleich als Lehr- und Lernmedium in den Fokus rückt, wird die Frage nach Differenzen bzw. Diversität zudem auf pädagogisch-didaktischer Ebene relevant. Im Unterschied zur Religionspädagogik, die im Modus von Vielfalt bereits seit einigen Jahren aktiv für eine Hermeneutik eintritt, »die geschlechtsbezogene, religiöse und soziale Differenzen wahrnimmt und Stereotype aufzubrechen vermag [...]«,[10] stellen vergleichbare bibeldidaktische Konzepte ein Novum dar. Trotz vielversprechender Ansätze, die dekonstruktiv, herrschaftskritisch und teils ›intersektional-sensibel‹ vorgehen, liegt eine Bibeldidaktik der Vielfalt bislang nicht vor. Wenn auch die Kapazitäten im Rahmen diese Studie kaum ausreichen, um ein detailliertes bibeldidaktisches Vielfaltskonzept zu entwickeln, sollen zumindest erste Schritte in diese Richtung eingeleitet werden.

Ebenso wie die intersektionale Exegese von realen Lektüreerfahrungen profitieren kann, ist eine Bibeldidaktik der Vielfalt einerseits auf exegetische Expertise, andererseits und insbesondere auf empirische Ansprechpartner_innen, vorzugsweise Kinder oder Jugendliche, angewiesen. Schließlich fordern die für diese Untersuchung richtungsweisenden exegetischen und didaktischen Zugänge dazu auf, die kontextuellen Erfahrungen von Rezipierenden beim Umgang mit der Bibel zu berücksichtigen. Gewalt und Ungleichheit stellen Widerfahrnisse dar, die

---

[9] Und so meint der Terminus Empirie, der zurückgeht auf das Griechische ›empeiría‹, Erfahrung bzw. Erfahrungswissen.

[10] Arzt u.a., Gender und Religionspädagogik der Vielfalt., S. 14.

Kinder und Jugendliche in unterschiedlichen Formen betreffen. Im Religionsunterricht sollten diese Themen bestenfalls gleich mehrere Plätze haben. Neben der Exodusexposition untersuche ich im Rahmen dieser Arbeit Laut-Denk-Protokolle, Interviews und Gesprächssequenzen von Schüler_innen der Sekundarstufe I, die infolge der Rezeption von Ex 1,1-22 zustande gekommen sind. Insofern der Text seinem Publikum teils grausame Gewalt zumutet und die Lenkungsmechanismen der Erzählung obendrein spezifische Wissens- bzw. Erfahrungsbestände seitens der Rezipierenden erwarten, habe ich fortgeschrittene Leser_innen, konkret Jugendliche, zum literarischen Gespräch gebeten. Wie gehen die Heranwachsenden mit den textgeleiteten Informationen um? Wie verstehen sie die teils rassistisch bzw. sexistisch aufgeladene Exodusexposition? Welche Bedingungen nehmen Einfluss auf ihre Deutungen?

Mit der Narratologie bemühe ich sodann ein literaturwissenschaftliches Verfahren, das zwischen Text- und empirischer Analyse vermitteln kann. Der Einsatz narratologischer Instrumente zielt auf eine systematische Untersuchung der Formen, Strukturen und Funktionsweisen narrativer Phänomene ab. Sowohl für eine intersektionale Bibelauslegung als auch für den Entwurf einer Bibeldidaktik der Vielfalt ist eine erzähltheoretische Auseinandersetzung mit der Exodusexposition weiterführend, gerade wenn es um den Dialog zwischen den beiden Zugängen geht.

Nachdem die Grenzen narratologischer Forschung zunächst gewissermaßen durch den Strukturalismus vorbestimmt waren, gehen jüngere Erzähltheorien über den einst streng definierten textuellen Bezugsrahmen hinaus. Unter dem Etikett ›postklassisch‹ vollzieht sich zwar keine Abkehr von bisherigen narratologischen Kategorien, wohl aber eine Pluralisierung von erzähltheoretischen Zugangsweisen, Erkenntnishorizonten, Bezugsfeldern und -medien. Über narrative Merkmale im engeren Verständnis hinaus können ferner soziale, kulturelle und rezeptionsorientierte Fragestellungen unter narratologischer Perspektive verhandelt werden. Mein erzähltheoretisches Vorgehen knüpft an diese ›postklassische Wende‹ an: In Gestalt von kulturgeschichtlicher und kognitiver Narratologie kommen vergleichsweise aktuelle Erzähltheorien zum Einsatz, die aufgrund ihrer kontextuellen Orientierung zudem intersektional bzw. bibeldidaktisch anschlussfähig sind.

2 Vorgehensweise

Die nachfolgende Studie ist in einzelne Teile aufgegliedert; ihnen geht jeweils eine knappe Einleitung voraus. Regelmäßige Zwischenfazits zeigen den aktuellen Stand der Untersuchung an, sie bündeln die gewonnenen Einsichten und führen sie teils weiter. Im zweiten Teil der Arbeit lege ich die theoretischen und methodischen Weichen für das weitere Vorgehen. Nachdem Intersektionalität, Vielfalt, Narratologie und empirische Bibelforschung bzw. -didaktik vorerst einzeln in den Blick rücken, erfolgt anschließend eine Zusammenführung der Zugänge.

Im Zentrum des dritten Teils steht die Exodusexposition. Mithilfe von u.a. kultur- und sozialgeschichtlichen Perspektiven erfolgt zunächst eine Annäherung an das Umfeld der Erzählung. Die dargebotenen Einblicke in die Welt der Textentstehung sind maßgebend für die narratologisch-intersektionale Auslegung von Ex 1, welche im direkten Anschluss auf dem Programm steht.

Die Auswertung der Rezeptionsdaten erfolgt in zwei Schritten und auf der Grundlage jeweils unterschiedlicher Analyseverfahren. Während ich das empirische Material im vierten Teil qualitativ-heuristisch bearbeite, vollziehe ich in Teil V ein Methodenwechsel; die ›Grounded Theory‹ strukturiert mein analytisches Vorgehen.

Im Abschlussteil werden noch einmal zentrale ›Einsichten‹ der Studie präsentiert und am Beispiel einen intersektionalen Exegese bzw. einer Bibeldidaktik der Vielfalt konkretisieren.

II Theoretische und methodische Grundlagen

Sowohl für die exegetische Auseinandersetzung mit der Exodusexposition als auch für die empirische Untersuchung ist ein methodologisches Grundgerüst substanziell. Die nachfolgenden Kapitel führen einerseits in die zentralen Modi ein, welche die hermeneutischen und heuristischen Zugänge dieser Arbeit prägen, andererseits werden die methodischen Weichen gelegt, die diesen Weg ebnen. Theorie und Methode gehen dabei Hand in Hand.

Während unter der Perspektive von ›Intersektionalität und Vielfalt‹ zunächst verschiedene Fachrichtungen zu Wort kommen, wird mit der ›Narratologie‹ ein dezidiert literaturwissenschaftliches und dennoch interdisziplinär anschlussfähiges Beschreibungsinstrument hinzugeschaltet. Einsichten zur ›Empirischen Bibelforschung‹ vervollständigen die Methodologie.[1]

Die Zusammenführung von Narratologie, empirischer Bibeldidaktik und Intersektionalität, die am Ende des zweiten Teils als ein Mehrebenenmodell präsentiert wird, markiert die methodologische Basis und zugleich *eine* Zielperspektive der Untersuchung. Denn erst durch die Korrespondenz der Ansätze können die verschiedenen Interessen dieser Arbeit wirksam eingelöst werden.[2]

1 Intersektionalität und Vielfalt

Die Zugänge, die im Folgenden dargeboten werden, teilen nicht nur einen ideologiekritischen Impetus, sie sind ferner als mehrdimensional anzusehen: Die Aspekte, die hierbei in den Blick kommen, werden teils nicht nur innerhalb des jeweiligen Bezugsfachs unterschiedlich aufgefasst, sie können zudem außerhalb der Disziplin andere Implikationen beinhalten. Eine disziplinäre Rückbindung ist deshalb ebenso bedeutsam wie der flexible Umgang mit fachlichen Grenzen. Das kritische Potenzial der Untersuchung findet seine Wurzeln daraufhin nicht allein in bibelwissenschaftlichen und religionspädagogischen Einsichten, sondern es wird u.a. mithilfe sozialwissenschaftlicher Erkenntnisse akzentuiert und teils durch sie fundiert.

Die Brücken, die infolgedessen von der einen zur anderen Disziplin gebaut werden und, die den Weg für eine intersektionale Bibelauslegung (mit)bereiten, setzen bei der engeren Auseinandersetzung mit Intersektionalität an. Die Metaperspektiven Macht und Gewalt leiten dann hinüber zu kontextuellen Exegesen sowie (religions-)pädagogischen bzw. bibeldidaktischen Konzepten im

---

[1] Aus Gründen der Anschaulichkeit werden die empirischen Analyseverfahren, die im vierten und fünften Teil der Studie zum Einsatz kommen, erst in den entsprechenden Kapiteln erläutert.

[2] In die jeweiligen Analysekapitel werden zum Teil ebenfalls theoretische Informationen eingeflochten.

Zusammenhang von Vielfalt. Nachdem in einem ersten Schritt u.a. die Genese von Intersektionalität, vor allem im Horizont der Gender-Studies, skizziert wird, kommen im Anschluss daran kontextuelle bibelwissenschaftliche Ansätze in den Blick: Wie wurden Differenzmerkmale und soziale Ungleichheiten innerhalb der Disziplin untersucht, bevor Intersektionalität zu einem weitumgreifenden wissenschaftlichen ›Buzzword‹[3] avanciert ist?

Auf der Grundlage von pädagogischen Vielfaltsansätzen werden schließlich erste Impulse für eine Bibeldidaktik der Vielfalt vorgeschlagen. Jedes Kapitel endet mit einem knappen Zwischenfazit.

1.1 Intersektionalität

Intersektionalität hat sich in den vergangenen Jahren als einer der führenden Ansätze innerhalb der Frauen- und Geschlechterforschung etabliert. Nach Ilse Lenz wird mit Intersektionalität »ein Bündel theoretischer Ansätze bezeichnet, die das Wechselverhältnis von Geschlecht und weiteren sozialen Ungleichheiten erfassen wollen. Sie richten sich gegen ein additives Denken der Mehrfachdiskriminierung«[4] und pointieren, je nach Ausrichtung, »die Eigenständigkeit grundlegender Ungleichheitskategorien.«[5]

Als Zugang, dessen Wurzeln im ›Black Feminism‹ und der ›Critical Race Theory‹ liegen, setzt die ›Geschichtsschreibung‹[6] von Intersektionalität im deutschsprachigen Raum zumeist bei der Zweiten Frauenbewegung in den Industrienationen an: Mit der Parole ›das Private ist politisch‹ eröffnen Aktivist_innen in den 1970er Jahren neue Diskussionsfelder und bahnen eine so genannte ›Politik der ersten Person‹ an. Themen wie Sexualität, Macht, Gewalt und Arbeit werden aus den Bereichen des ›Privaten‹ ausgelagert und politisiert. Ungleichheiten zwischen z.B. Männern und Frauen gelten nunmehr als Ausdruck eines tief verankerten Herrschaftssystems, das allumfassend eingreift. Durch progressive Kampagnen und eingängige Slogans wird der Protest der Neuen Frauenbewegung zunehmend öffentlichkeitswirksam. Doch die feministischen Bestrebungen der selbsternannten ›imagined community‹ haben auch problematische Dimensionen:[7] Schon bald wird erkennbar, dass es vor allem Akteur_innen aus der weißen Mittelschicht sind, die ihre Anliegen als die Interessen einer vermeintlichen ›global sisterhood‹ vermarkten.[8]

---

3   Siehe dazu Davis, Intersektionalität als »Buzzword«.
4   Lenz, Wechselwirkende Ungleichheiten, S. 844.
5   Ebd.
6   Die Darstellung greift markante Aspekte der Diskussion auf und geht dabei nicht immer streng chronologisch vor.
7   Vgl. Walgenbach, Gender als interdependente Kategorie, S. 27.
8   Entlang unterschiedlicher feministischer Bewegungen zeigt K. Walgenbach (2007) auch für den deutschen Kontext auf, wie facettenreich sich die Proteste von Frauen tatsächlich darstellen. Dabei holt sie mittels der zitierten ›Genealogien‹ zugleich eine Würdigung nach, die den Aktivist_innen mitunter verweigert wird bzw. wurde.

Wegweisend für eine intersektionale Perspektive ist vor diesem Hintergrund u.a. das *Black Feminist Statement* (1977), dass die vielmals exklusiven und vice versa exkludierenden Erklärungsmuster jener Feminist_innen zurückweist, die Unterdrückungserfahrungen von Frauen maßgeblich mit Geschlechterdifferenz bzw. patriarchalen Gesellschaftsstrukturen begründen. Das Combahee River Collective lanciert stattdessen für eine »integrated analysis and practice based upon the fact that the major systems of oppression are interlocking.«[9] Die Relevanz einer solchen integrativen feministische Gesellschaftsanalyse argumentiert und bebildert das Kollektiv sodann mit eigenen Lebenserfahrungen: »We also often find it difficult to separate race from class from sex oppression because in our lives they are most often experienced simultaneously.«[10]

Der neue Denk- und Handlungsansatz, der hier exemplarisch offenbar wird, betrifft über die Simultanität von Unterdrückung hinaus den interdependenten Charakter von Differenzmerkmalen: Die so genannten Master-Kategorien[11] ›race‹, ›class‹ und ›gender‹ sollen fortan nicht weiter als distinkte Merkmale fokussiert werden, sondern im Modus von Interdependenz.

Schließlich formiert sich Widerstand gegen eine westlich geprägte, heterosexuelle, nicht-behinderte, exklusive Frauenforschung und -politik, die ihre Anliegen fälschlicherweise im Namen aller Frauen vorträgt.[12] Frauen mit Behinderungen argumentieren etwa, »dass sie einerseits wegen ihres Geschlechts, andererseits aufgrund ihrer Beeinträchtigungen strukturell in einem weit höheren Ausmaß von sozialen Ungleichheiten, gesellschaftlicher Isolation und Armut betroffen sind als behinderte Männer bzw. nicht behinderte Frauen.«[13] Gemeint ist hiermit allerdings keine aneinandergereihte Benachteiligung; viel eher wird eine »andere, neue Qualität der Diskriminierung«[14] bzw. Privilegierung angesprochen.[15]

›Intersektionale‹ Erfahrungen übersteigen das Primat des Geschlechts, welches die feministischen Diskussionen des ›Westens‹ lange Zeit als isolierte Sichtweise beherrschte. Im Anschluss an Kathy Davis erfasst Intersektionalität daher auch »das drängendste Problem, dem sich der Feminismus aktuell gegenübersieht – die lange und schmerzliche Geschichte seiner Exklusionsprozesse.«[16] Geschlecht wird infolgedessen zwar keineswegs als Analyseparameter abgelöst, wohl

---

9   Combahee River Collective, The Combahee River Collective Statement.
10   Ebd.
11   Im Rahmen dieser Arbeit ist nicht nur die Rede von Kategorien bzw. Kategorisierungen, sondern ferner von Dimensionen, Merkmalen oder Differenzlinien. Diese Ausdrücke sind innerhalb der Forschung zum Teil spezifisch konnotiert. Im Folgenden werden sie synonym verwendet.
12   Vgl. Walgenbach, Gender als interdependente Kategorie, S. 45.
13   Windisch, Behinderung, S. 145.
14   Ebd.
15   Dabei bestehen, wie soeben deutlich wurde, durchaus zeitliche Diskrepanzen im Blick auf die Mainstream-Werdung von Intersektionalität, die in Nordamerika einige Jahre eher einsetzte als in Europa. Vgl. Walgenbach, Intersektionalität.
16   Davis, Intersektionalität als »Buzzword«, S. 62.

aber ins Verhältnis zu anderen Kategorien gesetzt – und dieses Erkenntnisinteresse ist, trotz einer mittlerweile beachtlichen Summe von ›Durchkreuzungsansätzen‹, noch immer zentral.[17]

Der Ausdruck Intersektionalität bzw. ›intersectionality‹, der die deutschsprachige Forschungslandschaft im Gegenüber zu Termini wie Nira Yuval-Davis und Floya Anthias (1983) ›soziale Spaltungen‹, Deborah Kings (1988) ›multiple jeopardies‹ oder Patricia Hill Collins (1990) ›interlocking systems of oppression‹ besonders prägt, geht zurück auf die US-amerikanische Juristin Kimberlé Crenshaw (1989). In ihrer ›Black Feminist Critique of Antidiscrimination Doctrine, Feminist Theory and Antiracist Politics‹ moniert die Rechtswissenschaftlerin die nur mangelhafte Reflexion von ›women of color‹ innerhalb juristischer, gesellschaftspolitischer und lebensweltlicher Zusammenhänge. Anhand von Diskriminierungspraktiken in Firmen weist die Forscherin eine simultane Herabsetzung schwarzer Frauen in fünf Beispielfällen nach und zeigt auf, dass ›race‹ und ›gender‹ wechselseitig ausgeblendet werden.[18] Obwohl Crenshaws Metapher der Straßenkreuzung und ihre Implikationen hierzulande nicht zuletzt durch die starke Aufnahme im Wissenschaftsbetrieb gewürdigt werden, gibt es dazu auch kritische Stimmen: Cornelia Klingers ›Achsen der Ungleichheit‹ (2007) oder Katharina Walgenbachs Ansatz von ›interdependenten Kategorien‹ (2007) suchen so etwa Alternativen zu einer Herangehensweise, die »tendenziell von isolierten Strängen ausgeht.«[19] Katharina Walgenbachs Konzept von ›Interdependenzen‹ erfasst »nicht mehr wechselseitige Interaktionen zwischen Kategorien […], vielmehr werden soziale Kategorien selbst als interdependent konzeptualisiert.«[20] Geschlecht ist danach z.B. stets als »rassisiert, sexualisiert, lokalisiert zu betrachten.«[21]

Modifizierungen werden obendrein im Blick auf die intersektional relevanten Kategorien gefordert.[22] Vertreter_innen aus dem Umfeld von Theologie und Religionswissenschaften plädieren in Bezug auf intersektionale Ansätze so etwa für eine intensivere Beschäftigung mit der Kategorie Religion:

> Der Parameter religiöser Identität steht quer zu den Kategorisierungen, die von asymmetrischen Dualen ausgehen, denn es geht in religiösen Kontexten kaum um nur binäre Differenzierung. Und die Bewertung der Alternativen – wer ist on top? – ist in diesem Fall nicht global ausgehandelt, sondern gerade ein Streitpunkt.[23]

---

[17] Schließlich votiert u.a. N. Yuval-Davis dafür, dass Intersektionalitätsanalysen nicht nur jene berücksichtigen sollten, »die sich an den vielfältigen Rändern der Gesellschaft befinden, sondern […] alle Mitglieder der Gesellschaft.« Yuval-Davis, Jenseits der Dichotomie von Anerkennung und Umverteilung, S. 209.

[18] Vgl. Crenshaw, Demarginalizing the Intersection of Race and Sex.

[19] Dietze u.a., Einleitung, S. 9.

[20] Ebd., Hervorhebung im Original.

[21] Dietze u.a., »Checks and Balances«, S. 108. Siehe dazu ferner K. Walgenbachs Interdependenzansatz, der auch in dieser Arbeit angesprochen wird.

[22] Die Pluralisierung von Kategorien gilt als Versuch der Geschlechter- bzw. Intersektionalitätsforschung sowohl ihren theoretischen als auch gesellschaftlichen Beschränkungen entgegenzuwirken. H. Lutz und N. Wenning (2001) präsentieren so etwa eine Tabelle, in der sie über das ›Race-Class-Gender-Muster‹ hinaus Differenzlinien wie Gesundheit, Alter oder Besitz berücksichtigen. Vgl. Lutz u. Wenning, Differenzen über Differenz, S. 20.

[23] Eisen u.a., Doing Gender, S. 8.

In der Auseinandersetzung mit Katharina Walgenbachs ›Interdependenz-Ansatz‹ stellt Ulrike Auga fest,»dass Religion als Kategorie nicht vorkommt«[24] und stattdessen»verkürzt unter der Frage von Antisemitismus verhandelt und dann unter das Problem von Rassismus subsumiert«[25] werde.

In ihrer Monografie ›Terrorist Assemblages: Homonationalism in Queer Times‹ sowie in nachfolgenden Arbeiten hat die Autorin vorgeschlagen,»Intersektionalität als intellektuelle Kategorie und als Werkzeug politischer Intervention durch den Begriff ›(queere) Assemblage‹ zu ergänzen oder auch zu komplizieren.«[26] Puars Kritik am Intersektionalitätsbegriff, die grundlegend für die Modifizierung durch ›Assemblages‹ ist, vollzieht sich mehrdimensional, was sowohl die Funktionsweise als auch die Ergebnisse von intersektionalen Analysen betrifft. Wenn intersektionale Kategorien wie ›Rasse‹, Klasse oder Geschlecht anlässlich ihrer Zuschreibungen dekonstruiert werden, ereignet sich nach Puar in dieser benennenden Praxis gerade einer Stabilisierung von Bedeutungsinhalten:[27] »Intersectionality demands the knowing, naming, and thus stabilising of identity across space and time, generating narratives of progress that deny the fictive and performative of identification.«[28] In Rekurs auf Puar kann intersektionales Denken sodann als Instrument von u.a. ›Diversity Management‹ in die Pflicht genommen werden und infolgedessen staatlichen Disziplinartechniken Vorschub leisten. Wegweisend für Jasbir Puars Ansatz ist das Werk von Gilles Deleuze und Felix Guattari, wo eine ›Assemblage‹ bzw. ›Agencement‹ als Feld hervortritt,»in dem eine diskursive Formation auf eine materielle Praxis trifft«[29] und das Augenmerk auf den Beziehungen von Mustern liegt. ›(Queere) Assemblages‹ fragen nach ›Modi des Seins und Handelns‹, d.h. nach Emotionen, Energien, Events oder Räumlichkeiten, die in einer Person kumulieren können und wandelbar sind.[30] Im Anschluss an Ulrike Auga verstehen ›multidimensionale Assemblagen‹ »intersektionale Modelle komplexer und thematisieren Kategorisierungen nicht als Identitäten oder festgeschriebene Eigenschaften von Körpern […]«[31], sondern sie sind»›Variationen von Variationen‹ […].«[32]

Die Einwände, die Jasbir Puar u.a.[33] betreffs Intersektionalität anmelden, tragen sie durchaus begründet vor. Die ›interdependente‹ Wahrnehmung von Kategorien sowie die Hinwendung zu z.B. konkreten historischen bzw. empirisch ersichtlichen Gefühlen, Affekten und Ereignissen, wie sie im Rahmen dieser Untersuchung angestrebt wird, knüpft zumindest teilweise an ›Assemblage-Implikationen‹ an.

---

[24] Auga, Geschlecht und Religion als interdependente Kategorien des Wissens, S. 48.
[25] Ebd.
[26] Puar,»Ich wäre lieber eine Cyborg als eine Göttin«.
[27] Siehe hierzu Dietze u.a.,»Checks and Balances«, S. 137.
[28] Puar, Queer Times, Queer Assemblages.
[29] Dietze u.a.,»Checks and Balances.«, S. 137.
[30] Vgl. Puar, Queer Times, Queer Assemblages.
[31] Auga, Geschlecht und Religion als interdependente Kategorien des Wissens, S. 60.
[32] Ebd., S. 61.
[33] Siehe auch Tsianos u. Pieper, Postliberale Assemblagen, S. 124f.

Beispielhaft transportiert sich in den angedeuteten Kontroversen die Einsicht, dass ›Intersektionen‹ auch abseits divergierender Termini mit unterschiedlichen Vorgehensweisen und Interessen analysiert bzw. perspektiviert werden. Intersektionalität dient zwar als ein »Instrument zur Erfassung des komplexen Zusammenspiels von Benachteiligung und Privilegierung«[34], das aber keineswegs unumstritten ist.

Im Folgenden gilt es neben verschiedenen Herangehensweisen ferner ›Schauplätze‹ im näheren und weiteren Umfeld von Intersektionalität aufzusuchen.[35] Trotz der aufgezeigten Kritik wird der Ausdruck Intersektionalität als Label weitgehend beibehalten.

1.1.1 Verschiedene Ebenen

In Bezug auf intersektionale Analysen differenziert Ilse Lenz vier verschiedene Ebenen, die ihre Fokusse *erstens* auf die Identitätsbildung, *zweitens* auf soziostrukturelle Ungleichheit, *drittens* auf politische Diskurse bzw. Kämpfe[36] und *viertens* auf kulturelle Repräsentationen im Horizont von Ungleichheit sowie Differenzen richten.[37]

Forschungen im Bereich der Identitätsbildung untersuchen, wie sich Merkmale, z.B. ›Rasse‹ oder Geschlecht, auf die Identitätswerdung auswirken. Im Gegenüber zu früheren Ansätzen, in deren Folge Identitäten mitunter homogenisiert und festgeschrieben wurden, erfassen jüngere Forschungen Identitäten als Selbstinszenierungen mit dynamischem Charakter. Beispielhaft artikuliert sich dieses Verständnis in den Arbeiten von Candace West und Sarah Fenstermarker (1995): Die Entstehung von Ungleichheiten entfalten sie unter der Perspektive von konkreten Akteur_innen und ihren sozialen Interaktionen. Große Aufmerksamkeit hat hierauf das Konzept ›doing gender‹ erhalten. Innerhalb der Geschlechterforschung denotiert dieser Ansatz ein Synonym für die soziale Konstruktion von Geschlecht.[38] Danach umgreift die Herstellung von Geschlecht

> eine gebündelte Vielfalt sozial gesteuerter Tätigkeiten auf der Ebene der Wahrnehmung, der Interaktion und der Alltagspolitik, welche bestimmte Handlungen mit der Bedeutung versehen, Ausdruck weiblicher oder männlicher ›Natur‹ zu sein. [...] In gewisser Weise sind es die Individuen, die das Geschlecht hervorbringen. Aber es ist ein Tun, das in der sozialen Situation verankert ist und das in der virtuellen oder realen Gegenwart anderer vollzogen wird, von denen wir annehmen, dass sie sich daran orientieren.[39]

---

34 Lutz u.a., Fokus Intersektionalität, S. 17f.
35 Trotz der skizzierten Kritik wird der Ausdruck Intersektionalität als Label weitgehend beibehalten.
36 Da diese Ebene im Blick auf die anschließende Untersuchung in den Hintergrund rückt, wird sie im Folgenden nicht eigens besprochen.
37 Vgl. Lenz, Intersektionalität, S. 160–164.
38 Vgl. Gildemeister, Doing Gender, S. 145.
39 West u. Zimmerman, Doing Gender, S. 14 zit. n. Gildemeister u. Wetterer, Wie Geschlechter gemacht werden, S. 237.

Gerade im Zuge intersektionaler Arbeitsweisen wird aber betont, dass »»gender niemals allein, sondern stets simultan mit Klassen- und ethnischen Unterschieden«[40] zustande kommt.

Auf der gesellschaftlichen Makroebene werden Merkmale wie ›Rasse‹, Klasse und Geschlecht dahingegen als Strukturkategorien aufgefasst.[41] Maßgebend für die hier situierten Forschungen sind Sozialstrukturen bzw. soziale Ungleichheiten, die daran anschließen.[42] Besonders deutlich wird das strukturierende Moment, das im Blick auf soziale Ungleichheit zugleich in die Nähe einer strukturellen Gewalt[43] rückt, im Konzept der ›dreifachen Vergesellschaftung‹ von Ilse Lenz. Danach werden Menschen durch die Kombination verschiedener Strukturkategorien »in drei grundlegende Institutionen der Moderne vergesellschaftet: in die Familie (Geschlecht), den Arbeitsmarkt (Klasse und Geschlecht) und den Nationalstaat (Ethnizität und Geschlecht).«[44] In dieser Perspektive reguliert die Kategorie Geschlecht z.b. die unbezahlte Hausarbeit von Frauen und schaltet sich als Strukturelement zentral in deren Lebensgestaltung ein.[45]

Auch auf der Ebene kultureller Repräsentationen dient Intersektionalität als Instrument zur Erfassung von Ungleichheiten und Differenzen. Anhand von Begriffen, wie z.b. ›othering‹, Alterität oder ›doing difference‹, werden Diskurspolitiken und -spielarten, mit deren Unterstützung Menschen einen ›naturalisierten‹ Stempel der Devianz erhalten, kritisiert.[46] In ihrem intersektionalen und praxeologisch orientierten Mehrebenenansatz, den Gabriele Winker und Nina Degele (2007) für die Untersuchung sozialer Ungleichheiten ins Feld führen, fragen die Forscherinnen auf der Basis von subjektiven Identitätskonstruktionen nach der soziostrukturellen Verankerung sozialer Ungleichheiten sowie ihrer symbolischen Repräsentation. Die Vermittlung zwischen den Ebenen holen sie über soziale Praxen ein. Neben vier deduktiv festgelegten Strukturkategorien setzen die Wissenschaftlerinnen zugleich induktive Kategorien voraus, die erst infolge einer empirisch fundierten Auseinandersetzung verifizierbar werden.[47]

1.1.2 Soziale Kategorien

Intersektionalität verfolgt u.a. das Ziel, verschiedene, sozial konstruierte Kategorien, wie z.b. ›Rasse‹, Klasse oder Geschlecht, simultan zu untersuchen. Hierzu setzen die Untersuchungen vielmals dort an, wo sich Differenzlinien unmittelbar

---

[40] Gildemeister, Doing Gender, S. 143. R. Gildemeister legt hier nicht ihre eigene Perspektive dar, sondern beschreibt Auffassungen innerhalb der Diskussion um das Konzept.

[41] Vgl. Lenz, Intersektionalität, S. 161.

[42] Vgl. Winker u. Degele, Intersektionalität, S. 19.

[43] Siehe dazu Teil II, Kapitel 1.1.4.

[44] Lenz, Intersektionalität, S. 161.

[45] Über die dargebotenen Felder hinaus untersuchen gesellschaftstheoretische Ansätze außerdem die Verknüpfung von Herrschaftsverhältnissen und symbolischen Konstruktionen. Sowohl die Entwürfe von Gesellschaft als auch die Auffassungen von Strukturkategorien variieren dabei je nach Zugang.

[46] Vgl. Lenz, Intersektionalität, S. 163.

[47] Vgl. Winker u. Degele, Intersektionalität, S. 141.

überschneiden.[48] Eingerichtet wird eine Art intersektionale ›Filterungsanlage‹, in der die ausgewählten Dimensionen »zuallererst gerastert, getrennt und kartographiert werden.«[49]

Die Frage nach dem Umgang mit sozialen Kategorien stellt ein zentrales Diskussionsfeld der deutschsprachigen Intersektionalitätsforschung dar. Denn obwohl der Eindruck entstehen kann, dass die ›verkreuzte‹ Wahrnehmung von Kategorien kennzeichnend für intersektionale Arbeitsweisen ist, hat Leslie McCall (2005)[50] drei Zugänge/Komplexitäten herausgearbeitet, die sich jeweils durch ihre Perspektive auf sozialen Kategorien voneinander unterscheiden. Unter dem Etikett ›anti-kategorial‹ subsummiert die Forscherin dekonstruktivistische bzw. poststrukturalistische Ansätze, in deren Folge die soziale Konstruktion von Kategorien aufgedeckt und ihre Dekonstruktion angestrebt wird. Dies geschieht auf der Basis einer grundsätzlichen Skepsis gegenüber etwaigen Formen der Kategorisierung bzw. der Kritik an Exklusionsmechanismen, die durch sie eingeleitet werden und Ungleichheit hervorbringen.[51]

›Intra-kategoriale Zugänge‹ nehmen dahingegen Unterschiede und Ungleichheit in Bezug auf eine ausgewählte Dimension oder soziale Gruppe in den Blick: Die jeweiligen Kategorien werden im Lichte interner Differenzen betrachtet, also in einem Modus, der sich tendenziell gegen homogene Gruppenmerkmale richtet.

Ihre eigene Forschung verortet McCall schließlich im Umfeld von ›inter-kategorialen‹ Zugängen. Im Zentrum stehen Verschränkungen und Wechselwirkungen zwischen verschiedenen Differenzlinien, die infolge sozialer Zuweisungen für Ungleichheit sorgen. Das heißt: Kategorien werden als Ort der Ungleichheit analytisch vorausgesetzt.[52] Die Verschiedenheit der einzelnen Dimensionen hat dabei immer nur einen hypothetischen Status.

Obschon die anschließende Untersuchung in erste Linie einem interkategorialen Erkenntnisinteresse folgt, erhalten auch die anderen Zugänge Einlass in die Analyse und lenken das hermeneutisch-praktische Vorgehen. Die Differenzierungen McCalls implizieren nach diesem Verständnis keinen gegenseitigen Ausschluss, sondern sie ergänzen einander.

Analysekategorien bieten einerseits die Chance, implizite gesellschaftliche Normvorstellungen und daran geknüpfte Macht- und Gewaltverhältnisse ins Bild zu setzen. Andererseits steht gerade die Benennung und Ausdifferenzierung von Kategorien in der Gefahr, kategoriale Grenzen, Homogenisierungen und daran

---

[48] Siehe hierzu den Interdependenz-Ansatz von K. Walgenbach. Sie weist u.a. daraufhin, dass soziale Kategorien per se interdependent sind.
[49] Lorey, Kritik und Kategorie.
[50] Siehe dazu L. McCall (2005). Siehe dazu dann außerdem K. Walgenbach (2012).
[51] Soiland, Die Verhältnisse gingen und die Kategorien kamen, Hervorhebung im Original.
[52] Vgl. McCall, The Complexity of Intersectionality.

geknüpfte soziale Ausschlüsse zu reproduzieren oder überhaupt erst zu erzeugen.[53] Wenn nachfolgend in Form von ›Rasse‹/Ethnizität, Klasse/sozialem Status, Geschlecht und Religion[54] verschiedene Kategorien konkret benannt und im Blick auf die Erkenntnisinteressen dieser Studie theoretisch beleuchtet werden,[55] besteht auch hier die Option für kategoriale Engführungen. Aber: Die Verbindung von anti-, intra- und interkategorialen Zugängen lässt sich als Strategie einsetzen, um dieser Problematik[56] aktiv entgegenzuwirken.

(A) Rassifizierungen und Ethnisierungen: Konstruktionen von ›Rasse‹ und Ethnizität

»Der Intersektionalitätsdiskurs gerät insbesondere im deutschsprachigen Raum ins Stocken, wenn der Begriff ›Rasse‹ über seine Aufzählung innerhalb des Mantras hinaus fällt, während er doch zugleich als Teil der Trias einen Eckstein der Diskussion bildet.«[57] Als Form von struktureller Gewalt[58] hat Rassismus erst gegen Ende der 1980er Jahre Einlass in die deutschsprachige Wissenschaft erhalten.[59] Als Prozesse von Rassenkonstruktionen finden Rassifizierungen ihren historischen Ausgangspunkt u.a. in den kolonialen und nationalsozialistischen Rassenlehren. Doch bereits im Spanien der Reconquista dient der Rassenbegriff in Bezug auf Juden und Jüdinnen als Instrument, »sich horizontal und durch die weitergefaßten Momente der Religion, Kultur und Herkunft voneinander«[60] abzugrenzen. Nach Thomas Alkemeyer und Bernd Bröskamp (1998) ist

> ›Rasse‹ […] letztlich das Produkt einer Bedeutungskonstruktion, in deren Verlauf insbesondere körperliche Merkmale als Ausdruck eines grundverschiedenen biologischen und/ oder kulturellen ›Wesens‹ unterschiedlicher Bevölkerungsgruppen dargestellt werden.[61]

Aber: Laut ›Statement on Race‹ (1950) existieren keine wissenschaftlichen Befunde, die eine Einteilung von Menschen in Rassen fundieren.[62] Bis heute liegt der Verwendung von Rassismen oftmals ein strategischer Impetus zugrunde, infolgedessen politische und individuelle Interessen verwirklicht bzw. legitimiert

---

[53] Vgl. Hornscheidt, Sprachliche Kategorisierung als Grundlage und Problem des Redens über Interdependenzen, S. 100. A. Hornscheidt weist daraufhin, dass »[j]ede Kategorisierung an sich […] festlegenden, begrenzenden und ausschließenden Charakter« hat. Ebd.

[54] Allerdings ist mit weiteren, induktiv aufkommenden Kategorien zu rechnen, die dann ›spontan‹ Einlass in die Analyse erhalten.

[55] Die Beschreibungen fokussieren mögliche Anknüpfungspunkte im Blick auf die exegetische und empirische Analyse. Daher werden nur solche Informationen dargeboten, die voraussichtlich den Erkenntnisinteressen dieser Studie Rechnung tragen.

[56] Zumindest auf formaler Ebene sind Begrenzungen, die ja bereits durch die Benennung von Kategorien zustande kommen, unausweichlich.

[57] Lutz u.a., Fokus Intersektionalität, S. 20.

[58] Siehe dazu Teil II, Kapitel 1.1.4.

[59] Vgl. Gutiérrez Rodriguez, Ethnisierung und Vergeschlechtlichung Revisited oder über Rassismus im neoliberalen Zeitalter.

[60] Geulen, Geschichte des Rassismus, S. 14.

[61] Alkemeyer u. Bröskamp, Diskriminierung/Rassismus.

[62] Vgl. UNESCO, Statement on Race.

werden: Obwohl keinesfalls Einigkeit angesichts der Ursprünge von Rassismus, seinen Motiven, Grenzen oder nachhaltigen Gegenstrategien besteht,[63] zeigt sich, dass bestimmte Gruppen, Völker und Regionen im Zuge von Rassismus in eine gesellschaftlich-soziale Randposition geraten. Differenzierungsmerkmale, welche die vermeintliche Fremdheit bebildern, können die Hautfarbe, körperliche Konstitutionen, kulturelle Brauchtümer oder Religionen sein. »Das entscheidende Merkmal dabei ist eine Bezeichnungs- und Definitionspraxis, die ein spezifisches Wissen über vermeintlich natürliche Umstände zwischen ›uns‹ und ›anderen‹ hervorbringt.«[64] Rassifzierungen ereignen sich also nicht in einem wertneutralen Raum. Stattdessen sind sie abhängig von gesellschaftlichen, historischen und kulturellen Bedingungen bzw. Motiven. Der Ausdruck ›Rasse‹ ist somit stets historisch konnotiert, »d.h. er verändert sich und bedeutet immer etwas anderes.«[65]

Nicht zuletzt vor dem Hintergrund der historischen Genese des Terminus ›Rasse‹ und seiner gewaltvollen Verwendung u.a. im Nationalsozialismus konstatiert Ina Kerner »dass ein ›unschuldiger‹ Rekurs auf den Rassenbegriff«[66] kaum möglich ist. Darüber hinaus kann die Verwendung von ›Rasse‹ einerseits strategischem Essentialismus Vorschub leisten, andererseits besteht die Gefahr, rassistische Logiken zu reproduzieren.[67] Und so wird die Signatur ›Rasse‹ vielmals gegen weniger vorbelastete Begriffe wie Ethnie oder kulturelle Identität(en) ausgetauscht.[68]

Während der Begriff ›Rasse‹ seinen Ausgang in aller Regel von naturalisierenden Begründungen hernimmt, ist die Kategorie Ethnizität zumindest im europäischen Kontext »stark territorial bestimmt und mit der Geschichte der Nationalbildung verknüpft.«[69] Lutz, Herrera Vivar und Supik sehen Ethnizität als den wissenschaftlich ›neutraleren‹ Begriff an, insofern er ein scheinbar egalitäres »Nebeneinander sich gegenseitig tolerierender und respektierender Kulturen«[70] nahelegt. Hergeleitet wird der Terminus ›Ethnie‹ vom Griechischen ›ethnos‹ (ἔθνος), womit ursprünglich Menschengruppen nichtgriechischer, also fremder Herkunft angesprochen waren. Heute kommen unter der Perspektive von ›Ethnie‹ Gruppen in den Blick, die z.B. spezielle Daseinsbedingungen, moralische Grundlinien, Rechtsnormen, Verhaltensweisen oder Traditionen miteinander teilen.[71] Ethnizität, was sich als die Zugehörigkeit zu einer Ethnie definieren lässt, gilt als gruppendynamisches Phänomen:

> Ethnizität bezeichnet eine Eigenschaft einer Gruppe bzw. eines Mitgliedes einer Gruppe [...]: Erstens nehmen sich die Mitglieder einer Gruppe selbst als verschieden

---

[63] Vgl. Kerner, Differenzen und Macht, S. 44.
[64] Winker u. Degele, Intersektionalität, S. 48.
[65] Eßbach, Gemeinschaft, S. 206.
[66] Kerner, Differenzen und Macht, S. 113.
[67] Vgl. Lutz u.a., Fokus Intersektionalität, S. 22.
[68] Jedoch werden nach G. Winker und N. Degele mithilfe dieser Behelfsformen »rassistische Ausgrenzungen und Diskriminierungen tendenziell verschleiert und auch salonfähig gemacht.« Winker u. Degele, Intersektionalität, S. 47.
[69] Klinger u. Knapp, Achsen der Ungleichheit, S. 20.
[70] Lutz u.a., Fokus Intersektionalität, S. 20.
[71] Vgl. Khan-Svik, Ethnizität und Bildungserfolg, S. 15.

von anderen Menschen wahr, zweitens wird diese Gruppe von anderen ebenfalls als verschieden wahrgenommen, und drittens nehmen die Mitglieder der Gruppe an gemeinsamen Aktivitäten teil, die sich auf ihre (reale oder mythische) gemeinsame Herkunft oder Kultur beziehen.[72]

Erst unter der Voraussetzung, dass Ethnizität ein akzeptiertes Differenzierungsmerkmal darstellt, ist das Hervorkommen von ethnisch motivierten Konflikten möglich.[73] Wenn nämlich soziales Handeln zuvorderst als ethnisch bedingt gilt, avanciert diese Perspektive zum ultimativen Filter, infolgedessen menschliche Handlungen durch das Kriterium Ethnizität bestimmt werden.[74] Besonders deutlich tritt das konstruktive Moment von Ethnizität bei Stuart Hall hervor:

> Wenn das schwarze Subjekt und die schwarze Erfahrung nicht durch die Natur oder andere wesenhafte Garantien stabilisiert werden, dann müssen sie historisch, kulturell und politisch konstruiert sein – der Begriff, der dies bezeichnet, ist der der ›Ethnizität‹.[75]

Dieses Verständnis von Ethnizität erkennt »den Stellenwert von Geschichte, Sprache und Kultur für die Konstruktion von Subjektivität und Identität an, sowie die Tatsache, dass jeder Diskurs platziert, positioniert und situativ ist und jedes Wissen in einem Kontext steht.«[76]

Im Zuge sowohl der Untersuchung von Ex 1 als auch der empirischen Analyse werden die dargebotenen Einsichten zu den Konstruktionsprozessen und -dynamiken von ›Rasse‹ bzw. Ethnizität berücksichtigt. Stets gilt dabei die jeweilige Textgrundlage als Maßstab für die Definition und die Art der Auseinandersetzung.

(B) Klassifizierungen und Statuszuweisungen: Konstruktionen von Klasse und sozialem Status

Als »politisch-ökonomische Relationalität«[77] prägt »Klassenzugehörigkeit […] die Lebensbedingungen und die Arbeit, die Frauen, Männer nicht selten auch Kinder leisten.«[78]

Seit ehedem steht der »Klassenbegriff in der Tradition von Theorien sozialer Ungleichheit […].«[79] Und die Deklassierung der ›unteren‹ Klasse(n) artikuliert sich häufig in Gestalt von körperlich harter, ›schmutziger‹ und monotoner Arbeit.[80] Wegweisend für die aktuellen Debatten im Horizont von ›Klasse‹ ist dabei noch immer das Werk von Karl Marx, dessen Definition insbesondere ökonomi-

---

72   Bös, Ethnizität, S. 55.
73   Vgl. Khan-Svik, Ethnizität und Bildungserfolg, S. 22.
74   Vgl. Bös, Ethnizität, S. 57.
75   Hall, Neue Ethnizitäten, S. 22.
76   Ebd.
77   Knapp, Verhältnisbestimmungen, S. 147.
78   Ebd.
79   Winker u. Degele, Intersektionalität, S. 42.
80   Vgl. Klinger, Ungleichheit in den Verhältnissen von Klasse, Rasse und Geschlecht, S. 27.

sche Referenzen aufruft und soziale Ungleichheit unter dieser Perspektive erfasst.[81] Danach bestimmt der Besitz bzw. der Nicht-Besitz von Produktionsmitteln grundlegend sowohl über die Klassenzugehörigkeit von Menschen als auch deren soziale Lage(n). Im Ergebnis mündet diese Einteilung in einer Zweiklassengesellschaft, die sich aufgrund gegenläufiger Interessen stets aufs Neue im Widerstreit befindet[82] und Klassen zu Akteur_innen »im gesellschaftlichen Kräftespiel«[83] macht.

Obwohl Marx »keine eindeutige formale Definition des Begriffs liefert [...]«,[84] ist sein Klassenmodell vielfach zum Ausgangspunkt von Auseinandersetzungen und kritischen Rückfragen geworden. Neben dem Einwurf, wonach ökonomische Faktoren nicht allein über Lebenslagen und Machtverhältnisse in der Gesellschaft Auskunft geben können, steht u.a. die Annahme von lediglich zwei Hauptklassen zur Disposition. Dennoch halten auch viele neuere Ansätze am Strukturprinzip der Klassen fest[85] und versuchen in dieser Linie den Erklärungsbeitrag von Klassenmodellen zu erhellen. Der Soziologe Pierre Bourdieu gilt hier als einer der prominentesten und erfolgreichsten ›Optimierer‹. In seinen Arbeiten versammelt er unter der Perspektive von ›Klasse‹ über ökonomische Kriterien hinaus so genanntes soziales und kulturelles Kapital.[86] Während ökonomisches Kapital materielle Besitztümer umgreift, kann kulturelles Kapitel verschiedene Formen annehmen, die sich in der Triade von inkorporiertem (z.B. Bildung und Wissen), objektiviertem (z.B. Bücher und Gemälde) und institutionalisiertem (z.B. durch Bildung erworbene Titel) Kulturkapital niederschlagen. Mit sozialem Kapital spricht Bourdieu die Beziehung und Netzwerke an, über die Personen verfügen bzw. welchen sie angehören. Das symbolische Kapital betrifft das Renommee einer Person und führt die drei vorangegangenen Kapitalien zusammen. Im Verständnis von Bourdieu erfolgt die Zuordnung von Menschen in Klassen entlang dieser Kapitalanlagen und stellt sich daraufhin als ein Prozess sozialer Positionierungen dar, der in aller Regel vorgezeichnet ist –

> durch einen bestimmten geschlechtsspezifischen Koeffizienten, eine bestimmte geographische Verteilung (die gesellschaftlich nie neutral ist) und durch einen Komplex von ›Nebenmerkmalen‹, die im Sinne unterschwelliger Anforderungen als reale und doch nie förmlich genannte Auslese- oder Ausschließungsprinzipien funktionieren können [...].[87]

Bourdieu setzt keine sozialen Klassen voraus, vielmehr postuliert er einen sozialen Raum von Beziehungen sowie »von Unterschieden, in denen die Klassen gewissermaßen virtuell existieren, unterschwellig, nicht als gegebene, sondern als

---

81 Vgl. Kreckel, Politische Soziologie der sozialen Ungleichheit, S. 54.
82 Vgl. Burzan, Soziale Ungleichheit, S. 17.
83 Kreckel, Klassenbegriff und Ungleichheitsforschung, S. 55.
84 Burzan, Soziale Ungleichheit, S. 18.
85 Siehe dazu Ebd., S. 78.
86 Bereits bei M. Weber, den R. Kreckel als K. Marx »großen soziologischen Gegenspieler« ansieht, wird eine Ablehnung angesichts der marxistischen Eindimensionalität im Rahmen sozialer Ungleichheit deutlich. Kreckel, Politische Soziologie der sozialen Ungleichheit, S. 54.
87 Bourdieu, Die feinen Unterschiede, S. 176f.

herzustellende.«[88] Und erst »die Struktur der Beziehungen zwischen allen relevanten Merkmalen«[89] bestimmt im Verständnis von Bourdieu die Klasse.

Im Unterschied zum Klassenbegriff, erscheint der Ausdruck ›sozialer Status‹, der u.a. im Zusammenhang sozialer Schichtenmodelle auftaucht, in seinen Bedeutungsdimensionen vielfältiger und zudem historisch unabhängiger. Gerade im Blick auf die Analyse biblischer Texte erscheinen diese konzeptuellen Merkmale anschlussfähig. Zugleich läuft eine Verwendung des Begriffs aber Gefahr, sich in Beliebigkeit zu verlieren.

Nach Gerhard Preyer umfasst »[d]er soziale Status (-position) […] die *Gesamtheit* zugeschriebener *Wertschätzungen* eines Mitglieds eines sozialen Systems und die damit einhergehenden Bewertungen (Prestige).«[90] Um die ökonomische Komponente im Rahmen des sozialen Status sichtbar zu machen, hat sich der Begriff sozioökonomischer Status etabliert. Wie Hartmut Lüdtke konstatiert, ist hiermit ein theoretisches Konstrukt gemeint, »das zugeschriebene wie erworbene Eigenschaften seines Trägers, materielle symbolische, kognitive und interaktive Merkmalsdimensionen der sozialen Position einschließt.«[91] Die zentralen Elemente, die den sozialen Status wechselseitig konstituieren, sind nach Lüdtke materielle Ressourcen, Kompetenzen, Sozialprestige und Macht. Sofern Personen gleiche oder ähnliche Statuspositionen besetzen, »lassen sie sich zu einer bestimmten Sozialschicht zusammenfassen.«[92]

Die Frage, ob biblische Texte unter der Perspektive eines neuzeitlichen Klassebegriffes ausgelegt werden können, ist innerhalb der exegetischen Forschung umstritten. Da die antiken Erzählwelten im Rahmen dieser Untersuchung in erster Linie als fiktionale Weltentwürfe gelten, erscheint die Berücksichtigung der Dimension ›Klasse‹, dessen Merkmale ja durchaus in den erzählten gesellschaftlichen Verhältnissen anzutreffen sind, angemessen. Sodann legt Rainer Kessler bereits für die Entstehungszeit des Ersten Testaments bzw. das 8. Jh. v. Chr. einen Prozess zugrunde, »den man als Transformation von einer relativ egalitären zu einer in Klassen gespaltenen Gesellschaft beschreiben kann.«[93] Wie stark und in welchem Ausmaß die dargelegten Konstruktionen von ›Klasse‹ tatsächlich Einlass in die Analyse erhalten, wird sich aber erst in der Auseinandersetzung mit Ex 1 entscheiden.

(C) ›Doing gender‹ und Geschlechter-Wissen: Konstruktionen von Geschlecht

»Gender ist weder genau das, was man ›ist‹, noch das, was man ›hat‹ […]«[94], sondern »der Apparat, durch den die Produktion und Normalisierung des Männ-

---

88   Bourdieu, Sozialer Raum, Symbolischer Raum, S. 365, Hervorhebung im Original.
89   Bourdieu, Die feinen Unterschiede, S. 182.
90   Preyer, Rolle, Status, Erwartungen und soziale Gruppe, S. 71, Hervorhebung im Original.
91   Lüdtke, Expressive Ungleichheit, S. 20.
92   Ebd.
93   Kessler, Das Wirtschaftsrecht der Tora, S. 78.
94   Butler, Die Macht der Geschlechternormen und die Grenzen des Menschlichen, S. 74

lichen und Weiblichen vonstatten geht – zusammen mit den ineinander verschränkten hormonellen, chromosomalen, psychischen und performativen Formen, die Gender voraussetzt und annimmt.«[95]

Judith Butler gilt als eine der Hauptvertreterinnen dekonstruktivistischer Geschlechterforschung. Danach wird Geschlecht kurzum zum Mechanismus, der Vorstellungen von Männlichkeit und Weiblichkeit in einer binären Weise produziert und sogleich naturalisiert: Zweigeschlechtlichkeit, d.h. die ausschließliche Unterscheidung von Mann und Frau, bildet einen integralen Bestandteil des menschlichen Alltagswissens, das entlang der Eigenschaften männlich bzw. weiblich strukturiert ist.[96] Oft werden diese Zuweisungen direkt auf der Oberfläche des Körpers abgelesen: »Körperliche Erscheinung, Bewegung, Gestik und Mimik bilden die Elemente einer unbewussten ›Inszenierung‹ des Geschlechts.«[97]

Geschlecht, und darin findet Butlers dekonstruktivistisches Anliegen u.a. seinen Niederschlag, kann aber gleichermaßen das Instrument sein, durch das »solche Vorstellungen deskonstruiert und denaturalisiert werden.«[98] Geschlecht, Sexualität und Begehren existieren in Butlers diskurstheoretischem Denkgerüst gerade nicht als distinkte Größen, sondern sie sind unauflösbar miteinander verwoben.[99] Dekonstruktivistische Ansätze, welchen gewissermaßen eine konstruktivistische Basis vorauseilt, konterkarieren damit Annahmen, wonach Geschlechtlichkeit natürlich vorliegt, »auf eine anthropologische Konstante oder Substanz zurückgeführt werden kann und festgelegt ist […].«[100]

Dennoch hinterlässt eine dekonstruktive Perspektive »keine weiße Leinwand, die es zu bemalen gilt.«[101] Raewyn Connell deutet Geschlecht zwar abseits des Determinismus von ›sex‹ (biologisches Geschlecht) und ›gender‹ (soziales Geschlecht); zugleich verliert der Körper in seiner Materialität weder an Gegenwärtigkeit noch an Bedeutung:[102] »Der körperliche Prozess wird Teil der sozialen Prozesse, und damit auch ein Teil der Geschichte (der persönlichen wie der kollektiven) und ein möglicher Gegenstand von Politik.«[103]

Die sozialkonstruktivistische Dimension, die im Blick auf die Erforschung von Geschlecht den hermeneutisch-theoretischen Status quo mitbestimmt,[104] hat bereits Simone de Beauvoir freigelegt als sie in das ›Das andere Geschlecht‹ konstatiert: »Man kommt nicht als Frau zur Welt, man wird es. […] Nur die Vermittlung eines Anderen vermag ein Individuum als ein *Anderes* hinzustellen.«[105] Die

---

95   Ebd.
96   Vgl. Wetterer, Konstruktion von Geschlecht, S. 126.
97   Bublitz, Geschlecht, S. 86.
98   Butler, Die Macht der Geschlechternormen und die Grenzen des Menschlichen S. 74. J. Butler weist nicht die Materialität des Körpers zurück, sie betont aber die Wirkmacht des Diskurses in Bezug darauf.
99   Vgl. Butler, Körper von Gewicht, S. 21–24.
100   Bublitz, Geschlecht, S. 96.
101   Connell, Der gemachte Mann, S. 101.
102   Vgl. Ebd., S. 103.
103   Ebd., S. 107.
104   Dies soll nicht implizieren, dass genetische und hormonelle Merkmale in Bezug auf Körper und Geschlechtsorganen unberücksichtigt bleiben.
105   Beauvoir, Das andere Geschlecht, S. 265, Hervorhebung im Original. Kleinkinder sind etwa keineswegs fähig, eigene Konzepte von Männlichkeit und Weiblichkeit auszubilden; geschlechtsspezifische

Kurzformel ›doing gender‹ bringt Geschlechtszugehörigkeit und Geschlechtsidentität als Resultate fortlaufender Konstruktionsprozesse ins Bild, »die mit faktisch jeder menschlichen Aktivität vollzogen«[106] werden. Am Vorgang beteiligt sind verschiedene Akteur_innen und zwar diejenigen, die Geschlecht performen und solche, die es anerkennen.[107]

Konstruktionen und Handlungen im Zusammenhang von Geschlecht variieren je nach Kontext, Zeit, Kultur und sozialer Umgebung. Dabei verläuft die soziokulturelle Vermittlung keineswegs wertneutral: Geschlecht ist dicht gekoppelt an Macht, Gewalt und Erfahrungen von sozialer Ungleichheit. Die noch jüngere Männlichkeitsforschung,[108] die sich gewissermaßen einreiht in die Genealogie von der Frauenforschung bis hin zu den Gender-, Queer- und Intersektionalitätstudien, zeigt u.a. auf, dass Rückgriffe auf Gewalt eine Möglichkeit darstellen, Männlichkeit im Sinne eines ›doing masculinity‹ zu inszenieren.[109] Edgar J. Forster vertritt die These, »daß Gewalt die (Re-)präsentation, die (Re)produktion und Stabilisierung von Männlichkeit erlaubt«[110] und damit »der Resouveränisierung von Männlichkeit«[111] dient.

Als weitere »Position im Geschlechterverhältnis«[112] gilt Männlichkeit heute ebenso wie Weiblichkeit als Folge sozialer Konstruktionen, die mit »geschlechtstypischen Zwängen und Zuschreibungen«[113] verschaltet sind.[114] Besonders große Aufmerksamkeit hat innerhalb der (kritischen) Männer- bzw. Männlichkeitsforschung das Konzept der Hegemonialen Männlichkeit[115] erfahren: Hegemoniale Männlichkeit lässt sich

> als jene Konfiguration geschlechtsbezogener Praxis definieren, welche die momentan akzeptierte Antwort auf das Legitimitätsproblem des Patriarchats verkörpert und die Dominanz der Männer sowie die Unterordnung der Frauen gewährleistet (oder gewährleisten soll).[116]

Neben Gewalt, Aggression und Egozentrismus involviert hegemoniale Männlichkeit auch Verhaltensweisen, die tendenziell positiv konnotiert sind, z.B. Zuwendung und Schutz. Andernfalls stünde die gesellschaftliche Akzeptanz der Hegemonie und somit ihre Aufrechterhaltung auf dem Spiel.[117] Spezielle Stilmittel,

---

Inszenierungen lernen sie erst durch Nachahmung. Vgl. Budde u. Venth, Genderkompetenz für lebenslanges Lernen, S. 29.

[106] Gildemeister, Doing Gender, S. 137.
[107] Vgl. Budde u. Venth, Genderkompetenz für lebenslanges Lernen, S. 14.
[108] Eine gute Einführung in die ›Geschichte der Männlichkeiten‹ bietet die gleichnamige Monografie von J. Martschukat und O. Stieglitz (2008).
[109] Siehe dazu z.B. M. Meuser (2002).
[110] Forster, Gewalt ist Männersache, S. 13.
[111] Ebd.
[112] Connell, Der gemachte Mann, S. 124.
[113] Ebd.
[114] Während auf internationaler Ebene u.a. die Arbeiten von R. Connell (ehemals Robert W. Connell) und J. Hearn einflussreich sind, wird der deutschsprachige Raum von Forscher_innen wie M. Meuser oder M. Bereswill geprägt.
[115] Das Konzept geht zurück auf T. Carrigan, R. Connell und J. Lee.
[116] Connell, Der gemachte Mann, S. 130.
[117] Vgl. Connell u. Messerschmidt, Hegemonic Masculinity S. 840f.

Handlungsweisen und Beziehungsformen bilden dabei gleichermaßen die Strategien und Muster hegemonialer Männlichkeit.[118] Sie werden »in relation to various subordinated masculinities as well as in relation to women«[119] wirksam.

Obwohl Frauen ihrerseits Dominanzpositionen ausfüllen und sich in Machtbeziehungen positionieren bzw. bewegen, kann es, so Connell, infolge der globalen Vorherrschaft von Männern eine hegemoniale Weiblichkeit nicht geben. Mit dem Ausdruck ›betonte Weiblichkeit‹ wird hiernach das Einverständnis von Frauen in die eigene Unterordnung sowie die Ausrichtung an den Anliegen des Mannes, markiert.[120] Für die Auseinandersetzung mit biblischen Texten erscheint mir diese Perspektive durchaus weiterführend. Sie hängt sodann eng mit Fragestellungen im Kontext patriarchaler bzw. kyriarchaler Strukturen zusammen, die später noch stärker in den Blick genommen werden.

(D) Formen, Bedeutungen und Dynamiken von Religion: Konstruktionen von Religion

In den einschlägigen Beiträgen zu Intersektionalität wird Religion zwar neben anderen Kategorien berücksichtigt, eine eigenständige und intensive Auseinandersetzung mit der Dimension findet aber selten statt.

Nach einem neuzeitlichen und organisationsbezogenen Verständnis lässt sich der Religionsbegriff in einer ersten Annäherung entlang drei unterschiedlicher Typen voneinander differenzieren: Zu nennen sind hier ›Religionen, die sich primär ›in unterschiedlichen Kulten konstituieren‹. Als prominente Beispiele treten die polytheistisch antiken Religionen und polytheistisch asiatischen Traditionen hervor. Das Gegenstück dazu stellen so genannte ›Reformreligionen‹ wie der Buddhismus dar, in deren Fokus neben Erkenntnissuche »eine auf die individuelle Erlösung hinzielende Ethik«[121] steht. In der ›Mitte‹ der beiden skizzierten Typen sind nunmehr ›monotheistische (Offenbarungs-)Religionen‹, also Judentum, Christentum und Islam anzusiedeln. Sie finden ihre Wurzeln in der JHWH-Religion und haben im Blick auf polytheistische Religionen ebenfalls einen Reformcharakter.[122] Schließlich legt Gert Pickel (2008) vier Basiselemente von Religion zugrunde, die wesentliche Charakteristika verschiedener Definitionen vereinen: Danach gelten *erstens* die individuellen Überzeugungen, die sich z.B. im Gottesglauben ausdrücken; *zweitens* soziale Praktiken wie Rituale, Zeremonien oder Gottesdienste; *drittens* gemeinsame moralische Maßstäbe, die in Form von Pflichten und Normen eingehalten werden und *viertens* institutionelle Ausprägungen als

---

[118] Vgl. Connell, Der gemachte Mann, S. 130. In einer Ausarbeitung des Begriffs differenziert R. Connell Beziehungen zwischen Männlichkeiten entlang von Hegemonie, Unterordnung, Komplizenschaft, Marginalisierung. Vgl. Ebd., S. 129–135.
[119] Connell, Gender and Power, S. 183.
[120] Vgl. Meuser, Geschlecht und Männlichkeit, S. 101.
[121] Synek, Pluralität innerhalb der Religionen, S. 734.
[122] Vgl. Ebd., S. 735.

Kennzeichen von Religion, die insbesondere »bei der konkreten empirischen Analyse des Phänomens«[123] weiterführend sind.

In Bezug auf die Ausrichtungen einzelner Erklärungsversuche von Religion können sodann substanzielle und funktionale Definitionen voneinander geschieden werden. Während der ›substanzielle Religionsbegriff‹ »versucht Religion von ihrem Wesen bzw. ihrer Substanz her zu erfassen«[124], betrachtet der funktionale Begriff »Religion über die Leistungen und Funktionen, die sie für die Gesellschaft aber auch das einzelne Individuum erbringt.«[125] Auch aufgrund verschiedentlicher Kritik berücksichtigen neuere Definitionen von Religion darüber hinaus substantielle und funktionale Elemente. Clifford Gertz Verständnis von Religion integriert so z.B. einige funktionale Aspekte, die in Bezug auf Religion zentral sind und noch immer Gültigkeit besitzen. Religion markiert danach primär ein Symbolsystem, das »starke, umfassende und dauerhafte Stimmungen und Motivationen in den Menschen«[126] anstrebt, und zwar

> »indem es Vorstellungen einer allgemeinen Seinsordnung formuliert [...] diese Vorstellungen mit einer solchen Aura der Faktizität umgibt, daß [...] die Stimmungen und Motivationen völlig der Wirklichkeit zu entsprechen scheinen.«[127]

Bei Gertz gilt Religion also gleichsam als Modell *von* und *für* die Welt: Lebensform und Weltbild sind miteinander verschränkt.

Auch Gerd Theißen (2001) definiert Religion, angelehnt an Clifford Geertz, als »*ein kulturelles Zeichensystem, das Lebensgewinn durch Entsprechung zu einer letzten Wirklichkeit verheißt.* [...] Der erste Teil der Definition sagt, was Religion ist [...]. Der zweite Teil sagt, was sie bewirkt.«[128] Nach diesem Verständnis stellt Religion Deutungs- und Erklärungsrahmen bereit, infolgedessen z.B. extreme Erfahrungen eingeordnet und erklärbar werden können; sie vermag ferner Orientierung bzw. Geborgenheit (z.B. Hilfe) zu geben.[129] Darüber hinaus erhalten auch utopische und transzendente Visionen einen Möglichkeitsraum.[130] Gruppenzugehörigkeiten finden in Religion ihre Basis und überdies eine strukturgebende, normative Instanz, die in aller Regel von Symbolen, Ritualen und spezifischen Regelwerken flankiert wird. Eingebettet sind die vorhandenen traditionellen religiösen Begriffe, Lehren, Praktiken und Institutionen dann oftmals in ein patriarchales und überdies androzentrisches Bezugssystem: Für die großen Weltreligionen der Gegenwart setzt Birgit Heller so etwa voraus, dass sie »im Kontext patriarchal organisierter Gesellschaften entstanden sind«[131] und »männlich dominierte Sozialstruktur legitimiert« haben.

---

123 Pickel, Religionssoziologie, S. 19.
124 Ebd., S. 21.
125 Ebd.
126 Geertz, Dichte Beschreibung, S. 48.
127 Ebd.
128 Vgl. Theißen, Die Religion der ersten Christen, S. 19f., Hervorhebung im Original. G. Theißen verwendet den Ausdruck Zeichensystem, »da ›Symbole‹ im engeren Sinne (wie das ›Kreuz‹) nur eine besonders komplexe Art von Zeichen sind [...].« Ebd., S. 20.
129 Vgl. Liebsch, Religion, S. 413, vgl. Theißen, Die Religion der ersten Christen, S. 29.
130 Vgl. Liebsch, Religion, S. 413.
131 Heller, Gender und Religion, S. 761.

Als eine Wissenskategorie postuliert Ulrike Auga (2013) Religion und folgt damit der Annahme, wonach Religion respektive religiöses Wissen ein Ergebnis diskursiver Produktions- und Aushandlungsprozesse denotiert. Anstelle der Betonung kollektiver Identitäten fokussiert Auga den Performanzcharakter von Religion. Dies bedeutet »ausdrücklich nicht, Glaubensinhalte wegzuwerfen, sondern vielmehr sie von ihrer ideologiekritischen Verzerrung und ihrem universalistischen Anspruch der Vorrangigkeit zu befreien.«[132] Religion stellt sich damit als eine mehrdeutige und dynamische Dimension dar, die Gemeinsamkeiten mit anderen sozialen Merkmalskonstruktionen teilt.[133]

Wie die Textanalyse von Ex 1[134] noch zeigen wird, nennt die Erzählung Begriffe wie z.B. Religion nicht wörtlich. Soziale Kategorien wie diese werden als Analyseperspektiven deduktiv an den Text angelegt, dann aber quasi-induktiv mit entsprechenden diegetischen bzw. exegetischen Informationen abgestimmt und so einer exegetisch-intersektionalen Perspektive zugänglich gemacht.

1.1.3 Macht als Metaperspektive

An eine intersektionale Perspektive schließen Fragen in Bezug auf Macht,[135] und oft auch Herrschaftsverhältnisse, unweigerlich an.[136] Weiterführende Einsichten können hierbei die Zugänge von Max Weber und Michel Foucault geben, wobei ich ausgewählte Aspekte aus beiden Werken herausgreifen möchte.[137]
Nach Weber bedeutet Macht

> jede Chance, innerhalb einer sozialen Beziehung den eigenen Willen auch gegen Widerstreben durchzusetzen, gleichviel worauf diese Chance beruht. Herrschaft soll heißen die Chance, für einen Befehl bestimmten Inhaltes bei angebbaren Personen Gehorsam zu finden; […].[138]

Herrschaft, die sich typischerweise in institutionalisierten Formen von Über- und Unterordnung ausdrückt,[139] stellt gewissermaßen ein legitimes Machtverhältnis dar. Das heißt, die Subjekte die von Macht betroffen sind, akzeptieren die Beherrschung durch die Herrschenden – allerdings mit durchaus unterschiedlichen Begründungen. Macht kann in Rekurs auf Weber überall dort äußerlich werden, wo Menschen miteinander interagieren und beabsichtigen ihren Willen, auch mit-

---

132 Auga, Geschlecht und Religion als interdependente Kategorien des Wissens, S. 59.
133 Vgl. Ebd., S. 60.
134 Ausdrucksformen wie z.B. die Bibel tragen nicht nur zur Sozialisierung von religiösen Erfahrungen bei, sie formen und prägen sie zugleich. Vgl. Liebsch, Religion, S. 422.
135 Siehe hierzu auch Teil V, Kapitel 2.2.1. Das Machtverständnis, welches die Jugendlichen in Bezug auf Ex 1 entfalten, bietet noch einmal andere Perspektiven dar.
136 Vgl. Leiprecht u. Lutz, Intersektionalität im Klassenzimmer, S. 221ff.
137 Das Machtverständnis von Hannah Arendt, das im Rahmen von Machttheorien i.d.R. ebenfalls skizziert wird, kommt nachfolgend nicht eigens in den Blick. Siehe hierzu in Bezug auf die Bibelwissenschaft z.B. R. Jost (2006). Einen gelungenen ersten Überblick gibt außerdem K. Inhetveen (2008)
138 Weber, Wirtschaft und Gesellschaft, S. 28.
139 Vgl. dazu auch Popitz, Phänomene der Macht, S. 37.

tels Gewalt, durchzusetzen. Machtverhältnisse sind somit relational: Macht bindet sich nicht unweigerlich an »angebbare«[140] Akteur_innen, vielmehr ist sie abhängig »von einer gegebenen Situation«[141], der Chance. Sie kann Möglichkeiten zur Hand geben (z.B. Wissen, körperliche Überlegenheit oder finanzielle Mittel), derer sich Personen bzw. Gruppen bedienen, um Macht zu erlangen, zu steigern oder aber anderen Macht zu entziehen.[142] Nach diesem Verständnis steht Macht, im Gegenüber zu Herrschaft, verschiedensten Inhaber_innen und Kontexten offen.

Der skizzierte Machtbegriff stellt sich als anschlussfähig im Blick auf die nachfolgenden Untersuchungen dar.[143] Er nimmt seinen Ausgang von sozialen Beziehungen; er verweist auf die negativ konnotierten Aspekte von Über- und Unterordnung, die intentional herbeigeführt werden; Gewalt spielt eine zentrale Rolle.[144] Gleichwohl aber ist Macht kein Synonym für Gewalt, sondern sie hat, »um zwei Extreme zu nennen, die Potenz sowohl zum fürsorglichen wie auch zum violenten Handeln.«[145]

Eine besondere Ausprägung von Macht, die nunmehr an Michel Foucaults Analytik anknüpft, stellt die so genannte Biomacht dar. Mit diesem Begriff lassen sich Machttechniken erfassen, die »nicht auf den Einzelnen, sondern auf die gesamte Bevölkerung zielen«[146] und die im Regieren von Lebensprozessen bzw. -formen Ausdruck finden.[147] Der Krieg funktioniert im biopolitischen Erklärungszusammenhang so als »Form des Regierens der Bevölkerung entlang der Konstruktion rassifizierter Differenzen.«[148] Für Foucault ist Rassismus »ein Mittel um […] eine Zäsur einzuführen: die Zäsur zwischen dem, was leben, und dem, was sterben muß.«[149] Biopolitik stellt demzufolge eine Form von Macht dar, die Rassismus als staatlichen Mechanismus voraussetzt. Es »handelt sich um eine Gesamtheit von Prozessen, wie das Verhältnis von Geburt- und Sterberaten, den Geburtenzuwachs, die Fruchtbarkeit einer Bevölkerung u.s.w.«[150]

---

[140]   Weber, Wirtschaft und Gesellschaft, S. 28.

[141]   Ebd., S. 29.

[142]   Vgl. Jost, Gender, Sexualität und Macht in der Anthropologie des Richterbuches, S. 21.

[143]   Hinweisen möchte ich an dieser Stelle auf die Typologie von Macht, die H. Popitz (1992) vorgelegt hat. Er unterscheidet zwischen Aktionsmacht, instrumenteller Macht, autorativer Macht und datensetzender Macht. Für diese Arbeit weiterführend ist insbesondere die Definition von Aktionsmacht. Unter Aktionsmacht versteht H. Popitz »die Macht, anderen in einer gegen sie gerichteten Aktion Schaden zuzufügen […]. Wer Aktionsmacht ausübt, kann etwas tun, wogegen andere nicht gefeit sind, er hat die Macht andere etwas erdulden zu lassen. […]« Popitz, Phänomene der Macht, S. 43. Weiterhin erklärt der Autor: »Alle Machtaktionen können darauf abzielen, *dauerhafte* Machtgefälle zu schaffen oder zu verstärken.« Ebd., S. 46, Hervorhebung im Original. Siehe dazu auch das nachfolgende Kapitel.

[144]   Vgl. Jost, Gender, Sexualität und Macht in der Anthropologie des Richterbuches, S. 21.

[145]   Kirchenamt der EKD, Gewalt gegen Frauen als Thema der Kirche, S. 28.

[146]   Foucault, Analytik der Macht, S. 230. Siehe dazu auch die Ausführungen von G. Agamben.

[147]   Vgl. Gutiérrez Rodriguez, Intersektionalität oder: Wie nicht über Rassismus sprechen, S. 92.

[148]   Ebd., S. 92f.

[149]   Foucault, In Verteidigung der Gesellschaft, S. 301.

[150]   Ebd., S. 286. Deutlich treten hier Anschlussstellen in Bezug auf Ex 1 hervor.

Auch weil Foucault seine Überlegungen in die (Optimierungs-)Logiken der Moderne bzw. westlicher Staaten samt ihren Institutionen einreiht, kann eine Übertragung auf biblische Texte nur fragmentarisch erfolgen. Für die nachfolgende Analyse sind, zumindest im Blick auf Ex 1, diejenigen Einsichten leitend, welche Foucault an den Anfang des fünften Kapitels von ›Der Wille zum Wissen‹ stellt und die als ›souveräne Machtausübung‹ dem Konzept der Biomacht gewissermaßen voraus geschaltet sind: »Das so genannte Recht ›über Leben und Tod‹ ist in Wirklichkeit das Recht, sterben zu machen und Leben zu lassen. […] Die Macht war vor allem Zugriffsrecht auf Dinge die Zeiten, die Körper und schließlich das Leben.«[151]

1.1.4 Gewalt als Metaperspektive

»Auf Gewalt zu zeigen«[152], und dies schließt literarische Repräsentationen von Gewalt gleichermaßen ein, impliziert immer auch, »Machtverhältnisse zur Diskussion zu stellen.«[153] Bereits in Max Webers Machtbegriff sind Gewaltpotenziale konzeptuell verankert.[154] Heinrich Popitz beschreibt Gewalt als

> eine Machtaktion, die zur absichtlichen körperlichen Verletzung anderer führt, gleichgültig, ob sie für den Agierenden ihren Sinn im Vollzug selbst hat (als bloße Aktionsmacht) oder, in Drohungen umgesetzt, zu einer dauerhaften Unterwerfung (als bindende Aktionsmacht) führen soll.[155]

Gewalt ist im Rahmen der vorliegenden Studie ein bestimmendes Thema, sowohl im Zusammenhang von Intersektionalität als auch im Blick auf die Exodusexposition und ihre Interpretation.[156] Dabei fordert gerade eine intersektionale Herangehensweise dazu auf, Gewalt in überkreuzenden Modi wahrzunehmen. Die Gewaltforschung stellt hierfür entsprechende Erklärungsansätze bereit.[157] Mithilfe von Johan Galtungs trilateraler Konflikt-, Gewalt- und Friedenstheorie können Gewaltverhältnisse bzw. -handlungen in einer Weise erforscht werden,

---

[151] Foucault, Sexualität und Wahrheit, S. 1131. Ebenso wie in Bezug auf neuzeitliche Zusammenhänge sollten aber auch hier rassistische, ökonomische und kulturelle Motivationen als biopolitische Ausprägungen mitgedacht werden. Während M. Foucault Biopolitik und Souveränitätsmacht entlang historischer Wandlungsprozesse voneinander differenziert, betont G. Agamben indessen deren logische Verknüpfung. Biopolitik bilde demnach erst den Kern einer souveränen Machtausübung. Vgl. Lemke, Die politische Ökonomie des Lebens.

[152] Hagemann-White, Gewalt im Geschlechterverhältnis als Gegenstand sozialwissenschaftlicher Forschung und Theoriebildung, S. 29.

[153] Ebd.

[154] In historischer Perspektive weisen Definitionen von Macht und Gewalt »den größten Überschneidungsbereich« auf. Imbusch, Der Gewaltbegriff, S. 32.

[155] Popitz, Phänomene der Macht, S. 48.

[156] Gewalt wird im Verlauf der Untersuchung immer wieder aufgenommen und aus unterschiedlichen Perspektiven beleuchtet.

[157] Wie schon im Angesicht von Macht werden Fragen sowie Definitionshoheiten im Zusammenhang von Gewalt derart umfangreich diskutiert, dass hier nur punktuelle Einblicke in diesen vielschichtigen Forschungsbereich möglich sind.

die für die Erkenntnisanliegen dieser Arbeit besonders ergiebig sind: Galtungs Theorie

> bezieht den gesamten Kontext einer Gesellschaft bzw. einer Kultur in die Analyse mit ein, die kulturellen Prägungen, die wirtschaftlichen und politischen Herrschafts-verhältnisse, die Rollen von Individuen als Akteure und Betroffene in Gewaltverhält-nissen, aber auch die psychologischen, strukturellen und kulturellen Tiefendimensionen.[158]

Anschließend wird Johann Galtungs ›Gewaltdreieck‹ in der Reihenfolge von direkter, struktureller und kultureller Gewalt vorgestellt:

Sobald Gewalt seitens Personen ausgeübt wird, welche die Ergebnisse der Gewalt beabsichtigen,[159] liegt ›direkte Gewalt‹ oder auch ›personale Gewalt‹ vor. Ein wichtiges Kriterium direkter Gewalt basiert auf der Möglichkeit, die Subjekte und Objekte der Gewalt klar zu identifizieren. Alle anderen Formen von Gewalt sind dahingegen als ›indirekte‹ bzw. ›strukturelle‹ Gewalt anzusehen. Sie »entspringt der Sozialstruktur, als Gewalt zwischen Menschen, zwischen Gruppen von Menschen (Gesellschaften), zwischen Gruppen von Gesellschaften (Bündnisse, Regionen).«[160] In Gestalt von Repressionen und Ausbeutungen, die politisch und ökonomisch verankert sind, wird strukturelle Gewalt äußerlich und lanciert soziale Ungleichheiten. In dieser Konsequenz umgreift strukturelle Gewalt all jenes, »was die Selbstverwirklichung des Menschen hemmt und verhindert, alles, was den Menschen zu weniger macht als er sein könnte.«[161] Und die Gewaltwiderfahrnisse wirken auch »auf Körper und Geist ein, sie sind aber nicht notwendiger Weise beabsichtigt.«[162]

Das auslösende und legitimierende Moment sowohl direkter als auch struktureller Gewalt liegt nach Galtung in ›kultureller Gewalt‹[163] aufgehoben. Sie ist symbolisch aufgeladen und reproduziert sich z.B. im Angesicht von Religion, Ideologie, Sprache, Kunst, Wissenschaft, Recht, Medien und Erziehung.[164] Kulturelle Gewalt markiert im Verständnis der Triade *die* Schaltstelle, durch welche Gewaltphänomene erst gesellschaftlich akzeptabel gemacht bzw. verhüllt werden:

> Kulturelle Gewalt funktioniert und wirkt in dem Maße, wie es ihr gelingt, die moralische Färbung einer Handlung von falsch auf richtig bzw. akzeptabel oder bedenkenlos umzuschalten und die gesellschaftliche Wahrnehmung von Handlungen oder Tatsachen als Gewalt zu verschleiern.[165]

In die Nähe des kulturellen Gewaltbegriffs rücken dabei auch Formen von symbolischer Gewalt, die sich durch Sprache und Kommunikation kanalisieren. Zum

---

158   Graf, Kultur, Struktur und das soziale Unbewusste, S. 36.
159   Vgl. Galtung, Frieden mit friedlichen Mitteln, S. 17.
160   Ebd., S. 17f.
161   Galtung, Einleitende Bemerkungen zu bestimmten Schlüsselbegriffen, S. 92.
162   Galtung, Frieden mit friedlichen Mitteln, S. 18.
163   P. Bourdieu greift mit seinem Begriff der ›Symbolischen Gewalt‹ ähnliche Bedeutungsdimensionen auf wie J. Galtung.
164   Vgl. Galtung, Frieden mit friedlichen Mitteln, S. 18.
165   Imbusch, Der Gewaltbegriff, S. 40.

Tableau dieser Gewalt gehören u.a. Beschimpfungen, Herabwürdigungen, Missachtungen, Isolation und Ignoranz sowie gezielt z.B. sexistisch verletzende Redeweisen, die sogleich die Psyche angreifen.[166] Mit seiner Typologie führt Galtung Kultur, Struktur und Akteur_innen produktiv zusammen und berücksichtigt sogleich ihre Reziprozität: »Direkte Gewalt kann zum Aufbau struktureller Gewalt eingesetzt werden, strukturelle Gewalt führt zu revolutionärer und konterrevolutionärer direkter Gewalt; und kulturelle Gewalt legitimiert alles Vorgenannte.«[167]

Im ›Gewaltdreieck‹, das hier zwar nur in Ausschnitten zur Geltung gekommen ist, wird die Frage nach Gewalt in den Geschlechterverhältnissen nicht eigens berücksichtigt; für eine intersektionale und vielfaltsorientierte Auseinandersetzung ist sie aber maßgebend. In Rekurs auf Carol Hagemann-White u.a. liegt Gewalt im Geschlechterverhältnis dort vor, wo »*die Verletzung der körperlichen oder seelischen Integrität eines Menschen durch einen anderen [...], mit der Geschlechtlichkeit des Opfers wie des Täters zusammenhängt.*«[168] Gerade wenn solche Gewalt unter dem Vorzeichen von strukturell verankerten Machtverhältnissen stattfindet[169], und diese Möglichkeit ist in Bezug auf biblische Erzählwelten vorauszusetzen, stellt sich die Suche nach den bestimmenden Herrschaftsinstanzen, ihren Absichten sowie Strategien als zentral dar. Verschiedene sozio-strukturelle Merkmale sollten dabei unbedingt als Faktoren von Gewalt mitgedacht werden.

Obwohl sich Gewalt terminologisch ausdifferenzieren lässt, greifen Repräsentationen, Funktionen, Vorgehensweisen und Konsequenzen verschiedener Gewaltformen ineinander und beeinflussen sich wechselseitig. Darüber hinaus stellen die vorgelegten Definitionen neuzeitliche Gewaltkonzepte dar, deren Verwendung angesichts der soziokulturellen Bedingungen, in welche biblische Texte hineinsprechen, überprüft werden muss. Im Rahmen der exegetischen Untersuchung stehen diese Abwägungen, auf der Ebene des Diskurses und der ›storyworld‹, immer wieder neu an. Grundlegend ist dabei ferner die Frage, wie von den ›Objekten‹ und ›Subjekten‹ der Gewalt gesprochen werden kann, ohne in diesem Zuge Gewalt zu reproduzieren oder gar neu zu verursachen: Insofern die komplexen Zusammenhänge und Erfahrungen, die sich mit Gewalt verbinden, von außen niemals vollständig erfassbar sind, steht jede Definition von Gewalt, die ja immer auch durch individuelle Referenzrahmen bestimmt ist, vor diesem Problem.

---

[166] Vgl. Ebd. S. 41.
[167] Galtung, Frieden mit friedlichen Mitteln, S. 68.
[168] Hagemann-White, Strategien gegen Gewalt im Geschlechterverhältnis, S. 481, Hervorhebung im Original.
[169] Vgl. Ebd., S. 482.

1.2   Kontextuelle Exegesen

Auch abseits der Sozialwissenschaften stellt soziale Ungleichheit, d.h. »die ungleiche Verteilung von Lebenschancen«[170] ein wichtiges Forschungsthema dar. Die
Formen, Ursachen und Merkmale sozialer Ungleichheit sind allerdings variabel
und »werden selbst in einer Gesellschaft zu einem bestimmten Zeitpunkt je nach
theoretischem Hintergrund unterschiedlich gesehen.«[171] Denn was als gemein-
schaftlich relevant gilt, muss ebenso wenig wie die Spielarten gesellschaftlicher
Teilhabe konstant bleiben.[172] Soziale Ungleichheit ist damit als eine gesellschaftliche Konstruktion zu verstehen, die historischem Wandel unterliegt und »nie
›objektiv‹ sein kann.«[173]

In den nachfolgenden Kapiteln wird ausgehend von biblischen Texten bzw.
der bibelwissenschaftlichen Auseinandersetzung mit ihnen die Frage nach sozialer Ungleichheit aus der Sicht kontextueller Exegesen gestellt: »Als Reaktion auf
die machtvoll universalisierende *Theologie des Westens* zeigen Kontextuelle Theologien die unhintergehbare Kontextualität jeder theologischen Reflexion und damit
ihre notwendige Pluralität auf.«[174]

Kontextuelle Exegesen sind keine wertneutralen Deutungen, vielmehr zielen
sie darauf ab, »das Vorverständnis der jeweiligen Person produktiv zu nutzen.«[175]
Feministische und befreiungstheologische Zugänge[176] folgen so z.B. einem Paradigma, nach welchem sich der Rezeptionshorizont der (impliziten und realen)
Leser_innen immer auch kontextuell in der Analyse der Texte niederschlagen
soll.[177] Eine solche Hermeneutik setzt einerseits voraus, dass soziokulturelle
Merkmale von Rezipierenden in der Begegnung mit der Bibel berücksichtigt werden. Andererseits gehen kontextuelle Exegesen bzw. Theologien zurück in die
Zeit und erkennen hier an, »daß die Gottesbotschaft an Menschen ergeht, die in
unterschiedlichen sozialen und gesellschaftlichen Zusammenhängen leben, welche für ihr Verstehen konstitutiv sind.«[178] Das heißt: Die kulturellen, sozialen und
historischen Entstehungs- und Tradierungskontexte der Texte werden beleuchtet.

Gerade weil sich kontextuelle Exegesen in einem ideologiekritischen Modus
ereignen, können ihre hermeneutischen Ausgangslagen maßgebend für die Untersuchung von Ex 1 bzw. die Entwicklung einer intersektionalen Bibelauslegung
sein.

---

[170]   Burzan, Soziale Ungleichheit, S. 7.
[171]   Ebd.
[172]   Vgl. Ebd.
[173]   Ebd.
[174]   Gruber, Theologie nach dem Cultural Turn, S. 52.
[175]   Jost, Feministisch-exegetische Hermeneutiken des Ersten Testaments, S. 263.
[176]   Zwischen den beiden Forschungsrichtungen hat es stets thematische, methodische und personelle
        Überschneidungen gegeben.
[177]   Vgl. Fischer, Wege in die Bibel, S. 52.
[178]   Fischer u.a., Einführung, S. 1–8.

1.2.1 Feministische Exegesen und Hermeneutiken

> Über weite Strecken der abendländischen Geschichte wurde vom Mann gesprochen,
> wenn es um den Menschen ging. ›Der Mann‹ verkörperte das Menschsein offenkun-
> dig in seiner Fülle, während ›die Frau‹ als dem Mann [...] nachrangiges Geschlecht
> gesehen wurde.[179]

Der Grundton der Bibel ist androzentrisch und patriarchal. Auch das biblische
Hebräisch entspricht, ebenso wie viele moderne Sprachen, diesem Paradigma
und setzt das grammatisch männliche Geschlecht für geschlechtsneutrale Gene-
ralisierungen ein. Das hebräische Wort für Mann kann zugleich Mensch bedeuten; das männliche Geschlecht erhält damit einen allgemeinen Status.[180] Eine
Auslegungskultur, die dieser Sprache kritiklos folgt und sie weiterträgt, steht in
der Gefahr, andere Stimmen zu überhören. Dass dies schnell geschehen kann
und sich tatsächlich über Jahrhunderte hinweg so vollzogen hat, liegt sehr wahrscheinlich darin begründet, »[...] dass biblische Texte situationsbedingte Produkte größtenteils männlicher Arbeit sind.«[181] Die ›Schrift‹ ist in erster Instanz
von Männern für Männer geschrieben worden.

Dass heute exegetische Arbeiten vorliegen, die die androzentrische und vielmals sexistische Sprache der Bibel bewusst hinterfragen, stellt eine zentrale Errungenschaft feministischer Bibelauslegung dar.[182] Als Sammelbegriff steht feministische Exegese an der Schnittstelle von Feminismus und Exegese: Sie »kennzeichnet keine einheitliche Richtung oder Position von theologischen Frauenfor-
scherinnen. In den verschiedenen Ansätzen und Entwürfen [...] spiegeln sich
unterschiedliche regionale und historische Traditionen des Feminismus ebenso
wie der Theologie wider.«[183] Feministische Exegese ist deshalb weniger als Methode zu begreifen, sondern sie vollzieht sich zuvorderst auf hermeneutischer
und methodologischer Ebene.[184] Der Ausdruck Feminismus umfasst auf dieser
Grundlage »eine theoretische, gesellschafts-, erkenntnis- und wissenschaftskriti-
sche Ebene, die das Patriarchat als Ursache frauenunterdrückender Systeme analysiert.«[185] Biblische Auslegungen, die sich dieser Hermeneutik verpflichten, begreifen es als ihre Aufgabe, Frauen zu Wort kommen zu lassen, sie sichtbar zu
machen und für sie Stellung zu beziehen.[186] Bedingungen für diese exklusive Hinwendung zu Frauen, Frauenfiguren und Frauenerzählungen sind nicht nur in den
biblischen Texten selbst zu finden, sondern zugleich in selektiven exegetischen

---

[179] Fischer, Der Mensch lebt nicht als Mann allein, S. 14.
[180] Vgl. Fischer, Egalitär entworfen, S. 265f.
[181] Fischer, Wege in die Bibel, S. 80.
[182] Die ersten Weichen für diesen Zugang werden im 19. Jh. gelegt. Breitere wissenschaftliche Aufmerksamkeit errang die theologische Frauenforschung allerdings erst in den 1970er und 1980er Jahren.
Vgl. Schroer, Schuf Gott den Mann nach seinem Bild, S. 118. Als Meilenstein feministischer Exegese
gilt u.a. E. C. Stantons ›Womens Bible‹.
[183] Vgl. Jost, Feministisch-exegetische Hermeneutiken des Ersten Testaments, S. 256.
[184] Vgl. Müllner, Handwerkszeug der Herren, S. 133.
[185] Hedwig-Jahnow-Forschungsprojekt, Feministische Hermeneutik und Erstes Testament, S. 9.
[186] Ein Blick auf das ›Kompendium feministische Bibelauslebung‹ vergegenwärtigt, wie reichhaltig die
Anschlussstellen der Schrift sind, um mit und über biblische Frauengestalten ins Gespräch zu kommen. Siehe dazu L. Schottroff und M-T. Wacker (1998).

Auseinandersetzung mit ihnen: Männerfiguren standen lange im Zentrum von Analysen, die geschlechterbezogene bzw. soziale Ungleichheiten weitgehend ausklammerten und damit dem patriarchalen System gewissermaßen in die Hände spielten.[187] Feministische Exegese versteht sich auch deshalb als ein hermeneutischer Zugang, der ausdrücklich Partei für Frauen ergreift und ihnen eine ›Option‹ aufzeigen will. Die Akteur_innen üben sowohl offensichtliche als auch subversive Kritik an Herrschaft, Macht und Gewalt, die sich gegen Frauen richtet. Das heißt, die Erfahrungen von Frauen filtern den Fokus auf die Texte und ihre Auslegung. Mit Erfahrung ist sodann einerseits eine bereits reflektierte Menge von Wahrnehmungen und Erlebnissen adressiert;[188] andererseits sind Merkmale wie Hautfarbe, Nationalität, Bildung sowie weitere potenzielle Differenzkategorien gemeint. Die analytischen Konzepte, welche feministische Exeget_innen daraufhin heranziehen, sind u.a. Sexismus[189], Misogynie, Androzentrismus und Patriarchat:

> Sexismus ist dem Wort Rassismus abgeschaut und benennt die Diskriminierung und das Vorurteil oder den Hass (Misogynie) gegen Frauen. Androzentrismus bezieht sich auf Sprache und Weltbild und betont, dass Männer im Zentrum der Aufmerksamkeit stehen, während Frauen zu Randfiguren gemacht werden. Patriarchat wiederum meint nicht nur die Herrschaft des Hausvaters, sondern die Herrschaft des Mannes über die Frau.[190]

Obwohl diese Dimensionen, gerade in Bezug auf biblische (Entstehungs-)Kontexte, strukturimmanent erscheinen, betonen Forscher_innen, dass ihre »Entwürfe gruppenspezifisch, nicht universal zu verstehen sind.«[191] Feministische Theologien und Exegesen sprechen in aller Regel nicht selbstreferenziell von ›der Frau‹. Auf dem Hintergrund ihres erfahrungsbezogenen Impetus setzen sie eine Pluralität von weiblichen Lebensformen und -räumen voraus,[192] ohne jedoch die historischen, kulturellen und politischen Zwänge zu ignorieren, denen sie unterliegen und die mithin eine Gleichmachung ›der Frau‹ anstreben.

Um Essentialismen entgegenzuwirken[193] müssen Begrifflichkeiten wie ›Frauen‹, ›feministisch‹ oder ›Geschlecht‹ immer wieder einer kritischen Relektüre unterzogen werden.[194] Es gilt hierbei die eigenen Bedingungen des Sprechens ebenso wie die Kontexte der Subjekte, über die gesprochen wird, zu reflektieren. Nur so entsteht die Chance, Begriffe wie die oben genannten möglichst historisch angemessen einzusetzen und in ihrer potenziellen Vielfalt abzubilden. Die Suche nach Bedeutungsangeboten des Textes wird folglich nicht allein von gegenwärti-

---

187 Vgl. Fischer, Gender-faire Exegese, S. 34.
188 Hedwig-Jahnow-Forschungsprojekt, Feministische Hermeneutik, S. 9.
189 Der Brockhaus beschreibt Sexismus recht knapp als Bezeichnung für »Diskriminierung und Benachteiligung von Menschen aufgrund ihres Geschlechts sowie für die Ideologie, die dem zugrunde liegt.« Brockhaus, Der Brockhaus in drei Bänden, S. 379. Zu berücksichtigen sind dabei die jeweiligen personalen, institutionelle und epistemischen Dimensionen von Sexismus. Siehe dazu z.B. I. Kerner (2008).
190 Schüssler Fiorenza, Gender, Sprache und Herr-schaft*, S. 19f.
191 Hedwig-Jahnow-Forschungsprojekt, Feministische Hermeneutik, S. 10.
192 Vgl. Rakel, Grundbegriffe, S. 25.
193 Vgl. Jost, Feministisch-exegetische Hermeneutiken des Ersten Testaments, S. 263.
194 Vgl. Ebd., S. 256.

gen Kontexten beeinflusst, ›der‹ historische Diskurs und das narrative Arrangement der Texte spielen in die Analysen mit ein: Sowohl in narratologischer als auch sozialgeschichtlicher Hinsicht[195] ist z.B. zu prüfen, wie bestimmte Themen und Probleme innerhalb der ›storyworld‹ verhandelt werden, welche Inhalte in den Mittelpunkt oder an den Rand rücken. Es legt sich deshalb eine Auslegung biblischer Texte nahe, die sozialgeschichtliche Umstände der Textentstehung und diesbezügliche Textstrategien ebenso involviert wie aktuelle Rezeptionserfahrungen. Ziel ist es, beide Ebenen miteinander zu verknüpfen. Für feministische Exegesen ergibt sich hierauf ein doppeltes Mandat: In der Linie einer ›Hermeneutik des Verdachts‹[196] können die kulturell und sozial kodierten Inszenierungen von Geschlecht *erstens* als patriarchale Konstruktionen entlarvt werden.[197] *Zweitens* gilt es, diese Macht des Definierens durch feministische Forschung zu destabilisieren.[198] Am Beispiel biblischer Texte lässt sich dann z.B. veranschaulichen, wie binäre Geschlechtsstereotype reproduziert werden und in Verbindung mit anderen sozialen Faktoren an der Herstellung von Macht- und Herrschaftsgefällen beteiligt sind.[199] Dabei können auch Geschlechterbilder in den Blick kommen, die abseits etablierter Vorstellungen stehen und sich einer heteronormativen Matrix entziehen. Ein solcher Zugang entspricht nicht nur einer feministischen, sondern mehr noch einer gender-bewussten Exegese, die heute im Mainstream bibelwissenschaftlicher Geschlechterforschung angelangt ist:[200] Über exklusive ›Frauenperspektiven‹ hinaus, lenkt sie ihren Fokus ferner auf Darstellungen und Normative im Zusammenhang von Männern bzw. Männlichkeiten; neuerdings kommen ›queere‹ Fragen hinzu.[201]

In der Reihe queerer, womanistischer und postkolonialer bibelwissenschaftlicher Studien, die noch stark an ›originäre‹ feministische Hermeneutiken anknüpfen,[202] bildet das Feld der ›Männerforschung‹ bzw. der ›(critical) men's studies in religion‹ den derzeit jüngsten Zugang: Dass das ›Männliche‹ ebenso wie das ›Weibliche‹ in den Analysefokus rückt, markiert »die Basis kritischer, d.h. Geschlecht als historisch-soziale bzw. diskursgebundene Formation fassender und ineins damit vermeintlich natürliche Machtverhältnisse dekonstruierender Männerforschung.«[203] Wegweisend für die deutschsprachige bibelwissenschaftliche

---

195 Nachfolgend (Teil II, Kapitel 2.2) wird mit der kulturgeschichtlichen Narratologie ein Zugang vorgestellt, der gewissermaßen sozialgeschichtliche und narratologische Zugänge miteinander verknüpft.
196 Schüssler Fiorenza, Brot statt Steine, S. 50.
197 Vgl. Hedwig-Jahnow-Forschungsprojekt, Feministische Hermeneutik, S. 18.
198 Vgl. Ebd., S. 19f.
199 In Bezug auf semitische Sprachen muss dabei auch berücksichtigt werden, dass diese »nicht dualistisch strukturiert« sind, »weshalb die Analyse mit binaren Oppositionen als Grundkategorie den biblischen Texten unangemessen ist.« Müllner, Gewalt im Hause Davids, S. 45.
200 Auch wenn im Rahmen der nachfolgenden Untersuchung eine intersektionale Bibelauslegung angestrebt wird, stehen die dargebotenen Perspektiven doch unter dem besonderen Einfluss von feministischen aber auch gender-bewussten Exegesen und ihren Denktraditionen.
201 Ebenso wie eine gendersensible Lesart, emanzipieren sich queere Auslegungen damit von vorgeprägten sozialen und sexuellen Geschlechterrollen. Hier ist z.B. auf die Arbeiten von M. Althaus-Reid hinzuweisen.
202 Vgl. Schroer, Schuf Gott den Mann nach seinem Bild, S. 119.
203 Wacker u. Rieger-Goertz, Vorwort, S. 12.

Männerforschung sind u.a. die Arbeiten von Reiner Knieling und Andreas Ruffing, die ausdrücklich »männerspezifische Blicke«[204] auf die Bibel werfen. In ihren Untersuchungen bahnen sie, ähnlich wie feministische Exeget_innen, »einen kritischen Dialog zwischen Männererfahrungen und Männlichkeitskonzepten der Bibel und der Erfahrungswelt heutiger Männer unter dem Maßstab der Geschlechtergerechtigkeit«[205] an.[206]

1.2.2 Befreiungstheologische Exegesen und Hermeneutiken

Befreiungstheologien treten für soziale und politische Gerechtigkeit ein.[207] Ausgehend von sozialen Ungleichheiten verstehen und inszenieren sich Ansätze, welche in diesem Umfeld verortet sind, als Theologien ›der Armen‹. In der Bibel finden sie ihre Wurzeln.

Unter der Überschrift ›Option für die Armen‹ wurden zunächst in Lateinamerika klassenbezogene Differenzen innerhalb der kirchlichen Arbeit verhandelt: In Medellín[208] hat »eine umfassendere Entwicklung der Befreiungsreflexion an Kraft«[209] gewonnen. Dabei gilt als Kennzeichen von Befreiungstheologie

> weniger ihre kritische Analyse der kapitalistischen Gesellschaft oder die Betonung gesellschaftlicher Errungenschaften sozialistischer Länder. Ihre Besonderheit besteht in ihrer Methode: Eine religiöse Reflexion, die von den Armen ausgeht und diese als historische Subjekte und christliche Bezugspunkte schlechthin ansieht.[210]

Und obwohl Befreiungstheologien ihre Wurzeln in den lateinamerikanischen Basisgemeinden finden, fokussiert Armut (so scheint es mir) zunehmend keine homogenen Gruppen; sondern sie betrifft all jene, die »unerträgliche Ausgrenzung«[211] erleben. Wenn Armut nach dieser Begriffsbestimmung über eine rein ökonomische Dimension hinausweist, öffnet sie der Beliebigkeit aber nicht Tür und Tor. Gerade mit Blick auf die so genannten Industriestaaten und die dort situierte theologische Forschung erweist sich die Definition als sinnvoll. Sie weckt

---

[204] Knieling u. Ruffing, Einführung, S. 7. Siehe hierzu ferner den Sammelband ›Männerbeziehungen‹ (2015).

[205] Knieling u. Ruffing, Einführung, S. 8.

[206] Gewissermaßen in der Spur feministischer Einsichten, spricht eine männerspezifische Bibelauslegung nicht vom Mann und von Männlichkeit, sondern sie pluralisiert Männerleben und Männlichkeiten. In den antiken Texten werden z.B. Konzepte hegemonialer Männlichkeit aufgespürt und innerbiblisch, etwa am Beispiel von Gottesbildern, befragt bzw. dekonstruiert. Vgl. Ebd., S. 11f.

[207] Vgl. Knauth u. Schroeder, Über Befreiung, S. 1.

[208] Vor dem Aufkommen von Befreiungstheologien ist es keiner christlichen Strömung außerhalb von Europa gelungen, »den Monolog der europäischen Theologien nachhaltig zu unterbrechen« und ihre Dominanzstellung zu irritieren. Schelkshorn, Die bleibende Herausforderung der lateinamerikanischen Theologie der Befreiung, S. 9.

[209] Rojas, Die Zukunft der Befreiungstheologie, S. 172.

[210] Ebd., S. 171. ›Die Armen‹, und darin kommt *ein* Vorwurf gegenüber Befreiungstheologien zum Ausdruck, werden nicht selten auch von etwaiger Kritik ›befreit‹. Vgl. Breitmaier u. Sutter Rehmann, Hinführungen, S. 15.

[211] Marazzi, Armut. Die Bedeutung des Ausdrucks ›unerträglich‹ bestimmt der Autor nicht näher.

einerseits Sensibilität für die Probleme und Missstände, die sich im unmittelbaren persönlichen Nahbereich ereignen. Andererseits kann sie eine kritische Reflexion dieser Verhältnisse auf einer Metaebene einleiten. Im Anschluss an Luzia Sutter Rehmann erfährt christlicher Glaube im Zuge der unbedingten Hinwendung zu Armen und durch die Analyse unterdrückerischer Strukturen eine Politisierung.[212]

Schließlich ermöglicht ein weites Verständnis von Armut eine Hinwendung zu Armutsverhältnissen, die jenseits materieller Status liegen, und damit verbunden auch ein Ineinander von verschiedenen kontextuell-exegetischen Perspektiven. Zum Ausdruck kommt diese Synthese nicht nur in Womanistischer Theologie oder feministischer Befreiungstheologie,[213] sondern ferner in der pluralistischen Rede von Befreiungs*theologien*. Entsprechend ihrer Ausrichtung fordern die jeweiligen Theologien über den sozioökonomischen Status hinaus, zugleich Befreiungen entlang von anderen Formen der Marginalisierung. Nach Thorsten Knauth und Joachim Schroeder gilt es im Rahmen des Befreiungsdiskurses »kollektive Sichtweisen und Erfahrungen zu kontextualisieren in Zeit und Raum, bezogen auf das Geschlecht, die soziale Lage und […] auch auf die Generation.«[214]

Die Hebräische Bibel differenziert nun zwischen ›absolut Armen‹ (evion) und ›relativ Armen‹ (any). Hinzu kommen die ›körperlich-schwachen Armen‹ (dal) sowie die ›geistigen Armen‹ (anawim).[215] Die Konnotationen von Armut in der Bibel charakterisiert Gustavo Gutiérrez[216] folgendermaßen: »Armut ist für die Bibel etwas Skandalöses, das die Würde des Menschen ruiniert und folglich dem Willen Gottes widerspricht.«[217] Schließlich veranschaulichen die Rechtstexte des Exodusbuches die mehrdimensionale Bedeutung, die sich in Bezug auf Armut innerhalb der Tora entfaltet.

Nicht zuletzt aufgrund der Bestätigungen, Lösungen und Auswege, welche die biblischen Figuren in, mit und durch den Gott Israels finden, konstatieren Befreiungstheolog_innen die Bibel als ultimatives Buch der Befreiung. Die Erzählung vom Auszug aus Ägypten dient hier als eine der wichtigsten Quellen, um Armen eine Option zu zeigen.[218] Mit Befreiung verknüpft Gutiérrez dabei die Hoffnung auf eine gerechtere sozialpolitische und ökonomische Verteilung von Land und Gütern. Er strebt nach einer Gesellschaftsordnung, in der Menschen unabhängig von Hautfarbe, Geschlecht, sexueller Orientierung und anderen Merkmalen gleichberechtigt miteinander leben. An diese gewissermaßen intersektionale Perspektive schließt Gutiérrez eine kontextuelle Lesart biblischer Texte an. Wenn eine Erzählung aus einer ›fremden‹ Position heraus gelesen wird,

---

[212] Vgl. Sutter Rehmann, Geh, frage die Gebärerin, S. 21.
[213] Im deutschsprachigen Kontext haben u.a. Theologinnen wie E. Schüssler Fiorenza, L. Schottroff, D. Sölle oder C. Schaumberger zur Etablierung einer feministischen Befreiungstheologie beigetragen.
[214] Knauth u. Schroeder, Über Befreiung, S. 2.
[215] Vgl. Gutiérrez, Theologie der Befreiung, S. 273 u. 278.
[216] Die ›Theologie der Befreiung‹ wurde maßgeblich durch den katholischen Priester G. Gutiérrez geprägt.
[217] Vgl. Gutiérrez, Theologie der Befreiung, S. 273.
[218] Vgl. Fischer, Wege in die Bibel, S. 81.

»verwandelt sie sich in eine andere Geschichte«,[219] erklärt er. Dabei betont Gutiérrez für seinen befreiungstheologischen Ansatz aber, »daß die Armen ihr Schicksal selbst in die Hand nehmen müssen.«[220]

Als Folge ihrer kontextuellen Verortung hat befreiungstheologische Exegese nicht nur Verantwortung gegenüber dem Text, sie verpflichtet sich ferner der Reflexion gesellschaftlicher Wirklichkeit, heute und damals. Mithilfe sozialgeschichtlicher Befunde kann eine Annäherung an das historische Umfeld der Texte, also an die gesellschaftlichen und kulturellen Strukturen, erfolgen,[221] welche den Texten jeweils spezielles Kolorit verleihen. Einer eindimensionalen Textwahrnehmung wird so systematisch entgegengearbeitet.

Wenngleich beide der hier vorgestellten Forschungsrichtungen immer schon thematische, methodische und nicht zuletzt personelle Überschneidungen aufweisen, ist die Frage nach entsprechenden Zu-, Über- oder Unterordnungen keinesfalls unproblematisch. Elisabeth Schüssler Fiorenza erklärt dazu in einem Aufsatz:

> Obwohl mein Ansatz sich ausdrücklich politisch, entkolonisierend und befreiungsthe*logisch versteht, zögere ich, eine kritische feministische The*logie entweder der Befreiungsthe*logie, der Postkolonialen The*logie oder der politischen The*logie zuzuordnen.[222]

Ein erweitertes Erkenntnisinteresse seitens der klassischen Befreiungstheologie hin zu Formen sozialer Ungleichheit, die außerhalb sozialökonomischer Statusfragen liegen, markiert m.E. noch ein Forschungsdesiderat.[223]

1.2.3 Intersektionale Exegesen und Hermeneutiken

Die Ausgangspunkte für eine integrative Sicht auf Differenzen im Feld der Theologie liegen in den USA der 1970er Jahre. Etwa zeitgleich zu den Protesten des Combahee River Collective erscheint Judith Plaskows Aufsatz ›Blaming the Jews for the Birth of Patriarchy‹. Bereits in diesem Beitrag werden zentrale Weichen für eine intersektionale Auseinandersetzung in Bezug auf biblische Texte gelegt. Aber auch im europäischen Kontext etabliert sich infolge der materialistischen Exegese ein Ansatz,[224] der analog zu befreiungstheologischen Herangehensweisen ›Arme und Unterdrückte‹ zum Ausgangspunkt seiner Bemühungen erhebt. Im Sammelband der ›Gott der kleinen Leute‹ zeigt Dorothee Sölle so z.B. auf, dass Abhängigkeiten nicht nur entlang von einem Differenzmerkmal zustande kommen, sondern sie werden »von den jeweils Herrschenden, von ihrer Kultur,

---

[219] Gutiérrez, Die Lage und die Aufgaben der Theologie der Befreiung, S. 67.
[220] Ebd. Auch L. Boff, ein weiterer prominenter Befreiungstheologe unterstützt diese Perspektive. Siehe hierzu z.B. L. Boff (1980).
[221] Vgl. Fischer, Wege in die Bibel, S. 85.
[222] Schüssler Fiorenza, Die kritisch-feministische The*logie der Befreiung, S. 23.
[223] Allerdings handelt es sich hier um einen subjektiv gewonnenen Eindruck (u.a. infolge von Fachtagungen), von welchem ich feministisch-befreiungstheologische Diskurse ausnehme.
[224] Siehe dazu Eisen u.a., Doing Gender, S. 10.

ihren Ideen und Gesetzen«[225] bestimmt. In Sölles Hermeneutik ist sodann nicht nur die Frage nach dem sozioökonomischen Status von Akteur_innen aufgehoben, sie integriert ferner Aspekte wie Körperlichkeit und Geschlecht.[226]

Auch Bezeichnungen wie feministische Befreiungstheologie oder Womanistische Theologie signalisieren eine Verschränkung unterschiedlicher Zugangsweisen.[227] »Als Differenzbegriff verweist Womanismus einerseits auf die spezifischen Erfahrungen und Traditionen Schwarzer Frauen, schließt aber andererseits feministische Inhalte als Bestandteile womanistischen Engagements ein.«[228] Überschneidungen zwischen (früherer) Intersektionalitätsforschung[229] und Womanistischer Theologie treten daraufhin unverkennbar hervor:

> Womanist theology challenges all oppressive forces impeding black women's struggle for survival and for the development of a positive, productive quality of life conducive to women's and the family's freedom and well-being. Womanist theology opposes all oppression based on race, sex, class, sexual preference, physical ability, and caste.[230]

Jenseits von Geschlecht und Hautfarbe verweist Delores Williams hier auf weitere Formen der Diskriminierung, ein Primat der Unterdrückung z.B. in Gestalt von Geschlecht macht sie dabei nicht stark. Vielmehr weist die Autorin Sexismus, Homophobie, Rassismus, Bodyismus und weitere Diskriminierungsformen gleichberechtigt zurück, wobei der Bibel sowohl als repressives Werkzeug als auch als Ort von Befreiung eine zentrale Funktion zukommt.

Gewissermaßen in der Nachfolge ihrer womanistischen Mitstreiter_innen hat Eske Wollrad innerhalb der feministischen Theologie eine ›Kritische Weißseinsforschung‹ eingeleitet.[231] Dabei reflektiert sie über die Privilegien weißer Mittelschichtsfeminist_innen hinaus deren ›othering‹, d.h. ihre ›VerAnderungskonstruktionen‹[232]: Sie können »sich zum Einen darin äußern, daß die Stimmen von afrikanisch-amerikanischen Frauen überhört und verschwiegen werden«[233] oder aber zum Ausdruck kommen, wenn »Weiße feministische Theologinnen diese Stimmen zur Kenntnis nehmen, ohne daß eine weitere Differenzierung folgt.«[234] Denn unter dieser Voraussetzung »bleibt das Fremde in seiner Einzigartigkeit das Andere, dessen Existenz zwar wahrgenommen, in seiner Relevanz für den eigenen Kontext und das eigene Theologietreiben jedoch ignoriert wird.«[235]

---

[225] Sölle, Der Mensch zwischen Geist und Materie, S. 32, Hervorhebung im Original.
[226] Vgl. Eisen u.a., Doing Gender, S. 11.
[227] Siehe dazu ›The Womanist Reader‹ (2006). In dem Sammelwerk sind einflussreiche Texte Womanistischer Theologie versammelt.
[228] Wollrad, Wildniserfahrung, S. 38. Geprägt wurde der Ausdruck ›Womanismus‹ von der US-Amerikanerin A. Walker. Als Perspektive hat der Neologismus jedoch bereits in J. Grants Theologie Einlass erhalten.
[229] Siehe dazu Teil II, Kapitel 1.1.
[230] Williams, Sisters in the Wilderness, S. 67.
[231] Siehe hierzu u.a. auch E. Wollrad (2005).
[232] Siehe dazu Teil II, Kapitel 1.3.4, dort Abschnitt (C).
[233] Wollrad, Wildniserfahrung, S. 192.
[234] Ebd.
[235] Ebd.

Als eine der wichtigsten Vertreter_innen westlicher feministischer Befreiungstheologie und zugleich Wegbereiterin einer intersektionalen Exegese möchte ich Elisabeth Schüssler Fiorenza aufrufen. Durch ihre kritische Auseinandersetzung mit dem Patriarchatsbegriff hat die Bibelwissenschaftlerin in den frühen 1990ern die Signatur ›Kyriarchat‹ eingeführt und damit die wechselseitige Verflechtung unterschiedlicher Unterdrückungs- und Herrschaftsstrukturen verdeutlicht.[236] Der Neologismus ›Kyriarchat‹ bezeichnet »ein abgestuftes pyramidales Herrschaftssystem, für das Ausbeutung und Unterordnung konstitutiv sind […].«[237] Eine kyriarchale Analyse ermöglicht

> the*logisch-androzentrische Texte und kyriozentrische Traditionen als sozioreligiöse Konstrukte anstatt als geoffenbarte ›Vorgegebenheiten‹ zu interpretieren und zu durchschauen, wie die Strukturen von Geschlecht, Rasse, Klasse und Kolonialismus sich wechselseitig multiplizieren und gegenseitig verstärken.[238]

Im Blick auf das westliche Kyriarchatssystem und seine Analyse identifiziert Schüssler Fiorenza vier Ebenen, die miteinander interagieren und sich gegenseitig aufrechterhalten: Die ›gesellschaftlich-politische‹, die ›ethisch-kulturelle‹, die ›biologisch-natürliche‹ und die ›symbolische‹ Ebene.[239]

Das Zusammendenken von Merkmalen der Ungleichheit, was konstitutiv für eine Kyriarchatsanalyse ist, korrespondiert mit intersektionalen Konzeptionen wie sie im vorangegangenen Kapitel skizziert wurden. Auch Schüssler Fiorenza selbst zeigt die Nähe der Zugänge an, insofern sie eine intersektionale Herangehensweise ausdrücklich in ihre eigene Theorie integriert bzw. ›intersektional‹ bedingte Dominanz als kyriarchal beansprucht:

> A critical intersectional decolonizing feminist analytic […] does not understand domination as an essentialist, ahistorical, and hierarchical dualistic system. Instead, it articulates domination as kyriarchy, as a heuristic concept (derived from the Greek, meaning ›to find‹), or as a diagnostic, analytic instrument that enables investigation into the multiplicative interactions of gender, race, class, and imperial stratifications, as well as research into their discursive inscriptions and ideological reproductions.[240]

Die Referenzzentren von Schüssler Fiorenzas Analyse sind einerseits die kontextuell-sozialen Umgebungen der Bibel, d.h. die antiken nahöstlichen und römischen Imperien. Andererseits blickt sie auf zeitgenössische neokolonialistische und antidemokratische Diskurse.[241] Vom intersektionalen Verständnis, welches im Rahmen dieser Untersuchung an die Texte angelegt werden soll, unterscheidet sich eine kyriarchale Analyse dennoch. Herrschaft, nicht Macht, ist m.E. in

---

[236] Bereits in ihrem Beitrag ›Entscheiden aus freier Wahl‹ konstatiert E. Schüssler Fiorenza, dass eine kritische Analyse des Patriarchats die Wechselwirkung von »Sexismus, Rassismus, Klassensystem und militärem Kolonialismus« aufgreift. Dezidiert entspricht eine solche Vorgehensweise »in ihrer Konzeption und ihren Zielen nicht der weißen Mittelklasse.« Schüssler Fiorenza, Entscheiden aus freier Wahl, S. 151. Auch C. Schaumberger und L. Schottroff (1988) zeigen die Verbindungslinien der beiden Zugänge schon früh auf. Und hier ließen sich freilich weitere Autor_innen nennen.

[237] Schüssler Fiorenza, Ekklesia der Frauen, S. 45.

[238] Schüssler Fiorenza, Gender, Sprache und Herr-schaft*, S. 22.

[239] Vgl. Ebd., S. 23.

[240] Schüssler Fiorenza, Between Movement and Academy, S. 11f.

[241] Vgl. Ebd., S. 16.

Schüssler Fiorenzas kyrirachalen Hermeneutik die zentrale Schaltstelle, von wo aus Intersektionen untersucht werden. Kategoriale Wechselwirkungen treten daraufhin stets im Bildnis des pyramidalen Systems hervor, das konsequent von oben nach unten funktioniert und Unterdrückung unweigerlich zur Folge hat. Zwar ist diese Perspektive auch in der vorliegenden Auffassung von Intersektionalität verankert, allerdings als *eine* Ausdrucksform, die neben anderen steht. In diesem Sinne folgen intersektionale Analysen hier nicht einer eindimensionalen vertikalen Spur. Scheinbar zementierte Positionen von Majorität bzw. Minorität können zugleich irritiert und ›gegen den Strich‹ gelesen werden. Hatte Gustavo Gutiérrez seine Vorstellung zur prekären Lage Lateinamerikas noch durch den Terminus ›Achse der Unterdrückung‹ versinnbildlicht, wird diese Achse im Zuge einer intersektionalen Perspektive in verschiedene Richtungen ausdifferenziert, und sie betrifft Machtinhaber_innen ebenso wie potenziell ›Unterdrückte‹, ›intersektional Aufgeklärte‹ oder ›die nächsten Mitmenschen‹. Die Frage nach den Subjekten und Objekten im Blick auf ›intersektionale‹ Praktiken muss folglich jeweils neu (dem Gegenstand angepasst) gestellt werden.

Da die biblischen ›storyworlds‹ gewaltvolles Verhalten in Bezug auf die Existenzabsicherung sozial höher situierter Figuren vielmals legitimieren und als Normalität konstatieren, können repressive Mechanismen teils weder von den vermeintlichen Täter_innen noch von deren Opfern erfasst, kommuniziert oder gar skandalisiert werden. Wenn die Rahmungen biblischer Erzählungen deshalb in die Kritik gegenwärtiger Auslegungen geraten, ist zu reflektieren, dass diese Auseinandersetzungen ebenfalls spezifischen Rastern unterliegen: »Je nachdem, wie die Inhalte durch Verschiebungen von Zeit und Ort gerahmt werden, reibt man sich die Augen, empfindet Wut und Ekel oder Bewunderung und sieht Dinge überhaupt zum ersten Mal.«[242] In dieser Konsequenz muss auch das eigene Vorgehen angesichts ›intersektionaler‹ Produktionsweisen eingeschriebener Macht- und Dominanzverhältnisse überprüft werden. Für mich als Forscherin bedeutet dies, meine eigene, privilegierte Position in ihren vielfältigen Verknüpfungen, bestmöglich zu reflektieren. Anstelle der Verwendung eines singulären »methodischen und hermeneutischen Modells«[243] schlägt Renate Jost z.B. eine ›integrative Exegese‹ vor, »die die Vielfalt der kulturell bedingten Deutungsmöglichkeiten erkennen lässt, die Fremdheit der Texte akzeptiert und dennoch versucht, gegenwärtige Fragestellungen mit dem Text ins Gespräch zu bringen, um so nicht auf seine Relevanz zu verzichten.«[244] Im Rahmen ihrer Herangehensweise, die weiterführend für eine intersektionale Bibelauslegung ist, favorisiert Jost historisch-kritische, literaturwissenschaftliche und sozialanthropologische Zugänge.[245]

In vielen feministisch-exegetischen Arbeiten, die seit den 1990er Jahren entstanden sind, lassen sich intersektionale Vorgehensweisen finden. Selten wird Ge-

---

[242] Butler, Raster des Krieges, S. 18.
[243] Jost, Feministisch-exegetische Hermeneutiken des Ersten Testaments, S. 271.
[244] Ebd.
[245] Vgl. Ebd.

schlecht in diesen Untersuchungen als alleinstehende Kategorie betrachtet, sondern ins Verhältnis zu anderen Differenzmerkmalen gesetzt.[246] Denn so grundlegend die Geschlechterdifferenz als Analysekategorie ist, so deutlich tritt schon früh die Einsicht hervor, dass sie »[…] den Blick auf andere Differenzen nicht verstellen darf.«[247] Irmtraud Fischer hat dazu einen Katalog von sieben Kriterien entwickelt, »die in hierarchisch geordneten Gesellschaften den sozialen Status eines Menschen bestimmen.«[248] Insofern die Merkmale »bipolar mit positiver bzw. negativer Wertung versehen werden, wirken sie sich auf Individuen bevorzugend bzw. benachteiligend aus. Je mehr positive bzw. negative Kriterien zutreffen, umso höher bzw. niedriger ist der soziale Rang eines Menschen.«[249]

Kriterium	Positiv	Negativ
Bürgerstatus im AO	frei	unfrei
Geschlecht Sexuelle Orientierung	männlich heterosexuell	weiblich homosexuell, queer
Alter im AO: Frei	alt	jung
Alter im AO: Unfrei	jung	alt
Ökonomischer Status	reich	arm
Ethnizität	einheimisch	ausländisch
Psychophysischer Status	gesund	krank, behindert

Abb. 1: Kriterien zur Definition von gesellschaftlichen Differenzen im Alten Orient (AO) (Nach: Fischer, Inklusion und Exklusion, S. 11)

Auch im Rahmen der exegetischen Untersuchung, die in Teil III erfolgt, treten diese Differenzkategorien hervor. In Rekurs auf die in Kapitel 1.1 dargebotenen intersektionalen Anleitungen werden sie u.a. anti-, intra- und inter-kategorial beforscht.

Gerade vor dem Hintergrund der bereits geleisteten exegetischen Arbeit, die unter einer dezidiert intersektionalen Perspektive stattgefunden hat, ist es mir ein Anliegen, die vielfältigen Einsatzmöglichkeiten von Intersektionalität gezielt aufzuzeigen.[250] Ein intersektionaler Zugang ist demnach keineswegs auf die Erfassung von Mehrfachunterdrückung oder Herrschaft beschränkt. Der Ansatz wird hierdurch nicht nur seiner hermeneutisch-theoretischen Komplexität beraubt, sondern außerdem in seinen vielseitigen Erkenntnisinteressen beschränkt. Erst

---

[246] Vgl. Fischer, Inklusion und Exklusion, S. 10.
[247] Müllner, Tödliche Differenzen, S. 83.
[248] Fischer, Inklusion und Exklusion, S. 11.
[249] Ebd.
[250] Auch in Bezug auf Diversität (als verwandtes Konzept von Intersektionalität) konstatiert B. Mutschler, dass hiermit ein noch weitgehend »fremder Begriff« in der Exegese vorliegt. Mutschler, Die Bibel als Ausgangspunkt, Grundlage und Anleitung für den Umgang mit Diversität, S. 249. Siehe dazu ferner N. Spiering (2014).

infolge einer mehrdimensionalen und tendenziell deutungsoffenen Auseinandersetzung mit sozialen Kategorien verwandelt sich Intersektionalität für mich zu einem »eye opener« [...] für die Analyse von Texten der Antike [...]«.[251]

1.3 Vielfalt und Jugendliche: Religionspädagogische und bibeldidaktische Perspektiven

Nicht nur intersektionale Zugänge fragen nach den Verschränkungen und Wirkungsweisen sozial produzierter Kategorisierungen. Modelle im Bereich von Vielfalt, Diversity oder Heterogenität,[252] die innerhalb von Pädagogik bzw. Erziehungswissenschaft en vogue sind, nehmen ihrerseits Unterschiede sowie den Umgang mit Differenzen auf verschiedenen Ebenen in den Blick.

Vor dem Hintergrund einer Religionspädagogik der Vielfalt und entsprechenden bibeldidaktischen Modellen möchte ich im Fortgang erste theoretische Impulse für eine Bibeldidaktik der Vielfalt entwickeln.[253] Insofern Jugendliche die empirischen Ansprechpartner_innen im Rahmen der Untersuchung sind, setzen die theoretischen Erläuterungen bei ihnen an. Nachdem in einem ersten Schritt der Begriff ›Jugend‹ definiert und von anderen Termini abgegrenzt wird, rücken anschließend pädagogische, religionspädagogische und bibeldidaktische ›Vielfaltsmodelle‹ in den Fokus.[254]

1.3.1 Jugend – Adoleszenz – Pubertät

In alltäglichen Kontexten wird der Ausdruck Jugend in aller Regel recht unscharf eingesetzt und bezeichnet eine von der Kindheit bis ins Erwachsenenleben hineinreichende Lebensphase. Daraufhin werden mit ›Jugend‹ spezielle Verhaltensmuster und Eigenschaften verbunden, die Jugendliche von anderen Altersgruppen unterscheiden.[255]

Als deutlich komplexer stellt sich indessen die fachwissenschaftliche Auseinandersetzung dar: Neben verschiedenen Termini lassen sich ferner Disziplinen,

---

[251] Eisen u.a., Doing Gender, S. 27.

[252] Auch einige inklusive Ansätze könnten hier eingereiht werden.

[253] In Teil VI werden die theoretischen Impulse vor dem Hintergrund der empirisch gewonnenen Erkenntnisse abermals aufgegriffen.

[254] Auch weil für die empirische Untersuchung ein entdeckender Modus leitend sein soll, werden anschließend eher allgemeine und punktuelle Einsichten im Blick auf die Jugendphase konturiert: Charakteristische Themenfelder religionspädagogischer Forschung wie z.B. ›die Entwicklung des religiösen Urteils‹ werden in diesem Kapitel nicht eigens besprochen. Selbiges gilt für Kategorien wie Geschlecht oder Ethnizität, die ja ebenfalls für die empirische Analyse bedeutsam sind. Richtungsweisend wird stattdessen die Auseinandersetzung mit religionspädagogischen Konzeptionen sein, welche diese Dimensionen bereits integrieren.

[255] Vgl. Ecarius u.a., Jugend und Sozialisation, S. 13.

Positionen, Traditionen und Erkenntnisinteressen in Bezug auf Jugend voneinander abgrenzen.[256]

Von Rechtswegen her gelten 14- bis 17-Jährige als ›Jugendliche‹; 18- bis 20- Jährige hingegen werden den ›Heranwachsenden‹ zugeordnet.[257] Soziolog_innen bestimmen Jugend schließlich als »eine gesellschaftlich Gruppe, die eigene subkulturelle Sinndeutungen, Gesellungsformen, Umgangs- und Kleidungsstile hervorbringt, mit denen sie sich von den jüngeren und älteren Mitgliedern der Gesellschaft abgrenzen will.«[258] Dieser synchrone Blick richtet sich auf jugendliche Vergemeinschaftungsformen, Interaktionsordnungen oder kommunikative Praktiken. Zentral ist die Frage, »mit welchen Handlungen Jugendlichkeit entworfen, inszeniert und hergestellt wird.«[259]

Anders als die soziologische Forschung operiert die Psychologie verstärkt mit dem Konzept der Adoleszenz und kennzeichnet damit »die Besonderheiten der psychischen Gestalt des physischen Erlebens im Rahmen eines Entwicklungsmodells […].«[260] Die psychologische Forschung betont somit die emotionalen und kognitiven Entwicklungsdynamiken, welche infolge der Pubertät einsetzen und in drei Phasen – die Früh-, die Mittel- und die Spätadoleszenz – gegliedert sind.[261] Erst wenn die Adoleszenten »ihren Platz als selbstständige Erwachsene in der Welt eingenommen haben«[262], ist das so genannte ›Moratorium‹, welches wörtlich einen Aufschub markiert, abgeschlossen. Adoleszenz stellt also eine Art Übergangsphase zwischen Kindheit und Erwachsenenalter dar, die sich zumeist in der Altersspanne zwischen 13 und 25 Jahren vollzieht, wobei diese altersbezogenen Ränder aber als durchlässig vorauszusetzen sind:[263] In Bezug auf Jugend liegt eine Konstruktion vor, die kontext-, d.h. kultur- und zeitgebunden, produziert wird und deshalb wandelbar ist.[264] Vera King konstatiert, »dass jegliche Versuche, eindeutige Altersgrenzen für ›Jugend‹ (oder für ›Adoleszenz‹) festzulegen, scheitern.«[265]

Unter pädagogischen Gesichtspunkten rücken im Angesicht von Jugend indessen stärker die alterstypischen Voraussetzungen, die Begleiterscheinungen bzw. Folgen von Erziehung, Bildung, Sozialisation und Unterricht in den Vordergrund.[266] Jugend bezeichnet hier »vor allem einen ›Bildungsraum‹, eine Lebensphase, in der der Weltoffenheit der Jugendlichen nicht zuletzt von Seiten der

---

[256] Zum Thema Jugend liegt eine Vielfalt an wissenschaftlichen Publikationen vor, im Folgenden wird nur ein Ausschnitt aus der Bandbreite präsentiert.
[257] Vgl. Rendtorff u. Burckhart, Schule, Jugend und Gesellschaft, S. 95.
[258] Ebd.
[259] Liebsch, »Jugend ist nur ein Wort«, S. 25.
[260] Fend, Entwicklungspsychologie des Jugendalters, S. 22f.
[261] Vgl. Rendtorff u. Burckhart, Schule, Jugend und Gesellschaft, S. 95.
[262] Ebd.
[263] Vgl. Zimmermann, Grundwissen Sozialisation, S. 155.
[264] Vgl. Ferchhoff, Jugend und Jugendkulturen im 21. Jahrhundert, S. 86.
[265] King, Die Entstehung des Neuen in der Adoleszenz, S. 27.
[266] Vgl. Ecarius u.a., Jugend und Sozialisation, S. 14.

Schule mit vielfältigen Anregungen und Erfahrungsmöglichkeiten begegnet werden sollte.«[267] Während mit Jugend und Adoleszenz also durchaus deutungsoffene bzw. weite Konzepte vorliegen, ist der Terminus Pubertät vielmals für biologische Entwicklungsprozesse reserviert.[268] Die Pubertätsphase ist durch vielfältige und tiefgreifende Veränderungsprozesse gekennzeichnet. Diese betreffen vordergründig körperliche, kognitive sowie identitätsbezogene ›Aufgaben‹, die Heranwachsende[269] im Zuge der Pubertät bewältigen müssen.[270] Auch weil die körperliche Reife gerade bei Mädchen[271] deutlich früher einsetzt als die so genannte soziale Selbstständigkeit, markiert Sexualität ein Thema, das bereits im (psychologischen) Kindesalter relevant wird.[272]

Zusammengenommen und mit jeweils eigenen Akzentuierungen erörtert die begriffliche Trias von Pubertät – Jugend – Adoleszenz »die zentralen und bestimmenden Aspekte des Jugendalters.«[273] In seinem Grundlagenwerk ›Entwicklungspsychologie des Jugendalters‹ bestimmt Helmut Fend dabei folgende Entwicklungsaufgaben für das Jugendalter: ›Den Körper bewohnen lernen‹, ›Umgang mit Sexualität lernen‹, ›Umbau der sozialen Beziehungen‹, ›Umgang mit der Schule und Umbau zur Leistungsbereitschaft‹, ›Berufswahl‹, ›Bildung‹ und ›Identitätsarbeit‹. In den Entwicklungskoordinaten, die Fend für das Jugendalter absteckt, erkennen Barbara Rendtorff und Svenia Burckhart (2008) sowohl ›intrapsychische‹ Aspekte, welche die persönliche Entwicklung von Einzelnen betreffen als auch ›interpsychische‹ Aspekte, »die mit den Beziehungen der Adoleszenten zu tun haben«[274] und schließlich ›gesellschaftlich-kulturelle‹ Aspekte. Sie thematisieren die Positionen des/der Einzelnen im Rahmen der Gesellschaft.[275]

Wenn nun die Jugendphase eine Zeit grundlegender und weitreichender Veränderungen darstellt, dann ist der Annahme zu folgen, dass diese Wandlungsprozesse auch in der religionspädagogischen Arbeit mit Jugendlichen bemerkbar werden. Gerade im Blick auf die Identitätsarbeiten von Heranwachsenden gewinnen Auseinandersetzungen mit gesellschaftlichen Erwartungen, Traditionen und Verhaltensweisen an Bedeutung.[276] Religiöse und politische Weltanschauungsmodelle werden tendenziell instabil und befördern diesbezügliche Aushandlungsprozesse. Im Rahmen der empirischen Untersuchung sollen die dargelegten und recht allgemein formulierten Einsichten primär als Hintergrundinformationen dienen, die aber auch eine heuristische Funktion erfüllen können.

---

267 Rendtorff u. Burckhart, Schule, Jugend und Gesellschaft, S. 95.
268 Vgl. Ebd.; vgl. Fend, Entwicklungspsychologie des Jugendalters, S. 23.
269 Im Unterschied zum Rechtskontext wird der Ausdruck Heranwachsende im Folgenden synonym für Jugendliche und Adoleszente verwendet.
270 Siehe hierzu H. Fend (2003).
271 Der körperliche Reifungsprozess von Mädchen beginnt durchschnittlich eineinhalb bis zwei Jahre früher als bei gleichaltrigen Jungen.
272 Vgl. Rendtorff u. Burckhart, Schule, Jugend und Gesellschaft, S. 95.
273 Ebd., S. 96.
274 Ebd., S. 97.
275 Vgl. Ebd. Obwohl aktuelle Studien eine tendenziell angepasste Jugend beschreiben, deren Proteste eher still daherkommen, bestehen gleichwohl Generationenkonflikte. Sie äußern sich z.B. im Austesten von Regeln bzw. Normen und gelten damit als jugendtypische Handlungsweisen.
276 Siehe dazu H. Fend (2003).

1.3.2 Vielfalt als pädagogisches Paradigma

Vielfalt markiert ein bestimmendes Thema im pädagogisch-erziehungswissenschaftlichen Diskurs. Maßgebend für die Auseinandersetzungen ist dabei noch immer Annedore Prengels reformpädagogischer Ansatz.[277] Unter der Überschrift ›Pädagogik der Vielfalt‹ entfaltete die Erziehungswissenschaftlerin die Vision eines »Miteinanders der Verschiedenen‹ auf der Basis gleicher Rechte.«[278] Schon früh hat Annedore Prengel daraufhin eine inklusive Schulpädagogik kultiviert, die u.a. das Modell eines gemeinsamen Unterrichts anvisiert und danach strebt, der Spaltung zwischen Förderschulpädagogik und Allgemeiner Schulpädagogik entgegenzuarbeiten. In ihrem Werk beruft sich Prengel insbesondere auf die Strukturkategorien Geschlecht und Behinderung und legt unter dieser Perspektive soziale Ungleichheitslagen systematisch frei. Eine zentrale Rolle spielen Gleichheit und Verschiedenheit. Erstere beschreibt Prengel dabei als ein Verhältnis, »worin Verschiedenheit zueinander steht.«[279] Nach diesem Verständnis bilden Gleichheit und Verschiedenheit keine Ausschlusskriterien oder gar Parallelbegriffe, sondern sie sind zwei Seiten einer Medaille. Erst durch egalitäre Differenz, d.h. »ein nichthierarchisches, freiheitliches und entwicklungsoffenes Miteinander der Verschiedenen«,[280] verwirklicht sich die empirisch und theoretisch erwachsene Idee einer Pädagogik der Vielfalt; Voraussetzung hierfür ist Verschiedenheit bzw. Heterogenität,[281] wobei die Begriffe durchaus andersartig konnotiert werden können.

Merkmale von Heterogenität können dabei in Bezug auf schulische Akteur_innen, so Norbert Wenning (2007), Dimensionen wie Leistung, Alter, sozialkulturelle Herkunft, sprachliche Herkunft, Migration, Gesundheit und Körper sowie Geschlecht sein. Auch Wenning plädiert für ein relatives Verständnis von Heterogenität: »[S]ie hängt vom Maßstab ab und ist nur zusammen mit Homogenität zu betrachten, wird erst durch Vergleichsoperationen ›hergestellt‹ und ist ›wandelbar‹.«[282]

Nach Uwe Sielert, der seinerseits im pädagogischen Modus von Vielfalt agiert, liegt eine wesentliche Aufgabe von Pädagogik der Vielfalt darin,

> eine wechselseitige Anerkennung der vielfältigen Lebenswege und Herkunftswelten der Individuen zu fördern, ohne die Auseinandersetzung und Suche nach Gemeinsamkeiten sowie die Ermöglichung von Zugangsgerechtigkeit zu den Ressourcen Macht, Geld und Bildung dabei aus den Augen zu verlieren.[283]

---

[277] Im Folgenden werde ich A. Prengels Ansatz nur grob skizzieren und Elemente daraus vorstellen, die für die vorliegende Untersuchung besonders weiterführend sind. Auch deshalb werde ich nicht auf die einzelnen Theoretiker_innen eingehen, auf die sich A. Prengel jeweils bezieht. Beispielhaft möchte ich auf L. Irigaray und A. Honneth hinweisen.

[278] Prengel, Pädagogik der Vielfalt als Pädagogik auch für Kinder in Not. S. 30.

[279] Windelband, Über Gleichheit und Identität, S. 8. zit. n. Prengel, Pädagogik der Vielfalt, S. 29.

[280] Prengel, Egalitäre Differenz in der Bildung, S. 96.

[281] Vgl. Prengel, Pädagogik der Vielfalt, S. 30. Ich werde im Folgenden nicht ausführlich auf die erziehungswissenschaftlichen Heterogenitätsdebatten eingehen, gerne möchte ich aber auf die umfangreichen Diskussionen, die in Bezug darauf geführt werden, hinweisen.

[282] Wenning, Heterogenität in Schule und Unterricht, S. 24.

[283] Sielert u.a., Kompetenztraining »Pädagogik der Vielfalt«, S. 41.

In Erziehungs- und bildungswissenschaftlichen Zusammenhängen sind hiermit multiperspektivische Prozesse verbunden. Im Anschluss an Annedore Prengel gehören dazu z.b. eine grundsätzliche Offenheit für unterschiedliche Lebens- und Lernformen, ein gleichberechtigter Zugang zu Bildungseinrichtungen, das Bemühen um gesellschaftliche Teilhabe und Lernen in gemischten Gruppen. Grundlegend für Prengels Definition von Differenz[284] ist sodann ein demokratischer Impetus, der sich ausdrücklich gegen Hierarchien wendet und damit die Legitimation von Unterdrückung, Herabsetzung und Exklusion als Folgen von Differenz negiert: »Die Option für Differenz ist eine Option gegen Hegemonie.«[285] Darüber hinaus ist Differenz offen ausgerichtet und verweigert sich infolgedessen binären, symmetrischen Konstruktionen. Differenz gilt als ein historisch erwachsenes Phänomen, das stetigem Wandel unterliegt. Inhaltlich-begriffliche Darstellungen können vor diesem Hintergrund nur annäherungsweise und unvollkommen sein, denn grundsätzlich ist eine »Unbestimmbarkeit der Menschen«[286] anzunehmen. In dieser Linie macht ›Egalitäre Differenz‹ sogleich Halt vor idealisierenden Zuschreibungen:

> Zur Legitimation ihrer Gleichheitsrechte sowie ihrer Rechte auf Akzeptanz ihres Andersseins brauchen Frauen, Behinderte, Angehörige von Minoritäten nicht moralisch besser oder besonders wertvoll zu sein, das wäre nur eine neue Kränkung.[287]

Im Anschluss an ihren experimentellen und vorläufigen Differenzbegriff hat Annedore Prengel 17 Thesen[288] entfaltet, in welchen sie die Prämissen einer ›egalitären Differenz‹[289] pädagogisch konkretisiert. Nachfolgend greife ich einige dieser Kennzeichen heraus und führe sie zur Erläuterung teils zusammen.[290]

Selbstachtung und Anerkennung der Anderen

»Ich bin nicht Du und ich weiß Dich nicht.«[291] Mithilfe dieses Zitats erläutert Annedore Prengel die Grundhaltung ihrer Pädagogik der Vielfalt, welche jeweils die Einzigartigkeit ihrer Adressat_innen betont. Die Achtung der Lehrenden vor

---

[284] A. Prengels Differenzbegriff ist ausgefächert in zwölf Dimensionen.

[285] Prengel, Pädagogik der Vielfalt, S. 183.

[286] Ebd.

[287] Ebd.

[288] Siehe hierzu Ebd., S. 185.

[289] Dabei schließt ›egalitäre Differenz‹ nach meinem Verständnis jede Form von Gewalt (nach einer weiten Definition) aus, das bedeutet z.B., dass diskriminierende Kommunikationsformen (trotz der Anerkennung von Differenz) abgelehnt werden.

[290] Die ausgewählten Merkmale erscheinen für meine Arbeit besonders gewinnbringend. Vorschläge zu konkreten Strategien im Unterricht, z.B. in Form von Lernentwicklungsberichten, bringe ich dabei nicht zur Geltung: Der hier angestrebte Weg hin zu einer Bibeldidaktik der Vielfalt setzt primär auf einer hermeneutischen Ebene an. Kritische Stimmen in Bezug auf A. Prengels Ansatz möchte ich vernachlässigen und mich stattdessen auf die vielfältigen und überzeugenden Potenziale konzentrieren. Bei der Benennung der Thesen übernehme ich den Wortlaut von A. Prengel, teils nehme ich erklärende Ergänzungen vor.

[291] Möller, Die Liebe ist das Kind der Freiheit, S. 11 zit. n. Prengel, Pädagogik der Vielfalt, S. 185.

der Einzelpersönlichkeit von Kinder und Jugendlichen stellt ein Prinzip von Parteilichkeit für die Einzelnen und gleichsam ein zentrales Bildungsziel dar.[292] Aus dieser Anerkennung können Selbstachtung sowie die Fähigkeit, eigene Erfahrungen, Absichten und Wünsche mitzuteilen erwachsen – und diese Haltung des Respekts gilt in gleichem Maße auch für den Umgang mit Anderen.

Übergänge: Kennenlernen der Anderen

»Aus Subjektivität entsteht Intersubjektivität.«[293] Dort, wo sich Personen der eigenen Besonderheiten bewusst sind, wird die Fähigkeit geweckt, auch die Einzigartigkeit der Anderen wahrzunehmen und sie im Spiegel des Selbst ggf. besser zu verstehen; Neugierde stellt dabei einen wichtigen Antriebsfaktor dar. Durch einen gemeinsamen und intensiven Austausch kann das Kennenlernen der Anderen eingeübt und kultiviert werden. Ebenso wie die Verschiedenheit Einzelner im Rahmen einer Pädagogik der Vielfalt, und zwar unter der Perspektive von Anerkennung, verankert ist, bietet sie Reflexions- bzw. Anerkennungsräume für die Heterogenität unterschiedlicher Gruppen.

Entwicklungen zwischen Verschiedenen – Begrenzungen und Entgrenzungen

»Wenn verschiedene Menschen einander kennenlernen, eröffnen sich neue Handlungsperspektiven.«[294] Der Umgang mit Personen, die andere Fähigkeiten und Voraussetzungen mitbringen, stellt eine zentrale Herausforderung für die kognitive und emotionale Entwicklung dar. Grundlegend ist hier die Einrichtung eines Lernklimas, das die sozialen, kognitiven, körperlichen und kulturellen Verschiedenheiten in den Horizont von Akzeptanz stellt. Eigene ggf. geschlechtliche, religiöse oder sozial bedingte Erfahrungen der Begrenzung können zur Sprache kommen und daraufhin Potenzial für reale Möglichkeiten der Entgrenzung, gewissermaßen ein ›undoing‹, bereitstellen. Die Basis hierfür bilden u.a. institutionelle Rahmenbedingungen, woraufhin Heterogenität mehrdimensional zugelassen wird.

Keine Definitionen – Keine Leitbilder

Obwohl eine Pädagogik der Vielfalt mit sozialen Kategorisierungen operiert, weist sie die Etikettierung von Menschen zurück: Sie will nicht definieren, »was ein Mädchen, ein Junge, ein Verhaltensgestörter, eine Türkin ... sei. Wenn Personen charakterisiert werden sollen, dann in ihrer Entwicklungsdynamik und in ihrem Umweltkontext.«[295] Vereinseitigte und idealisierende Leitbilder, die einer Offenheit von Heterogenität entgegenstehen, werden im Angesicht von Vielfalt problematisiert und in Distanz gerückt.

---

292 Vgl. Prengel, Pädagogik der Vielfalt, S. 185.
293 Ebd., S. 186.
294 Ebd., S. 187.
295 Ebd., S. 191.

»Je tiefer das Verständnis für die lebensgeschichtlichen und geschichtlichen Hintergründe ist, umso freier und verantwortlicher können neue Lebensperspektiven entwickelt werden.«[296] Wenngleich ein Denken im Modus von Vielfalt die Verschiedenheit von Akteur_innen betont, sind Fragen nach individuellen aber auch kollektiven biografischen, kulturellen und historischen Lebensbedingungen und Entwicklungen weiterführend. Denn sie können das Verständnis für die Rahmungen schärfen, die Verhaltens- und Denkweisen in bestimmten Zeiten prägen. Nicht nur für eine Religionspädagogik der Vielfalt, sondern insbesondere im Blick auf die Herleitung bibeldidaktischer Impulse im Horizont von Vielfalt sind die hier skizzierten Einsichten richtungsweisend.

1.3.3 Religionspädagogik der Vielfalt

Maßgebend für eine noch ›junge‹ Religionspädagogik der Vielfalt[297] sind geschlechtersensible Ansätze, welche die Religionspädagogik, insbesondere in den vergangenen zwanzig Jahren, erarbeitet,[298] diskutiert und weiterentwickelt hat.[299] In der Linie von Gender-Studies nehmen Arbeiten, die ich hier einordne, bewusst Abstand von vereinfachten und stereotypen Geschlechterbildern. Stattdessen wird Geschlecht als ein sozial und diskursiv hergestelltes Konstrukt angesehen, das dynamisch ist.[300]

Auch im Kontext einer Religionsdidaktik des Differenten, die ihrerseits an die Geschlechterforschung anknüpft, werden die Gleichwürdigkeit des Menschen als Mann und Frau, die Wahrnehmung von Schüler_innen als Subjekte, eine kritische Sensibilität für die Hermeneutik der Zweigeschlechtlichkeit sowie die Mehrdimensionalität menschlicher Geschlechtlichkeit als zentrale Handlungsprinzipien genannt. Während der erste Grundsatz mit Verweis auf Gen 1,27 konkreten Anschluss an das biblisch-christliche Menschenbild sucht, beziehen sich die weiteren Anleitungen kritisch auf das heteronormative System der Zweigeschlechtlichkeit.[301]

Im Anschluss an Andrea Lehner-Hartmann markieren ein »geschlechtsempathisches Wahrnehmen«[302] und damit verbundenes »geschlechtsdekonstruk-

---

[296] Ebd., S. 192.
[297] Es sind bereits wichtige Weichen für eine Religionspädagogik der Vielfalt gelegt. Der Ansatz entwickelt sich gleichwohl weiter.
[298] Mit meiner Darstellung erhebe ich nicht den Anspruch auf Vollständigkeit. Ich knüpfe vielmehr an Aspekte an, die mir für die vorliegende Untersuchung als weiterführend erscheinen – und auch hier kann ich nicht die Gesamtheit aller wichtigen Impulse einbeziehen.
[299] Pithan, Geschlechtergerechte Religionspädagogik der Vielfalt, S. 53.
[300] Siehe dazu U. Riegel und H-G. Ziebertz (2001). In der Neuausgabe (2010) wird der Begriff ›Religionsdidaktik des Differenten‹ nicht weiter verwendet. Die Autoren sprechen nun von ›Prinzipien für einen geschlechtergerechten Religionsunterricht‹.
[301] Vgl. Kalloch u.a., Lehrbuch der Religionsdidaktik, S. 299.
[302] Lehner-Hartmann, Perspektiven und Leitlinien für einen genderbewussten Religionsunterricht, S. 86.

tives (Be)Arbeiten«[303] die grundlegenden Kompetenzen, welche in einem geschlechterbewussten Religionsunterricht eingeübt werden sollen. Während Ansätze geschlechtergerechten Lernens bereits stärker in den Mainstream der religionspädagogischen Forschung vorgedrungen sind,[304] besteht in Bezug auf die praktische religiöse Bildung dahingegen noch immer Nachholbedarf.[305]

Auch als Antwort auf die Kernaufgabe öffentlicher Bildung, »Menschen für das Leben in einer von Vielfalt geprägten Gesellschaft zu befähigen«[306], wurden parallel zu geschlechtersensiblen Ansätzen interreligiöse, globale und pluralitätsfähige Modelle seitens der Religionspädagogik erarbeitet.[307] Sodann setzt ein interkulturelles religionspädagogisches Paradigma Erfahrungen von Differenz und Pluralität als grundlegend voraus und berücksichtigt dabei gleichermaßen individuelle, kulturelle und religiöse Dimensionen.[308] Die Auseinandersetzung mit Unterschieden und das Einüben von Perspektivenannahme, -wechsel und -übernahme stellen daraufhin wichtige Aufgaben des interreligiösen Lernens dar.[309] Die Lernenden werden dazu motiviert, einen eigenen Standpunkt zu entwickeln, diesen zu befragen und u.U. zu verändern. Gerade das gemeinsame Gespräch kann hier die Möglichkeit eröffnen, die Tragfähigkeit der eigenen Sichtweisen zu erproben, den Umgang mit divergenten Meinungen zu trainieren und diese produktiv zu nutzen. Schüler_innen werden also darauf vorbereitet, »mit Mehrdeutigkeiten zu leben, Lebensgewissheiten mit Unsicherheitstoleranz zu versöhnen.«[310] Besonders in Verbindung mit den Ansätzen und Erkenntnissen der Jugendtheologie[311] bieten interkulturelle Religionsdidaktiken u.a. die Chance, die Identitätsbildung der Heranwachsenden unterstützend zu begleiten.

Vielmals stehen die skizzierten Zugänge, die ja einige Gemeinsamkeiten miteinander teilen, unverbunden nebeneinander. Die Heterogenitäts- bzw. ›Diversity‹-Debatten im Bereich von Pädagogik und Erziehungswissenschaften sowie das Aufkommen der Intersektionalitätsforschung, haben in Bezug darauf einen grundlegenden Wandel herbeigeführt. Zunehmend wird infolgedessen anerkannt, dass sowohl die Wahrnehmung als auch der reflektierte Umgang mit

---

[303] Ebd.

[304] Vgl. Arzt u.a., Gender und Religionspädagogik der Vielfalt, S. 14.

[305] Selbstverständlich gibt es Religionslehrer_innen (mir persönlich sind einige bekannt), die schon lange gendersensibel arbeiten und hier als Vorbilder dienen können.

[306] Pithan, Gender und Bildung, Frauenstudien und Frauenbildung.

[307] Gerade interreligiösen Lernens ist schon länger (etwa seit Beginn der 1990er- Jahre) ein Thema religionspädagogischer Forschung. Als ein Standardwerk ist S. Leimgrubers ›Interreligiöses Lernen‹ (1995) anzuführen. Grundlegende Impulse gehen ferner vom ›Handbuch Interreligiöses Lernen‹ (2005) oder M. Tautz' ›Interreligiöses Lernen im Religionsunterricht‹ (2007) aus. Unter der Überschrift ›Interreligiöse Kompetenz‹ (2011) versammelt J. Willems verschiedene Theorien und Unterrichtsmethoden zu diesem Thema. Neuere Impulse zeigt außerdem der Sammelband ›Religionsunterricht neu denken‹ (2012) auf. Auch möchte ich auf die Reihe ›Religionspädagogik in pluraler Gesellschaft‹ hinweisen.

[308] Vgl. Hämel u. Schreijäck, Förderung interkultureller Bildung in Religionsunterricht und Schule, S. 146.

[309] Vgl. Ziebertz, Interreligiöses Lernen und die Pluralität des Religionsunterrichts, S. 136.

[310] Dressler, »Religiös reden« und »über Religion reden« lernen, S. 72.

[311] Siehe hierzu P. Freudenberger-Lötz (2012). In Teil II, Kapitel 3.2 werden verschiedene Merkmale einer Jugendtheologie skizziert.

Diversität nicht bei der Berücksichtigung distinkter Differenzmerkmale stehen bleiben kann. Für eine Religionspädagogik, die sich in Vielfalt[312] versteht, markiert die Intersektionalitätsforschung dabei noch »ein dringendes Desiderat.«[313]

Unter der Anleitung einer Pädagogik der Vielfalt geht es dem religionspädagogischen Pendant darum, Unterschiede und Gerechtigkeit als wesentliche Dimensionen von Religionspädagogik anzuerkennen:[314]

> Religionspädagogik der Vielfalt hat zum Ziel, die bildungsbezogenen und individuellen Voraussetzungen für das Lernen gegenseitiger Anerkennung zu garantieren. Sie betrachtet es als ihre Aufgabe, in eine Hermeneutik einzuüben, die geschlechtsbezogene, religiöse und soziale Differenzen wahrnimmt und Stereotype aufzubrechen vermag. Hierzu ist es notwendig, eine religiöse Kompetenz zu fördern, bei der die eigenen Erfahrungen produktiv im Lichte der Perspektiven anderer reflektiert werden können.[315]

Angelehnt an das Vorbild einer Pädagogik der Vielfalt formulieren die Herausgeber_innen des Sammelbandes ›Gender – Religion – Bildung‹ – drei Leitprinzipien, die für eine Religionspädagogik der Vielfalt zentral sind. Sie nehmen das komplexe Zusammenwirken von Intersektionalitäts- und Diversitätsforschung als Herausforderung an:[316]

Essentialisierung vs. Konstruktionscharakter

Eine Religionspädagogik der Vielfalt lehnt Essentialisierungen, die Unterschiede als naturgegeben begreifen und normativ festschreiben, ab. Sie betont dementgegen die historische Genese von sozialen Kategorisierungen und deckt ihren konstruktiven bzw. vorrübergehenden Charakter auch in der Gegenwart auf.

Dichotomisierung vs. Dynamisierung

Oft sind diskriminierende Haltungen und Sichtweisen in dichotome Denkmuster wie z.B. die Gegenüberstellung von ›Christen‹ und ›Nichtchristen‹ oder ›Schwarzen‹ und ›Weißen‹ eingelassen. Diese Festschreibungen können individuelle Entfaltungs- und Selbstwahrnehmungsprozesse beeinträchtigen: »Eine Religionspädagogik der Vielfalt muss dazu beitragen, solche Denkmuster zu dekonstruieren und weitere Möglichkeiten der Selbstvergewisserung zu eröffnen.«[317]

---

[312] Auch im Rahmen befreiungstheologischer Pädagogik wird die Berücksichtigung von Differenzkategorien wie z.B. Geschlecht, sozialem Status oder aber Generation eingelöst. Siehe hierzu Knauth u. Schroeder, Über Befreiung.

[313] Pithan, Wo steht die geschlechterbewusste Religionspädagogik, S. 75.

[314] Vgl. Pithan, Gender und Bildung, Frauenstudien und Frauenbildung.

[315] Arzt u.a., Gender und Religionspädagogik der Vielfalt, S. 12.

[316] Vgl. Ebd., S. 11.

[317] Ebd.

Die Herstellung von Unterschieden dient dazu, dass bestimmten Gruppen gesellschaftliche, kulturelle oder politische Teilhabe gestattet wird, während andere davon ausgeschlossen bleiben. Die Macht- und Herrschaftsverhältnisse, die in sozialen Beziehungen wirksam werden können, greift eine Religionspädagogik der
Vielfalt auf und stellt sie in den Diskussionshorizont von Inklusion und Exklusion.[318]

In der aktuellen Forschung legen m.E. vor allem drei Projekte die theoretischen
Weichen für eine Religionspädagogik der Vielfalt. Der Sammelband ›Gender –
Religion – Bildung‹ (2009) definiert Geschlecht als grundlegende Dimension religiöser Bildungsprozesse und entfaltet auf dieser Basis Impulse für den religionspädagogischen Umgang mit Vielfalt. Im Paradigma von Intersektionalität verbinden einzelne Beiträge verschiedene Differenzkategorien wie z.b. sexuelle Orientierungen oder soziale Lagen.

Daneben fokussiert der Symposiums-Sammelband ›Geschlechter bilden‹
(2011) Merkmale im Zusammenhang von Religionspädagogik und Vielfalt. Auch
hier bildet die Kategorie Geschlecht das Leitmotiv, woraufhin der Bildungsort
Schule und im Speziellen der Religionsunterricht befragt werden.

Aus einer primär bildungshistorischen Sichtweise nähert sich das Werk ›Gender, Religion, Heterogenität‹ (2013) dem Thema Verschiedenheit in Geschichte
und Gegenwart an.

Als eine weitere Publikation, die im Umfeld der religionspädagogischen Auseinandersetzung mit Vielfalt verortet liegt, ist überdies der Sammelband »›... dass
alle eins seien‹ – im Spannungsfeld von Exklusion und Inklusion‹ (2013) anzuführen.[319]

Religionspädagogische Modelle, die Vielfalt produktiv auf- bzw. ernst nehmen, lassen sich nicht auf einen festgelegten Methodenkanon, bestimmte Unter-
richtsformen oder Medien begrenzen. Vielmehr sind sie als Grundideen anzusehen, welche u.a. den Unterricht, seine Inhalte, das Miteinander oder die Arbeitsweisen der Lehrenden sowie der Lernenden prägen und die durch institutionelle
bzw. strukturelle Ebenen beeinflusst werden.

1.3.4 Bibeldidaktik der Vielfalt: Annäherungen und Perspektiven

In einem weiteren Schritt möchte ich nunmehr bibeldidaktische Ansätze vorstellen, die schon teils im Paradigma von Vielfalt agieren und dabei insbesondere den

---

[318] Vgl. Ebd.
[319] Siehe dazu auch den Sammelband ›Einschließungen und Ausgrenzungen‹ (2017), der dem-
nächst erscheint. Hier auch den Beitrag von N. Spiering-Schomborg.

Lernort Schule fokussieren.[320] Unter Berücksichtigung der vorangestellten Überlegungen bilden sie einen weiteren Ausgangspunkt,[321] woraufhin erste Merkmale einer Bibeldidaktik der Vielfalt zur Geltung gebracht werden.

Sowohl kontextuelle Exegesen als auch religionspädagogische Vielfaltskonzepte können Hilfestellungen in Bezug auf eine Bibeldidaktik geben, die sich in Vielfalt und Dialog versteht. Daneben sind außerdem Literatur- und Sprachwissenschaften sowie interdisziplinäre Zugänge der Kinder- und Jugendforschung wichtige bibeldidaktische Bezugsgrößen.

Diese breite fachliche Korrespondenz[322] ist wichtig, um sowohl der Vielfalt biblischer Texte didaktisch Rechnung zu tragen als auch den unterschiedlichen Lebens- und Erfahrungswelten der Schüler_innen. Und so muss sich ein zukunftsfähiger Bibelunterricht »darauf einstellen, dass Kinder und Jugendliche die ihnen eigenen Weltzugänge und Verstehensweisen auch beim Umgang mit biblischen Texten zum Einsatz bringen.«[323] Dass die Erfahrungen und Einstellungen in der Adoleszenz weder konsistent noch gleichförmig verlaufen und sodann (komplexe) Gewaltwiderfahrnisse beinhalten,[324] legen Studien und Lehrwerke zur Jugendszene in Deutschland immer wieder frei.[325] In Bezug auf eine Bibeldidaktik der Vielfalt müssen diese Perspektiven unbedingt mitgedacht und darüber hinaus intersektional erweitert werden.[326]

Anschließend skizziere ich bibeldidaktische Konzepte im näheren und weiteren Umfeld von Vielfalt. Sie nehmen die Diversität, welche in der Bibel u.a. in Form unterschiedlicher Figuren, Themen sowie soziokultureller Kontexte präsent ist, auf und verhandeln sie aus bestimmten Blickwinkeln.[327] Neben Fragestellungen im Horizont von Vielfalt, die den Hauptfokus bilden, gilt es ferner, intersektionalen Anschlussstellen nachzugehen. In Anlehnung an das (Bibel)Didaktische Dreieck bilden Subjekte, Biblische ›Gegenstände‹ und Prozesse die Ausgangspunkte, wo die Darstellungen ansetzen.[328]

Die **Subjekte** einer Bibeldidaktik der Vielfalt sind Lehrende, insbesondere aber Lernende. Sie werden als aktive und darüber hinweg selbsttätige Akteur_innen des Lerngeschehens angesehen: Schüler_innen verfügen »über eine

---

[320] An dieser Stelle ist auf den Sammelband ›Lebenswelten, Textwelten, Diversität‹ (2014) hinzuweisen. Unter der Perspektive von Diversität wird hier u.a. die Biblische Theologie als Bezugswissenschaft der Sozialen Arbeit dargestellt.

[321] Aufgrund der Vielzahl an Forschungsarbeiten, welche die Dimension Vielfalt direkt oder indirekt aufnehmen, erhebt diese Übersicht nicht den Anspruch auf Vollständigkeit.

[322] Einen guten Einblick in die Vielzahl unterschiedlicher Zugänge gibt z.B. das ›Handbuch Bibeldidaktik‹ (2013).

[323] Schweitzer, Wie Kinder und Jugendliche biblische Geschichten konstruieren, S. 202.

[324] Siehe dazu noch ausführlicher Teil IV, Kapitel 1.2.

[325] Ziebertz u. Riegel, Letzte Sicherheiten, S. 16.

[326] Siehe dazu z.B. Busche u. Stuve (2010). Sowohl im Sammelband ›Transdisziplinäre Jugendforschung‹ als auch im ›Portal-Intersektionalität‹ sind Beiträge zu einer intersektionalen Jugendforschung zu finden.

[327] Die verschiedenen Ansätze lassen sich freilich auch andersartig kategorisieren und benennen. Die Einordnung, die ich anschließend präsentiere, ist als ein Vorschlag zu verstehen.

[328] Ausgespart wird eine kritische Reflexion von institutionellen und strukturellen Rahmenbedingungen, die zwar grundlegend für vielfaltsbezogene Ansätze ist, hier aber nicht ausreichend Platz hat und aufgrund der didaktischen Ausrichtung auch nicht direkt im Zentrum der Erkenntnisinteressen liegt.

eigene und einmalige Welt an Gedanken und Gefühlen, an Denkmustern und Wahrnehmungsweisen«,[329] mit welchen sie den **biblischen ›Gegenständen‹** begegnen. Gegenstände bezeichnen hierbei ein ›Gegen-über-Stehendes‹ oder auch ein ›Nicht-Ich‹, das verschiedene Kommunikationsformen eröffnet. Auf Seiten des Subjektes können sie gleichsam im Modus von Nähe und Distanz erfolgen oder dazwischen changieren: »Bildung realisiert sich als Prozess der Auseinandersetzung in einer Spannung und Differenz zwischen Teilhabe am und Abgrenzung vom ›Gegenstand‹.«[330] Als ›Nicht-Ich‹ kommen z.b. biblische Texte aber auch andere Personen, etwa Mitschüler_innen und Lehrende in Frage.

Die Begegnung zwischen Subjekten und ›Gegenständen‹ vollzieht sich als ein **Prozess,** der durch ›gegenstands-‹ und subjektorientierte Interaktionen bzw. Methoden geprägt ist und im Kontext von Schule gezielt vorbereitet, gestaltet und je nach Unterrichtsform mehr oder weniger stark gelenkt wird.[331] Aber: Lehren und Lernen ereignen sich nie in einem luftleeren Raum, sondern »sind eingebunden in eine [...] soziale, politische und kulturelle *Umwelt*.«[332] Schließlich stellen die Sinnperspektiven der Texte, die Wirklichkeitskonstruktionen der Rezipierenden und die Pluralität an Vermittlungs- und Rezeptionsweisen ein »facettenreiches Spiel an Sinnmöglichkeiten«[333] in Aussicht.

(A) Kontextuell-hermeneutische Ansätze

Kontextuell-hermeneutische bibeldidaktische Ansätze fragen nach dem Umfeld, in welchem ein biblischer Text entstanden ist, um so »die in der Überlieferung verdichteten Erfahrungen freizulegen«.[334] Es wird erörtert, welche Ereignisse, Konflikte oder Zweifel der jeweilige biblische Text anspricht und was für Einsichten damit in Vergangenheit und Gegenwart verbunden sind. Die kontextuell-historischen Perspektiven treten dann oft in Dialog mit aktuellen Erfahrungen.

Als ein wichtiger Vertreter kontextuell-bibeldidaktischer Modelle ist Horst Klaus Berg zu nennen.[335] Im Rahmen seiner Weiterentwicklung des problemorientierten bzw. korrelativen Ansatzes[336] zieht Berg die Bibel als zentrales Unter-

---

[329] Porzelt, Grundlinien biblischer Didaktik, S. 10.
[330] Ebd., S. 11.
[331] Vgl. Ebd.
[332] Ebd., S. 12, Hervorgehoben im Original.
[333] Zimmermann u. Zimmermann, Bibeldidaktik, S. 9.
[334] Schmidt, Die Bibel als Medium religiöser Bildung, S. 74.
[335] Zur Kritik an H. K. Berg siehe z.B. B. Porzelt (2012). Siehe außerdem die religionspädagogische Arbeit von T. Schmidt (2008). Ebenso wie B. Porzelt u.a. kritisiert auch T. Schmidt (2008) die Gesellschaftsbeschreibung, die H.K. Berg vornimmt. Sie legt den Fokus stattdessen auf Prozesse der Identitätsbildung. Positiv würdigt sie jedoch H.K. Bergs kontextuellen Implikationen.
[336] B. Grümme hinterfragt den korrelativen Ansatz kritisch, da hier »die Individualität der jeweiligen Erfahrungen der Menschen wie die Fremdheit, die der Bibel und der jüdisch-christlichen Tradition in der Lebenswelt der Menschen heute zukommt, nicht hinreichend gewürdigt wird.« Vor dem Hintergrund dieser Analyse schlägt er eine ›Alteritätstheoretische Didaktik‹ vor, deren Erfahrungsbegriff »sich gleichermaßen am Subjekt wie an der biblischen Botschaft ausrichtet.« Grümme, Alteritätstheoretische Religionsdidaktik, S. 119.

stützungsmedium heran, welches die Jugendlichen zu ›Kritik‹, ›Hoffnung‹, ›Befreiung‹ und ›Veränderung‹ ihrer ›problematischen‹ Lebenswirklichkeiten anleiten kann:

> Im Religionsunterricht sind die biblischen Inhalte so auszuwählen und so auszulegen, daß junge Menschen ihre kritische und befreiende Dynamik und die in ihnen aufbewahrte Hoffnungskraft erkennen und annehmen können; junge Menschen sind zur kritischen Analyse ihres Lebens und ihrer Welt zu befähigen, damit sie die befreienden Impulse der biblischen Überlieferung als eine ihnen zugedachte Chance zur Veränderung erkennen und annehmen können.[337]

Um zeitgenössische Leser_innen an die biblischen Erfahrungsräume heranzuführen, präsentiert Berg ein breites Repertoire an Auslegungswegen, die sich in diachrone und synchrone Zugänge aufschlüsseln lassen: Historisch-kritischen und linguistischen Vorgehensweisen stellt er tiefenpsychologische sowie interaktionale Methoden an die Seite.[338] Richtungsweisend für seine bibeldidaktische Konzeption und die darin aufgehobene Bandbreite an Zugängen ist das Postulat, wonach biblische Texte gleichermaßen vielschichtig und vieldeutig sind.

Impulse für eine Bibeldidaktik der Vielfalt ergeben sich im Blick auf Bergs Ansatz u.a. infolge des ›kritischen‹, ›befreienden‹ und ›verändernden‹ Impetus, durch sein polyvalent angelegtes Textverständnis sowie das umfangreiche methodische Repertoire. Konstitutiv ist die interaktionale Auslegungsweise,[339] die gruppenzentriert, erfahrungsbezogen und aushandelnd vorgeht[340] und sich im Wechselspiel von Nähe bzw. Distanz ereignet.[341] Interaktionale Bibelauslegung verfolgt das Ziel, »eine befreiende, erneuernde Interaktion zwischen Bibel und heutigem Menschen«[342] auszulösen. Bergs historisch-kritische Perspektive lässt sich im Angesicht von Vielfalt produktiv aufnehmen; sie kann hier z.B. die Aufmerksamkeit für individuelle und kollektive Erfahrungen von Einzelnen bzw. Gruppen (auch auf literarischer Ebene) schärfen. Ein umfassender Blick auf die biblisch-antiken bzw. neuzeitlichen (Lebens-)Hintergründe kann dazu führen, gesellschaftliche Verhältnisse, Herrschaftsstrukturen und hierdurch geprägte Handlungsformen besser zu verstehen.[343]

Gerd Theißens offene Bibeldidaktik erfüllt sowohl Prinzipien von vielfaltsorientierten als auch kontextuellen Zugangsweisen. In der Perspektive sozialer, religiöser und kultureller Diversität fokussiert Theißen die Bibel vor allem als ›multifunktionales, vielschichtiges kulturgeschichtliches Dokument‹, das nicht exklusiv christlich-sozialisierte Menschen adressiert, sondern »alle – unabhängig von Glauben und Unglauben.«[344] In dieser Konsequenz wendet sich Theißen sogleich gegen binnentheologische Vereinnahmungen seitens der Bibeldidaktik.

---

337 Berg, Grundriss der Bibeldidaktik, S. 10.
338 Siehe hierzu H.K. Berg (1991).
339 In ihrer Doktorarbeit ›Interaktionale Bibelauslegung im Religionsunterricht‹ (2006) stellt J. Lehnen die theoretischen und praktischen Dimensionen einer interaktionalen Bibelauslegung ausführlich dar.
340 Vgl. Berg, Grundriss der Bibeldidaktik, S. 60.
341 Vgl. Berg, Ein Wort wie Feuer, S. 178.
342 Ebd., S. 169.
343 Vgl. Prengel, Pädagogik der Vielfalt, S. 192.
344 Theißen, Zur Bibel motivieren, S. 25.

Ausgehend von einer »pluralistischen Welt«[345] betont Theißen »den Beitrag der Bibel zur Kommunikation in der Gegenwart«[346] und zur »eigenen Identitätsbildung«.[347] Dabei folgt er u.a. dem vielfaltsorientierten Anspruch, nach dem eine offene Bibeldidaktik »plural sein und mit sehr verschiedenen Einstellungen bei ihren Adressaten rechnen«[348] muss. Vor dem Hintergrund dieser Einsichten erkennt Theißen in einer konstruktiven und potenziell irritierenden Auseinandersetzung mit biblischen Texten *ein* Vehikel zur Konfliktbewältigung. Aus der Perspektive von Vielfalt legt Gerd Theißen mit seiner offenen Bibeldidaktik ein Modell vor, das den Austausch mit ›gleichberechtigt Verschiedenen‹ bewusst anstrebt. Auch die Bibel selbst markiert er als vielgestaltiges Buch, das sich an unterschiedliche Adressat_innen und damit gegen herrschaftlich-binnentheologische Vereinnahmungen der ›Schrift‹ richtet.

Über diese hier nur skizzierten, insgesamt aber doch sehr umfangreichen Konzeptionen hinaus, soll nun ein bibeldidaktischer Ansatz in den Blick kommen, der zwar ebenfalls kontextuell angelegt ist, allerdings einen engeren Fokus wählt. Analog zur feministischen bzw. gendersensiblen Exegese werden Mariele Wischers Anleitungen für eine gendersensible Bibeldidaktik angeschaut.

»Die Begegnung von Kindern und Jugendlichen mit biblischen Texten ereignet sich nie jenseits der Geschlechterfrage«, erklärt Mariele Wischer[349] und bestimmt die Kategorie Geschlecht damit als eine grundlegende Referenzdimension im Umgang mit biblischen Texten und ›vice versa‹ in Bezug auf religiöse Bildungsprozesse.[350] Ausgehend vom Desiderat, »Geschlechterverhältnisse mit ihren individuellen und strukturellen Implikationen für Text und Lebenswelt in [ihrer] […] Komplexität produktiv aufzugreifen«,[351] entfaltet Wischer verschiedene Ideen für eine gendersensible Bibeldidaktik. In der Spur einer doppelten Hermeneutik legt sie Geschlecht als Existenzweise zugrunde, »die unsere Lebenswelt durchwirkt und sich in den biblischen Texten abbildet, aber dennoch nicht ontologisch festgelegt, sondern beweglich ist.«[352] Eine solche geschlechterbewusste Haltung erkennt an, dass biblische Texte und die durch sie transportierten bzw. tradierten Geschlechterkonstellationen in hierarchische Ordnungen von Heteronormativität eingelassen sind. Als Reaktion darauf stellt eine strukturell-genderbewusste Herangehensweise die Chance in Aussicht, »gender-unbewusste, schablonenartige Wahrnehmungen der biblischen Texte und Personen aufzubrechen und neue Deutungshorizonte zu eröffnen.«[353] Damit wird auch Schüler_innen ermöglicht, ihre individuelle Verschiedenheit im Angesicht von Geschlecht auszudrücken.

---

345 Ebd., S. 49.
346 Ebd.
347 Ebd., S. 51.
348 Ebd., S. 52.
349 Wischer, Lebens-Texte, S. 273.
350 Vgl. Ebd.
351 Ebd., S. 276.
352 Ebd., S. 277.
353 Ebd.

Angelehnt an eine Praxis der Vielfalt differenziert Wischer drei didaktische Struk-turelemente, die konstruktiv, dekonstruktiv und rekonstruktiv zum Ausdruck kommen:[354] Konstruktive Elemente stehen dort im Zentrum, wo sich Geschlech-terkonstruktionen in den Text- und Lebenswelten der Schüler_innen sowie deren Rezeptionen offenbaren. Potenzielle Vereinseitigungen sollen infolgedessen methodisch aufgegriffen und anerkannt werden. Dekonstruktionen realisieren sich durch die Sichtbarmachung von hierarchischen und stereotypen Geschlech-ter-Bildern, welche in der Gefahr stehen, »die Diskriminierung von Frauen und nicht-hegemonialer Männlichkeit fortzuführen.«[355] Rekonstruktionen ermögli-chen, die Texte in ihrer potenziellen Selbstverständlichkeit zu erschüttern und neu ins Bild zu setzen. Im Anschluss an Mariele Wischer können »durch diese drei Grundelemente [...] die binären Vorstellungen, die mit der Existenzweise Geschlecht verbunden sind, einerseits akzeptiert und produktiv aufgegriffen, an-dererseits durch weitere Lernangebote in Bewegung gebracht bzw. durch eine Vervielfältigung der Differenzen irritiert werden.«[356]

Im Rahmen einer gendersensiblen Didaktik, wie Mariele Wischer sie vorlegt, wird Geschlecht m.E. gleichermaßen in inter-kategorialer sowie anti-kategorialer Weise berücksichtigt. Vielfalt kommt daraufhin einerseits als hermeneutisches, andererseits als methodisch-didaktisches Prinzip zum Ausdruck. Vor dem Hin-tergrund von Geschlechterverhältnissen betont eine gendersensible Bibeldidak-tik, wie Mariele Wischer sie vorschlägt, gerade auch Differenzerfahrungen und obendrein den ›synthetischen‹ Charakter der Kategorie Geschlecht. Angesichts der Benennung von Kategorien, die zum Teil nicht nur deren Stabilisierung Vor-schub leistet, sondern kategoriales Wahrnehmen mithin erst hervorbringt, ist ge-rade Wischers dekonstruktiver Zugang impulsgebend für eine Bibeldidaktik der Vielfalt. Merkmale des ›doing gender‹ als auch das des ›undoing gender‹ werden im Angesicht von Text und Leser_in sowie den jeweiligen individuellen bzw. strukturellen Bedingungen aufgedeckt und (kritisch) befragt. Infolge einer struk-turellen Analyse ist der hermeneutische Modus obendrein herrschaftskritisch an-gelegt. Hierarchische Bewertungen, die entlang der Zweigeschlechtlichkeit Inklu-sions- und Exklusionsmechanismen freisetzen, werden als Begrenzungserfahrun-gen reflektiert.[357] Im Blick auf die biblischen Entstehungswelten schlägt Wischer Historisierung als ein Mittel der Dekonstruktion vor. Während intra-kategoriale Vielfalt daraufhin dokumentierbar wird und so ggf. Vereinseitigungen unterläuft, möchte ich vorschlagen, auch inter-kategoriale Vorgehensweisen stärker in eine gendersensible Bibeldidaktik zu implementieren.

(B) Handlung- und Gegenstandsorientierte Ansätze

Gerade im Angesicht irritierender und womöglich verstörender Momente, die infolge biblischer Lektüreprozesse auftreten können, regt Ulrich Kropač einen

---

[354] Hier wird die Nähe zu anti- und intra-kategorialen-Zugängen besonders deutlich.
[355] Wischer, Lebens-Texte, S. 279.
[356] Ebd., S. 281.
[357] Vgl. Ebd., S. 277.

postmodernen didaktischen Zugang zur Bibel an. »Kennzeichnend für eine dekonstruktive Lektüre ist, dass sie ihr Augenmerk vor allem auf Ungereimtheiten und Widersprüche im Text richtet.«[358] Sein Grundgerüst hierfür errichtet Kropač in Anlehnung an dekonstruktive, rezeptionsorientierte und intertextuelle Lektüreweisen. Eine postmoderne Bibeldidaktik folgt der Einsicht, dass im Zentrum biblischer Auslegungen nicht die Suche nach der ›intentio auctoris‹ steht, sondern die sinnstiftende Begegnung zwischen Text und Leser_innen. In der Perspektive von Vielstimmigkeit vermag eine dekonstruktive Bibeldidaktik »für die Haarrisse, Brüche und Irrationalismen in der eigenen Fiktion von Wirklichkeit zu sensibilisieren.«[359] Die Basis möglicher Sinnstiftungen erweitert sich durch eine intertextuelle Lektüre, welche obendrein die Uneindeutigkeit biblischer Botschaften unter Beweis stellen kann.[360] Gerade auf der Ebene konkreter Handlungsvollzüge nimmt Kropač Vielfalt und Unterschiede produktiv auf. Den Deutungsrahmen für Irritationen und Widersprüche steckt Kropač allerdings recht eng. So fokussiert er primär logische Merkwürdigkeiten[361], die sich innerhalb der erzählten Welten auftun. Handlungen, Beziehungen oder ökonomische Status von Figuren, die z.B. intersektional interessant sein können, kommen zumindest nicht vordergründig zur Geltung.

Eine rezeptionsästhetisch orientierte Bibeldidaktik präsentiert Michael Fricke[362] und legt die Rezeptionsästhetik[363] als Ausgangspunkt zugrunde. Auf dieser Basis betont auch er die Polyvalenz biblischer Texte und ihre dialogischen Möglichkeiten. Während Fricke der traditionellen Bibeldidaktik eine Lehrer_innenzentrierung unterstellt, nimmt er ausgehend von empirischen Befunden »die ›Theologie von Kindern‹ als wichtige Dokumente wahr.«[364] Durch die Anerkennung der schüler_innenseitigen Beiträge werden ihre Welten nicht nur greifbarer, sondern die biblischen Texte selbst bieten sich infolge der Kinderäußerungen in einer neuen Weise dar. Die angestrebte Kommunikation zwischen Schüler_innen und biblischen Texten wird somit gefördert. Unter der Bezugnahme rezeptionsästhetischer Einsichten konstatiert Fricke, dass sich die »schöpferische Beteiligung des Lesers [...] notwendig aus dem Texte selbst«[365] ergibt. Ein wichtiges bibeldidaktisches Merkmal sieht er darin, »die Arbeit der Schüler als konstitutives Element anzusehen.«[366] Für die Praxis empfiehlt Fricke daraufhin *erstens* ›den Text wertvoll zu machen‹, ihn den Lernenden also in einer möglichst attraktiven Form zu präsentieren. *Zweitens* verweist er auf ›die Kraft der Schülerfrage‹:

---

[358] Kropač, Biblisches Lernen, S. 429.
[359] Kropač, Bibelarbeit als Dekonstruktion, S. 372.
[360] Auf diesen Aspekt geht U. Kropač in seinem Beitrag allerdings nicht ein.
[361] Als Beispiele nennt der Autor widersprüchliche Ortsangaben, das Fehlen von typischen Anfangs- und Schlussformeln oder irrationale Fähigkeiten der literarischen Figuren.
[362] In seinem Beitrag verweist M. Fricke u.a. auf die Arbeiten von A.A. Bucher (1990), F. Schweitzer (1999) und R. Oberthür (1995).
[363] Fragen, die in der europäischen Forschung unter der Signatur ›Rezeptionsästhetik‹ verhandelt werden, kommen in den USA im Rahmen der ›Reader-Response-Theory‹ in den Blick.
[364] Fricke, Rezeptionsästhetisch orientierte Bibeldidaktik, S. 210.
[365] Fricke, »Schwierige« Bibeltexte im Religionsunterricht, S. 207.
[366] Fricke, Rezeptionsästhetisch orientierte Bibeldidaktik, S. 217.

Jedes Kind, jeder Jugendliche setzt einen anderen Schwerpunkt bei der Aneignung des Textes. Darüber geben [...] Schülerfragen Auskunft. Gleichzeitig leisten sie einen unverzichtbaren Beitrag zur Erschließung des Bibeltextes und bereichern die Lerngruppe. Und: sie können Aspekte eines Bibeltextes hervorbringen, die für Erwachsene ›unsichtbar‹ sind.[367]

Drittens gilt es ›Kinder und Jugendliche zum kreativen Umgang mit der Bibel anzuregen‹. Für die Entwicklung einer Bibeldidaktik der Vielfalt ist im rezeptionsästhetischen Ansatz neuerlich die Akzentuierung biblischer Vieldeutigkeit maßgebend, welche geradewegs in Korrespondenz mit einer leser_innenorientierten Hermeneutik steht. Kinder und Jugendliche werden als aktive Rezipient_innen mit ihren je eigenen Textinterpretationen ernst genommen. Diese Form des Dialogs, die Leser_innen und Text gleichberechtigt zu Wort kommen lässt, fügt sich in eine bibeldidaktische ›Vielfaltsperspektive‹ ein.

Besonders stark kommt das dialogische Moment in Franz W. Niehls dialogischer Bibeldidaktik[368] zum Vorschein. In einem vielstimmigen Gespräch sollen junge Menschen hier Anregungen gewinnen, die sie in ihrer Identitätsbildung und Lebensgestaltung unterstützen, wodurch sich die Verständnismöglichkeiten von Welt erweitern können. Die Ausgangspunkte für den Dialog bilden sowohl die biblischen Texte als auch die Orientierungswünsche der Schüler_innen. Vor dem Hintergrund dieser Zielperspektive verweist Niehl auf drei Annäherungsarten an biblische Texte. Er unterscheidet zwischen wirkungsgeschichtlichen, textorientierten und adressat_innenorientierten Zugängen. Ebenso wie in den bisher vorgestellten Ansätzen schlägt sich auch in einer dialogischen Bibeldidaktik die Vielfaltsdimension offen Bahn: »Die Vielfalt der biblischen Texte, die Vielfalt der Schülerinnen und Schüler und nicht zuletzt die Vielfalt der Lehrerinnen und Lehrer sorgen dafür, dass im Bibelunterricht keine Monokulturen entstehen.«[369] Für die spezielle Begegnung in der Sekundarstufe I favorisiert Niehl dann einen »kontrollierten Dialog zwischen Bibeltexten und lebensweltlichen Erfahrungen.«[370]

Als nunmehr letztes Beispiel, das Impulse für eine Bibeldidaktik der Vielfalt freisetzen kann, soll Herbert Stettbergers (2012) Entwurf einer empathischen Bibeldidaktik zu Rate gezogen werden. In seinem Modell, und diese Grundlegung ist weiterführend für einen vielfaltsorientierten Zugang, kommt der Empathiefähigkeit von Schüler_innen eine herausragende, mehrdimensionale Bedeutung zu: »Empathisches Lernen erstreckt sich nicht nur auf eine gegenseitige gefühlsmäßige Anteilnahme oder ein Hineinfühlen in die Lage des jeweiligen Gegenübers. Als bedeutsam erweist sich vielmehr auch die kognitive Dimension [...], die *Theory of Mind*.«[371] Stettbergers eigens entwickeltes ›WITH-Modell‹ erfasst Empathie als einen ›(re-)aktiven Prozess‹, der als biblischer Lern-, Begegnungs- und Annäherungspfad in vier Phasen verläuft – [372] nämlich »im **W**ahrnehmen des jeweiligen Gegenübers, im aufmerksamen **I**mitieren (Spiegeln), in der **T**eil-Identifikation

---

367   Ebd., S. 218.
368   Siehe hierzu u.a. auch C. Dern (2013).
369   Niehl, Bibel verstehen, S. 183.
370   Ebd.
371   Stettberger, Empathische Bibeldidaktik, S. 572, Hervorhebung im Original.
372   Vgl. Ebd., S. 271.

mit einer Referenzperson sowie im (pro-)sozialen bzw. altruistischen **Handeln.«**[373] Vor allem Stettbergers differenzierter und an Heterogenität ausgerichteter Blick auf die Adressat_innen einer empathischen Didaktik entspricht den Prinzipien biblischer Vielfaltsdidaktik. Neben psychischen und physischen Dispositionen berücksichtigt der Religionspädagoge ferner biografische Faktoren; Kategorien wie Alter, Geschlecht und Religion sind ebenfalls richtungsweisend für die Wahrnehmungskompetenz von Schüler_innen.[374] Die Anerkennung sowie das Kennenlernen der Mitwelt und der Austausch über gemeinsame Erfahrungen besitzen im Rahmen einer empathischen Bibeldidaktik einen besonderen Stellenwert. Eine Nähe zu pädagogisch-didaktischen Vielfaltsentwürfen wird hier unverkennbar deutlich. Allerdings rücken Prozesse der Selbstwahrnehmung in den Hintergrund. Zwar werden innere und äußere Heterogenitätsmerkmale von Lernenden vorausgesetzt, ihre ›schöpferische‹ Aufnahme erfolgt tendenziell jedoch erst im Spiegel der Anderen. In Rekurs auf Annedore Prengel erwächst Intersubjektivität aus Subjektivität. Wo die Einzigartigkeit von Anderen anerkannt wird, steht die eigene Selbstachtung vielmals am Anfang. Auch die Phase des Imitierens bzw. der Nachahmung muss im Modus von Vielfalt einem prüfenden Blick unterzogen werden: Idealisierende Leitbilder können einer Offenheit gegenüber Diversität entgegenstehen.[375] Allerdings visiert empathisches Lernen gerade nicht eine ideenlose Imitation an, sondern kommt im Prinzip der ›kreativen Nachahmung‹ von Vorbildern zur Geltung; Differenz wird dabei ausdrücklich vorausgesetzt.[376]

Die skizzierten Ansätze teilen verschiedene Merkmale, die angesichts einer Bibeldidaktik der Vielfalt besonderes Potenzial in Aussicht stellen. Im Folgenden lege ich diese Kennzeichen dar und befrage sie in Bezug auf die Prinzipien (religions-)pädagogischer Vielfaltskonzeptionen.

Im Ergebnisteil dieser Arbeit werden die empirisch gewonnenen Einsichten einer an Vielfalt orientierten bibeldidaktischen Relektüre unterzogen. Als Zielperspektive steht dabei zwar kein umfassender didaktischer Entwurf in Aussicht, der das komplexe Bildungs-, Schul- und Unterrichtsgeschehen integriert, es werden jedoch Vorschläge entfaltet, die den Weg für eine künftige Bibeldidaktik der Vielfalt legen können.

Biblische Polyvalenz

Die vorgestellten Ansätze vertreten mehrheitlich das Postulat biblischer Polyvalenz. Biblische Texte werden somit als mehrdeutig und vielschichtig zugrunde gelegt. Wirkungsgeschichtliche Zugänge können hier z.B. einen Eindruck davon

---

[373] Ebd., S. 573, Hervorhebung im Original.

[374] Vgl. Ebd., S. 574. Die einzelnen individuell-empathischen Dispositionen stellt H. Stettberger im Rahmen der Entwicklung des WITH-Modells (Kap. 3.2.1) vor.

[375] Es gibt Zusammenhänge, in welchen ein Lernen am Vorbild in der Gefahr steht, gewaltvolle Interaktionen zu reproduzieren Dies geschieht etwa dort, wo ein Modell aggressives oder gewaltvolles Handeln vorlebt und Beobachtende dieses Verhalten aufgrund einer positiven Beziehung nachahmen. Siehe dazu Krall, Jugend und Gewalt, S. 17.

[376] Vgl. Stettberger, Empathische Bibeldidaktik, S. 1.

vermitteln, wie biblische Überlieferungen in verschiedenen historischen Epochen anders gedeutet und mit wechselndem Sinn gefüllt werden. Auch das facettenreiche Reservoire literarischer Genres oder unterschiedliche exegetische Zugangsweisen veranschaulichen die Vielstimmigkeit der eigenständigen und doch literarisch-verbundenen biblischen Texte. Schließlich gilt die Bibel als multifunktionales und vielseitiges kultur- bzw. sozialgeschichtlich gewachsenes Dokument, das – gleichermaßen wie seine Auslegungen – verschiedenen Einflüssen unterliegt.

Adressat_innen- und Subjektorientierung

Die Bibel markiert kein exklusiv jüdisch-christliches Medium, sondern der Dialog ist für unterschiedliche Adressat_innen, ihre Hintergründe, Anfragen, Irritationen, Vorbehalte und Hoffnungen geöffnet. Biblische Didaktik soll plural aufgestellt sein. Gerade wenn Vielfalt von der Vielfalt aus gedacht wird, ist in Bezug auf den ›Gegenstand‹ bzw. das, was er auslösen kann, die Anerkennung von verschiedenen Einstellungen und Interessen, divergierenden soziokulturellen Merkmalen und fachlichen Kompetenzen grundlegend.

Die Einübung von Selbstachtung, als u.a. dem Kennenlernen eigener Positionierungen, komplexer Seinsformen und Sinnkonstruktionen, markiert für Lehrende und Lernende einen wichtigen Teilschritt anlässlich des achtsamen Umgangs mit dem ›Nicht-Ich‹. In einer Atmosphäre gegenseitiger Akzeptanz soll Schüler_innen ermöglicht werden, Unterschiede (selbst-/fremdbezogen) wahrzunehmen bzw. auszudrücken. Auch durch die Korrespondenz zwischen Text, Gegenwart und Rezipierenden lassen sich dann z.B. stereotype Rollenbilder aufbrechen und Lebensformen jenseits sozialer und kultureller Normierungen finden.

Rezeptionsästhetik und Leser_innenorientierung

Während eine Adressat_innenorientierung deutlich über literarische Kommunikationsformen hinausreicht, fokussiert eine rezeptionsästhetische Bibeldidaktik primär den Dialog zwischen Bibeltext und Leser_innen: Die ›Theologie der Rezipierenden‹ erhält besondere Aufmerksamkeit und wird wertgeschätzt. Sodann birgt die Anerkennung schüler_innenseitiger Deutungen sowohl die Chance, deren Lebenswelten und -situationen näher zu kommen als auch die biblischen Texte in neuen Formen und Farben kennenzulernen. Im Rahmen einer rezeptionsästhetischen Bibeldidaktik stehen deshalb die aktualisierenden Kommunikationsweisen und -produkte der Leser_innen im Zentrum. Sie bilden die Basis für das unterrichtliche Vorgehen.

Identitätsbildung

Die Frage nach der Identitätsbildung[377] wird in allen besprochenen Ansätzen, implizit und teils explizit aufgeworfen. Im Anschluss an einen dialogischen Zugang lockert sich durch das ›vielstimmige‹ Gespräch zwischen fremden und eigenen Erzählwelten »das Selbstbild, das wir für unsere Identität halten.«[378] Gerade dort, wo sich Lesende in den literarischen Figuren wiederfinden, erkennt eine solche Bibeldidaktik Optionen zur Trauer- und Identitätsarbeit: »Verdrängtes kann ansichtig werden. Ungelöste Konflikte, verborgene Verletzungen können dann vielleicht bearbeitet werden.«[379] Auch im Rahmen des ›WITH-Modells‹ bildet die so genannte Teil-Identifikation einen zentralen Bestandteil auf dem Weg zu altruistischem Handeln.[380] Hierauf ist Identitätsbildung dicht an die Schritte bzw. das Zusammenspiel von Wahrnehmung und Imitation gekoppelt.

(Differenz-)Erfahrungen

›Kontextuelle Ansätze‹, aber auch andere Modelle betonen die individuellen sowie gruppenspezifischen Erfahrungen von Lernenden und legen sie als divers zugrunde. Durch die Auseinandersetzung mit biblischen Texten sollen Schüler_innen die Chance erhalten, ihre eigenen Lebenssituationen (implizit oder explizit) ins Gespräch zu bringen und verschiedene (Differenz-)Erfahrungen im Spiegel der biblischen Botschaften zu reflektieren. Erfahrungen von Begrenzung werden gerade im Rahmen einer gendersensiblen Bibeldidaktik als Folgen von Herrschaftsstrukturen berücksichtigt. Dass diese Verhältnisse erschütterbar sind, markiert eine wichtige, befreiende Dimension z.B. gendersensibler Bibeldidaktik.

In der Perspektive intersektionaler Sensibilität muss der bibeldidaktische Blick künftig aber noch stärker ausgeweitet werden, hin zu verschränkten sozialen bzw. strukturellen Positionierungen sowie daran gekoppelte Formen von Privilegierung und Marginalisierung.

Dekonstruktion

Biblische Texte weisen enormes Dekonstruktionspotenzial auf, das z.B. durch kulturgeschichtliche, literarische, archäologische Reflexionen entzündet werden kann. Eine gendersensible Bibeldidaktik zeigt entlang des Dreischritts von Konstruktion, Dekonstruktion und Rekonstruktion u.a. Möglichkeiten auf, vereinseitigende Festschreibungen in Text und Lebenswelt ins Bild zu setzen, sie zu hinterfragen und aufzubrechen.

In dieser Spur sollte Dekonstruktion über die logischen Brüche in Texten oder isolierte soziale Merkmale hinausweisen.

---

[377] Siehe dazu außerdem I. Karle (2009).
[378] Niehl, Bibel verstehen, S. 30.
[379] Ebd.
[380] Vgl. Stettberger, Empathische Bibeldidaktik, S. 139.

Dialogizität

In allen Ansätzen, die soeben skizziert wurden, ist das dialogische respektive interaktionale Moment (mehr oder weniger ausgeprägt) verankert. Ein dialogisches Paradigma impliziert, dass sich zwischen Text und Leser_in ein Gespräch entspannt: Die Bibel wird damit ›per se‹ als dialogisch vorausgesetzt. Hierzu werden teils fächerübergreifende Auseinandersetzungen mit biblischen Motiven in Repräsentationsformen wie z.b. Kunst, Musik oder Film eingeleitet.

Schließlich geht es einer dialogischen Didaktik »nicht nur um Anknüpfungspunkte in Kontexten der Gegenwart, sondern auch um ihre Anschlussfähigkeit im Leben der Schülerinnen und Schüler: Es geht um die zukünftige Relevanz biblischer Texte in den Lebenswelten heute.«[381] Zentrale Steuerungselemente im Unterricht sind die Fragen der Schüler_innen, die durch die Begegnung mit biblischen Texten oder deren Verarbeitung in anderen Medien auftauchen. Interaktionale Konzepte reichen über dialogische Ansätze hinaus, weil sie zudem das Handlungsgeschehen zwischen Leser_innen anvisieren.

Methodische Vielfalt

Die skizzierten Ansätze zeichnen sich durch ein zum Teil äußerst umfangreiches methodisches Repertoire aus. Dabei berücksichtigen viele Vorschläge sowohl die Diversität biblischer Texte als auch die unterschiedlichen Kompetenzen und soziokulturellen Merkmale der Lernenden. Neben verschiedenen exegetischen Zugängen kommen z.b. kreative Schreib- und Gesprächsmethoden oder aber Rollenspiele wie etwa das Bibliodrama zum Einsatz, die Sozialformen des Lernens wechseln ebenfalls.

(C) Erweiterungen und neue Impulse

Unter Berücksichtigung der dargebotenen Erläuterungen werde ich im Folgenden weitere Merkmale, die ihrerseits konstitutiv für eine Bibeldidaktik der Vielfalt sein können, skizzieren.[382] Die Anregungen knüpfen teils an die vorangestellten Ausführungen an bzw. erweitern sie.

Machtverhältnisse und soziale Beziehungen

Immer dort, wo soziale Beziehungen durch Differenzen gekennzeichnet sind, besteht eine Option für Machteffekte, die aber nicht zwingend negative Dynamiken loslösen. Für eine Bibeldidaktik der Vielfalt ist ein komplexes Machtverständnis,[383] das den jeweiligen Kompetenzen der Lernenden angepasst ist, maßgebend. Hierzu gehört auch ein differenzierter Blick auf Gewaltformen und -funktionen.

---

[381] Obermann, Religionsunterricht (AT).
[382] Dass es im Rahmen der Darstellung zu Überlagerungen kommt, ist deshalb kaum zu vermeiden.
[383] Siehe dazu auch Teil II, Kapitel 1.1.3.

Fragen, die in diesem Zuge offenkundig werden, richten sich *erstens* an die Erzähl- und Entstehungswelten der Texte: Gleichermaßen erhalten daraufhin gesellschaftliche Verhältnisse im Rahmen der Textentstehung, unmittelbares Figurenhandeln oder diskursive Absichten der Erzählinstanz Einlass in die Analyse. Exegetische und diegetische Perspektiven wechseln sich ab und fragen nach den Entstehungszusammenhängen von Gewalt, Macht und Herrschaft.

Zweitens sollen die Lebens- und Erfahrungswelten der Leser_innen, also von Lehrenden und Lernenden, in die Lernumgebung integriert werden. Denn sie sind ihrerseits von unterschiedlichen Differenzen und überdies von Herrschaftsdynamiken wie z.B. Sexismus oder Alltagsrassismus durchzogen.

Drittens gilt es, sowohl die eigenen Deutungen als auch die der Schüler_innen entlang der sich in ihnen darbietenden sozialen Beziehungen, Positionierungen und (zugewiesenen) Machtstatus zu befragen sowie sie ggf. zu dekonstruieren. Eine reflektierte Beschäftigung mit biblischen Dominanzverhältnissen als Folge *von* oder Hebel *für* Gewalt kann das Verständnis für gesellschaftliche Ungleichheiten in den erzählten Welten, aber auch in der Gegenwart schärfen und ins Bewusstsein führen, dass sich biblische Figuren bzw. Menschen stets innerhalb dieser Verhältnisse positionieren.[384]

In der Spur jugendtheologischer Grundlegungen gilt es den Lernenden »dialogisch Vertrauen entgegenzubringen und ihnen Vertrauen zu vermitteln; es geht darum, ihnen Zeit zu geben und ihnen auch Zeit für eigene Artikulationen und Erfahrungen zu lassen.«[385] Dort, wo die Jugendlichen in ihren Reden selber, u.U. unbewusst diskriminierend agieren, kann eine (ggf. behutsame) ›Skandalisierung‹, z.B. unter Bezugnahme biblischer Texte, durchaus wirksam sein.

Differenz- und ›VerAnderungs‹-Konstruktionen

Die Frage nach dem Umgang mit Anderen, die in den dargebotenen Merkmalen bereits mehrfach angeklungen ist, kann Prozesse des ›otherings‹, d.h. der »abwertenden Differenzsetzung«[386] auslösen. So genannte Praktiken der ›VerAnderung‹, »unterstützen die Unterscheidung des Eigenen und des Fremden, sie bringen sie mit hervor, reproduzieren sie, machen sie verbindlicher.«[387] Infolge einer Abgrenzung von der eigenen Identität, die zumeist als homogen wahrgenommen wird, konstituiert sich durch ›othering‹ Alterität als eine konstruierte Form der Wahrnehmung.[388]

---

384   Vgl. Busche u. Stuve, Bildungs- und Sozialarbeit intersektional erweitern, S. 273f.
385   Schlag, Brauchen Jugendliche die Bibel, S. 20.
386   Schwarz, Bedrohung, Gastrecht, Integrationspflicht, S. 22
387   Reuter, Geschlecht und Körper, S.24. Bereits in ihrer Dissertationsschrift ›Ordnungen des Anderen‹ (2002) hat J. Reuter den Begriff ›VerAnderung‹ als deutsche Entsprechung von ›othering‹ verwendet.
388   Während ›othering‹ gerade auch im Umfeld postkolonialer Herangehensweisen Einsatz findet, erscheint das Konzept des ›doing difference‹ deutungsoffener. ›Doing difference‹ verweist ebenfalls auf die Herstellung von Unterschieden aufgrund (angenommener) realer lebensweltlicher Erfahrungen oder kultureller Raster. Siehe hierzu C. West und S. Fenstermaker (1995). Da die Grenzen im Rahmen dieser Zuordnungen – gerade von außen – nur schwer zu beurteilen sind, werden die Ausdrücke im Folgenden variabel bzw. synonym eingesetzt. Einen guten Einblick in die postkoloniale Theorie geben z.B. M. Do Mar Castro Varela und N. Dhawan (2015).

Die Begegnung mit ›Gegen-über-Stehenden‹, z.B. mit literarischen Figuren, kann u.U. zu (verbalen) gewaltsamen Aktivitäten anregen. Auch vor dem Hintergrund eines gewaltpräventiven Anspruchs bringt eine Bibeldidaktik der Vielfalt Differenz- und ›VerAnderungs‹-Konstruktionen aktiv, in einem differenzsensiblen Modus, ins Gespräch. Dichotome Denkmuster, die ggf. mit exkludierenden Gegenüberstellungen operieren, können sichtbar werden bzw. zur (selbst)kritischen Reflexion einladen – und das sowohl in Bezug auf Lehrende wie Lernende.

Zentral in Bezug auf die anvisierten Merkmale erscheinen dabei die jeweiligen Referenzzentren, von wo aus ›VerAnderung‹ und daran anschließend auch Alterität zustande kommt.[389]

Intersektionale Sensibilität

Die Berücksichtigung von ›intersektionalen‹ Daseins- und Handlungsformen[390] ist für eine Bibeldidaktik der Vielfalt kennzeichnend: Intersektionale Sensibilität markiert eine grundlegende Kompetenz, die im Unterricht angebahnt werden soll. Dabei geht es zunächst einmal grob um eine Bewusstwerdung für soziale Kategorisierungen, ihre Architekturen und schließlich die interdependenten Formen, in welchen sie auftreten.

Am Beispiel biblischer Texte können Lehrende und ebenso Lernende einerseits für die zeitlich und kulturell variable Deutung sozialer Merkmale aufmerksam werden. Andererseits sind in den Lebenswelten der Leser_innen ›intersektionale‹ Mechanismen wirksam, die voraussichtlich auch Einfluss auf die Textinterpretationen nehmen. Die Kategorien werden jeweils subjektiv und erfahrungsbezogen (mit)geformt.

Mithilfe von anti-, intra-und inter-kategorialen Zugängen, die in der Begegnung mit Lernenden freilich anders heißen dürfen, kann nicht nur die Komplexität sozialer Zuweisungen anschaulich werden, sondern ferner ihre wirkmächtige Alltäglichkeit. Eine Ausdifferenzierung von z.B. individuellen und strukturellen ›intersektionalen‹ Ebenen, die aber miteinander interagieren, erscheint hier weiterführend. Im Dialog mit biblischen Erzählungen und ihren historischen Umgebungen können Jugendliche so z.B. für die Funktions- bzw. Ausdrucksweisen von Unterdrückung sensibel werden, die sich in anderer Gestalt bis hinein in ihre Lebenswelt(en) fortsetzen.

---

[389] Wenn im Rahmen dieser Arbeit Interpretationen der Jugendlichen im Modus von ›VerAnderungs-Strategien‹ betrachtet werden, ist zu berücksichtigen, dass diese ›Brille‹ nicht dazu dient, die Jugendlichen vorzuführen. Der detaillierte Blick soll zu Sensibilität und Selbstreflexion in Bezug auf derartige Prozesse anleiten.

[390] Sofern Intersektionalität nicht als reflexive bzw. kritische Analyseperspektive in den Blick kommt, wird der Ausdruck durch einfache Guillemets gekennzeichnet.

Auf dem Weg zu ›egalitärer Differenz‹ in religionspädagogischen Bildungsprozessen, geht eine Bibeldidaktik der Vielfalt kleinschrittig und nachhaltig vor; ihre Zielsetzungen sind facettenreich.

Unter dieser Voraussetzung markiert bereits die Wahrnehmung von Unterschieden, z.B. im Blick auf biblische Männlichkeits- und Weiblichkeitsentwürfe, ein Teilziel, dass sich durch die Frage nach daraus hervorgehenden sozialen Ungleichheiten auf einer anderen Ebene fortführen lässt. Sodann besteht die Möglichkeit, dass Rezipient_innen eigene Dominanz- oder Unterdrückungserfahrungen wachrufen und ins Gespräch bringen.

Vor dem Hintergrund eines differenzierten, weiten Gewaltbegriffs, der auch solche Gewaltformen umfasst, die Jugendliche ggf. bagatellisieren, kann die Wahrnehmung von unterschiedlichen, u.U. eigens verursachten oder erlebten Gewalthandlungen (als eben diese) gleichermaßen zu einem Teilziel erklärt werden, das langfristig auf Gewaltablehnung ausgerichtet ist. Ein breit gefächerter Methodenfundus,[391] unterschiedliche Arbeitsarrangements sowie eine Lerngruppe, in der verschiedene Einstellungen, Erfahrungen und Kompetenzen zu Wort kommen, sind hilfreiche Ausgangspunkte für die Umsetzung unterschiedlicher Ziele und Lernwege. Schließlich gilt es zu erörtern, welche verbalen und non-verbalen Grenzen sinnvoll für die Begegnung im Unterricht sind bzw. wie innerhalb der Institution Schule ein Schonraum eingerichtet werden kann, der Schüler_innen sowohl die Möglichkeit zum Rückzug als auch zum vertrauensvollen Austausch bereitstellt.

1.4 Zwischenfazit

Im vorliegenden Kapitel habe ich den intersektionalen bzw. vielfaltsorientierten ›Überbau‹, der die weiteren Untersuchungen hermeneutisch und heuristisch prägen wird, aus verschiedenen Perspektiven beleuchtet. Aus der dargebotenen Vielschichtigkeit, in der u.a. unterschiedliche Fächer, Einstellungen und Ziele zusammentreffen, die auf den ersten Blick kaum kompatibel erscheinen, ergeben sich einige Herausforderungen.

Die theoretischen Einsichten, die ich in Kapitel 1.1. präsentiert habe, können ›ungefiltert‹ weder an die biblischen Texte noch an die empirischen Daten herangetragen werden. Im Horizont der empirischen Auslegungsmethoden, welche primär induktiv funktionieren, markiert Offenheit gegenüber dem Datenmaterial ein zentrales Forschungsprinzip. Dort, wo Intersektionen oder ›kategoriale Kommunikationsmuster‹ hervortreten, haben zunächst einmal die ›ungefilterten‹ Stimmen der Jugendlichen Vorrang. Theoretischen Hypothesen, die Anschluss an die

---

[391] Weiterführend sind hier z.B. Methoden aus der Anti-Bias-Arbeit.

Forschungsfragen suchen, werden erst in einem weiteren Schritt als Interpretationshilfen hinzugeschaltet.

Hinsichtlich der exegetischen Analyse von Ex 1 sind die Bedeutungen von ›Rasse‹, Klasse und Geschlecht jeweils neu zu verhandeln; kultur- und sozialgeschichtliche Aspekte, die in Ex 1 anklingen, nehmen u.a. Einfluss darauf. Mit aller Wahrscheinlichkeit ergeben sich in dieser Folge weitere ›soziale Kategorien‹, die ebenfalls eine intersektionale Reflexion erfordern. Kapitel 1.2 hat den Weg hierfür bereits geebnet: Aus einer konkret bibelhermeneutischen Perspektive sind Fragen im Zusammenhang von sozialer Ungleichheit, Macht- und Herrschaftsverhältnissen sowie Gewalt in das Blickfeld gerückt. Für eine intersektionale Bibelauslegung gelten feministische und befreiungstheologische Ansätze als unverzichtbare Ansprechpartner_innen; sie bieten zugleich hermeneutischen Rückhalt.

Neben Intersektionalität stellt Vielfalt ein grundlegendes Konzept im Rahmen dieser Arbeit dar. Vor dem Hintergrund von Jugend sowie unter der Anleitung von Annedore Prengels Pädagogik der Vielfalt bzw. einer Religionspädagogik der Vielfalt habe ich in Kapitel 1.3 bibeldidaktische Modelle angesichts ihrer ›Vielfaltsdimensionen‹ befragt. Im Anschluss daran liegen nun erste Merkmale einer Bibeldidaktik der Vielfalt vor.

2 Narratologie

Erzählungen sind konstruierte Produkte eines literarischen Schaffensprozesses. Sowohl für die Untersuchung der Exodusexposition als auch die empirische Forschung stellt die Narratologie bzw. die Erzähltheorie hilfreiche Analyseinstrumente zur Verfügung[392] Mittels narratologischer Werkzeuge kann der spezifisch narrative Charakter von erzählender Literatur detailliert erforscht und zugleich kritisch reflektiert werden.[393] Maßgebend ist dabei die Unterscheidung von ›story‹ und ›discourse‹: Während die erzählte Welt (›storyworld‹) das ›Was‹ der Erzählung fokussiert, also z.B. die Figuren oder sich darbietende Räume, ist auf der Ebene des Diskurses die Frage nach dem ›Wie‹ der Erzählung, d.h. ihrer Darstellung leitend.[394] Damit markiert

> Erzählen ein Geschehen, das sich in mindestens zwei Welten und Zeiten gleichzeitig abspielt: in der Welt, von der erzählt wird und der Welt, in der erzählt wird; in der Vergangenheit der erzählten Zeit und in der Gegenwart, in der erzählt wird.[395]

---

[392] Eine sehr hilfreiche und anschauliche Übersicht über die verschiedenen Felder der Narratologie (inklusive Fachliteratur) hat S. Finnern (2007) zusammengestellt.

[393] Vgl. Nünning u. Nünning, Von der strukturalistischen Narratologie zur ›postklassischen‹ Erzähltheorie, S. 4.

[394] Siehe hierzu M. Martínez und M. Scheffel (2009). Im Rahmen der Untersuchung werden für diese Ebenen abwechselnd auch die von W. Schmid (2008) geprägten Begriffe ›Diegesis‹ und ›Exegesis‹ verwendet. Siehe dazu Teil II, Kapitel 2.3.1.

[395] Utzschneider u. Ark Nitsche, Arbeitsbuch literaturwissenschaftliche Bibelauslegung, S. 150.

Eine weitere gewichtige Differenzierung, die ebenfalls vorangestellt werden soll und geradewegs ein spannendes Diskussionsfeld der Narratologie eröffnet, betrifft die Akteur_innen im Rahmen der literarischen Kommunikation: Wer spricht – Wer hört? Diese Fragen richten sich nicht nur an u.a. die Bewohner_innen der erzählten Welt, an Autor_innen- oder Leser_inneninstanzen.[396] Gerade in neueren Ansätzen, können sie über ›storyworld‹ und Diskursebene hinaus bis hin zu realen Autor_innen und Leser_innen reichen; die vorliegende Untersuchung darf hier ein Beispiel sein.

Als Teildisziplin der Literaturwissenschaft lagen die Wurzeln von Narratologie zunächst im Strukturalismus. Heute etablieren sich zunehmend auch poststrukturalistische bzw. postklassische Zugänge, welche über die Grenzen eines Textes hinausweisen. Im Rahmen dieses Herangehens »wird das einstmals so klar definierte Feld der Narratologie«[397] bewusst aufgerüttelt und vormals isolierte Kategorien erhalten Einlass in die Analysen: Und zwar

> die Dimensionen der Geschichte und der historischen Variabilität von Erzählformen, der Ästhetik, der Ethik, der Ideologie, der Interpretation und schließlich die soziokulturelle Dimension, die solche Kategorien wie *race, class* und *gender* umfasst.[398]

Im Anschluss an David Hermann verweist das Etikett ›postclassical‹ auf eine »reconfiguration of the narratological landscape«[399], die er beschreibt als »a shift from text-centered and formal models to models that are jointly formal and functional – models attentive both to the text and to the context of stories.«[400]

Das für postklassische und zugleich interdisziplinär ausgerichtete Narratologien[401] kennzeichnende Interesse an kontextuellen, kulturellen, rezeptionsorientierten und funktionalen Aspekten im Zusammenhang von Erzählungen prägt das narratologische Vorgehen im Rahmen dieser Studie. In Rekurs auf die intersektionalen Weichen, die ich in Teil I gelegt habe, werden im Folgenden zwar auch narratologische Fragen unter intersektionaler Perspektive diskutiert,[402] im Fokus steht jedoch die Auseinandersetzung mit biblischer, kulturgeschichtlicher und kognitiver Narratologie. Sie stellen vergleichsweise jüngere erzähltheoretische Ansätze dar, die intersektional anschlussfähig sind und mit je

---

[396] Siehe hierzu das literarische Kommunikationsmodell von S. Lahn und J.C. Meister (2008). Sie unterscheiden im Rahmen der literarischen Kommunikation vier Ebenen, die in den nachfolgenden Kapiteln zum Teil noch näher beleuchtet werden.

[397] Nünning, Kulturen als Erinnerungs- und Erzählgemeinschaften, S. 240.

[398] Ebd., Hervorhebung im Original.

[399] Herman, Introduction, S. 8.

[400] Ebd.

[401] Im Anschluss an A. Nünning und V. Nünning hat die Narratologie seit den 1990er Jahren »so viele neue Ansätze hervorgebracht, daß es durchaus gerechtfertigt erscheint, von *narratologies* ... im Plural zu sprechen«. Nünning u. Nünning, Von der strukturalistischen Narratologie zur ›postklassischen‹ Erzähltheorie, S. 5, Hervorhebung im Original.

[402] Um jedoch Redundanzen zu vermeiden, sollen intersektional-erzähltheoretische Implikationen anschließend nicht eigens erläutert, sondern punktuell aufgegriffen werden. Siehe hierzu z.B. den Sammelband ›Intersektionalität und Narratologie‹ (2014).

unterschiedlichen Gewichtungen in die Auslegung von Ex 1 bzw. die empirische Analyse integriert werden.[403]

2.1 Biblische Narratologie

Wenn auch die Narratologie innerhalb der Literaturwissenschaft entwickelt wurde, so will sie sich doch bewußt nicht auf dieses Gebiet beschränken. Die Offenheit hat zur Folge, daß die Methode hervorragend geeignet ist für biblische Geschichten, die literarisch sind, aber eben nicht nur das.[404]

Gerade weil Erzählungen »die vorrangige Ausdrucksform der hebräischen Bibel«[405] darstellen, drängt sich eine narratologische Auseinandersetzung mit alttestamentlichen Texten bzw. mit Ex 1 nahezu auf. Maßgebend in diesem Zusammenhang ist die von Adele Berlin ins Feld geführte und noch immer gültige Einsicht, dass biblische Erzählungen »above all [...] a form of representation«[406] sind. Neben dem *Was* der Erzählung soll die forschende Aufmerksamkeit somit überdies dem *Wie* des Erzählens gelten. Und bereits an dieser Schnittstelle werden die Besonderheiten biblischer Erzählliteratur und -theorie offenkundig: Im Kontrast zu modernen Erzähler_innen, die ihre Leser_innen vielmals direkt ansprechen, agieren biblische Erzählinstanzen in aller Regel zurückhaltender. Sie verweisen für gewöhnlich nicht auf sich selbst und nehmen obendrein »keinen Bezug auf ihre Tätigkeit, die im Schreiben der Erzählung besteht.«[407]

Auch die biblischen Figuren sind durch spezielle Merkmale gekennzeichnet, die sie von anderen Protagonist_innen unterscheiden. Im Anschluss an Ilse Müllner »gehört es zu den stärksten Irritationen moderner Lesegewohnheiten, dass die Figuren weder in ihrem Äußeren noch in ihren Charaktereigenschaften ausführlich beschrieben werden[.]«[408] Oftmals gibt daraufhin erst das Handeln der Figuren Auskunft über ihre Persönlichkeit. Neben Figuren,[409] Perspektivenstrukturen und Erzählstimmen[410] berücksichtigen narratologische Untersuchungen im

---

[403]   Da mit der Narratologie ein dezidiert literaturwissenschaftliches Handwerkszeug zum Einsatz kommt, wird die Exodusexposition folglich *auch* als ein literarischer Text angesehen. Denn »erst, wenn wir biblische Texte als Literatur behandeln, können wir Methoden aus Literaturwissenschaft zu Rate ziehen.« Bal u.a., Und Sara lachte, S. 11.

[404]   Ebd.

[405]   Müllner, Gewalt im Hause Davids, S. 46.

[406]   Berlin, Poetics and Interpretation of Biblical Narrative, S. 13.

[407]   Bar-Efrat, Wie die Bibel erzählt, S. 34.

[408]   Müllner, Zeit, Raum Figuren, Blick, S. 12.

[409]   Siehe hierzu z.B. die Arbeiten ›Zentrale Randfiguren‹ (2003) von U. Schmidt oder D. Kleins ›David versus Saul‹ (2002). D. Klein berücksichtigt neben den Figuren auch die Erzählinstanz sowie den historischen Kontext des Autors. J. Vette hat sich ebenfalls mit der narrativen Poetik der Samuelbücher befasst (2005).

[410]   Siehe hierzu z.B. B. Schmitz' Habilitationsschrift ›Prophetie und Königtum‹ (2008). Am Beispiel zweier Erzählungen der Königsbücher widmet sich B. Schmitz u.a. der Analyse von Perspektivenstrukturen und Erzählstimme.

Bereich des Ersten Testaments zudem relationale Kategorien wie z.B. Raum[411] oder Macht.[412] Unlängst sind im Sammelband ›Über die Grenze‹ (2013) auch Metalepsen in ›Text- und Bildmedien des Altertums‹ erforscht worden.[413]

Dass biblische Narratologie in aktuellen exegetischen Methodenhandbüchern als eigenständiger Ansatz auftaucht und die einstige Randmethode zunehmend in den Mainstream vordringt, ist keiner Einzelleistung geschuldet, sondern der Verdienst gleich mehrerer Forscher_innen.[414] Durch ihre Untersuchungen konnten sie das literaturwissenschaftliche Instrumentarium nicht nur der bibelwissenschaftlichen Forschung zugänglich machen, sondern es fernerhin für den ›Literary Criticism‹ öffnen und somit anwendungsorientiert verfeinern. ›Literary Criticism‹ bezeichnet »in der Exegese solche Interpretationsmethoden, die im engen Dialog mit der modernen Literaturwissenschaft entstanden sind und auf die Bibel appliziert werden.«[415] Ohne Schwierigkeiten ereignete sich die methodische bzw. hermeneutische Neuorientierung innerhalb der Bibelwissenschaften allerdings nicht. Zunächst wurden vielmehr die scheinbar ›unüberbrückbaren Differenzen‹ zwischen den klassischen diachronen Auslegungen und den noch jungen synchronen Ansätzen betont:

> Entgegen der Herangehensweise der dominierenden diachron-historisch orientierten Exegese, welche einen biblischen Text als historische Quelle ansieht [...], betrachtet eine synchrone, narratologisch orientierte Exegese einen biblischen Text als *Text*, als literarisches Kunstwerk.[416]

Allerdings zeichnet sich in der rezenten Forschung zunehmend eine Überwindung dieser Engführung ab; synchrone und diachrone Zugangsweisen[417] werden häufiger miteinander kombiniert.[418] Stellvertretend soll hier Rainer Albertz zu Wort kommen, der in seinem Exoduskommentar synchrone Auslegungsweisen durch diachrone erweitert:

---

[411] Hier ist auf die Dissertation von Y.S. Thöne ›Liebe zwischen Stadt und Feld‹ (2012) hinzuweisen.

[412] Im Rahmen ihrer feministisch-narratologischen Analyse von Ri 4 zentralisiert S. Eder (2008) die Frage nach der Macht, welche Frauen und Männer jeweils ausüben. Allerdings stellt Macht keine narratologische Kategorie im eigentlichen Sinn dar.

[413] U. E. Eisen, die Mitherausgeberin des Sammelbandes, gilt im Bereich neutestamentlicher narratologischer Forschung als Wegbereiterin. In ihrer Arbeit ›Die Poetik der Apostelgeschichte‹ (2006) operiert sie mit grundlegenden narratologischen Kategorien wie z.B. Zeit, Modus oder Figuren. Eine weitere wichtige narratologische Arbeit im Umfeld des Neuen Testaments hat im deutschsprachigen Bereich zudem S. Finnern (2010) vorgelegt.

[414] Als wichtige Vertreter_innen, die sich schon früh mit narratologischem Rüstzeug ausgestattet und die exegetische Arbeit aufgenommen haben, sind S. Bar-Efrat (engl. 1989), R. Alter (1981), A. Berlin (1983), M. Sternberg (1985), M. Bal, F. van Dijk Hemmes und G. Ginneken (1988) – und für den deutschsprachigen Raum I. Müllner (1997) zu nennen. Eine ausführlichere Diskussion im Zusammenhang – zumindest einiger dieser Ansätze – stößt z.B. U. Schmidt (2003) an.

[415] Eisen, Die Poetik der Apostelgeschichte, S. 18.

[416] Thöne, Liebe zwischen Stadt und Feld, S. 50, Hervorhebung im Original.

[417] S. Finnern unterscheidet diesbezüglich zwischen folgenden Positionen: »a) Synchronie vor Diachronie; b) Diachronie vor Synchronie; c) Diachronie und Synchronie; d) Synchronie mit Diachronie.« Finnern, Narratologie und biblische Exegese, S. 8.

[418] Siehe hierzu und speziell in Bezug auf das Exodusbuch die Arbeiten von H. Utzschneider und W. Oswald (2013) sowie R. Albertz (2012).

Da sich die wissenschaftliche Auslegung der Bibel um einen möglichst hohen Grad der Nachprüfbarkeit bemüht und die Intention des Auslegers zwar nicht ausschließen, aber doch kontrollierbar halten will, scheint es mir deswegen sinnvoll, die synchrone um eine diachrone Auslegung zu ergänzen. [...]. Diachrone und synchrone gehören somit zusammen und sollten nicht gegeneinander ausgespielt werden.[419]

Auch Uta Schmidt weist ihre narratologische Analyse als »historisch verantwortete, synchrone Herangehensweise«[420] aus und Barbara Schmitz hat für die Untersuchung der Königsbücher eine eigene ›historisch-narratologische‹ Methodologie entwickelt. Sodann konstatiert Ilse Müllner, dass sich eine literaturwissenschaftlich beeinflusste Narratologie einerseits »mit der Darstellung von Figuren historisch im Sinn der Konstruktion von Geschlecht, von Herrschaft etc.«[421] befasst. Andererseits

sind die biblischen Texte selbst und ihre Hinweise auf historische Gebundenheit des Erzählten ernst zu nehmen. Denn die Erzählungen selbst geben durch Textsignale Hinweise darauf, in welchem Verhältnis zur historischen Wirklichkeit sie das Erzählte verstanden wissen wollen.[422]

Beispielhaft zeigen die aufgerufenen Einsichten den Einzug des ›New Historicism‹ innerhalb der literaturwissenschaftlich-orientierten Exegese an. In zugespitzter Weise kann diese Strömung auf die Formel gebracht werden, wonach jeder Text »der Einbettung in einen sozialen Kontext«[423] bedarf. Dabei stellt sich der Kontext seinerseits als Text dar und zwar »als ein Ensemble von gesellschaftlich konstruierten Sinnbedeutungen.«[424]

Sowohl im Rahmen des nachfolgenden Kapitels wie auch in der engeren Auseinandersetzung mit narratologischen Kategorien werden kulturgeschichtliche Referenzen aufgerufen. Für die exegetische Untersuchung der Exodusexposition setzen sie nicht nur hermeneutische, sondern darüber hinweg heuristische Impulse.

2.2   Kontextuelle Narratologien

Erst in jüngerer Zeit sind kontextuelle und kulturelle Aspekte des Narrativen in den Fokus der Erzähltheorie vorgedrungen.[425] Neue Ansätze wie z.B. inter- bzw.

---

[419]   Albertz, Exodus 1-18, S. 17f.
[420]   Schmidt, Zentrale Randfiguren, S. 55.
[421]   Müllner, Zeit, Raum Figuren, Blick, S. 22.
[422]   Ebd., S. 23.
[423]   Auberlen, New Historicism, S. 83.
[424]   Ebd., S. 84.
[425]   Als wegweisend sind hier gender-orientierte, interkulturelle und postkoloniale narratologische Ansätze zu nennen. Hinzuweisen ist auch auf die Entwicklung einer transkulturellen Narratologie, die derzeit in Bonn angestrebt wird.

transkulturelle Narratologie[426], natural narratology,[427] postkoloniale Narratologie,[428] feministische Narratologie,[429] cultural narratology[430] oder die hier vorzustellenden Modelle der kulturwissenschaftlichen Narratologie bzw. der kognitiven Narratologie erhalten jetzt stärkere Aufmerksamkeit. In Rekurs auf Roy Sommer beziehen sie

> die lange vernachlässigte Seite der Textrezeption explizit mit ein und erweitern die ehemals notorisch a-historische, a-kulturelle und als reduktiv kritisierte Narratologie um kulturgeschichtliche Aspekte und Fragestellungen.[431]

Mit dieser Erweiterung ist auch die Einsicht verbunden, dass die Ebene des Inhalts und seine (Re-)Konstruktion durch Leser_innen erzähltheoretisch berücksichtigt werden soll.[432] Die semiotisch-formalistischen, d.h. textzentrierten Methoden des Strukturalismus, die insbesondere Textstrukturen fokussieren, werden durch kontextorientierte Fragen erweitert. Das bedeutet, die Narratologie verwandelt sich zunehmend auch in eine »Interpretationstheorie, mit deren Hilfe sich Texte in ihren Kontexten verstehen lassen.«[433] Dabei verändern die kontextuellen Narratologien nicht das Kategoriensystem im engeren Sinn, sondern sie verlagern ihre Anwendungen auf verschiedene thematische Felder: Kennzeichnend für ›Narratologie im Plural‹ ist im Anschluss an Wolf Schmid »ein ideologiekritischer und manchmal auch ideologischer, auf jeden Fall ein thematischer und nicht strukturbezogener Zugang.«[434]

Die kontextuellen Erweiterungen innerhalb der Narratologie, die zugleich kennzeichnend für die erzähltheoretischen Vorgehensweisen im Rahmen dieser Arbeit sind, fügen sich in den bereits aufgespannten kontextuellen Bezugshorizont (Kap. II.1.2) ein. Die narratologischen Kategorien, welche in Kapitel 2.3 entfaltet werden, knüpfen an die hier skizzierten Einsichten an. Sie greifen überdies voraus auf die Exodusexposition bzw. die Erforschung ihrer Rezeption durch empirische Leser_innen.

(A) Kulturwissenschaftliche – kulturgeschichtliche Narratologie

Im Anschluss an Mieke Bal ist das Narrative »nicht bloß eine literarische Form, sondern als kulturelle Kraft lebendig und aktiv[.]«[435] Die Überschrift ›Kulturwissenschaftliche – kulturgeschichtliche Narratologie‹ verweist auf

---

[426] Siehe hierzu z.B. J. Schönert (2004).
[427] Siehe dazu u.a. M. Fludernik (1996) und M. Fludernik (2003).
[428] Siehe hierzu z.B. H. Birk u. B. Neumann (2002).
[429] Siehe dazu S. Lanser (1999). Ferner ist auf den Sammelband ›Erzähltextanalyse und Gender Studies‹ (2004) hinzuweisen.
[430] Siehe hierzu M. Bal (1999).
[431] Sommer, Fremdverstehen durch Literaturunterricht, S. 19.
[432] Vgl. Ebd.
[433] Kindt, Erzähltheorie, S. 89.
[434] Schmid, ›Wortkunst‹ und ›Erzählkunst‹ im Lichte der Narratologie, S. 35.
[435] Bal, Kulturanalyse, S. 9.

eine Theorie des Erzählens, die der kulturellen Bedingtheit und historischen Varia-
bilität von Erzählformen sowie der Bedeutung von Narrativen für Kulturen bereits
bei der Theoriebildung und Konzeptentwicklung Rechnung trägt.[436]

Spätestens seit der produktiven Zusammenführung von synchronen und diachronen Methoden legt vielmals auch die bibelwissenschaftlich-narratologische Forschung derartige Prämissen an ihre Textauslegungen an. Wenn etwa Barbara
Schmitz ausgehend vom primären Kontext ›Text‹, den ›Autor‹ als *einen* potenziellen Auslegungskontext bestimmt, der die Suche nach textuellen Bedeutungsmög-
lichkeiten filtert, berücksichtigt sie die soziokulturellen Entstehungssituationen
von Erzählungen mit.[437]

Uta Schmidt regt dazu an, »Sachinformationen einzuarbeiten, wo Texte
durch den historischen und kulturellen Abstand erklärungsbedürftig geworden
sind.«[438] Schließlich setzt eine kulturgeschichtliche Narratologie kulturelle Hintergründe[439] ebenso als analytische Wissensgrundlagen voraus wie intersektionale
Aspekte: Nicht nur in Bezug auf die Figurenanalyse, sondern für sämtliche Er-
zählpositionen und Reflektorfiguren sind Differenzkategorien wie Religion, Generation oder Geschlecht relevant.[440] Gerade wenn »kulturelle Differenzen eine
Rolle spielen«,[441] muss nach Ilse Müllner »auch der Kontext des Texts hereinge-
holt werden.«[442] Das Eintauchen in die historischen Umgebungen von Texten
kann eine Hilfestellung darin geben, sich den Aufgaben und Leistungen des Erzählens anzunähern. Wer allerdings »an der Welt des biblischen Erzählers teilhaben möchte, von dem wird [eine] […] Überwindung vieler Kilometer und Jahrhunderte gefordert«,[443] die nicht ohne den ›Verlust von Gepäckstücken‹ möglich
ist.

Kulturgeschichtliche narratologische Ansätze vollziehen eine Synthese zwischen strukturellen Aspekten des Erzählens und möglichen ideologischen Ver-
ankerungen, die damit einhergehen:

> The term ›cultural narratology‹ describes the place where dialogism and narrative the-
> ory meet, allowing the analysis of formal structures to be combined with a consider-
> ation of their ideological implications.[444]

Schließlich argumentiert Gabriele Helms, dass eine kulturelle Narratologie Ge-
dächtnisstütze darin sein kann, narrative Techniken weder als gänzlich neutrale

---

[436] Nünning, Wie Erzählungen Kulturen erzeugen, S. 27.
[437] B. Schmitz nimmt keine Beschränkung in Bezug auf die Kontexte, die den primären Kontext (Text)
   umgreifen, vor: Die »potenziellen Kontexte sind an sich unendlich und durch den primären Kontext
   ›Text‹ selbst nicht zu begrenzen. Schmitz, Prophetie und Königtum, S. 80.
[438] Schmidt, Zentrale Randfiguren, S.56.
[439] Eine kulturgeschichtliche Narratologie kann in diesem Sinne als Verknüpfung von biblischer
   Narratologie und sozialgeschichtlicher Analyse gelten.
[440] Vgl. Nünning, Wie Erzählungen Kulturen erzeugen, S. 27.
[441] Müllner, Zeit, Raum, Figuren, Blick, S. 6.
[442] Ebd.
[443] Klein, David versus Saul, S. 39.
[444] Helms, Challenging Canada, S. 10.

noch inhaltlich frei befüllbare Formen wahrzunehmen.[445] Wenn z.B. die erzählerische Vermittlung von Themen und Inhalten untersucht wird, lassen sich daraus Informationen über kulturelle, geschlechterbezogene, ethnische oder religiöse Einstellungen ableiten, die ggf. seitens der ›intentio operis‹ anvisiert werden. Hayden White weist darauf hin, »daß die Erzählung nicht nur eine neutrale diskursive Form ist, […], sondern vielmehr ontologische und epistemologische Wahlmöglichkeiten mit eindeutig ideologischen und sogar spezifisch politischen Implikationen nach sich zieht.«[446]

Mithilfe von ausgewählten narratologischen Kategorien können Erzählformen und Darstellungsweisen »zu den Diskursen, Machtverhältnissen und kulturgeschichtlichen Bedingungen unter denen Autor/inn/en in der jeweiligen Epoche lebten und publizierten«[447] in Beziehung gesetzt werden. Als anschlussfähige Analysemittel schlägt Ansgar Nünning dabei zunächst einmal die bereits skizzierte Unterscheidung von ›story‹ bzw. ›discours‹ und darauffolgend die Berücksichtigung von verschiedenen Kommunikationsinstanzen sowie Perspektiven vor. Speziell für die Untersuchung biblischer Erzählungen, die ›per se‹ als vielstimmig vorauszusetzen sind,[448] können an diesem Punkt Michal Bachtins Überlegungen zur individuellen und sozialen Redevielfalt weiterführend sein. Denn im Anschluss an Bachtin orchestriert ein Roman nicht nur seine Themen, sondern

> seine gesamte abzubildende und auszudrückende Welt der Gegenstände und Bedeutungen mit der sozialen Redevielfalt und der auf ihrem Boden entstehenden individuellen Stimmenvielfalt. […] Diese Bewegung des Themas durch Sprachen und Reden, deren Aufspaltung in Elemente der sozialen Redevielfalt, ihre *Dialogisierung*: dies macht die grundsätzliche Besonderheit der Stilistik des Romans aus.[449]

Für eine kulturwissenschaftliche Narratologie ist so etwa die Frage zentral, welche »kulturell verfügbaren«[450] Erzählweisen oder Perspektivenstrukturen als Stimmen in Erzählungen hörbar werden.

Schließlich kann auch die Untersuchung von Räumen[451] Einlass in das umfangreiche Kategorienarsenal einer ›kulturwissenschaftlichen Narratologie‹ erhalten. In Rekurs auf Natascha Würzbach bietet sich ein erzählter Raum z.B. als »fiktionaler Baustein, kultureller Sinnträger [oder auch] Ausdruck der Geschlechterordnung«[452] dar und suggeriert damit eine spezifische ›Welthaltigkeit‹.

Die hier beschriebene Fortführung der Narratologie, hin in die Richtung einer »Historisierung und Kontextualisierung kultureller Narrative«,[453] stellt eine Erweiterung im Rahmen der Erzähltheorie dar, die auch für die biblische Narratologie vielversprechend erscheint und dort infolge des ›New Historicism‹ bereits einen Platz hat.

---

[445] Vgl. Ebd., S. 7.
[446] White, Die Bedeutung der Form, S. 7.
[447] Nünning, Wie Erzählungen Kulturen erzeugen, S. 31.
[448] Siehe dazu Teil III, Kapitel 2.2. und dort den Exkurs.
[449] Bachtin, Die Ästhetik des Wortes, S. 157, Hervorhebung im Original.
[450] Nünning, Wie Erzählungen Kulturen erzeugen, S. 39.
[451] Siehe dazu Teil II, Kapitel 2.3.3.
[452] Würzbach, Erzählter Raum, S. 105.
[453] Erll u. Roggendorf, Kulturgeschichtliche Narratologie, S. 76.

(B) Kognitive Narratologie

Ein Ansatz, der ausdrücklich nach den empirischen Leser_innen fragt und dafür die Erzähltheorie als Grundlage nimmt, ist die kognitive Narratologie:[454] Narrativität wird daraufhin erfasst

> in terms of cognitive (›natural‹) parameters, moving beyond formal narratology into the realm of pragmatics, reception theory and constructivism. […] the new paradigm is explicitly and deliberately *historical*.[455]

Die grundlegenden Weichen für eine empirische Wende in der Literaturwissenschaft bzw. der Erzähltheorie[456] gehen u.a. zurück auf Siegfried J. Schmidt. Seine empirische Literaturwissenschaft[457] »ist […] nicht allein fixiert auf das ›literarische Kunstwerk‹ und seine ›Interpretation‹, sondern interessiert sich für menschliche Handlungen, die mit literarischen Phänomenen im weitesten Sinne zu tun haben.«[458]

Während strukturalistische Erzähltheorien im Hinblick auf literarische Rezeptionsprozesse ausschließlich textuelle Daten als sinnstiftend konstatieren, berücksichtigen kognitive narratologische Zugänge u.a. das aktivierte Vorwissen bzw. die je eigenen Schemata der Leser_innen. Das heißt, die Untersuchungen setzen bei den kognitiven Konstruktionen an, die Leser_innen im Zuge der Rezeption erbringen. Bestandteile der leser_innenseitigen Deutungen sind z.B. individuelle Vorannahmen, bestimmte Persönlichkeitsmodelle aber auch aktuelle Vorlieben und andere kognitive Strukturen.[459]

Alsdann berührt ein Arbeiten in der Spur kognitiver Narratologie einerseits literaturtheoretische und andererseits empirische bzw. psychologische Forschungsfelder, so etwa die Schematheorie. Vorgänge des Lesens werden daran anschließend »als die Konstruktion und Projektion eines Systems von Hypothesen und Schemata (›frames‹) verstanden, über welches sich die potentielle Bedeutung textueller Signale erschließt.«[460] Immer dort, wo Akteur_innen etwas wahrnehmen – und hierzu zählen fraglos auch biblische Geschichten – ruft dieser Sinneseindruck unterschiedliche Schemata wach, die daran teilhaben, das Rezipierte zu begreifen:[461] »Readers actively construct meanings and impose frames on their interpretations of texts just as people have to interpret real-life experience in terms of available schemata.«[462]

---

[454] Der Aufsatz ›Der cognitive turn in der Erzähltheorie‹ (2002) gilt innerhalb der deutschsprachigen Forschung als einer der zentralen Texte im Bereich der kognitiven Narratologie. Daneben zählt ferner M. Fluderniks ›Towards a ›Natural‹ Narratology‹ (1996, 2002) zu den grundlegenden Werken, das sich für eine leser_innenorientierte Erzähltheorie einsetzt und entsprechende Impulse hierzu liefert. Im Sammelband ›Narrative Theory and Cognitive Science‹ (2003) kommen nahezu alle prominenten Vertreter_innen einer kognitiven Narratologie zu Wort.

[455] Fludernik, Towards a ›Natural‹ Narratology, S. ix, Hervorhebung im Original.

[456] Siehe hierzu z.B. das Einleitungskapitel von M. Bortolussis u. P. Dixons ›Psychonarratology‹ (2003).

[457] S. J. Schmidt hat diese Theorie in den 1980er Jahren entwickelt.

[458] Hauptmeier u. Schmidt, Einführung in die empirische Literaturwissenschaft, S. 5.

[459] Vgl. Schiewer, Kognitive Emotionstheorien, S. 106.

[460] Zerweck, Der cognitive turn in der Erzähltheorie, S. 221.

[461] Neumann, Die fünf Ströme des Erzählens, S. 65.

[462] Fludernik, Towards a ›Natural‹ Narratology, S. 9.

Aus kognitionspsychologischer Sicht markiert das Verstehen narrativer Texte in diesem Sinne »ein komplexes Zusammenspiel von ›Top-down‹- und ›Bottom-up‹- Prozessen.«[463] Während Leser_innen im Rahmen von ›Bottom-up‹-Bewegungen die erzählte Welt auf der Grundlage textueller Informationen konstruieren, arbeiten ›Top-down‹-Bewegungen mit bereits vorhandenen Schemata, »die dem Informationsmaterial relativ einfache, kulturell standardisierte Formen aufprägen […].«[464] In dieser Folge motivieren Schemata bestimmte Erwartungen – und sofern diese passend sind, »sollte sich der weitere Zustrom von Wahrnehmungen in einer bestimmten Weise oder wenigstens innerhalb eines begrenzten Korridors von Möglichkeiten entwickeln.«[465] Erfüllt sich eine Erwartung dahingegen nicht, wird probehalber ein anderes Schema eingesetzt oder das bereits vorhandene Schema erhält Ergänzungen.[466]

Gerade in Bezug auf spezielle Textsorten, wie sie z.B. mit biblischen Erzählungen vorliegen, bilden sich im Laufe von Narrationserfahrungen bestimmte Erwartungshaltungen aus, welche die Rezeption voraussichtlich lenken. Verstoßen z.B. biblische Figuren gegen konventionelle Vorstellungen, nimmt diese Irritation Einfluss auf die Rezeption; die Reaktionen können »von Identifikation und Empathie bis zur Ablehnung von Figuren reichen.«[467] Dabei ähneln die Schemata, welche Lesende für ihre mentalen Figurenmodelle heranziehen, der Wahrnehmung realer Personen: Bei der wissens- bzw. kontextgesteuerten ›Top-down‹-Bewegung sind die maßgebenden kognitiven Parameter zumeist durch Faktoren bestimmt, die sich aus dem sozialen und literarischen (impliziten) Wissens- bzw. Erfahrungsbestand der Leser_innen speisen. Aber nicht nur die Wahrnehmung der Figuren unterliegt kognitiven Prozessen, sondern ferner die Deutung von narrativen Perspektiven.

> Erst durch die Interaktion zwischen Text und Leserin, d.h. indem die Leserin die Figurenperspektive und die Erzählperspektive zueinander in Beziehung setzt und Kontrast- und Korrespondenzrelationen zwischen den Einzelperspektiven etabliert, wird die Perspektivenstruktur eines narrativen Textes realisiert.[468]

Die kognitiven Schemata, die im Rahmen der Perspektivenstruktur wirksam werden, bauen auf leser_innenseitigen Werten und Normen, Persönlichkeitsvorstellungen und auch literarischer Kompetenz auf. Vom Referenzpunkt der Rezipierenden kann so etwa eine bestimmte Perspektive, z.B. die von Gott, einen moralisch höheren Stellenwert besitzen als andere Perspektiven. Ansgar Nünning spricht in Bezug auf diese Ausgangslagen, die u.a. das allgemeine Weltwissen, gesellschaftliche sowie individuelle Werte- und Normsysteme umgreifen, von textexternen ›frames of references‹.[469]

---

[463]   Martínez u. Scheffel, Einführung in die Erzähltheorie, S. 150.
[464]   Ebd.
[465]   Neumann, Die fünf Ströme des Erzählens, S. 65.
[466]   Vgl. Ebd.
[467]   Zerweck, Der cognitive turn in der Erzähltheorie, S. 232.
[468]   Surkamp, Die Perspektivenstruktur narrativer Texte, S. 65.
[469]   Vgl. Nünning, Unreliable Narration zur Einführung, S. 30.

Als wichtige kognitive Schemata gelten so genannte ›scripts‹, die für das Verstehen und Erinnern von typischen Handlungsverläufen verantwortlich sind.[470] Auch weil ›scripts‹ bzw. Schemata vor allem durch Erfahrungen zustande kommen, müssen sie als dynamisch angesehen werden:

> Jede neue Verwendung eines Schemas wirkt auf dieses Schema zurück. Passt das Schema auf die neue Situation, so wird es verstärkt oder wenigstens intakt gehalten; Schemata, die über lange Zeit nicht mehr verwendet werden, verblassen allmählich und verschwinden schließlich ganz.[471]

Das literarische Verstehen ist vor diesem Hintergrund also nicht nur durch den Text gesteuert, sondern zudem von variablen, kontextuellen Bedingungen wie z.B. Erfahrungen, Wissensbeständen und kognitiven Strukturen der Leser_innen abhängig.[472] Das kontextuelle Moment, welches gerade eine kulturwissenschaftliche Narratologie als bedeutsam hervorhebt, wird somit auch angesichts einer kognitiven Narratologie evident. Bruno Zerweck erscheint die kognitive Narratologie sogar »als Vorläuferin einer kulturwissenschaftlichen Narratologie, die die historischen und kulturellen Bedingungen von narrativen Phänomenen und kognitiven Frames erforscht und so auch der kulturellen und sozialen Bedeutung narrativer Texte gerecht wird.«[473]

2.3 Narratologische Kategorien

Die narratologischen Kategorien, die anschließend besprochen werden, nehmen die Impulse der vorangestellten erzähltheoretischen Zugänge auf. Neben Besonderheiten, die eine biblische Narratologie kennzeichnen, integriert die Übersicht ferner kulturgeschichtliche sowie kognitionspsychologische Einsichten, welche die Rezeptionsprozesse von Leser_innen betreffen.

2.3.1 Erzählinstanz und Autor_inneninsstanz

Keine Geschichte erzählt sich von selbst. Zwar nehmen Lesende die Stimme, die sie durch eine Erzählung begleitet nicht immer wahr, manchmal wird sie schlicht überhört, anwesend ist die Erzählinstanz dennoch stets.

---

[470] Vgl. Neumann, Die fünf Ströme des Erzählens, S. 66.
[471] Ebd., S. 67.
[472] Vgl. Martínez u. Scheffel, Einführung in die Erzähltheorie, S. 145.
[473] Zerweck, Der cognitive turn in der Erzähltheorie, S. 239.

Erzählen wird im Rahmen dieser Untersuchung als ein absichtsvoll gesteuerter Vorgang aufgefasst. Analog zu lebensweltlichen Kontexten, bedienen sich Erzähler_innen[474] literarischer Texte unterschiedlicher Mittel, um ihren Stoff an die Zuhörer_innen heranzutragen. Sämtliche Wörter, Sätze, Gefühle oder Gedanken, die in einer Erzählung zum Ausdruck kommen, werden durch die Erzählstimme[475] transportiert. Sie ist *die* Schaltstelle, welche alle Zeichen der Textwelt passieren müssen. Als zentrale Vermittlungsinstanz gehört die Erzählstimme zu den grundlegenden Formprinzipien narrativer Texte.[476] Doch gerade im Angesicht von Erzählungen, in welchen sie fast lautlos im Verborgenen agiert, wie es vielmals in biblischen Texten der Fall ist, neigen Leser_innen dazu, die Erzählinstanz[477] zu vergessen. Dort, wo Wortmeldungen und Kommentare dann nicht offenkundig als *erstens* subjektiv gefärbte und *zweitens* überhaupt als Botschaft der Erzählinstanz hervortreten, vertrauen Adressat_innen nicht selten auf eine vermeintliche Neutralität der Erzählinstanz. In dieser Spur wird auch biblischen Erzähler_innen»nachgesagt, sie seien in der Darstellung der Personen und Ereignisse objektiv und berichten nicht tendenziös.«[478] Aber: »Ein Erzähler teilt uns weder alles mit, was er weiß, noch ist alles, was er uns mitteilt, Wissen.«[479] Auch ohne dass ihre Vermittlungen offenkundig subjektiv gefärbt sind, ergreifen biblische Erzähler_innen Partei, z.B. durch die Figuren, welchen sie das Wort geben oder die Ereignisse, in die sie involviert sind. Die Möglichkeiten der Erzählinstanz, ihre eigenen Perspektiven geltend zu machen, reichen weit und müssen keineswegs offenkundig hervortreten.

Die Erzählinstanz kann sich auf zweierlei Weisen zeigen, implizit und explizit. Der erste Darstellungsmodus umfasst sämtliche Verfahren mittels derer das Erzählte (etwa Figuren oder Settings) hervorgebracht wird, er ist obligatorisch und unterliegt Selektionsverfahren, spezifischen Anordnungen, Stilmitteln etc. Äußerungen, die z.B. Rückschlüsse auf die Charakteristika einer Erzählstimme zulassen, treten dahingegen explizit hervor; sie sind fakultativ. Sichtbar kann diese Art der Darstellung werden, wenn eine Erzählinstanz biografische Informationen (Namen, Geschlecht o. Beruf) angibt oder ihre Überzeugungen mit dem Publikum teilt. Bereits die Verwendung der grammatischen ersten Person kann hier als

---

[474] Innerhalb der narratologischen Forschung wird in diesem Zusammenhang auch von der Erzählstimme oder der Erzählinstanz (s.o.) gesprochen. Den jeweiligen Begriffen liegen verschiedene Auffassungen zugrunde, die jeweils bestimmte Charakteristika der Kategorie benennen. Im Folgenden werden die Termini abwechselnd und bedeutungsidentisch verwendet. A. Nünning zeichnet die literaturwissenschaftliche Genese mit Blick auf die Erzählinstanz in vier Phasen nach, die er historisch verortet. Siehe dazu Nünning, Mimesis des Erzählens, S. 17–19.

[475] Hier wird bewusst von der **Erzähl**stimme gesprochen, da diese von anderen Stimmen im Text bzw. im Rahmen literarischer Kommunikation zu unterscheiden ist. Siehe hierzu z.B. den Sammelband ›Stimme(n) im Text‹ (2006). Siehe außerdem U. Milevskis Dissertation ›Stimmen und Räume der Gewalt‹ (2016).

[476] Vgl. Lahn u. Meister, Einführung in die Erzähltextanalyse, S. 61 f.

[477] Weil im Rahmen dieser Studie eine geschlechtergerechte Sprache maßgebend ist, werden narratologische Konzepte, die mit einem männlich markierten Ausdruck arbeiten, bei einer eigenen Anwendung, umgewandelt. Wo die Konzepte indessen direkt mit den jeweiligen Autor_innen in Verbindung stehen oder erst eingeführt werden, bleibt die ursprüngliche Form erhalten.

[478] Bar-Efrat, Wie die Bibel erzählt, S. 43.

[479] Vgl. Lahn u. Meister, Einführung in die Erzähltextanalyse, S. 104.

selbstreferenzieller Hinweis gelesen werden.[480] Auf dieser Grundlage ergibt sich dann die Unterscheidung von offenen und verborgenen Erzählinstanzen. Offene Erzähler_innen begegnen Lesenden dort, wo die Erzählinstanz mit Persönlichkeitsmerkmalen ausgestattet ist und infolgedessen Züge einer literarischen Figur erhält; ihre diskursive Tätigkeit wird zumeist erkennbar. Eine verborgene Erzählinstanz kann im Gegenüber dazu identifiziert werden, »wenn die Erzählung sich scheinbar selbst erzählt.«[481] In diesem Fall, der typischerweise in biblischen Texten anzutreffen ist, vermittelt sich Lesenden der Eindruck, dass sie direkt in das erzählte Geschehen involviert sind; die Arbeit der Erzählinstanz erfolgt folglich mehr oder minder verdeckt: »Der biblische Erzähler hebt sich selbst im Allgemeinen nicht hervor. Er redet nicht von sich selbst oder von seiner Tätigkeit, und nur selten mischt er sich mit eigenen Erklärungen oder Kommentaren in die Erzählung ein.«[482]

Eine Erzählinstanz kann also mit individuellen Persönlichkeitsmerkmalen ausgestattet sein, zugleich aber auch vollkommen unpersönlich erscheinen. Dabei sind in Rekurs auf Ansgar Nünning keineswegs nur textuelle Hinweise entscheidend, sondern ferner die Voraussetzungssysteme[483] (›frames of references‹) der Rezipierenden. Ihre Wissensbestände, lebensweltliche Schemata und der Leseprozess selbst haben an der Generierung einer figuralisierten Erzählinstanz teil.[484]

Obschon Leser_innen angesichts einer explizit hervortretenden Erzählinstanz vermutlich intuitiv ›vermenschlichte‹ Figuren imaginieren, kann auch eine nicht-anthropomorphe Erzählstimme individuelle Eigenschaften besitzen. Diese Möglichkeit tritt z.B. dort auf, wo sich die Erzählinstanz als allwissend oder in einer räumlichen Perspektive als allgegenwärtig präsentiert und somit über Fähigkeiten verfügt, die über menschliche Charakteristika hinausweisen:[485] »Biblische Geschichten werden überwiegend aus einer [solchen] scheinbar allwissenden Perspektive, die außerhalb aller handelnden Personen liegt, erzählt […].«[486] Vom narratologischen Standpunkt aus wird in diesem Zusammenhang die Frage nach der so genannten ›ontologischen Bestimmung‹ der Erzählinstanz wirksam, wobei grundsätzlich zwei Optionen bestehen. Entweder gehört der/die Erzähler_in zu den Bewohner_innen der erzählten Welt, der Diegeses oder aber er/sie befindet sich außerhalb davon, und zwar auf der Ebene, die Wolf Schmid

---

480 Vgl. Schmid, Elemente der Narratologie, S. 72.
481 Lahn u. Meister, Einführung in die Erzähltextanalyse, S. 63.
482 Bar-Efrat, Die Erzählung in der Bibel, S. 103.
483 In der empirischen Literaturwissenschaft markiert die Gesamtheit der Dispositionen (z.B. Fähigkeiten, Motivationen, Bedürfnisse, soziokulturelle Bedingungen etc.) das so genannte Voraussetzungssystem. Siehe dazu auch Teil II, Kapitel 2.2, dort Abschnitt (B).
484 Vgl. Nünning, Mimesis des Erzählens, S. 23f.
485 Vgl. Schmid, Elemente der Narratologie, S. 77f.
486 Erbele-Küster, Narrativität.

Exegesis nennt.[487] Entsprechend dieser Gegenüberstellung kann die Erzähl-stimme einerseits diegetisch, d.h. als Figur der erzählten Welt anwesend sein.[488] Andererseits besteht die Möglichkeit, dass sich die Erzählinstanz außerhalb der Textwelt aufhält, also nicht-diegetisch zu lokalisieren ist.[489]

Durch seine ›Vermenschlichung‹ verleitet die herkömmliche Verwendung des Begriffs ›Erzähler‹ nicht selten zu der Annahme, *ihn* als männlichen, mensch-lichen und ggf. realen Autor zu projizieren. Obwohl grundsätzlich jede Erzählung »auf mindestens einen Autor [zurückgeht]«,[490] kennt das Alte Testament »keine Autoren im Sinne biographisch fassbarer Schriftsteller, sondern es ist das Produkt einer hochentwickelten Schriftgelehrsamkeit«,[491] von Schreib- und Redaktions-gruppen. Im Rahmen einer narrativen Analyse biblischer Texte steht also nicht die ›intentio auctoris‹,[492] d.h. die Absicht der Autor_innen im Vordergrund; anvi-siert wird vielmehr »die Erstellung eines Bildes vom Autor bzw. die Erstellung eines Bildes von dem, was er sagen will, mit anderen Worten die Entschlüsselung der intentio operis.«[493]

Die verallgemeinernden Gedanken und Vorstellungen, die Lesende an die Autor_innen herantragen, erfassen Silke Lahn und Jan Christoph Meister mit dem so genannten Autorkonzept:[494]

> Überschreiten wir […] die Grenze der erzählten Welt und blicken wir auf die Erzäh-lerrede von unserer realweltlichen Außenposition, so zeigt sich schnell: Der Erzähler wird seinerseits von irgendeiner textexternen Instanz erzählt und gestaltet, einer In-stanz, die z.B. über Wortwahl und Stil der Erzählerrede entscheidet. […] Was […] vor jeder Lektüre schon da ist, sind wir selbst, der Text und – eine Autorinstanz.[495]

Die Funktionen des Autorkonzepts sind variabel; sie reichen von einer histori-schen Fixierung der Erzählung über Merkmale von Intertextualität bis hin zur Einordnung in ein Œuvre. Ein Text kann außerdem in seinen geschichtlichen und ästhetischen Zusammenhängen betrachtet werden.[496]

---

487 Vgl. Schmid, Elemente der Narratologie, S. 86ff. In früheren erzähltheoretischen Forschungsarbeiten wurden i.d.R. keine ontologischen Kriterien zur Differenzierung der Erzählstimme herangezogen, sondern grammatische Merkmale. Recht prominent ist hier F. K. Stanzels (1955) Trias von Erzählsituationen.

488 Um Überschneidungen zu vermeiden, schlägt B. Schmitz hier den Terminus ›erzählende Figuren‹ vor. Vgl. Schmitz, Prophetie und Königtum, S. 12.

489 G. Genette, dessen Termini sich in diesem Kontext etabliert haben, spricht mit Blick auf die diegetische Erzählstimme von einer homodiegetischen Erzählinstanz und im zweiten Fall von einer heterodiegetischen Erzählinstanz. Siehe hierzu G. Genette (1998).

490 Klein, David versus Saul, S. 30.

491 Berges, Kollektive Autorschaft im Alten Testament, S. 29.

492 Vgl. Eco, Die Grenzen der Interpretation, S.35.

493 Klein, David versus Saul, S. 31. Die ›intentio operis‹ umfasst das Erzählsystem insgesamt. Hierzu gehören z.B. die Figuren, die Erzählinstanz oder die jeweiligen Perspektiven.

494 Neben S. Lahn u. J.C. Meister operieren auch andere Narratolog_innen mit ähnlichen Konzepten. So spricht etwa W. Schmid vom ›abstrakten Autor‹ und stellt ihm den ›abstrakten Leser‹ gegenüber. In seinem Aufsatz ›Der nützliche Autor‹ (1999) erörtert F. Jannidis die Möglichkeiten, den Mehrwert und die Differenzierungspotenziale angesichts der Analysekategorie ›Autor‹. Aus den spezifischen Charakteristika, die im Horizont des Autors virulent werden, generiert F. Jannidis die so genannte(n) ›Autorfiguration(en)‹.

495 Lahn u. Meister, Einführung in die Erzähltextanalyse, S. 41.

496 Vgl. Ebd., S. 42.

Die hier nur oberflächlich skizzierte Differenzierung zwischen Autor_innen und Erzähler_innen gilt innerhalb der Narratologie als ›common sense‹. Nachdem die Autorinstanz über einen längeren Zeitraum literaturwissenschaftlich begraben lag,[497] rückt sie nun wieder stärker in den Fokus der wissenschaftlichen Aufmerksamkeit. Und das neu erwachte Interesse betrifft sogleich Vertreter_innen biblischer Narratologie. Die Synthese »der in den Literaturwissenschaften wieder aktuell werdenden Frage nach dem ›Autor‹ und der in der Exegese immer noch aktuellen Frage nach den Verfasserkreisen«[498] nimmt z.b. Barbara Schmitz zum Anlass, »beide miteinander in ein methodologisches Gespräch zu bringen.«[499]

Die Einführung eines Autor_innenkonzepts, wie es u.a. Lahn u. Meister vorschlagen, berücksichtigt nicht nur die Prozessebene des Lesens, sondern lässt obendrein die Frage nach soziokulturellen Dimensionen z.B. im Blick auf die Entstehungszusammenhänge von Erzählungen zu. Gerade diese Implikationen machen das Modell anschlussfähig für die Erkenntnisinteressen der vorliegenden Arbeit.

2.3.2 Perspektive und Fokalisierung

Gerade auch unter der Bezugnahme soziokultureller Kontexte und rezeptionsbezogener Aktivitäten ist die Frage nach den Möglichkeiten narrativer Informationsvergabe sowie ihrer subjektiven Färbung relevant:

> Die Darstellung eines Geschehens kann nicht nur aus unterschiedlicher Distanz, sondern auch aus verschiedenen Blickwinkeln erfolgen und [...] an die besondere, mehr oder weniger eingeschränkte Wahrnehmung einer erlebenden Figur (oder Figurengruppe) gekoppelt sein.[500]

Wegweisend für die Analyse »der *Einschränkung* des Blickfeldes bzw. des Blicks«[501] ist das von Gérard Genette etablierte Konzept der Fokalisierung. Hiermit werden die prinzipiellen Wahrnehmungs- und Wissensmöglichkeiten erfasst, auf die eine narrative Vermittlungsinstanz beim Beobachten des Geschehens zurückgreifen kann. Seine Wurzeln findet der Neologismus im lateinischen ›focus‹. In einem optisch-visuellen Verständnis meint Fokalisierung die visuelle »Fixierung auf einen Punkt oder einen Bereich, der in aller Klarheit und Deutlichkeit erscheint, während andere Bereiche nur verschwommen oder gar nicht sichtbar sind.«[502] Wenn etwa David vom Dach hinab auf die sich waschende Batseba blickt, dann sehen Lesende genau diesen Ausschnitt von Wirklichkeit, wobei der Fokus auf

---

[497] Vgl. Jannidis u.a., Autor und Interpretation, S. 9f. Im Sammelband ›Texte zur Theorie der Autorschaft‹ (2000) werden zeitgenössische Aufsätze aus der internationalen Forschung zur Rolle des Autors/der Autorin versammelt.
[498] Schmitz, Prophetie und Königtum, S. 60.
[499] Ebd. Siehe hierzu Schmitz Konzept der ›Autorfiguration(en)‹.
[500] Martínez u. Scheffel, Einführung in die Erzähltheorie, S. 63. Als Fokalisierungsinstanzen kommen sowohl Erzähler_innen als auch Figuren in Frage.
[501] Eisen, Die Poetik der Apostelgeschichte, S. 121f., Hervorhebung im Original.
[502] Niederhoff, Fokalisation und Perspektive, S. 8.

das Objekt (Batseba) durch das Subjekt der Wahrnehmung (David) reguliert wird.[503] Erzähltechnisch kann hierauf die Frage von Interesse sein, von wo aus die jeweilige Sicht erfolgt bzw. welches Wissen damit verbunden ist. Gerard Génette führt diesbezüglich drei Einstellungen ins Feld; und zwar die so genannte Nullfokalisierung, die interne Fokalisierung und die externe Fokalisierung. Während für die Nullfokalisierung eine uneingeschränkte Sicht bzw. Wissens- und Wahrnehmungsmöglichkeiten vorauszusetzen sind, markiert die externe Fokalisierung eine Art Außenperspektive: In diesem Fall teilt die Erzählinstanz weniger mit als die Figur weiß. Im Rahmen der internen Fokalisierung vollzieht sich eine Mitsicht: Die Wahrnehmungs- und Wissensgrenzen enden bei der Figur, an welche die Erzählinstanz gebunden ist.[504] Das heißt, die Erzählinstanz sagt den Lesenden nicht mehr als die Figur weiß.

Kennzeichnend für biblische Erzähler_innen ist zumeist die Nullfokalisierung, welche in eins fällt mit der allwissenden Erzählinstanz.[505] Ihr wird ein »Panoramablick aufs Geschehen«[506] erlaubt; sie kann gleichzeitig wahrnehmen, was an unterschiedlichen Settings zur gleichen Zeit passiert.[507] *Ein* zentraler Vorwurf,[508] der jedoch das Konzept der Fokalisation und gerade die Nullfokalisierung betrifft, liegt darin begründet, dass selbst eine vermeintlich objektive nullfokalisierte Erzählinstanz nie ihr gesamtes Wissen zur ›storyworld‹ an die Lesenden weitergibt: Vielmehr setzt jegliches Erzählen immer schon eine Auswahl voraus.[509] Mieke Bals komplexes Fokussierungskonzept, das auch Einzug in biblisch-narratologische Arbeiten erhalten hat,[510] lässt sich als eine kritische Reformulierung des Fokalisierungsmodells von Genette begreifen.

Maßgebend für Bals Analysesystem ist u.a. der Aspekt des hierarchisch organisierten ›Eingebettet seins‹ bzw. das Verhältnis zwischen den Subjekten und Objekten der Fokalisierung, also »the ›vision‹, the agent that sees, and that which is seen.«[511] Neutralität, wie sie etwa im Angesicht der Nullfokalisierung in Aussicht steht, weist Bal entschieden zurück. Stattdessen betont sie die subjektiven Di-

---

[503] M. Bal (1997) spricht in diesem Zusammenhang vom Subjekt der Fokalisierung im Gegenüber zum Objekt der Fokalisierung. Sie postuliert beide Instanzen ›Fokalisator‹ und ›Fokalisiertes‹ als konstitutiv. Diese Trennung hat die Autorin auch schon in früheren Werken vorgenommen.

[504] Genette, Die Erzählung, S. 134–138.

[505] Vgl. Erbele-Küster, Narrativität.

[506] Eisen, Die Poetik der Apostelgeschichte, S. 125.

[507] Vgl. Ebd.

[508] Die äußerst breite und darüber hinaus komplex geführte Auseinandersetzung im Horizont von G. Genettes Fokalisationskonzept kann hier nicht umfangreich erläutert werden. Zur Vertiefung ist u.a. auf M. Bals ›Narratology‹ (1997), W. Schmids ›Elemente der Narratologie‹ (2008), die kürzlich erschienene Dissertation ›Stimmen und Räume der Gewalt‹ (2016) von U. Milevski oder den Aufsatz ›Fokalisation und Perspektive‹ (2001) von B. Niederhoff hinzuweisen.

[509] Vgl. Lahn u. Meister, Einführung in die Erzähltextanalyse, S. 110. Kritisch diskutiert wird ferner die nur unscharfe Abgrenzung der Bereiche des Wissens und des Wahrnehmens sowie die Frage nach ihren jeweiligen Bedeutungen. Vgl. Ebd.

[510] Siehe hierzu z.B. I. Müllners ›Gewalt im Hause Davids‹ (1997), U. Schmidts ›Zentrale Randfiguren‹ (2003) oder B. Schmitz' ›Prophetie und Königtum‹ (2008).

[511] Bal, Narratology, S. 146.

mensionen, die jedes Erzählen konstitutiv voraussetzt und die Fragen im Zusammenhang von Macht- und Herrschaftsverhältnissen anregen können.[512] Das ideologiekritische Moment, das Mieke Bals narratologischen Werkzeug zu eigen ist, nimmt z.B. der Bibelwissenschaftler Ken Stone auf und berücksichtigt dabei obendrein die Leser_innenlenkung:

> When we ask about the *attitude* with which the subject focalizes, we are dealing with the question of ideology. This quenstion is not restricted in Bal's theory to content-analysis but necessarily includes a subtle analysis of specific ways in which a text can manipulate its readers.[513]

Da Fokalisierung bzw. Fokussierung im Rahmen dieser Arbeit dezidiert eingesetzt wird, um die Auswahl des Wirklichkeitsausschnittes (das Blickfeld) und die daran gekoppelten Möglichkeiten der Informationsvergabe anzuzeigen, soll das Modell der Erzählerperspektive hinzugeschaltet werden.[514]

Die Erzählerperspektive gilt als das »Wirklichkeitsmodell des Sprechers auf der Ebene der erzählerischen Vermittlung […].«[515] Nach diesem, sehr weiten Verständnis, dient der Ausdruck ›Perspektive‹ nicht wie in der klassischen Narratologie »zur Beschreibung des Verhältnisses einer Vermittlungsinstanz zum dargestellten Geschehen im Sinne von ›Erzählperspektive‹ oder *›point of view‹*«,[516] sondern zum Einbezug »der konzeptuell-ideologischen Standpunktgebundenheit jeder Erzähler- bzw. Figurensicht auf die fiktionale Wirklichkeit.«[517] Daraufhin können kontextuelle ›Mitbringsel‹, z.B. Werte, Motivationen und Absichten, aber auch biografisch-›intersektionale‹ Faktoren wie etwa das Alter, das Geschlecht oder der soziale Status, in die Analyse der Erzählerperspektive einbezogen werden.[518]

Allerdings kann nicht nur das Wirklichkeitsmodell der Erzählinstanz Berücksichtigung in der Analyse finden; die Perspektiven von Figuren, die ggf. im Kontrast hierzu stehen, gehören ebenfalls zur Perspektivenstruktur narrativer Texte. In Rekurs auf u.a. Manfred Pfister und Ansgar Nünning[519] definiert Carola Surkamp die Figurenperspektive als das subjektive Wirklichkeitsmodell einer literarischen Figur, welches »die Gesamtheit aller inneren Faktoren (z.B. psychische

---

[512] Die vielfältige Verwendung von M. Bals Konzept im Rahmen feministisch-narratologischer Arbeiten bestätigt dieses Potenzial m.E.

[513] Stone, Sex, Honor, and Power in the Deuteronomistic History, S. 55, Hervorhebung im Original.

[514] Siehe hierzu den Aufsatz ›Fokalisation und Perspektive‹ (2001). Der Autor B. Niederhoff zeichnet die vielmals unspezifische Verwendung der beiden Konzepte nach und plädiert schließlich für ihre ›friedliche Koexistenz‹.

[515] Surkamp, Die Perspektivenstruktur narrativer Texte, S. 43. In dieser Linie kann Fokalisierung als Facette von Perspektive betrachtet werden.

[516] Ebd., S. 19. Dabei werden auch diese Konzepte keineswegs einheitlich verwendet.

[517] Ebd.

[518] Vgl. Ebd., S. 43.

[519] Obwohl M. Pfister sein Modell für das Drama entwickelt hat, weisen A. u. V. Nünning darauf hin, dass die Aufnahme des Konzeptes für die Narratologie insofern möglich ist, »als zwischen Figuren in dramatischen und narrativen Texten aus texttheoretischer Sicht kein grundsätzlicher Unterschied besteht.« Nünning u. Nünning, Multiperspektivität aus narratologischer Sicht, S. 49.

Disposition, Werte, Deutungsschema) und äußeren Bedingungen (z.B. biographischer Hintergrund, kulturelles Umfeld, situativer Kontext)«[520] umgreift. Figuren können damit auch als Repräsentant_innen spezifischer Werte und Normen fungieren. Wenn nun »mehrere Versionen desselben Geschehens [...] erzählt werden«,[521] ereignet sich ein Zusammenspiel verschiedener Perspektiven, d.h. Multiperspektivität.[522] Sie hält die Möglichkeit bereit, dass Perspektiven auf eine Übereinstimmung zulaufen; gleichermaßen können die aufgefächerten Wirklichkeitsmodelle quer zueinander positioniert sein. Eine Analyse des Verhältnisses zwischen den jeweiligen Perspektiven kann Hierarchisierungen und Machtverhältnisse zu Tage bringen. Je weniger sich die einzelnen Perspektiven dabei »in einem gemeinsamen Fluchtpunkt treffen, desto offener stellt sich die Perspektivenstruktur eines narrativen Textes dar und desto größer ist folglich auch der zu bemessende Bedeutungsspielraum auf seiten der Leserin.«[523]

Die dargebotenen theoretischen Grundlegungen sind gerade in Bezug auf die kontextuell-intersektionale Ausrichtung dieser Arbeit weiterführend. Die Verknüpfung von Fokalisierung und Perspektive ermöglicht einerseits eine formale Differenzierung der jeweiligen Fokalisierungstypen und -möglichkeiten, von Subjekten und Objekten. Andererseits kann der Einbezug von Perspektiven Auskunft über die potenziellen Absichten oder Motivationen der Perspektiventräger_innen geben, die wiederum durch situative, gesellschaftliche, personale und weitere Merkmale geprägt sind.

2.3.3 Raum

Mithilfe von Räumen und Bewegungen zwischen unterschiedlichen Räumen werden Erzähltexte strukturiert, Machtverhältnisse illustriert und die Rollenprofile von Figuren geschärft.[524]

Narratologischen Arbeiten, die sich der Frage nach Räumen zuwenden, legen häufig den Schauplatz respektive das ›setting‹[525] als Schlüsselkategorie einer erzähltheoretischen Raumanalyse zugrunde.[526] Literarische Räume erfüllen aber weit mehr Funktionen als nur die einer Kulisse, vor welcher Protagonist_innen in Szene gesetzt werden. In Rekurs auf Natascha Würzbach zeichnet sich der erzählte Raum u.a. durch seine

---

520   Surkamp, Die Perspektivenstruktur narrativer Texte, S. 41.
521   Nünning u. Nünning, Von ›der‹ Erzählperspektive zur Perspektivenstruktur narrativer Texte, S. 18.
522   Hinzuweisen ist in diesem Zusammenhang auf die Arbeit ›Erzählte Welten im Richterbuch‹ (2013) von S. Gillmayr-Bucher, die das Konzept der ›Multiperspektivität‹ für die Untersuchung des Richterbuches produktiv gemacht hat.
523   Surkamp, Die Perspektivenstruktur narrativer Texte, S. 17.
524   Vgl. Müllner, Gewalt im Hause Davids, S. 100.
525   Nach M.-L. Ryan bildet das ›Setting‹ (der Schauplatz) »the general socio-historico-geographical enviroment in which the action takes place.« Ryan, Space, S. 422.
526   Vgl. Nünning, Formen und Funktionen literarischer Raumdarstellung, S. 45. Siehe hierzu z.B. auch Haupt, Zur Analyse des Raums, S. 70.

subjektive und soziokonventionelle Semantisierung [...], seine Diskursreferenzialität, [seinen] identitätsbildenden Wechselbezug zwischen Subjekt und Raum, die psychologische, gesellschaftliche und symbolische Bedeutung von Territorialisierung und Grenzüberschreitung«[527] aus.

Daraufhin vermitteln narrative Räume eine spezifische ›Welthaltigkeit‹. Sie können auf extratextuelle Bezugsgrößen wie Orte oder Landschaften referieren. Ebenso besteht die Möglichkeit, von Räumen zu erzählen, welche über die Charakteristika ›realer‹ Umgebungen hinausweisen (z.B. das Paradies oder die Scheol).[528] Eine Analyse von räumlichen Strukturen kann Einblicke »in kulturelle Raummodelle und Weltbilder«[529] geben.

In biblischen Raumdarstellungen können über abstrakte Verhältnisbestimmungen (oben – unten oder nah – fern)[530] hinaus, Orte oder Himmelsrichtungen spezifisch konnotiert sein. Kardinalpunkte wie Norden, Osten, Süden und Westen zeigen im Horizont des Alten Testaments ggf. nicht nur den gedachten Standort und das entsprechende Orientierungssystem an, sie werden außerdem mit je eigenen Konnotationen versehen. Während der Osten im Zuge des zweiten Schöpfungsberichtes als Paradiesgarten hervortritt, eilt das Unheil in Jer 1,13f. vom Norden herbei.[531] Natascha Würzbach macht deutlich, dass Räume oder Raumvorstellungen, die zwar topografisch unbestimmbar sind, trotzdem konkrete Erfahrungen etc. aufrufen können:

> Natur und Stadt, Heimat und Fremde, repräsentieren nicht nur stark emotionalisierte Bedeutungskomplexe. Sie sind auch besonders ideologieanfällig, weil sie aufgrund ihrer Vagheit als Projektionsfläche für unbewusste Wünsche und Ängste geeignet sind.[532]

Die jeweiligen soziokulturellen Semantisierungen des Raumes können in das Handeln der Figuren eingreifen und es prästrukturieren. Räumliche Bedingungen sorgen dafür, dass sich bestimmte Handlungsoptionen überhaupt erst ergeben; andere indessen vereitelt werden.[533] Klassenzugehörigkeit, ethnische Herkunft oder das Geschlecht gelten hier als entscheidende Parameter, entlang derer der Zugang einzelner Figuren und Gruppen zu Räumen geregelt wird.[534] In ihrer ›Narratologie des Raumes‹ (2009) konstatiert Katrin Dennerlein:

> Räume, die zur Umgebung von Figuren werden, charakterisieren diese oftmals. Die in ihnen gegebenen Handlungsbedingungen können darüber hinaus handlungsbestimmend sein, und denjenigen Bereichen, in denen die Handlung spielt, kommt offenbar ein besonderer Status zu.[535]

---

527 Vgl. Würzbach, Erzählter Raum, S. 122.
528 Vgl. Müllner, Zeit, Raum, Figuren, Blick, S. 10.
529 Nünning, Wie Erzählungen Kulturen erzeugen, S. 38.
530 Vgl. Müllner, Zeit, Raum, Figuren, Blick, S. 10. Abermals ist aber zu berücksichtigen, dass semitische Sprachen nicht dualistisch angelegt sind. Vgl. Müllner, Gewalt im Hause Davids, S. 45.
531 Vgl. Geiger, Raum. Siehe dazu außerdem M. Geigers Monografie ›Gottesräume‹ (2010).
532 Vgl. Würzbach, Raumdarstellung, S. 50.
533 Vgl. Hallet u. Neumann, Raum und Bewegung in der Literatur, S. 24.
534 Vgl. Würzbach, Raumdarstellung, S. 51.
535 Dennerlein, Narratologie des Raumes, S. 69.

In der Linie ideologiekritischer Textzugänge wird das Augenmerk deshalb u.a. auf In- und Exklusionsprozesse, auf Grenzziehungen und -überschreitungen gerichtet; denn räumliche Bedingungen bringen oft soziale Hierarchien mit hervor und legitimieren sie. Am Beispiel der alttestamentlichen Siedlung veranschaulicht Sophie Kauz, »[…] dass sich die Frauen zu einem großen Teil in Häusern, Palästen oder zumindest im Schutz einer Siedlung aufhalten […].«[536] Solche ›Frauenräume‹, die Drorah O' Donnell Setel als ›seperate female sphere‹[537] bezeichnet, sind auch Exodusbuch (z.B. Ex 1,16.19) oder im Hohelied[538] zu finden. Sodann können räumliche Handlungsweisen spezifischen Machtinteressen folgen und den Raum danach strukturieren. Auf die Raumfrage sollte deshalb geradewegs die Machtfrage folgen.

Wie alle narrativen Räume sind alttestamentliche – als sprachlich präsentierte – Räume immer an eine spezifische Vermittlungsinstanz gebunden: Rezipient_innen von 2 Sam 11 schauen durch die Augen Davids hinab vom Dach auf die badende Batseba und haben damit auch an dessen Machtposition teil.[539] Weil er den Zutritt zum Raum filtert, strukturiert der gelenkte Blick (Fokalisierung) die Sichtweise der Rezipierenden. Unter Bezugnahme von rezeptions- und kognitionspsychologischen Einsichten ist die Wahrnehmung bzw. die Konstruktion literarischer Räume allerdings auch durch die Leser_innen beeinflusst,[540] welche ihrerseits spezielle Deutungen an die jeweiligen Räume herantragen. Elemente des Raumes, die z.B. seitens des Textes undefiniert bleiben, können durch Rezipierende logisch ergänzt werden. Den Raum der erzählten Welt begreift Dennerlein daraufhin »als mentales Modell eines Modell-Lesers […], das ausgehend vom Text gebildet wird.«[541]

Im Anschluss an die dargebotene Konzeption des narrativen Raumes sollen Räume im Folgenden als relational zugrunde gelegt werden.[542] Diese Einsicht impliziert, dass Raum »nicht einfach als ›Umgebung‹ von Figuren verstanden [wird]«,[543] vielmehr stellen Räume vielerlei Deutungen in Aussicht, die keinesfalls nur textseitig, sondern – im dynamischen Wechsel – durch Leser_innen (mit)hervorgebracht werden.[544]

---

[536] Kauz, Frauenräume im Alten Testament am Beispiel der Siedlung.
[537] Vgl. O' Donnell Setel, Exodus, S. 33.
[538] Siehe hierzu z.B. Thöne, Liebe zwischen Stadt und Feld, S. 390–392.
[539] Vgl. dazu Müllner, Gewalt im Hause Davids, S. 100.
[540] Vgl. Nünning, Formen und Funktionen literarischer Raumdarstellung, S. 38.
[541] Dennerlein, Narratologie des Raumes, S. 97.
[542] In ihrer ›Raumsoziologie‹ (2001) stellt M. Löw ein Raumkonzept vor, das soziale Ordnungen ebenso einschließt wie Handlungsdimensionen. Unter Bezugnahme von absolutistischen und relationalen Denktraditionen sowie in Rekurs auf u.a. soziologische Beiträge vertritt sie die These, dass Raum »eine relationale (An)Ordnung sozialer Güter und Menschen (Lebewesen) an Orten« ist. Löw, Raumsoziologie, S. 271.
[543] Beck, Raum und Subjektivität in Londonromanen der Gegenwart.
[544] Vgl. Ebd.

2.3.4 Figuren

Maria Theresia Ploner bezeichnet Figuren als die ›Würze‹ der Erzählung [545] Was genau aber kennzeichnet eine Figur? Nach Fotis Jannidis ist hiermit »eine belebte Entität [gemeint] – zumeist ein Mensch oder menschenähnlich – in einer fiktionalen, durch einen Text oder anderes Medium konstituierten Welt.«[546] Figuren gelten als die Bewohner_innen der ›storyworld‹, die im Kontrast zu Menschen oder Personen von Autor_innen erfunden und durch Erzählinstanzen vermittelt werden.[547]

In narratologischer Perspektive lassen sich idealtypisch zwei Linien unterscheiden, die jeweils besondere Eigenschaften von Figuren fokussieren: Während in strukturalistischen Ansätzen die Auffassung dominiert, Figuren seien primär nicht-mimetische Konstrukte und der Gesamterzählung untergeordnet, betonen poststrukturalistische Ansätze die anthropomorphen, d.h. die menschlich anmutenden Charakteristika einer literarischen Figur.[548]

Jüngere Forschungsarbeiten tendieren nunmehr dazu, mimetische bzw. anthropomorphe Perspektiven miteinander zu verflechten und als integrative Bestandteile der einen Kategorie Figur aufzufassen. Weiterführend erscheinen in diesem Zusammenhang Modelle, die neben genuin literaturtheoretischen Einsichten außerdem auf kognitionspsychologische Befunde rekurrieren. Denn trotz aller berechtigten Einwände, die nahe legen, Personen und Figuren deutlich zu unterscheiden, zeigen einschlägige Studien, dass die Auffassung von Figuren in vielerlei Weise mit der Wahrnehmung realer Personen vergleichbar- und auf die Emotionsevokation übertragbar ist.[549]

Ausgehend von ›Bottom-up‹- (textgeleitet) und ›Top-down‹-Prozessen (wissens- oder konzeptgeleitet), die im Rahmen der Informationsverarbeitung wirksam werden, konzeptualisiert Ralf Schneider (2000) Figuren als mentale Modelle von Rezipierenden. Unter Rückgriff auf ihre jeweiligen Wissensstrukturen produzieren Leser_innen demnach eine mentale Repräsentation des Textes, das so genannte mentale Modell. Das mentale Figurenmodell bildet dann einen Teilaspekt des mentalen Gesamtmodells.[550] Auch Jens Eder setzt für seine Figurenanalyse mentale Modelle voraus und konstatiert, dass die Konstruktion des Figurenmodells durch Lesende verknüpft ist »mit Prozessen der ›Identifikation‹ und der kognitiven wie affektiven Anteilnahme mit dem fiktiven Wesen.«[551] Obwohl Figuren »so wie die Inhalte fiktiver Welten, generell abgeschlossener«[552] sind als

---

[545] Vgl. Ploner, Die Schriften Israels als Auslegungshorizont der Jesusgeschichte, S. 25.
[546] Jannidis, Figur, S. 90.
[547] Vgl. Martínez, Figur, S. 145.
[548] Bezeichnungen, die das semantische Merkmale ›Mensch‹ enthalten, konventionelle menschliche Namen, typisch menschliche Tätigkeiten und Attribuierungen nennt F. Jannidis als Erkennungssignale anthropomorpher Figuren. Vgl. Jannidis, Figur und Person, S. 110f.
[549] Vgl. Breger u. Breithaupt, Einleitung, S. 13.
[550] Vgl. Schneider, Grundriß zur kognitiven Theorie der Figurenrezeption am Beispiel des viktorianischen Romans, S. 97. Siehe hierzu außerdem Jannidis, Figur und Person, S. 179f.
[551] Eder, Die Figur im Film, S. 102.
[552] Martínez, Figur, S. 145.

reale Personen, weil ihre Entfaltung durch den Text limitiert ist, erscheinen sie zugleich unvollständiger als Menschen. Die Unvollständigkeit, die sich z.B. in Form von Unbestimmtheits- bzw. Leerstellen artikuliert, können Rezipient_innen u.a. entlang ihrer soziokulturellen Wissensbestände, ihrer Motivationen, Erfahrungen und Einstellungen inferenziell ausfüllen.

Das Verhältnis von Leser_innen zu Figuren umgreift verschiedenste Aspekte. Sie können von Sympathie, Empathie oder Attraktivität bis hin zu Antipathie und weiteren Dimensionen reichen.[553] »Alle Kontexte zusammen, die beim Lesen oder Hören einer Erzählung eine Rolle spielen«,[554] definiert die Bibelwissenschaftlerin Uta Schmidt als »Bezugsrahmen, in dem Charakterisierung beim Lesen geschieht.«[555]

Da biblische Figuren in aller Regel durch ihr Handeln in Erscheinung treten und ihre Eigenschaften »zumeist stark im Dienst der erzählten Handlung«[556] stehen, haben innerhalb der exegetischen Forschung so genannte ›Aktantenmodelle‹[557] zunächst starken Einfluss auf die Untersuchungen genommen. »AktantInnen sind alle Figuren, die als aktiv Handelnde ebenso wie als Objekte von Handlung und als Anwesende am Geschehen beteiligt sind.«[558] Großen Zuspruch hat daraufhin das Analyseinventar von Vladimir Propp gefunden. In seiner ›Morphologie des Märchens‹ (1927) hat der russische Formalist herausgestellt, dass sich trotz variierender Namen und Gestalten, die plotrelevanten Funktionen von Figuren wie etwa dem/der Held_in oder dem/der Gegner_in wiederholen.[559]

Wenn biblische Figuren ausschließlich im Lichte ihres Handelns berücksichtigt, geraten so wichtige Aspekte wie soziale Verortungen oder kulturelle Merkmale u.U. in den Hintergrund. In die Beschreibung der literarischen Darsteller_innen sollten deshalb alle Informationen einfließen, die auf der Darstellungsebene direkt oder indirekt über sie vorliegen.[560] Obwohl indirekte Charakterisierungsverfahren aus der Perspektive biblischer Narratologie hervorzuheben sind, enthalten auch direkte, mitunter basal erscheinende Informationen wichtige Hinweise, um sich einer Figur anzunähern. Weshalb ist Josefs schönes Aussehen wichtig? Warum bleibt die Frau des Potifar namenlos, während die männlichen Protagonisten einen Namen tragen dürfen – und welche Bedeutungen sind den

---

553   Vgl. Jannidis, Figur, S. 92.
554   Schmidt, Zentrale Randfiguren, S. 46. Im Rahmen dieser Studie werden die Kontexte bzw. Bedingungen auch als ›frames of references‹ bezeichnet. Siehe dazu Teil II, Kapitel 2.2, dort Abschnitt (B).
555   Ebd. Das Konzept Bezugsrahmen weist, wie bereits angezeigt, hohe Ähnlichkeit zu den so genannte ›frames of references‹ auf.
556   Poplutz, Erzählte Welt, S. 66.
557   Der Ausdruck Aktant_in geht auf A.J. Greimas zurück. Er unterscheidet insgesamt sechs Kategorien von Aktant_innen. Einen guten Überblick zum Konzept bietet z.B. S. Bachorz (2004).
558   Müllner, Zeit, Raum, Figuren, Blick, S. 11.
559   Vgl. Martínez u. Scheffel, Einführung in die Erzähltheorie, S. 139. Obwohl Propp sein Modell für die Untersuchung russischer Volksmärchen entwickelt hat, ist sein Konzept auch für die Analyse biblischer Texte, z.B. von Gleichnissen und Heilungsgeschichten, eingesetzt worden Vgl. Müllner, Zeit, Raum, Figuren, Blick, S. 12.
560   Vgl. Jannidis, Figur und Person, S. 198.

Namen eingeschrieben? Die Benennung biblischer Figuren nimmt »eine Schlüsselrolle«[561] im Rahmen narratologischer Analysen der Bibel ein. Dabei finden sich neben den Namen aber auch Eigenschaften, die Figuren zugeschrieben werden: Schifra und Pua sind gottesfürchtig, Rahel ist eifersüchtig und Hiob ohne Tadel.

Aus den vielfältigen Möglichkeiten indirekter Figurencharakterisierung nennt Shlomith Rimmon-Kenan[562] die Handlungen, die direkten Redebeiträge, das äußere Erscheinungsbild sowie die Umwelt als zentrale Merkmale im Kontext der Figurencharakterisierung. Gerade in Bezug auf biblische Texte und ihre spezifischen soziokulturellen Semantisierungen erscheint die Frage, ob eine Figur in der Stadt oder auf dem Land angesiedelt ist, in welchem Milieu sie sich bewegt und wie sie dies tut, relevant. Die sozialen Rollen, die Figuren repräsentieren, müssen besonders im Angesicht einer kulturgeschichtlich-intersektionalen Perspektive reflektiert werden:

> Soziale Rollen sind paradigmatische Figurensemantiken, die den/die einzelne/n AktantIn mit einem aus der Erfahrung sozialer Wirklichkeit, aus anderen Texten und kulturellen Artefakten bekannten Repertoire aus Handlungen und Eigenschaften verbinden.[563]

Erst, wenn die sozial-narrativen Rollen den Rezipient_innen vertraut sind, wecken sie Erwartungen in Bezug auf z.B. spezifische Eigenschaften und Handlungsweisen der Figuren. Wo sich diese Erwartungen erfüllen, entsteht beim Lesen Kohärenz. Eine Nichterfüllung hingegen schärft die Aufmerksamkeit für Besonderheiten.[564]

Die Merkmale, die in sozialen Figurenrollen zusammenlaufen, lassen sich intersektional entschlüsseln und in Bezug auf Macht- und Herrschaftsverhältnisse befragen. Zu berücksichtigen sind dabei auch die gesellschaftlichen und (sozial)geschichtlichen Bedingungen, unter denen Figurenrezeption bzw. Informationsverarbeitung stattfindet.[565]

2.3.5 Themen und Ereignisse

Dass die Textauswahl im Rahmen dieser Arbeit auf Ex 1 gefallen ist, ergibt sich maßgeblich aus dem Stoff bzw. der Thematik der Erzählung. Während der Stoff jenes Material bezeichnet, »das vom Erzähler auf eine bestimmte Weise im Diskurs (discourse) vermittelt und besonders strukturiert wird«,[566] meint das Thema »die durchgängige Idee einer Erzählung «[567] Obwohl die thematische Struktur einer Erzählung u.U. im Stoff verankert liegt, ist die Thematik auf der Diskurs-

---

[561]   Müllner, Zeit, Raum, Figuren, Blick, S. 13.
[562]   Vgl. Rimmon-Kenan, Narrative Fiction, S. 61–71.
[563]   Müllner, Zeit, Raum, Figuren, Blick, S. 14.
[564]   Vgl. Schmidt, Zentrale Randfiguren, S. 46.
[565]   Vgl. Stiebritz, Figuren und Figurenwelten, S. 27.
[566]   Lahn u. Meister, Einführung in die Erzähltextanalyse, S. 204.
[567]   Ebd., S. 205.

ebene anzusiedeln. Ein Motiv markiert schließlich »die kleinste thematische Einheit der Handlung.«[568] Sie kann Einstellungen (z.B. Neid), Figuren (z.B. der Bösewicht) oder Räume (z.B. Paradies) betreffen. Da Themen nicht objektiv, sondern funktional angelegt sind, wird der thematische Rahmen einer Erzählung auf der Textoberfläche in aller Regel nicht konkret anschaulich. Zentral sind deshalb die Rezeptionstätigkeiten von Lesenden: »Sobald ein Leser in einem Text ein Thema erkennt oder zu erkennen glaubt – dem Text also ein spezifisches Thema zuschreibt –, beginnt es zu wirken.«[569] Grundlegend sind die Voraussetzungssysteme bzw. die jeweiligen ›frames of references‹, mit welchen Lesenden den Texten begegnen.[570] Auch wenn das Thema keine originäre narratologische Kategorie darstellt, erscheint die Frage danach, insbesondere im Blick auf die Textsortenbestimmung sowie auch den bibeldidaktischen Umgang mit Ex 1, weiterführend.[571]

Im Gegenüber zur Thematik ist das Ereignis narratologisch etabliert, wobei auch hier ein breites Verwendungsspektrum vorliegt.[572] In Rekurs auf Wolf Schmid soll dort von einem Ereignis die Rede sein, wo eine Zustandsveränderung eintritt, die besondere Voraussetzungen erfüllt.[573] Ein Ereignis kann in diesem Sinne bereits vorliegen, wenn eine Figur neue Erkenntnisse gewinnt, bestimmte Sichtweisen oder Werte verändert bzw. revidiert. Sowohl auf der Ebene der Diegesis als auch der Exegesis sind Ereignisse möglich. Neben der Faktizität bzw. Realität, die anzeigt, dass eine Zustandsveränderung innerhalb der erzählten Welt ›real‹ ist, muss ein Ereignis zudem resultativ sein, d.h. es soll zu einem Abschluss gelangen.[574]

Über die genannten Merkmale hinaus stellt die Ereignishaftigkeit eine weitere gradationsfähige Eigenschaft im Zusammenhang von Ereignissen dar, die zugleich einer hierarchischen Ordnung untersteht. Sie umfasst fünf Kriterien, wovon die ersten beiden Merkmale »in einem bestimmten Grad realisiert«[575] werden müssen: Eine Zustandsveränderung, die sich in der ›storyworld‹ ereignet, soll von Bedeutung sein und damit Relevanz besitzen. Ob etwas relevant ist, unterliegt keinen allgemeingültigen Maßstäben, entscheidend sind die Bedingungen der erzählten Welt bzw. ihre soziokulturellen Voraussetzungssysteme. Sodann signalisiert die Imprädiktabilität das weitere zentrale Kriterium eines Ereignisses. Demzufolge intensiviert sich ein Ereignis »mit dem Maß der Abweichung von der narrativen ›Doxa‹, dem in der jeweiligen narrativen Welt allgemein Erwarteten.«[576] Damit gemeint sind z.B. Normverletzungen, Grenzüberschreitungen oder aber Erwartungsbrüche. Wenn etwa Potifars Frau in Gen 39 wünscht, dass

568 Martínez u. Scheffel, Einführung in die Erzähltheorie, S. 190.
569 Lahn u. Meister, Einführung in die Erzähltextanalyse, S. 206.
570 Vgl. Ebd., S. 207.
571 Eine spezielle Analyse des Themas findet im Rahmen dieser Untersuchung aber nicht statt.
572 Während z.B. S. Lahn und J.C. Meister (2008) zwischen den Konzepten ›Ereignis‹ und ›Motiv‹ differenzieren, verwenden M. Martínez und M. Scheffel (2009) die Begriffe synonym.
573 Vgl. Schmid, Elemente der Narratologie, S. 12.
574 Vgl. Ebd.
575 Ebd., S. 13.
576 Ebd., S. 14.

sich Josef zu ihr lege, so lässt sich diese Aufforderung im Zeichen von Imprädiktabilität deuten. [577] Schließlich markiert die Irreversibilität, »die Unwahrscheinlichkeit, dass der erreichte Zustand rückgängig gemacht wird«[578], ebenfalls ein Merkmal von Ereignishaftigkeit. Im Gegenüber dazu, gelten Veränderungen, die wiederholt auftreten, nur in geringem Maße als ereignishaft.

Da die Kriterien Relevanz und Imprädiktabilität nicht objektiv ableitbar, sondern sowohl interpretationsbedingt als auch kontextabhängig sind, erscheint die Frage nach Ereignissen bzw. Ereignishaftigkeit für die anschließende Untersuchung als gewinnbringend. Zu berücksichtigen ist im Anschluss an Wolf Schmid *erstens*,

> dass reale Leser, vor allem auch solche späterer Zeiten, individuelle Einschätzungen von Relevanz und Imprädiktabilität haben können, die weder mit denen der fiktiven Figuren noch mit denen der implizierten Instanzen zu harmonieren brauchen.[579]

Zweitens, und diese Grundlegung ist angesichts der kontextuellen Ausrichtung dieser Arbeit ebenfalls zentral, muss die Beurteilung der Merkmale unter kulturgeschichtlicher Perspektive als kontextgebunden aufgefasst werden. Gemeint ist damit u.a. »das System der sozialen Normen und Werte in der Entstehungszeit des Werkes oder der in ihm dargestellten Handlungszeit.«[580] Gerade in Bezug auf biblische Texte, deren ›storyworlds‹ in einiger Distanz zu den Lebensumgebungen von jugendlichen Leser_innen liegen, sind diese Hinweise zu berücksichtigen. Ob etwas bedeutsam oder erwartbar ist, stellt sich als eine Interpretationsleistung dar, die mit Kompetenzen wie etwa dem intertextuellen Vorwissen koinzidiert. Ereignishaftigkeit ist also kulturell, historisch und individuell determiniert, sie gilt als »veränderliches Phänomen narrativer Repräsentationen.«[581]

2.4   Zwischenfazit

Im vorliegenden Kapitel habe ich mit der Narratologie ein konkret literaturwissenschaftliches Analysewerkzeug eingeführt, das sich jedoch infolge postklassischer Erweiterungen zunehmend interdisziplinär ausrichtet. Die skizzierten erzähltheoretischen Zugänge, die im Rahmen der anschließenden Untersuchung verknüpft werden, fügen sich in das kontextuelle Paradigma dieser Studie ein. Das Kategoriensystem, das ich in Kapitel 2.3 entfaltet habe, greift jeweils verschiedene Kennzeichen der drei vorgestellten narratologischen Zugänge auf. Die

---

[577]   Vgl. Ebd., S. 16.
[578]   Ebd., S. 17.
[579]   Ebd., S. 19.
[580]   Ebd., S. 20.
[581]   Ebd., S. 21. Auch Textsorten verweisen auf bestimmte Charakteristika, die mit dem Konzept der Ereignishaftigkeit in Verbindung stehen. Im Rahmen der Analyse eines biblischen ›Schreckenstextes‹ (siehe dazu Teil III, Kapitel 2.2) werden die hermeneutischen und heuristischen Erwartungen, die an die exegetische Auseinandersetzung geknüpft sind, i.d.R. andere sein als im Blick auf z.B. Weißheitsliteratur.

eingespielten kulturgeschichtlichen, kognitionspsychologischen und biblischen Einsichten verdeutlichen das Potenzial der einzelnen narratologischen Kategorien in Bezug auf die anstehende Analyse.

3 Empirische Bibelforschung

Im Zentrum des dritten Kapitels der theoretischen und methodischen Grundlagen steht die empirische Lese- bzw. Bibelforschung. Dabei fokussiere ich u.a. die Auseinandersetzung mit realen Leser_innen. Sie umfassen ein breites Spektrum, das von den ersten Leser_innen eines Textes über verschiedene Lesende im Verlauf der Geschichte bis hin zu aktuellen Rezipient_innen reichen kann.[582] Während Vertreter_innen der Rezeptionsästhetik zumeist mit Konzepten wie dem ›impliziten Leser‹ oder dem ›idealen Leser‹ arbeiten, distanziert sich eine empirische Literaturwissenschaft von solchen Konstruktionen; sie untersucht stattdessen das tatsächliche »soziale Handeln, das Texte produziert und rezipiert.«[583] Schließlich ist aber sowohl für die Rezeptionsästhetik als auch die empirische Literatur- bzw. Bibelwissenschaft die Einsicht leitend, dass literarische Texte »Partituren der Sinnbildung‹ [sind], deren Bedeutung, Funktion und Wirkung ›nur im Prozess der rezeptiven Aneignung‹ zu gewinnen ist.«[584]

Nachdem die ersten Bemühungen für eine empirische Wende in den Geistes- und Kulturwissenschaften noch wenig Widerhall in der theologischen Forschung gefunden haben, intensiviert sich in den Disziplinen des Fachs zunehmend das Interesse an einer »Hermeneutik des Bibellesens.«[585]

Nachfolgend werden die Merkmale empirischer Zugänge im Bereich der Bibelwissenschaft bzw. -didaktik vorgestellt. Das Thema ›Lesen‹ kommt aus unterschiedlichen Perspektiven in den Blick: Neben der Frage, inwieweit Jugendliche als Exeget_innen anzusehen sind, widmet sich das Kapitel ferner dem Lese- und Textverstehen.

3.1   Empirische Bibelwissenschaft und -didaktik

Im Unterschied zur Literaturwissenschaft, wo empirische Untersuchungen zur Textrezeption bereits seit den 1970er Jahren vorliegen,[586] werden vergleichbare

---

582   Vgl. Erbele-Küster, Lesen als Akt des Betens, S. 32.
583   Dieckmann, Bibelforschung, Empirische.
584   Nauerth, Fabelnd denken lernen, S. 76.
585   Ebd.; siehe außerdem Erbele-Küster, Lesen als Akt des Betens, S. 37.
586   Siehe dazu z.B. Hauptmeier u. Schmidt (1985); Barsch u.a. (1994); Dawidowski u. Korte (2009).

Studien in Bezug auf biblische Texte erst zwei Dekaden später, vor allem im Bereich der Praktischen Theologie bzw. der Religionspädagogik durchgeführt.[587] Entgegen einer weit verbreiteten Einsicht kontextueller Exeget_innen, die in gegenwärtigen Leser_innen bzw. Lebenswirklichkeiten schon früh ›Brückenbauer_innen‹ zu antiken Erzählwelten und ihren Figuren erkannt haben, wagt die Mainstream-Bibelwissenschaft empirische Schritte erst zögerlich:[588] Sie begreift sich schlichtweg »nicht als ein erfahrungsbezogenes Fach, das durch erfahrungsbezogene empirische Forschungen sinnvoll ergänzt und bereichert werden könnte – oder aus erkenntnistheoretischen Gründen gar müsste.«[589]

Obwohl der ›empirical turn‹ auch heute »noch deutlich in den ›Kinderschuhen‹«[590] steckt, zeichnet sich zumindest aber ein empirischer »Trend in der exegetischen Forschung«[591] ab. Arbeiten, die in diesem Umfeld zu verorten sind, betreten aus bibelwissenschaftlicher Perspektive ein neues Terrain. Sie richten den exegetischen Blick verstärkt »auf aktuelle Bibelrezeptionen und heutiges Bibelverstehen.«[592] Waren anfänglich insbesondere die Befunde der Rezeptionsästhetik bzw. der Entwicklungspsychologie prägend für das forschende Handeln, hat der Bibelwissenschaftler Detlef Dieckmann mit seiner Untersuchung zur Preisgabeerzählung (Gen 12,10-20) erstmals konkret an die Vorschläge der Empirischen Literaturwissenschaft angeknüpft.[593] In seiner Studie fokussiert der Alttestamentler die Leser_innenreaktionen infolge der Lektüre von Gen 12,10-20. Die Einzelergebnisse der Untersuchung hat Dieckmann dann für die exegetische Auslegung der Gefährdungserzählungen (Gen 10,12-20, Gen 20, Gen 26) produktiv gemacht und sie gleichberechtigt neben wissenschaftlichen Befunden ›sprechen‹ lassen.

Postmoderne Bibelkritik, wie sie in dieser Herangehensweise u.a. evident wird,[594] findet ihren Bezugspunkt vielmals in Jaques Derridas Konzept von Dekonstruktion. Demnach entziehen sich geschriebene wie gesprochene Wörter der *einen* Definition, stattdessen werden sie als mehrdeutig und kontextgebunden postuliert. Unter dieser Voraussetzung kommt auch biblischen Texten, »nicht prinzipiell irgendein Sinn zu […], sondern die Leserinnen und Leser [gewinnen] ihnen im Lesen einen für sie momentan passenden Sinn [ab].«[595] Wo diese Vieldeutigkeit von Textsinn und Interpretationen einer positiven Würdigung zugeführt wird, können so genannte Alltagsexegesen einen wichtigen Platz einnehmen, also

---

[587] Die empirische Religionspädagogik stellt im Gegenüber zur empirischen Bibelwissenschaft bzw. Bibeldidaktik ein Kernbereich der übergeordneten Bezugsdisziplin dar. Über Rezeptionsstudien hinaus werden hier u.a. Forschungsgebiete wie der Religionsunterricht, die Berufsgruppe ›Religionslehrer_innen‹ oder Unterrichtsmethoden untersucht.

[588] Einen sehr guten Überblick zu den Forschungsarbeiten im Bereich der empirischen Bibelforschung/Religionspädagogik bietet C. Schramm (2014b). Er ordnet die einzelnen Forschungsprojekte ihren theoretischen bzw. methodischen Ausrichtungen zu.

[589] Strube, Bibelverständnis zwischen Alltag und Wissenschaft, S. 34.

[590] Schramm, Im Alltag liest man die Bibel anders als an der Uni, S. 2, Hervorhebung im Original.

[591] Schramm, Empirisch gepflückt, S. 3.

[592] Ebd.

[593] Vgl. Dieckmann, Bibelforschung, Empirische.

[594] Bereits in Teil II, Kapitel 1.3.4 wurde eine postmoderne bzw. dekonstruktive Bibeldidaktik im Anschluss an U. Kropač skizziert.

[595] Fischer, Wege in die Bibel, S. 52.

Sinnkonstruktionen, die im Zuge der Bibelrezeption im Alltag zustande kommen.[596]

Im Kontrast zur wissenschaftlichen Bibelauslegung, die in aller Regel einen spezialisierten und damit eher überschaubaren Interpret_innenkreis repräsentiert, kann die empirische Bibelforschung tendenziell auf ein stärker ausgefächertes Lektürerepertoire und zwar in Form von Alltagsexegesen zugreifen. Eine Begegnung mit biblischen Texten, die unabhängig von wissenschaftlichen Standards stattfindet, eröffnet Freiräume für intuitive, emotionale und persönliche Interpretationen.[597] Sie vollziehen sich spontaner und legen die Sicht auf ein relativ frühes Verarbeitungsstadium frei.[598] Schon diese Unterschiede signalisieren, »in welchem Maße die Empirische Bibelforschung den Untersuchungsbereich der Bibelexegese erweitern und eine Brücke zwischen der Exegese und der Praktischen Theologie schlagen könnte.«[599] Christian Schramm, der sich ausführlich mit Alltagsexegesen beschäftigt hat, meint hierzu: »Wissenschaftlich forschende Exegeten können von Alltagsexegesen u.U. viel lernen.«[600]

Wie die nachfolgende Tabelle veranschaulicht, sind erste ›empirische‹ Schritte bereits erfolgreich getan.[601] Die Vielfalt an Zugängen empirischer Religionspädagogik und Bibelwissenschaft, die dabei zu Tage tritt, betrifft nicht nur die oftmals interdisziplinäre Ausrichtung der Studien, sondern ferner ihre jeweiligen Forschungsgegenstände, Fragestellungen und Zielsetzungen, die Erhebungswege sowie Verfahren der Datenauswertung.[602] Und obwohl die empirische Sozialforschung (siehe Grafik unten) hierfür die grundlegenden Instrumente zur Verfügung stellt, ist es unabdingbar,[603] die jeweiligen Analysewerkzeuge dem religionspädagogischen, bibelwissenschaftlichen und -didaktischen Fragehorizont anzupassen.[604]

Forscher_innen	Bezugswissenschaft, Theorien	Forschungsgegenstand, Fragestellung	Erhebung, Auswertung
Arzt (1999)	Empirische Sozialforschung, Geschlechterspezifische Lesetheorien, Rezeptionsästhetik	Est 1 Textverstehen, Sinnkonstruktion, Geschlechtsspezifische Lektüreweisen von Jugendlichen	Fragebögen und schriftliche Nacherzählungen, Qualitative Inhaltsanalyse

596 Vgl. Schramm, »Wenn zwei einen Text lesen...«, S. 114.
597 Siehe dazu C. Schramm (2008) und D. Dieckmann (2013).
598 Vgl. Dieckmann, Bibelforschung, Empirische.
599 Ebd.
600 Schramm, Im Alltag liest man die Bibel anders als an der Uni, S. 3.
601 Die Grafik orientiert sich im Wesentlichen an C. Schramms (2014b) Übersicht.
602 Vorrangig quantitativ-angelegte Studien, die nicht die Rezeption biblischer Texte erforschen, sondern nach dem Verhältnis zur Bibel fragen, werden dabei nicht berücksichtigt. Auch erhebt die Darstellung nicht den Anspruch auf Vollständigkeit.
603 Möglicherweise suggeriert die Darstellung, dass die Erhebungsverfahren der empirischen Sozialforschung geradewegs auf die theologischen ›Untersuchungsgegenstände‹ übertragen werden; dies ist allerdings nicht der Fall.
604 Vgl. Porzelt, Qualitativ-empirische Methoden in der Religionspädagogik, S. 67.

Bamberger (2010)	Rezeptionsästhetik, Kognitive Leseforschung	Ex 1,15-22, Textverstehen, Sinnkonstruktion von Jugendlichen	Mündliche Einzelinterviews
Bee-Schroedter (1998)	Religions- u. Entwicklungspsychologie	Wundererzählungen, Wunderverständnis und Wunderdeutungen von Jugendlichen, Überprüfung der hermeneutischen Funktion entwicklungspsychologischer Theorien	Mündliche Einzelinterviews, Qualitative Auswertung mittels kognitiv-struktureller Entwicklungs-theorien
Blum (1997)	Empirische Sozialforschung	Wundererzählungen, Wunderverständnis und Wunderdeutungen von Jugendlichen, Theologisches Verständnis von Wundern	Mündliche Einzelinterviews, Deskriptiv-inhaltsanalytische Auswertung
Bucher (1990)	Rezeptionsästhetik, Religions- u. Entwicklungspsychologie	Gleichnisse, Biblische Parabeln, Gleichnis- und Parabel-verständnis von Kindern, Überprüfung der Fähigkeit zum metaphorischen Verstehen	Mündliche Einzelinterviews
Dieckmann (2003)	Empirische Literaturwissenschaft, Kognitive Leseforschung	Gen 10,12-20, Textverarbeitungen, Sinnkonstruktion, Verbindungen zwischen Exegese und Praktischer Theologie	Einzelinterviews, lautes Denken
Fricke (2005)	Rezeptionsästhetik	Alttestamentl. Erzählungen, Sinn-konstruktionen von Kindern im Umgang mit schwierigen Texten, Entwicklung von Elementen einer alttestamentlichen Bibeldidaktik für die Grundschule	Schriftliche Fragebögen, Gruppendiskussion
Ebner/ Gabriel	Empirische Sozialforschung,	Mt 5,38-48, Mk 5,24-34	Gruppendiskussion,

(2008)	Soziologie	Bibelverständnis und Sinn-konstruktionen in verschiedenen sozialen Milieus	Auswertung mittels dokumentarischer Methode sowie durch ein selbstentwickeltes Verfahren
Hanisch (2007)	Empirische Forschungen zu biblischen Wundern, Entwicklungspsychologie	Wundererzählungen, Assoziationen von Jugendlichen im Angesicht von Wundern und biblischen Wundergeschichten	Schriftliche Fragebögen, Kategorienbildung
Hermans (1990)	Religions- u. Entwicklungspsychologie, Gleichnisdidaktik	Gleichnisse, Verständnis von Gleichnissen in Kindheit und Jugend, kognitives Verstehen, neue Perspektiven für die Gleichnisdidaktik	Schriftliche Fragebögen
Malmes (2009)	Empirische Literaturwissenschaft, Kognitive Leseforschung	Ri 11,29-40, Textverstehen und Sinnkonstruktion	Schriftliche Fragebögen, lautes Denken
Mendl (2000)	Religions- und Entwicklungspsychologie, Empirische Sozialforschung	Gen 22, Verstehensmöglichkeiten von Kindern und Jugendlichen, Sinnkonstruktion	Gruppendiskussion, Dokumentation von Unterricht mittels Videographie, Konstruktivistisches Analyseraster
Pfeifer (2002)	Semiotik, Zeichentheorien, Entwicklungs- und Lernpsychologie	Joh 9,1-41, Lk 15,1-7.19,1-10, kindliches Verstehen von Metaphern, Impulse für den Umgang mit der Bibel	Komparative Fallstudien, Beobachtung von verschiedenen Lerngruppen in unterschiedlichen Jahrgangsstufen
Reiß (2015)	Jugendtheologie, Entwicklungspsychologie, Empirische Sozialforschung	Wundererzählungen, Entwicklung eines Konzeptes sowie einer gegenstandsverankerten Theorie über Theologische Gespräche mit Jugendlichen zum Thema ›Wunder‹	Praxisforschung: Theologische Gespräche mit Jugendlichen durch Studierende, Auswertung des Datenmaterials mittels ›Grounded Theory‹

Renner (2013)	Rezeptionsästhetik, Entwicklungspsychologische und geschlechterspezifische Forschungen zur Rezeption von Bibeltexten, Identifikationstheorien	Das Buch Judit Identifikationsprozesse und geschlechterspezifische Lektüreweisen	Schriftliche Fragebögen, Reminding-Methode, Qualitative Inhaltsanalyse
Reuschlein (2013)	Metapherntheorie, Religionspsychologie, Kunstpädagogik	Biblische Metaphern, ›Ich-Bin-Worte‹ Metaphern-verständnis von Kindern in der Primarstufe	Kinderbilder, Kleingruppengespräche, Auswertung mit der Dokumentarischen Methode
Roose/Büttner (2004)	Rezeptionsästhetik, Empirische Literaturwissenschaft, Kognitive Leseforschung	Lk 16,1-13 Text-Verarbeitungen, Sinnkonstruktion, Vergleich von Alltagslektüren und bibelwissenschaftlichen Auslegungen	Gruppendiskussionen
Schramm (2008)	Empirische Sozialforschung	Mt 5,38-48, Mk 5,24b-34, Textverstehen, Sinnkonstruktion, Rekonstruktive Ermittlung von Lesestrategien und Korrelation mit wissenschaftlicher Exegese	Gruppendiskussionen, Dokumentarische Methode
Schüepp (2006)	Empirische Sozialwissenschaft	Verschiedene Biblische Texte, Bedeutung der Bibel für Frauen aus Lateinamerika, Frage nach Wechselwirkungen von Lebensalltag, Befreiungsprozessen und Bibelinterpretation	Einzelinterviews, Teilnehmende Beobachtung, Qualitative Inhaltanalyse und ›Grounded Theory‹
Strube (2009)	Empirische Sozialwissenschaft, Kognitive Leseforschung	Joh 11,1-46, Textverstehen, Sinnkonstruktion von Erwachsenen, Impulse von Alltagslek-	Einzelinterviews, textimmanente-semantische Analyse, Kategorienbildung

		türen für die biblische Exegese, Untersuchung von ›Kommunikationsproblemen‹ zwischen wissenschaftlicher Exegese und Alltagsexegese	
Theis *(2005)*	Kognitive Leseforschung, Sprechakttheorie, Textpsychologie	Lk 10,25-37, Förderung des Verstehens biblischer Texte, Impulse für eine elementare Bibeldidaktik	Schriftliche Fragebögen, Faktorenanalyse, Kreuztabellierung, Varianz- und Korrelationsanalysen
Troi-Boeck *(2013)*	Sozialpsychologie, Rahmentheorie, Empirische Sozialforschung	Matthäusevangelium Verbindung von Exegese und empirische Bibelforschung	Mündliche Interviews, Qualitative Inhaltsanalyse

Abb. 2: Empirische Forschung: Bibelwissenschaft und Religionspädagogik

Die Grafik veranschaulicht, dass zumeist neutestamentliche Wundererzählungen und Gleichnisse die biblischen Ausgangspunkte für empirische Studien besonders im Bereich der Religionspädagogik markieren. Texte des Ersten Testaments werden dahingegen seltener zur Lektüre angeboten. Zudem wählt die Mehrzahl der Forschenden einen speziellen Bibeltext bzw. ein Buch als Rezeptionsgrundlage aus, auch bestimmte Textsorten dienen als Grundlage. Wennschon diese Engführung in sozialempirischer Sicht ggf. als bedenklich anmutet, insofern sie u.a. dem Leitprinzip der Offenheit entgegensteht, ist die Hinwendung zu einer konkreten Textgrundlage in exegetischer Perspektive dringend erforderlich. Gerade komparativ angelegte Studien, die einen Vergleich zwischen biblischen Alltagslektüren und akademischen Exegesen anstreben, sind auf einen festgelegten Textbestand angewiesen.

Neben Rezeptionsästhetik, kognitiver Lese- bzw. Textverstehensforschung und entwicklungspsychologischen Theorien bilden Anleitungen der empirischen Sozialforschung die zentralen Bezugsfelder einer empirischen Bibelwissenschaft bzw. Religionspädagogik. Untersucht werden dabei in aller Regel die Lektüreweisen von Kindern und Jugendlichen; deutlich kommt hier die fachliche Anbindung an die Religionspädagogik bzw. die Bibeldidaktik zum Ausdruck. Größtenteils nutzen die Untersuchenden mündliche Datenerhebungsmethoden und qualitative Auswertungsverfahren, wie z.B. die dokumentarische Methode, die qualitative Inhaltsanalyse oder die ›Grounded Theory‹.

Studien, die dezidiert an der Schnittstelle von empirischer Leseforschung und wissenschaftlicher Exegese angesiedelt sind, legen z.B. Detlef Dieckmann (2003a, 2012), Sonja Angelika Strube (2009), Christian Schramm (2009) und Astrid Bamberger (2010) vor. Doch auch Silvia Arzt (1999), Joachim Theis (2005) oder Alexandra Renner (2013), die in erster Linie bibeldidaktische bzw. religions-pädagogische Erkenntnisinteressen verfolgen, schicken ihren empirischen Analysen exegetische Einordnungen voraus. Zwei empirische Studien,[605] welche jeweils den Disziplinen der Exegese bzw. der Bibeldidaktik zugeordnet werden können und die darüber hinaus spezifische Themengebiete der vorliegenden Arbeit ansprechen, kommen im Anschluss noch einmal gesondert in den Blick.

(A) Astrid Bamberger – Ex 1,15-22 in einer empirischen Lesestudie

Vor dem Hintergrund einer zunächst historisch-kritischen Exegese der Hebammenperikope hält Astrid Bamberger in ihrer Diplomarbeit Ausschau nach möglichen Wirkpotenzialen der Erzählung, die sie empirisch durch die Begegnung mit realen Leser_innen erschließt. Die Ergebnisse, die Bamberger einerseits durch die Analyse von Ex 1,15-22 und andererseits durch die Auswertung fokussierter Interviews herausarbeitet, bringt sie vergleichend miteinander ins Gespräch.

Ausgehend von einem Fragebogen, der sowohl den Textkomplex insgesamt als auch die einzelnen Verse der Erzählung berücksichtigt, gewinnt die Forscherin ihre empirische Datengrundlage. Dabei befragt sie, ebenso wie Christian Schramm und Sonja Angelika Strube, erwachsene Leser_innen im Alter zwischen 30 und 84 Jahren. Alle sind in das lokal-kirchliche Gemeindeleben eingebunden.

Die zentralen Erkenntnisse der empirischen Analyse präsentiert Bamberger dann in Form von drei Schwerpunkten, wobei sie *erstens* die ermittelten Kernaussagen des Textes durch die Lesenden, *zweitens* den Bezug zu aktuellen Lebenssituationen der Rezipierenden und *drittens* die Verbindungen des Textes zum eigenen Glauben der Befragten voneinander unterscheidet.

Als wesentliche Grundgedanken der Erzählung nennt die Mehrzahl der Proband_innen »den Aufruf zur *Zivilcourage*, zum *Widerstand*, wo Unrecht geschieht zum *Hinterfragen* von Anordnungen, wenn sie in einem ethischen Konflikt stehen.«[606] Neun der Leser_innen können in der Hebammenerzählung Verbindungen zum eigenen Leben erkennen. Neben Rassismus und Fragen der Integration decken die Befragten fernerhin eine Nähe zu aktuellen bioethischen Debatten auf. Überwiegend können die Leser_innen Ex 1,15-22 mit ihrem persönlichen Glauben in Beziehung setzen. Einige der Proband_innen heben die Gottesfurcht der Hebammen als Antrieb für deren Widerstand hervor. Schließlich betont Bamberger das starke Wirkungspotenzial der Erzählung im Angesicht gegenwärtiger Themen bzw. des eigenen Glaubensverständnisses der Leser_innen.[607] Dabei weist sie auf beachtliche Diskrepanzen hin, die im Zuge männlicher und weiblicher Interpretationen augenscheinlich werden:

> Während die männlichen Leser den Kontext Macht und Herrschaft stärker wahrgenommen haben, bemerkten die Leserinnen eher das Kräftefeld männlicher Herrscher – weiblicher Widerstand. Was den zivilen Ungehorsam betrifft, betonten die

---

[605] Verbindungen und Ähnlichkeiten werden selbstredend auch im Hinblick auf andere empirische Studien erkennbar. Die ausgewählten Projekte sollen die Schnittmengen beispielhaft veranschaulichen.

[606] Bamberger, Ex 1,15-22 in einer empirischen Lesestudie, Hervorhebung im Original.

[607] Der Text war den Leser_innen zuvor weitgehend unbekannt.

meisten Leserinnen die Rolle der starken Frauen, die männlichen Leser sahen dagegen ein allgemein menschliches Auflehnen gegen Obrigkeiten im Falle von Unrecht und Gewalt.[608]

In der Zusammenschau ihrer Untersuchungsbefunde geht die Autorin dann zweiteilig vor: Einerseits legt sie ›Horizontverschiebungen und -verschmelzungen im Hinblick auf die Geschichtlichkeit des Textes‹ und andererseits in Bezug auf eine ›gender-abhängige Lesung‹ dar.

Die historisch-kritische Auslegung, die Bamberger im ersten Teil ihrer Arbeit vorgenommen hat, geht von einer untergeordneten Stellung der Perikope sowohl im Rahmen des biblischen Kanons als auch der christlichen Rezeptionsgeschichte aus – kontrastiv stellt sie die empirischen Lektüren diesen Annahmen gegenüber. Sie gelangt zu der Einsicht, dass die Rolle der Lesenden »immer schon für die Texthermeneutik mitbestimmend war und in bereichernder Weise auch weiterhin über die Kanonisierung der Texte hinaus in ihrer mittragenden Dimension wahrgenommen werden sollte.«[609] Nach Einschätzung der Autorin gründet die vorausgesetzte Marginalisierung von Ex 1,15-22 im androzentrischen Umfeld, welche sie für die Erzählung voraussetzt. Abermals schaltet Bamberger die Rezeptionen der Proband_innen als Bezugsgrößen ein, welche die vermeintliche Randstellung erklären können bzw. zur geschlechtersensiblen Reflexion einladen sollen.

Insbesondere der gemeinsame biblische Ausgangspunkt, der sich in Form von Ex 1,15-22 darbietet, bringt die Verbindungslinien von Astrid Bambergers Lesestudie und der vorliegenden Untersuchung zum Ausdruck. Doch auch die Zugangsweisen, wie z.B. die Berücksichtigung der Kategorie Geschlecht oder das Hinzuziehen kulturgeschichtlicher Einsichten, deuten Parallelen an. Während in der nachfolgenden Untersuchung jedoch die gesamte Exodusexposition exegetisch beforscht wird, fokussiert Bamberger dezidiert die Hebammenepisode, die sie vorrangig mit den Werkzeugen historisch-kritischer Bibelauslegung untersucht. Maßgebend für die anschließende Analyse von Ex 1 ist dahingegen eine narratologisch-intersektionale Ausrichtung, die übergreift zur empirischen Forschung. Vor dem Hintergrund der narratologisch-intersektionalen ›Brille‹ sowie der bewussten Hinwendung zu jugendlichen Leser_innen, stehen dann, im Unterschied zum Vorgehen von Bamberger, auch bibeldidaktische Fragen zu Vielfalt im Fokus. Dabei sollen die Ergebnisse der jeweilig eigenständigen exegetischen bzw. empirischen Untersuchung sowohl ›einseitig‹ wie auch wechselseitig neue Erkenntnisse bereitstellen – hier treffen sich die Projekte also punktuell wieder.

---

[608] Bamberger, Ex 1,15-22 in einer empirischen Lesestudie.
[609] Ebd.

(B) Alexandra Renner – Identifikation und Geschlecht

»Hat das Bibellesen ein Geschlecht?«[610] Diese Frage stellt Alexandra Renner ihrer Untersuchung voran und hebt damit auf potenzielle Unterschiede ab, die sich ergeben, wenn Jungen und Mädchen biblische Texte rezipieren.[611]

Maßgebend für Renners Forschung ist ein theoretisches Gerüst, das unter Bezugnahme rezeptionsästhetischer bzw. bibeldidaktischer Implikationen solche Themengebiete wie Identität, Geschlecht und fernerhin Diversität umgreift. Wichtige Referenzen findet die Autorin u.a. in den Studien von Silvia Arzt und Stuart Z. Charmé. Beide folgen der Annahme, »dass es bei der Rezeption biblischer Texte geschlechtsspezifische Unterschiede gibt und dass sich diese Unterschiede vor allem bei der Identifikation mit den biblischen Figuren zeigen.«[612] Die Thesen von Arzt und Charmé macht Renner einerseits als Grundlage für den eigenen Fragenhorizont fruchtbar, andererseits präzisiert sie deren Befunde mithilfe der neu gewonnen empirischen Erkenntnisse.

So stellt sie u.a. fest, dass Leserinnen infolge der Lektüre des Juditbuches vielmals Ähnlichkeiten zur eigenen Person und Lebenswelt wahrnehmen, wohingegen Leser diesbezüglich stärker an Unterschieden orientiert sind.[613] Schließlich widerlegt Renner aber die Annahme, nach der Mädchen und Jungen dazu tendieren, sich mit gleichgeschlechtlichen Figuren zu identifizieren. Stattdessen gelangt sie zu dem Ergebnis, »dass Judit sowohl für Mädchen als auch für Jungen ein Vorbild sein kann.«[614] Obwohl die Identifikation »mit einer bestimmten Frauenbeziehungsweise Männerrolle sehr wohl gleichgeschlechtlich«[615] verlaufen kann, kommt Bewunderung gegenüber Figuren aber primär aufgrund von Persönlichkeitsmerkmalen und Handlungsweisen zustande; das Geschlecht ist folglich nachrangig.[616]

Auch wenn die Autorin ihren theoretischen und empirischen Fokus konkret auf die Kategorie Geschlecht richtet, setzt sie angelehnt an die ›Diversity-Pädagogik‹ voraus, dass bei der Rezeption biblischer Texte »immer verschiedene Merkmale mit im Spiel sind und dass auch deren Verschränkung miteinander in den Blick genommen werden muss.«[617]

Da sowohl Arzt als auch Charmé »bewusst zur Identifikation mit einer der biblischen Figuren anleiten«,[618] hat die Autorin mit der Reminding-Methode ein gewissermaßen gegenläufiges Erhebungsverfahren ausgewählt, welches den jugendlichen Leser_innen möglichst großen Interpretationsfreiraum eröffnen soll: Im Rahmen der Reminding-Methode werden die Rezipient_innen aufgefordert,

---

610 Renner, Alexandra (2013): Identifikation und Geschlecht. Die Rezeption des Buches Judit als Gegenstand empirischer Bibeldidaktik. Berlin: Lit Verlag (Ökumenische Religionspädagogik, 7), S. 1.
611 Vgl. Ebd.
612 Ebd., S. 2.
613 Vgl. Ebd., S. 224.
614 Ebd., S. 236.
615 Ebd.
616 Vgl. Ebd.
617 Ebd.
618 Ebd., S. 2.

Gedanken, Gefühle oder Erinnerungen, die infolge der Lektüre auftreten, zu markieren. Ruft also eine bestimmte Textstelle derartige Assoziationen wach, erfolgt ein entsprechender Vermerk. Nach Abschluss des Lesens erläutern die Schüler_innen ihre jeweiligen Markierungen; die schriftlichen Kommentare bilden das Datenmaterial für die qualitative Inhaltsanalyse. Als Lektüregrundlage hat Alexandra Renner das alttestamentliche Juditbuch gewählt; dazu erklärt sie: »Die Wahl fiel deshalb auf das Juditbuch, weil wir es hier mit einer weiblichen Protagonistin zu tun haben.«[619]

Die stärkste Nähe zu Alexandra Renners empirischer Arbeit wird in der Hinwendung zur Kategorie Geschlecht und darüber hinaus in der Bezugnahme zur (Religions-)Pädagogik der Vielfalt evident. Im Unterschied zu exegetisch orientierten Projekten empirischer Bibelwissenschaft, die in aller Regel keine bibeldidaktischen Impulse an die Hand geben, schließt Renners Ausführung mit bibeldidaktischen Überlegungen ab.

Sowohl in der empirischen Bibelarbeit von Astrid Bamberger wie auch in Alexandra Renners didaktisch-empirischer Untersuchung werden die Lektüreweisen der Leser_innen einer exegetischen bzw. bibeldidaktischen Reflexion unterzogen. In Übereinstimmung mit Vertreter_innen empirischer Bibelwissenschaft und -didaktik bescheinigen die Autorinnen biblischen Alltagslektüren damit eine besondere Relevanz für die Erschließung biblischer Texte.

3.2   Jugendliche als Exeget_innen?

Für Jugendliche ist die Bibel ein lebensfernes Buch, abgelegt auf dem Regal hinter anderen Büchern, eine nette Erinnerung an die Konfirmation. Die Sprache ist befremdlich, die Inhalte schwer nachzuvollziehen.[620]

Insbesondere die Jugendtheologie[621] beschäftigt sich mit der Frage nach den fehlenden Erfahrungen Heranwachsender im Umgang mit der Bibel.[622] Im Anschluss an Annike Reiss (2015) lässt sich Jugendtheologie dabei »am besten in Anlehnung an bzw. durch die Abgrenzung von der Kindertheologie verstehen.«[623] Schließlich zeichnen sich aber beide Ansätze dadurch aus, dass sie die theologischen Denkentwürfe, Fragen oder auch Gesuche ihrer Adressat_innen anerkennen und wertschätzen.[624] Ebenso wie Kindern wird Jugendlichen daraufhin ein selbstreflexives Nachdenken im Angesicht religiöser Vorstellungsbilder

---

[619]   Ebd., S. 4.
[620]   Kaloudis, »Dann müsste ja in uns allen ein Stück Paradies stecken«, , S. 150.
[621]   In den vergangenen Jahren hat sich die Jugendtheologie zunehmend als ein wichtiger Kernbereich der Praktischen Theologie sowie auch der Religionspädagogik etabliert. Aus der durchaus beachtlichen Summe an Publikationen, die heute vorliegen, soll hier beispielhaft auf die drei Jahrbücher für Jugendtheologie (2013, 2014) hingewiesen werden.
[622]   Siehe hierzu auch Teil II, Kapitel 1.3.4.
[623]   Reiß, Jugendtheologie.
[624]   Vgl. Ebd.

zugetraut; sie gelten als gleichberechtigte Dialogpartner_innen im theologischen Gespräch.[625] Ihre Reflexionen und Kommunikationen stehen im Mittelpunkt einer ›Theologie *von* Jugendlichen‹ (eigene Reflexionen der Jugendlichen), einer ›Theologie *mit* Jugendlichen‹ (gemeinsame religionspädagogische Praxis mit Jugendlichen) sowie einer ›Theologie *für* Jugendliche‹ (Vermittlung theologischer Inhalte).

Weil Jugendliche ihre Gedanken i.d.R. »weniger spontan, unmittelbar und selbstverständlich«[626] zum Ausdruck bringen als Kinder, müssen didaktische Impulse im Rahmen von Jugendtheologie anders gestaltet und strukturiert sein als in der Kindertheologie. Ebenso wie Jugendtheologie voraussetzt, »dass sehr viele Jugendliche eine Theologie längst haben«,[627] muss zugleich mit einer »Unverfügbarkeit und Nicht-Machbarkeit eigener Lebens- und Glaubensentscheidungen [gerechnet werden] – und dies sowohl aus theologischen wie aus pädagogischen Gründen.«[628]

Im Hintergrund jugendtheologischer Konzeptionen stehen aber nicht nur theologische Bezugspunkte im engeren Sinn, sondern darüber hinaus pädagogische, entwicklungspsychologische, anthropologische und gesellschaftliche Perspektiven.[629] In ihrer spezifischen Ausprägung hat jede Dimension »die Freiheit und Mündigkeit des Subjekts zum Thema.«[630]

Den skizzierten jugendtheologischen Spuren folgt auch die Bibeldidaktik, insofern sie den Exegesen von Jugendlichen zunehmend stärkere Wertschätzung entgegen bringt.[631] Nach Burkard Porzelt (2012) vermag »[k]eine der unendlich vielen Deutungen der Heiligen Schrift, die in der Geschichte entwickelt wurden, […] die eigene, die besondere Interpretation des je einzelnen Schülers zu ersetzen.«[632] Dabei impliziert Vertrauen und daran anschließende Offenheit keineswegs, »dass einfach *jede* Auslegung möglich oder legitim wäre.«[633] Interpretation wird nicht gleichgesetzt mit freier Fantasie. Auch können und sollen *Jugendexegesen* wissenschaftlichen Auslegungen nicht den Rang ablaufen, sondern es gilt, die Mündigkeit der Leser_innen im Lichte ihrer Deutungen wahrzunehmen, sie wertzuschätzen und zu stärken.[634]

Dies setzt voraus, dass die Leser_innen »nicht bei der erstbesten Deutung biblischer Texte stehen bleiben, die ihnen naheliegend erscheint.«[635] Vielmehr

---

[625] Vgl. Schlag u. Schweitzer, Brauchen Jugendliche Theologie, S. 26.
[626] Pohl-Patalong, Religionspädagogik, S. 21.
[627] Schlag, Von welcher Theologie sprechen wir eigentlich, wenn wir von Jugendtheologie sprechen, S. 18, Hervorhebung im Original.
[628] Ebd., S. 19.
[629] Vgl. Schlag, Brauchen Jugendliche die Bibel, S. 14.
[630] Ebd.
[631] Ebenso wie sich eine Jugendtheologie als Laientheologie versteht, die mit wissenschaftlicher Theologie nicht zu verwechseln ist, sollen die ›Jugendexegesen‹ nicht mit wissenschaftlichen Auslegungen gleichgesetzt werden. Siehe dazu (aus jugendtheologischer Perspektive) z.B. Schlag, Von welcher Theologie sprechen wir eigentlich, S. 12.
[632] Porzelt, Grundlinien biblischer Didaktik, S. 92.
[633] Schweitzer, Kindertheologie und Elementarisierung, S. 159, Hervorhebung im Original.
[634] Siehe dazu Schweitzer, Kinder und Jugendliche als Exegeten, S. 238–245.
[635] Porzelt, Grundlinien biblischer Didaktik, 92.

können sie mithilfe didaktisch gelenkter Impulse dazu motiviert und ggf. provoziert werden, ihre Auslegungen kritisch zu hinterfragen, um sie dann je nach individuellen Fähigkeiten fortzuentwickeln.[636] Orientierung können hierbei die Texte selbst bieten, weil sie eine »beliebige, gleichgültige Vielfalt der Deutungen [einschränken], indem sie ihre Leserinnen disziplinieren.«[637] Texte beeinflussen die Auslegungsprozesse somit in einer Weise, die verschiedene, nicht aber unendlich viele Deutungen zulässt. Vielmehr ist hier ein Spektrum vorauszusetzen, »die dem Sinnangebot eines Textes entsprechen.«[638] Und im Angesicht von ›Grenzen der Interpretation‹[639] können Texte freilich auch missverstanden werden.

Die exegetischen Kompetenzen von Jugendlichen anzuerkennen, räumt ihnen das Recht ein, ihre eigenen Deutungen frei auszudrücken, sie auf die Probe und zur Diskussion zu stellen – und dies in einem Modus von intersubjektiver Nachvollziehbarkeit. Diesen Prozess zu unterstützen, markiert eine Kernaufgabe biblischer Didaktik.[640]

Ein dialogischer Textzugang,[641] infolgedessen Leser_innen als aktive Sinnproduzent_innen berücksichtigt werden, findet seinerseits in verschiedenen wissenschaftlichen Kontexten Zuspruch. Im Rahmen kontextueller, kulturgeschichtlicher oder literaturwissenschaftlicher exegetischer Ansätze »rücken sowohl die ersten als auch die aktuellen Leserinnen und Leser eines Textes stärker in den Blick.«[642] Gleichermaßen wie Alltagsexegesen sind wissenschaftliche Interpretationen ebenfalls spezifisch, z.B. feministisch, befreiungstheologisch oder narratologisch, gerahmt. Das bedeutet, die exegetische Forschung selbst produziert eine Vielfalt von Interpretationen, die von unterschiedlichen Blickwinkeln abhängen. Dort, wo die akademische Exegese dekonstruktivistische Auffassungen anerkennt, wird es im Anschluss an Sonja Angelika Strube kaum möglich, historisch-kritische Auslegungen zum Bewertungsmaßstab anderer Interpretationen zu erheben. »Statt dessen erscheinen [wissenschaftliche] Exegesen selbst nur noch als einige unter verschiedenen Stimmen innerhalb des vielstimmigen Konzerts der Bibellektüren.«[643]

3.3   Lesen und Textverstehen

Nachdem die spezifischen Tätigkeiten von Leser_innen sowohl im Alltag als auch in der Wissenschaft über einen erheblichen Zeitraum wenig Aufmerksamkeit er-

---

636 Vgl. Ebd.
637 Pohl-Patalong, Religionspädagogik, S. 41.
638 Ebd. S. 43.
639 Siehe dazu Eco, Streit der Interpretationen, S. 46.
640 Vgl. Schweitzer, Kinder und Jugendliche als Exegeten, S. 242.
641 Siehe hierzu die Ausführungen zum dekonstruktiven Zugang in Teil II, Kapitel 3.
642 Müller, Schlüssel zur Bibel, S. 27.
643 Strube, Bibelverständnis zwischen Alltag und Wissenschaft, S. 31.

fahren haben, rückt mit den einsetzenden 1970er Jahren die Frage nach den Empfänger_innen von Texten zunehmend in den Fokus der sprach- und kognitionspsychologischen Rezeptionsforschung.[644] Roman Ingardens These von textuellen Unbestimmtheitsstellen hat u.a. den Blick angesichts der besonderen Aktivitäten von Lesenden im Zuge der Textverarbeitung geschärft. Zumal im Textgeschehen niemals alle Ereignisse, Informationen und Details ausführlich vermittelt werden, eröffnen sich notgedrungen Stellen, die vage bleiben und den Ergänzungen von Rezipierenden überlassen sind. Solche textuellen Unbestimmtheitsstellen animieren Leser_innen dazu, im Text auftretende ›Lücken‹ mithilfe ihres subjektiven Verständnisses zu schließen bzw. zu konkretisieren:

> Manchmal bemüht sich der Leser, alle vorhandenen Unbestimmtheitsstellen als solche zu beachten und sie im Zustand der Unausgefülltheit zu belassen, um das Werk in seiner für es charakteristischen Struktur zu erfassen. Gewöhnlich aber lesen wir literarische Werke auf eine völlig andere Weise: wir übersehen gewissermaßen die Unbestimmtheitsstellen als solche und füllen vielen von ihnen unwillkürlich mit Bestimmtheiten aus, zu welchen uns der Text nicht berechtigt.[645]

Nach Wolfgang Iser, der in Auseinandersetzung mit Ingardens Unbestimmtheitsstelle den Begriff der Leerstelle geprägt hat, sitzt diese »[i]mmer dort, wo Textsegmente unvermittelt aneinanderstoßen, […] die die erwartbare Geordnetheit des Textes unterbrechen.«[646] Iser begreift die Unbestimmtheit literarischer Texte nicht weiter nur als Merkmal von Texten, vielmehr setzt er sie als deren Wirkungsbedingung voraus. Die Bedeutungen literarischer Texte kommen danach überhaupt erst durch den Vorgang des Lesens zustande; »sie sind das Produkt einer Interaktion von Text und Leser und keine im Text versteckten Größen […].«[647] Als Aktualisierungsmöglichkeiten markieren Leerstellen für Iser »das wichtigste Umschaltelement zwischen Text und Leser […].«[648] Dabei folgt er der Annahme, dass der »Leser […] die Leerstellen dauernd auffüllen beziehungsweise beseitigen [wird]. Indem er sie beseitigt, nutzt er den Auslegungsspielraum und stellt selbst die nicht formulierten Beziehungen zwischen den einzelnen Ansichten her.«[649]

Infolge rezeptionsästhetischer Einsichten gilt Lesen schon bald nicht mehr als bloße Sinnentnahme, sondern vielmehr als die Zuweisung von Bedeutung, welche Rezipient_innen im Austausch mit der extratextuellen Wirklichkeit vornehmen. Schließlich betont die moderne Verstehenstheorie die Wechselseitigkeit von auf- und absteigenden[650] ›Bottom-up‹- und ›Top-down‹-Prozessen. Obwohl Textverstehen in diesem Sinne ein interaktiver Vorgang ist, an dem Text, Leser_innen und Kontexte beteiligt sind, wird die Frage, wer als die dominante

---

644 Vgl. Hohm, Zum Zusammenhang von Sprachbewusstsein, Lesekompetenz und Textverstehen.
645 Ingarden, Gesammelte Werke, S. 57.
646 Iser, Der Akt des Lesens, S. 302. Da der Blick auf die Rezeptionen der Jugendlichen von außen erfolgt, ist eine exakte Bestimmung von Leer- bzw. Unbestimmtheitsstellen kaum möglich.
647 Iser, Die Appellstruktur der Texte, S. 229.
648 Ebd., S. 248.
649 Ebd., S. 235.
650 Absteigende Textverarbeitungen können auch schema-, konzept-, erwartungs- oder wissensgeleitete Vorgänge genannt werden.

Größe im Rahmen der Bedeutungskonstruktion agiert, Text oder Leser_in, unterschiedlich beantwortet.[651]

Im Anschluss an Ursula Christmann sind die »vielfältigen Bedingungen, die das L. generell kennzeichnen und beeinflussen […] am besten unter dem übergeordneten Begriff der L.-Kompetenz zu subsumieren […].«[652] Unter Berücksichtigung dieser Einsicht werde ich nachfolgend exemplarisch zwei Modelle von ›Lesekompetenz‹ skizzieren. Im Blick auf die empirische Untersuchung veranschaulichen die Erläuterungen u.a., wie komplex Vorgänge des Lesens bzw. des Textverstehens sind und welche unterschiedlichen Faktoren dabei eine Rolle spielen.

3.3.1 Lesekompetenz

In den letzten Jahren hat sich innerhalb der internationalen Bildungspolitik ein auffälliger Paradigmenwechsel ereignet: »Dasjenige, was Kinder und Jugendliche in ihrer Schulzeit lernen sollen, wird heute vielfach nicht mehr als *Bildungsinhalt* definiert, sondern als Kompetenz oder Qualifikation.«[653]

Mit Kompetenzen meint Franz E. Weinert die »[…] kognitiven Fähigkeiten und Fertigkeiten, um bestimmte Probleme zu lösen sowie die damit verbundenen motivationalen, volitionalen und sozialen Bereitschaften und Fähigkeiten, um die Problemlösungen in variablen Situationen erfolgreich und verantwortungsvoll nutzen zu können.«[654] Heiner Willenberg versteht unter Kompetenz im engeren Sinn »ein vorhandenes Muster auf neue Stoffe oder auch Probleme übertragen zu können.«[655]

Auch die deutschen Bildungsstandards und Kerncurricula gehen kompetenzorientiert vor, d.h. sie legen fest, welche Handlungsfähigkeiten Lernende in den jeweiligen Klassenstufen erworben haben sollen. In diesem Zuge werden für alle Fächer des Schulkanons spezifische Kompetenzen definiert.[656]

Spätestens seit der ›PISA-Studie‹ (2000)[657] ist der Ausdruck ›Lesekompetenz‹ nicht nur den Fachkreisen, sondern ferner der breiten Öffentlichkeit bekannt: Die erste internationale Vergleichsstudie der OECD hat schwerpunktmäßig die Lesekompetenz von Schüler_innen getestet und damit die Einschätzung von Bildungsexpert_innen berücksichtigt, wonach mit der ›Reading Literacy‹ *die* zentrale

---

[651] Der US-amerikanische Dekonstruktivist S. Fish gilt als einer der bekanntesten Vertreter, der die Rolle von Leser_innen bzw. ›Interpretationsgemeinschaften‹ im Blick auf die Erzeugung von Bedeutung radikal hervorgehoben hat. Auch klassische Vertreter der Rezeptionsästhetik wie z.B. H.R. Jauß oder W. Iser berücksichtigen die Aktivitäten von Leser_innen im Rahmen der Sinnkonstruktion. Den Status der Lesenden angesichts der Bedeutungszuweisung bewerten sie allerdings unterschiedlich.

[652] Christmann, Lesen, S. 171.

[653] Garbe u.a., Texte lesen, S. 19.

[654] Weinert, Vergleichende Leistungsmessung in Schulen, S. 27 f.

[655] Willenberg, Kompetenzhandbuch für den Deutschunterricht, S. 7.

[656] Der Begriff Lesekompetenz kann auch grundlegend für andere Fächer sein, die mit den Texten arbeiten – so z.B. für das Fach Religion.

[657] Das PISA-Programm wird im Dreijahres-Rhythmus durchgeführt. Fähigkeiten von 15-jährigen Schüler_innen werden in den Bereichen Mathematik, Naturwissenschaften und Lesen getestet.

Kompetenz vorliegt, »der alle anderen Kompetenzen [...] nachgeordnet sind.«[658] Der Lesekompetenzbegriff, den die PISA-Studie zugrunde legt, bietet sich pragmatisch dar und bedeutet: »Geschriebene Texte verstehen, anwenden, über sie nachdenken und sich mit ihnen beschäftigen. Dadurch seine Ziele erreichen, sein Wissen und Potenzial weiterentwickeln und am gesellschaftlichen Leben teilhaben.«[659] Der kognitionspsychologische Ansatz, der in dieser Definition zur Geltung kommt, differenziert zwischen drei Teilkompetenzen: ›Informationen ermitteln‹, ›Textbezogenes Interpretieren‹ sowie ›Reflektieren und Bewerten‹. Während die ersten Fertigkeiten textinterne Tätigkeiten ansprechen, fokussiert die dritte Kompetenzdimension die Verbindung von textbezogenen Informationen mit außertextuellen Wissensbeständen.[660]

Vor dem Hintergrund des DFG-Forschungsschwerpunktes ›Lesesozialisation in der Mediengesellschaft‹ (1998-2004) haben Bettina Hurrelmann und Norbert Groeben ein Modell von ›Lesekompetenz im Sozialisationskontext‹ entwickelt, das »das Verstehen von Texten in einer ganzheitlichen Persönlichkeitsentwicklung verortet.«[661] In Abgrenzung zu den Kompetenzbegriffen der groß angelegten Vergleichsstudien berücksichtigt Lesekompetenz in diesem didaktisch-kulturwissenschaftlichen Rahmen[662] über individuelle Fähigkeiten und motivational-affektive Prozesse hinaus den sozialen Kontext von Lesenden. Personale, soziale sowie text- und medienseitige Einflussfaktoren werden daraufhin als bedeutsam in Bezug auf die Lesekompetenz postuliert:

> Denn Lesekompetenz lässt sich nicht sinnvoll als angeborene Ausstattung modellieren, sondern ist als Ergebnis von Sozialisation zu verstehen, in der individuell unterschiedliche Dispositionen (Persönlichkeitseigenschaften), bereits erworbene (schrift-)sprachliche Rezeptionsfähigkeiten und neue Situationsanforderungen der Lektüre miteinander interagieren.[663]

Lesekompetenz umfasst hier drei deskriptive Merkmale: Kognitive Leistungen, motivationale und emotionale Teilnahme sowie Reflexionen und Anschlusskommunikationen. Im Anschluss an die kognitionspsychologische Leseforschung lassen sich angesichts der ›kognitiven Komponenten‹ von Lesekompetenz »eher automatisierte, hierarchieniedrige Prozesse (Wort- und Satzidentifikation, Verknüpfung von Satzfolgen) und eher strategisch-zielbezogene, hierarchiehöhere Prozesse [...]«[664] voneinander abgrenzen; sie umfassen z.B. globale Kohärenzbildung.[665]

Die ›motivationale Dimension‹ von Lesekompetenz kommt u.a. in der Bereitschaft zum Ausdruck, Lesevorgänge überhaupt erst einzuleiten und sie in Übereinstimmung mit den jeweiligen Textanforderungen zu gestalten. Hierzu gehört u.a. die instrumentelle Fähigkeit, mithilfe des Lesens verschiedene,

---

[658] Garbe u.a., Texte lesen, S. 21.
[659] Nationales Projektmanagement PISA, Lesekompetenz.
[660] Vgl. Garbe u.a., Texte lesen, S. 23.
[661] Garbe u.a., Texte lesen, S. 31.
[662] Siehe hierzu auch das Modell von C. Rosebrock und D. Nix (2008).
[663] Hurrelmann, Prototypische Merkmale der Lesekompetenz, S. 276.
[664] Ebd., S. 277.
[665] Vgl. Ebd. Siehe hierzu auch das anschließende Kapitel.

subjektive Absichten (z.B. Sachinteressen) zu verfolgen. Die motivationale Komponente wird mutmaßlich von »typischen Handlungskontexten, verfügbaren sozialen Kontexten und der Qualität bereits gemachter Lesererfahrungen«[666] beeinflusst. Die Fähigkeit, Lesebedürfnisse und -angebote miteinander zu kombinieren, markiert eine Dimension der emotionalen Ausprägung von Lesekompetenz.

In ›Reflexionen und Anschlusskommunikationen‹ manifestiert sich das soziale Moment von Lesekompetenz: Einerseits stehen hier lektürebezogene Vorgänge im Fokus, die dazu dienen, vorgenommene Bedeutungskonstruktionen zu überprüfen bzw. sich ihnen bewusst zu werden. Andererseits können Textreflexionen »in eine kritische Auseinandersetzung mit dem Gelesenen, in Textvergleiche und -bewertungen münden […].«[667] Zumal Lesen als eine kulturelle Praxis gilt, markiert die Fähigkeit, Textbedeutungen in sozialen Interaktionen, d.h. durch Anschlusskommunikation zu ermitteln bzw. auszuhandeln, eine weitere und überdies zentrale Dimension von Lesekompetenz.[668]

3.3.2 Interaktionen zwischen Text und Leser_in

Lesen kann zunächst einmal als die Fähigkeit aufgefasst werden, »visuelle Informationen aus grafischen Gebilden zu entnehmen und deren Bedeutung zu verstehen.«[669] In der neueren, insbesondere kognitionspsychologisch orientierten, Lese- und Textverstehensforschung dominiert die Annahme, dass jeder Rezeptionsprozess »durch Vorwissen, Handlungsziele, Wünsche, Interessen, soziale und emotionale Verfasstheit des Lesenden und situative Gegebenheiten«[670] bedingt ist.

Textverstehen stellt einen konstruktiven Akt dar,[671] der in aller Regel nach Kohärenz, d.h. einem sinnvollen lokalen (kleinere Texteinheiten) und globalen (das Textganze) Zusammenhang strebt.[672] In diesem Zuge setzen unterschiedliche Prozesse ein: Hierarchieniedrige Vorgänge betreffen u.a. das Dekodieren von Buchstaben oder Wörtern; hierarchiehöhere Prozesse umfassen z.B. die Ermittlung der ›intentio auctoris‹.[673] Interaktive Modelle gehen nunmehr davon aus, dass Leser_innen erst durch das Zusammenspiel von hierarchieniedrigen und hierarchiehöheren Prozessen Textbedeutungen konstruieren können.[674] Im Rahmen dieser Vorgänge greifen textgeleitete (›bottom-up‹) und wissensgesteuerte

---

[666] Ebd., S. 278.
[667] Ebd., S. 279.
[668] Vgl. Ebd.
[669] Christmann, Lesen, S. 420.
[670] Beinke u.a., Der Leser als Subjekt des Verstehens, S. 86.
[671] Wenn im Folgenden gewissermaßen eine ›harmonische Erzählung‹ zum Textverstehen dargeboten wird, so orientiert sich diese Vorgehensweise am Kriterium der Übersichtlichkeit. Tatsächlich stellt die Lese- und Textverstehensforschung verschiedenste und sich teils widerstreitende Modelle zur Erklärung ihrer Gegenstände bereit.
[672] Siehe dazu auch Schnotz, Wissenserwerb und Multimedia, S. 301.
[673] Vgl. Garbe u.a., Texte lesen, S. 107.
[674] Christmann, Lesen, S. 421.

‹top-down› Prozesse ineinander.[675] Während textgeleitete Verarbeitungen durch das Textangebot losgelöst und strukturiert werden, sind wissensgeleitete Verarbeitungen (›top-down‹) durch die Rezipierenden, ihre Erfahrungen, Erwartungen, Motivationen oder Kenntnisse gesteuert.[676]

Die Wissensstrukturen des Gedächtnisses, die den Lesevorgang lenken, heißen kognitive Schemata, sie funktionieren wie kleine Container. In ihnen sind Erlebnisse, Bilder oder Erfahrungen gespeichert, die »typische Zusammenhänge eines Realitätsbereiches«[677] verdichtet repräsentieren und die situativ zum Einsatz kommen.[678] Auch ›frames‹ und ›scripts‹, die zum Teil unter der Signatur ›kognitive Schemata‹ zusammengefasst werden, spielen beim Lesen eine wichtige Rolle: Während der Ausdruck ›frame‹ eher Standardsituationen und die mit ihnen verbundenen Erwartungen anspricht, sind ›scripts‹ als typisierte Handlungsmuster zu verstehen. Sowohl ›frames‹ als auch ›scripts‹ beschreiben »außersprachliche Wissensbestände, auf die jedoch im Sprachverstehen und der Sprachproduktion zugegriffen wird.«[679] ›Frames‹ befähigen Rezipierende z.B. dazu, bereits beim ersten Auftritt einer literarischen Figur eine spezifische Vorstellung ihr gegenüber entwickeln, die dann ggf. durch ›scripts‹ beeinflusst ist. Sie lenken die Erwartungen der Leser_innen, »was in der Geschichte als nächstes passieren wird.«[680]

Im Unterschied zu Schemata, die tendenziell mit eher ›kleineren‹ Datenstrukturen und konventionellen Mustern operieren, wenden sich so genannte mentale Modelle[681] komplexeren Begebenheiten zu. Sie sind offener angelegt als Schemata und beziehen alle Dimensionen des Weltwissens ein:[682] Mentale Modelle gleichen Bildern oder Simulationen, die im Vorwissen von Lesenden verankert sind. Für die Einbindung von neuen, textseitig zur Verfügung gestellten Wissenseinheiten, gelten sie als maßgebend.[683] Je nach theoretischer Ausrichtung können mentale Modelle den mentalen Repräsentationen zugeordnet werden. Sie umfassen u.a. die Repräsentation der Textoberfläche (z.B. wortwörtliche Wiederholung von Sätzen) sowie auch Repräsentationen des semantischen Gehaltes, d.h. Propositionen,[684] womit der Inhalt z.B. eines Satzes zum Ausdruck gebracht wird.

Empirische Befunde zeigen, dass Rezipient_innen die Sinnstruktur eines Textes schneller und problemloser erfassen, je mehr Hinweise der Text ihnen bezüglich der Relationen von Sätzen und Textteilen bereitstellt: »Fehlen solche Hinweise, müssen Leser/innen sich die fehlenden Verknüpfungen mit Hilfe von Inferenzen selbst erschließen.«[685] Inferenzen definiert Volkrad Wolf (1997) »als

---

675   Siehe hierzu Teil II, Kapitel 2.2 und Teil V, Kapitel 2.1.
676   Vgl. Christmann, Lesen, S. 420.
677   Jahr, Das Verstehen von Fachtexten, S. 37.
678   Vgl. Garbe u.a., Texte lesen, S. 131.
679   Rupp, Semantisch-lexikalische Störungen bei Kindern, S. 8.
680   Finnern, Narratologie und biblische Exegese, S. 43.
681   In Bezug auf Erzähltexte werden mentale Modelle auch Situationsmodelle oder Szenarien genannt.
682   Schröder, Die Handlungsstruktur von Texten, S. 100.
683   Vgl. Ebd.
684   Vgl. Schnotz, Was geschieht im Kopf des Lesers, S. 225.
685   Christmann, Lesen, S. 430.

Grenzgänger zwischen den Bereichen der Top-down- und der Bottom-up-Prozesse, die ihr Futter zwar aus Bottom-up-Prozessen beziehen, die ihre Aktivitäten aber in den Top-down-Bereichen entfalten.«[686] Im Leseprozess können Inferenzen, die maßgebend für Referenz und Kohärenz sind,[687] auf unterschiedliche Art wirksam werden. Nach Ursula Christmann ergeben sich drei globale Gruppen:

(a) logisch zwingende, *enge Inferenzen*, die auf logischen Implikationen beruhen,
(b) *Brücken-Inferenzen*, die Einzelinformationen verbinden, und
(c) *elaborative Inferenzen*, die den Textsinn mit bereits verfügbarem (Vor-)Wissen verbinden und deutlich über den vorgegebenen sprachlichen Input hinausgehen.[688]

Im Anschluss an die Schema-Theorie und ihre ›Fortführung‹ in Form von mentalen Modellen, ist das Vorwissen in Schemata »über typische Zusammenhänge von Realitätsbereichen«[689] organisiert. Die (vor)wissensgeleiteten Schemata steuern die Aufmerksamkeit beim Lesen, sie filtern wichtige Informationen und erleichtern die Integration neuer Erkenntnisse in den bereits vorhandenen Wissensspeicher.[690]

Sowohl die theoretischen als auch die empirisch gewonnenen Einsichten, die seitens der Forschung zum Textverstehen angeboten werden, reichen über die soeben vorgestellten Merkmale des Lesens hinaus. Für die anschließende, mehrdimensional angelegte Untersuchung der empirischen Lektüren von Ex 1,1-22 erscheint mir die Berücksichtigung der hier skizzierten und elementarisierten Kennzeichen des Textverstehens bzw. des Lesens jedoch geeignet. Im Angesicht der komplexen Analysearchitektur dienen sie als wichtige Orientierungspunkte.[691]

3.4 Zwischenfazit

Während die Literaturwissenschaft seit den 1970er Jahren empirische Untersuchungen zur Textrezeption durchführt und theoretische Kenntnisse hierzu generiert, steht eine ›empirische Wende‹ im Bereich der Bibelwissenschaften gerade erst am Anfang. Die Anzahl an Studien, die sich konkret an der Schnittstelle von Empirie und Exegese verorten lassen, ist überschaubar. Anders stellt sich die Lage in der Religionspädagogik dar, insofern sie die empirische Arbeit schon früh, auch in Bezug auf Bibelrezeptionen, aufgenommen hat und bis heute kontinuier-

---

[686] Wolf, Das Bemühen des Lesers um Bedeutung, S. 154. Zentral sind die verfügbaren bzw. ausgewählten kognitiven Schemata und mentalen Modelle, die infolge der ›Top-down‹-Verarbeitung für die Sinnkonstruktion eingesetzt werden.
[687] Vgl. Ebd.
[688] Christmann, Lesen, S. 431, Hervorhebung im Original.
[689] Ebd., S. 432.
[690] Vgl. Ebd.
[691] Eine stets exakte Differenzierung der einzelnen Konzepte (mentale Modelle, Schemata etc.) ist dabei aufgrund der Außenposition als Forscherin kaum möglich.

lich fortsetzt. Bereits in ihrem Millenniums-Sammelwerk ›Empirische Religionspädagogik‹ bilanzieren Ralph Güth und Burkard Porzelt, dass »[e]mpirische Methoden und Arbeitsweisen, Kenntnisse und Konzepte […] aus der Religionspädagogik kaum mehr wegzudenken [sind].«[692]

Die nachfolgende empirische Untersuchung zur Rezeption von Ex 1 (durch
Jugendliche) verfolgt gleichermaßen exegetische wie religionspädagogische bzw.
bibeldidaktische Erkenntnisinteressen. Die jugendlichen Leser_innen werden dabei als aktive Sinnproduzent_innen von Ex 1 wertgeschätzt. Schließlich stellt sich
Textverstehen als ein äußerst komplexer Vorgang dar, der diverse Teilschritte
und -kompetenzen umfasst. Text, Leser_innen und Kontexte prägen sodann
wechselseitig den Lese- und darüber hinaus den Analyseprozess.[693]

4 Eine Mehrebenenanalyse

Grundlegend für die anschließende Untersuchung ist die Einsicht, nach der Textverstehen ein interaktives Zusammenspiel von Text, Leser_in und Kontexten
markiert: Bedeutung entsteht erst im Dialog zwischen diesen Instanzen.

Im Verlauf dieser Arbeit gilt es deshalb den ›textgeleiteten Informationen‹
und ›den kontext- bzw. wissensgeleiteten Informationen‹ gleichermaßen auf die
Spur zu kommen. Während im Blick auf den ersten Analyseschritt die Exodusexposition im Fokus der Untersuchung steht, sollen darüber hinaus die Lektüreweisen von Schüler_innen der Sekundarstufe I befragt werden. Obwohl die Unter-
suchungsmaterialen, d.h. Ex 1 und die empirischen Daten unterschiedliche Analyseverfahren verlangen, greifen die Vorgehensweisen im Rahmen dieser Arbeit
punktuell ineinander. Daraufhin bewegt sich die vorliegende Studie an der
Schnittstelle von dreierlei Forschungsfeldern: Narratologie, empirische Bibelforschung sowie Intersektionalität bzw. Vielfalt. Ebenso wie diese Zugänge allesamt
interdisziplinär, thematisch und hermeneutisch anschlussfähig sind, teilen sie
durch ihre kontextuelle Ausrichtung ein weiteres Merkmal.

Im Folgenden skizziere ich die einzelnen ›Bausteine‹, die konstitutiv für die
Mehrebenenanalyse im Rahmen dieser Arbeit sind, noch einmal entlang ihrer
Funktionen und Kennzeichen.

Narratologie

Mithilfe narratologischer Verfahren können die Merkmale von erzählender Literatur detailliert untersucht und kritisch reflektiert werden.

---

[692] Porzelt u. Güth, Vorwort, S. 7.
[693] Sofern es das Datenmaterial zulässt, sollen alle drei Dimensionen in der Analyse Berücksichtigung
       finden.

Auch weil Erzählungen die zentrale Ausdrucksform des Ersten Testaments darstellen, liegt eine biblisch-narratologische Untersuchung von Ex 1 nahe. Der synchrone Weg zum Text, der in dieser Folge eingeschlagen wird, fokussiert in erste Linie die in Ex 1 aufgerufene erzählte Welt samt ihrer Bewohner_innern.

Im Anschluss an den kontextuellen Bezugshorizont dieser Studie wird mit der kulturwissenschaftlichen Narratologie ein Zugang berücksichtigt, der sozial- bzw. kulturgeschichtliche Erkenntnisse für die Auslegung fruchtbar macht. Neben dem ›Literary Criticism‹ erhält damit ferner der ›New Historicism‹ Einzug in die Bibelauslegung. Eine kulturgeschichtliche Narratologie erörtert die sozialen, kulturellen und gesellschaftlichen Kontexte, die in Bezug auf die erzählte Welt bzw. ihre Entstehung sichtbar werden können. Auch weil in der Exodusexposition soziale und kulturelle Differenzen in den Vordergrund rücken, legt es sich nahe, ›den‹ Kontext der Erzählung einzuholen.

Zugleich gelten die exegetisch-narratologischen Implikationen aber als mögliche ›Ankerpunkte‹ für die Auswertung der empirisch erfassten Bibellektüren. Die kognitive Narratologie kann hier Hilfestellung leisten: Sie ›rekonstruiert‹ u.a. die mentalen Prozesse, welche jeweils kontextabhängig Einfluss auf die Textrezeption nehmen und bietet dazu erzähltheoretische Erklärungen an. Kognitive Narratologie stellt sich in diesem Sinne als eine Vermittlerin zwischen textanalytischen und rezeptionsbezogenen Perspektiven dar. Ausgehend vom Text baut die kognitive Narratologie eine Brücke zur empirischen Leseforschung, die im Rahmen dieser Studie gerade auch der narrativen Kommunikation zwischen Text und Leser_innen (z.B. der Leser_innenlenkung) Aufmerksamkeit schenkt.

Die narratologischen Kategorien ›Erzählinstanz und Autor_inneninstanz‹, ›Perspektive und Fokalisierung‹, ›Raum‹, ›Figuren‹ sowie ›Themen und Ereignisse‹ prägen die Untersuchung und können heuristische Impulse freisetzen.

Empirische Bibelforschung und -didaktik

Empirische Bibelforschung konzentriert sich auf die Deutungen von realen Leser_innen in der Begegnung mit biblischen Texten. So genannte ›Alltagsexegesen‹ können aus exegetischer aber auch bibeldidaktischer Perspektive äußerst wertvoll sein: Bibelexegese verlagert sich daraufhin stärker in die Gegenwart von alltäglichen Leser_innen. In der Linie kontextueller Bibelzugänge erhalten aktuelle Erfahrungen und Zusammenhänge Einlass in die Auslegung.

Für eine Bibeldidaktik der Vielfalt, die für die ›exegetischen Rechte‹ von Jugendlichen eintritt, stellen biblische Alltagslektüren eine grundlegende Quelle dar: Die Auslegungen der Leser_innen geben z.B. Hinweise darauf, welche Textmerkmale die Schüler_innen an kognitive, soziale oder emotionale Grenzen führen und deshalb didaktischer Reflexionen bedürfen. Darüber hinaus legen Alltagsexegesen die Sicht auf mögliche lebensweltliche Verbindungen frei, welche die Jugendlichen zu den Texten herstellen und die infolgedessen ggf. an Relevanz gewinnen. Eine wichtige Rolle können hierbei die biblischen Figuren spielen, etwa

dann, wenn die Leser_innen Subjektpositionen oder Erfahrungen mit ihnen teilen und ins Gespräch bringen wollen. Im Religionsunterricht lassen sich dazu
entsprechende Lernumgebungen einrichten.

Rezeptionsästhetik, kognitive Lese- bzw. Textverstehensforschung, Entwicklungspsychologie sowie empirische Sozialforschung markieren die maßgeblichen Bezugsfelder einer empirischen Bibelwissenschaft und -didaktik. In all diesen Ansätzen sind interdisziplinäre Anschlussstellen zu finden. Sie ermöglichen
eine Verknüpfung mit narratologischen und intersektionalen bzw. ›vielfaltsorientierten‹ Zugängen, wie sie im Rahmen dieser Studie anvisiert wird.

Intersektionalität

Dass mit Ex 1 eine gewaltgeladene Erzählung vorliegt, zeigt sich recht schnell.
Um allerdings die komplexen ›Knotenpunkte der Gewalt‹ einerseits im Text und
andererseits in Bezug auf die ›jugendlichen‹ Interpretationen gezielt aufdecken zu
können, ist eine diesbezüglich theoretisch fundierte Untersuchung notwendig.

Mit der Konzentration auf Gewalt, Macht- und Herrschaftsverhältnisse gehen intersektionale Perspektiven Hand in Hand. In der Linie kontextueller Auslegungsweisen meint Intersektionalität im Verständnis dieser Arbeit eine Perspektive, die u.a. nach der Herstellung von Differenz und Macht innerhalb der
erzählten Welt, im Angesicht ihres Entstehungskontextes sowie auf der (empirischen) Rezeptionsebene fragt. Untersucht werden kategoriale Dimensionen bzw.
Ausdrucksformen, die in Form von ›Rasse‹ und Ethnizität, Klasse und sozialem
Status, Geschlecht sowie Religion – auf theoretischer Ebene – bereits in den Blick
gerückt sind. Im Zuge der exegetischen Untersuchung werden weitere potenzielle
Differenzlinien hinzukommen, die konkreten Anschluss an die sozial- bzw. kulturgeschichtlichen Kontexte von Ex 1 bzw. die ›storyworld‹ suchen. Hier können
sich auch neue, ggf. unerwartete Differenzmerkmale auftun; die Herangehensweise ist deshalb, ebenso wie der Umgang mit Kategorien, offen angelegt. Dies
bedeutet auch, dass scheinbar festgelegte Machtpositionen als dynamisch vorausgesetzt werden.

Als entdeckendes und ferner ideologiekritisches Instrument wird
Intersektionalität auf der Ebene des Textes und seiner Rezeption eingesetzt, um
z.B. die Verwobenheit sozialer Positionierungen, Benennungs- und Zuweisungspraktiken sichtbar zu machen bzw. sie zu durchkreuzen.

Im Kontrast zu einem intersektionalen Paradigma erscheinen Konzepte im
Horizont von Vielfalt als deutungsoffener: Differenzkategorien wie Leistungshe-
terogenität oder fachliche Kompetenzen, die im Umfeld von Intersektionalität in
aller Regel keine Berücksichtigung finden, können im Rahmen von ›Diversity‹
zentral sein. Obwohl Vielfalt in der vorliegenden Arbeit keine Untersuchungs-
perspektive im engeren Sinne darstellt, kommt diesem Zugang eine heuristische
Funktion und sogleich tragende Rolle zu: Erste bibeldidaktische Weichen sind
bereits gelegt (Kapitel 1.3.4) und die nachfolgenden Untersuchungsergebnisse
können weitere Perspektive hierzu eröffnen.

III Exodus 1: Text und Kontexte

In den nachfolgenden Kapiteln wende ich mich aus unterschiedlichen Perspektiven und Entfernungen der Exodusexposition zu. In den Blick rückt hier zunächst das Umfeld der Erzählung, wobei ich Deutungsansätze zum Gesamtwerk sowie dessen literarischen Kennzeichen fokussiere. Literar-, kultur- und sozialgeschichtliche Einsichten, die im Fortgang als ›Welt der Textentstehung‹ hervortreten, sollen ein tieferes Verständnis der Erzählung ermöglichen. Entlang von u.a. Fremdherrschaft, Glaube, Familie und Erinnerung werden kulturgeschichtlich richtungsweisende und zugleich miteinander verflochtene Dimensionen im Umfeld des Textes beleuchtet. Sie prägen aller Voraussicht nach sowohl die Art und Weise, in welcher die Erzählung präsentiert wird als auch die erzählte Welt.

In Kapitel 2, das sich konkret Ex 1,1-22 widmet, arbeite ich die ›Merkmale der Erzählung und ihrer Präsentation‹ heraus. Einen besonderen Schwerpunkt bildet die narratologisch-intersektionale Auseinandersetzung mit der Exposition. Auch vor dem Hintergrund der Bestimmung von Ex 1,1-22 als einen ›text of terror‹ werden die Gewaltdarstellungen, die in der Erzählung verdichtet zum Vorschein kommen, detailliert befragt und in der Spur des Textes mit den Kategorien Raum und Figur konfrontiert. Die narratologischen Konzepte ›Fokalisierung‹ und ›Perspektive‹, die gerade im Angesicht narrativer Lenkungsstrategien bedeutsam sind, werden dann eigens untersucht. Im Zwischenfazit möchte ich noch einmal die grundlegenden Einsichten der einzelnen Kapitel darstellen und sie produktiv weiterdenken.

Im übergeordneten Zusammenhang dieser Arbeit zeigt das Kapitel u.a. auf, wie sich eine narratologisch-intersektionale Exegese konkret durchführen lässt. Darüber hinaus baut die Bibelauslegung eine Brücke zur empirischen Untersuchung:[1] Ich diskutiere hier z.B. literarische Merkmale, doppeldeutige Textstellen und schließlich die ›Schreckensmomente‹ der Erzählung. In Bezug auf die Begegnung mit den ›jugendlichen‹ Lektüren kann die exegetische Auseinandersetzung, trotz der grundsätzlichen Offenheit gegenüber dem empirischen Datenmaterial, wichtige Anknüpfungspunkte liefern und bereits aufzeigen, wie intersektionale Sensibilität in der Arbeit mit Bibeltexten zur Geltung kommt.

1 Das Umfeld der Exodusexposition

In diesem Kapitel stelle ich ausgewählte Deutungsansätze und literarische Merkmale vor, die auf einer Meta-Ebene relevant für die anschließende Auslegung von

---

[1] Die Deutungen der Jugendlichen werden im sechsten Teil der Arbeit zur wissenschaftlichen Bibelauslegung in Beziehung gesetzt.

Ex 1,1-22 sind. Im Fokus steht dabei weniger die Exodusexposition, sondern ausgewählte Aspekte des Gesamtwerks, in welches Ex 1,1-22 einführt. In den Blick kommen hier vor allem historisch-gesellschaftliche Aspekte: Im Anschluss an literargeschichtliche Zuordnungen zur Exodusexposition, die entlang priesterlicher und nichtpriesterlicher Schriften verlaufen, gebe ich punktuelle Einsichten in die sozial- und kulturhistorischen Kontexte, welche die Texte bzw. ihre Entstehung mutmaßlich geprägt haben. Mithin erhalten hier auch die alttestamentlichen (Erzähl-)Welten (inklusive Ex 1) selbst Aufmerksamkeit. In der Linie eines narratologisch-intersektionalen Erkenntnisinteresses eröffnen diese Ausführungen verschiedene Horizonte für die ›engere‹ exegetische Auseinandersetzung mit Ex 1,1-22, die in Kapitel 2 erfolgt.

1.1   Deutungsansätze

Für die Theologie des Ersten Testaments ist das Exodusbuch von eminenter Bedeutung: »Die Befreiung des Volkes Israel aus Ägypten durch seinen Gott JHWH ist das fundamentale Credo des Volkes Israel.«[2]

Das zweite Buch der Tora inszeniert Israel erstmalig als ein ethnisches Kollektiv, das in besonderer Weise mit seinem Gott, seiner Religion, Geschichte und Tradition in Verbundenheit steht und sich darüber definiert.[3] »In der Wüste Sinai wird nicht nur eine Kultgemeinde konstituiert, sondern ein alles umfassendes Gemeinwesen, dem im Vergleich zu anderen politischen Systemen lediglich der König fehlt.«[4] Mit den Gottesoffenbarungen, die Mose am Sinai empfängt, setzt für Israel eine neue Form gesellschaftlicher und religiöser Praxis ein, die das künftige Leben des Volkes maßgeblich bestimmt: Über die Regeln für den profanen Gottesdienst hinaus erhält die Gemeinschaft zudem ausführliche Kult- und Ritualanweisungen für den Dienst am Heiligtum.[5] Alle drei Formen der Nähe – Auszug, Bund und Gottesdienst – sind fortan richtungsweisend für Israels Identität.[6]

Sowohl in der hebräischen Bibel als auch im Neuen Testament[7] wird Israels Rettung aus der Knechtschaft als zentrales Erinnerungsmoment hervorgehoben, um die einstige Verbundenheit in der Gegenwart zu aktualisieren. »Im Grunde steht am Beginn der Exodusgeschichte die Not Israels beispielhaft und stellvertretend da für die Not aller Minderheiten der menschlichen Leidensgeschichte bis in unsere Tage«[8], konstatiert Erich Zenger.

---

2   Achenbach u.a., Vorwort, S. 7.
3   Siehe hierzu Teil III, Kapitel 1.3.
4   Oswald, Exodusbuch.
5   Vgl. Albertz, Exodus 1-18, S. 16.
6   Vgl. Fischer u. Markl, Das Buch Exodus, S. 12. ›Identität‹ wird in Teil III, Kapitel 1.3.7 noch ausführlicher besprochen.
7   In Teil III, Kapitel 1.2.2 werden die Bücher und Texte, die Motive aus dem Exodus aufgreifen vorgestellt.
8   Zenger, Das Buch Exodus, S. 32.

Spätestens seit der Hochphase der Befreiungstheologie[9] wird das Rettungsmotiv des Exodus von vielen Ausleger_innen als *das* Paradebeispiel für eine biblische Auseinandersetzung im Horizont von Herrschaft und Unterdrückung angesehen. Als ›Option für die Armen‹ soll das Auszugsnarrativ zum Protest gegen Gefangenschaft und Diskriminierung aufrufen bzw. anleiten. Die Flucht aus der ägyptischen Abhängigkeit funktioniert hiernach als Chiffre für den Ausbruch aus Unterdrückungsverhältnissen unterschiedlichster Art.

> [...] Die Befreiung aus Ägypten [ist] eine politische Affäre. Sie bedeutet das Ende einer Situation, die von Raub und Elend charakterisiert ist, und Beginn des Aufbaus einer gerechten und brüderlichen Gesellschaft. Unordnung wird beseitigt und eine neue Ordnung geschaffen.[10]

Immer wieder haben Exeget_innen seither die Unterdrückung Israels durch Ägypten, die in der Exposition ihren Anfang nimmt, als biblische Stimme gegen hegemoniale Gewalt gelesen und das Exodusbuch in der Spur einer politischen Theologie interpretiert.[11] Und obwohl seine Texte reichlich Möglichkeiten für eine kritische Auseinandersetzung angesichts von Herrschaft und Bedrückung bieten, erscheint das Exodusbuch vielmals auch als ein Werk, das diese Bewertung auf der Diskursebene eindimensional vornimmt:[12] »And yet, there is a darker side of the Exodus story in which the victim becomes victimizer, and the oppressed mutates into the oppressor.«[13] Als Israel das Land verlässt, wirft es den Blick eigentlich nur dann zurück nach Ägypten, wenn es die *eigene* Unrechtsgeschichte in Erinnerung rufen will – nicht selten folgen ihm Ausleger_innen auf diesem Weg. Zunehmend wird der exklusiv befreiende Charakter der Erzählungen deshalb auch kritisch befragt.[14]

Gerade Wissenschaftler_innen aus dem Umfeld ideologiekritischer Forschung rufen dazu auf, die oftmals allzu festen Begriffsgrenzen von Unterdrückung zu verflüssigen; das Phänomen soll in eine komplexere Auseinandersetzung eingelassen werden.[15] In ihrem Beitrag ›Exodus. Was Befreiung aus *seiner* Sicht bedeutet‹ bringt Susanne Scholz diese Perspektive folgendermaßen zum Ausdruck:

---

9   Siehe hierzu Teil II, Kapitel 1.2.2.
10   Gutiérrez, Theologie der Befreiung, S. 144.
11   Vgl. Yee, Postcolonial Biblical Criticism, S. 214. In ihrem Sammelbandbeitrag ›Postcolonial Criticism‹ nimmt G.A. Yee das Exodusbuch aus einer postkolonialen Perspektive in den Blick.
12   In seiner Studie zur Verstockung des Pharaos (2006) kritisiert E. Kellenberger den Mangel an befreiungstheologischen Arbeiten, die sich mit diesem Thema auseinandersetzen. Vgl. Kellenberger, Die Verstockung Pharaos, S. 276ff.
13   Yee, Postcolonial Criticism, S. 214f.
14   Siehe hierzu z.B. S. Scholz (1999). Auch G. Fischer setzt sich in seinem Exoduskommentar mit der Frage nach Gott und der Gewalt auseinander. Vgl. hierzu Fischer, Die Anfänge der Bibel, S. 162ff. In seinem Beitrag ›Literary and Rhetorical Criticism‹ (2010) zeigt D. T. Olson am Beispiel von Ex 12,29-32 auf, wie sich dieser Text im Anschluss an eine befreiende Perspektive dekonstruieren lässt.
15   Die Beiträge im Sammelband ›Feminist Interpretation of the Bible and the Hermeneutics of Liberation‹ (2003) diskutieren aus unterschiedlichen Perspektiven Fragen im Kontext von feministischer Exegese und Befreiungstheologie. In ›Gerecht ist das Wort der Weisheit‹ (2008) beschreibt E. Schüssler Fiorenza die unterschiedlichen Formen, in welchen sich Unterdrückung abbilden kann.

[...] Die gesellschaftlichen Gesetze und Verordnungen [zeigen], wie fragwürdig eine Auslegung des Exodus als Befreiungsgeschichte ist. Die Sklav_innengesetze, die Todesstrafe, die Beziehung zu fremden Völkern und die gewalttätigen und blutigen Auseinandersetzungen mit der ägyptischen Bevölkerung stabilisieren ein unterdrückerisches und hierarchisch organisiertes Gesellschaftskonzept. Befreiung von solch einem Konzept ist zumindest im Exodusbuch nicht in den Blick genommen.[16]

Trotz der theologischen Bedeutungskraft, die Susanne Scholz durchaus hervorhebt, erkennt sie darin zumindest vordergründig kein Musterexemplar für Befreiung. Insbesondere vor dem Hintergrund eines ideologiekritischen Impetus bedürfen die Texte und die aus ihnen abgeleitete befreiende Botschaft einer Relektüre, die unterschiedliche Adressat_innen(-kontexte) berücksichtigt. Erst dann können Unterdrückungsstrukturen wie Sexismus, Rassismus, Ethnozentrismus, Klassendiskriminierung und Imperialismus sichtbar werden. Franz V. Greifenhagen verhandelt so z.b. nicht nur die kulturelle Gewalt, die Israel innerhalb der Exposition widerfährt. Auf der Diskursebene sowie unter Einbezug der impliziten Leser_innen diskutiert er fernerhin das negative Ägyptenbild, welches das Exodusbuch von Anbeginn als Opposition zu Israel entwirft: »Just as Egypt seems to have been convinced by the rhetoric of its king, so also the unresisting reader is led by the narrative to be hostile to the Egyptians and to sympathize with Israel.«[17]

Die wenigen Frauenfiguren, die im Exodusbuch Platz finden, verkörpern, wenn sie nicht wie Mirjam und Zippora an den literarischen Rand der Komposition ausgesondert werden, stereotype Frauenrollen:[18] Die Hebammen der Exposition sorgen sich um die Kinder, tragen Schmuck und werden als sozial schwach abgebildet.[19] »Aus androzentrischer Sicht sind dies genau die Aufgaben, denen sich Frauen widmen sollen«,[20] meint Susanne Scholz. Auch Drorah O' Donnell Setel diskutiert in ›women in leadership‹, einem Teilkapitel ihres Exodusbeitrags, das Auftreten weiblicher Protagonistinnen in Führungsrollen. Sie gelangt zu der Einsicht, dass Frauen zwar als Anführerinnen begegnen, diese Position jedoch immer mit spezifischen Einschränkungen einhergeht: »[...] They acted either in rebellion (1:17), without explicit authority, or within a seperate female sphere.«[21] Ein teils gegenläufiger Eindruck ergibt sich indes mit Blick auf den Kommentar von J. Cheryl Exum zu Ex 1,8-2,10: »It is a women's story, men are strikingly absent.«[22] Mit Jopie Siebert-Hommes sind es schließlich zwölf Töchter, die das Überleben der Stämme Israels garantieren. Dabei treten gerade in den ersten Kapiteln des Buches weibliche Figuren als Subjekte in Erscheinung und haben aktiv

---

[16]   Scholz, Exodus, S. 37f.
[17]   Greifenhagen, Egypt on the Pentateuch's Ideological Map, S. 55.
[18]   Doch auch Auslegungen, die nicht im Umfeld feministischer Exegese zu verorten sind, heben das Wirken von Frauen hervor: »Viele Frauen handeln geschickt zusammen zum Schutz des Lebens eines Kindes, [...].« Fischer u. Markl, Das Buch Exodus, S. 38. Die Aussage der Autoren passt zur Beobachtung von S. Scholz, wonach Frauen im Exodusbuch in typischen Rollenbildern dargestellt werden.
[19]   Vgl. Scholz, Exodus, S. 28.
[20]   Ebd.
[21]   O' Donnell Setel, Exodus, S. 33.
[22]   Exum, »You Shall Let Every Daughter Live«, S. 37.

an der Realisierung der göttlichen Verheißung teil.[23] »Ohne das Miteinander der so unterschiedlichen Frauen – der Hebammen, Mirjams, Jochebets und der Pharaotochter – wäre des Überleben des Mose und damit in letzter Konsequenz die Befreiung aus Ägypten nicht vorstellbar.«[24]

Eine feministische Lesart unterstützt das subversive Potenzial, welches das Exodusbuch und sodann auch Ex 1 in der Rezeption entfalten kann. Es wird eine Reflexionsebene eingespielt, die der gedrängten Anwesenheit und Wirkmacht weiblicher Figuren einerseits Rechnung trägt, andererseits aber die jeweiligen Weiblichkeitsinszenierungen kritisch beleuchtet. Aus einer solchen Perspektive erscheint es mir nur konsequent, wenn sich feministische und in der Erweiterung gendersensible Auslegungen stets auch als Hermeneutiken der Befreiung verstehen und in diesem Sinne agieren.[25] Ein intersektionales Verständnis kann schließlich die Sicht dafür schärfen, dass Sexismus unauflösbar mit anderen Formen von personaler und struktureller Gewalt wie etwa Rassismus,[26] Antisemitismus, Homophobie oder auch Herrschaft in Verbindung steht.[27]

1.2 Literarische Merkmale

Neben der griechisch-lateinischen Bezeichnung ›Exodus‹ hat das zweite Buch Mose außerdem ›Schemot‹ – d.h. Namen als seinen hebräischen Titel. Der von der Septuaginta eingeführte Begriff Exodus meint wörtlich Herausweg oder Ausgang und verweist auf die Erzählung vom Auszug, die ausführlich in den ersten 15/18 Kapiteln des Buches entfaltet wird.[28] Die Gestalt der Exoduserzählung als eine ›novel of action‹ klingt in dieser Überschrift bereits an.[29]

Aus der vergleichsweise kurzen Genealogie, welche am unmittelbaren Anfang der Exposition platziert ist, ergibt sich indessen die hebräische Überschrift ›Schemot‹: Mit Ausnahme von Josef, der schon vorher in Ägypten war, werden zu Beginn des ersten Kapitels (Ex 1,1) alle zwölf Stämme Israels namentlich genannt und liefern hierdurch nicht nur die Voraussetzung für die *Namen*(s)wahl, sondern in gewisser Weise auch für das Fortbestehen des Volkes:[30] »Das Buch der Namen […] erinnert an die Namen derer, die sich sowohl dem Pharao als

---

[23] Vgl. Siebert-Hommes, Die Retterinnen des Retters Israels, S. 277. Siehe hierzu ferner T. Römer (2014).

[24] Schiffner, Lukas liest Exodus, S. 83.

[25] Siehe dazu auch Teil II, Kapitel 1.2.

[26] F.V. Greifenhagen unterzieht u.a. Ex 1 einer kritischen Lektüre. Dabei berücksichtigt er auch Ethnizität und Rassismus.

[27] Vgl. O' Donnell Setel, Exodus, S. 33.

[28] Vgl. Albertz, Exodus 1-18, S. 11. K. Schiffner (2008) beschreibt vier Definitionsformen im Zusammenhang des alttestamentlichen Exodusbegriffs.

[29] Vgl. Utzschneider u. Oswald, Exodus 1-15, S. 32.

[30] Wenn Gott auf das Nachfragen von Mose eine Auslegung seines Namens preisgibt, so kann auch dieses Ereignis ein weiterer Grund für die Bezeichnung sein. Vgl. Fischer u. Markl, Das Buch Exodus, S. 11.

auch dem Verlust des kollektiven Gedächtnisses widersetzt hatten, der den Söhnen Jakobs in Ägypten drohte.«[31]

Im literarischen Rahmen der Tora[32] können die Erzählungen des Exodus dann einerseits als Auftakt und andererseits als Grundlage der nachfolgenden Bücher angesehen werden. »Sowohl der Auszug aus Ägypten als auch Gottes Selbstmitteilung am Sinai finden ihre Weiterführung in den folgenden Büchern und sind auf diese Fortsetzung angelegt.«[33]

Der Einfluss des Buches reicht aber weit über die Grenzen der Tora hinaus – zunächst zu Josua[34] und den Königsbüchern bis hinein ins Neue Testament. Paulus etwa erinnert im ersten Korintherbrief an die Wüstenwanderung der Vorfahr_innen:

> Unsere Väter und Mütter waren alle unter der Wolke, und alle sind durch das Meer gezogen. [...] Alle haben dieselbe geistliche Speise gegessen, und alle haben denselben geistlichen Trank getrunken, denn sie haben alle von dem geistlichen Felsen getrunken, der ihnen folgte (1 Kor 10,1-3).[35]

Trotz der vielfältigen intertextuellen Impulse, die das Buch bis ins Neue Testament hinein freisetzt, kommen die Erzählstoffe des Exodus in den Texten der Hebräischen Bibel noch stärker zur Geltung. Martin Noth sieht in der Herausführung aus Ägypten »[einen] der elementarsten und der am häufigsten wiederholten Glaubenssätze im Alten Testament.«[36] Frank Crüsemann kann belegen, dass die hebräische Bibel mehr als 120 Texte enthält, die den Auszug unmittelbar erwähnen.

Die Referenzen gehen quer durch die Zeiten und die verschiedenen Genres. Hinzu tritt eine Fülle von indirekten Bezügen, die in ihrer Gänze kaum erfassbar sind. Sie reichen von sprachlichen Anklängen über Wirkungen und Analogien bis hin zur Parallelgestaltung ganzer Bücher und Figuren.[37] Insbesondere im Deuteronomium, welches das bereits bekannte ›Stück‹ neu inszeniert und fortsetzt, wird die Nähe zum Exodus konkret greifbar. »The events of the exodus, the wilderness journey, and the revelation of the law codes at the mountain of God are presented twice, first in Exodus and a second time in the Deuteronomy.«[38]

Auch das Exodusbuch selbst stellt Bezüge zur literarischen Vorgeschichte in der Genesis her. Die Josefserzählung kann so z.B. Anschlussstellen im Blick auf

---

[31]   Staub, Im Exil der Geschichte, S. 9.

[32]   Als Teil der Tora steht das Buch Exodus nicht isoliert da, sondern es bildet eine narrative Einheit mit den benachbarten Büchern Genesis, Levitikus, Numeri und Deuteronomium.

[33]   Fischer u. Markl, Das Buch Exodus, S. 12.

[34]   Zu seinem eigentlichen Ziel kommt der Auszug aus Ägypten allerdings erst mit dem Eintritt ins Westjordanland; davon erzählt das Buch Josua. Innerhalb der Bibelwissenschaften spricht man deshalb auch vom Hexateuch, dem sechsstelligen Buch. Vgl. Zenger u. Frevel, Einleitung in das Alte Testament, S. 70. Neben dieser Deutungsperspektive gibt es auch Ansätze, die vom so genannten Enneateuch sprechen. Hier reichen die Verbindungslinien dann bis zu den Königsbüchern.

[35]   Übersetzung nach ›Bibel in gerechter Sprache‹

[36]   Noth, Überlieferungsgeschichte, S. 50. zit. n. Schmid, Schriftgelehrte Traditionsliteratur, S. 301.

[37]   Crüsemann, Kanon und Sozialgeschichte, S. 197.

[38]   Dozeman, Commentary on Exodus, S. 12.

die Frage bereitstellen, wie bzw. warum Jakob und seine Familie nach Ägypten migriert sind. Die Exposition setzt in dieser Spur ein signifikantes Anfangssignal: Ex 1,1-7 stellt einerseits eine Verknüpfung zur Josefsgeschichte, zu den Erzelternerzählungen und zum Ersten Schöpfungsbericht her. Andererseits werden die Erinnerungen der Vergangenheit durch neue Figuren und Ereignisse abgelöst. In Mose finden die ›storyworlds‹ von Erzeltern und Exodus einen Vermittler zwischen den erzählten Welten: »Er ist in mancherlei Hinsicht eine ›liminale Figur‹, die im Grenzbereich von Israeliten und Ägyptern, von Väter- und Volksgeschichte angesiedelt ist.«[39]

Die Tora ist jedoch keineswegs der einzige Ort innerhalb des Ersten Testaments, an welchem die Erzählungen vom Exodus in Erinnerung bleiben und konserviert werden. Auch in den Königsbüchern finden sich mit dem Bau des Heiligtums in Bet-El und Dan oder durch Elias Besuch des Gottesbergs Motive, die in der Spur der Exodustradition deutbar sind. In Schriften prophetischer Provenienz, so etwa bei Jesaja (43,14-21), Ezechiel (20,33-38) oder Jeremia (16,14f.), dient der Auszug Israels mitunter als Muster für die Rettung aus dem Exil.[40] Weitere Bezüge sind außerdem in den Psalmen, hier z.B. im 77. und im deuterokanonischen Buch der Weisheit zu finden.[41]

Obwohl das Exodusbuch als eine narrative Einheit verstanden- und abgebildet wird, ist auch dieses Werk, ganz so wie die Schrift selbst, in sich vielgestaltig.[42] »Exodus contains a rich variety of literary forms, inlcuding poetry, law, cultic etiology, genealogy, and theophany.«[43] Besonders auffällig tritt die literarische Mannigfaltigkeit im Zusammenspiel von Erzählung und Recht zu Tage, das in dieser Form erstmals in biblischen Büchern vorkommt.[44] In dieser Linie bilden die Gattungen Geburtsgeschichte, Berufungserzählung und Theophanie[45] ihrerseits ein verflochtenes Gefüge.[46] Neben Anfangs- und Schlusssignalen, die in Bezug auf vorausgehenden und nachfolgenden Schriften freilich offen angelegt sind, wird die narrative Kontinuität des Buches zudem durch spezielle Leitwörter wie ›kämpfen‹, ›befreien‹ oder ›dienen‹, antike Textbildungsmuster und schließlich den Plot gewährleistet.[47]

---

[39] Utzschneider u. Oswald, Exodus 1-15, S. 22.

[40] Vgl. Ebd., S. 25.

[41] Insbesondere in den Kapiteln 11,2-19,22 werden Bezüge zur Exoduserzählung evident.

[42] Vgl. Fischer u. Markl, Das Buch Exodus, S. 19; vgl. Utzschneider u. Oswald, Exodus 1-15, S. 23. Siehe dazu Teil III, Kapitel 2.2 und dort den Exkurs.

[43] Dozeman, Commentary on Exodus, S. 2.

[44] Vgl. Fischer u. Markl, Das Buch Exodus, S. 19.

[45] Der griechische Ausdruck ›Theophanie‹ lässt sich mit ›Gotteserscheinung‹ übersetzen. Vgl. Fischer, Wege in die Bibel, S. 186.

[46] K. Schmids ›Literaturgeschichte des Alten Testaments‹ (2008) bietet detaillierte Informationen im Rahmen der literarischen Genese des Ersten Testaments.

[47] Vgl. Utzschneider u. Oswald, Exodus 1-15, S. 23–26.

1.3 Die Welt der Textentstehung: Literar- und sozialgeschichtliche Perspektiven

In der Perspektive einer kulturgeschichtlichen Narratologie[48] kommt der Frage, unter welchen kultur-, sozial- und literargeschichtlichen Bedingungen das Exodusbuch und sodann Ex 1 entstanden bzw. rezipiert worden ist,[49] eine zentrale Bedeutung zu. Demnach werden Erzählungen nicht nur durch die Kultur, in die sie eingelassen sind, geprägt; sie sollten zugleich als eigenständige Bedeutungstransporteure und kognitive Instrumente der Welterzeugung aufgefasst werden.[50] Auch wenn das kontextuell-exegetische Interesse,[51] welches diese Untersuchung rahmt, u.a. dazu führt, die Auslegung der Texte in die Gegenwart *zu übersetzen*, wird die Suche nach Bedeutungsangeboten innerhalb der Erzählung nicht allein von aktuellen Diskursen gelenkt: Der historische Ort der Texte (und ihrer Lektüre) spielt, freilich in Gestalt seiner heutigen Rekonstruktion, in die Analyse mit ein.[52]

Kontextuell-sozialgeschichtliche Ansätze geben diesem Anliegen Raum, betonen sie doch gerade auch die historischen und gesellschaftlichen Situationen, in welchen die Texte entstanden sind bzw. gelesen wurden.[53] Neben den typischen Geschlechterverhältnissen und -rollen der Antike, die insbesondere für die Figurenanalyse interessant sind, gelten fernerhin Merkmale wie Ethnizität, Religionszugehörigkeit oder verschiedene soziale Positionierungen als wichtige Untersuchungskoordinaten, die im Folgenden Berücksichtigung finden: Anhand spezieller Schwerpunkte möchte ich herausarbeiten, welche historischen Erfahrungen, sozialen Konstellationen und Identitätskonstruktionen der Exodusexposition ggf. eingeschrieben sind, was für Stimmen im Text laut werden und wie sie sich Gehör verschaffen. In Bezug auf die Figuren und die Erzählinstanz ist der Beobachtung Rechnung zu tragen, dass beide »[…] über ihren formalen Stellenwert hinaus auch Repräsentanten von Werten und Ideen sind.«[54] Sie können außerdem »auf soziale und geistige Strömungen einer bestimmten Zeit, in der ihr Schöpfer mehr oder minder stark verwurzelt ist«,[55] rekurrieren.

---

[48]   Siehe hierzu Teil II, Kapitel 2.2.

[49]   Die antiken Leser_innen sind heute nur noch als ›implizite Leser_innen‹ erfassbar.

[50]   Vgl. Nünning, Wie Erzählungen Kulturen erzeugen, S. 18.

[51]   Siehe hierzu Teil II, Kapitel 1.2.

[52]   Im Anschluss an S.A. Strube findet »der Erkenntnisprozess historischer Forschung […] immer nur innerhalb der Vorstellungsgrenzen eines forschenden Individuums oder bestenfalls Kollektivs statt. Ein ›garstig breiter Graben‹ klafft eben darum immer auch zwischen historischen Rekonstruktionen und der nicht mehr erreichbaren historischen Realität (die selbst von den verschiedenen an ihr Beteiligten aufgrund ihrer unterschiedlichen gesellschaftlichen Positionen unterschiedlich erfahren wurde.« Strube, Bibelverständnis zwischen Alltag und Wissenschaft, S. 29.

[53]   Siehe dazu I. Fischer, E. S. Gerstenberger und U. Schoenborn (1999).

[54]   Kafitz, Figurenkonstellation als Mittel der Wirklichkeitserfassung, S. 18. D. Kafitz bezieht seine Aussage auf Figuren, m.E. trifft seine These aber auch auf die Erzählinstanz zu.

[55]   Ebd.

Richtungsweisend für die aufgerufenen kulturellen und sozialen Referenzrahmen sind einerseits literargeschichtliche Impulse. Andererseits werden auch die alttestamentlichen Welten (inklusive Ex 1) selbst befragt.[56] Sie können Hinweise auf z.B. das historische Wissen der Autor_inneninstanzen bzw. der impliziten Leser_innen und deren Kontexte geben.[57]

Von dem dargelegten Erkenntnisinteresse abgrenzen, möchte ich indessen die Historizität der erzählten Ereignisse rund um den Auszug und so auch die Exposition:

> The specific dates for the exodus, along with the careful numbering encourage a historical interpretation of the story. But the vague references to geography and the unrealistic number of the group indicate that the book of Exodus is not history.[58]

Vielmehr ist ein politischer Bedarf vorauszusetzen, dessen völker- und zivilrechtlichen Dimensionen die Erzählung illustriert, um sie einem allgemeinen Geltungsanspruch zugänglich zu machen.[59]

1.3.1 Literargeschichtliche Impulse als Zugang zur Sozial- und Kulturgeschichte

Obwohl die Auszugserzählung (inkl. Ex 1) ihren Stoff abseits einer realen oder verifizierbaren historischen Wirklichkeit entfaltet, ist die literarische Produktion der Exoduskomposition geschichtlich eingebettet.[60] Nach Utzschneider und Oswald hat man die Auszugserzählung »erzählt und gehört, als die Frage diskutiert wurde, ob und unter welchen Umständen es rechtmäßig sei, ein Vasallenverhältnis aufzukündigen.«[61]

Auch wenn die Diskussion um den historischen Ort der Textentstehung des Pentateuchs bzw. des Hexateuchs – und so auch von Ex 1 – konsensfähige Antworten vermissen lässt, treten im aktuellen Diskurs deutliche Tendenzverschiebungen hervor: Während über einen erheblichen Zeitraum drei Redaktionskreise J, E und P im Rahmen der Schriftwerdung konstatiert wurden, setzt die jüngere Forschung zunehmend zwei Quellen, die priesterliche und die nicht-priesterliche voraus; sie werden in der exilischen und postexilischen Periode verortet.[62] Und hier sind abermals einzelne Schichten anzunehmen: »Eine ältere (vorexilische)

---

56 Das Verhältnis im Blick auf die Entfaltung historischer und alttestamentlicher, d.h. literarischer Referenzen variiert in den unterschiedlichen Kapiteln von Teil III.

57 Dabei sei allerdings vorausgeschickt, dass die Erfassung der ›intentio auctoris‹ jenseits der Interpretationsmöglichkeiten liegt.

58 Dozeman, Exodus, S. 139.

59 Vgl. Utzschneider u. Oswald, Exodus 1-15, S. 44.

60 Vgl. Ebd.

61 Ebd.

62 Siehe hierzu z.B. T.B. Dozeman (2009), R. Albertz (2012) oder K.L. Sparks (2010).

Exoduserzählung, eine dtr Bearbeitung, eine priesterliche Version der Exoduserzählung bzw. priesterliche Bearbeitungen der älteren Erzählung, nach-priesterliche Hexateuch- bzw. Pentateuchredaktionen.«[63]

In Rekurs auf die einschlägige Fachliteratur ist auch die Exodusexposition in diesen Zusammenhang von priesterschriftlichen und nicht-priesterlichen Produktionsstätten einzuordnen.[64] Trotzdem bietet sich der literarische Charakter der Texte keineswegs gleichförmig dar. Forscher_innen differenzieren z.B. einerseits zwischen einer priesterlichen Grundschicht (P^G) und späteren Ergänzungen (P^S),[65] andererseits postulieren sie die priesterlichen Texte als redaktionelle Erweiterung bzw. priesterliche Komposition, welcher die dtr. Produktionen eingegliedert sind.[66] Aus dem Pentateuch wird die Priesterschrift schließlich als eine ursprünglich eigenständige Quelle extrahiert.[67]

Nicht-priesterliche Texte repräsentieren verschiedene, ineinandergreifende Textbestandteile, die zusammengesetzt und redaktionell zu einem Erzählfaden geflochten wurden. Neben älteren Einzelüberlieferungen haben zudem Fragmente, vor- und nachdeuteronomische sowie vor- und nachpriesterliche Ergänzungen Einlass erhalten.[68] Diese Texte fokussieren spezielle Ereignisse und Figuren, die sich zunehmend in größeren Erzählzusammenhängen verdichten. Ein zentrales Anliegen der Überlieferungen liegt darin, die Existenz Israels im Land zu legitimieren[69] – in der Exodusexposition kommt diese Funktion beispielhaft zum Ausdruck.[70]

Dementgegen kennzeichnet die Priesterschrift,[71] welche ebenfalls eine lange Entstehungsgeschichte und noch dazu unterschiedliche Verfasser_innen aufzuweisen hat, eine »gleichförmige Sprache und einen klar strukturierten Aufbau.«[72] Die Priesterschrift profiliert sich nach Albertz (2012) zudem durch ihre theologische, inklusiv monotheistische Konzeption:[73] Gott wird vielmals zur Initialfigur stilisiert; deren planvolles Handeln den Plot maßgeblich vorantreibt.[74] George W. Coats (1999) meint, dass die Absicht von P vollkommen in religiöser Vermittlung aufgeht.[75] Schließlich gelten die priesterschriftlichen Überlieferungen im Anschluss an historisch-kritische Einsichten als die jüngsten Pentateuchquellen. Die neuere Forschung datiert sie in das letzte Drittel des 6. Jh.

---

63 Dietrich u.a., Die Entstehung des Alten Testaments, S. 114.
64 Vgl. Gertz, Tradition und Redaktion in der Exoduserzählung, S. 352; vgl. Fischer u. Markl, Das Buch Exodus, S. 129–137.
65 Siehe hierzu z.B. J. Wöhrle (2012).
66 Vgl. Utzschneider u. Oswald, Exodus 1-15, S. 51.
67 Vgl. Schmid, Gibt es Theologie im Alten Testament, S. 90. Die Frage, ob man P als ein ursprünglich autonomes Dokument oder als eine Redaktion älterer nicht-priesterlicher Quellen auffassen sollte, ist umstritten. Der letztgenannten These, welche von F. M. Cross begründet wurde, folgt z.B. R. Albertz (2012). Vgl. Römer, Zwischen Urkunden, Fragmenten und Ergänzungen, S. 16.
68 Kratz, Historisches und biblisches Israel, S. 130.
69 Vgl. Gillmayr-Bucher, Altes Testament, S. 51.
70 Siehe dazu Ebd.
71 Siehe speziell zur priesterlichen Konzeption R. Heckl (2014).
72 Gillmayr-Bucher, Altes Testament, S. 50.
73 Vgl. Albertz, Exodus 1-18, S. 22; vgl. Dietrich u.a., Die Entstehung des Alten Testaments, S. 92.
74 Vgl. Gillmayr-Bucher, Altes Testament, S. 50.
75 Vgl. Coats, Exodus 1-18, S. 10.

v. Chr. bzw. in das frühe 5. Jh. v. Chr.[76] Nach Jakob Wöhrle sind »die priesterlichen Passagen des Pentateuch am Beginn der persischen Zeit, wohl kurz nach 520, entstanden. [...] Sie wurden in den Reihen der ersten Rückkehrer aus dem Exil«[77] verfasst.

Doch auch die nicht-priesterlichen Auszüge der Exposition rücken mit Albertz historisch in die Nähe von P^G: »Da die K^{EX} die Gründungsgeschichte Israels schon in der Form einer regelrechten ›Sündenfallgeschichte‹ darstellt und dabei um die Frage ringt, wie eine Geschichte Gottes mit seinem Volk nach dessen großer Sünde in Zukunft überhaupt noch weitergehen kann, stammt sie am ehesten aus der fortgeschrittenen Exilszeit (um 540 v. Chr.).«[78] In Rekurs auf die Literarkritik von Utzschneider und Oswald (2013) können die spät- bzw. nachpriesterlichen Texte, die ebenfalls in Ex 1,1-22 anzutreffen sind, dann einen Einblick in die Verfassungswirklichkeit Persiens um 400 v. Chr. gewähren. Schließlich überlagern sich in Ex 1,1-22 nicht-priesterliche Passagen, also die ›ältere Exoduserzählung‹ und ›nachpriesterliche Texte‹ sowie Versatzstücke der priesterlichen Komposition.[79]

Die nachfolgende Grafik illustriert die literargeschichtlichen Einordnungen zu Ex 1* im Rahmen der rezenten Forschung.[80] Die jeweiligen Siegel und Bezeichnungen, welche die Autoren zur Beschreibung verwenden, werden in der anschließenden Übersicht beibehalten:[81]

Autoren	*Bibelstellen*	*Literargeschichtliche Zuordnungen*
Utzschneider u. Oswald (2013)	Ex 1,1-7*.8-10.13-14. Ex 1,11-12.22* Ex 1,15-21*	Priesterliche Komposition Die ältere Exoduserzählung (nicht-priesterlich) Tora-Komposition (nachpriesterliche Bearbeitung)
Albertz (2012)	Ex 1,9-12.15-22 Ex 1,9-12.20b.21a Ex 1,1a.2.3*.4-5a.7.13-14 Ex 1,1b.5b.6.8.	Exoduskomposition (K^{EX}) (nicht-priesterliche Texte) Eigenanteil des Redaktors der Exoduskomposition (R^{EX}) Erste priesterliche Bearbeitung (PB^1) Hexateuchredaktion (HexR)
Wöhrle (2012)	Ex 1,1-5 Ex 1, 6a.7 Ex 1,6b.8	Spätpriesterliche Bearbeitung Priesterliche Schicht Dtr. Bearbeitung

---

76 Vgl. Dietrich u.a., Die Entstehung des Alten Testaments, S. 93; vgl. Kratz, Historisches und biblisches Israel, S. 162; vgl. Wöhrle, Frieden durch Trennung, S. 105.

77 Wöhrle, Fremdlinge im eigenen Land, S. 169.

78 Albertz, Exodus 1-18, S. 20.

79 Vgl. Utzschneider u. Oswald, Exodus 1-15, S. 53.

80 Das Modell von C. Berner (2010) kann aufgrund seiner Komplexität in dieser Übersicht nicht berücksichtigt werden.

81 Aufgrund der Vielzahl an Exoduskommentaren beschränkt sich die Übersicht auf Forschungsliteratur aus dem deutschsprachigen Raum. Auch erhebe ich hier nicht den Anspruch auf Vollständigkeit.

| Gertz (2000) | Ex, [...].11-12.15-19.20a.21b.22
Ex 1,7.13-14.
Ex 1,8-10
Ex 1,1-6 | Nichtpriesterschriftliche Exoduserzählung
Priesterschriftliche Exoduserzählung (P)
Exoduskomposition durch die Endredaktion (R)
Erweiterungen des endredaktionellen Textes |

Abb. 3: Literargeschichtliche Einordnungen zu Ex 1

Vor dem Hintergrund der komplexen Genese der Exposition, die wiederum eingegliedert ist in den litergeschichtlichen Gesamtkontext der Mose-Exoduserzählung[82] bzw. der Tora, gilt es für die Ereignisse, die in Ex 1,1-22 erinnert, neu inszeniert und aktualisiert werden, einen historisch weiten Referenzrahmen zu setzen. Er wird dann ›rückwärts‹ und ›vorwärts‹ gerichtet wirksam. Die literarische Entstehungsgeschichte erstreckt sich demnach vom 8./7. Jh. v. Chr.[83] und reicht hinein in die Zeit des späten Exils (um 540 v. Chr.)[84] sowie des Perserreiches bis zum frühen Hellenismus.[85]

Die Schilderungen der Exodusexposition knüpfen sowohl literarisch als auch inter- bzw. transkulturell an das Klima dieser altorientalischen Herrschaftsperioden an. Dabei müssen die historischen Welten, welche die Texte abbilden, allerdings von den tatsächlichen Umfeldern abgrenzt werden, in denen sie entstanden sind: Zwischen den kulturellen, sozialen und historischen Räumen, die die Texte überlagernd darbieten und den Räumen, in welchen sie zur Niederschrift kamen, entspannt sich eine enorme zeitliche Distanz.[86]

1.3.2 Fremdherrschaft

Die Exodustradition ist voraussichtlich zentral durch die wechselnden Autoritäten der Großmächte Ägypten, Assur, Babylon, Persien und Griechenland geprägt: Über mehrere Jahrhunderte hinweg haben sie Juda und Israel beherrscht. »Der Einfluss dieser weitaus mächtigeren Staaten ist sowohl politisch und wirtschaftlich als auch religiös und kulturell deutlich zu spüren.«[87] Im 7. Jh. v. Chr. ›teilen‹ sich jeweils drei Großmächte die Herrschaft über den judäischen Staat. Jede dieser Hegemonien deportiert Teile der Bevölkerung; mithin werden den

---

[82]   Siehe dazu E. Otto (2006).

[83]   Vgl. Dietrich, Israel und die Völker der hebräischen Bibel, S. 10. K. Schmid datiert die Mose-Exodus-Geschichte in der Assyrerzeit und damit im 8./7. Jh. v. Chr. Vgl. Schmid, Literaturgeschichte des Alten Testaments, S. 86–91. Mit dieser Datierung geht z.B. die Vermutung einher, dass das Exodusgeschehen den Gründungsmythos des Nordreichs darstellt. Vgl. Kessler, Die Ägyptenbilder der Hebräischen Bibel, S. 100. Siehe hierzu auch Teil III, Kapitel 1.3.2.

[84]   Vgl. Albertz, Exodus 1-18, S. 20.

[85]   Vgl. Utzschneider u. Oswald, Exodus 1-15, S. 53.

[86]   Schließlich soll die Exodusexposition im Rahmen dieser Studie dezidiert nicht auf ihren geschichtlichen Wahrheitsanspruch oder eine ›objektive‹ Wirklichkeit hin befragt werden.

[87]   Gillmayr-Bucher, Altes Testament, S. 38.

Menschen Zwangsarbeiten und Tributzahlungen auferlegt. Die Probleme, die Ex 1 schildert und die im Fortgang narrativ weiter verarbeitet werden, sind »im Juda des 7. Jahrhunderts immer wieder anzutreffen, aber nicht nur in Gestalt der imperialen Heimsuchungen, sondern auch [...] in Gestalt der Suche nach Problemlösungen.«[88]

Obwohl Ägypten historisch eine untergeordnete Rolle im Blick auf die Geschichte Israels im 1. Jt. v. Chr. einnimmt,[89] wird das Reich zur Projektionsfläche für die Befreiungskonstruktion, die Israels Identität maßgebend bestimmt. Zentral für das im Exodus – und die Exposition darf hier eingeschlossen werden – aufgerufene Ägyptenbild[90] ist nach Rainer Kessler, »dass es in der Ausprägung der Überlieferung, die diese im Nordreich erfährt, mit den Unterdrückungs- und Befreiungserfahrungen zusammenfällt, die die Nordstämme machen.«[91]

Die geschichtlich greifbaren Ursprünge Israels sind im 8.-7. Jh. v. Chr. in Kanaan/Palästina situiert: Hier entstehen zwei Staaten, im Norden liegt Israel und im Süden Juda. Zur ersten Krise kommt es als Israel die Loyalität gegenüber Assur aufkündigt und in der Konsequenz seine Autonomie einbüßt – die assyrische Großmacht erobert Israel: »Die soziale Oberschicht des Landes wird verschleppt, Fremde im Zuge einer Umsiedlungspolitik in Israel und Israel zu einer assyrischen Provinz gemacht.«[92] Auf dem Zenit seiner stärksten Machtentfaltung erlebt das assyrische Großreich im 7. Jh. v. Chr. jedoch eine innere Zerreißprobe, die es nicht übersteht. In dieser Folge ergibt sich ein Machtvakuum, woraufhin Juda zum ›Spielball‹ der politischen Auseinandersetzungen zwischen den Hegemonialmächten Ägypten und Babylon wird. Als Babylon den Krieg für sich entscheidet und Jerusalem daraufhin belagert, kommt es erstmalig auch im Südreich zu Zwangsdeportationen der städtischen Oberschicht. Die jerusalemer Bevölkerung, die sich gegen Babylon auflehnen will und die geforderten Tributzahlungen verweigert, muss miterleben, wie die Besatzungsmacht gewaltsam in die Stadt eindringt. Im Zuge der finalen Eroberung Judas durch Nebukadnezar werden nicht nur Stadt und Tempel zerstört, sondern abermals große Teile der ortsansässigen Elite nach Babylon exiliert. Die hiermit einsetzende Periode, welche Forscher_innen Exilszeit[93] (ca. 586-538 v. Chr.) bzw. ›gola‹ nennen, »stellt historisch ein Höchstmaß an Bedrohung für Israel dar.«[94] In kulturgeschichtlicher Perspektive markiert die ›gola‹ das grundlegende Ereignis, aus welchem sich

---

88 Utzschneider u. Oswald, Exodus 1-15, S. 45. Und so rekurriert die ältere Exoduserzählung mutmaßlich u.a. auf den königszeitlichen Diskurs und die Frage nach der Rechtmäßigkeit der Vasallen-Rebellion.

89 Vgl. Kessler, Die Ägyptenbilder der Hebräischen Bibel, S. 9.

90 Eine ausführliche Darstellung des historischen Kontextes, in welchen die Ägyptenbilder des Pentateuchs eingelassen sind, präsentiert z.B. auch F.V. Greifenhagen (2003).

91 Kessler, Die Ägyptenbilder der Hebräischen Bibel, S. 100.

92 Gillmayr-Bucher, Altes Testament, S. 38.

93 Die Literaturgeschichte differenziert hier zwischen der vorexilischen Zeit (?-587 v. Chr.), der exilischen Zeit (587-539 v. Chr.) und der nachexilischen Zeit (539-?). Ausgehend von der staatlichen Organisation Israels können die drei Epochen historisch als vorstaatliche Zeit (? bis ca.1000 v. Chr.), als Zeit der Staatlichkeit (ca. 1000-587 v. Chr.) bzw. als Zeit des Exils (587-539 v. Chr.) und als Zeit der Substaatlichkeit (539 v. Chr.-?) bezeichnet werden. Vgl. Dohmen u. Hieke, Das Buch der Bücher, S. 13f.

94 Müllner, Heimat im Plural, S. 85.

Israels Tradition und Identität speist. Das Exil galt lange als eine der redaktionellen und literarischen Blütezeiten im Horizont der Tora, insbesondere der priesterschriftlichen Literaturanteile, die auch in die Exposition eingegliedert sind – sehr viele Texte erfahren hier eine signifikante Überarbeitung oder entstehen erst.[95]

Neben dem Exil bildet die Perserzeit eine weitere einschneidende Periode im Kontext der Fremdherrschaft über Israel, die nach neueren Forschungen überdies eine Hochphase der Literaturproduktion darstellt: So werden zunehmend Zweifel angemeldet, ob

> es unter den – sozialgeschichtlich nicht ganz aufgehellten – Bedingungen des babylonischen Exils möglich gewesen wäre, so viel und v.a. so verschiedenartige Literatur zu produzieren, wie Exegeten dies jahrzehntelang postuliert haben, und [man] rechnet mit immer mehr ›nach-exilischer‹ Literatur […].[96]

Wenn im Rahmen dieser Epoche, die zusammenfällt mit der spätpriesterlichen Textproduktion, von der nachexilischen Zeit oder auch der Zeit der Substaatlichkeit gesprochen wird,[97] ist damit allerdings nicht impliziert, dass Israels Erfahrung der Fremdherrschaft mit dem Kyros-Edikt aufhört. Die Besatzung gelangt weder mit der Eroberung Babylons noch mit den anschließenden Rückwanderungen in die Heimat an ihren Endpunkt:[98]

Persien erlangt nun die Vorherrschaft über das Volk Israel.[99] Im Unterschied zu ihren imperialen Vorgängermächten forcieren die Perser_innen zwar nicht die Auflösung der örtlich-sozialen Strukturen in Form von Deportationen, dennoch überwachen sie als Zentralgewalt die Lokalautonomie Judas.[100] Weil die persische Besatzungsmacht den ›Kolonialisierten‹ mutmaßlich aber mit größerer Toleranz begegnet als die Babylonier_innen, erscheint der Machtwechsel in der Wahrnehmung der Tora durchaus positiv. Schließlich nehmen die hybriden Zusammenhänge, die sich in dieser Zeit zwischen den Völkern entspannen, Einfluss auf das literarische Wirken der Verfasser_innen:

> In very real way the Pentateuch, compiled during the Persian period and in which our Exodus texts are situated, can be considered a product of colonial hybridity. The religious and political elites governing Yehud were themselves hybrids. They were ethnically Jewish but also Persian agents.[101]

Die Literaturproduktionen des nachexilischen Gemeinwesens, zu welchen auch Bestände der Exodusexposition gezählt werden, lässt sich vor dem skizzierten Hintergrund zentral auf Basis einer Identität verstehen, die im Kontext des inter- bzw. transkulturellen persischen Großreichs zu verorten ist:[102] Unter Kyros II. (ca. 580/590-530 v. Chr.) werden der Wiederaufbau des Tempels bewilligt und

---

95   Vgl. Hann, Die Bibel, S. 39.
96   Uehlinger, Koexistenz und Abgrenzung in der alttestamentlichen Diasporaliteratur, S. 93.
97   Vgl. Dohmen u. Hieke, Das Buch der Bücher, S. 13f.
98   Vgl. Schmid, Literaturgeschichte des Alten Testaments, S. 140.
99   Hann, Die Bibel, S. 47, Hervorhebung durch Verfasserin.
100   Vgl. Ebd.
101   Yee, Postcolonial Biblical Criticism, S. 213.
102   Vgl. Häusl, Zugänge zum Fremden, S. 20.

die verlorenen Schätze zurückerobert. Das Praktizieren fremdreligiöser Kulte ist erlaubt und wird mithin sogar finanziell gefördert.[103] Wenn Ägypten im Anschluss an Jon L. Berquist nunmehr einer der Hauptrivalen Persiens im Streit um die westlichen Grenzen war, dann kann sich diese Rivalität auch in den biblischen Texten, die zu dieser Zeit in Persien entstanden sind, niederschlagen:[104] Als Konsequenz seiner imperialen Pädagogik ›diktiert‹ Persien Juda

> to fix its gaze upon Egypt, the great oppressor who remains a constant threat morally if not military. By gazing upon Egypt with animosity, the text refocuses Yehudite social vision and obscures the domination that Persia plays in the present.[105]

Ex 1 ist im Zuge dieser Hypothesen einerseits auf Spuren zu überprüfen, die sich als Handschrift der Kolonialmacht lesen lassen. Andererseits kann nach Hinweisen gesucht werden, die Kritik an der persischen Herrschaftsinstanz signalisieren. Vor dem Hintergrund von Polyphonie, ist die Möglichkeit gegeben, dass neben den kolonial beeinflussten Stimmen an der Textoberfläche zugleich antikoloniale Zwischenrufe in der Texttiefe verborgen liegen.[106] Unter der Voraussetzung einer diasporischen Identität Israels können sich die Autor_inneninstanzen der Exodusexposition sowohl nähestiftender als auch distanzierender literarischer Mittel in Bezug auf die vormaligen sowie aktuellen Hegemonialmächte bedient haben.[107] Jedoch ist zu berücksichtigen, dass die Erzählungen rund um den Auszug in einen narrativen Kontext eingebettet sind, der keine genuin ablehnende, sondern eine durchaus positive Ägyptenhaltung einnimmt.[108]

1.3.3   Glaube – Religion – JHWH

Trotz der wiederkehrenden Erfahrung von Fremdherrschaft gelingt es Israel auch im babylonischen Exil wirtschaftlich profitabel zu sein. Vorstellungen, nach welchen die Deportierten in Verelendung leben, hat die bibelwissenschaftliche Forschung schon in den 1980er Jahren »als Fehlinterpretation alt Nachrichten«[109] demontiert. Vielmehr sind die Probleme der Exilierten in inneren Schwierigkeiten zu suchen, so etwa im Erhalt der eigenen religiösen Traditionen: »Angesichts der überwältigenden und zugleich faszinierenden fremden Kultur und Religion wird es immer wichtiger, an den eigenen Traditionen festzuhalten, sie zu überliefern und zugleich kritisch zu reflektieren.«[110]

---

[103]   Die jüngere Forschung stellt die große Liberalität, die Persien oftmals zugeschrieben wird, zunehmend kritisch in Frage. Die finanziellen Subventionierungen lokaler Kulte oder die Reichsautorisation lokaler Gesetze sind in der vielmals angenommenen Form mutmaßlich nicht erfolgt. Vgl. Zenger u. Frevel, Einleitung in das Alte Testament, S. 805.

[104]   Eine andere Begründung, die zu Beginn des Kapitels bereits vorgestellt wurde, entfaltet R. Kessler (2002).

[105]   Berquist, Postcolonialism and Imperial Motives for Canonization, S. 86.

[106]   Vgl. Yee, Postcolonial Biblical Criticism, S. 213.

[107]   Vgl. Lösch, Begriff und Phänomen der Transdifferenz, S. 36.

[108]   Siehe hierzu Teil III, Kapitel 2.2 und dort den Exkurs.

[109]   Donner, Geschichte des Volkes Israel und seiner Nachbarn in Grundzügen 2, S. 383.

[110]   Gillmayr-Bucher, Altes Testament, S. 38.

Die historischen Katastrophen, die Israel geografisch zerstreut haben, werfen die Frage nach der religiösen Identität des Volkes auf:[111] Der Tempel ist zerstört und die JHWH-Gemeinde muss Formen finden, die das religiöse Leben außerhalb Jerusalems gewährleisten können.[112] Gerade in der Zeit des Exils, die ja einen Entstehungskontext von Ex 1 darbietet,[113] wächst das historisch-religiöse Reflexionsbewusstsein der Menschen.[114] In den Gottesdiensten bahnt sich eine Offenheit an, die theologische Diskussionen anstößt. Die eigene politisch-soziale Notlage wird fortan streng theologisch auf JHWH bzw. den eigenen Glauben zurückgeführt und mündet in einem kollektiven Schuldeingeständnis: Nicht Gott ist verantwortlich für die widerfahrene Katastrophe, sondern Jerusalem.[115]

Das Exil gilt »als die Wasserscheide zwischen Polytheismus und Monotheismus.«[116] Es setzt dem Aushandeln unterschiedlicher göttlicher Handlungsräume ein Ende. Israel kündigt »die Übersetzbarkeit Gottes«[117] auf und »formuliert einen Sprung vom einen Gott zum Einen Gott.«[118] Das Volk erkennt worin sich die eigene Identität im Wesentlichen begründet – »nämlich ein Gegenüber Gottes zu sein und von den Völkern als Gesegneter und als Segen in der Welt betrachtet zu werden.«[119] Erst infolge der ›gola‹ werden kultisch maßgebende ›Konzepte‹ wie etwa Sabbatruhe, Speisegebote, Zubereitungsbräuche oder Beschneidung als religiöse Praktiken eingeführt.[120]

Doch auch im Zeitalter der persischen Herrschaft nimmt das geistige und religiöse Leben Israels neue Gestalten an.[121] Die frühnachexilische Zeit markiert in Rekurs Rainer Albertz »eine der produktivsten Epochen der Religionsgeschichte Israels.«[122] Der persische König gestattet seinen untertänigen Völkern die Ausübung der je vertrauten Religion und Kultur, die aber keinesfalls unberührt bleiben vom Einfluss der Herrschenden.[123] Und so bildet die monotheistische Abgrenzung Israels von anderen Völkern, wennschon sie friedlich angelegt ist, eine der Grundaufgaben des priesterlichen Literaturbetriebs.[124]

---

[111] Vgl. Müllner, Heimat im Plural, S. 93.
[112] Vgl. Ebd., S. 99. Die jüdische Gemeinschaft in Babylon indes verwendet Jerusalem und den Tempel teils weiterhin als Projektionsfläche.
[113] Vgl. Schmid, Gibt es Theologie im Alten Testament, S. 91.
[114] Vgl. Gillmayr-Bucher, Altes Testament, S. 38.
[115] Vgl. Albertz, Religionsgeschichte Israels in alttestamentlicher Zeit 2, S. 385.
[116] Frevel, Der Eine oder die Vielen, S. 239.
[117] Müllner, Heimat im Plural, S. 102.
[118] Ebd.
[119] Dieckmann, Identität in der Krise des Exils, S. 24.
[120] Vgl. Ebd., S. 25.
[121] Vgl. Frevel, Der Eine oder die Vielen, S. 248.
[122] Albertz, Religionsgeschichte Israels in alttestamentlicher Zeit 2, S. 462.
[123] Vgl. Donner, Geschichte des Volkes Israel und seiner Nachbarn in Grundzügen 2, S. 394; vgl. Wöhrle, Frieden durch Trennung, S. 106.
[124] Vgl. Finkelstein u. Silberman, Keine Posaunen vor Jericho, S. 332. Inwieweit die Bezeichnung monotheistisch dabei allerdings tragfähig im Blick auf die komplexen religiösen Verhältnisse der nachexilischen Zeit ist, erscheint C. Frevel ebenso fragwürdig wie die Gegenüberstellung von vorexilisch und exilisch/nachexilisch klar trennbaren Gottesvorstellungen. Vgl. Frevel, Der Eine oder die Vielen, S. 265.

Nicht abseits der dargelegten religionsgeschichtlichen Einsichten, allerdings angelegt auf der konkreten Ebene der Auszugserzählung, verortet Jan Assmann (2015) den Monotheismus Israels im Exodus-Mythos. Die Erinnerung an Ägypten, wie sie vom Exodus her überliefert ist, nimmt er bereits in den 1990er Jahren zum Ausgangspunkt seiner ›mosaischen Unterscheidung‹.[125] Hiernach stellt sich die Frage nach dem Verhältnis von Monotheismus und Polytheismus beispielhaft im Verhältnis von Israel und Ägypten.[126] Die Religion Ägyptens, die den so genannten polytheistischen oder auch konstellativen Theologien zugeordnet wird, stellt in ihrer Form als primäre Religion den Gegenpol zur sekundären bzw. monotheistischen Religion dar, wie sie sich u.a. narrativ im Exodus entwickelt.[127]

Für die Ramessidenzeit (ca. 1292 v. Chr. bis ca. 1070 v. Chr.) als die Epoche, in welcher die Erzählung vom Auszug und so auch die Exodusexposition diegetisch lokalisiert werden kann,[128] gehen Forscher_innen von einer Art Zwischenform, der pantheistischen Weltgott-Theologie bzw. dem pantheistischen Monotheismus, als der prägenden Religion aus. Wo für Israel die Trennung von Politik und Religion nahezu grundlegend wird, ist für Ägypten die Vermischung dieser Ebenen bestimmend: »An der Spitze des Staates steht der Pharao. Er ist nicht nur politischer Herrscher, sondern auch Repräsentant Gottes auf Erden.«[129] Der Staat existiert »nur unter der Voraussetzung, daß die Menschen unfähig sind, ohne organisierte Herrschaft untereinander Frieden und Gerechtigkeit zu bewahren.«[130] Wird Gerechtigkeit von diesem Konzept her verstanden, ist sie ohne Hegemonie nicht denkbar.[131]

Monotheistische Religionen indes geben das Denken an eine symbiotische Ordnung auf; Gott und Welt können losgelöst voneinander bestehen – das Herrschaftsmonopol des Königs wird dementiert.[132] Israel, und hier lässt sich der Bogen zurück zur Exodusexposition schlagen, nimmt womöglich bewusst Abstand von einem Staatsapparat, in dem soziale und ökonomische Egalität herrschaftlich bestimmt ist. In den Texten Ex 1-15 verkörpert das ägyptische Gemeinwesen mutmaßlich all jene Eigenschaften, die Israel, gerade in Zeiten der Fremdherrschaft, ablehnt und verurteilt. Auf der Folie dieser Überlegungen kann Otmar Keel veranschaulichen, »daß der Gegensatz nicht der zwischen einer echten und einer falschen Religion [ist], sondern der zwischen einem unterdrückerischen Pharao und dem von ihm Unterdrückten ist.«[133] Denn gerade in Zeiten der Fremdherrschaft kann das Bedürfnis nach Befreiung, als Stimme der sich neu konstituierenden Theologie Israels, im Exodus und damit ggf. in Ex 1,1-22 hörbar werden. In dieser Linie steht auch für Erich Zenger und Rainer Kessler die

---

[125] In ihrem Beitrag ›Das Konzept von primärer und sekundärer Religion‹ zeichnet S. Welke-Holtmann (2006) die Diskussion um die mosaische Unterscheidung innerhalb der alttestamentlichen Forschung nach.

[126] Vgl. Assmann, Moses der Ägypter, S. 21.

[127] Vgl. Assmann, Exodus, S. 400.

[128] Vgl. Crüsemann, Kanon und Sozialgeschichte, S. 196.

[129] Frank, Das Exodusmotiv des Alten Testaments, S. 26.

[130] Assmann, Herrschaft und Heil, S. 41, Hervorhebung im Original.

[131] Vgl. Ebd.

[132] Vgl. Lehmkuhl, Gott und sein Preis.

[133] Keel, Ägyptenbilder der Bibel, S. 8.

Abgrenzung von Sklaverei und Freiheit im Mittelpunkt von ›story‹ und ›discourse‹.[134]

Wennschon die binär angelegten Kategorien (frei/unfrei) eine didaktisch-vereinfachende Absicht verfolgen, der analytische Substanz vorausgeht, kann die Elementarisierung den Blick auf die vielgestaltigen religiösen bzw. theologischen Zusammenhänge verengen, die in der Exoduserzählung (ja bereits in der Exposition) anklingen und mit anderen sozialen Bedingungen verflochten sind. Religion markiert nach diesem Verständnis *eine* Einflussgröße, die in Verbindung mit anderen soziokulturellen-personalen Einflussfaktoren steht.

1.3.4 Familie

Die deutlichste Differenz zwischen den Industrienationen der Moderne und der Welt in die das Erste Testament hineinspricht, liegt im Anschluss Carol Meyers in der unterschiedlichen Einbindung der Menschen in ihre familiären Zusammenhänge. Verwandtschaft bildet im Horizont dieser gesellschaftlichen Umgebung das vorrangige Prinzip sozialer Zugehörigkeit.[135] Sie funktioniert als zentrale Strukturkategorie, die auch im Blick auf die Auslegung der Exodusexposition Berücksichtigung finden muss. Die einzelne Person ist nur in der Abhängigkeit ihrer Familie denkbar. Sie garantiert das physische Wohlbefinden, sichert die soziale Anerkennung und begründet Identität.[136] Michael Kleine (2004) beschreibt die familiären Konstellationen schließlich in Form konzentrischer Ringe:

> Den innersten Kreis bildet die Hausgemeinschaft oder Kernfamilie. Der nächste Kreis setzt sich aus zwei oder drei durch Blutsverwandtschaft verbundenen Kernfamilien zusammen, die eng beieinander wohnen. Man spricht hier von Großfamilie, erweiterter Familie oder Familienverband. Mehrere Familien können wiederum eine Sippe […] bilden.[137]

Lexikalisch wird der Ausdruck Familie durch den hebräischen Terminus בית אב (dt. Vaterhaus/Haus des Vaters) abgebildet.[138] Zugleich kann בית אב auch auf eine übergeordnete Einheit referieren und wie in Ex 1,1 die Sippe abbilden.[139] Spätestens seit der Königszeit repräsentiert und realisiert das gleichermaßen pat-

---

[134] Vgl. Kessler, Die Ägyptenbilder der Hebräischen Bibel, S. 11. In seinem Aufsatz ›Was ist der Preis des Monotheismus?‹ (2001) erklärt E. Zenger dazu: »Ägypten ist hier nicht mythische Chiffre für Polytheismus, sondern für alle Formen der Entwürdigung und Entrechtung von Menschen.« Zenger, Was ist der Preis des Monotheismus, S. 190.

[135] Vgl. Meyers, The Family in Early Israel, S. 22.

[136] Vgl. Kleine, Hilfe für Schwache im Alten Testament; vgl. Meyers, The Family in Early Israel, S. 21f.

[137] Kleine, Hilfe für Schwache im Alten Testament.

[138] Y.S. Thöne (2012) entfaltet Charakteristika des ›Mutterhauses‹. In diesem Zusammenhang kann sie z.B. aufzeigen, dass Mütterhäuser wesentlich in solchen Texten anzutreffen sind, in deren Handlungsmittelpunkt Frauenfiguren stehen. Vgl. Thöne, Liebe zwischen Stadt und Feld, S. 367.

[139] Vgl. Kunz-Lübcke, Familie.

rilinear wie patrilokal organisierte Haus soziale Beziehungen und Abhängigkeits-
verhältnisse.[140] Sichtbar wird vielmals ein System, in welchem Frauen den Männern, Kinder den Eltern und Sklav_innen den Herr_innen untergeordnet sind.
Das männliche Familienoberhaupt herrscht »in nahezu absoluter Weise über seinen Hausstand.«[141]

Dass Formeln wie ›ein Haus bauen‹ oder ›ein Haus stärken‹ infolge dieser
Wortsemantik als ›terminus technicus‹ für die Familiengründung eingesetzt werden, ist mehr als plausibel.[142] בית stellt *das* Grundversorgungszentrum dar, um
welches herum sich das Leben abspielt: »Ein Haus bzw. ein Haushalt »[…] ist in
einer vormodernen Agrargesellschaft eine unternehmerisch orientierte Konsum-
und Produktionseinheit.«[143] In diesem vermeintlich schützenden und ökono-
misch-sozialen Umfeld konstituiert sich die Familie als Solidargemeinschaft, die
zentral durch Generationenverträge bzw. Verantwortungsinstanzen entlang al-
tersbezogener und ›gegenderter‹ Arbeitsaufteilung gewährleistet wird. Nahezu im
Widerspruch zur Bezeichnung בית אב steht das Haus »für den Kernbereich eines
im Wesentlichen von der Frau gemanagten großfamiliären Kleinunternehmens
[…].«[144] Über die Herstellung von Nahrung und Kleidung hinaus, obliegt Frauen
im antiken Israel typischerweise die Erziehung der Kinder. Ethnographische Befunde weisen zudem auf spezifische Frauennetzwerke hin, in welchen Wissen
ausgetauscht wird und zirkuliert. Neben gegenseitigen Hilfeleistungen wie z.B. in
Fällen von Krankheit oder in Bezug auf die Kinderbetreuung, greift die weibliche
Allianz ferner im Rahmen der Geburtshilfe:[145] Bei der Niederkunft stehen den
Gebärenden neben Nachbarinnen obendrein Hebammen zur Seite.[146] Sie gelten
»in Sachen Geburtshilfe […] als besonders bewandert.«[147]

Dennoch: Das Alte Testament gilt als ein Werk, das unter Einfluss des Patriarchats steht. Diese Vorherrschaft von Männern kommt u.a. auch in den familiären Verhältnissen zum Ausdruck. Die Verwandtschaft baut patrilinear auf dem
Stammbaum des Vaters auf. Der Wohnsitz junger Eheleute ist das Herkunfts-
haus des Gatten; die Männer arrangieren die Ehe.[148] Mit dem Beschluss der Ehe
gilt der Mann fortan als »Vorsteher der Familie.«[149] Während für die Frau als die
בְּעֻלַת בַּעַל (dt. ›vom Herrn‹ Besessene/Beherrschte)[150] eine Ehe exklusiv
monogam ist, kann der Ehemann mit weiteren Frauen zusammenleben.[151] Die

140 Vgl. Bieritz u. Kähler, Art. Haus III, S. 279.
141 Clauss, Geschichte des Alten Israel, S. 26. Siehe hierzu außerdem Kessler, Sozialgeschichte des alten
Israel, S. 59.
142 Vgl. Kunz-Lübcke, Familie.
143 Meyers, Archäologie als Fenster zum Leben von Frauen in Alt-Israel, S. 69.
144 Staubli, Geschlechtertrennung und Männersphären im Alten Israel, S. 169.
145 Vgl. Ebd.; vgl. Meyers, Archäologie als Fenster zum Leben von Frauen in Alt-Israel, S. 103ff.; vgl.
Lang, Arbeit (AT).
146 Kunz-Lübcke, Das Kind in den antiken Kulturen des Mittelmeeres, S. 44.
147 Finsterbusch, Geburt (AT).
148 Die rechtlichen innerbiblischen Referenzen im Blick auf die Ehe sind umfangreich und können hier
nicht näher expliziert werden. Siehe dazu z.B. O. Dyma (2010).
149 Dyma, Ehe (AT).
150 Daneben sind jedoch auch neutrale Bezeichnungen wie אִישׁ (dt. Mann) bzw. אִשָּׁה (dt. Frau) üblich.
151 Vgl. Dyma, Ehe (AT).

Vorstellung von körperlicher Integrität und Unversehrtheit, wie sie im neuzeitlichen Denken vielfach verankert liegt, ist der alttestamentlichen Welt, zumindest in weiten Teilen, fremd:[152] Der Ehemann besitzt die Kontrolle über die weibliche Sexualität, die objektiviert wird. Über ihren Körper können Frauen in aller Regel nicht frei verfügen.[153]

Männer bilden den Kulminationspunkt gesellschaftlich-politischer Angelegenheiten, ihnen obliegt die repräsentative Machtposition innerhalb des sozialen Gefüges.[154] Sie bekleiden in aller Regel die ›öffentlichkeitswirksamen‹ Ämter im Bereich des Kults, der Gerichtsbarkeit, des Regierungskabinetts oder in der Armee und genießen daran gekoppelt besondere Privilegien in diesen weitegehend homosoziablen Räumen.[155] Abseits politischer Aufgaben fallen insbesondere landwirtschaftliche Tätigkeiten wie z.B. Gartenpflege, Ackerbau und Viehhaltung in das Zuständigkeitsgebiet von Männern.[156]

Schließlich zeigen die Handlungsfelder, in welchen Frauen und Männer jeweils dominieren, dass die heutige Bewertung dieser Merkmale einerseits stark von gegenwärtigen Herrschafts- und Machtvorstellungen geprägt ist. Andererseits finden sich in der Hebräischen Bibel und sogleich auch in der Exodusexposition durchaus gegenläufige Darstellungen in Bezug auf die skizzierten Tätigkeitsbereiche. Frauen sind im Hinblick auf die gesellschaftliche Gestaltung so etwa keinesfalls nur abwesend. Zunehmend tendieren Wissenschaftler_innen deshalb dahin, gerade für die Familie im agrarisch organisierten Wirtschaftssystem, eine zumindest teilweise parallel angelegte männliche und weibliche Hierarchie bzw. Machtverteilung vorauszusetzen,[157] die allerdings in unterschiedlicher Form zum Ausdruck kommt. Neuzeitliche Zuschreibungen, wonach die häusliche Sphäre weiblich besetzt ist, Passivität und Marginalisierung anzeigt, zielen an sozial- bzw. kulturgeschichtlichen Befunden zu antiken Gesellschaften vorbei. In Rekurs auf Carol Meyers entfalten sich die »sozialen, ökonomischen, religiösen und politischen Seiten des Gemeinschaftslebens«[158] maßgeblich durch die Interdependenz und den Austausch sowohl innerhalb als auch außerhalb der jeweiligen Häuser. Die westlich etablierte Dichotomie der Kategorien ›öffentlich‹ und ›privat‹ darf vor diesem Hintergrund nicht vorschnell auf die Antike übertragen werden.[159]

---

152 Vgl. Baumann, Die Metapher der Ehe zwischen JHWH und Israel in den alttestamentlichen Prophetenbüchern, S. 173.
153 Eine Ausnahme bildet das weibliche ›Ich‹ im alttestamentlichen Hohelied.
154 Vgl. Millard, Neben dem Patriarchat, S. 62f.
155 Vgl. Staubli, Geschlechtertrennung und Männersphären im Alten Israel, S. 171.
156 Lang, Arbeit (AT); vgl. Staubli, Geschlechtertrennung und Männersphären im Alten Israel, S. 170.
157 Vgl. Kessler, Sozialgeschichte des alten Israel, S. 59; vgl. Meyers, Archäologie als Fenster zum Leben von Frauen in Alt-Israel, S. 101f. u. 109.
158 Ebd., 101.
159 Vgl. Ebd., S. 101; vgl. Staubli, Geschlechtertrennung und Männersphären im Alten Israel, S. 169.

Nicht nur die Erwachsenen gewährleisten die familiäre Existenz, den jüngeren Hausbewohner_innen werden ebenfalls spezifische Verantwortlichkeiten zugewiesen, die den Fortbestand der Familie garantieren: Kinder sind »der Inbegriff sozialer Sicherheit«[160]:

> Weil die soziale Sicherung des Einzelnen nur innerhalb des gemeinsamen Familienverbandes gewährleistet werden kann, sind die jüngeren Familienmitglieder verpflichtet, für die erwerbsunfähigen und betagten Familienmitglieder zu sorgen. An diesem Punkt zeigt sich besonders deutlich, in welchem Maße Eltern und Kinder gegenseitig abhängig waren, denn der gleiche Mensch, der als Kind die Fürsorge der Erwachsenen in Anspruch nahm, musste als Erwachsener für die Pflege der Alten Sorge tragen.[161]

Nachwuchs ist im Horizont des Alten Testament konstitutiv, nicht nur für den Erhalt der Familie, sondern ›vice versa‹ für ihre soziale Stellung. Schwangerschaft und Geburt markieren elementare Bestandteile gerade des weiblichen Lebensalltags: Kinderlosigkeit erweist sich als ein massives Problem und der Verlust von Kindern ist »das schmerzlichste Opfer im Leben eines Menschen.«[162] Die Möglichkeit der Abtreibung ist demgemäß in der Literatur nirgends notiert[163] und »[b]eschädigte Reproduktionsorgane verhindern sogar dauerhaft die volle Zugehörigkeit zur kultischen Gemeinschaft.«[164] Israels Söhne und Töchter werden als Ausdruck von Lebensfülle gedeutet und entscheiden über die sozioökonomische Situation der Eltern. Nachkommen garantieren Arbeitskraft und sind eine Altersvorsorge.[165] Dezidiert Söhne gelten entsprechend des patrilinearen Systems als »Zeichen von Segen und Macht.«[166] Die Anzahl männlicher Mitglieder innerhalb einer Familie bzw. Sippe gewährleistet ihren Einfluss, ihre Sicherheit und das Ansehen.[167]

Die Geburt selbst markiert eine krisenhafte Erfahrung, impliziert sie doch eine Gefährdung für Mutter und Kind.[168] Ein reibungsloser Geburtshergang ist deshalb für das Überleben sowohl der Familie als auch der gesamten Sippe von besonderer Bedeutung.[169] Sofern Frauen Kinder zügig und ohne Komplikationen gebären, gilt dies als Zeichen weiblicher Stärke.[170] Die zentrale Funktion der Ehe als Ort der Reproduktion kommt u.a. in der Verpflichtung zum Geschlechtsverkehr zum Ausdruck: »Die Hebräer sahen die Fortpflanzung als Zweck der Sexualität und sie verurteilen daher jedes Sexualverhalten, das diesem Ziel nicht

---

160   Fischer, Der Mensch lebt nicht als Mann allein, S. 21.
161   Kleine, Hilfe für Schwache im Alten Testament.
162   Biberger, Sohn/Tochter (AT).
163   Kunz-Lübcke, Das Kind in den antiken Kulturen des Mittelmeeres, S. 36.
164   Fischer, Inklusion und Exklusion, S. 16.
165   Vgl. Meyers, Archäologie als Fenster zum Leben von Frauen in Alt-Israel, S. 107.
166   Clauss, Geschichte des Alten Israel, S. 27.
167   Vgl. Ebd., S. 25.
168   Vgl. Kunz-Lübcke, Das Kind in den antiken Kulturen des Mittelmeeres, S. 41.
169   Vgl. Meyers, Archäologie als Fenster zum Leben von Frauen in Alt-Israel, S. 107.
170   Vgl. Kunz-Lübcke, Das Kind in den antiken Kulturen des Mittelmeeres, S. 43.

diente.«[171] Allerdings kann hier u.a. das alttestamentliche Hohelied als Gegenentwurf zitiert werden.[172]

Obwohl im antiken Israel endogame Verbindungen, d.h. Ehen unter Blutsverwandten bevorzugt werden,[173] führt die hebräische Bibel dennoch Beispiele so genannter Mischehen an: Israelit_innen gehen in diesem Fall eine Ehe mit Angehörigen fremder Völkern ein:[174] »[M]ixed marriages‹ are of pivotal interest. The controversy about them is a poster child of identity construction in postexilic times and is interwoven with external and internal conflicts.«[175] Auch im direkten Umfeld der Exodusexposition wird von Mischehen erzählt: Josef und Asenath befinden sich ebenso in einer ›intermarriage‹ wie Mose und Zippora. Die Söhne von Josef und Asenath generieren zwei der stärksten Stämme Israels.[176] Während die spezielle Eheform in jenen Erzählungen noch unkommentiert bleibt oder sogar positive Bekräftigung erfährt,[177] bieten andere Texte eine Perspektive dar, die vorwiegend in scharfe Kritik umschlägt.[178] Eindrücklich tritt die Ablehnung bei Esra/Nehemia hervor, wo die hybriden Eheverhältnisse als krisenhaft wahrgenommen werden. Diese in der Perserzeit situierte Einstellung ist womöglich durch ein spezifisch-kultisches Verständnis jüdischer Identität motiviert: »Die negative Beurteilung der Mischehen beruhte [...] auf der Angst vor Synkretismus und Abfall von JHWH.«[179] Allerdings ist zu berücksichtigen, dass den Israelit_innen bereits im Fortgang des Exodusbuches kraft der Bundespflichten exogame Verbindungen untersagt werden (Ex 34,15).

In der Zeit des Exils wird familiäre Frömmigkeit zunehmend wichtig, die Familie rückt erstmals als »Träger der offiziellen Religion vor.«[180] Die Sippe gilt als *die* konstante soziale Organisationsform und eignet sich deshalb in besonderer Weise dazu, die religiöse Identität des jüdischen Volkes zu schützen. Erst im Verlauf der nachexilischen Periode entwickelt sich Religion zu einer eigenständigen Größe, die unabhängig von Familie und Volk existieren kann.[181] In vorstaatlicher Zeit als Kultur- und Sozialraum, der für die erzählte Welt der Exodusexposition vorauszusetzen ist, steht die JHWH-Religion noch am Anfang und verknüpft sich unmittelbar mit dem Befreiungswunsch der Exodusgruppe. Gott profiliert sich zunehmend als politische Führungskraft und Hoffnungsgestalt.[182] Der Beginn der JHWH-Verehrung, den die Welt des Auszugs aufruft und der auch schon in der Exposition anklingt, lagert Religion aus dem Zentrum der Familie aus und überführt sie in den Horizont von politischem Widerstand.

---

[171]   Clauss, Geschichte des Alten Israel, S. 27.
[172]   Siehe hierzu z.B. Y. S. Thöne (2012).
[173]   Vgl. Clauss, Geschichte des Alten Israel, S. 25. Als eine Begründung für die endogame Ehe nennt M. Clauss die Sicherung des innerfamiliären Eigentums.
[174]   Siehe hierzu z.B. Gen 26,34; Gen 28,6-9; Gen 38,2; Gen 41, 45; Ex, 2,21; Ex 34,14-16; Dtn 7,1-5.
[175]   Frevel, Introduction, S. 3.
[176]   Vgl. Winslow, Mixed Marriage in Torah Narratives, S. 139.
[177]   Vgl. Ebd., S. 140.
[178]   Siehe dazu z.B. Jos 23,12-13; 1Kön 11,1-13; 1Kön 16,31-33; Ri 3,5-7.
[179]   Dyma, Ehe (AT).
[180]   Albertz, Religionsgeschichte Israels in alttestamentlicher Zeit 2, S. 422.
[181]   Vgl. Häusl, Zugänge zum Fremden, S. 23.
[182]   Vgl. Albertz, A History of Israelite Religion in the Old Testament Period, S. 44.

1.3.5 Frondienst und Sklaverei

Menschen, die versklavt werden, widerfährt immer auch Gewalt; Ex 1 zeigt das ganz deutlich. Primär kommt diese Gewalt in der Verfügung Anderer über ihren Körper zum Ausdruck, der als Arbeitskraft, Tauschwert und Kapitalanlage ausgebeutet wird.[183] Sklaverei markiert in diesem Verständnis eine bereits in der Antike angelegte Herrschafts- und Wirtschaftsform.[184] Der physischen Gewalt voran oder nebenher geschaltet sind dabei vielmals kulturelle bzw. symbolische Verletzungen: »Sklaven waren und sind Schutzlose und oft auch ›Fremde‹, ausgesetzte Kinder, Findelkinder, Frauen ohne Mann oder etwa Überlebende feindlicher Gruppen in Konflikten.«[185]

Sklav_innen haben also oftmals einen devianten Status und die Frage nach dem Umgang mit ihnen ist nicht selten ein Ventil von Herrschaftsbildung und -festigung, von Machtrepräsentation und hierarchischem Denken.[186] Nach Cornelia Klinger ist in die Definition von Sklaverei »die Nicht-Zugehörigkeit zur – wie auch immer bestimmten – eigenen Gemeinschaft zumal dann eingeschrieben, wenn Krieg als Ursache von Sklaverei beschrieben wird.«[187] Schließlich gelten der Verlust von Selbstbestimmung, Arbeit und Dienstbarkeit (auch sexuelle), soziale Degradierung und Fremdheit jeweils als Grundelemente versklavender Systeme.[188]

Das Erste Testament kennt vor allem drei Kontexte, in welchen (Sklaven)Arbeit durch verschiedene Herrschaftsinstanzen diktiert wird. Das wohl prominenteste Beispiel ist Israels Frondienst in Ägypten, von dem die ersten Kapitel des Exodusbuches erzählen (Ex 1-6). Doch auch Israel verpflichtet, im Anschluss an Darstellungen des Deuteronomiums oder des Richterbuches, Kanaanäer und Angehörige anderer Kulturen zur Arbeit. Unter König David sowie seinen Thronfolgern Salomo und Rehabeam werden Menschen ebenfalls in den Dienst gezwungen.[189]

Das Hebräische bietet verschiedene Möglichkeiten an, um Tätigkeiten und Status im Bereich der Arbeitsverpflichtung sprachlich anzuzeigen: מַס drückt eine Arbeitsverpflichtung respektive einen Dienst aus, den eine Person aufgrund der Anordnung z.B. durch Aufsehende (hebr. סַר הַמִּסִּים o. עַל הַמַּס) leisten muss. Daneben wird im Rahmen des Exodusbuches nogeś als Partizip von נגש mit Vögten und jenseits davon ferner mit Bedränger(n) oder Antreiber(n) übersetzt. Im Gegenüber dazu verweist der Terminus סָבָל im Anschluss an seine geläufige Übersetzung in aller Regel auf Fronarbeit, was sich bereits in der Wortwurzel סבל (dt.

---

[183] Vgl. Zeuske, Handbuch Geschichte der Sklaverei, S. 100.
[184] Vgl. Ebd., S. 105.
[185] Ebd., S. 99.
[186] Vgl. Ebd., S. 100.
[187] Klinger, Ungleichheit in den Verhältnissen von Klasse, Rasse und Geschlecht, S. 27.
[188] Vgl. Zeuske, Handbuch der Sklaverei, S. 105.
[189] Vgl. Baumann, Arbeitsverpflichtung/Fron. G. Baumann geht in ihrem Beitrag ausführlicher auf die verschiedenen hebräischen Begriffe ein, die im Umfeld von Arbeitsverpflichtungen eingesetzt werden.

das Tragen von schweren Lasten bzw. Schmerzen) andeutet. Je nach erzähltem Kontext muss entschieden werden, ob das Lexem עבד eher neutral im Umfeld von ›arbeiten‹ situiert wird oder eine negative Konnotation im Sinne der Sklavenarbeit erhält,[190] wobei hier neuerlich eine Differenzierung zwischen Schuldsklaven und dauerhaft Versklavten vorgenommen werden kann.[191]

Nicht nur die Fülle an sprachlichen Ausdrucksmöglichkeiten im Zusammenhang von Arbeitsleistungen indiziert deren historische Realität. Auch die biblischen Rechtssatzungen, die im Bundesbuch, im deuteronomischen Gesetz und im Heiligkeitsgesetz hierzu entfaltet werden, geben Hinweise zu den Lebenswirklichkeiten des antiken Israels. Jede dieser Textsammlungen stellt Regeln zur Dauer und Gestalt von Sklaverei auf.[192] Arbeitsverpflichtungen, die seitens der herrschenden Schichten angeordnet werden, sind der altorientalischen Bevölkerung demnach keineswegs fremd und durchaus verbreitet anzutreffen:[193] »Kein antiker Staat kommt ohne Fronarbeit aus, denn ohne sie sind weder große Bauprojekte noch der Unterhalt eines Heeres, noch die Versorgung von Hof und Beamtenschaft möglich.«[194] Neben ortsansässigen Landwirt_innen, werden in Ägypten obendrein Kriegsgefangene und Nomad_innen, so genannte ›Schasu‹, zum Frondienst gezwungen; im altorientalischen Verständnis gelten sie als Rechtlose.[195] Obwohl Arbeitsleistungen dieser Art keineswegs verpönt sind und mitunter sogar eingefordert werden,[196] ist die Situation zwischen der Obrigkeit und der zur Arbeit verpflichteten Bevölkerung vielmals angespannt, was sich u.a. in Protesten entlädt.[197] Der Dekalog, der mutmaßlich im 6. Jh. v. Chr. entstanden ist, knüpft an die Erfahrungen der Sklaverei an und stellt spezifische Regeln auf, die eine Milderung der Verhältnisse herbeiführen sollen. Zumindest für diese alttestamentlichen Autor_inneninstanzen, die mutmaßlich auch in Ex 1 zu Wort kommen, stellt Zwangsarbeit wohl »die Perversion der grundsätzlich positiv bewerteten Arbeit dar und ist insofern vor allem unter den Gesichtspunkten der Befreiung und mahnender Erinnerung in sozialethischer Abzwekkung von Interesse.«[198]

---

[190] Vgl. Ebd.
[191] Vgl. Talabardon, Das Sklavenrecht in der hebräischen Bibel und seine Interpretation bis zum Hochmittelalter, S. 190.
[192] Vgl. Ebd., S. 192.
[193] Vgl. Utzschneider u. Oswald, Exodus 1-15, S. 69.
[194] Lang, Arbeit (AT).
[195] Vgl. Utzschneider u. Oswald, Exodus 1-15, S. 70; vgl. Oswald, Staatstheorie im Alten Israel, S. 82.
[196] Vgl. Utzschneider u. Oswald, Exodus 1-15, S. 69; vgl. Oswald, Staatstheorie im Alten Israel, S. 82.
[197] Vgl. Lang, Arbeit (AT).
[198] Gertz, »Im Schweiße deines Angesichts…«, S. 269.

1.3.6 Fremde und Fremdheit

»Der Umgang mit Fremden oder die Selbstwahrnehmung Israels als Fremde in der Ferne und im eigenen Land durchzieht das Alte Testament wie ein roter Faden.«[199] Auch innerhalb der Tora sind Migration und Fremdheit prominente Themen: Die Erzeltern (Gen 12,1- 23,19) verlassen ihr Land; Sarah und Abraham durchwandern nahezu den gesamten Orient. Sie können als alttestamentliche ›Migrationspioniere‹ angesehen werden. Josef trifft sich ebenfalls in der Fremde wieder, in Ägypten findet er eine neue Heimat (Gen 37-50). Mose muss letzthin das gesamte Volk Israel aus Ägypten herausführen (Ex 6,2-13,22). Israel erhält im Zuge solcher Erzählungen eine narrativ rekonstruierte Flüchtlingsbiographie.[200]

In der Perspektive des Alten Testaments, das sich unterschiedlich weit als ein Fenster hinein in die Zeit seiner Entstehung öffnen lässt, fokussiert Fremdheit u.a. einzelne Figuren bzw. Gruppen und ist konstitutiv für Israels Inszenierung als Ethnos.[201] In historischer Sicht sind es vor allem auswärtige, ›fremde‹ Hegemonien,[202] welche die Wahrnehmung Israels auf Fremdheit mitprägen. Zu den Großreichen, die über Israel herrschen »kommen noch die kleinen Nachbarn Israels, mit denen man in nachbarliche Streitigkeiten verwickelt zu sein pflegt.«[203] Fremdheit als Motiv der Tora wird im Spiegel von Israels Erfahrungen als Fremde selbstreflexiv aufgenommen und teils davon ausgehend auf andere Völker bezogen. Dabei ist eine solche Haltung Israels im Anschluss an Hermann Spieckermann (2004) »zunächst einmal die altorientalisch normale.«[204]

Innerhalb der sozial- und kulturwissenschaftlichen Forschung wird Fremdheit als »kulturelle und kulturkonstitutive Deutungskategorie«[205] zugrunde gelegt. Das Fremde erhält in diesem Zuge die Funktion eines Interpretaments von Differenz und Andersheit,[206] das insbesondere kollektiv zum Einsatz kommt.[207] Mit dem Ausdruck ›fremd‹ ist dabei stets eine Beziehungsdimension angesprochen, die zwischen den Polen der Zugehörigkeit bzw. der Nichtzugehörigkeit changiert und in Rassismus umschlagen kann. Häufig werden Fremde exkludiert und daraufhin in »das Außen der Gesellschaft verwiesen.«[208] Sodann sind Erfahrungen im Bereich des Fremden, weil gleichsam verlockend und gefahrverheißend, ›per se‹ als ambivalent vorauszusetzen: Bedrohlich ist die Erfahrung, »da das Fremde dem Eigenen Konkurrenz macht, es zu überwältigen droht; verlockend ist sie, da

---

[199] Ebach, Das Fremde und das Eigene, S. 2.
[200] Vgl. Häusl, Zugänge zum Fremden, S. 14.
[201] Siehe hierzu Teil II, Kapitel 1.1.2.
[202] Siehe dazu Teil III, Kapitel 1.3.2.
[203] Lang, Die Fremden in der Sicht des Alten Testaments, S. 10.
[204] Spieckermann, Gottes Liebe zu Israel, S. 85.
[205] Albrecht, Fremdheit als kulturkonstitutive Deutungskategorie, S. 109.
[206] ›Anders sein‹ schließt jedoch nicht ›per se‹ ›fremd sein‹ ein.
[207] Vgl. Albrecht, Fremdheit als kulturkonstitutive Deutungskategorie, S. 112f.
[208] Stichweh, Inklusion und Exklusion, S. 137.

das Fremde Möglichkeiten wachruft, die durch die Ordnungen des eigenen Lebens mehr oder weniger ausgeschlossen sind.«[209] Nach diesem Verständnis erwehrt sich Fremdheit sogleich einer konkreten Abgrenzung vom Eigenen. Abseits des Selbst kann Fremdheit nicht zustande kommen.

In der hebräischen Bibel finden sich verschiedene Ausdrücke, die mit deutschen Begriffen im Zusammenhang von Fremdheit bzw. fremd übersetzt werden können. Als am stärksten verbreitet gilt der Terminus גֵּר.[210] Mit ›ger‹ wird aus der Sicht Israels zumeist ein Fremdling bzw. ein_e Einwanderer_in angesprochen, der/die sich jedoch langfristig in Israel aufhält. גֵּר stehen unter besonderem gesellschaftlichen Schutz und werden in unterschiedlichem Ausmaß in die Gemeinschaft integriert.[211] Mithin treten in dieser Folge auch Assimilationsstrategien hervor,[212] die sogleich Israels Selbstverständnis als dominierende Ethnie anzeigen können – [213] denn vollends rechtsfähig sind die ›Schutzbürger_innen‹ nicht.[214] Die exakte soziale Identität des ›ger‹ zu bestimmen, bleibt dennoch problematisch.[215] In den drei Gesetzeskorpora der Tora, im Bundesbuch (Ex 20,22- 23,19), in den deuteronomischen Gesetzen sowie im Heiligkeitsgesetz (Lev 7-26) sind unterschiedliche Anweisungen für den Umgang mit ›Fremdlingen‹ belegt: Im Bundesbuch, das mit großer Wahrscheinlichkeit im 8. Jh. v. Chr. entstanden und im Exil überarbeitet worden ist, ergeht das Verbot an Israel Fremdlinge zu unterdrücken und sie zu schikanieren (Ex 22,20).[216]

Weitaus häufiger anzutreffen ist die Signatur ›ger‹ aber in den deuteronomischen Rechtstexten, die vermutlich im 7. Jh. v. Chr. erstmals verschriftlicht worden sind und zudem im Heiligkeitsgesetz, dessen Redaktion maßgeblich in der Perserzeit erfolgt ist. Der/die ›ger‹ erscheint hier mehrheitlich »als eine wirtschaftlich selbstständige und dem Einheimischen gleichgestellte Person […].«[217] Als eine gewichtige Referenzgröße, der diese alttestamentlichen Darstellungen gewissermaßen unterworfen sind, tritt abermals Israels Exilserfahrung hervor und daran geknüpft ferner die Erlebnisse der Rückkehrer_innen.[218] Der zeitliche und räumliche Standort, aus dem heraus Heimat bzw. Identität jeweils konstruiert wird, nimmt auch Einfluss auf die Wahrnehmung von Fremdheit bzw. Fremden: Während ›ger‹ zunächst keineswegs eindeutig als Vertreter_in eines fremden Volkes gilt, wird ›ger‹ in der nachexilischen Literatur herangezogen »zur Bezeichnung derjenigen Gestalt, deren Verhältnis zu Israel eigentlich problematisch ist, des

---

[209]   Waldenfels, Topographie des Fremden.

[210]   Vgl. Römer, Fremde, S. 162.

[211]   Zehnder, Fremder (AT).

[212]   Vgl. Schreiner u. Kampling, Der Nächste, S. 27. Auch das Konzept der Mischehen, das in Teil III, Kapitel 1.3.4 bereits besprochen wurde, stellt nach M. Zehnder ein zentrales Instrument der Eingliederung Fremder dar. Vgl. Zehnder, Umgang mit Fremden in Israel und Assyrien, S. 46.

[213]   Siehe hierzu Zehnder, Umgang mit Fremden in Israel und Assyrien, S. 45.

[214]   Vgl. Zehnder, Fremder (AT).

[215]   Vgl. Steins, »Fremde sind wir …«, S. 136.

[216]   Vgl. Römer, Fremde, S. 162.

[217]   Ebd., S. 163.

[218]   Von der ›Gola‹-Gruppe werden Grenzziehungen gegenüber den Daheimgebliebenen bemüht, die in Rekurs auf K. Southwood (2011) nicht als ethnische Differenzierungen im eigentlichen Verständnis zu denotieren sind.

Fremden, der von außerhalb der Religionsgemeinschaft kommend, ihr zugehörig sein will.«[219]

Israels gewaltsamen Erfahrungen in Ägypten, die im Anschluss an Ex 1 wesentlich in Fremdheit begründet liegen, bilden eine narrative Folie, auf der das eigene Selbstverständnis zur Entfaltung kommt. Als Fremde zu leben, wird folglich nicht abseits von Israel gedacht, sondern inklusiv von der eigenen Geschichte her in die Auseinandersetzung mit Fremdheit eingebracht. Die Ursprungsgeschichte Israels dokumentiert die eigene Fremdheit »und dient als erinnerte Erfahrung der Begründung, den Fremden in der eigenen Mitte einen Raum zum Leben einzuräumen (z.B. Ex 22,20; Ex 23,9; Dtn 10,18.19).«[220]

Im Kontrast zum Terminus גֵּר verweisen die Begriffe נָכְרִי bzw. בֶּן־נֵכָר aus der Sicht Israels auf Ausländer_innen: Sie genießen keine besonderen Privilegien. Im Fokus stehen voraussichtlich wirtschaftliche Beziehungen, die Israelit_innen zu ihnen unterhalten.[221] Gerade im Angesicht der Assimilationstendenzen, die gegenüber den ›ger‹ angestrengt werden, mutet das Verhältnis Israels zu ›Ausländer_innen‹ als distanzierter an.[222] Doch liegt diesbezüglich weniger eine willkürliche Exklusion von Fremden vor, sondern »eine Entsprechung von Berechtigung und Integration, bei der das Maß an Integration in Israel offensichtlich dem Fremden selbst überlassen wird.«[223] Integrative Förderungs- oder Schutzmaßnahmen treten gegenüber ›Ausländer_innen‹ nicht in Kraft. Während die Schulden im Erlassjahr so z.B. für die Nächsten und Brüder entfallen sollen, sind sie von dieser Regelung ausgenommen (vgl. Dtn 15,1-3). Der nur zeitweilige und gesellschaftliche motivierte Aufenthalt im Land ist in diesem Zusammenhang ebenso entscheidungsgebend wie der Umstand, dass Ausländer_innen ihre wirtschaftlichen Tätigkeiten im Sabbat- und Erlassjahr kontinuierlich fortführen können. Das Einkommen unterliegt daraufhin weder speziellen Einschränkungen noch scheint ein Schuldenerlass notwendig.[224] Obwohl ausländische Personen keine genuin ablehnende Haltung von Seiten Israels zu erwarten haben, wird mit dem Exil eine zunehmende Abwehrhaltung gegenüber fernstehenden Fremden und Ausländer_innen augenscheinlich.[225]

Eine deutliche sozial-emotionale Distanz und mithin auch Feindseligkeit wohnt schließlich dem Ausdruck זָר inne: Ein ›zar‹ ist ein »Außenstehender [...], eine Person, zu der man Distanz hält.«[226] Israel sucht Abstand zu dem, was als זָר qualifiziert wird, dies sowohl im politischen wie auch im ethnischen Sinn.[227] Dass der soziale Status der ›zar‹ obendrein hineingreift in kultische Zusammenhänge wird z.B. in Lev 22,10 sichtbar. Demnach soll weder ein Außenstehender (›zar‹),

---

[219] Bultmann, Der Fremde im antiken Juda, S. 216.
[220] Häusl, Zugänge zum Fremden, S. 14.
[221] Vgl. Zehnder, Fremder (AT).
[222] Vgl. Ebd.
[223] Ebd.
[224] Vgl. Ebd.
[225] Vgl. Schreiner u. Kampling, Der Nächste, S. 36f.
[226] Römer, Fremde, S. 162.
[227] Vgl. Steins, »Fremde sind wir ...«, S. 136f.

der beim Priester wohnt vom Heiligen essen noch ein Lohnarbeiter; Sklaven hingegen, die der Priester erworben hat, dürfen dem Mahl beiwohnen. Mit dem Begriff ›zarim‹ werden indessen nicht nur feindliche Völker, sondern zudem gefährliche Götter belegt.[228]

Im Rahmen der Exodusexposition wird Fremdheit auf der Ebene von ›story‹ und ›discourse‹ als eine Kategorie wirksam, die in besonderer Weise die sozialemotionale Beziehung zwischen den Subjekten der Wahrnehmung sowie den von ihnen fokussierten Objekten betrifft und sich hier mit anderen sozialen Konstruktionen verschränkt. Die Instanzen jedoch, die jeweils das perspektivische Referenzzentrum bilden und die Deutung von Fremdheit strukturieren, sind divergent. Während innerhalb der ›storyworld‹ Fremdheit von Ägypten aus entworfen und auf Israel übertragen wird, kommt es im Blick auf die Präsentation zu einer Umkehrung von Subjekt und Objekt: Die alttestamentlichen Autor_inneninstanzen konstruieren nunmehr Ägypten als fremdes und gefahrverheißendes Gegenüber. Ex 1 nimmt die Erfahrung von Israels Fremdheit auf und eröffnet im Horizont des Ersten Testaments – und darüber hinaus – nicht nur den Rahmen für das kollektive Gedächtnis der israelitischen Gemeinschaft, welche Ägypten als Sinnbild der Unterdrückung stigmatisiert, sondern ferner für eine reflektierte Auseinandersetzung, die zunächst im Schutz der Fremden (Ex 20,10; Ex 22,20; Ex 23,9.12) mündet und schließlich im Gebot der Fremdenliebe (Dtn 19,19) ihren Höhepunkt erreicht.

1.3.7 Erzählte Erinnerungen und kollektive Identitäten

In der Perspektive einer kulturgeschichtlichen Narratologie ist das konstruktivistische Paradigma leitend, »dass das Narrative nicht bloß eine literarische Form, sondern ein kognitiver Modus der Selbst- und Wirklichkeitserfahrung sowie der kulturellen und sozialen Wirklichkeitskonstruktion ist.«[229]

Die unterschiedlichen Stimmen, die soeben dargeboten wurden und sich u.U. in Ex 1 Gehör verschaffen, suchen nicht nur Anschluss an die Motive und Entstehungszusammenhänge des Werkes, sie referieren ferner auf das Selbstbild Israels als Ethnos,[230] welches sich aus den genannten Bedingungen speist und sie teils mithervorbringt: Identitätsstiftende Figuren wie »Abraham und Sara, Josef und seine Brüder, Mose, Mirjam und das wandernde Gottesvolk [werden] in den Farben des Exils gezeichnet.«[231] In exilisch und nachexilscher Zeit durchlebt Israel die grundlegende Krise, die eine Neubestimmung seines Selbstbildes erfor-

---

[228] Vgl. Schreiner u. Kampling, Der Nächste, S. 33.
[229] Nünning, Wie Erzählungen Kulturen erzeugen, S. 33.
[230] Siehe hierzu auch die Arbeit von M. Zehnder (2005).
[231] Müllner, Heimat im Plural, S. 85.

dert und das Volk dazu veranlasst, die eigene soziale, kulturelle und religiöse Geschichte neu zu entwerfen.[232] Hierauf bildet das literarisch gestaltete Exodusgeschehen, samt seiner Exposition *die* zentrale Erinnerungs- und Identifikationsfigur für Israel sowie das nachexilische Judentum.[233]

Während sozialpsychologische, pädagogische und philosophische Identitätstheorien zumeist auf das Individuum konzentriert sind, wird im Umfeld von kulturwissenschaftlichen und ethnologischen Forschungen die Identität einer Gruppe, die so genannte kollektive Identität, fokussiert.[234] Beide Formen von Identität, die individuelle bzw. personale und die kollektive Identität, gehen Hand in Hand; Ich-Bewusstsein[235] und Wir-Bewusstsein befinden sich in einem Interdependenzverhältnis: »Der Teil hängt vom Ganzen ab und gewinnt seine Identität erst durch die Rolle, die er im Ganzen spielt, das Ganze aber entsteht erst aus dem Zusammenwirken der Teile.«[236] Die Konzepte von Identität sind als soziogen zu verstehen, d.h. sie werden durch soziale Interaktionen hervorgebracht und stehen miteinander in Beziehung.

Im Kontrast zur individuellen und personalen Identität, die das Ich-Bewusstsein des Individuums betreffen, meint kollektive Identität das Bild,[237] welches eine Gemeinschaft von sich selbst aufruft, mit dem die Mitglieder sich identifizieren und solidarisieren. Im Rahmen von Identität müssen Unterschiede sodann einerseits wahrgenommen, differenziert und benannt werden, andererseits sollen sie in einen gemeinsamen Bezugshorizont transformiert werden.[238] Im Blick auf die Exodusexposition bzw. die Situation ihrer exilisch/nachexilischen Verfasser_innen ist dabei abermals auf die inter- und transkulturellen Lebenszusammenhänge hinzuweisen, die eine Überlagerung von Inklusions- und Exklusionsmechanismen nahelegen.

Neben Differenz markiert Kontinuität, also der Rückgriff auf eine gemeinsame ggf. fiktive Geschichte, ein weiteres grundlegendes Kennzeichen im Rahmen des Wir-Bewusstseins. Jan Assmann konstatiert, dass die Vorstellung einer (nationalen) Gemeinschaft überhaupt nur unter der Voraussetzung einer Kontinuität denkbar ist, die tief in die Zeit zurück reicht.[239] Ausgehend von diesen Kriterien wird kollektive Identität verstanden als »die Summe der Abgrenzungen

---

[232] Vgl. Dieckmann, Identität in der Krise des Exils, S. 25. Auch weil die jerusalemer Königs- und Tempeltheologie zu diesem Zeitpunkt außer Kraft gesetzt ist, eröffnet sich die Möglichkeit, die Geschichte Israels neu zu schreiben.

[233] Vgl. Müllner, Heimat im Plural, S. 86. Dabei lassen sich diese alttestamentlichen Entwürfe erst auf der Grundlage einer Identitätskonstruktion erfassen, die im Zusammenhang des multikulturellen persischen Großreichs angesiedelt »und daher im weitesten Sinne ethnisch und nicht (nur) religiös fundiert ist.« Häusl, Zugänge zum Fremden, S. 20.

[234] Vgl. Garleff, Urchristliche Identität in Matthäusevangelium, Didache und Jakobusbrief, S. 27.

[235] Im Rahmen der Ich-Identität wird schließlich erneut zwischen einer individuellen und einer personalen Identität differenziert. Vgl. Assmann, Das kulturelle Gedächtnis, S. 131f.

[236] Ebd. S. 131.

[237] Vgl. Garleff, Urchristliche Identität in Matthäusevangelium, Didache und Jakobusbrief, S. 28.

[238] Vgl. Straub, Personale und kollektive Identität, S. 94.

[239] Vgl. Assmann, Das kulturelle Gedächtnis, S. 133. G. Garleff setzt sich im Rahmen seiner Arbeit kritisch mit dem Begriff der Kontinuität wie J. Assmann ihn verwendet auseinander. Vgl. Garleff, Urchristliche Identität in Matthäusevangelium, Didache und Jakobusbrief, S. 32.

und Kontinuitäten einer Gemeinschaft unter synchronen und diachronen Gesichtspunkten.«[240] Kollektive Identität ist daraufhin nicht ›per se‹ vorhanden, sondern ein soziales Konstrukt,[241] das situationsabhängig und dynamisch zustande kommt.[242] Erst im kulturell determinierten Diskurs, einem fortdauernden Prozess, kann Identität entworfen, gefestigt und ggf. reformuliert werden.[243]

Im (literarischen) Erzählen liegt nunmehr die Chance, Erfahrungen zu ordnen und (neu) zu interpretieren – sie zuletzt als eine biographischen Identität zu konservieren.[244] Erzählen gilt als eines *der* kulturellen Werkzeuge zur Welterzeugung, das grundlegenden Einfluss auf das Selbstbild einer Gesellschaft, ihre Einstellungen und das soziale Verhalten nimmt:[245] Die Rezeption(sgeschichte) der Bibel und sodann von Ex 1 kann hier als Beleg dienen. Der Austausch zwischen fiktionaler und real-vorfindbarer Welt gelingt voraussichtlich aber erst, wenn die literarisch inszenierte Lebens- und Erfahrungswelt mimetisch funktioniert und als intersubjektiv validierte ›Wirklichkeit‹ akzeptierbar ist.[246]

Im literarischen Text werden die Spuren des individuellen und kollektiven Gedächtnisses dann in unterschiedlicher Weise ästhetisch geformt:»Erzählungen beschreiben nicht nur vergangene Erfahrungen, sondern plausibilisieren, legitimieren und erklären diese.«[247] Inwieweit die Erinnerung hier an nachweisliche historische Begebenheiten anknüpft oder wie in der Exodusexposition auf imaginäre Quellen zurückgreift, ist häufig zweitrangig.[248] Im Kontext von Ex 1 erscheint nicht die Historizität der Ereignisse als vordergründig, die Bedeutung, welche der Erzählung in der Erinnerung beigemessen wird, ist zentral.[249] In der Wahrnehmung Israels und des nachexilischen Judentums dient »Ägypten als Projektionsfläche und Spiegel für das Selbstbild der Israeliten und ihre Auseinandersetzung mit ihrem Schicksal.«[250]

Erinnerungsnarrationen wie Ex 1 schreiben sich tief in das kollektive Gedächtnis ein; sie stellen ihren Adressat_innen eine gemeinsame soziale Realität in Aussicht,[251] die situationsbedingt abrufbar ist: Immer dann, wenn Israel innerliche und äußerliche Zerrissenheit durchlebt und das Volk (auch an sich selbst) zu scheitern droht, kann die memorierte Ursprungsgeschichte Kraft spenden. Die Inszenierung von Erinnerung ist dabei dicht an die jeweilige Erzählabsicht, den

---

[240] Garleff, Urchristliche Identität in Matthäusevangelium, Didache und Jakobusbrief, S. 34.

[241] Vgl. Straub, Personale und kollektive Identität, S. 98.

[242] Vgl. Garleff, Urchristliche Identität in Matthäusevangelium, Didache und Jakobusbrief, S. 34.

[243] Vgl. Eikelpasch u. Rademacher, Identität, S. 68f.

[244] Vgl. Neumann, Erinnerung, S. 2. Die narrative Psychologie postuliert, dass soziales Miteinander und alltägliche Interaktion, ebenso wie das Leben selbst, narrativ gestaltet und vollzogen werden. Vgl. Krauss, Identität als Narration.

[245] Vgl. Nünning, Wie Erzählungen Kulturen erzeugen, S. 33; vgl. Krah, Raumkonstruktionen und Raumsemantiken in Literatur und Medien.

[246] Vgl. Neumann, Erinnerung, S. 65.

[247] Neumann, Literatur, Erinnerung, Identität, S. 156.

[248] Infolge der so genannten ›invention of tradition‹ darf die Vergangenheit neu geschaffen und gestaltet werden. Vgl. Ebach, Das Fremde und das Eigene, S. 14.

[249] Vgl. Assmann, Das kulturelle Gedächtnis, S. 201f.

[250] Amin, Ägyptomanie und Orientalismus, S. 47.

[251] Vgl. Echterhoff u. Straub, Narrative Psychologie, S. 174.

Selbstentwurf der Autor_inneninstanzen und die Bedürfnisse des Publikums gekoppelt.[252] Und Erinnern (sowie Vergessen) wird jeweils mitbestimmt von aktuellen Affekten und Motivlagen.[253] Gerade das babylonische Exil gilt (wie oben gezeigt) als eine Blütezeit alttestamentlicher Literaturproduktion. Auch Bestände der Exposition werden in der ›gola‹ und der unmittelbar anschließenden Zeit situiert.

Obschon neuzeitliche Identitätstheorien in einem scheinbaren Widerspruch zu solchen der Antike stehen, korrespondiert die Polyphonie biblischer Texte mit jüngeren Thesen, nach welchen kollektive Identitäten dynamische Gebilde darstellen. Dass verschiedene Stimmen dazu beitragen, ein mehr oder minder stabiles Bild zu evozieren,[254] trifft m. E. auf zeitgenössische Literatur ebenso zu wie auf antike, biblische Erzählungen. Durch die unterschiedlichen Darstellungen wird einerseits Unabhängigkeit und Überparteilichkeit angezeigt, andererseits signalisiert der übergeordnete, gemeinsame Bezugsrahmen Einvernehmen; die Kombination suggeriert Validität.

Die skizzierten Überlegungen können das Verständnis dafür schärfen, dass eine kollektive Identität, wie sie sich literarisch im Exodus und historisch in exilisch und nachexilischer Zeit konstituiert, keine statisch vorgegebene Größe ist, sondern eine diskursive Errungenschaft mit dynamischer Form.[255]

1.4   Zwischenfazit

In literarischer Perspektive markiert die Exodusexposition den Übergang von der Familiengeschichte zur Volkserzählung und funktioniert daraufhin als eine Art Scharnier zwischen den erzählten Welten. Ex 1 setzt das Anfangssignal für den Auszug aus Ägypten und legt damit einen literarischen Meilenstein: Seine Kraft reicht über die Tora hinaus, zunächst in andere Texte des Alten Testaments bis hinein in das Neue Testament.

Israels Selbstbild als Ethnos speist sich zentral aus dem Auszugsmythos. Erfahrungen von Fremdheit, Diskriminierung und Gewalt von Widerstand und Befreiung, die Israel im Laufe seiner Geschichte durchlebt, werden bereits in der Exposition des Buches thematisiert und literarisch konserviert. Erinnerungsnarrationen wie Ex 1,1-22 gehören Israels kollektivem Gedächtnis an. Sie geben dem Volk die Möglichkeit, eine gemeinsame soziale Realität zu teilen,[256] an die situationsbedingt erinnert werden kann.

---

[252]   Vgl. Neumann, Erinnerung, S. 60.
[253]   Assmann, Erinnerungsräume, S. 64.
[254]   Siehe dazu Abel, Konstruktionen ›authentischer‹ Stimmen, S. 317.
[255]   Siehe dazu Bieberstein, Grenzen definieren, S. 59. Dabei weist U. Auga daraufhin, anstelle einer kollektiven Identität den Performanzcharakter von Religion zu betonen. Auga, Geschlecht und Religion als interdependente Kategorien des Wissens. S. 49 u. S. 59.
[256]   Vgl. Echterhoff u. Straub, Narrative Psychologie, S. 174.

Schließlich sind die dargebotenen kultur- und sozialgeschichtlichen Einsichten, die Anschluss an die alttestamentlichen ›storyworlds‹, insbesondere aber ihre Kontexte in exilischer und nachexilischer Zeit suchen, als spezifische Rahmungen für die exegetische Untersuchung in Kapitel 2 vorauszusetzen: Die Erfahrung der Fremdherrschaft, die Neukonstituierung der JHWH-Religion, die besondere Bedeutung der Familie oder Israels Perspektiven zu Fremdheit tragen zu einem tieferen Verstehen der literarischen Sinnpotenziale von Ex 1,1-22 sowie den darin eingetragenen Autor_innenkonzepten bei, sie schulen das Verständnis für die impliziten Leser_innen.

Gerade weil sich die anschließende Analyse vordergründig auf die Exposition des Exodusbuches konzentriert, kann der hier vollzogene Blick unter der Perspektive von ›Vielstimmigkeit‹ helfen, den Bildern von Ex 1,1-22 zusätzliche, sozial- und kulturgeschichtlich motivierte Konturen, Schärfen und Schattierungen zu verleihen.

2 Merkmale der Exodusexposition

Im nachfolgenden Kapitel wende ich mich der Exodusexposition und ihrer Präsentation zu. In einem ersten Schritt kommt die Erzählstruktur von Ex 1,1-22 in den Blick. Im Anschluss daran erfolgt eine Diskussion zu den literarischen Genres, welche die Erzählung repräsentiert bzw. in sich vereint. Im Zentrum stehen dreierlei Textsorten, die sich jeweils durch spezifische Charakteristika auszeichnen. Schließlich liegt das Hauptaugenmerk aber auf der narratologisch-intersektionalen Untersuchung der Exposition, wobei die Wechselwirkung von Figuren, Räumen und Gewalt im Fokus steht. Die Analyse wird darüber hinaus durch eine Ausdifferenzierung von ›Redeweisen und -instanzen‹ sowie die daran gekoppelten Wissensmöglichkeiten und Perspektiven erweitert. Auch dieses Kapitel schließt mit einem knappen Zwischenfazit ab.

2.1   Erzählstruktur

Das Exodusbuch führt zurück zum Beginn der Gründungsgeschichte Israels. Nachdem Josef seine Familie nach Ägypten gerufen hat, erfüllt sich hier die göttliche Verheißung: Die Hebräer_innen sind fruchtbar; die Familie wächst zu einem Volk heran. »Das ist der erste Grundakkord der Exodusgeschichte: In den ›Söhnen Israels‹ hat sich der Gott Israel als der segnende Gott erwiesen. Jakob ist der Mann des Segens der Fülle.«[257] Schon bald wird jedoch erkennbar, dass die zunächst positive Entwicklung weitreichendes Konfliktpotenzial enthält. »Denn

---

[257]   Zenger, Das Buch Exodus, S. 29.

in dem Land, das von ihnen angefüllt wird, sind die Israeliten nur ›Fremdlinge‹ […]. Und sie sind nicht nur zahlreich, sondern auch ›stark‹ […].«[258]

Nach einer Phase der Harmonie und Gegenseitigkeit[259] setzt mit der zweiten Generation hebräischer Migrant_innen ein gesellschaftspolitischer Wandel ein: Die Hebräer_innen werden ihrer Freiheit beraubt, dem Volk widerfährt strukturelle, psychische und physische Gewalt. Wie Ägypten und Israel die Situation bewältigen, welche Akteur_innen in diesem Kontext heraustreten und was für eine Rolle ›Gott‹ dabei erfüllt, davon erzählt das Buch Exodus.

Im Anschluss an eine allgemeine Gliederungsstruktur des Exodusbuches ist die Erzählung von Ex 1,1-22 der ersten narrativen Einheit Ex 1-18 ›Der Befreiung aus der Knechtschaft‹ zuzuordnen.[260] In ihrer Funktion als Einleitung des Gesamtwerkes schildert die Erzählung die zentralen Ereignisse, welche zur Unterdrückung Israels, der Grundthematik von Ex 1,1-22, führen.

Die Fruchtbarkeit des hebräischen Volkes (Ex 1,1-7), die Reaktion des ägyptischen Königs angesichts der scheinbar erstarkenden Minorität (Ex 1,8-14) sowie der Widerstand gegen die daraufhin einsetzende Gewaltherrschaft (Ex 1,5-21) strukturieren den Plot und lenken seine Bewegungen. Ex 1,1-7 setzt mit einem Rückblick in die Erzelterngeschichte der Genesis ein. Indem der Abschnitt eine literarische Verbindung zwischen den Erzählungen herstellt, fungiert er als eine Art Brücke, welche die Werke miteinander verknüpft:[261] Das Exodusbuch beginnt mit einem ›Waw-copulativum‹, das in vielen Übersetzungen mit dem Bindewort ›und‹ übersetzt wird und die literarische Scharnierfunktion der Exposition anzeigen kann.[262] Als Eröffnung des Nominalsatzes erfüllt ›Waw‹ eine ebenso verbindende wie trennende Funktion. Die bereits aufgenommene Erzählung wird fortgesetzt; zugleich entsteht etwas Neues.[263] Die Familiensaga, an die retrospektiv erinnert wird, überführt die Erzählstimme nun in eine Volksgeschichte. Während das ›Setting‹ der Erzählung identisch bleibt, haben sich Zeit und Figuren gewandelt – die ›Wayiqtol-Formel‹ leitet das Ereignis, das den »narrativen Nullpunkt«[264] für die Erzählung bildet, ein:[265] »Da starben Josef und alle seine Brüder und jene ganze Generation« (Ex 1,6). Das Wachstum Israels, welches im zweiten Teil der Erzählung die Gewaltspirale auslöst, verbindet die beiden Erzählstränge miteinander. Sowohl in sprachlicher als auch in erzähltheoretischer Perspektive

---

[258] Vgl. Rendtorff, Theologie des Alten Testaments, S. 31.
[259] Vgl. Scholz, Exodus, S. 27.
[260] Während der erste Erzählbogen (Ex 1-18) von der Befreiung der Hebräer_innen aus der ägyptischen Knechtschaft berichtet, setzt mit den nachfolgenden Kapiteln 19-40 eine neue narrative Einheit ein, in deren Fokus der Bundesschluss am Sinai steht. Im Unterschied zu Exeget_innen wie etwa R. Albertz (2012) oder S. Scholz (1999), die Ex 1 bis einschließlich Kapitel 18 als einen zusammenhängenden Erzählkomplex definieren, ziehen u.a. T.B. Dozeman (2009), J. Siebert-Hommes (2010) oder H. Utzschneider und W. Oswald (2013) die Trennlinie bereits bei Kapitel 15.
[261] Vgl. Schmid, Literaturgeschichte des Alten Testaments, S. 86. K. Schmid geht davon aus, »dass mit Erzvätern und Exodus zwei vormals selbstständige literarische Überlieferungskomplexe sekundär miteinander verbunden worden sind.« Ebd.
[262] Vgl. Fischer u. Markl, Das Buch Exodus, S. 27.
[263] Vgl. Ebach, Die Wege und die Freiheit, S. 18.
[264] Utzschneider u. Oswald, Exodus 1-15, S. 58.
[265] Vgl. Schiffner, Lukas liest Exodus, S. 307.

setzt mit Ex 1,8-22 eine neue narrative Einheit ein, die ihrerseits durch drei separate Erzählfäden gegliedert ist.

Verstanden als eine Konjunktion, weist der wiederholte Gebrauch des ›Waw‹ in V. 8 auf ein neues Ereignis, d.h. »eine im Kontext **auffällige** (markierte) Zustandsveränderung«[266] hin. Neben dem Volk Israel, das bislang im Zentrum der Fokussierung stand, ist es nunmehr der ägyptische König, welcher den Handlungsverlauf entscheidend determiniert: Angetrieben durch Unterlegenheitsängste und fadenscheinigen Protektionismus, versklavt Pharao[267] die hebräische Bevölkerung. Während V. 12 das Scheitern der Maßnahme beschreibt, kommentieren die Abschlussverse das Geschehen »in seiner rechtlichen Dimension und bezüglich seiner Intensität.«[268]

Auch in V. 15 signalisiert das Narrativ ›waw‹ in Verbindung mit אמר (sagen) zunächst einen zeitlichen Fortschritt – und im weiteren Verlauf des Satzes ferner einen Wandel der Ereignisse. Durch die Formel וַיֹּאמֶר מֶלֶךְ מִצְרַיִם (Ex 1,15) wird ein neuer Spannungsbogen innerhalb der Erzählung angekündigt:[269] Mit den Hebammen Schifra und Pua etabliert die Erzählung zwei bisher unbekannte Figuren. Ebenso wie der König nehmen die Geburtshelferinnen maßgeblichen Einfluss auf die weitere Handlungs- und Ereignisfolge. Wennschon die Unterdrückung als Grundthematik der Narration, insbesondere des zweiten Erzählzyklus (Ex 1,8-22) bestehen bleibt, tritt eine Veränderung ein: »Wenn ihr den Hebräerinnen Hilfe bei der Geburt leistet, dann schaut auf die Geschlechtsorgane. Wenn er ein Sohn ist, dann sollt ihr ihn töten, wenn sie eine Tochter ist, dann lasst sie leben« (Ex 1,16). Die Hebammen erhalten von Pharao den Befehl, die nächste Ebene der Unterdrückung einzuleiten.[270] Die körperlichen Strapazen, die bislang Israels Wachstum verhindern sollten, ersetzt Pharao durch eine aktive Tötungsmaßnahme. Obwohl V. 21 zunächst als Endpunkt des zweiten Erzählbogens anmutet, schließt die Erzählung hier nicht ab. Weil V. 22 eine unmittelbare Reaktion auf das vorher Geschilderte darstellt, gehört er in der Gesamtübersicht der Exposition zur ›Hebammenepisode‹.[271] Sprachlich äußert sich der Übergang von V. 21 zu V. 22 darin, dass der König nun das gesamte ägyptische Volk zur Ermordung der männlichen Säuglinge aufruft.

Vor dem Hintergrund der vorgeschlagenen Gliederungsideen wird für die anschließende Untersuchung von Ex 1,1-22 ein zweiteiliger Aufbau zugrunde gelegt. Im Anschluss an Dozeman, der die Exposition unter einer räumlichen Perspektive als das ›Setting‹ der Auszugs- und Volkserzählung betrachtet, erhält Ex 1,1-22 im Folgenden die Überschrift ›Israel in Ägypten‹. Insofern die erste narrative Einheit Ex 1,1-7 durch eine Rückblende in die Josefsgeschichte eröffnet

---

266 Lahn u. Meister, Einführung in die Erzähltextanalyse, S. 213, Hervorhebung im Original.
267 Entsprechend der hebräischen Textgrundlage funktioniert der Ausdruck Pharao in Ex 1,1-22 wie ein Eigenname.
268 Fischer u. Markl, Das Buch Exodus, S. 32.
269 Vgl. Schmitz, Gewalt und Widerstand, S. 23.
270 Vgl. Ebd.
271 In einigen Darstellungen wird V. 22 selbständig aufgeführt. Siehe hierzu z.B. G. Fischer und D. Markl (2009) oder B. Schmitz (2004).

wird, um sodann in Form einer Kollektivgeschichte fortgeschrieben zu werden, erhält diese Szene den Titel ›Von der Familie zum Volk: Eine Einwanderungsgeschichte‹. Die Angst vor dem ›fremden Volk‹ und das Verhalten Pharaos angesichts dieser Situation sind konstitutiv und zugleich namensgebend für den zweiten Erzählbogen, den ich mit ›Die Furcht vor dem Anderen‹ (Ex 1,8-22) überschreibe. Aufgrund von Umfang und Handlungsverlauf werden im Rahmen dieser narrativen Einheit die ›Abgrenzungsstrategien‹ (Ex 1,8-14), ›Widerstand und Macht I‹ (Ex 1,15-21) und ›Widerstand und Macht II‹ (Ex 1,22) abermals voneinander geschieden.

2.2   Textsorte

Die Frage, wie eine biblische Erzählung beginnt und wie sie abschließt, kann kaum einheitlich beantwortet werden. Mehrheitlich sind die überlieferten Erzählungen nämlich in einen literarischen Rahmen integriert, der die einzelnen Textgrenzen zugunsten eines Gesamtkontextes aufzulösen wünscht.[272]

Ex 1,1-22 leitet hinüber zum Mose-Zyklus und wirkt damit als eine Art Scharnier zwischen den Werken Genesis und Exodus.[273] Die Erzählung nimmt einerseits die Ereignisse der Josefsnovelle auf und baut durch die genealogische Liste eine Brücke zu ihr. Andererseits setzt Ex 1 »deutliche Signale für einen Neuanfang.«[274] Dabei werden die Bezüge zwischen den Büchern nicht nur inhaltlich, sondern auch sprachlich angezeigt. Das ›Waw-copulativum‹ indiziert, dass das Exodusbuch die Erzählungen der Genesis als Grundlage annimmt.[275] Vorgeschichte und erzählte Gegenwart werden synthetisiert. Ex 1 stellt sich auf dieser Grundlage zunächst einmal als **Exposition** des Exodusbuches dar, die aber mehr ist als ein Startsignal des Erzählens: [276] »[Die Exposition ist] die Vergabe von Informationen über die in der Vergangenheit liegenden und die Gegenwart bestimmenden Voraussetzungen und Gegebenheiten der unmittelbar dramatisch präsentierten Situationen«.[277] Ex 1 nennt Namen und Ort der Erzählung und stellt erste Protagonist_innen vor.[278]

Neben ihrer literarischen Funktion als Exposition lässt sich Ex 1,1-22 der so genannten Migrationsliteratur zuordnen. Unter dieser Signatur gelangen solche Stoffe in den Blick, »die sich mit dem Gegenstand der Migration [befassen], diese eindeutig parteiisch, das heißt aus der Perspektive unterdrückter Minderheiten

---

[272]   Vgl. Seybold, Poetik der erzählenden Literatur im Alten Testament, S. 82.
[273]   Vgl. Ellmenreich, Pua und Schiphra, S. 39
[274]   Schiffner, Lukas liest Exodus. Kanongrenzen überschreitende Beobachtungen, S. 307.
[275]   Vgl. Fischer u. Markl, Das Buch Exodus, S. 27; vgl. Schiffner, Lukas liest Exodus. Kanongrenzen überschreitende Beobachtungen, S. 307.
[276]   Vgl. Schiffner, Lukas liest Exodus, S. 83.
[277]   Pfister, Das Drama, S. 124.
[278]   Siehe dazu Seybold, Poetik der erzählenden Literatur im Alten Testament, S. 85.

[bearbeiten] und auch ästhetisch [gestalten]«[279]: Maßgebend für die Einwanderung Israels nach Ägypten ist auf der Diskursebene die Sichtweise Israels. Cornelia Zierau bezeichnet nunmehr solche Literatur als ›migrantisch‹, »in der es aufgrund der biographischen Erfahrung, in einem fremdkulturellen Bezugssystem zu leben, zu einer textuellen Auseinandersetzung mit kulturellen Identitäten und Differenzen kommt«.[280] Diese Definition trifft im Anschluss an die Erkenntnisse zur ›Welt der Textentstehung‹[281] wohl fraglos auf die Autor_inneninstanzen der Exposition zu.

Ebenso wie Migrationsliteratur gehören auch der Diasporaliteratur Texte an, die sich mit Erfahrungen von Fremdheit, Koexistenz, Zugehörigkeit und Distinktion befassen. Im Unterschied zum oftmals synonym verwendeten Begriff des Exils, das Christoph Uehlinger als zwanghaften und vorrübergehenden Zustand beschreibt, meint die Diasporaexistenz einen längerfristigen Aufenthalt, der u.U. selbstbestimmt gewählt wurde.

> Wer in der Diaspora lebt, tut dies nicht unbedingt freiwillig, nimmt die Situation aber als mindestens temporär gegebene an und muss sich im Rahmen seiner Identitätskonstruktion stärker auch positiv-produktiv mit der Kultur des Gastlandes auseinandersetzen.[282]

Im Anschluss an Azade Seyhan, referiert der Ausdruck Diaspora in seiner ursprünglichen Form auf die gezielte Zerstreuung von religiösen und ethnischen Gruppierungen, wie z.B. Jüdinnen und Juden oder Armenier_innen. Dementgegen konzipiert Volker C. Dörr Diaspora als eine Art Ortlosigkeit, der »mit einer textuell kodierten kulturellen Erinnerung ebenso wie mit der Hoffnung auf eine Rückkehr untrennbar verschränkt ist [...].«[283] Anders als Migrationsliteratur,[284] sieht Diasporaliteratur ihren Referenzpunkt im kulturellen Erbe der Herkunftskultur. Die Erinnerung an Auswanderung oder Flucht, wie sie in Ex 1,1-22 narrativ entfaltet wird, dient sowohl der Konservierung und Weitergabe des Erlebten als auch ggf. dazu, den oftmals zugewiesenen Status als Minorität ›strategisch‹ zu bewahren.[285] Nicht der geografisch lokalisierbare Herkunftsort wird also zur privilegierten und identitätsstiftenden ›Heimat‹, sondern das kulturelle Andenken daran.[286]

---

[279] Rösch, Migrationsliteratur im interkulturellen Kontext, S. 33. In Abgrenzung zu vielen anderen Ansätzen stellt H. Rösch auch die Frage nach Machtverhältnissen.

[280] Zierau, Wenn Wörter auf Wanderschaft gehen, S. 22.

[281] Siehe dazu insbesondere das Kapitel 1.3.1 sowie das Kapitel 1.3.2.

[282] Uehlinger, Koexistenz und Abgrenzung in der alttestamentlichen Diasporaliteratur, S. 95.

[283] Dörr, ›Third space‹ vs. Diaspora, S. 67.

[284] Während Migrationsliteratur i.d.R. in der Sprache des Landes geschrieben wird, in welchem die Autor_innen aktuell leben, wird Diaspora- und Exilsliteratur überwiegend in der Herkunftssprache verfasst.

[285] Vgl. Zierau, Wenn Wörter auf Wanderschaft gehen, S. 23.

[286] In diesem Verständnis stehen Texte, welche Diasporaerfahrungen fokussieren sogleich im Gespräch mit ›Postkolonialen Theologien‹, die den »Verlust der Heimat und die Suche nach einem neuen Ort« ja u.a. als Signatur von postkolonialen Existenzweisen postulieren. Nehring u. Tielesch, Identität, S. 147f.

Obschon sich das Forschungsfeld im Rahmen von Migration und Literatur weiterentwickelt hat, es heute mit modifizierten Konzepten und neuen Begrifflichkeiten arbeitet,[287] liefern die genannten Kriterien einige Argumente, um die Exodusexposition dem Genre der Migrationsliteratur zuzuweisen. Ex 1 verhandelt nicht nur das Thema Migration, der Text tut dies aus der (auch historisch begründeten) Perspektive einer Minderheit, die parteiisch erzählt. Ausgehend vom kultur- bzw. sozialgeschichtlichen Entstehungskontext und dem daraus resultierenden Sitz im Leben von Ex 1,1-22 lässt sich die Erzählung aber gleichsam einreihen in die **Diasporaliteratur**, die m.E. durchschlagender ist. Gerade in kanonisch-intertextueller Linie geht mit dieser Textsortenbestimmung die Möglichkeit einher, die Spezifika der in Ex 1 thematisierten Migration näher anzuzeigen:[288]Auf der Folie von Einwanderung bzw. Fremdheit werden innerhalb der erzählten Welt von Ex 1,1-22 wie auch auf der Präsentationsebene unterschiedliche Formen von Gewalt wirksam, die in direktem Zusammenhang mit der Migration stehen, sogleich aber weit über sie hinausreichen: »The book [of Exodus] opens with the ruthless oppression of the Israelites by Pharao and the Egyptians, including the drowning of all Hebrew baby boys in the Nile«,[289] konstatiert Claire R. Mathews McGinnis und definiert die Exposition als einen ›Text of Terror for Children‹. In der ›storyworld‹ wurzelt der Schrecken, welcher maßgebend für die Signatur ›text of terror‹ (dt. Schreckenstext) ist, also nicht nur in der u.a. migrationsbedingten Fremdheit, sondern im Anschluss an Mathews McGinnis ferner in der Verletzbarkeit der Kinder und sodann in der scheinbaren Unfähigkeit der älteren Generation, die Säuglinge vor Pharaos genozidalem Plan zu schützen.[290]

Im Wesentlichen geprägt und motiviert wurde die Auseinandersetzung mit Gewaltdarstellungen in der Bibel durch ideologiekritische Forschungen. Bereits seit ihren Anfängen wendet sich die feministische Exegese so z.B. der Analyse von Gewaltwiderfahrnissen weiblicher Figuren zu. Als ›texts of terror‹[291] haben Texte, die sexuelle respektive sexualisierte Gewalt schildern, Einlass in die Diskussion erhalten. Mit dem Ausdruck ›Schreckenstext‹ überschreibt Phyllis Trible dabei jene »Glaubensgeschichten, über die nie gepredigt wurde [...]«,[292] in denen speziell Frauen erschreckende Gewalt erleben.

Neuere Forschungsarbeiten geben nunmehr auch solchen Erzählungen das Label ›text of terror‹, in welchen männliche Protagonisten und Kinder von Gewalt betroffen sind; die Ausprägungen der Gewalt sind weiter ausgefächert.[293] In

---

[287] Siehe dazu z.B. E. Sturm-Trigonakis (2007) oder H. Rösch (1998).

[288] Adäquat ist diese Bestimmung allerdings erst, wenn die Zielperspektive des Auszugs, d.h. die Rückkehr nach Kanaan berücksichtigt wird (siehe hierzu die Definition von V.C. Dörr in diesem Kapitel). Wenn neben dem Thema und ggf. der Biografie der Autor_innen ferner die Adressat_innen der Texte zur Entscheidung der Textgattung beitragen, dann kann die Erzählung aus heutiger Perspektive zudem als transnationale bzw. als transkulturelle Literatur bezeichnet werden.

[289] Mathews McGinnis, Exodus as a »Text of Terror« for children, S. 24.

[290] Vgl. Ebd., S. 42.

[291] Siehe dazu T. Trible (1984, 1987).

[292] Trible, Mein Gott, warum hast du mich vergessen, S. 13.

[293] Siehe hierzu z.B. A. Michels Beitrag ›Texts of Terror für Alte‹ (2013).

dieser Spur möchte ich Ex 1,1-22 ebenfalls den biblischen ›texts of terror‹ zuordnen.[294] Denn die Exodusexposition reiht sich in die Sammlung alttestamentlicher
Texte ein, in welchen verschiedene Verletzungen durch körperliche, soziale bzw.
kulturelle Differenzlinien herbeigeführt werden und überaus wirkmächtig sind.

Exkurs: Biblische Vielstimmigkeit

Insbesondere wenn die Vielstimmigkeit von Erzählungen zugunsten von übergeordneter (Textsorten-)Bezeichnungen in den Hintergrund tritt, ist das Risiko, die
Texte ihrer komplexen Sinnhaftigkeit zu berauben, groß. Biblische Schriften sind
auch deshalb immer als Texte zu verstehen, »die mit anderen Texten im Gespräch
stehen oder ins Gespräch gebracht werden können.«[295]

Das Buch der Bücher ist kein einförmiger Text, sondern eine Sammlung unterschiedlicher Schriften, die in einem langwierigen Prozess kanonisiert worden
sind.[296] Zwar stellt der biblische Kanon, etwa analog zu einem Orchester, eine
geschlossene Einheit dar, im Inneren bleibt er jedoch vielstimmig und autark wie
die individuellen Instrumente: »Der Kanon ist Gestalt gewordene
Pluriformität.«[297] Im Rahmen exegetischer Forschungsansätze, die den Kanon zu
ihrem Ausgangspunkt nehmen und dessen intertextuelle Dimension betonen,
»werden Texte in Bezug auf andere Texte gelesen.«[298] Als Ergebnis der kanonischen und damit heterogenen Auswahl »ist es hermeneutisch begründbar, jede
biblische Schrift mit jeder anderen biblischen Schrift zusammenzulesen [...].«[299]
In jeweils neuen Zusammenhängen erhalten die Texte dann unterschiedliche Bedeutungen.[300]

Am Beispiel der konfligierenden Ägyptenbilder in Josefsnovelle und
Exoduserzählung sei die dargelegte Polyphonie biblischer Texte nochmal knapp
illustriert: Die Josefsnovelle zeichnet, wenn auch nicht konsequent, ein einwan-
derungsfreundliches Land. Von seinen Brüdern als Sklave verkauft, erlebt der
junge Josef in Ägypten einen gleichermaßen rasanten wie unerwarteten gesellschaftlichen und ökonomischen Aufstieg. Nachdem er zunächst als Verwalter im
Haus des Potifars tätig ist und hier unterschiedliche Form von Gewalt erleben
muss,[301] agiert der Einwanderer aus Kanaan später als Stellvertreter des Königs.
Die Erzählung hebt nach Jürgen Ebach dezidiert hervor, »dass Menschen Israels

---

[294] Da sexualisierte/sexuelle Gewalt eine besondere Form von Schrecken impliziert, ist die Frage, ob
auch Texte, die nicht von sexualisierter/sexuelle Gewalt erzählen in der Reihe der ›texts of terror‹
aufgenommen werden sollen m.E. durchaus angemessen.

[295] Rakel, Judit, S. 20.

[296] Vgl. Fischer, Wege in die Bibel, S. 120.

[297] Steins, Kanonisch lesen, S. 53. Zur kanonischen Schriftenauslegung siehe z.B. I. Müllner (2006a) oder
G. Steins und E. Ballhorn (2007).

[298] Steins, Kanonisch lesen, S. 59.

[299] Alkier, Die Bibel im Dialog der Schriften und das Problem der Verstockung in Mk 4, S. 12.

[300] Vgl. Thöne, Liebe zwischen Stadt und Feld, S. 45. Kritisch überprüft werden daraufhin z.B. solche
Lesarten, die Texte exklusiv verstehen und in einer Weise wahrnehmen, die literarische Kontexte
übergeht, um so einem ›rekonstruierten‹ historischen Zusammenhang Vorschub zu leisten. Siehe
auch Ebd., S. 50.

[301] Siehe dazu z.B. N. Spiering (2015).

im fremden Land nicht nur für das eigene Volk, sondern auch für das ›Wirtsvolk‹ Gutes bewirken und dafür auch von beiden Seiten Anerkennung erfahren können.«[302] Tatsächlich werden nicht nur Josef besondere Privilegien zuteil, seine Familie wird ebenfalls eingeladen, am Wohlstand des Bruders bzw. des Sohnes zu partizipieren.[303] Ägypten begegnet im Kontext der Erzählung als ein Staat, der durch seine Strukturiertheit, seine Effizienz und Fortschrittlichkeit die Voraussetzungen dafür liefert, dieser geradezu idealtypischen Migrationsgeschichte als Schauplatz zu dienen: Ägypten »[…] ist das Land, das nährt, das Zuflucht gewährt und das Dank Josefs Mitwirken weise regiert wird.«[304]

Neben das überwiegend positive Bild, das die Genesis entwirft, tritt mit dem Übergang zum Exodusbuch ein Bild von Ägypten hervor, welches das vormalige konterkariert und geradewegs ironisch zitiert: Die Argumentationslinie ist nunmehr ägyptenkritisch bzw. fremdenfeindlich.[305] Im Exodusbuch wird Ägypten nicht nur zum xenophoben Sklavenhaus stilisiert, das Minderheiten exkludiert und unterdrückt, es kann ferner als »Hort der Idolatrie gelten, aus dem Israel hätte ausziehen sollen.«[306]

Die Vorstellungen, die im Anschluss an die Erzählungen von Gen 39-50 und Ex 1-15 evoziert werden, könnten kaum ungleicher sein. Sie bezeugen die ambivalenten Haltungen der alttestamentlichen Autor_innen gegenüber der Menschen und Völker, die Israel umgeben. Und diese gegensätzliche Rhetorik sollte bei aller Fokussierung auf die jeweiligen Handlungen, die innerhalb der erzählten Welten stattfinden, präsent bleiben.

2.3 Figuren – Räume – Gewalt

Als ›diasporisch‹ angelegter Gewalttext operiert die Exodusexposition auf den Ebenen von Exegesis und Diegesis gleichermaßen mit u.a. identitäts- bzw. alteritätsstiftenden Strategien, die sich in unterschiedlichen Formen von Gewalt manifestieren. Die Referenzen, die in diesem Zuge aufgerufen werden, treten einerseits deutlich z.B. in Form von Kollektivattribuierungen und physischen Unterdrückmaßnahmen hervor, andererseits handelt es sich um implizite Kodes, deren

---

[302] Ebach, Josef und Josef, S. 97.
[303] In Gen 47,1-12 überlässt der ägyptische König den Verwandten Josefs die Verfügungsgewalt über die beste Region des Landes.
[304] Kessler, Die Ägyptenbilder der Hebräischen Bibel, S. 12. In seiner Monografie differenziert R. Kessler unterschiedlicher Ägyptenbilder, welche er mithilfe von drei Diskursen, dem außenpolitischen, dem Exodus- und dem weißheitlichen Diskurs systematisiert und beschreibt.
[305] Auch die Hagar-Erzählungen Gen 16 und Gen 21 liest M. Egger »als Umdrehung zum Exodus Israels.« Egger, »Hagar, woher kommst du? und wohin gehst du?«, S. 78. Im Unterschied zur Genesis, in der die ägyptische Sklavin unterdrückt wird, sind es im Exodus Israelit_innen, die vom ägyptischen König in die Sklaverei gezwungen werden. Mit Blick auf Ex 1,1-22 werden die Parallelen ferner in der Wurzel עָנָה (unterdrücken) sichtbar, die sowohl in Gen 16,6.9.11 als auch in Ex 1,11f. verwendet wird. Hagars Aufenthalt in der Wüste lässt sich alsdann im Spiegel der Wüstenwanderung Israels deuten. Vgl. Ebd., S. 78ff.
[306] Kessler, Die Ägyptenbilder der Hebräischen Bibel, S. 154.

propositionaler Gehalt sich nicht unweigerlich darbietet. Aus der Perspektive der ›intentio operis‹ verfolgen die bereitgestellten Informationseinheiten mutmaßlich so genannte Emotionalisierungen: Das heißt, sie sollen spezielle Gefühlswerte bei Lesenden und Hörenden aktivieren, wobei bestimmte Textmerkmale das Emotionspotenzial determinieren.[307]

In der Spur intersektionaler Sensibilität sowie mithilfe einer historisch verankerten Narratologie, die Anschlüsse an die Welt der Textentstehung, zentral aber an die ›storyworld‹ sucht, werden nachfolgend erzähltheoretische und intersektionale Kategorien analytisch zusammengebracht. Ausgehend von der Textwelt und unter Einbezug sozialgeschichtlicher Befunde,[308] möchte ich untersuchen, wie Differenzmerkmale in der Erzählung zur Sprache kommen, in welcher Weise sie das soziale Handeln der Figuren lenken und, was für Wechselwirkungen und Konsequenzen sich daraufhin ereignen. Ausgehend vom jeweils fokussierten ›Gegenstand‹ (z.B. Figurenhandlungen, Räume oder Ereignisse) nutze ich soziale Kategorien als bedeutungsoffene Heuristiken, die in der Kombination mit fachwissenschaftlichen Erkenntnissen neue Entdeckungen ermöglichen. Zentral wird in diesem Kontext auch die Frage nach Macht sein (müssen), die ja nicht nur die einzelnen Figuren berührt, sondern zudem soziopolitische Ordnungsraster wie Religion, Nachwuchs oder Geschlecht.

Die Korrelation von Räumen, Figuren und Gewalt, die innerhalb der Exposition verschiedene Herrschafts- bzw. Machtverhältnisse offenbart, soll in ihrer Interdependenz freigelegt werden. Von besonderer Bedeutung ist deshalb die Inszenierung der Figuren in ihren jeweiligen Charakterzügen, Handlungsweisen und Status.[309] Welche Figuren sind privilegiert, welche eher nicht? Gibt es Situationen, wo sich die Verhältnisse verschieben, in denen eine Privilegierung zur Diskriminierung wird oder umgekehrt? Sind die jeweiligen Zugehörigkeiten von gleichem Stellenwert?

In Form von u.a. sprachlichen, sozialen und kulturellen Segregationen, die sowohl metaphorisch als auch konkret räumlich funktionieren, schlagen sich in Ex 1 verschiedene Dimensionen von Gewalt ihre Bahn. Einschließungen und Ausgrenzungen, die hierunter fallen, betreffen nicht nur ein Merkmal, sie beziehen andere Differenzkategorien gleichermaßen produktiv mit ein. Doch ist keineswegs bloß die Funktion, welchen den literarischen Räumen[310] bei der Herstellung von In- und Exklusion zukommt von Interesse: Räume implizieren divergente und dynamische Machtkonfigurationen, die ihrerseits in den Fokus der Untersuchung rücken.

---

[307] Siehe hierzu Schwarz-Friesel, Sprache und Emotion, S. 212f.
[308] Die in Teil III, Kapitel 1.3. dargebotenen Einsichten werden teils konkret eingeblendet oder implizit aufgerufen.
[309] Verschiedene Interpretationslinien, die im Folgenden entfaltet werden, sind bereits in den Aufsatz ›Da fürchtete Ägypten sich vor Israel‹ eingearbeitet. Siehe dazu Spiering, »Da fürchtete Ägypten sich vor Israel«, S. 282–304.
[310] Im Hinblick auf die Kategorien Setting, Ort und Raum gibt Teil II, Kapitel 2.3.3 nähere Auskunft.

2.3.1 Von der Familie zum Volk: Eine Einwanderungsgeschichte (Ex 1,1-7)

Ebenso wie die Figuren einer Erzählung u.a. durch ihre Bewegungen, Platzierungen und sozialen Interaktionen den narrativen Raum beeinflussen, prägt dieser vice versa die Darsteller_innen, strukturiert deren Handeln und Wahrnehmen. Der Raum, welcher der Figur gerade noch Heimat war, kann ihr im nächsten Augenblick ganz und gar fremd erscheinen; ein Nebeneinander setzt sich fort als Hierarchie; Grenzen werden gezogen, niedergerissen, verlegt oder verteidigt. Figuren, Ereignisse und Räume bilden ein reziprokes und dynamisches Gefüge, das durch die Erzählstimme geformt wird: »Das sind die Namen der Söhne Israels, die mit Jakob nach Ägypten gekommen waren« (Ex 1,1). Gleich im ersten Satz der Erzählung, welcher selbst eine Art Exposition darstellt, beantwortet die Erzählinstanz drei wichtige Fragen im Horizont der soeben skizzierten Beziehung. Sie erteilt Auskunft über die relevanten Figuren, ihre räumliche Situation und das erste markante Ereignis der Erzählung: Die Söhne Israels, die von Jakob abstammen, wanderten in Ägypten ein – und sogleich bietet sich die Entscheidung für den neuen Lebensraum auch als Instrument der Figurencharakterisierung dar:[311] Die israelitischen Verwandten sind Josef nach Ägypten gefolgt; hier gelten sie vorerst als Einwander_innen und bekleiden damit einen Status, der im Rahmen des Ersten Testaments zwischen unterschiedliche sozialen Bedeutungen changiert.[312] Ausländisch sein gilt in den Bewertungsrastern des Alten Orients zunächst einmal als ein negatives Differenzmerkmal, das sich benachteiligend auf die betroffenen Subjekte auswirkt und zumeist exkludierende Mechanismen einleitet.[313] Auf der Ebene der Präsentation bahnt die Erzählstimme bereits an dieser Stelle eine implizite Abgrenzung zwischen Israel und Ägypten an, die später von Pharao explizit fortgeführt wird. Schließlich stellt sich die Unterscheidung der beiden Völker als Grundbedingung für die Handlung dar.[314] Durch die Migration wird dabei nicht nur die Frage nach Zugehörigkeiten aufgeworfen, sondern zugleich eine Differenzlinie zwischen ›Innen‹ (Ägypten) und ›Außen‹ (Israel) produziert.[315] Die Randposition kann auf der Rezeptionsebene sodann zu Parteinahme, Mitgefühl oder Perspektivenübernahme motivieren.

Mit Ausnahme von Josef ruft die Erzählinstanz die sechs Söhne Leas, Jakobs erster Frau, namentlich in Erinnerung; nunmehr folgen die Namen der Kinder ihrer Schwester, Israels zweiter Frau, Rahel. Über (Josef) und Benjamin hinaus, werden zuletzt Dan, Naftali, Gad und Asser, die Söhne der Nebenfrauen Bilha

---

[311] Vgl. Würzbach, Erzählter Raum, S. 122.
[312] Siehe hierzu Teil III, Kapitel 1.3.6 und Teil III, Kapitel 2.2.
[313] Vgl. Fischer, Inklusion und Exklusion, S. 11.
[314] Vgl. Heckl, Vom Mythos zur Geschichte, S. 120.
[315] Siehe dazu auch Mecheril, Der Begriff der Zugehörigkeit als migrationspädagogischer Bezugspunkt, S. 78.

und Silpa, in die rein männliche Liste aufgenommen.[316] Insofern Genealogien in illiteraten Gesellschaften primär soziale, ethnische und ferner religiöse Zugehörigkeit definieren,[317] erfolgt in Bezug darauf gleich zu Beginn der Erzählung eine recht deutliche Einordnung der Figuren, die wie bereits dargelegt, ein exklusives Moment beinhaltet.

Ein jeder Mann kam mit seinem Haus, heißt es weiterhin: בית spiegelt die Verflechtung lokal-räumlicher Strukturen und familiärer Existenzsicherung wieder,[318] die infolge der Migration gefährdet ist. Die Erzelternerzählungen der Genesis, welche die Familiengeschichte rund um Abraham von den Wurzeln her nacherzählen, werden mit dem Gründungsmythos des Volkes Israel verbunden und in diesen überführt. Dabei wohnt dem Ausdruck בני ישראל eine Doppeldeutigkeit inne, welche die Genese von der Familie hin zum Volk bereits voraussetzt oder sie zumindest antizipiert. Hierauf empfiehlt es sich בני ישראל ab Vers 7 ethnisch zu markieren und in Form von Israelit_innen wiederzugeben.[319] Dass die Erzählstimme in ihrer Darstellung ausschließlich auf Söhne rekurriert, ist vorrangig auf der Folie des patrilinearen Systems zu deuten: Männer garantieren das Fortbestehen des Volkes.[320] »Die Ehefrauen, Töchter und Frauen Josefs und seiner Brüder werden nicht genannt. Männliche Pronomen und Verbformen zeigen, wer aus der Sicht der Erzählung bedeutend ist.«[321] Obwohl das weibliche Element im Rahmen der Genealogie zunächst verborgen bleibt, weist der Vergleich mit Texten wie Gen 35,22b-26 darauf hin, dass das Verzeichnis Anschluss an die Geburten der beiden Hauptfrauen und ihren Mägden sucht.[322]

Die Übersiedlungsliste in Gen 46,8a, die dezidiert emigrierende Frauen berücksichtigt, gleicht in ihrer Wortwahl dem Eingangsvers der Exposition (אלה שמות בני ישראל הבאים מצרימה). Während Ex 1,1 auf den ersten Blick als genuin männliche Aufzählung anmutet, erwehren sich die eingespielten Intertexte dem Eindruck einer patriarchalen Engführung der Familientradition. Die Namen der zwölf Söhne Israels können auf dieser Grundlage kontrastierend zu den zwölf Frauen gelesen werden, die sich in den ersten Kapiteln des Exodus als Retterinnen Israels profilieren.[323] Recht unvermittelt und mit erzählerischer Zurückhaltung erfüllt sich nunmehr die von Gott angekündigte Nachkommensverheißung: Jakobs Namensänderung (Gen 35,10)[324] ist zum deklarativen Akt geworden – die Familiengeschichte expandiert zur Volksgeschichte:[325] »Da starben Josef und alle

---

[316] Nach dem gleichen Schema erfolgt diese Auflistung bereits in Gen 35,23-25. Vgl. Albertz, Exodus 1-18 , S. 44.

[317] Vgl. Fischer, Inklusion und Exklusion, S. 13.

[318] Siehe hierzu Teil III, Kapitel 1.3.4.

[319] Vgl. Utzschneider u. Oswald, Exodus 1-15, S. 57.

[320] Vgl. Steinberg, Feminist Criticism, S. 179.

[321] Scholz, The Complexities of ›His‹ Liberation Talk, S. 27. S. Scholz geht davon aus, dass in Ex 1 eine androzentrische Erzählstimme spricht.

[322] Vgl. Fischer, Gottesstreiterinnen, S. 156f. Siehe hierzu außerdem Fischer, Gender-faire Exegese, S. 82-87.

[323] Vgl. Fischer, Gottesstreiterinnen, S. 158.

[324] In Gen 35,10 wird Jakob dazu aufgefordert seinen Namen abzulegen, fortan soll er Israel heißen und im Anschluss daran erfolgt der Mehrungssegen.

[325] Vgl. Fischer, Gottesstreiterinnen, S. 158.

seine Brüder und jene ganze Generation. Aber die Israelit_innen waren fruchtbar, es wimmelte von ihnen und sie wurden zahlreich und sie waren sehr, sehr stark und das Land füllte sich mit ihnen« (Ex 1,6-7).[326] Im Zusammenhang der erzählten Welt steht die JHWH-Religion noch am Anfang – vom Exil aus wird sie transformiert und erhält eine politische Dimension: ›Gott‹ erweist sich als befreiende Führungsfigur und Hoffnungsgestalt.[327] Die ›storyworld‹ (Ex 1) legt die Weichen für eine Verlagerung von Religion heraus aus der Familie und geradewegs hinein in den politischen Widerstand.[328] Die Erzählstimme vermittelt den exilischen und nachexilischen Leser_innen die Botschaft, dass der Gott Israels das Fortbestehen seines Volkes auch in der Fremde lenkt.[329] Positiv wendet die von Urgeschichte und Erzelternerzählungen vertraut herkommende Mehrungs-Trias die Todesnotiz um und zeigt die Volkswerdung Israels an, aber das Ereignis hat weitreichende und sogleich gewaltsame Folgen.

2.3.2 Die Furcht vor dem Anderen: Abgrenzungsstrategien (Ex 1,8-14)

In Ägypten übernimmt ein neuer König das Regiment, von Josef und seiner Geschichte weiß Pharao nichts; er spricht zu seinem Volk: »Das Volk der Söhne Israels ist zahlreicher und stärker als wir. Lasst uns klug gegen es sein, sonst vermehrt es sich weiter und wenn ein Krieg eintritt, könnte es sich unseren Feinden anschließen, Krieg gegen uns führen und aus dem Land ausziehen« (Ex 1,9-10).[330]

Obwohl die Einwanderung nach Ägypten in der Perspektive der Erzeltern keinesfalls freiwillig erfolgt ist[331], avancierte das Reich am Nil in den Folgejahren zum Lebensmittelpunkt der israelitischen Großfamilie. Der ägyptische König hat Josef und seine Verwandten nicht bloß geduldet, sondern ihnen ein herzlicher Empfang bereitet: »Da sagte Pharao zu Josef: ›Dein Vater und deine Brüder sind zu dir gekommen. Das Land Ägypten es liegt vor dir‹« (Gen 47,5).[332] Nach den anfänglichen Schwierigkeiten erlebt Josef[333] eine nahezu idealtypische Integration. Die Figur verkörpert Hybridität, in ihr kumulieren kanaanäische und ägyptisch Kultur; durch sein hohes Amt bei Hofe hat Josef die Chance, eine inklusive Politik einzuleiten: Schließlich legitimiert die Verbindung mit der Ägypterin

---

[326] Die Ausdrücke שרץ ›wimmeln‹ und מלא (Ni.) ›gefüllt werden‹ lassen sich als Analogien zum ersten Schöpfungsbericht deuten. In Bezug auf die Erwähnung von 70 Nachkommen möchte ich auf den Beitrag von R. Heckl (2014, S. 117) hinweisen

[327] Vgl. Albertz, A History of Israelite Religion in the Old Testament Period, S. 46.

[328] Siehe hierzu Teil III, Kapitel 1.3.3. und Kapitel 1.3.4.

[329] Vgl. Zenger, Das Buch Exodus S. 30.

[330] Zum Zusammenhang von Ex 1,7 und Ex 1,9 siehe Heckl, Vom Mythos zur Geschichte, S. 120.

[331] Die kanonische Lesart zeigt, dass Josef als Sklave nach Ägypten kam (Gen 37). Seine Familie musste ihm dann aufgrund von Hungersnot hierher folgen (Gen 47).

[332] Übersetzung nach ›Bibel in gerechter Sprache‹.

[333] Von seinen 110 Lebensjahren verbringt Josef 93 Jahre in Ägypten.

Asenath[334] (Gen 46,20) exogame Eheschließungen.[335] Die gemeinsamen Söhne Manasse und Efraim sind vermutlich tiefer mit dem Land verwurzelt als es die nüchterne Beschreibung in Gen 46,27 nahelegt.[336] Auch weil der zweiten Generation von Einwander_innen[337] das einstige Herkunftsland mit aller Wahrscheinlichkeit nur noch als Projektion zur Verfügung steht (Ex 1,6),[338] kann die vermeintliche Differenz zwischen ägyptischer und kanaanäischer Kultur in dieser Sphäre aufbrechen.[339] Ägypten als Hauptschauplatz der Erzählungen bietet sich dann als eine kulturelle Kontaktzone und fernerhin als transkultureller Raum dar. Dass Josef in der genealogischen Liste unberücksichtigt geblieben ist, argumentiert Franz V. Greifenhagen (2003) daraufhin – und, aus der Perspektive der Erzählinstanz – als Reaktion auf Josefs ethnische Zugehörigkeit, die er konkret in Ägypten verortet: »Because, according to Genesis, Joseph became thoroughly Egyptianized and fathered his children by an Egyptian wife, doubt is beeing expressed in the textual tradition about whether he rightfully belongs with the rest of the sons of Jacob.«[340]

Nach Zeiten der Harmonie und gegenseitiger Anerkennung ereignet sich allerdings ein entscheidender Wandel innerhalb der Beziehung von ›Migrant_innen‹ und ›Gastgeber_innen‹. Für Israel erscheint die neue Heimat zunehmend als Raum der Fremde, Ausgrenzung und Bedrohung. Sowohl auf der räumlichen als auch auf der figuralen Ebene manifestieren sich die angestoßenen Veränderungen und nehmen von hierher ihren Ausgang. Losgelöst wird eine gesellschaftliche Transformation, die sich radikal in die bisherige Ordnung einschaltet: Der neue ägyptische König fürchtet das israelitische Volk ganz offensichtlich; seine Angst kanalisiert sich in kultureller bzw. symbolischer Gewalt. Ob das Vehikel der gesellschaftspolitischen Kursänderung die Mehrung Israels in Ägypten, der dort vollzogene Machtwechsel oder aber die Verdichtung der Ereignisse ist, bleibt ungewiss.[341] Die Erzählinstanz jedoch verbindet das Bevölkerungswachstum mit dem Amtsantritt des neuen Königs und überführt die Ereignisse damit in gemeinsamen Referenzrahmen. Um die entscheidende politische Wende einzuleiten, bricht die Erzählstimme den bis dahin ebenmäßigen Narrationsfluss durch einen Zwischenruf auf: »Und über Ägypten stieg ein neuer König auf, der wusste nichts von Josef« (Ex 1,8).

In raumtheoretischer Perspektive kann die Präposition על bereits einen Hinweis auf den sozialen und ggf. kulturellen Wandel geben. Die herrschaftliche Position von Pharao wird durch die räumliche Angabe nicht nur sprachlich markiert, sie lenkt ferner die Visualisierung des Erzählten. Doch auch die Formulierung

---

[334]   In ihrem Beitrag ›Sohn Gottes und Jungfrau zugleich‹ setzt sich A. Standhartinger (2015) mit der Schrift ›Josef und Aseneth‹ auseinander und gibt in diesem Zuge Einblicke in die Rezeptionsgeschichte der Erzählung. Vgl. Standhartinger, Sohn Gottes und Jungfrau zugleich, S. 19-23.

[335]   Vgl. Fischer: Gottesstreiterinnen, S. 157; siehe hierzu Teil III, Kapitel 1.3.4 und Teil III, Kapitel 1.3.6.

[336]   Die beiden Söhne werden im israelitischen Einwanderungsregister von Gen 46,20 aufgeführt.

[337]   Die Hebräer_innen leben seit mehr als einer Generation in Ägypten.

[338]   Vgl. Lösch, Begriff und Phänomen der Transdifferenz, S. 36.

[339]   Vgl. Ebd., S. 35.

[340]   Greifenhagen, Egypt on the Pentateuch's Ideological Map, S. 49.

[341]   Siehe dazu Raikl, Vom Mythos zur Geschichte, S. 120f.

›neuer König‹ oder ›Neukönig‹, die innerhalb der hebräischen Bibel einmalig ist;[342] ruft das exegetische Interesse wach. Erstmals in Ex 1 kommt eine einzelne Figur besonders zur Geltung: Ein *neuer* König wird vorgestellt; politische Veränderungen bahnen sich an und sie fallen auf der Interpretationsebene mit dem ›Unwissenheitsvermerk‹ zusammen. Die Einführung des Königs eröffnet damit gewissermaßen einen anderen Plot und darüber hinaus eine neue Perspektive innerhalb der erzählten Welt:

> This introduction of the new king serves two purposes in developing the plot of the narrative. First, it separates this king from his predecessors who had acknowledged Joseph and were therefore committed to the sons of Israel. Second, it serves as a direct characterization the new king. It represents the narrator's point of view about this king, who dominates the events and plot. At the same time it creates a kind of *antipathy* in the reader's minds.[343]

Im Kontrast zu einer Übersetzung, nach der Pharao Josef nicht gekannt hatte, weil u.U. gar nicht die Möglichkeit dazu gegeben war, lässt sich die entsprechende Textstelle auch im Bildnis von Unwissenheit deuten – und diese Interpretation spielt dem König in Bezug auf seine Sympathiewerte keineswegs in die Hände: »Josef, den tüchtigen Verwalter der ägyptischen Lebensmittelvorräte und Retter in den Jahren der Hungersnot (Gen 41) nicht zu kennen, zeugt von fundamentalen Lücken in der Vertrautheit mit der eigenen Geschichte«,[344] geben Fischer und Markl so kritisch zu bedenken. [345] Im Angesicht der nachfolgenden Ereignisse mutet eine verteidigende Haltung in Bezug auf Pharao zwar tatsächlich wenig plausibel an, die Informationsvergabe eröffnet aber Leerstellen, die verschiedene Verdachtsmomente bzw. Bedeutungzuweisungen erlauben.

Während die Erzählstimme bislang alle erzählerische Darstellung selbst übernommen hat, verlässt sie in Vers 9-10 ihre deskriptive und gleichermaßen ›fokalisierende‹ bzw. ›perspektivierende‹ Position. Den Vollzug des bereits angekündigten Wandels legt sie in die Verantwortung von Pharao: »Und der [neue König] sagte seinem Volk: ›Das Volk der Söhne Israels ist zahlreicher und stärker als wir‹« (Ex 1,9). Pharao erkennt die Metamorphose der israelitischen Familien (an), die nunmehr zu einem Volk gewachsen sind – und er ist der Erste, der diese Verwandlung bezeugt.[346] In der Wahrnehmung des neuen Königs stellt die von Israel ausgehende demographische Entwicklung allerdings kein freudiges Ereignis dar, vielmehr initiiert das Wachstum die weitreichende Gewaltspirale: »Lasst uns klug gegen es handeln, sonst vermehrt es sich weiter und wenn ein Krieg eintritt, könnten es sich unseren Feinden anschließen, Krieg gegen uns führen

---

[342] Vgl. Fischer u. Markl, Das Buch Exodus, S. 30.

[343] Gendi, Pharaoh as a Character in Exodus 1-2, S. 56, Hervorhebung im Original.

[344] Fischer u. Markl, Das Buch Exodus, S. 30.

[345] Hier folge ich R. Heckl (2014), der darauf hinweist, dass die impliziten bzw. intendierten Adressat_innen mit der Josefgeschichte bzw. dem Verhältnis zwischen Josef und ägyptischem König vertraut sind. Vgl. Heckl, Vom Mythos zur Geschichte, S. 119f.

[346] Vgl. Gendi, Pharaoh as a Character in Exodus 1-2, S. 57.

und aus dem Land ausziehen« (Ex 1,10).[347] Die Darstellung von Pharao[348] bedient gerade in der Verbindung mit dessen Unwissenheit nicht nur rassistische Strategien, sondern obendrein eine stereotype und tradierte Kodierung von Männlichkeit(en), die ihre Wurzel zunächst sichtbar im politisch-militärisch motivierten ›othering‹ findet: »Das Denken in militärischen Kategorien, das Zählen von Soldaten und Waffen, das Protzen mit der eigenen (militärischen) Stärke und Überlegenheit – getarnt als ›Sicherheitsdenken‹ – bestimmt diesen König,«[349] konstatiert Elisabeth Ellmenreich. Dabei weist sie Pharao auch Eigenschaften zu, die über die erzählten Informationen zum König hinausgehen.

Auf einer tieferliegenden Ebene sind es indessen wohl eher Unterlegenheitsängste bzw. Dominanzwünsche und damit verschaltete Machtbestrebungen, denen der König verpflichtet ist.[350] Vom Referenzpunkt Ägypten aus stellt Pharao die Israelit_innen als bedrohliche Konkurrenz dar und stilisiert sich selbst zum Beschützer seines Volkes. Israels Fremdheit bringt er entlang von Krieg, feindlicher Komplizenschaft und Emigration zur Geltung. Alsdann bedienen machtvolle Rede, Herrschaft, Stärke und Gewalt in besonderer Weise die Muster des alttestamentlichen ›doing masculinity‹,[351] die als interdependente Eigenschaften in der Figur des Königs ›par excellence‹ zum Ausdruck kommen. Auf der Ebene der Präsentation kann die Inszenierung von Pharao sogleich als Kritik am Männlichkeitskonzept fungieren – schließlich soll der König ja Antipathie seitens der Rezipierenden auslösen.

Die Frage nach dem Verhältnis von Über- und Unterordnung, wie sie unter der Perspektive von Hegemonie aber auch im Kontext von Macht theoretisch verhandelt wird, betrifft im Blick auf Pharaos Rede gleichermaßen Ägypten und Israel – noch ist Ägypten in der überlegenen Position.

Aus einer neuzeitlichen Warte heraus kann Pharaos überzeichnete Rhetorik prototypisch für symbolische bzw. kulturelle Gewalt erscheinen. Die Informationen, welche der König mithilfe von Rassismen strategisch gegen Israel einsetzt, haben keine verifizierbare Referenz. Die Erzählstimme erteilt weder Auskunft darüber, ob das Volk Israel größer oder stärker ist als das ägyptische, noch inwieweit es dagegen rebellieren wird. Und doch rät der König seinem Volk, gemeinsam und vor allem *klug*[352] gegen die potenzielle Gefahr vorzugehen. In der Spur der Demagogie suggeriert Pharao nicht nur eine Verbundenheit mit der Bevölkerung, sondern daran geknüpft ferner einen Handlungsspielraum der Unter-

---

[347] Die Formel ›lasst uns‹ (הבה) erinnert an das Gotteswort in Gen 1,26.

[348] Nach A. Ruffing (2014) gilt die Rolle des Königs (insbesondere in vorexilischer Zeit) als eines der zentralen biblischen Konzepte hegemonialer Männlichkeit. Vgl. Ruffing, Vielfalt von Männlichkeitskonzepten.

[349] Ellmenreich, Pua und Schiphra, S. 40.

[350] Siehe hierzu Meuser, Geschlecht und Männlichkeit, S. 123f.

[351] Siehe hierzu Schroer, Schuf Gott den Mann nach seinem Bild, S. 123.

[352] Der Aufruf zum klugen Vorgehen kann einerseits die Unsicherheit des Königs anzeigen, er lässt sich andererseits auch als rhetorische Mittel im Sinne der Demagogie verstehen. Dabei bedeutet die eingesetzte Hitpael-Form des Verbs חכם in der wörtlichen Übersetzung ›sich weise zeigen‹, was sinngemäß auch ›überlisten‹ bedeuten kann.

tan_innen, der wenig plausibel erscheint. Auch die Ausblendung der sozialen Unterschiede hilft dem König dabei, ein Feindbild von Israel aufzubauen. Schließlich macht er sich eine Strategie zunutze, die bereits »seit dem Altertum [...] zur Armatur des Antisemitismus und anderer Formen der Xenophobie gehört [...].«[353] Vor dem Hintergrund von Israels Einwanderung entwirft Pharao einen exklusiven Zugehörigkeitsraum: Das ›fremde‹ Volk dient hierauf als Reflektor für die Stärkung der Wir-Identität Ägyptens, die überdies sprachlich durch die eingesetzten Personalpronomen[354] herbeigeführt wird.

Auf der Diskursebene erfolgt indes die Abgrenzung bzw. die Identitätssicherung aus der Perspektive Israels. Da die Exklusion der Inklusion zentralen Vorschub leistet,[355] schließt sich der König zumindest rhetorisch mit seiner Gefolgschaft zusammen. Die Israelit_innen werden nicht weiter als Mitmenschen empfangen, ›vor denen Ägypten offen liegt (Gen 47,5)‹, nunmehr sind sie feindlich gesinnte Eindringlinge. Aus der Vorgeschichte ist bekannt, dass Israel nicht ›a priori‹ als bedrohlich gilt. Erst Pharaos Rede bzw. seine Unkenntnis wendet die Botschaft der Vermehrung negativ um und eröffnet einen fremdenfeindlichen Deutungsrahmen, der neue Grenzen von Zugehörigkeit legt: Es koinzidieren verschiedene Differenzkonstruktionen, ethnische und territoriale Faktoren fallen mit vermeintlich personalen, also u.a. ›körperlichen‹ und ›politischen‹ Merkmalen der Israelit_innen zusammen. Die Furcht des Königs, die He-bräer_innen könnten eine Allianz mit Ägyptens Feinden eingehen und damit die soziale, politische und ökonomische Macht des Landes schwächen, findet ihre Voraussetzung scheinbar in der rasanten Vermehrung Israels.[356] Die Fertilität Israels ist in diesem demagogisch-motivierten Denkmodell unmittelbar mit der sozioökonomischen, politischen Existenz und daraufhin mit der vermeintlichen Dominanz des Volkes verschränkt. Die Überfremdungsängste sät Pharao voraussichtlich mit der Absicht, politische Interessen, Konkurrenzstreben, sozialen Neid, Machtbegehren und schließlich Gewalt zu legitimieren – all das verhüllt im Mantel der Differenz. Hierin findet die zunächst kulturelle bzw. symbolische Gewalt des Königs ihren einstweiligen Ausgangs- und Zielpunkt.[357]

Auch die königliche Voraussage von Israels Auszug erweist sich als manipulative Strategie, die obendrein widersprüchlich erscheint.[358] Denn sollte es nicht

---

[353] Ebach, Genesis 37-50, S. 183.
[354] Im Text sind die Personalpronomen ›wir‹ und ›uns‹ nicht einzeln abgebildet, sie sind proklitisch mit dem Verb verbunden.
[355] Vgl. Noack, Inklusion und Exklusion in der funktional differenzierten und globalisierten Gesellschaft, S. 9.
[356] Und auch die Unwissenheit des Königs muss hier mitgedacht werden. H. Utzschneider u. W. Oswald weisen die Vermehrungs-Begründung indessen zurück. Vgl. Utzschneider u. Oswald, Exodus 1-15, S. 72.
[357] Und so setzt Rassismus in Rekurs auf C. Geulen dort ein, »wo Menschen der Ansicht sind, daß die Bekämpfung bestimmter Gruppen anderer Menschen die Welt besser mache.« Geulen, Geschichte des Rassismus, S. 119.
[358] Die Einheitsübersetzung verwendet hier z.B. die Phrase ›sich des Landes bemächtigen‹. Da jedoch die Wortkombination עלה + מן innerhalb der Exoduserzählung eine Leitwortfunktion erfüllt, bietet sich die hier gewählte Widergabe stärker an. Vgl. dazu Utzschneider u. Oswald, Exodus 1-15, S. 68.

gerade Pharaos Anliegen sein, Israel aus dem Land herauszutreiben?[359] Trotz der Motivation (Zusammenschluss mit Ägyptens Feinden), die Pharao in Bezug auf Israels Auswanderung zugrunde legt, sind die Gedanken des Königs, zumindest innerhalb der diegetisch aufgerufenen Raster, nicht recht nachvollziehbar, ja fast schon konfus. Auf der Ebene der Darstellung stellt sich die Frage nach der Informationsvergabe hingegen anders dar: Dass die Erzählstimme dem König geradewegs die Exodusterminologie in den Mund legt, liest sich hier als intendierter und sogleich ironischer Coup:[360]

> However, from a Persian perspective, these scenarios epitomize the real fears that the Persians have of the inhabitants of their Egyptian colony itself. They are anxious that the Egyptians will become more powerful and that they will make alliances with the enemies of Perisa […].[361]

Insbesondere vor dem fremdherrschaftlich-kolonialen Hintergrund, in welchen die Exodusexposition hineinspricht, erscheint die ägyptenkritische Argumentationslinie der Erzählstimme (auf einer weiteren Ebene ggf. der Autor_inneninstanzen) durchaus plausibel – zumal das weitere Vorgehen von Pharao diesem Eindruck erst einmal nichts entgegenzusetzen hat. Stattdessen mutet die Erzählstimme ihrer Audienz sukzessive neue Ausmaße von Gewalt zu: »Da setzten sie über es [das Volk] Aufseher ein, um es mit Fronarbeiten zu erniedrigen. Und es baute die Vorratsstädte Pitom und Ramses für Pharao« (Ex 1,11). Wie im Vorfeld bereits angekündigt, ist auch dieser biblischen Darstellung von Sklaverei die Kategorie Fremdheit[362] ursächlich eingeschrieben und zwar unter dem Vorzeichen des Krieges. Fremdheit, Rassismus und Fronarbeit stehen in unmittelbarer Beziehung zueinander und machen Israel innerhalb der erzählten Welt zum Objekt von Gewalt: Im Zuge der Zwangsarbeit nimmt die vormals symbolische Gewalt nicht nur eine physische Gestalt an, insofern sie ›staatstheoretisch‹ legitim ist,[363] erscheint sie zudem als strukturell verankerte Gewalt. Zentral artikuliert sich die Macht (mehr noch die Herrschaft) des Königs in dem »Vorrecht, sich des Lebens zu bemächtigen, um es auszulöschen.«[364]

Pharaos Dominanzstreben verschränkt sich ›produktiv‹ mit Israels Fremdheit. Obwohl der König die Zwangsarbeiten einleitet und dem Verständnis nach keine strukturelle Gewalt ›per definitionem‹ vorliegt, erscheint dieses Etikett dennoch zutreffend: Frondienst markiert im Horizont des Alten Testaments ein gesellschaftlich akzeptiertes Mittel, dass insbesondere ökonomisch bedingt ist. Dabei verwendet der hebräische Text in Ex 1,11 den Plural ›sie‹, um die verantwortlichen Instanzen im Blick auf die Unterdrückung anzuzeigen. Nicht der König

---

[359] M. S. Gendi deutet Pharaos Aussage als Folge der antiägyptischen Haltung, welche der König den Israelit_innen unterstellt. Nach der Autorin vermutet der König, dass sich Israel in Ägypten nicht zu Hause fühlt und das Land verlässt, sobald sich die Option ergibt. Vgl. Gendi, Pharaoh as a Character in Exodus 1-2, S. 57.

[360] Vgl. Albertz, Exodus 1-18, S. 47.

[361] Yee, Postcolonial Biblical Criticism, S. 216f.

[362] Siehe hierzu Teil III, Kapitel 1.3.5. und Kapitel 1.3.6.

[363] Vgl. Oswald, Staatstheorie im Alten Israel, S. 82.

[364] Foucault, Sexualität und Wahrheit, S. 1131.

allein, sondern das ägyptische Volk wird in die Pflicht genommen. In Form des Frondienstes lanciert Ägypten eine ›Biopolitik‹,[365] deren Ziel darin liegt, das Wachstum Israels zu unterwandern und gleichzeitig ökonomisches Kapital zu generieren. Schließlich ist der Begriff מִסִּים für jene Arbeit belegt, »die Vasallen eines Oberherrn als unterworfene Untertanen an ihrem Wohnort erbringen müssen.«[366] In der strukturell angelegten Gewalt zirkulieren psychisch-symbolische und physische Gewalthandlungen, die aufeinander angewiesen sind und in ihrer Interdependenz auch äußerlich sichtbar werden.

Der sozial schwache Status Israels, welcher maßgeblich mit der zugewiesenen Fremdheit zusammenfällt, wird unter der Perspektive eines ›Klassenmodells‹ gerade dort anschaulich, wo die Körper der Israelit_innen der Verfügungsmacht Ägyptens unterliegen und durch Arbeit[367] ausgebeutet werden. Der ›Körper‹ bildet daraufhin nicht nur die Voraussetzung (Wachstum und Stärke des Volkes) für die Arbeitskraft, sondern er kann zudem ein Symbol sein, welches das komplexe Zusammenspiel von ökonomischen, kulturellen und sozialen Merkmalen zum Ausdruck bringt.[368] Die Sklav_innen müssen die Städte Pitom und Ramses bauen.[369] Diese Speicher garantieren nicht die Existenzsicherung Israels, die Vorsorge gilt den ägyptischen Herr_innen. In der gesellschaftlichen Rangordnung des Alten Orients stellen Armut, Unfreiheit und Ausländisch-Sein besonders prekäre Merkmale dar, denen auf dem Fuße ein niedriger sozialer Status folgt:[370] Die Kriterien ›frei‹ und ›unfrei‹ markieren nach Irmtraud Fischer (2013) die wohl entscheidendsten gesellschaftlichen Differenzgrößen, »da versklavten Menschen keine Personenrechte zugestanden werden, und sie als Besitz ihrer Herren bzw. ihrer Herrinnen betrachtet werden.«[371]

Dennoch: Entgegen Pharaos Absicht wird das Volk Israel trotz zunehmender Erniedrigung größer: »Die Israeliten lassen sich nicht demütigen, im Gegenteil: Sie werden – und hier kommt die Erzählung auf ihr Ausgangsthema zurück – noch zahlreicher und breiten sich sogar (im Land) weiter aus, d.h. sie widerstehen der Unterdrückung auf eine nicht näher bezeichnete Weise.«[372] Erneut artikuliert sich das noch immer von Ägypten dominierte Machtgefüge auch räumlich und zwar in Form der Präposition עַל: Es werden Aufsehende über Israel gesetzt.

---

[365] Vgl. Ebd., S. 1134.

[366] Utzschneider u. Oswald, Exodus 1-15, S. 76.

[367] In Vers 14 taucht die hebräische Wurzel für ›arbeiten‹ gleich fünfmal auf. Dazu kommen weitere, dem Wortfeld verwandte Ausdrücke wie Lehm oder Ziegel.

[368] Siehe dazu Deifelt, Hermeneutics of the body: a feminist liberationist approach*, S. 60.

[369] Im Anschluss an H. Utzschneider u. W. Oswald ist der Name Pitom »mehrfach für eine Stadt im Wadi et-Tumilat belegt, welches vom östlichen Nildelta nach Osten abzweigt. Daneben kann Pitom zugleich als Hinweis auf das spätmonarchische Juda gelten. Der Stadtname Ramses stellt den Autoren zufolge eine Kurzform von Pi-Ramses bzw. Pi-Ramesse dar und bezeichnete die durch Ramses II (1279-1213 v. Chr.) errichtete Residenzstadt im nordöstlichen Nildelta, die nach ihrer Auflösung als Steinbruch funktionierte. Utzschneider u. Oswald, Exodus 1-15, S. 73ff.

[370] Vgl. Fischer, Inklusion und Exklusion, S. 11.

[371] Ebd.

[372] Utzschneider u. Oswald, Exodus 1-15, S. 70.

Obwohl עַל unterschiedliche Übersetzungen wie z.B. ›über‹, ›gegen‹ oder ›auf‹ zulässt, weist die Darstellung עֲלָיו שָׂרֵי auf eine hierarchische Beziehung hin, die räumlich konnotiert ist.

Ungleich stärker kommt das spatiale Moment der Unterdrückung jedoch im Fortgang zum Ausdruck: »Und durch grausame Arbeit machten sie ihnen ihr Leben bitter, mit Lehm und Ziegeln und mit aller Arbeit auf dem Feld, die qualvoll war« (Ex 1,14). Nicht nur in topographischer[373] Hinsicht zeigt שדה (Feld) Israels Marginalisierung an, die Ausgrenzung wird sogleich sozial und physisch wirksam. Die Formel ›das Leben verbitternd‹ bestimmt das durchaus neutral einsetzbare Verb עבד (arbeiten o. dienen) negativ: »Bitter ist eine Lebens- und Leidenserfahrung, die in Todesnähe führt […].«[374] In Übereinstimmung mit anderen Erzählungen des Ersten Testaments stellt sich auch in Ex 1 das Feld als »Tatort des Verbrechens«[375] dar: Gewalthandlungen sind die raumkonstitutiven Bedeutungsträger. Die Erzählstimme bringt dies deutlich zum Ausdruck; durch ענה (pi. erniedrigen)[376] oder פֶּרֶךְ (Härte/Strenge) wird das Ausmaß der Verletzungen sichtbar angezeigt.[377] Verben wie ענה weisen damit explizit auf strukturelle Gewaltverhältnisse hin.[378]

Innerhalb der Diegese steht das ›wilde‹ Feld dem ›geordneten‹ Kulturraum ›Ägypten‹ diametral gegenüber und bildet einen Kontrastraum.[379] Im Unterschied zum Feld, das in verschiedenen Übersetzungen biblischer Texte u.a. mit freiem, offenem oder unbewohntem Land wiedergegeben wird, verknüpfen sich mit dem hebräischen Terminus für Ägypten dahingegen מצרים Konnotationen wie Enge, Begrenztheit oder Bedrängnis,[380] kulturgeschichtlich desgleichen aber Zuflucht, Sicherheit und Zivilisation.[381] In Bezug auf die ›storyworld‹ spitzt die Kontrastierung von שדה und מצרים die Binarität von Zentrum und Peripherie, von privilegiert und nicht-privilegiert, letzthin von Ägypten und Israel, symbolisch zu: Im

---

[373] S. Günzel (2008) diskutiert und erläutert die Unterschiede zwischen den verschiedenen Raumparadigmen.

[374] Utzschneider u. Oswald, Exodus 1-15, S. 71.

[375] Wallis, Art. sadäh/saday, S. 716. Sowohl der urgeschichtliche Brudermord (Gen 4) als auch die Auseinandersetzung der Söhne Jakobs (Gen 37,15) tragen sich auf dem Grund dieser Szenerie zu. »Andererseits kann die Abgeschiedenheit des Feldes jedoch auch Gottesnähe bedeuten, wenn sich Isaak zum Beten auf das Feld zurückzieht (Gen 24,63) oder Manoachs Frau dort allein eine Begegnung mit einem Boten Gottes hat (Ri 13,9).« Thöne, Liebe zwischen Stadt und Feld, S. 330.

[376] Im Anschluss an H. Utzschneider und W. Oswald wird ענה (pi.) »häufig im Zusammenhang mit Vergewaltigung und Demütigung gebraucht, und zwar für sexuelle Gewalttaten […] ebenso wie für die psychosoziale Erniedrigung […].« Utzschneider u. Oswald, Exodus 1-15, S. 70.

[377] Obwohl Frondienst im antiken Israel durchaus akzeptiert ist, kann der Hinweis auf die besondere Härte der Arbeitsbedingungen als Kritik gedeutet werden. Siehe dazu auch Utzschneider u. Oswald, Exodus 1-15, S. 70. In Teil III, Kapitel 1.3.5 werden Fragen im Zusammenhang von Frondienst näher erläutert.

[378] Vgl. Dietrich u. Mayordomo, Gewalt und Gewaltüberwindung in der Bibel, S. 18; siehe hierzu außerdem Wollrad, Wildniserfahrung, S. 171.

[379] Siehe dazu Thöne, Liebe zwischen Stadt und Feld, S. 327.

[380] Siehe hierzu die hebräische Wurzel מצר. Vgl. Gesenius, Hebräisches und aramäisches Handwörterbuch über das Alte Testament, S. 726.

[381] Vgl. Krauss u. Küchler, Die Josef-Erzählung, S. 11; vgl. Finkelstein u. Silberman, Keine Posaunen vor Jericho, S. 65.

Weltbild des Alten Ägyptens sowie in einigen Bereichen der Bibel werden Macht, Herrschaft und Göttlichkeit im Zentrum situiert. Je weiter sich dahingegen die Peripherie nähert, desto stärker regieren »die Mächte des Chaos und des Todes.«[382] Durch die Projektion des Feldes kann die Erzählinstanz auf der Ebene der (impliziten) Leser_innenlenkung Israels historisch minoritären Status in Erinnerung rufen. Deutlich klingt hier dann der hebräische Wortstamm ›tsarar‹ (dt. bedrücken o. beengen) von מצרים an[383] – und dieser Zugang filtert die Sichtweise auf der Rezeptionsebene:

> [...] die Israeliten der Exoduserzählung haben exakt jenen Status, den Juda unter den Assyrern, den Saïten-Pharaonen und unter den Babyloniern hatte. Die historisch ganz unwahrscheinliche Textfiktion, dass Israel als Volksganzes in Ägypten weilte, wurde gewählt, weil sie die staatsrechtliche Konstellation, in der Juda während des 7. und 6. Jahrhunderts überwiegend lebte, abzubilden vermag. Und dieser staatsrechtliche Status [ist *ein* historischer Anker], der nicht nur den heutigen Forschern erlaubt, die Erzählung zu datieren, sondern zuallererst den ursprünglichen Adressaten die Anwendung der Erzählung auf ihre eigene Situation ermöglichte.[384]

Indem die Exoduserzählung so ›unhistorisch‹ im pharaonischen Ägypten lokalisiert wird, erhält der Namen ›Ägypten‹ den Charakter einer ideologisch aufgeladenen Metapher: »Mitsrajim bezieht sich jetzt auf die ganze Reihe von Reichen [...], die Israel in die Enge trieben. Alle diese Imperien werden in diesem Sklavenhaus zusammengefasst, woraus Israel erlöst wird.«[385] Die narrativ konstruierte Binarität, die gleichermaßen die Diskursebene und die erzählte Welt umgreift, kann daraufhin bildlich für die Unterscheidung zwischen Ägypten und Israel stehen, welche die Erzählstimme (und ggf. die Autor_inneninstanzen) vorzunehmen wünscht.[386] Auch innerhalb der narrativen Binnenlogik stabilisiert die räumlich eingerichtete Grenze die kulturelle und soziale Abgrenzung zwischen den Völkern – diesmal nimmt die Initiative ihren Ausgang aber von Ägypten her.

Obwohl ›Achsen der Differenz‹ vielmals als statisch anmuten, stehen auf der Ebene von Machtressourcen aber Dynamiken in Aussicht, die das Handeln und die bestehenden Verhältnisse neu regeln können: Je stärker die Ägypter_innen das Volk Israel erniedrigten, desto zahlreicher und desto mehr breitete es sich aus, da fürchtete Ägypten sich im Angesicht der Söhne Israels (vgl. Ex 1,12).[387]

2.3.3 Die Furcht vor dem Anderen: Widerstand und Macht I (Ex 1,15-21)

Mit Vers 15 setzt zwar ein neuer Spannungsbogen innerhalb der Erzählung ein, die zu verhandelnde Thematik bleibt jedoch weitgehend identisch: Abermals

---

[382] Ballhorn, Israel am Jordan, S. 106.
[383] Vgl. Boer, Erlösung aus der Sklaverei, S. 69.
[384] Utzschneider u. Oswald, Exodus 1-15, S. 76f.
[385] Boer, Erlösung aus der Sklaverei, S. 69.
[386] Siehe hierzu Greifenhagen, Egypt on the Pentateuch's Ideological Map, S. 54f.
[387] Zur Übersetzung von ›fürchten‹ siehe (in diesem Teil) Fußnote 497.

zentralisiert der Plot Pharaos Wunsch nach der Dezimierung des israelitischen Volkes – die Gewaltmaßnahmen werden allerdings zunehmend drastischer. Der König treibt seine ›Biopolitik‹ massiver voran. Hierzu verlässt die Erzählstimme neuerlich die Ebene der Nacherzählung und bildet die Worte der Figuren stattdessen in der direkten Rede ab. Während Pharao das Ziel seiner Biopolitik mithilfe der körperlichen Ausbeutung mehr oder minder passiv herbeiführen wollte, ›modifiziert‹ er die Strategie nun zugunsten einer offensiven Tötungsmaßnahme:

> Da sprach der König von Ägypten zu den Hebammen der Hebräerinnen, der Name der einen war Schifra und der Name der zweiten Pua: ›Wenn ihr den Hebräerinnen Hilfe bei der Geburt leistet, dann schaut auf die Geschlechtsorgane. Wenn er ein Sohn ist, dann sollt ihr ihn töten, wenn sie eine Tochter ist, soll sie leben (Ex 1,15).‹

Pharaos Anordnung fügt sich geradewegs in die Spur seiner biopolitischen Bestrebungen ein.[388] In Form von Geschlecht kommt allerdings eine neue, androzentrisch geprägte Differenzlinie hinzu: Ausschließlich Jungen sollen getötet werden. Doch löst sich die Kategorie Geschlecht offenkundig nicht im neuzeitlich verbreiteten Bias von sex/gender auf.[389] Vielmehr stellt sich Geschlecht als ein inklusives Denkkonzept dar, wobei die Geschlechtsorgane aber richtungsweisend für eine soziale Bedeutungszuweisung sind, welche durch den antithetischen Parallelismus (Jungen: töten, Mädchen: leben lassen) geradenach provoziert wird. Während der Text nämlich über die Gründe für die Ermordung speziell männlicher Säuglinge schweigt, zwingt sich diese Frage im Zuge der Auslegung unverhohlen auf.[390]

Die Referenzen, die nunmehr zur Interpretation herangezogen werden, sind eindeutig sozial konnotiert: Vermutlich verbirgt sich hinter der königlichen Anordnung die Aussicht auf ein nicht-reproduktionsfähiges, männerloses Volk, welches in dieser androzentrisch und religiös geprägten Gesellschaftsform nicht nur seine Identität, sondern zugleich seine politische bzw. militärische Geltungsmacht verliert.[391] In der Wahrnehmung Israels sind Söhne die Träger der Verheißung durch Gott. Männliche Nachkommen werden als Garant der Existenz des Volkes betrachtet – ohne Männer kann Israel nicht fortbestehen.[392] Frauen jedoch sind verantwortlich für Schwangerschaft und Geburt: Die soziale Stellung einer Frau bemisst sich zunächst einmal an ihrer Fruchtbarkeit und schließlich am Geschlecht des Kindes, welches sie zur Welt bringt.[393] Weil Fruchtbarkeit und Schwangerschaft aber als göttlich verursacht gelten,[394] schaltet sich neben ökonomischen und sozialen Faktoren ferner Religion als Relevanzgröße in den Horizont von Geburt ein: »Geboren werden an sich wird zum Politikum.«[395]

---

[388] Die Tötung von Neugeborenen, der so genannte Neonatizid, ist in antiker Zeit keineswegs ungewöhnlich und gerade dort als Praxis verbreitet, wo Kinder mit Behinderungen zur Welt kommen. Vgl. Utzschneider u. Oswald, Exodus 1-15, S. 80.

[389] Siehe dazu Teil II, Kapitel 1.1.2.

[390] Siehe dazu Teil V, Kapitel 2.2.4.

[391] Vgl. Fischer, Gottesstreiterinnen, S. 160.

[392] Siehe hierzu auch die Erläuterungen in Teil III, Kapitel 1.3.4.

[393] Vgl. Fischer, Gottesstreiterinnen, S. 160.

[394] Vgl. Gies, Geburt, ein Übergang, 260f.

[395] Bamberger, Ex 1,15-22 in einer empirischen Lesestudie.

Die Herstellung sozialer Ungleichheit über Körper und Geschlecht, welche speziell Frauen betrifft, ist im Zuge des Verheißungsnarrativ augenscheinlich untrennbar mit der religiösen Sphäre bzw. dem Weltbild Israels verwoben. Durch ihre autoritative Architektur diktiert die strukturgebende Kategorie Religion Denkweisen und sogleich Praktiken infolgedessen die israelitischen Frauen aufgrund von Frucht- bzw. Unfruchtbarkeit diskriminiert werden oder aber im Gegenteil Privilegien genießen. Dass ein derartiges System langfristig bestehen kann, lässt sich wohl auch auf Mechanismen zurückführen, nach welchen die unterdrückten Frauen aktiv an der Reproduktion von Diskriminierung und struktureller Gewalt teilhaben: Im Zuge der virilokalen Eheform verlassen Töchter ihr Elternhaus und leben fortan in der Familie des Ehemanns, der nunmehr ihre Identität bestimmt.[396] Im Alter sind die Söhne (bzw. deren Gemahlinnen) mit der Versorgung der Eltern beauftragt. Sie funktionieren als eine Art ›Sozialversicherung‹ für Vater und Mutter, was ihren besonderen Status innerhalb der Familie neuerlich stärkt.[397] Die patriarchal, mehr noch aber kyriarchal geprägte Gesellschaft tritt hierauf als ein sich selbst erhaltendes System hervor, in welchem die Reproduktionsfähigkeit (insbesondere von Söhnen) den Maßstab der sozialen und somit familiären Existenz bildet. Da den biblischen Figuren diese hegemoniale Ordnung in aller Regel eingeschrieben ist,[398] wirken männliche und weibliche Figuren hier voraussichtlich gleichermaßen auf die kulturelle, ideologische, geschlechtsspezifische, ökonomische, politische und soziale Formung der erzählten Gesellschaft ein.[399]

Es bleibt offen, wie weit Pharaos Kenntnisse bezüglich Israels soziokulturellen Modi reichen. Die Order, ausschließlich Jungen zu töten, kann durchaus auf diesbezüglichen Wissensbeständen des Königs aufbauen, wobei ein kyriarchales Referenzsystem mit aller Wahrscheinlichkeit maßgebend ist: Dass Pharao die Mädchen im Gegenüber zu den Jungen verschont, kann einer zweckgebundenen z.B. assimilierenden Strategie geschuldet sein – somit wären auch sexistische Raster ausschlaggebend. Weil die Identität einer Ehefrau im antiken Israel aus der des Ehemanns abgeleitet wird, kann Pharaos Absicht darin liegen, die hebräischen Frauen in ägyptische Ehen zu drängen und sie infolgedessen ihrer ethnischreligiösen Herkunft zu berauben.

Das Erste Testament kennt das Konzept der Mischehen,[400] die Reaktionen darauf sind divergent. Während die JosEferzählung die ›mixed marriage‹ durchaus positiv bewertet, entwirft Ex 1,15 womöglich eine Negativfolie hierzu: Die Erzählstimme warnt vor Assimilierungen, die mit Mischehen einhergehen können. Sodann erscheint auch eine androzentrisch-sexistische Motivation Pharaos, die freilich ebenfalls an ein kulturelles Angleichungsbestreben des Königs gekoppelt sein kann, als plausibles Interpretament. Demnach schließt Pharao Frauen ›per

---

[396] Vgl. Fischer, Gottesstreiterinnen, S. 160. Siehe hierzu allerdings auch die Darstellungen in Teil III, Kapitel 1.3.4.

[397] Vgl. Biberger, Sohn/Tochter (AT).

[398] Nach T. Kirsch, der sich seinerseits auf A. Gramsci beruft, ist für die Aufrechterhaltung von Hegemonie die Einwilligung der Unterdrückten nötig. Vgl. Kirsch, Männlichkeit als Machtstruktur, S. 227.

[399] Vgl. Yee, Postcolonial Biblical Criticism, S. 219; vgl. Gies, Geburt, S. 258.

[400] Siehe dazu Teil III, Kapitel 1.3.4.

se‹ als potenzielle Gefahr von seinen Befürchtungen aus; entsprechend der hegemonialen Männlichkeitslogik gelten einzig Männer als Rivalen.[401] Zumindest aus einer zeitgenössischen und erzähltheoretischen Perspektive heraus, steht die Aufforderung Pharaos eindeutig im Zeichen von Ereignishaftigkeit, sie ist gleichermaßen ›relevant‹ wie ›imprädiktabel‹.

In Vers 15 verwendet der König erstmals den Ausdruck **מילדת העברית** (**hebräische** Hebammen o. Hebammen der **Hebräerinnen**). Im Fortgang der Auszugsnarration taucht der Terminus zwar noch häufiger auf, hier hat er jedoch seine Premiere. Insgesamt lässt sich der Begriff 33 bzw. 34 Mal im Ersten Testament belegen. Wiederum 41% des Gesamtvorkommens innerhalb der Tora entfallen dabei auf das Exodusbuch, wo der Ausdruck gerade zu Beginn der Erzählung aus der Perspektive Ägyptens eingesetzt wird, um die israelitischen Ausländer_innen zu adressieren.[402] Wie Utzschneider und Oswald erörtern, hat die Bezeichnung im Zusammenhang von Ex 1 zunächst eine ethnische Bedeutung: Israel und Ägypten werden einander gegenübergestellt. Darüber hinaus klingt in der Zuweisung ferner »der besondere Status der Israeliten in Ägypten als Fremde Abhängige und Unterdrückte«[403] an. Die Umschrift gibt Hebräer_innen in Form von ›Hapiru‹ wieder. In keilschriftlichen und ägyptischen Texten des 2. Jt. v. Chr. sind damit vorwiegend rechtlose und marginalisierte Menschen etikettiert.[404] Greifenhagen sieht die Konnotationsfäden daher zuvorderst aufgespannt zwischen soziökonomischen und ethnischen Differenzen, die im Blick auf Israel einhergehen mit Fremdheit, sozialer Ausgrenzung und Armut. Die Hebräer_innen gelten als Besitzlose, wohingegen die Ägypter_innen Besitzende sind.[405] Sowohl im Rahmen der erzählten Welt als auch auf der Diskursebene kann die Verwendung des Ausdrucks ›Hebräer_innen‹ der ethnischen, religiösen oder auch nationalen Abgrenzung bzw. Kollektivierung dienen.[406] Die Subjekte, welche die Exklusion oder aber im Gegenteil die Inklusion vornehmen, variieren entsprechend der narrativen Ebenen indessen.

Schifra und Pua, die zwei Hebammen, die Pharao für die Umsetzung des Genozids beauftragt hat, werden also מילדת העברית (hebräische Hebammen o. Hebammen der Hebräerinnen) genannt. Der Ausdruck ist polyvalent:[407] »Because of the ambiguous language of the text […], it is unclear wether the two women are themselves Hebrews or midwives to the Hebrews.«[408] Schifras und Puas Herkunft lässt Spielraum für verschiedene Deutungen. Infolge der Vokalisierung des masoretischen Textes sind hebräische Hebammen angesprochen. Ausgehend vom Konsonantentext ist dahingegen eine Wiedergabe in Form ›die

---

[401] Siehe dazu auch die Deutungen der Jugendlichen, z.B. in Teil V, Kapitel 2.2.4.
[402] Vgl. Jericke, Hebräer / Hapiru; vgl. Albertz, Exodus 1-18, S. 50.
[403] Utzschneider u. Oswald, Exodus 1-15, S. 79.
[404] Vgl. Jericke, Hebräer / Hapiru.
[405] Vgl. Greifenhagen, Egypt on the Pentateuch's Ideological Map, S. 55.
[406] Vgl. Bamberger, Ex 1,15-22 in einer empirischen Lesestudie.
[407] S. Gillmayr-Bucher geht davon aus, dass die Hebammen zum Volk Israel gehören. Vgl. Gillmayr-Bucher, Die literarische Konzeption der Figur Gott im Buch Exodus, S. 57.
[408] O' Donnell Setel, Exodus, S. 34.

Hebammen der Hebräerinnen‹ zutreffender.[409] Während die diegetischen Umstände eine ägyptische Herkunft der Geburtshelferinnen nahe legen, sofern etwa der König in persönlichen Kontakt zu den Frauen tritt und mit ihnen über die Hebräerinnen redet, erscheint in Bezug auf die Namen ein hebräischer Hintergrund, wie er im Talmud präsentiert wird, plausibel:[410] Durch die Informationen der Erzählstimme ist bekannt, dass die Geburtshelferinnen Schifra und Pua heißen. Ihre Namen, die in aller Regel mit Schönheit und Glanz[411] übersetzt werden, »klingen unverfälscht hebräisch.«[412] Und nach Fischer und Markl sind die Namen wie so oft programmatisch zu begreifen: »Schönheit und Glanz liegen im Handeln dieser zwei Hebammen [...].«[413] Dass die altorientalischen Texte auch Gott als Hebamme portraitieren,[414] unterstreicht das besondere Ansehen von Schifra und Pua, welches ihren Namen bereits eingeschrieben ist. Trotz der semitischen Färbung wendet Thomas Römer schließlich aber ein, dass Schifra und Pua anderorts nicht als Personennamen belegt sind und »für ein natürlich ›israelitisches‹ Publikum kreiert wurden.«[415]

Wenn Pharao ebenso wie die anderen Könige im Exodus namenlos bleibt, wird diese Anonymität voraussichtlich zur Profilierung der Geburtshelferinnen beitragen, denn die Namensgebung kann auf der Rezeptionsebene Nähe anbahnen. Im Gegenüber zu den Hebammen, die auf der Rezeptionsebene wahrscheinlich Sympathie wecken, kommt Pharao als eine durch und durch antipathische Figur daher. Der König erreicht zunehmend den Status einer Projektionsfigur, die auf andere zeitlose Erfahrungen im Horizont von Herrschaft und Unterdrückung übertragbar ist und situationsbedingt abgerufen werden kann. Auch aufgrund dieser Funktion verschweigt die Erzählstimme womöglich verschiedene Informationen, welche für eine angemessene historische Verortung des Königs nötig sind:[416] »Der Erzählung geht es überhaupt nicht um einen individuellen Pharao, sondern um das ›Prinzip Pharao‹ und um Ägypten als Symbol der Unterdrückung.«[417] An Gewicht gewinnt diese Einsicht ferner vor dem Hintergrund der voraussichtlichen Textgenese von Ex 1: In exilisch und nachexlischer Zeit befindet sich Israel in einer ständigen Abhängigkeitssituation, die ein selbstbestimmtes Handeln unmöglich macht. Dass in den hier situierten Texten Kritik anlässlich Israels Unterordnung durchschlägt, ist in Bezug auf die ›intentio operis‹ durchaus einleuchtend.[418]

---

[409] Vgl. Utzschneider u. Oswald, Exodus 1-15, S. 79; vgl. auch Albertz, Exodus 1-18, S. 49. Bibelausgaben wie Septuaginta und Vulgata übersetzen mit einer Genetivverbindung, sie verwenden die Formel ›die Hebammen der Hebräerinnen‹.

[410] Vgl. Albertz, Exodus 1-18, S. 49.

[411] Im Anschluss an eine Herleitung aus dem Ugaritischen ist außerdem die Bedeutung Mädchen (pgt) möglich. Vgl. Müllner, Hebamme.

[412] Siebert-Hommes, Die Retterinnen des Retters Israels, S. 281.

[413] Fischer u. Markl, Das Buch Exodus, S. 32.

[414] Siehe hierzu A. Finsterbusch (2008).

[415] Römer, Mose und die Frauen in Exodus 1-4, S. 76.

[416] Einige Indizien des Textes legen es nahe, die Figur ›Pharao‹ mit Ramses II (ca. 1303 v. Chr. bis 1213 v. Chr.) in Verbindung zu bringen. Siehe hierzu auch Teil III, Kapitel 1.3 und außerdem in Kapitel 2.3.2 die Fußnote 369.

[417] Oswald, Staatstheorie im Alten Israel, S. 81.

[418] Siehe dazu Teil III, Kapitel 1.3.2.

Ausgerechnet zwei Hebammen sollen[419] Pharaos genozidalen Plan in die Tat umsetzen. Abermals rückt der König in ein schlechtes Licht: »Die Frauen, deren Aufgabe es eigentlich ist, Leben zu ermöglichen, werden gezwungen Leben zu vernichten.«[420] Im Anschluss an die Hinweise der Exposition markiert die Geburtshilfe *erstens* ein eigenes Aufgabenfeld, dass *zweitens* dezidiert von Frauen ausgeübt, welchen *drittens* technische Hilfsmittel zur Verfügung stehen: Der Ausdruck האבנים (Ex 1,16) meint wörtlich übersetzt (Stütz)Steine, auf welche sich die Gebärenden bei der Entbindung setzen.[421] Wenn die Hebammen infolge von Pharaos Auftrag allerdings auf die Steine blicken sollen, stellt der Begriff in dieser Verwendung wohl eher einen Euphemismus für die Geschlechtsteile dar.

Obwohl aus Versen in Jer 20,15 oder Hi 3,3 ersichtlich wird, dass Väter Nachricht über die Geburt ihrer Kinder erhalten, sind über ihre Anwesenheit beim tatsächlichen Hergang keine Belege zu finden.[422] »Bei der Geburt ist nach der orientalischen Sitte der Vater des Kindes nicht dabei, die Hebamme ist allein – also ohne Zeugen.«[423] Da der Raum der Geburt infolge dieser Einsichten exklusiv Frauen vorbehalten ist, könnte es womöglich dieses ›schützende‹ Umfeld sein, welches Schifra und Pua zu ›Ungehorsam‹ motiviert und ihnen die Anwendung einer List erlaubt. War das hebräische Volk der Unterdrückung bislang nonverbal wohl aber mit Trotz entgegengetreten,[424] brechen Schifra und Pua das Schweigen buchstäblich auf und leiten ein befreides Ereignis ein:[425] Weil sie gottesfürchtig sind, lassen die Hebammen die neugeborenen Jungen am Leben. Sie sprechen zu Pharao: »Die Hebräerinnen sind nicht wie Ägypterinnen. Sie sind lebendig[426] und können leicht gebären. Bevor noch eine Hebamme zu ihnen kommt, haben sie schon geboren« (Ex 1,19). So wie der König vorher, erzeugen Schifra und Pua durch ihre Worte einen Kontrast zwischen Ägypten und Israel, der entlang verschiedener ›Modi des Seins‹ verläuft. Geschickt nehmen die beiden Frauen Pharaos mutmaßliche Vorurteile auf und instrumentalisieren sie. Zwar portraitieren Schifra und Pua die hebräischen Frauen besonders vital und setzen den Körper hierfür gekonnt in Szene. Die Konnotationen, die sie dazu wachrufen,[427] klingen im Anschluss an eine direkte Wiedergabe der hebräischen Worte

---

[419] Im Anschluss an die Exposition lässt sich annehmen, dass die Geburtshilfe ein spezifisches Aufgabenfeld darstellt, welches von besonders kompetenten oftmals auch religiösen Frauen ausgeführt wird. Vgl. Müllner, Hebamme.

[420] Schmitz, Gewalt und Widerstand, S. 23.

[421] Vgl. Gesenius, Hebräisches und aramäisches Handwörterbuch über das Alte Testament, S. 6.

[422] Vgl. Müllner, Hebamme.

[423] Zenger, Das Buch Exodus, S. 35.

[424] Vgl. Scholz, The Complexities of ›His‹ Liberation Talk, S. 27.

[425] Vgl. Pixley, Liberation Criticism, S. 148.

[426] Das Wort חיו ist ein Hapax Legomenon, in der Bibel tritt es einmalig auf. In der Regel wird es mit lebenskräftig oder auch stark wiedergegeben. Der Ausdruck zeigt eine Ähnlichkeit zum Wort תוח, welches im ersten Schöpfungsbericht das Gewimmel der Landtiere abbildet. Wenngleich Ex 1,19 diese Tiere nicht meint, ist die Verwandtschaft mit dem Verbum ח'ה unbestritten. Da Eva von Adam mit ה'ח angeredet wird, könnte hier eine Verbindung indiziert sein. Unter dieser Voraussetzung »würde die Antwort der Hebammen auf die Leben spendende Kraft der ersten Mutter Eva verweisen.« Siebert-Hommes, Die Retterinnen des Retters Israels, S. 282.

[427] Vgl. Yee, Postcolonial Biblical Criticism, S. 216.

aber animalisch und abfällig. Dennoch: Die Ägypterinnen mögen infolge der Rede vielleicht kultivierter erscheinen, bei der Geburt sind sie im Unterschied zu den Hebräerinnen indes auf die Hilfe von Geburtshelferinnen angewiesen: Schließlich gilt die Fähigkeit Kinder zügig zu gebären »als Ausdruck fraulicher Stärke«,[428] welche den Ägypterinnen versagt wird und die auf der Ebene von Körperrepräsentationen u.U. auf die Wahrnehmung des gesamten Volkes ausstrahlen soll.

Schifra und Pua nehmen das für biblische und antike Kontexte typische Zusammendenken von Frausein und Reproduktion auf. In ihrer Argumentation verbinden sich Bodyismen mit Rassismen. Insofern der Dualismus weder von Seiten des Königs[429] noch der Erzählstimme negiert wird, setzt sich die Lüge durch: Durch das Einspielen von Rassismen sowie den Wissensvorsprung gelingt es Schifra und Pua, den König von ihrer Aussage zu überzeugen und dessen Pläne zu sabotieren. Auch vor dem Hintergrund der geschlechtlich-markierten Grenzen (Bereich der Geburt) verschieben sich die Machtpositionen einstweilig. Die ›seperate female sphere‹,[430] die vermutlich den Ausgangspunkt für die Wahl des Königs markiert hat[431] und die auf der Interpretationsebene deshalb zunächst negativ konnotiert war, legt als eine Art Schwellenbereich nun das Fundament für die Handlungsmacht der Frauen. In dieser sozialen Bestimmung determiniert der Raum im entscheidenden Maße die Vorgehensmöglichkeiten der Figuren und ordnet die Machtverhältnisse vorübergehend neu an. Im Horizont des Ersten Testaments stellt Gebärfähigkeit nicht nur ein Kennzeichen von Weiblichkeit dar,[432] sondern überdies ein probates Mittel zur Herstellung geschlechtlicher, sozialer und, wie die Exposition zeigt, sogleich ethnischer Differenz, die auch im Raum manifest wird: Auf der Grundlage von geschlechtlich markierten Bereichen, die biblisch belegt sind,[433] generiert die räumliche Grenze in Ex 1 eine weibliche ›in-group‹[434], deren Zugehörigkeit sich neben Geschlecht und Körper außerdem durch epistemische Autorität gegenüber der ›out-group‹ artikuliert: »Pharao may be the authority figure in Exodus but the women are the individuals *who exert power over him* […].«[435] Pharaos hegemonialer Männlichkeitsstatus erscheint zunehmend fragiler. Insbesondere, wenn dem einseitig geschalteten Genozid

---

[428] Kunz-Lübcke, Das Kind in den antiken Kulturen des Mittelmeeres, S. 43. Siehe dazu auch Teil III, Kapitel 1.3.4.

[429] Mit R. Albertz musste sich der König den beiden Frauen »geschlagen geben, er konnte den Sachverhalt nicht nachprüfen, weil die Geburt im alten Israel, allein eine Sache der Frauen war, zu der kein Mann Zutritt hatte.« Albertz, Exodus 1-18, S. 51. S. Scholz entlastet die Hebammen; sie weist darauf hin, dass Schifras und Puas Aussage auf den Vorurteilen des Königs aufbaut. Vgl. Scholz, Exodus, S. 28. Dass Pharao die Erklärung der Geburtshelferinnen nicht anzweifelt, sieht K. Gies darin begründet, »dass nicht zu jeder Geburt eine Spezialistin hinzugezogen wurde oder werden konnte.« Gies, Geburt, S. 282.

[430] Vgl. O' Donnell Setel, Exodus, S. 33.

[431] Die Hebammen arbeiten in einem Umfeld, das es ihnen erlaubt, die Tötung der Neugeborenen schnellstmöglich und ohne viele Zeug_innen durchzuführen.

[432] Vgl. Gies, Geburt, S. 270.

[433] Siehe in diesem Zusammenhang auch Teil III, Kapitel 1.3.4.

[434] Im Anschluss an eine grundsätzliche Infragestellung von Binaritäten ist darauf hinzuweisen, dass die Grenzen zwischen den Gruppen als dynamisch und veränderbar anzusehen sind.

[435] Steinberg, Feminist Criticism, S. 181, Hervorhebung durch Verfasserin.

sexistische Motive zugrunde liegen und Mädchen bzw. Frauen als ungefährlich gelten, wird die eigens erwünschte Klugheit (Ex 1,10) des Königs durch den Auftritt der Hebammen in doppelter Hinsicht ironisch zitiert. Denn der Despot stolpert scheinbar nicht nur über seine sexistischen Raster, sondern außerdem über seinen Rassismus.

Schließlich sind biblischen Texten keineswegs bloß Konzepte zu eigen, die in der Spur hegemonialer Männlichkeiten liegen, es werden immer wieder auch alternative Entwürfe aufgerufen. Silvia Schroer etwa stellt die These auf, dass »die hegemoniale Männlichkeit der biblischen Männergestalten fast ausnahmslos einen Knacks hat.«[436] Zumindest auf den König von Ex 1 trifft diese Einsicht zu. Weil die Herkunft von Schifra und Pua ungewiss ist, ergibt sich die Frage, ob Pharao tatsächlich auf die Verschwiegenheit und Loyalität der u.U. ›fremden‹ Frauen vertraut. Dass hebräische Hebammen Zugang zu den Geburtsräumen der Ägypterinnen haben oder aber Gegenteiliges der Fall ist, erscheint erst unter der Voraussetzung eines lebendigen Miteinanders zwischen Israel und Ägypten denkbar.[437] Die ›seperate female sphere‹ stellt sich dann nicht nur als ein Raum dar, zu dem ausschließlich Frauen Zutritt erhalten,[438] sie fungiert darüber hinaus ggf. als Forum von Interkulturalität.[439] Die Ambiguität, welche mit Schifras und Puas Herkunft einhergeht, gestattet auf der Rezeptionsebene eine Lesart, die ethnische Engführungen irritieren kann. Gerade wenn die Hebammen aus Ägypten kommen, wirkt nach Rainer Albertz »die Tatsache, dass diese ägyptischen Frauen der Anordnung des Pharao nicht gehorchten, sondern die männlichen Neugeborenen am Leben ließen«,[440] »umso spektakulärer.«[441] Die sprachlich hergestellte Exklusion, die Schifra und Pua mittels ihrer Rede erwirken, erscheint in diesem Rahmen zumindest nicht vordergründig als rassistisch beeinflusste Gewalt. Viel eher versuchen die Geburtshelferinnen sich selbst bzw. Israel strategisch aus der Ohnmachtssituation zu befreien. Der Dialog zwischen Hebammen und Pharao ist getragen von den antithetisch angelegten Wortfeldern leben (חיה) bzw. gebären (ילד) und töten (מות).[442] Das befreiende bzw. bedrückende Moment, das von den Figuren her ausstrahlt auf die Ebene der Leser_innen, kommt eindeutig zum Ausdruck.

---

[436] Schroer, Schuf Gott den Mann nach seinem Bild, S. 123.

[437] Im Zuge der Interpretation werden oftmals Verbindungslinien zu den ägyptischen Göttinnen Isis und Nephtys gezogen. Der Mythos erzählt die Geschichte zweier Hebammen, die vom Gott Ré gesandt werden, um die Geburt des Nachwuchses positiv zu beeinflussen. Im Unterschied zur Exodusexposition heißt es dort allerdings, ›haltet die Kinder am Leben‹. Obwohl Schifra und Pua durchaus auf dem Hintergrund dieser Vorlage gezeichnet worden sein können, zeigt sich, dass ihre Geschichte eine andere ist. Vgl. Siebert-Hommes, Die Retterinnen des Retters Israels, S. 281. Einige Ausleger_innen kritisieren, dass lediglich zwei Hebammen für eine so große Gruppe verantwortlich sein sollen. Das Problem wird gelöst, indem Schifra und Pua als Vertreterinnen ihrer Zunft betrachtet werden. Vgl. Fischer u. Markl, Das Buch Exodus, S. 33.

[438] Siehe hierzu auch Gies, Geburt, S. 267. K. Gies weist daraufhin, dass auch die Namensgebung, die sich oftmals auf Vorgänge und Erfahrungen bei der Geburt bezieht, ein Indiz für den Ausschluss von Männern während der Niederkunft sein kann.

[439] Siehe dazu Lösch, Begriff und Phänomen der Transdifferenz, S. 35

[440] Albertz, Exodus 1-18, S. 50.

[441] Ebd., S. 49.

[442] Siehe hierzu auch Bamberger, Ex 1,15-22 in einer empirischen Lesestudie.

In der Linie biblischen Erzählens, wo ausführliche Beschreibungen der Seltenheit angehören und stattdessen Handlungen im Fokus stehen, erhalten die Rezipierenden auch in Ex 1 wenig Einblick in die emotionale Verfasstheit der Protagonist_innen. »Über die Gefühle der Frauen, etwa ihre Angst oder Motive, erfahren wir nichts«,[443] konstatiert so z.B. Helen Schüngel-Straumann im Blick auf die Exposition – und es stimmt: Lesende von Ex 1 können lediglich antizipieren, wie die beiden Völker, die Mütter und Väter, die Kinder, die Fronaufsehenden und der König gedacht und empfunden haben. Die Gefühlslage dieser Figuren bleibt dem Publikum weitgehend verborgen. Erst zugunsten von Schifra und Pua verlässt die Erzählstimme die vorgegebene Struktur: »Und die Hebammen fürchteten die Gottheit und sie taten nicht das, was der König von Ägypten zu ihnen gesagt hatte, sie ließen die Jungen am Leben« (Ex 1,17). Im Anschluss an die Erzählstimme, welche in Vers 17 erstmalig einen ausdrücklich theologischen Begründungshorizont einspielt, markiert die Gottesfurcht das originäre Motiv für den Widerstand von Schifra und Pua – Glaube und Befreiung gehen Hand in Hand. Auf ebenso subversive wie ›gewaltsame‹ Weise intervenieren die Hebammen gegen den Befehl von Pharao. Hierdurch schalten sie sich nicht nur aktiv in die politischen Machenschaften der Obrigkeit ein,[444] mit ihrem Protest irritieren sie vice versa stereotype Entwürfe von Männlichkeiten und Weiblichkeiten.[445] Die Ereignishaftigkeit, die in Schifras und Puas Handeln verankert liegt, wird damit mehr als anschaulich.

Schließlich offenbart die Erzählstimme, dass nicht exklusiv Söhne das Fortbestehen Israels gewährleisten, sondern die Gottheit (im Zusammenspiel mit den Hebammen), welche nun erstmals als Subjekt hervortritt und die ›Biopolitik‹ des Königs unterwandert. Gott unterstützt die Hebammen und setzt Pharaos Bestreben deutliche Grenzen:[446] »Und die Gottheit ließ es den Hebammen gut gehen. Und das Volk mehrte sich und wurde sehr stark. Weil die Hebammen die Gottheit fürchteten, machte sie ihnen Häuser« (Ex 1,20-21).[447] Die göttlichen Fähigkeiten, die hier zum Ausdruck kommen, unterstreichen die Einzigartigkeit der Figur und erfüllen daraufhin voraussichtlich die Leser_innenerwartungen. Wenn in diesem Zusammenhang die Bezeichnung אלהים eingesetzt wird, kann diese Ver-

---

[443] Schüngel-Straumann, Anfänge feministischer Exegese, S. 263.

[444] Der Widerstand von Schifra und Pua unterstreicht I. Fischers These, dass Frauen »sich das Volk [erstreiten], während die Männer sich das Land erstreiten. Fischer, Gender-faire Exegese, S. 90; vgl. außerdem O' Donnell-Setel, Exodus, S. 34.

[445] Vgl. auch Schmitz, Gewalt und Widerstand, S. 23. Siehe dazu außerdem Josefine, Interview, A. 26.

[446] In diesem Zusammenhang stellt sich die Frage, warum die Gottesfigur erst jetzt handelnd in Erscheinung tritt, hätte sie nicht bereits im Rahmen der ersten Maßnahme des Königs aktiv werden können? Nach T.B. Dozeman begründet sich die Abwesenheit Gottes darin, dass zunächst einmal die menschliche Perspektive fokussiert werden soll.

[447] Auch hier verweist der Ausdruck Häuser auf Familien bzw. Nachkommenschaft. Obwohl der hebräische Text ein maskulines Pronomen einsetzt, werden seitens der Forschung oftmals die Hebammen als Empfängerinnen der Nachkommenschaft angesehen. Allerdings lässt sich das Pronomen auch auf das in V. 20 erwähnte Volk übertragen. In diesem Verständnis wirkt sich Schifras und Puas Gottesfurcht positiv auf das Wachstum des Volkes aus. Vgl. z.B. Utzschneider u. Oswald, Exodus 1-15, S. 78.

wendung ein weiteres Indiz für die ägyptische Herkunft von Schifra und Pua dar-stellen.[448] Gottesfurcht markiert demnach keine Eigenschaft, die ausschließlich Israelt_innen vorbehalten ist, sondern ferner Vertreter_innen anderer Völker.[449] Als Beleg hierfür nennt Thomas Römer dann auch Ex 1,15-22.[450] In dieser Linie kann die Gottesfurcht der Hebammen abermals als kulturelle Kontaktzone funk-tionieren. Ihr kommt sowohl im Hinblick auf die antike Rezeption der Episode Wirkpotenzial zu als auch in Bezug auf die ›storyworld‹: Als ägyptische Hebam-men überwinden Schifra und Pua die von Pharao angestrebte Differenz zwischen Israel und Ägypten. Ausgelöst wird das Vorgehen durch die Gottesfurcht, welche hierauf und entgegen der diegetischen Bedingungen eher monotheistisch denn polytheistisch oder gar pantheistisch anmutet.[451] Die Erzählstimme setzt Gott als exklusive Bewertungsinstanz ein, die das Vorgehen der Hebammen in einen af-firmativen Urteilsrahmen einlässt und Pharaos Handeln gewissermaßen negativ darin spiegelt. Final wird das Erstarken des Volkes Israel, das von Gott herbeige-führt wird, deshalb theologisch begründet und kann in Bezug auf die antike Re-zeption erste Weichen für den Neubeginn der exklusiven JHWH-Religion legen. Was den göttlichen Segen konkret motiviert, ob es die Ehrerbietung der Hebam-men, die daraus hervorgehende Tat oder das Zusammenspiel ist, hierüber schweigt die Erzählstimme indes.

Mit dem Volks- respektive Familiensegen erreicht die Erzählung einen glück-lichen Ausgang: ›Alle‹ Kinder leben; statt von Pharao bestraft zu werden, emp-fangen die Hebammen Gottes Zuspruch und das Volk wird zahlreicher.[452] Gott »nimmt das Handeln der Hebammen zum Anlass, das Volk zu mehren (רבה) und zu stärken (עצם [...]).«[453] Die Gottesfurcht von Schifra und Pua wird eigens ho-noriert, denn auch ihnen werden Nachkommen zuteil. Die Gottheit machte ihnen Häuser (Ex 1,21).[454] Die hoffnungsstiftenden Bilder, die die Erzählung ins-besondere ihren exilischen und nachexilischen Rezipient_innen immer wieder zur Hand gibt, verdichten sich. Das Happy End ist greifend nah – und doch geht die Erzählung weiter.

---

[448] Für das letztgenannte Verständnis spricht mit Blick auf die hebräische Textgrundlage der Ausdruck ›Elohim‹, der im Unterschied zur Bezeichnung JHWH eine Gottheit meinen kann, die nicht in un-mittelbarer Verbindung mit dem Volk Israel steht. Siehe hierzu auch Albertz (2012).

[449] W. Oswald erklärt in Bezug auf die Gottesfurcht, dass dieses Motiv eine gemeinsame ethische Grund-lage zwischen Israelit_innen und Fremden legt. Vgl. Utzschneider u. Oswald, Exodus 1-15, S. 81f.

[450] Vgl. Römer, Mose und die Frauen in Exodus 1-4, S. 78.

[451] Siehe dazu Teil III, Kapitel 1.3.3.

[452] T.B. Dozeman indes konstatiert im Blick auf Ex 1-2 eine Abwesenheit Gottes. Vgl. Dozeman, Exo-dus, S. 142. Siehe hierzu (in diesem Kapitel) auch die Fußnote 448.

[453] Utzschneider u. Oswald, Exodus 1-15, S. 81.

[454] Siehe hierzu auch (in diesem Kapitel) die Fußnoten 447 und 449.

2.3.4 Die Furcht vor dem Anderen: Widerstand und Macht II (Ex 1,22)

Obwohl der Handlungsbogen der Erzählung mit Ex 1,21 eigentlich sein Ende erreicht hat, ergreift Pharao, der nunmehr als ›Verlierer‹ dasteht, noch einmal das Wort und befiehlt seinem Volk: »All die Söhne, die geboren werden, werft in den Nil und all die Töchter lasst am Leben« (Ex 1,22).

Der Nil bildet die Basis der ägyptischen Grundversorgung, er beeinflusst und reguliert das (land-)wirtschaftliche und soziale Leben, die Rechts- und Kultpraxen. Ebenso wie ›Hapi‹, die Nilüberflutung Synonym von Überfluss ist, symbolisieren Metaphern wie ›Anchu‹ Lebendigkeit oder ›Uhemuanch‹ Lebenserneuerung.[455] Auch in der ägyptischen Schöpfungsmythologie ist der Nil von herausragender Bedeutung. Das jährliche Ansteigen des Flusses verstehen die alten Ägypter_innen als wiederkehrendes Zeichen für die Entstehung des Universums. Ausgehend von den Pyramidentexten des alten Reiches (ca. 2800-2200 v. Chr.) werden die Wasserfluten mit dem ägyptischen Gott des Jenseits, der Wiedergeburt und schließlich mit Osiris verbunden: Der Osirismythos erzählt von der jährlichen Wiederauferstehung des Gottes Osiris in Form der Nilflut (›Hapi‹). Das Fruchtbarkeit schenkende Wasser des Flusses wird dabei als ›Schweiß‹ oder ›Samen des Osiris‹ interpretiert, der für die Fruchtbarkeit des ägyptischen Bodens sorgt.[456] Das Totenbuch des Neuen Reiches (ca. 1555-1080 v. Chr.) nennt die Vorstellung Osiris-Hapi. Als Garant der kosmischen Balance und Wächter der Flut ist der Pharao in einem jährlichen kultischen Akt verantwortlich für diesen Vorgang.[457]

Der ›göttliche‹ Nil[458], welcher als Lebensader Ägyptens die Einwanderung der hungerleidenden Erzeltern (Gen 12,10) nach Ägypten voraussichtlich motiviert hat, wird von Pharao in sein Gegenteil verkehrt – statt Leben zu sichern, soll er Leben nehmen. Der vormals rettende Raum stellt jetzt eine Bedrohung

---

[455] Haikal, Wasserbilder in der altägyptischen Literatur, S. 26.

[456] Aus biblischer Perspektive werden hier Verbindungslinien zur Mose-Geschichte deutlich. Von seinem neidischen Bruder Set wird Osiris in einen Sarkophag gesperrt und im Nil versenkt. Isis, seine Schwester findet den Sarg, woraufhin Set den Leichnam des Bruders zerteilt und im Land verstreut. Isis fügt die Teile wiederzusammen; zwar kann sie ihren Bruder nicht zurück ins Leben führen, sie empfängt aber einen gemeinsamen Sohn. Ebenso wie Osiris durch den Nil zur Quelle des Lebens wird, stellt Mose für Israel eine Art Lebensquelle dar. Vgl. Baur, Osiris und Mose, S. 37.

[457] Vgl. Gallet, Der Nil in der ägyptischen Religion, S. 6.

[458] Die Vorstellungen angesichts des Nils sind allerdings nicht durchweg positiver Art: Das Wasser ist äußerst tief und zudem Lebensraum einer Fauna, die viele Menschen verängstigt. In der ägyptischen Rechtspraxis erfüllt der Nil eine Funktion, die durchaus ambivalent wahrgenommen und beurteilt werden kann. Ausgehend von Dokumenten des königlichen Archivs von Mari (18. Jh. v. Chr.) ist es in der mesopotamischen Rechtsprechung üblich, den Fluss für die Suche nach der Wahrheit einzusetzen. Im Rahmen des Ordals (Prozess der Urteilsfindung) durchquert der/die Angeklagte den Fluss. Gelingt es dem/der Beschuldigten das Gewässer zu durchwandern, erwirkt dies den Freispruch; in diesem Fall müssen die Ankläger_innen mit der Bestrafung rechnen. Die beschriebene Rechtspraxis ist seit den Sumerer_innen belegt und wurde bis zur Regierungszeit Nebukadnezars II eingesetzt. Vgl. Joannès, Göttliche Gewässer, S. 13.

dar. Weil Pharao die Niederlage offenkundig nicht akzeptiert, befiehlt er nunmehr allen Ägypter_innen die männlichen Säuglinge in den todbringenden Nil zu werfen. Wiederstand und Macht gehen jetzt vom König aus. Während der samaritanische Septuagintatext hier die Spezifizierung einfügt, dass es sich bei den Neugeborenen um hebräische Jungen handeln soll, verzichtet die masoretische Erzählung auf diesen Hinweis. Ob die fehlende Konkretisierung als Zeichen der Erregung des Königs zu deuten ist,[459] sie ein Indiz seiner Ungeduld markiert[460] oder noch einmal die Grausamkeit Pharaos betonen soll, bleibt ungewiss. Mit der Anmerkung alle Mädchen am Leben zu lassen, gelangt die Erzählung schließlich recht abrupt an ihr Ende. Dabei erscheint der Ausgang aber, wie so oft im Horizont der alttestamentlichen Erzählliteratur, als ein szenischer Schluss: Er ist auf eine Fortsetzung angelegt und löst diesen Wunsch vermutlich auch seitens der Rezipierenden aus.[461]

2.4 Redebeiträge, Fokalisierung und Perspektiven

Wer redet, wer schweigt? Die Frage nach den Stimmen im Text habe ich im Verlauf dieser Untersuchung bereits mehrfach und mit jeweils unterschiedlichen Erkenntnisinteressen verfolgt. Ausgehend von den Stimmwechseln,[462] die in der Exposition auffällig zu Tage treten, soll im Folgenden die Beziehung von Erzähler_innenrede und Figurenrede in Ex 1,1-22 noch einmal detaillierter betrachtet und angesichts eventueller Diskrepanzen untersucht werden.[463] Schließlich ist nach dem Verhältnis der unterschiedlichen Perspektivierungen zu fragen, welche die Handlungen, Motivationen sowie Absichten von Erzählinstanz und Figuren auf eine tieferliegende Ebene lenken.[464] Gerade im Rahmen einer kulturgeschichtlichen Narratologie ist eine Befragung der Perspektiven weiterführend, »weil sie die Schnittstelle zwischen formalen und strukturellen Aspekten des Erzählens und den semantischen und ideologischen Implikationen betreffen.«[465] Erzähltechniken wie Fokalisierung und Perspektive[466] gelten als hochgradig bedeutungsgeladene narrative Modi, die nicht überzeitlich angelegt sind, sondern sich aus bestimmten historischen, sozialen und weltanschaulichen Bedingungen speisen, wie sie u.a. in den vorangegangenen Kapiteln dargeboten wurden.

---

[459] Vgl. Albertz, Exodus 1-18, S. 52.
[460] Vgl. Fischer u. Markl, Das Buch Exodus, S. 34
[461] Vgl. dazu Seybold, Poetik der erzählenden Literatur im Alten Testament, S. 282.
[462] Im Anschluss an F. Jannidis, welcher als Ausgangspunkt für seine Definition die Lesenden nimmt, meint der Stimmwechsel, »daß die Stimme von einem Sprecher ganz oder teilweise [...] auf einen anderen« übergeht, wobei die/der Sprecher_in als eine vom Text inszenierte Instanz begriffen wird. Jannidis, Wer sagt das, S. 152.
[463] Siehe hierzu Teil II, Kapitel 2.3.1 und Kapitel 2.3.4.
[464] Vgl. Surkamp, Die Perspektivenstruktur narrativer Texte, S. 41.
[465] Nünning, Wie Erzählungen Kulturen erzeugen, S. 30.
[466] Siehe hierzu Teil II, Kapitel 2.3.2.

Für gewöhnlich sind es drei Konstellationen, die im Kontext der ›Erzählung von Worten‹[467] bzw. der Darstellung von Figurenrede[468] differenziert werden: Die zitierte Figurenrede (1), die erzählte Figurenrede (2) und die transponierte Figurenrede (3).[469] In Bezug auf die erste und für die Exodusexposition besonders relevante Form,[470] besteht zunächst einmal die Möglichkeit einer autonomen direkten Figurenrede: Ohne dass die Erzählstimme die Rede mittels ›verba dicendi‹ wie ›sie rief‹ oder ›er sagte‹ einleitet, beginnt die Figur scheinbar ungefragt und filterlos zu sprechen. Daneben kann die zitierte Figurenrede, wie oben angedeutet, von der Erzählinstanz durch eine Inquit-Formel eingeleitet werden: *»Die Hebammen sagten zu Pharao:* ›Die Hebräerinnen sind nicht wie die Ägypterinnen […]‹« (Ex 1,19). Obwohl die Erzählinstanz den Sprechakt der Figuren ankündigt und ihre Vermittlungsarbeit so offenlegt, liegt auch in diesem Fall eine weitgehend ungefilterte Redehandlung vor.[471] Dabei muss entgegen der augenscheinlichen Authentizität von direkter Figurenrede aber berücksichtigt werden, dass »[…] anders als in der Realität (und im Drama) […] die Aussage an sich nicht einfach vor[liegt]; sie entsteht de facto erst durch die angebliche Wiedergabe des Erzählers.«[472] Schließlich ist anzunehmen, dass die Erzählstimme die Rede (und Gedanken) einer Figur nur zitiert, wenn deren Worte eine spezifische, von der Erzählinstanz intendierte, narrative Funktion erfüllen sollen.[473] Insbesondere im Blick auf die Handlungen des Königs ist diese Einsicht wichtig.

Im Unterschied zum skizzierten Drei-Stufen-Konzept (zitierte, erzählte und transponierte Figurenrede) legt Wolf Schmid in seinem Modell lediglich zwei Formen der Redewiedergabe zugrunde: Er unterscheidet einerseits die Figurenrede (ausschließlich zitierte Rede) und andererseits die Erzählerrede (alle anderen Redeanteile). Als Ergebnis dieser Zweiteilung kann eine erzählte Passage entweder stärker narratorial als ›Erzählertext‹ oder figural als ›Figurentext‹ präsent sein. Eine spezielle Form, die so genannte ›Textinterferenz‹, liegt vor, wenn ein entsprechender Abschnitt weder vollständig der Figur, noch der Erzählinstanz zugeordnet werden kann und somit als hybrid erscheint.[474] Da Schmid die Ebenen

---

[467] Mit M. Martínez u. M. Scheffel umfasst die Erzählung von Worten bzw. die Präsentation von Worten die Gesamtheit dessen, was eine Figur im Kontext »der erzählten Geschichte spricht oder denkt.« Martínez u. Scheffel, Einführung in die Erzähltheorie, S. 51.

[468] Vor dem Hintergrund der Annahme, dass die Erzählinstanz als Urheberin der Rede gilt, wird all das, was die Figuren denken oder sprechen als Wiedergabe von Rede betrachtet. Die Vermittlungsarbeit der Erzählinstanz kann dabei deutlich hervortreten aber auch unsichtbar sein.

[469] Vgl. Martínez u. Scheffel, Einführung in die Erzähltheorie, S 51f. Die ›erzählte Figurenrede‹ vollzieht sich mittelbarer als die ›zitierte Figurenrede‹. Ein Beispiel hierfür, das so zwar in Ex 1 nicht vorzufinden ist, könnte folgendermaßen lauten: Der König hatte den Hebammen befohlen, die männlichen israelitischen Säuglinge zu töten. Die ›transponierte Figurenrede‹ beinhaltet sowohl indirekte Rede als auch erlebte Rede. In der Exodusexposition wird diese Form nicht verwendet.

[470] Die anderen Konstellationen sind in der Exposition nicht bzw. teils umgesetzt, sie werden deshalb nur begrenzt besprochen.

[471] Vgl. Martínez u. Scheffel, Einführung in die Erzähltheorie, S. 51.

[472] Lahn u. Meister, Einführung in die Erzähltextanalyse, S. 119.

[473] Vgl. Schmid, Elemente der Narratologie, S. 156.

[474] Vgl. Lahn u. Meister, Einführung in die Erzähltextanalyse, S.129. S. Lahn und J.C. Meister stellen das Konzept und seine ›Genese‹ ausführlicher dar.

von Figurenrede (Figurentext) und Erzählerrede (Erzählertext) klar voneinander abgrenzt, wird vorliegend mit diesen Termini operiert.

Mithilfe von Schmids Modell und dem entsprechenden Analysewerkzeug möchte ich die unterschiedlichen Textformen, d.h. die stärker narratorial und figural geprägten Texte wie auch Textinterferenzen in Ex 1,1-22 herauszuarbeiten und sie hinsichtlich ihrer Eigenschaften untersuchen. Potenzielle Abweichungen oder Widersprüchlichkeiten sollen daraufhin enthüllt und bezüglich ihrer Funktionen befragt werden. Hierbei ist der Beobachtung Rechnung zu tragen, dass sich mit dem Wechsel der Stimmen stets auch Veränderungen im Angesicht von Perspektiven[475], also dem subjektiven Kolorit des Wahrgenommenen[476], ereignen können. Welcher Ausschnitt auf die erzählte Wirklichkeit im Rahmen von Ex 1 dann jeweils im Fokus steht, soll in Orientierung an Gerard Genettes Fokalisierungskonzept erfasst werden.

Innerhalb der Exposition changieren (zitierte) Figurenrede und Erzähler_innenrede. Infolgedessen kommt es zu permanenten Sprüngen zwischen dem dramatisch-unmittelbaren bzw. dem narrativ-mittelbaren Modus[477]und damit verbunden zu einem Wechsel von Perspektiven(träger_innen) und Fokalisierungsinstanzen. Ex 1 setzt mit einem narrativen Text ein. Von der nicht-diegetischen Erzählinstanz, die außerhalb des Figurenensembles steht und geschlechtlich unmarkiert ist,[478] werden die Lesenden zunächst über Herkunft, Namen und Anzahl der Personen in der Erzählung in Kenntnis gesetzt. Bereits an dieser Stelle flechtet die Erzählinstanz in Form der Genealogie ein gemeinschaftsstiftendes und zugleich exkludierendes Merkmal in die Narration ein. Im Zuge der Analepse – »Josef war schon vorher in Ägypten« (Ex 1,5) – erhält das Publikum weitere Details zur Genese der Familiengeschichte in Ägypten. Überdies wird den Lesenden die zeitliche Unabhängigkeit der Erzählinstanz demonstriert, die zwischen Vergangenheit und Gegenwart umherwandern kann. Den Abschluss des ersten Erzähler_innentextes bilden die Hinweise auf Generationenwechsel und Bevölkerungswachstum: »Da starben Josef und alle seine Brüder und jene ganze Generation. Aber die Israelit_innen waren fruchtbar, es wimmelte von ihnen und sie vermehrten sich und sie waren sehr, sehr stark und das Land füllte sich mit ihnen«

---

[475] In Teil II, Kapitel 2.3.2 werden unterschiedliche Konzepte in diesem Rahmen besprochen.

[476] Im Anschluss an C. Surkamp wird die Perspektive verstanden als »[…] die Gesamtheit der persönlichen Merkmale einer Figur bzw. des Erzählers, die die Konstruktion individueller Wirklichkeitsmodelle in Erzähltexten beeinflussen.« Surkamp, Die Perspektivenstruktur narrativer Texte, S. 38. Siehe hierzu ausführlich Teil II, Kapitel 2.3.2.

[477] Siehe hierzu Martínez u. Scheffel, Einführung in die Erzähltheorie, S. 62. S. Lahn u. J.C. Meister sprechen im Kontext dieser Modi von einem einerseits diegetischen Modus, bei welchem die Ereignisse und Gespräche zusammenfassend durch die Erzählinstanz vermittelt werden und andererseits einem mimetischen Modus: Hier werden die Gespräche in der direkten Rede abgebildet; das narrative Moment tritt zugunsten von Authentizität in den Hintergrund. Vgl. Lahn u. Meister, Einführung in die Erzähltextanalyse, S. 117.

[478] Dass alle am Geschehen beteiligten Figuren in der dritten Person benannt und die Ereignisse im historischen Präsens bzw. im Präteritum geschildert werden, sind weitere Indizien für eine nicht-diegetische Erzählinstanz. Siehe dazu Lahn u. Meister, Einführung in die Erzähltextanalyse, S. 63. Im Rahmen der Exodusexposition wird die Erzählinstanz nur implizit dargestellt. In der gesamten Exodusexposition sind keine selbstreferentiellen Anmerkungen seitens der Erzählstimme anzutreffen.

(Ex 1,6-7). Im Hinblick auf die Vermehrungsnotiz ist auffällig, dass weder eine Wertung noch eine relationale Einordnung dieser Nachricht seitens der Erzählinstanz erfolgt. Ohne eine entsprechende Referenzgröße bleibt Rezipient_innen deshalb unklar, ob Jakobs Familie den Ägypter_innen oder anderen Völkern zahlenmäßig überlegen ist. Unter Umständen intendiert die Erzählinstanz mittels der Fertilitätsauskunft weder eine Gegenüberstellung noch eine Profilierung Israels im Blick auf Ägypten. Ihre Perspektive in Bezug auf Israel erscheint zunächst neutral. Allerdings rückt das Volk infolge verdichteter Informationen stärker als zuvor in den Fokus, was die Aufmerksamkeit des Publikums gegenüber den Figuren zu steigern vermag.

Der Übergang von Vers 7 zu Vers 8 legt die ›Nullfokalisierung‹ der Erzählinstanz erneut frei: »Und über Ägypten stieg ein neuer König auf, der wusste nichts von Josef« (Ex 1,8). Offensichtlich sind die Wahrnehmungsmöglichkeiten der Erzählinstanz nicht auf das Volk Israel der Exodusexposition beschränkt. Während zuvor Jakob und seine Familie im Blickfeld standen, ist es nun der ägyptische König, auf den sich die Konzentration richtet – der Bezug zur israelitischen Familie bleibt durch den Verweis auf Josef aber weiterhin bestehen. In Vers 8 verändert sich nicht nur das Subjekt der Wahrnehmung,[479] sondern auch die Art der Redewiedergabe. Erstmals tritt die erzählte Rede auf. Sie artikuliert sich durch die so genannte ›erzählte Gedankenrede‹, welche die Äußerung von Gedanken, Gefühlen und Wahrnehmungen umfasst.[480] Diese Art der Redewiedergabe kann Auskunft über allgemeine Überzeugungen und Wertvorstellungen einer Figur geben, oftmals ist sie an eine bestimmte Situation gebunden.[481]

Die ›Figurenrede‹ in Form von Gedanken wird in Vers 8 dort sichtbar, wo ידע (wissen/kennen/vertraut sein) unmittelbar an Pharao gekoppelt ist. Da die mentalen Prozesse der Figur jedoch indirekt als Nacherzählung vorliegen, handelt es sich im Sinne Schmids um eine ›Erzählerrede‹. Es ist nicht der König selbst, der den Lesenden mitteilt, dass ihm Josef unbekannt ist, sondern die Erzählstimme informiert das Publikum hierüber. Die Leser_innen, die bereits zuvor von Josefs Aufenthalt in Ägypten unterrichtet wurden, können im Zuge der Aussage sowohl Zeug_innen des privilegierten Status der Erzählinstanz werden als auch an diesem partizipieren. Der Informationsvorsprung zeigt den Rezipierenden jedoch nicht nur den asymmetrischen Kenntnisstand an, der den König als unwissend entlarvt und daraufhin auch eine Wertung in Aussicht stellt. Mit Blick auf die Josefserzählung wird den Lesenden ferner ermöglicht, die Zuverlässigkeit der Erzählinstanz zu prüfen. Da der Grad der Informiertheit ein zentrales Mittel

---

[479] M. Bal (1997) spricht in diesem Zusammenhang vom Subjekt der Fokalisierung im Gegenüber zum Objekt der Fokalisierung. Sie postuliert beide Instanzen ›Fokalisator‹ und ›Fokalisiertes‹ als konstitutiv. Da die Erzählstimme hier als Vermittlungsinstanz agiert, soll sie in Bezug auf Fokalisierung und Perspektive mitgedacht werden.

[480] Im deutschsprachigen Kontext wird der Terminus ›Figurenrede‹ nicht nur für die wörtliche Wiedergabe von Figurenäußerungen (äußere Rede) verwendet, sondern auch um die so genannte innere Rede von Figuren und ihre mentalen Prozesse abzubilden. Vgl. Lahn u. Meister, Einführung in die Erzähltextanalyse, S. 121.

[481] Vgl. Ebd., S. 127.

der Sympathielenkung darstellt, hat das Informationsgefälle zwischen Figur, Erzählstimme und ggf. Rezipierenden zentralen Einfluss auf die Außenwirkung von Pharao. Dabei setzt die Erzählstimme mutmaßlich ein Publikum voraus, das Kenntnisse über die familiäre Vorgeschichte der Israelit_innen besitzt. Pharaos Unwissenheit kann unter dieser Bedingung sogleich Nähe zwischen der Erzählstimme und den Lesenden stiften.[482]

Eingeleitet durch die Inquit-Formel »Und *er sagte* zu seinem Volk« (Ex 1,9) wechselt die Erzählung in Vers 9 in den unmittelbaren Modus und suggeriert hiermit den Verlust bzw. die Abwesenheit der Erzählstimme. Im Zentrum steht nicht weiter die Perspektive der Erzähler_in, welche bewertet, kommentiert oder reflektiert, sondern die Wahrnehmung von Pharao, der als Figur direkt in das erzählte Geschehen involviert ist und nun als Fokalisierungsinstanz und Perspektiventräger agiert.[483] Auf der Ebene der grammatischen Merkmale kommt der Wechsel durch die Verwendung der ersten und zweiten Personalform, der Zeitstufe des Präsens und die Nutzung sprachlicher Funktionen wie des Appells zum Ausdruck. Neben grammatischen und sprachlichen Kennzeichen werden die Veränderungen ferner auf der Ebene von ideologischen Rastern evident, die nun auftauchen: Während die Erzählstimme darauf verzichtet hatte, die Größe des hebräischen Volkes an ein konkretes Gegenüber zu binden, erklärt der König: »Das Volk der Söhne Israels ist zahlreicher und stärker als wir« (Ex 1,9). Pharao setzt Israel in Relation zu Ägypten und verweist auf die zahlenmäßige Überlegenheit der Einwander_innen. Mittels der Aufforderung, dem Wachstum Einhalt zu gebieten, drückt der König seine Abneigung aus. Den Aufruf, ›klug vorzugehen‹, argumentiert er vor dem Hintergrund einer möglichen Verbindung der Hebräer_innen mit Ägyptens Rivalen. Obwohl Erzählinstanz und Pharao hier ein identisches Thema – nämlich die Fertilität Israels – verhandeln, sind die Perspektiven und obendrein die Möglichkeiten des Wahrnehmens bzw. Wissens[484] unterschiedlich. Ebenso wie der König, berichtet die Erzählstimme zwar vom rasanten Bevölkerungswachstum der Hebräer_innen, im Kontrast zu Pharao kommt sie aber ohne eine spezifische Referenzgröße oder Wertung aus. Die Adressat_innen der Erzählung stehen im Zuge der Multiperspektivität[485] vor der Frage, wem sie ihr Vertrauen schenken, dem König oder der Erzählinstanz:[486]

In fiktionalen Texten treffen Leser_innen in Gestalt der Erzähler_innenrede auf eine Stimme der absoluten Wahrheit, die durchaus phantastischen Charakter hat, denn in alltagsweltlichen Kontexten sind in aller Regel nur Reden von solchem beschränkten Geltungsanspruch zu finden, wie er in fiktionalen Texten für

---

[482] Siehe hierzu die Einsichten der empirischen Untersuchung in Teil IV.

[483] Vgl. Martínez u. Scheffel, Einführung in die Erzähltheorie, S. 50.

[484] Offensichtlich ist Pharaos Wissen beschränkt, so weiß er z.B. nicht, dass Josef schon vorher in Ägypten war. Diese Einschränkung des Blicks, nimmt dann wahrscheinlich Einfluss auf die Perspektive.

[485] In Rekurs auf V. Nünning u. A Nünning liegt Multiperspektivität u.a. dann vor, »wenn mehrere Versionen desselben Geschehens (verstanden als Sammelbegriff für die Gesamtheit aller Phänomene auf der Ebene der erzählten Welt) erzählt werden.« Nünning u. Nünning, Von ›der‹ Erzählperspektive zur Perspektivenstruktur narrativer Texte, S. 18.

[486] Siehe hierzu Teil IV, Kapitel 3.2.2.

die Figuren (Ausnahme Gott)[487] reserviert ist.[488] Ähnlich wie in der Rechtspraxis gilt in der erzählten Welt zunächst die Unschuldsvermutung oder umgewendet der Wahrheitsanspruch der Erzähler_innenrede. Als Konsequenz des logisch privilegierten Status der Erzählinstanz[489] wird der Wahrheitsgehalt der Figurenrede grundsätzlich im Spiegel der Aussagen der Erzählstimme geprüft.[490] Nutzen Rezipierende dieses Vorgehen für die Beurteilung der Redebeiträge von Erzählinstanz und König, zeigt sich, dass Pharaos Aussagen und Schlussfolgerungen weder von der Erzählstimme bestätigt noch von ihr widerlegt werden.[491] Wenngleich es ihr im Zuge der bisherigen Erkenntnisse möglich wäre, die Behauptung bzw. die Sorge des Königs zu kommentieren, verzichtet sie darauf. Wird die interpretatorische Verantwortung hier bewusst den Leser_innen zugewiesen? In diesem Fall wäre es dem Publikum überlassen, die jeweiligen Worte abzuwägen und angesichts ihrer Zuverlässigkeit zu prüfen. Die Sinnpotenziale sind aber trotz der Multiperspektivität in aller Regel begrenzt: »Durch Sympathielenkung und die Ergänzung bzw. Korrektur von Figurenperspektiven [tragen Erzählinstanzen] wesentlich zu einer Hierarchisierung unterschiedlicher Perspektiven [bei] [...]«[492] und schränken die Vieldeutigkeit der Texte ein. Je weniger die einzelnen Perspektiven auf einen gemeinsamen Ausgangspunkt referieren, desto offener wirkt die Perspektivenstruktur des Textes und die Auslegungsmöglichkeiten für die Leser_innen potenzieren sich.[493]

Schließlich bietet die Wiedergabe von Rede in der direkten Form der Erzählinstanz die Chance, sich von der Aussage einer Figur – im vorliegenden Beispiel des Königs – zu distanzieren und sie ggf. zu negieren. Indem die Erzählinstanz ihre eigene Rede von der Figurenrede abgrenzt, kann sie Verantwortlichkeiten zuweisen und sichtbar machen. Die Worte des Königs, die ganz offensichtlich rassistisch motiviert sind, sollen auf der Rezeptionsebene Antipathie gegenüber der Figur auslösen. Dass sich die Erzählinstanz von Pharaos anti-israelitischen Propaganda distanziert und durch die Rede, welche sie ihm in den Mund legt ihrerseits Differenz herstellt, erscheint durchaus plausibel. Gerade im Hinblick auf den fremdherrschaftlichen Entstehungskontext der Exposition,[494] legt sich diese Deutung nahe und liefert obendrein Hinweise zum Bild, welches die Erzählinstanz von den fiktiven Leser_innen entworfen hat. Entsprechend dieser Orientierung passt sie ihre Informationsvergabe voraussichtlich an die u.a. epistemischen, ethischen und sozialen Normen der impliziten Adressat_innen an und

---

487 Siehe dazu Teil V, Kapitel 2.2.2.
488 Siehe dazu Martínez u. Scheffel, Einführung in die Erzähltheorie, S. 97.
489 Hilfreich mit Blick auf die unterschiedlichen Kommunikationsinstanzen ist u.U. die Unterscheidung von ›narration‹ und ›focalisation‹. Siehe hierzu Surkamp, Die Perspektivenstruktur narrativer Texte, S. 12.
490 Ins Wanken kann das scheinbar stabile Gefüge jedoch geraten, wenn die Zuverlässigkeit der Erzähler_innenrede angezweifelt werden muss.
491 Siehe dazu u.a. Teil IV, Kapitel 3.2.2.
492 Surkamp, Die Perspektivenstruktur narrativer Texte, S. 15.
493 Vgl. Ebd., S. 17. Noch einmal sei hier auf die Rezeptionen der Schüler_innen hingewiesen: Siehe dazu Teil IV, Kapitel 3.2.2 und Teil V, Kapitel 2.1 hier insbesondere auch die Beiträge von Finn.
494 Siehe dazu Teil III, Kapitel 1.3.2.

strukturiert danach narrative Kommunikation.[495] Ein weiteres Erklärungsmuster, welches das Schweigen der Stimme erklärbar machen kann, lässt sich damit begründen, dass es der Erzählinstanz schlicht nicht möglich oder sie aus unbekannten Gründen nicht gewillt ist, die Befürchtungen des Königs zu widerlegen. Wenn Pharao nämlich Recht hat und Israel tatsächlich stärker als Ägypten sein sollte, schwindet ggf. eine Basis, von der aus das militärisch aufgeladene hegemoniale Konzept, das der König repräsentiert, ins Lächerliche gezogen werden kann.

In Vers 11 erfolgt die Rückkehr zum narrativen Modus. Die Erzählinstanz berichtet von den Aufsehenden, die Israel mittels Zwangsarbeit unterdrücken sollen. Als Ergebnis der Sklaverei werden die Städte Pitom und Ramses errichtet. Auf der Ebene der Rezeption spitzt sich das negative Ägyptenbild also weiter zu. Es kann Mitleid angesichts der Unterdrückung hervorrufen, was sogleich die Haltung gegenüber den Figuren beeinflusst.[496]

Trotz der Maßnahmen, die Ägypten gegen Israel unternimmt, kann sich das Volk aber vermehren: »Da fürchteten sie sich im Angesicht der Söhne Israels« (Ex 1,12). Der Kommentar wird von der Erzählstimme so eingeflochten, dass er den Narrationsfluss zwar unterbricht, die logische Sinnfolge der Erzählung aber nicht stört. Im Unterschied zu Vers 8 wird die Darstellung der mentalen Prozesse in Ex 1,12 genutzt, um die Gefühle der Figuren abzubilden. Mithilfe der Gedankenrede vermag die Erzählinstanz den Lesenden einen Einblick in die geistige Innenwelt der Figuren zu gewähren: Ägypten fürchtete (graute) sich vor Israel. Über diese Funktion hinaus, kann die Erzählinstanz die Introspektion ferner als Mittel der Beweisführung in eigener Angelegenheit einsetzen: Da die Figuren innerhalb der erzählten Welt als eigenständige, von der Erzählinstanz abgekoppelte, Größen erscheinen, können sie die Tragfähigkeit der Erzähler_innenrede unterstützen. Das Grauen bzw. die Furcht (קוץ)[497] der Ägypter_innen bildet eine unmittelbare Reaktion auf die Vermehrung, welche die Erzählinstanz (und Pharao) zuvor konstatiert hatte(n). Dass Ägypten sich vor Israel fürchtet, dient den Rezipierenden womöglich als Bestätigung der Erzähler_innenrede. Sodann können sie die Furcht, welcher abseits des Bevölkerungswachstums eine hinreichende Grundlage fehlt, einerseits als unangemessen einordnen. Andererseits besteht die Chance, dass das Publikum Empathie für das verängstigte bzw. abweisende ägyptische Volk entwickelt. Im Blick auf die ersten Leser_innen erscheint diese Anteilnahme allerdings wenig naheliegend. Obschon mit der besprochenen Textpassage kein klassisches Beispiel einer Textinterferenz vorliegt, wird in Vers 12 eine gewisse Art von Zweistimmigkeit erkennbar. Wenngleich die Merkmale dominieren, die dem Abschnitt eine narratoriale Prägung assistieren, zeigt sich dort, wo die Lesenden Einblick in die Gefühlslage der Ägypter_innen erhalten, ein figuraler Einfluss. Ich folge deshalb der Annahme, dass in Ex 1,12 zwei Aussagen

---

[495]   Siehe dazu Schmid, Elemente der Narratologie, S. 107f.

[496]   Vgl. Hillebrandt, Das emotionale Wirkungspotenzial von Erzähltexten, S. 89.

[497]   קוץ lässt sich auch mit ekeln, grauen oder verabscheuen übersetzen. Die Entscheidung für die Wiedergabe mit ›fürchten‹ resultiert einerseits aus der Übersetzung nach der ›Bibel in gerechter Sprache‹, die ja den empirischen Leser_innen vorgelegt wurde. Anderseits bezieht sich die Basisemotion Furcht auf eine vom Subjekt konkret definierte Gefahrenquelle (in Ex 1 das Volk Israel).

und Sprechweisen, zwei Wertmaßstäbe und Bedeutungshorizonte existieren, die sich in der *einen* Erzähler_innenrede zusammenfügen.[498]

Als recht eindeutig in Bezug auf die Art der Rede erweist sich dahingegen der Befund in den unmittelbar anschließenden Versen: Während mit den Passagen 13-15 narrative und im Blick auf Ägypten neuerlich abwertende ›Texte‹ vorliegen, präsentiert sich Vers 16 als ein figuraler Abschnitt, in welchem die zitierte Figurenrede erneut durch eine ›Inquit-Formel‹ eröffnet wird. Der ägyptische König erteilt Schifra und Pua den Befehl, alle neugeborenen hebräischen Jungen zu töten. Wie die beiden Frauen, deren Namen die Erzählinstanz im Unterschied zu dem des Königs preisgibt, auf die Anordnung reagieren, wird indessen nicht in der direkten Rede abgebildet: »Und die Hebammen fürchteten die Gottheit und sie taten nicht das, was der König von Ägypten zu ihnen gesagt hatte, sie ließen die Jungen am Leben« (Ex 1,17). Dass die Erzählinstanz Pharao namenlos lässt, die Hebammen indes mit so positiv konnotierten Namen in Szene setzt, stellt sich als sympathiesteuernder Faktor dar. Obwohl Vers 17 als ein narrativer Text eingespielt wird, rückt das Publikum relativ nahe an die Protagonistinnen heran. Wie schon zuvor (V. 12) erhalten die Lesenden daraufhin die Möglichkeit, sich der Innenwelt der Figuren, ihrer Perspektive anzunähern.[499] Im Anschluss an die Erzählinstanz markiert die Gottesfurcht von Schifra und Pua das zündende Moment für die Befehlsverweigerung. Dabei liefert sie mit ihrer Aussage nicht nur eine Begründung für das Vorgehen der Hebammen, sie verweist außerdem auf die lebensbejahende Dimension von Gottesfurcht. Hiernach ist es nicht allein Eigeninitiative, in deren Folge die Gottesfigur ein Profil erhält und affirmative Reaktionen seitens Rezipierenden auszulösen vermag, sondern auch Schifras und Puas Widerstand kann Einfluss auf die Wahrnehmung von Gott nehmen. Das Motiv JHWH vs. Pharao, welches im Rahmen der Exoduserzählung immer wieder aufkommt, wird in den Abschlussszenen der Exposition bereits als ›Intro‹ eingespielt.

Mit Pharao, der innerhalb von Ex 1 stets die erste Figur ist, die das Wort erhält und überdies die meisten direkten Redeanteile hat, kehrt die Erzählung in Vers 18 in den mimetischen Modus zurück. Vor dem Hintergrund des missachteten Befehls entspannt sich ein Dialog zwischen König und Hebammen. Im Unterschied zur Erzählstimme, welche die rettende Maßnahme der Geburtshelferinnen in einen direkten Zusammenhang mit ihrer Gottesfurcht gestellt hat, nennen Schifra und Pua einen anderen Grund für den Widerstand: Die Hebräerinnen haben bereits geboren, ehe die Hebammen sie unterstützen können. Auch weil Pharaos Wissens- und Wahrnehmungsmöglichkeiten begrenzt sind, hinterfragt er die Aussage der Frauen vermutlich nicht. Erneut stehen die Leser_innen deshalb vor der Entscheidung, welchen Worten sie Vertrauen schenken sollen. Folgen sie Schifra und Pua oder der Erzählinstanz? Eine Hilfestellung, die der Leser_innenschaft den Entschluss erleichtern kann, erfolgt seitens der

---

[498] Siehe dazu Lahn u. Meister, Einführung in die Erzähltextanalyse, S. 129; siehe dazu außerdem M. Bachtin.

[499] Eine mögliche Begründung für die geringe Distanz, die in der narrativen Rede zum Ausdruck kommt, ergibt sich ggf. in der Position des Textes: Vers 17 liegt eingebettet zwischen zwei Figurentexten.

Erzählinstanz: »Und die Gottheit ließ es den Hebammen gut gehen. Und das Volk wurde groß und sehr zahlreich. *Weil die Hebammen die Gottheit fürchteten*, machte sie ihnen Häuser« (Ex 1,21). Abermals nutzt die Erzählinstanz die Darstellung eines Ereignisses, um ihre Aussage zu verifizieren. Obwohl die Aussage von der Erzählstimme eingebracht wird, kommt die Perspektive der Gottesfigur darin m.E. zur Geltung.[500] Gott belohnt Schifra und Pua, ihr Handeln findet also offensichtlich Zuspruch seitens der Figur.[501] Im Anschluss an Vers 21 besteht weder ein Zweifel an der Gottesfurcht von Schifra und Pua noch an Gottes Anwesenheit selbst. Trotz der abweichenden Argumentation, welche die Geburtshelferinnen gegenüber Pharao vorbringen, hält die Erzählinstanz an der theologischen Begründung, die sie offenkundig in der Vermehrung bestätigt sieht, fest. Woher aber nimmt sie die Gewissheit, dass die Fruchtbarkeit göttlich verantwortet ist? Offenkundig spricht in Ex 1 eine Erzählinstanz, die Gott positiv zu inszenieren wünscht und bereits den Weg anbahnt für die Befreiung Israels durch JHWH. Ob die Vermehrung Zustimmung seitens der Erzählinstanz evoziert, bleibt indes ebenso ungewiss wie die Frage, welche Familien nun eigentlich von der Stärkung betroffen sind – die israelitischen oder die ägyptischen.

Da im letzten Vers erneut der Befehl von Pharao ergeht, die männlichen Säuglinge zu töten, liegt es nahe vom Wachstum Israels auszugehen; welchen die Erzählinstanz mutmaßlich bejaht: der gesamte Erzählduktus unterstreicht diese Einsicht zumindest. Eingeleitet durch die ›verba dicendi‹ צוה (pi. auffordern) und אמר (sagen) schließt die Erzählung mit den direkt zitierten Worten des Königs ab: »All die Söhne, die geboren werden, werft in den Nil und all die Töchter lasst am Leben« (Ex 1,22). Da Pharao hier nicht spezifiziert, welche Söhne konkret getötet werden sollen, erscheint seine Wortwahl fahrlässig. Auch in dieser Situation verzichtet die Erzählstimme auf einen Kommentar. Sie überlässt das letzte Wort dem König und erzeugt damit eine Spannungssteigerung der besonderen Art – ein offenes Ende. Erzähltheoretisch betrachtet, nutzt die Erzählinstanz hiermit ein klassisches Mittel der Steuerung von Leseaffekten. Die unaufgelöste Handlung kann die Neugierde der Leser_innen steigern und sie zur Fortsetzung der Lektüre motivieren.[502]

Ziel dieses Kapitels war es, das Verhältnis von Erzähler_innenrede und Figurenrede in Ex 1,1-22 näher zu beleuchten. Auf Basis eines anthropomorphen Konzepts von Stimme wurden die einzelnen Redebeiträge differenziert, Spezifika herausgearbeitet, beschrieben und gedeutet. Obwohl die nicht-diegetische Erzählinstanz die Narration in jeder Phase lenkt und überwacht, hält sie sich mit Kommentaren und Wertungen weitgehend zurück. Sie bleibt stumm, wenn Pharao sein Volk von der Bedrohung durch Israel zu überzeugen versucht und die Hebräer_innen versklavt werden; sie schweigt auch als diese der Unterdrückung

---

[500] Vgl. dazu die weiter oben dargebotenen Erläuterungen zu Ex 1,12. Siehe hierzu außerdem Teil IV, Kapitel 3.2.5 sowie Teil V, Kapitel 2.2.2.

[501] M. Bal spricht in diesem Zusammenhang von einer doppelten Fokussierung.

[502] Vgl. Lahn u. Meister, Einführung in die Erzähltextanalyse, S. 161.

Stand halten können. Die Gedanken und Gefühle der Figuren bleiben den Lesenden weitgehend verborgen. Zwar lässt sich mutmaßen, dass Pharao Angst vor den Einwander_innen hat, konkret formuliert wird zumindest eine personenspezifische Furcht[503] allerdings weder vom König noch von der Erzählinstanz. Trotz der Zurückhaltung sind die Wahrnehmungsmöglichkeiten der Erzählstimme äußerst flexibel. Sie erteilt Auskunft über kollektive Empfindungen und gibt Einsicht in die Einstellungen einzelner Figuren: Die Gottesfurcht der Hebammen oder die Unkenntnis von Pharao legt sie offen dar; hierdurch kann sie bestimmte Affekte seitens der Rezipierenden hervorrufen. In Form von impliziten Informationen, die in der Exodusexposition dominant narratorial geprägt sind, ermöglicht die Erzählinstanz dem Publikum, bestimmte Vorgehensweisen der Figuren zu antizipieren. So ist die Reaktion des Königs angesichts der Vermehrung Israels zwar nicht unbedingt absehbar, die signalisierte Unwissenheit lässt sich aber als ein Vorzeichen deuten.

Die Nullfokalisierung der Erzählinstanz wird nicht nur dort evident, wo sie einen beachtlichen Zeitrahmen überblicken und zwischen Vergangenheit und Gegenwart wechseln kann, sondern auch, wenn sie in eine räumliche Distanz zu den Figuren bzw. in deren Nähe rückt. Weil die Rede der Figuren in der gesamten Erzählung nur direkt zitiert wird, können Rezipient_innen an den Ereignissen, die sich in diesem Modus vollziehen, fast unmittelbar teilhaben. Allerdings werden gerade im Übergang von der Erzähler_innenrede zur Figurenrede Diskrepanzen erkennbar: Im Kontrast zur Erzählstimme, die keine spezifischen Auskünfte hinsichtlich des Bevölkerungswachstums anbietet, betont Pharao in seiner Ansprache an das Volk die zahlenmäßige Überlegenheit der Hebräer_innen. Nicht nur in sachlich-logischer Hinsicht, auch aufgrund der Zuverlässigkeit der Erzählinstanz, erscheint die Behauptung des Königs defizitär. Dennoch steht es den Lesenden und Hörenden frei, Pharaos Perspektive zu folgen. Abweichungen zwischen den einzelnen Stimmen treten darüber hinaus im Rahmen der Fokalisierung auf. Während der/die Erzähler_in dem Typus der Nullfokalisierung entspricht, sind die Wissens- und Wahrnehmungsmöglichkeiten der Figuren offenkundig eingeschränkt.

Auf der Rezeptionsebene setzt sich die narrativ hervorgerufene Irritation schließlich fort. Den Lesenden werden verschiedene Begründungen im Angesicht des Widerstands von Schifra und Pua dargeboten. Anders als zuvor wartet das Publikum hier aber nicht vergebens auf Informationen seitens der Erzählinstanz. Die Problematik ergibt sich vielmehr aus den voneinander abweichenden Argumenten, mit welchen Erzählstimme und Figuren die Befehlsmissachtung erklären. Während die Hebammen, ausgehend von der Eigeninitiative der Hebräerinnen, ein Selbstverschulden dementieren, beschreibt die Erzählinstanz die Verweigerung als ein bewusstes, da gottesfürchtiges Vorgehen. Im Unterschied zu Vers 9 liegt hier eine Polyphonie vor, die sachlich-logisch sinnvoll erscheint. Indem die

---

[503] Die Furcht der Ägypter_innen gilt in diesem Sinne nicht als konkret personen- bzw. figurengebunden.

Erzählinstanz den Leser_innen eine Begründung für das Vorgehen der Hebammen darbietet, noch bevor diese selbst zu Wort kommen, eröffnet sie ihnen die Möglichkeit, die anschließende Aussage der Frauen als eine List zu deuten.

Auch wenn sich Ex 1 zunächst scheinbar wie von selbst erzählt, tritt in der näheren Ansicht eine die Narration ordnende Instanz deutlich hervor. Der/Die Erzähler_in entscheidet, zu welchem Zeitpunkt und wie sie die Figuren sprechen lässt, ob Geschehnisse unmittelbar abgebildet oder nacherzählt werden, wie ausführlich die Darstellung ist, welche Details wichtig bzw. irrelevant sind, wann sie Introspektion erlaubt. Immer dort, wo sich die Instanz zurückzieht und die Rede den Figuren überlässt, gibt sie ein Stück ihrer Gestaltungs- und Kontrollmacht auf. Sie sieht zwar, aber sie spricht nicht mehr.[504] Der ›Stimmverlust‹ der Erzählinstanz wird nicht nur im Wechsel der Modi, der Syntax oder Wissensvoraussetzungen erkennbar, er kann zudem unterschiedliche Perspektiven und Werteinschätzungen auf einen identischen Sachverhalt (Multiperspektivität) freilegen.

2.5 Zwischenfazit

Die Exposition des Exodusbuches führt zurück zu den Anfängen der Gründungsgeschichte des Volkes Israels.[505] Nachdem die israelitische Familie Josef nach Ägypten gefolgt ist, erfüllt sich hier die göttliche Verheißung: Die Israelit_innen sind fruchtbar und werden stark; die Familie wächst zu einem Volk heran. Nach einer Phase der Harmonie zwischen Israel und Ägypten setzt mit der zweiten Generation hebräischer Migrant_innen ein gesellschaftspolitischer Wandel ein, woraufhin Israel seiner Freiheit beraubt – das Volk strukturell, psychisch und physisch attackiert wird.

Während die ›Einwanderungsgeschichte‹ (V.1-7) als Grundlage für die Volkserzählung zunächst in die Vergangenheit zurückgeblickt, berichtet die zweiteilige ›Unterdrückungsgeschichte‹ (V.8-22) vom Aufstieg eines neuen Königs, von seiner Angst vor Unterlegenheit und schließlich den unterschiedlichen Strategien des ›Widerstandes‹, welche die nunmehr konkurrierenden Parteien gegeneinander

---

504   Eine unscharfe Trennung von Stimme und Fokalisierung, die hier vorgeschlagen wird, soll nicht als Absage an die Unterscheidung der beiden Kategorien verstanden werden. Mit F. Jannidis, dessen Einschätzung an dieser Stelle zuzustimmen ist, »spricht [allerdings vieles] dafür, daß die Erzählinstanz als eine einheitliche Gestalt wahrgenommen wird, und das Bild, das der Leser sich vom Erzähler macht – und zwar aufgrund der Ausdrucksaspekte der Stimme ebenso wie aufgrund seines Fokalisierungsverhaltens –, den Hintergrund bildet für die jeweils neuen Inferenzen an jeder Stelle des Textes.« Jannidis, Wer sagt das, S. 162. Und im Hinblick auf die klassische Trennung ›Wer sieht‹ vs. ›Wer spricht‹, die heuristisch durchaus hilfreich sein kann, ist zu berücksichtigen, dass jede Art der Wahrnehmung narrativ vermittelt wird. Die Hypothese, wonach die Eigenschaften der jeweiligen Stimmen, wie z.B. deren Einstellungen oder Absichten i.d.R. konstant sind, wird zuletzt nur »durch eine figurale Organisation dieser Eigenschaften erklärbar.« Ebd., S. 160.

505   Zu den Anfängen dieser ›Geschichte‹ gehören auch die Erzelternerzählungen und die Josefserzählung.

einsetzen. Alle Maßnahmen, die im Verlauf der Exposition von Pharao ergriffen werden, um die ›Bedrohung‹ durch das fremde Volk abzuwenden, scheitern. Israel bleibt widerständig.

Als Ergebnis intersektionaler Sensibilität, die gleichsam eine heuristische und ideologiekritische Funktion erfüllt, zeigt sich, dass die in Ex 1 dargestellte Gewalt keineswegs einen singulären Auslöser hat. Vielmehr gehen verschiedene Differenzlinien bedrohliche Allianzen ein. Aufgrund der sozialen, kulturellen und ökonomischen Positionierungen, welche in den Israelit_innen kumulieren, widerfahren dem Volk verschiedenste Formen von Gewalt, die jedoch in spezifischer Weise aufeinander angewiesen sind. ›Intersektionen‹ sind hier ein machtvoller und systemisch verankerter Hebel. Mit der Ausbeutung von Arbeitskraft, der sich die Israelit_innen infolge ihres Status als Sklav_innen nicht entziehen können, gehen strukturelle, kulturelle und überdies physische Gewalthandlungen bzw. -widerfahrnisse einher. Dabei sind den ›intersektionalen‹ Koordinaten bereits spezielle Ausgrenzungspraktiken vorgelagert. Vielfalt als ein ›Nebeneinander von gleichberechtigt Verschiedenen‹ wird innerhalb der Diegese aber auch auf der Ebene des Diskurses teils radikal zurückgewiesen.

Machtvolles Handeln ereignet sich in Ex 1,1-22 weder nur einseitig von ›oben‹ nach ›unten‹, noch ist Unterdrückung ein unabwendbares Resultat: Ebenso wie die Versklavung der Herbräer_innen durch Herkunft und sozialen Status bedingt ist, kann die Befehlsverweigerung der Hebammen erst infolge der Verknüpfung von speziellen und zwar gewaltvoll eingesetzten Intersektionen gelingen. Während die Verbindung von Differenzmerkmalen im ersten Fall zur Unterdrückung führt und sich von Seiten der Majorität her vollzieht, erwirkt sie im zweiten Fall eine Profilierung der Minderheit, die aber auf strategischer Diskriminierung aufbaut. Zumindest vorrübergehend geraten die scheinbar persistenten Machtstrukturen innerhalb der erzählten Welt ins Wanken.

Die dargebotene Analyse der Wechselseitigkeit von Figuren, Räumen und Gewalt trägt sowohl der methodischen Herangehensweise dieser Untersuchung Rechnung als auch der Einordnung von Ex 1 als einem diasporisch situierten ›text of terror‹: In erzähltextheoretischer Perspektive bildet die Beschreibung des Schauplatzes eine geeignete Grundlage, um davon ausgehend die Produktion von Räumen zu untersuchen, ihre Funktionen, Semantisierungen oder Relationalitäten freizulegen und ggf. kritisch zu hinterfragen. Eine spezielle Interdependenz von Raum und Geschlecht wird in Ex 1 z.B. dort augenscheinlich, wo dem König der Zutritt zur Wirkungsstelle der Hebammen scheinbar verschlossen bleibt. In der räumlichen Segregation von gebärenden Frauen und Geburtshelferinnen, die auch kanonisch-intertextuell evident wird, spiegeln sich Geschlechterdifferenz und räumliche Relationalität bespielhaft wider. Durch ihr subversives Handeln überschreiten die Hebammen sozial und ggf. darüber hinaus kulturell angelegte Grenzen.

Ausgehend vom privilegierten Status der Erzählinstanz habe ich im letzten Kapitel untersucht, welche Stimmen und Positionen in Ex 1 zu Wort kommen, unter welchen Umständen sich die Rede vollzieht und welche strategischen Absichten damit verbunden sind. Mag die Exposition zunächst als eine Erzählung anmuten, die sich scheinbar wie von selbst erzählt, tritt in der näheren Ansicht eine die Narration ordnende Instanz deutlich hervor. Die Erzählstimme entscheidet, zu welchem Zeitpunkt und wie sie die Figuren sprechen lässt, ob Geschehnisse unmittelbar abgebildet oder nacherzählt werden, wie ausführlich die Darstellung ist, welche Details wichtig bzw. irrelevant sind. Immer dann, wenn sich die Instanz zurückzieht und die Rede den Figuren überlässt, gibt sie zwar ein Stück ihrer Gestaltungs- und Kontrollmacht auf, gleichwohl muss aber auch diese Darstellung als beabsichtigt vorausgesetzt werden.

IV Empirische Leseforschung zu Exodus 1

Im vierten Teil dieser Arbeit steht die empirische Forschung im Zentrum. Während ich in einem ersten Schritt die ›Forschungsschule‹ sowie den Religionsunterricht vorstelle, wende ich mich in einem weiteren Schritt nochmals Ex 1 – diesmal in didaktischer Perspektive – zu.

Im zweiten Kapitel erfolgt dann eine Beschreibung der Auswertungsverfahren bzw. der theoriegenerierenden Methodologien, die im Rahmen der Forschung Einsatz gefunden haben. Im dritten Kapitel legt sich der Fokus schließlich auf die Auswertung der verschiedenen Datenschnitte und die Wege ihrer Erhebung.

An jede Auswertung schließt ein knappes Zwischenfazit an, welches die jeweils gewonnenen Erkenntnisse bündelt und zugleich sichert.

1 Umfeld und Bedingungen der empirischen Forschung

In diesem Kapitel stelle ich zunächst die Schule (inkl. Religionsunterricht) vor; wobei ausgewählte Schwerpunkte die Darstellung strukturieren. Auf der Grundlage von pädagogisch-didaktischen Einsichten wende ich mich dann der Exodusexposition als einem ›text of terror‹ und zentraler Kommunikationsinstanz im Horizont der empirischen Untersuchung zu.

1.1 Die Schule und der Religionsunterricht: Vielfalt institutionell verankert

Die Daten, mit deren Hilfe ich die Rezeptionsprozesse von Jugendlichen untersucht habe, sind an der Offenen Schule Waldau, einer integrierten Gesamtschule (IGS) der Sekundarstufe I mit ganztägigem Betrieb, erhoben worden. Als Pilotschule ›Selbstständiges Lernen‹ des Landes Hessen wurde die Offene Schule Waldau im Jahr 1983 eröffnet.[1] Dabei versteht sich die Offene Schule Waldau als ein Ort, an dem unterschiedliche Kinder und Jugendliche gemeinsam lernen und

---

[1]   Neben der Offene Schule Waldau, die eine anerkannte Versuchsschule des Landes Hessen darstellt, kann die Bielefelder Laborschule mit ihrem Begründer und pädagogischen Vordenker H. von Hentig als ein weiteres, äußerst bekanntes Beispiel für Versuchsschulen angeführt werden.

leben können: »Die Vielfalt und Unterschiedlichkeit der Kinder und Jugendlichen, ihrer Talente und Bedürfnisse nehmen wir als Stärke wahr«,[2] heißt es im Schulkonzept.

Die sechszügige Schule wird in der Regel von ca. 900 Schüler_innen besucht. Das Kollegium setzt sich aus knapp 80 Lehrkräften, zwölf Lehrer_innen im Vorbereitungsdienst und einer wechselnden Anzahl von Assistenzkräften im Bereich Inklusion zusammen. Sämtliche Jahrgänge werden von einem zwölfköpfigen Lehrer_innenteam unterrichtet, welches die Lernenden über die gesamte Schulzeit hinweg begleitet.[3] Diese Organisation entspricht dem schulischen Paradigma von Gleichheit und Hierarchieabbau, was sich auch in der Rotation einzelner Ämter verwirklicht.

Überschrieben mit der Formel ›gemeinsames Unterrichten‹ hat die Schule bereits 1993/1994 eine integrative Form des Lernens etabliert, die in aktuellen Debatten unter dem Stichwort Inklusion ausführlich diskutiert wird. In den Jahrgängen fünf bis zehn werden in je einer Klasse Kinder und Jugendliche mit und ohne Behinderungen gemeinsam von multiprofessionellen Teams, d.h. allgemeinbildenden Lehrer_innen sowie Förderschul- und Assistenzkräften beschult: »Die alltägliche Begegnung bietet die Gelegenheit, auch in diesem Sinne Verschiedenheit als Normalität wahrzunehmen und das eigene Verhalten darauf einzustellen – für Schülerinnen und Schüler, Eltern und Lehrkräfte.«[4] Die professionelle Gestaltung von Beziehungen bildet ein grundlegendes Fundament der reformpädagogisch orientierten Arbeit der Schule:

> Fragen oder Probleme, die sich mitunter auch aus den unterschiedlichen kulturellen und sozialen Herkünften der Schülerinnen und Schüler ableiten, können direkt und gemeinsam besprochen werden, Verständnis für Andersartigkeit wird durch die direkte Kommunikation in den Teams und Jahrgängen ermöglicht und damit auch die Erziehung zu demokratischen Werten. Kritik ist ausdrücklich gewünscht, Konflikte werden in der Regel gemeinsam konstruktiv gelöst.[5]

Das freie Lernen, das sich an der Offenen Schule Waldau als eigenständiges Fach etabliert hat und in andere Lernbereiche hineinwirkt, eröffnet insbesondere den Schüler_innen höherer Jahrgangsstufen die Chance, ein eigens gewähltes Thema selbstständig zu bearbeiten und der Klasse, dem Jahrgang oder der Schulöffentlichkeit zu präsentieren. Dabei drückt »[d]ie Vielfalt der Themen und Zugehensweisen [...] die Vielfalt der Talente und Begabungen aus.«[6]

Diversität als Leitgedanke des Schulprofils schlägt sich jedoch nicht nur auf inhaltlich-pädagogischer Ebene nieder, sondern ferner im Blick auf die bewusst heterogen ›angelegte‹ Schüler_innenschaft: Ein erheblicher Anteil der Kinder und Jugendlichen ist in Kassel-Waldau aufgewachsen. Seit den 1960er Jahren hat der Stadtteil einen enormen Bevölkerungszuwachs erlebt. In seinem Entstehungsrückblick erinnert der ehemalige Schulleiter der Offenen Schule Waldau

---

[2]   Offene Schule Waldau, Wir über uns.
[3]   Vgl. Ebd.
[4]   Vgl. Moritz u. Vater, Beziehungen in Unterricht und Schule.
[5]   Ebd.
[6]   Offene Schule Waldau, Wir über uns.

Klaus Lindemann an die problematischen Startbedingungen der Gesamtschule: »Es war ein Aufbau unter schwierigen Bedingungen, zumal für Berufsanfänger. Außerdem: Waldau galt damals als sozialer Brennpunkt – und da waren wir alle Anfänger.«[7] Nachdem das einstige Dorfzentrum Waldaus zunächst durch die Errichtung von mehrgeschossigen Wohnblocks erweitert wurde, erlebte der Stadtteil in den 1980er Jahren abermals eine Weiterentwicklung. Insbesondere junge Familien bezogen nun die neu entstehenden Wohnsiedlungen. Durch den verstärkten Zuzug von osteuropäischen Einwandererfamilien vollzog sich in den 1990er Jahren dann der vorerst letzte wesentliche Umbruch, der den Stadtteil und seine Schulen bis in die Gegenwart hinein prägt.[8]

Gleichberechtigung im Horizont von Vielfalt drückt sich an der Schule auch in einem Miteinander aus, infolgedessen Heranwachsende ein Vertrauen darin entwickeln, dass Lehrkräfte, Sozialpädagog_innen, Eltern und Betreuer_innen nicht ›über‹ sie reden, »sondern mit ihnen und für sie.«[9] Die Grundlagen für diese egalitäre Kommunikationspraxis legen Hausbesuche seitens der Lehrkräfte, die mit dem Eintritt in die fünfte Jahrgangsstufe beginnen und bis zum Abschluss der Schullaufbahn fortbestehen.[10] Den Lehrer_innen ermöglicht dieser Eintritt in die privaten Lebensräume der Familien, das soziale Umfeld der Schüler_innen kennenzulernen und für die pädagogische Arbeit produktiv zu machen. Doch auch die Eltern respektive Betreuer_innen begrüßen das vertrauensvolle Miteinander i.d.R. Gerade dort, wo die eigene Schulzeit als wenig unterstützend erinnert wird, können die Gespräche Vorbehalten gegenüber der ›Bildungsanstalt‹ zum Abbau verhelfen.

Vielfalt wird darüber hinaus in der Zusammensetzung der Klassen sichtbar, d.h. in einer Durchmischung unterschiedlicher z.B. sozialer Milieus, Kompetenzen und Förderbedarfe. Diese Diversität begreift die Offene Schule Waldau »als Bereicherung und Chance für die Schaffung von Lerngelegenheiten im personalen, sozialen und kognitiven Bereich.«[11]

Vielfalt als konzeptuelles Element, welches das gesamte pädagogische Vorgehen prägt, ist außerdem in sozialpädagogische Tätigkeiten eingelassen,[12] die das Miteinander betreffen. Das Anliegen, wonach »Kinder und Jugendliche Beziehungen zu Gleichaltrigen und Erwachsenen als veränderbar und gestaltbar erfahren«,[13] bildet eine wesentliche Bemühung der täglichen Arbeit.

Diese kurze Einführung in das pädagogische Leitbild veranschaulicht, dass Vielfalt als ein »Nebeneinander von gleichberechtigt Verschiedenen« an der Of-

---

7   Lindemann, Ein Rückblick auf die Entstehung der Offenen Schule Kassel-Waldau, S. 99.
8   Vgl. Moritz u. Vater, Beziehungen in Unterricht und Schule. Zu Beginn des einsetzenden 21. Jh. hatte beinahe die Hälfte der Schüler_innen einen Migrationshintergrund (15% waren Angehörige anderer Nationen; 25% waren Aussiedler_innen). Zunehmend sind auch Anmeldungen und Aufnahmen aus dem Stadtgebiet Kassel sowie den nahegelegenen Umlandgemeinden zu verzeichnen. Bereits seit einigen Jahren übersteigt die Nachfrage von Plätzen die verfügbaren Kapazitäten der Schule.
9   Ebd.
10   Vgl. Ebd.
11   Ebd.
12   An der Offenen Schule Waldau arbeiten zwei Sozialarbeiter_innen.
13   Moritz u. Vater, Beziehungen in Unterricht und Schule.

fenen Schule Waldau auf ganz verschiedenen Ebenen angebahnt wird und strukturell verankert ist.[14] Auch aus diesem Grund erweist sich die Integrierte Gesamtschule in Kassel-Waldau als besonders geeigneter Raum für die empirische Forschung.[15]

Vor dem Hintergrund der diversen Schüler_innenschaft, was nicht nur die Lernniveaus betrifft, sondern überdies soziale, kulturelle und religiös-weltanschauliche Pluralität einschließt, hat die Offene Schule Waldau ein eigenes Modell für den Religionsunterricht entwickelt. Unter dem Etikett ›Religion in meiner Klasse‹ wurde in enger Kooperation mit Vertreter_innen der evangelischen und katholischen Kirche ein Konzept umgesetzt, das auf Grundlage der Konfession von Unterrichtenden und den geltenden Curricula auch nicht- bzw. andersgläubigen Schüler_innen eine Teilnahme am Religionsunterricht ermöglicht. Insofern die Lehrkraft allerdings aus ihrer jeweiligen Glaubensperspektive heraus unterrichtet, praktiziert die Integrierte Gesamtschule zumindest formal einen konfessionellen Religionsunterricht.[16]

Die dialogische Gestaltung des Religionsunterrichts an der Forschungsschule und ihre Offenheit für religiöse Diversität lösen ein grundlegendes Prinzip von Vielfalt ein, wie es im Kontext dieser Arbeit nicht nur auf inhaltlicher, sondern ferner auf struktureller bzw. institutioneller Ebene eingefordert wird. Noch als Studentin der evangelischen Theologie beschreibt Katharina Burhardt die Offene Schule Waldau als »eine Schule, die in einer Welt, in der das Trennende wächst, das Verbindende stärkt.«[17] Heute unterrichtet sie als Lehrerin an der Offenen Schule Waldau.

1.2   Ein ›Gewalttext‹ im Dialog mit Jugendlichen

»Die Frage nach der Gewalt in der Darstellung des Ersten Testaments ist eine der größten Herausforderungen exegetischer Wissenschaft«,[18] konstatiert Ilse

---

[14]   Diese Einsicht wird auch auf wissenschaftlicher Ebene entfaltet. Siehe dazu K. Lindemann (2009).
[15]   Durch ihren Status als Versuchsschule des Landes Hessen ist den Angehörigen der Offenen Schule eine größere öffentliche Aufmerksamkeit bereits vertraut. Aufgrund des wissenschaftlichen Interesses und daraus resultierenden empirischen Untersuchungen erklären sich Eltern bzw. Betreuer_innen bereits bei Eintritt ihrer Kinder in die Schule mit audiovisuellen Unterrichtsmitschnitten einverstanden.
[16]   Hierbei wird die verfassungsrechtlich verankerte Garantie auf einen Religionsunterricht in der eigenen Konfession berücksichtigt. Die multikonfessionelle Umgebung, in welche der Unterricht eingelassen ist, verlangt besondere Kompetenzen seitens der Lehrkräfte, die im Rahmen der Ausbildung in aller Regel nicht vermittelt werden. Zunehmend setzen sich die Verantwortlichen des Waldauer Religionsunterrichts deshalb z.B. dafür ein, Fachvertreter_innen des Islams in die konzeptuelle Umsetzung einzubinden.
        Wenn die Jugendlichen die religiöse Mündigkeit noch nicht erlangt haben, ist das Einverständnis der Erziehungsberechtigten zur Teilnahme am Unterricht erforderlich. Da nur selten Abmeldungen erfolgen, kann das Fach Religion zumeist im Klassenverband und mit der Beteiligung aller Schüler_innen erteilt werden.
[17]   Burhardt, AchtklässlerInnen entdecken einen Zugang zu Wundererzählungen, S. 25.
[18]   Müllner, Gewalt im Hause Davids, S. 1.

Müllner. Insbesondere das Alte Testament kennt im Anschluss an Norbert Lohfink »[…] kein anderes anthropologisches Thema, das [es] so erfüllen würde wie die Gewalttat.«[19]

Ex 1 gehört zu den Gewalttexten des Ersten Testaments. Wenn die Gewaltmomente der Exposition dabei aufgrund ihrer strukturellen und symbolischen Verankerung u.U. weniger erschreckend anmuten als ›texts of terror‹, wo einzelnen Figuren personale Gewalt widerfährt,[20] kann die Erzählung gleichwohl »Unverständnis, Widerspruch, Blockaden, Fremdheitsgefühle«,[21] Argwohn, Misstrauen u.v.m. auf Seiten von Schüler_innen auslösen. Ich meine deshalb, dass die Frage nach der Gewalt in der Darstellung des Ersten Testaments auch eine der größten Herausforderungen bibeldidaktischer Wissenschaft und Praxis bildet: Gewalt ist nicht nur im Horizont biblischer Texte ein bedeutendes Thema, sondern ebenso in den Lebens- und Erfahrungswelten vieler Schüler_innen. Auch vor diesem Hintergrund geht die Tendenz wohl zunehmend dahin, insbesondere Kinderbibeln von gewaltsamen Inhalten zu ›befreien‹.[22] Die Verdrängung derartiger Texte geschieht nicht grundlos, muten einige biblische Erzählungen (so etwa Ri 19) ihren Leser_innen doch ein Ausmaß an Schrecken zu, das schon exegetisch-geschulten Ausleger_innen massives Unbehagen bereiten kann.

Als ›Gewalttext‹ ist die Exodusexposition zugleich ein ›schwieriger‹ Bibeltext. Die Gewaltereignisse, die sich in der Exodusexposition zunehmend verdichten, habe ich im Verlauf dieser Untersuchung bereits mehrfach aus unterschiedlichen Perspektiven heraus diskutiert. In Anlehnung daran möchte ich hier noch einmal wichtige Aspekte im Angesicht der empirischen Forschung aufgreifen und didaktisch kommentieren.

Eine Auseinandersetzung mit schwierigen Texten erfordert nicht nur besonderes pädagogisch-didaktisches Feingefühl, sondern obendrein viel Zeit an Vorbereitung. Gleichwohl gehen mit dem Einsatz solcher Erzählungen im Religionsunterricht wertvolle Chancen einher, wie u.a. Elisabeth Naurath verdeutlicht: »Weder die Verdrängung solcher Texte, noch deren Rationalisierung oder Harmonisierung sind legitim oder hilfreich. Vielmehr können sie geeignet sein, um negative, angst- und schuldbesetzte Gefühle von Schüler_innen aufzugreifen und einen Prozess gemeinsamer Klärung in Gang zu bringen.«[23] Der literarische Text kann dabei einen Schutzraum bieten, ermöglicht er doch ein Sprechen über persönliche Erfahrungen, ohne diese explizit ins Zentrum stellen zu müssen.

Im literarisch-kommunikativen Miteinander sollten schließlich verschiedenste Reaktionen der Gesprächspartner_innen, die durch subjektbezogene und strukturelle Faktoren geformt sind, berücksichtigt werden. Neben Reibungsflächen auf der Ebene von Syntax und Semantik, die mit aller Wahrscheinlichkeit eher von weniger geübten Leser_innen wahrgenommen werden, kann in Bezug

---

19   Lohfink, »Gewalt« als Thema alttestamentlicher Forschung, S. 15.
20   Nach M. Fludernik rufen gerade *solche* Texte lebensweltliche Erfahrungen auf. Sie spricht dabei von ›experientiality‹, was das Erzählen von konkreten Einzelschicksalen meint. Vgl. Fludernik, Towards a ›Natural‹ Narratology, S. 12f., 28f.
21   Fricke, »Schwierige« Bibeltexte im Religionsunterricht, S. 23.
22   Vgl. Bucher, Gewalt in der Bibel, S. 694.
23   Naurath, Gewaltprävention als Genderthema.

auf Ex 1 die Distanz oder im Gegenteil gerade die Nähe zu den erzählten Ereignissen problematisch sein: Jugendliche sind sowohl direkt und persönlich von Gewalt umgeben als auch indirekt etwa durch mediale Einflüsse.[24] Obwohl biblische Gewalttexte – und Ex 1 reihe ich hier unbedingt ein – gewaltkritisches Potenzial besitzen, können sie gewaltlegitimierenden Argumentationsweisen in die Hände spielen, die Schüler_innen (und nicht nur sie) womöglich bevorzugen. Die Angst vor Fremden bzw. vor einem vermeintlichen Majoritätsverlust bricht sich innerhalb der erzählten Welt von Ex 1 offen Bahn und kanalisiert sich in Gewalt. Dass Schüler_innen diese Gefühle teilen, ist ebenso denkbar, wie eine diesbezügliche Abwehrhaltung. Zumal Rezipient_innen »auf der Grundlage ihrer Lebenserfahrungen eine subjektive Lesart«[25] des Empfangenen konstruieren, können in der Begegnung mit Ex 1,1-22 Erlebnisse von Gewalt und Diskriminierung ebenso wie von Anerkennung und Dominanzverhalten seitens der Schüler_innen wachgerufen werden. Kulturelle respektive symbolische Gewalt vermag im Horizont der Erzählung bzw. auf der Rezeptionsebene einerseits Betroffenheit auszulösen, andererseits kann sie (ungewollte) Nachahmung provozieren.[26]

Auch weil mit der Exodusexposition eine schwierige Erzählung vorliegt, die den Lesenden narrativ dargebotene Gewalt zumutet, birgt sie korrelatives und überdies widerständiges Potenzial, das im Verlauf der Erstbegegnung zunächst ungefiltert hervortreten sollte.[27] Ich habe mich deshalb gegen den Einsatz von bibeldidaktischen und methodischen Maßnahmen entschieden, die den Weg zum Text abstecken, die Lektüre und ihre Anschlusskommunikation organisieren.[28]

2 Theoriegenerierende Qualitative Forschung

> Theoriegenerierende Forschung muss erheben, was die Menschen im Hinblick auf den Forschungsgegenstand denken, tun, erleben, fühlen – sie muss in diesem Sinn zunächst einmal festhalten, was die Menschen tun oder sagen, und darüber hinaus auch rekonstruieren, in welchem Sinnzusammenhang das geschieht und mit welchen Bedeutungselementen [...] [sie] ihr Handeln und Kommunizieren verbinden.[29]

---

[24] Siehe hierzu ausführlicher Teil II, Kapitel 1.1.4. Vereinzelt haben die Teilnehmer_innen dieser Studie auf Gewaltwiderfahrnisse im privaten/familiären Umfeld hingewiesen.

[25] Charlton, Rezeptionsforschung als Aufgabe einer interdisziplinären Medienwissenschaft, S. 20.

[26] Im Zuge dieser Einsichten erfordert eine Auseinandersetzung mit Ex 1 im Unterricht, neben der Einleitung exegetischer Schritte, insbesondere eine pädagogisch-didaktische Verankerung. Siehe dazu Teil II, Kapitel 1.3.4 und Teil IV, Kapitel 1.2.

[27] Siehe hierzu Teil IV, Kapitel 3.3.5.1.

[28] Auch in Rekurs auf die exegetisch-narratologischen Beobachtungen zu den Lenkungsstrategien des Textes versprechen spontane Äußerungen der Jugendlichen interessante und überraschende Einsichten. Emotionale Regungen oder spezielle Anliegen der Leser_innen, die im Zuge der Lektüre aufgetreten sind und einer pädagogischen Initiative bedurften, wurden freilich aufgefangen.

[29] Krotz, Neue Theorien entwickeln, S. 97.

In diesem Kapitel stelle ich die grundlegenden Auswertungsverfahren meiner empirischen Forschung vor. Zu nennen ist da erstens die qualitative Heuristik und zweitens die Grounded Theory.[30]

Während die qualitative Heuristik ein durchaus präzises, insgesamt aber eher offenes Analyseinstrument verwendet, nutzt die Grounded Theory ein komplexes Kodierverfahren, das den Forschungsprozess permanent strukturiert. Trotz einiger Unterschiede, die im Verlauf der Besprechung noch hervortreten, teilen beide Zugänge ein theoriegenerierendes und exploratives Anliegen.[31] Der Ausgangspunkt, an dem diese Forschung ansetzt, gründet stets im menschlichen Lebensalltag. Ebenso wie Forscher_innen die subjektiven Einstellungen, Handlungsweisen und Perspektiven ihrer Gesprächspartner_innen wertschätzen und als profund anerkennen, weisen die Überlegungen der Untersuchenden zugleich über die »Denk, Sortierungs- und Interpretationswelten der Feldmitglieder«[32] hinaus.[33]

Theoriegenerierende Forschung findet in einem komparativen Modus statt: Der Prozess der Wissensentwicklung beginnt mit dem Vergleich zwischen einem neuen Phänomen[34] und dem bereits angelegten Vorwissen – Wissen wird also mit anderem Wissen ins Gespräch gebracht, »daraus entsteht neues, adäquateres Wissen.«[35] Neben ihrem prozessualen und vergleichenden Charakter ist theoriegenerierende Forschung überdies kommunikativ angelegt. Im Blick auf die Auseinandersetzung mit den empirischen Materialien wird also eingeholt, »worauf die Daten antworten und in welche Bedeutungskontexte sie eingebunden sind.«[36] Beide Verfahren operieren mit qualitativen Datenschnitten und sind ›eo ipso‹ im Bereich der qualitativen Sozialforschung angesiedelt. Hieraus resultieren spezifische Eigenschaften, die im Horizont der Untersuchung zum Tragen kommen: Als anwendungsorientierte Wissenschaft folgt qualitative Forschung dem Anspruch, ein tieferes Verständnis sozialer Wirklichkeit(en) zu ermöglichen sowie auf »Abläufe, Deutungsmuster und Strukturmerkmale aufmerksam zu machen.«[37] ›Dichte‹ und genaue Beschreibungen sollen durch ›Close-Reading-Strategies‹ Wege zu den ›Realitäten‹ der Akteur_innen, ihren Sichtweisen und sozialen Konstruktionen von Welt anbahnen.[38] Im Unterschied zu quantitativen Methoden, welchen ein überprüfendes Erkenntnisinteresse zugrunde liegt, kennzeichnet

---

[30] Vgl. Flick, Triangulation in der qualitativen Forschung., S. 310.

[31] Vgl. Krotz, Neue Theorien entwickeln, S. 20.

[32] Breuer, Reflexive Grounded Theory, S. 50.

[33] Zu berücksichtigen ist abermals die Kontextgebundenheit sowohl der Daten wie auch der Auswertungen, die zeitlichen, kulturellen, sozialen und weiteren Einflüssen unterworfen sind.

[34] Der Ausdruck Phänomen verweist auf eine empirisch diagnostizierte oder diagnostizierbare Besonderheit, etwas das auffällig geworden ist oder aber auffallen sollte.

[35] Krotz, Neue Theorien entwickeln, S. 113. Im Blick auf die Rolle des Vorwissens der Forschenden konstatiert F. Krotz: »Auf der Basis seines Vorwissens konstruiert bzw. sammelt der Forscher anhand verschiedener Fälle Daten, die er auswertet. Die Ergebnisse dieser Operation vergleicht er mit dem Vorwissen bzw. mit dem bereits vorhandenen Wissen, woraus weitere Fragen und Datenerhebungen entstehen[.]« Ebd., S. 117.

[36] Ebd., S. 133.

[37] Flick u.a., Was ist qualitative Forschung, S. 14.

[38] Vgl. Ebd., S. 17.

qualitative Verfahren ein entdeckendes Paradigma. Zielführend ist nicht die Analyse sozialer Wirklichkeit anhand numerischer Daten, wodurch zwar eine große ›empirische‹ Reichweite zustande kommt, Flexibilität oder Offenheit indessen eingeschränkt werden. Qualitative Forschung generiert ihre Erkenntnisse mittels kleinerer Fallzahlen.[39]

Sowohl die qualitative Heuristik als auch die Grounded Theory verfügen über jeweils eigene Gütemerkmale, die aber im Anschluss an Friedrich Krotz in den übergeordneten Kernkriterien theoriegenerierender Forschung zur Geltung kommen.[40] Demnach markiert **die Offenheit der Forscher_innen** eine zentrale Voraussetzung aller theoriegenerierenden Zugänge. Das heißt, der Untersuchungsprozess soll so gestaltet sein, dass die Offenheit der Forscher_innen gegenüber dem ›Gegenstand‹ angeregt und zugleich dokumentiert wird. Im Blick auf die Datenerhebung drückt sich dieses Merkmal z.B. in Methodenvarianz oder verschiedenen theoretischen Referenzen aus. Daneben erweist sich der **ständige Datenbezug** als weitere wesentliche Bedingung theoriegenerierender Forschung: Entdeckungen, die im Rahmen der Untersuchungsgenese zu Ergebnissen werden, müssen einerseits nachvollziehbar, also intersubjektiv überprüfbar aus den Daten abgeleitet sein. Andererseits soll die herausgearbeitete Struktur und Entwicklung des Forschungsgegenstandes in der generierten Theorie transparent und einsichtig werden. Sodann gilt die **Einhaltung wissenschaftlicher Standards und Normen:** Die schriftliche Dokumentation muss »plausibel angelegt und klar gegliedert sein.«[41] Gerade angesichts empirischer Vorgehensweisen ist die Auskunft über angewandte Methoden bzw. Verfahren, welche die Forschung begründen und strukturieren, unerlässlich. Schließlich bilden **die Darstellung und ein plausibler Nachweis aller Forschungsschritte** das Forum für u.a. die Besprechung notwendiger Veränderungen im Zuge der Datenerhebung und -auswertung.[42]

Nachfolgend werde ich zunächst die qualitative Heuristik und anschließend die Grounded Theory vorstellen.

2.1 Qualitative Heuristik

Eine heuristische Sozialforschung,[43] wie ich sie im Folgenden skizziere, geht auf den Soziologen Gerhard Kleining zurück. Seine Methodologie markiert im We-

---

[39]   Vgl. Brüsemeister, Qualitative Forschung, S. 19.
[40]   Vgl. Krotz, Neue Theorien entwickeln, S. 291.
[41]   Ebd., S. 292.
[42]   Vgl. Ebd., S. 292f. Dass die Regeln einzelner Verfahren verantwortungsvoll eingelöst werden, ohne aber der Kreativität im Forschungsprozess entgegenzustehen, konstatiert F. Krotz als selbstverständliches Gütekriterium.
[43]   In der Forschungsliteratur sind unterschiedliche Namen (u.a. Entdeckende Sozialforschung und Qualitativ-heuristische Forschung) für den Ansatz zu finden.

sentlichen ein entdeckendes und theoriegenerierendes Verfahren, das regelgeleitet vorgeht:[44] »Die qualitativ-heuristische Methodologie stellt ab auf die Heuristik, d.h. will Anleitung sein zum sinnvollen Suchen und Finden.«[45]

Heuristische Sozialforschung versteht sich als ein offenes bzw. nichtdirektives Erkundungsverfahren, das Phänomene herausarbeitet und über die Verhältnisse aufklärt, welche sie bedingen.[46] Das Erkenntnisinteresse liegt in der Erfassung von »Relationen, Verhältnissen, Beziehungen oder Strukturen«,[47] die sowohl in Bezug auf ihre Dynamik als auch ihre historischen und sozialen Bedingungen angeschaut werden. Anschlussstellen kann die Methodologie dabei in anderen entdeckenden Zugängen der Soziologie wie etwa dem Symbolischen Interaktionismus oder der Grounded Theory[48], in der Pädagogik oder den Textwissenschaften finden.[49] Und so ist das Verfahren nicht nur verschiedensten, empirisch forschenden Fachrichtungen zugänglich,[50] sondern ferner »[...] auf alle Arten von Texten [anwendbar].«[51]

Zentral für ein ebenso praktisches wie theoretisches Handeln entlang heuristischer Sozialforschung sind vier Regeln, die im Kontrast zu den Anwendungsvorschlägen anderer empirischer Zugänge einen durchaus großen Spielraum erlauben. Das **Dialogprinzip**,[52] das für alle Verläufe[53] im Rahmen des Untersuchungsprozesses gilt, bildet die Grundlage qualitativ-heuristischen Vorgehens: »Forschungsperson und Gegenstand der Forschung stehen dialogisch miteinander in Verbindung: die Forschungsperson befragt den Forschungsgegenstand, nimmt die Antworten auf und stellt eine neue Frage etc.«[54] Ziel des Dialogs ist die Überwindung von Distanz sowie heuristisches Verstehen.[55]

Die Regeln, die ich anschließend im direkten Wortlaut Kleinings (1995) wiedergebe, verhalten sich komplementär zueinander und bilden eine Einheit. Für den Untersuchungsprozess und das Erkenntnispotenzial des Dialogs sind sie konstitutiv.

---

[44]   Vgl. Krotz, Neue Theorien entwickeln, S. 206; vgl. Kleining, Lehrbuch Entdeckende Sozialforschung, S. 225.

[45]   Ebd., S. 225.

[46]   Vgl. Ebd., S. 226. Obwohl die Ergebnisse der Forschung **qualitativ** überprüft werden, können nach G. Kleining quantifizierte Daten bzw. alle Daten Ausgangspunkte für Entdeckungen sein. Vgl. Kleining, Qualitativ-heuristische Sozialforschung S. 19f.

[47]   Kleining, Das qualitativ-heuristische Verfahren der Textanalyse am Beispiel der Neujahrsansprachen des Bundeskanzlers Kohl, S. 264.

[48]   Das Verfahren bildet eine Weiterentwicklung der Grounded Theory, wie sie von B. G. Glaser und A. L. Strauss entworfen wurde.

[49]   Vgl. Kleining, Das qualitativ-heuristische Verfahren der Textanalyse am Beispiel der Neujahrsansprachen des Bundeskanzlers Kohl, S. 227.

[50]   Vgl. Kleining u. Witt, Qualitativ-heuristische Forschung als Entdeckungsmethodologie für Psychologie und Sozialwissenschaften.

[51]   Kleining, Das qualitativ-heuristische Verfahren der Textanalyse am Beispiel der Neujahrsansprachen des Bundeskanzlers Kohl, S. 246.

[52]   In G. Kleinings Dialogprinzip erkennt F. Krotz Ähnlichkeiten zu N. Luhmanns Kommunikationsmodell. Vgl. Krotz, Neue Theorien entwickeln, S. 79.

[53]   Vgl. Kleining, Qualitative Heuristik, S. 67.

[54]   Kleining, Lehrbuch Entdeckende Sozialforschung, S. 228.

[55]   Vgl. Ebd., S 148f.

Regel 1: Offenheit der Forschungsperson/des Subjektes. Die Forschungsperson soll dem Gegenstand gegenüber ›offen‹ sein und ihr Vorverständnis ändern, wenn die Daten ihm entgegenstehen.
Regel 2: Offenheit des Forschungsgegenstandes/des Objektes. Die Kenntnisse vom Gegenstand und seine Bestimmungen sind vorläufig und so lange der Änderung unterworfen, bis der Gegenstand ›ganz‹ entdeckt ist.
Regel 3: Maximale strukturelle Variation der Perspektiven. Der Gegenstand soll von maximal verschiedenen Seiten erfaßt werden. Dies geschieht durch Variation aller Bedingungen der Forschung, die von Einfluß auf die Abbildung des Gegenstandes sind oder sein könnten. Die Variation sucht strukturelle, d.h. dem Gegenstand eigene Aspekte, die aus den verschiedenen Perspektiven erkennbar werden.
Regel 4: Analyse auf Gemeinsamkeiten. Die verschiedenen Seite [!] oder Bilder des Gegenstandes werden auf ihren Zusammenhang untersucht, oder: das Verfahren entdeckt das Gemeinsame in den Verschiedenheiten.[56]

Während die ›Offenheit‹ der Forschungsperson bereits in Teil IV, Kapitel 2 als Grundvoraussetzung theoriegenerierender Forschung postuliert und expliziert wurde, bedürfen die weiteren Regeln einer näheren Erläuterung:

Die zweite Regel ergänzt die Forderung nach Offenheit, insofern sie diese nunmehr für den Untersuchungsgegenstand beansprucht. Welche Forschungsfragen relevant sind und gestellt werden müssen, ist im Austausch mit dem Gegenstand immer wieder neu auszuhandeln.[57] Ein enges Vorverständnis kann z.B. als Faktor hervortreten, der das Erkenntnisinteresse reglementiert und damit voraussichtlich den Blick für Entdeckungen versperrt.[58] Einlösen lässt sich diese Offenheit z.B. durch die Art der Daten und ihre Erhebung bzw. deren maximale Verschiedenheit, die sogleich in der dritten Regel zum Ausdruck kommt: Der zu erforschende Gegenstand »soll von ›allen‹ Seiten angegangen werden.«[59] Unter der Voraussetzung, dass Personen infolge unterschiedlicher Merkmale wie etwa Geschlecht, sozialem Status oder Alter u.U. ungleiche Perspektiven in den Forschungsdialog hineintragen, ist diese Diversität im Modus von (u.a. hermeneutischer) Sensibilität aufzunehmen.[60] Im Anschluss an Kleining soll ein Faktor, wann immer er im Austausch mit den Daten als ergebnisrelevante Einflussgröße vermutet wird, in die Untersuchung einbezogen werden. Inwieweit der Verdacht dabei tatsächlich die Erkenntnis erweitern kann, wird indes erst die Ausführung zeigen.[61] Während die dritte Regel die Daten also möglichst weit öffnet, indem sie einer eindimensionalen Kenntnisnahme entgegenarbeitet, bahnt die vierte Regel auf der Basis von Gemeinsamkeiten ihre Zusammenführung an: »Die verschiedenen Aussagen über den Gegenstand, die man durch Sichtweisen und deren maximale strukturelle Variation auf ihn erhält, sollen auf Gemeinsamkeiten

---

[56] Ebd.
[57] Vgl. Kleining, Qualitativ-heuristische Sozialforschung, S. 26.
[58] Vgl. Krotz, Neue Theorien entwickeln, S. 212.
[59] Kleining, Qualitativ-heuristische Sozialforschung, S. 27.
[60] Merkmale wie etwa der soziale Hintergrund dürfen jedoch nicht vorschnell als Deutungsfolien herangezogen werden; dekonstruktive Denkexperimente können hierbei als Unterstützung dienen.
[61] Vgl. Kleining, Qualitativ-heuristische Sozialforschung, S. 27.

untersucht werden.«[62] Kleining schlägt hierzu eine Interpretationsstrategie vor, die auf der Grundlage von Ähnlichkeiten zu ›begreifen‹ versucht, worin sich diese Nähe artikuliert.[63] Die Daten sind dabei keineswegs auf ein Merkmal festgelegt, sondern sie kommen in ihrer Diversität zur Geltung.

Schließlich gilt es Gemeinsamkeiten innerhalb der Vielfalt von Erscheinungsformen aufzudecken.[64] Sie können einerseits in Form von miteinander verwandten Aussagen oder Eigenschaften hervortreten, andererseits jedoch gänzlich divergent sein; ein gemeinsamer Ausgangspunkt bzw. Hintergrund ist dennoch möglich.

Neben den bereits skizzierten Merkmalen führt Kleining weitere Orientierungskoordinaten an, die ein Vorgehen im Horizont entdeckender Sozialforschung kennzeichnen. In Bezug auf die Basismethoden qualitativer Heuristik differenziert Kleining so etwa zwischen dem ›Experiment‹ und der ›Beobachtung‹ als Handlungseinheiten der dialogischen Interaktion.[65] Während das eher rezeptive Beobachten darin besteht, eine ›Frage‹ an das Material zu richten, darin eine ›Antwort‹ zu finden und diese auf Gemeinsamkeiten hin zu untersuchen, impliziert Experimentieren einen überwiegend aktiven Umgang mit Daten, z.B. durch Separation, Kombination, Reduktion, Intensivierung, Substitution oder Transformation.[66] Initiiert und in Gang gehalten werden das aktive ›Sprechen‹ und das rezeptive ›Hören‹ durch die dialogische Abfolge von Fragen, Antworten und erneuten Fragen. Sodann wird ein Gesprächsprozess ausgelöst, dessen Ziel es ist, den Gegenstand samt seinen Strukturen zu explorieren, um darauf aufbauende Erkenntnisse zu generieren.[67]

Mit ›Maximierung/Minimierung‹, ›Testen der Grenzen‹ und ›Anpassung der Gedanken an Tatsachen‹ beschreibt Kleining drei zentrale Strategien, welche die Entdeckung im Verlauf der Forschung steuern bzw. das Suchen und Finden verändern sollen.[68] ›Maximierung/Minimierung‹ verweist auf ein experimentelles Vorgehen, das eine Intensivierung des forschenden Handelns anstrebt. Dabei rücken insbesondere solche Haltungen, Situationen und Bedingungen in den Fokus, die als extrem angesichts des jeweiligen Gegenstands anmuten. Als Beispiel führt Kleining eine Untersuchung über die öffentliche Wirkung der Polizei an. In diesem Zuge stellt er heraus, dass nicht nur polizeiliche Alltagsroutinen wie etwa der Streifendienst in den Blick kommen, sondern ferner ausgefallene oder aber seltene, d.h. extreme Phänomene (u.a. der Einsatz von Wasserwerfern).[69] Das ›Testen der Grenzen‹ stellt eine Strategie dar, die im Rahmen empirischer Sozialforschung oftmals durch den Ausdruck der ›Sättigung‹ beschrieben wird. Ausgelotet werden daraufhin die ›Ränder‹, also der Gültigkeitsbereich der erforschten

---

[62] Krotz, Neue Theorien entwickeln, S. 217.
[63] Vgl. Kleining, Qualitativ-heuristische Sozialforschung, S. 32.
[64] Doch auch dort, wo sich das Material nicht in die bereits erkannten Bilder einfügen lässt, soll es erfasst und Beobachtungen berücksichtigt werden. Vgl. Ebd., S. 32f.
[65] Vgl. Kleining, Lehrbuch Entdeckende Sozialforschung, S. 255.
[66] Vgl. Kleining, Heuristisch-qualitative Methoden der Textanalyse.
[67] Vgl. Hagemann, Qualitativ-heuristische Methodologie im Lehr-Dialog, S. 48.
[68] Vgl. Kleining, Lehrbuch Entdeckende Sozialforschung, S. 263.
[69] Vgl. Ebd, S. 265.

Verhältnisse bzw. des Samples. Sofern trotz struktureller Variation der Perspektiven keine neuen Einsichten hervortreten, gilt die Datengrundlage als gesättigt. Die »Anpassung der Gedanken an die Tatsachen«[70] als der dritten Strategie, die Kleining ins Feld führt, bemüht der Soziologe in Anlehnung an Ernst Mach (1905). In Übereinstimmung mit den ersten beiden Regeln qualitativer Heuristik sollen die Gedankengänge der Forschenden in unmittelbarer Beziehung zu den entdeckten Phänomenen stehen. Denn erst durch diese Anpassung von eigenen Vorstellungen und Überlegungen kann eine Annäherung des Subjekts an das Objekt gelingen und heuristisches Verstehen eingeleitet werden.[71]

Der Entdeckungsprozess selbst vollzieht sich idealtypisch in einem Dreischritt der ›konkret-abstrakt-konkret‹ vorgeht. Heuristisches Forschen beginnt beim Offensichtlichen, dem Konkreten, das jedoch unter dem Einsatz von Regeln zunehmend abstrakt wird. Abgeschlossen ist der Untersuchungsprozess, wenn eine Sättigung des Materials erreicht ist, also durch weitere Forschungsbemühungen keine neuen Entdeckungen auftreten. Wirksam wird dabei die so genannte ›100%-Regel‹, die gewährleistet, dass alle, für die Forschungsfrage relevanten Daten, in die Analyse integriert werden bzw. sie ihr zu 0% widersprechen.[72]

Obwohl die dargelegten Regeln richtungsweisend für die Untersuchung sind, ist ein Vorgehen in der Spur heuristischer Sozialforschung auf die Eigeninitiative der Forschenden, gegenstandsbezogen angemessene Umsetzungsweisen zu finden, angewiesen. Im anschließenden Forschungsbericht, den ich in Kapitel 3 ausführlich darlege, kommen die jeweiligen ›Strategien‹[73] des qualitativ-heuristischen Forschungsstils sodann in unterschiedlicher Weise und Ausprägung zur Geltung, d.h. ich setze sie flexibel ein.

2.2 Grounded Theory

Im Unterschied zur qualitativen Heuristik ist die Grounded Theory innerhalb qualitativer und auch religionspädagogischer Forschung deutlich prominenter. Die Methodologie dieser gegenstandsbegründeten Theorieentwicklung geht zurück auf die US-amerikanischen Soziologen Anselm Strauss und Barney Glaser, die das Verfahren erstmals in den 1960er Jahren vorgestellt und später getrennt voneinander weiterentwickelt haben.

Ziel des Forschungsstils ist es, auf der Grundlage von empirischem Material eine Theorie zu generieren, »die dem untersuchten Gegenstandsbereich gerecht wird und ihn erhellt.«[74] Ebenso wie die Qualitative Heuristik zeichnet sich der

---

[70]   Ebd., S. 263.
[71]   Vgl. Ebd., S. 266.
[72]   Vgl. Ebd., S. 280.
[73]   Die jeweiligen Kennzeichen werden dabei i.d.R. nicht eigens begrifflich markiert.
[74]   Strauss u. Corbin, Grounded Theory, S. 9. Eine bloße Überprüfung von Hypothesen wird damit ausdrücklich abgelehnt.

Grounded-Theory-Stil durch Offenheit in Bezug auf sowohl das Untersuchungs-gebiet als auch neue Entdeckungen aus. Im Anschluss an Strauss und Corbin können die Strategien der Grounded Theory überall dort zur Modellbildung be-müht werden, wo »eine theoretische Darstellung der untersuchten Wirklichkeit«[75] angestrebt wird. Als ›untersuchte Wirklichkeit‹ gelten im vorliegenden For-schungsprozess die Rezeptionen der Jugendlichen von Ex 1,1-22.

Neben dem Vergleich der gesammelten Daten markiert die Interpretation, das so genannte theoretische Kodieren, den wichtigsten Vorgang im Rahmen der Auswertung. Die verschiedenen Kodierverfahren, die dabei eingesetzt werden, bilden das Herzstück der Grounded Theory. Kodieren meint u.a. die sprachliche und inhaltliche Ausformulierung von Phänomenen, die im Material ›wohnen‹.[76] Aus den Daten werden inhaltliche Konzepte (Kodes) abgeleitet, sie bilden dann die Grundlage für ausdifferenzierte, abstrakte Konzepte, die man als Kategorien bezeichnet.[77] Doch sind Konzepte, Hypothesen und Theorien nicht einfach ver-fügbar, vielmehr müssen sie von den Forschenden entdeckt und konstruiert wer-den.[78]

Wie der Untersuchungsprozess entlang der Grounded Theory konkret ver-laufen kann, beschreibt Friedrich Krotz mittels eines spiralförmigen Modells:

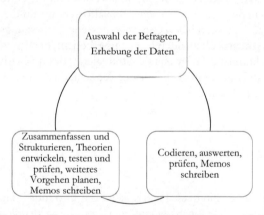

Abb. 4: Phasen im Rahmen des Forschungsprozesses (Nach: Krotz, Theorien entwickeln, S. 167.)

Den Ausgangspunkt für die Forschung bildet eine Fragestellung; die in den spi-ralförmigen Such- und Finde-Prozess einleitet. Der Kreis selbst symbolisiert die einzelnen Untersuchungsphasen, welche im Zentrum des Vorgehens stehen und

75   Ebd.
76   Vgl. Breuer, Reflexive Grounded Theory, S. 75.
77   Vgl. Böhm, Grounded Theory, S. 125.
78   Vgl. Strauss u. Corbin, Grounded Theory, S. 41.

i.d.R. wiederholt durchlaufen werden.[79] Die Spirale »dient einerseits der Weiterentwicklung der Theorie, andererseits der Prüfung der bis dahin gefundenen oder
konstruierten Aussagen.«[80]

Grundlegend sind nunmehr die drei Aktivitäten ›Auswahl der Befragten‹,
›Datenerhebung und Theoriegenese‹ sowie ›Reflexion und Kontrolle des Untersuchungsprozesses‹. Unabdingbar ist außerdem ein ›theoretisch sensibles‹ Handeln:[81] »[…] Theoretische Sensibilität bezieht sich auf die Fähigkeit, Einsichten
zu haben, den Daten Bedeutung zu verleihen, die Fähigkeit zu verstehen und das
Wichtige vom Unwichtigen zu trennen.«[82] Neben persönlichen Erfahrungen,
welche als Reflexionsmomente in die Auswertung eingebracht werden, markieren
u.a. die Aneignung von themenspezifischem Vorwissen durch Fachliteratur, das
Konsultieren von Expert_innen oder der Austausch mit Kolleg_innen weitere
Möglichkeiten, um theoretisch sensibel zu agieren.[83] Das Verständnis für das be-
forschte Phänomen verdichtet sich in dem Maße, wie sich Untersuchende mit
den Daten beschäftigen.[84] Theoretische Sensibilität stellt den wohl kreativsten
Aspekt im Modus der Grounded Theory dar:[85] Gleichermaßen können eigene
Erfahrungen und Literatur hier fantasievoll miteinander kombiniert werden, um
das in den Daten wohnende Potenzial auszuschöpfen. Doch nur durch das ständige Überprüfen der gewonnenen Erkenntnisse an den Daten ist es möglich, Ergebnisse hinreichend vertreten zu können. Die Frage nach dem Einsatz von Vorwissen, die im Kontext theoriegenerierender Forschung durchaus unterschiedlich
beantwortet wird, entscheidet sich infolge dieser Einsichten nicht nach einem
Entweder-Oder-Prinzip, vielmehr ist im Blick auf die Grounded Theory der Zeitpunkt relevant: Zwar beginnt die Forschungstätigkeit auf der Grundlage von Vorwissen, es ist aber wichtig, die Daten selbst »sprechen zu lassen.«[86] Der Unterschied zu deduktiven Verfahren liegt in einem andersartigen »Umgang mit jenem
notwendig immer schon vorhandenen Vorwissen sowie […] [einem] Theoriever-
ständnis, das die prinzipielle Unabgeschlossenheit von Theorien stärker betont
als strukturelle Verfestigungen.«[87] Die Untersuchung löst einen Prozess aus, woraufhin das Vorwissen im Austausch mit dem empirischen Material systematisch
weiterentwickelt und durch neue theoretische Erkenntnisse bereichert wird.[88]

Das prozessbegleitende Anfertigen von Memos oder auch Diagrammen be-
wahrt Untersuchende vor dem »Verlust analytisch wertvoller Ideen, die in der
Materialbearbeitung ›aufblitzen‹ und zwingt durch das Moment der schriftlichen
Explizierung zu einer größeren gedanklichen Präzision und Konsistenz […].«[89]

---

[79] Vgl. Krotz, Neue Theorien entwickeln, S. 167.
[80] Ebd., S. 167f.
[81] Vgl. Glaser u. Strauss, Grounded Theory. Strategien qualitativer Forschung, S. 62.
[82] Strauss u. Corbin, Grounded Theory, S. 25.
[83] Vgl. Breuer, Reflexive Grounded Theory, S. 59.
[84] Vgl. Freudenberger-Lötz, Theologische Gespräche mit Kindern, S. 103.
[85] Vgl. Strauss u. Corbin, Grounded Theory, S. 27.
[86] Krotz, Neue Theorien entwickeln, S. 169.
[87] Strübing, Grounded Theory, S. 58.
[88] Vgl. Krotz, Neue Theorien entwickeln, S. 168f.
[89] Strübing, Grounded Theory, S. 88.

Mithilfe von Aufzeichnungen können Forscher_innen nicht nur analytische Fehlentwicklungen, die ggf. im Projektablauf auftreten, rechtzeitig korrigieren, sondern ferner notwendige Schritte auf dem Weg zu einer plausiblen Theoriebildung einleiten.[90]

Anschließend stelle ich die einzelnen Kodierverfahren vor, die im Rahmen der Grounded Theory vielmals parallel verlaufen. Die Textinterpretation beginnt stets mit dem so genannten ›Offenen Kodieren‹, wobei die Daten ›aufgebrochen‹ werden.[91] In der Regel vollzieht sich der offene Kodiervorgang als eine Feinanalyse einzelner Phrasen, die den Indikator für das zu untersuchende Phänomen repräsentieren.[92] Vor dem Hintergrund von Vorwissen (Kontext der zu beforschenden Textpassage, genereller Untersuchungsgegenstand) werden die Daten kleinschrittig »auf Ähnlichkeiten und Unterschiede hin verglichen, und es werden Fragen über die Phänomene gestellt, wie sie sich in den Daten widerspiegeln.«[93] Ziel des offenen Kodierens ist eine Übersicht von Kodes, die unmittelbar im Material verankert und durch Erläuterungen intersubjektiv überprüfbar sind.[94] Neben W-Fragen (Wer, Was, Wie etc.), die an die Daten gerichtet werden, markiert der Vergleich ein weiteres klassisches heuristisches Verfahren, das ebenfalls zum Handwerkszeug der Grounded Theory gehört: »Das Kontrastieren von Fällen, Ereignissen, Zeitpunkten, Personen, Gruppen, Situationen und Kontexten hinsichtlich theoretisch potenziell interessanten Eigenschaften ist eine zentrale Quelle von Erkenntnis, die den Stoff für gegenstandsbegründete Theorien hergeben kann […].«[95] Schließlich erlauben einerseits der ›Text‹ und andererseits das Hintergrundwissen der Forschenden, verschiedene Eigenschaften des untersuchten Phänomens abzuleiten bzw. die dimensionalen Ausprägungen zu prüfen. In diesem Zusammenhang wird z.B. ermittelt, wie häufig ein bestimmter Aspekt hervortritt, von welcher Dauer oder Intensität er ist.[96]

Durch die Analyse von Bedingungen, Strukturen sowie eine Systematisierung der Kategorien ist bereits der Übergang zum ›Axialen Kodieren‹ erreicht: »Axiales Kodieren fügt die Daten auf neue Art wieder zusammen, indem Verbindungen zwischen einer Kategorie und ihren Subkategorien ermittelt werden.«[97] Das Verfahren zielt darauf ab, die bereits vorhandenen Konzepte zu verfeinern, auszudifferenzieren und in Kategorien zu transformieren.[98] Hierzu werden als Ergebnis des offenen Kodierens so genannte Achsenkategorien in ein Prozessschema bzw. Kodierparadigma überführt, das zugleich Auskunft über Bedingungen, Kontext, Handlungs- und interaktionale Strategien sowie Konsequenzen liefert.[99] Die Analyse dreht sich »um die Achse einer Kategorie«.[100]

---

90   Vgl. Ebd.; Glaser u. Strauss, Grounded Theory, S. 121.
91   Vgl. Strauss, Grundlagen qualitativer Sozialforschung, S. 57.
92   Vgl. Böhm, Grounded Theory, S. 127.
93   Strauss u. Corbin, Grounded Theory, S. 44.
94   Vgl. Böhm, Grounded Theory, S. 128.
95   Breuer, Reflexive Grounded Theory, S. 82.
96   Vgl. Strauss u. Corbin, Grounded Theory, S. 52.
97   Ebd., S. 76.
98   Vgl. Böhm, Grounded Theory, S. 130.
99   Vgl. Strauss u. Corbin, Grounded Theory, S. 76.
100   Strauss, Grundlagen qualitativer Sozialforschung, S. 63.

Das ›Selektive Kodieren‹ markiert nunmehr den letzten Schritt hin zur Grounded Theory. Im Gegenüber zu den vorangegangenen Verfahren wird der Abstraktionsgrad jetzt deutlich erhöht. »Beim Selektiven Kodieren werden die Früchte der zuvor geleisteten Kodierarbeit geerntet und eingefahren.«[101] Ziel ist es, eine Schlüssel- bzw. Kernkategorie zu präsentieren, die sämtliche Bestandteile der Theorie integriert und damit ihr konzeptuelles Zentrum bildet.[102] Sofern mehrere Kategorien als bedeutsam hervortreten, soll ein gemeinsamer Bezug hergestellt und auf der Grundlage der Daten validiert werden.

Wenngleich die Kodierverfahren formal getrennt voneinander angelegt sind, bewegen sich die Forschenden stets zwischen den jeweiligen Schritten hin und her; auch innerhalb der einzelnen Phasen des Kodierens.

Obwohl sich qualitative Heuristik und Grounded Theory in mancherlei Hinsicht unterscheiden, teilen sie grundlegende Merkmale, die z.B. in der Offenheit gegenüber dem Forschungsgegenstand, dem flexiblen Einsatz von Daten und Methoden, im dialogischen Charakter oder der komparativen Vorgehensweise zum Ausdruck kommen. Im anschließenden Kapitel orientiere ich mich zunächst an den Anleitungen der qualitativen Heuristik, um das empirische Material detailliert und unter Berücksichtigung möglichst vieler Perspektiven zu erkunden. Angelehnt an den Forschungsstil der Grounded-Theory-Methodologie werde ich die Daten im fünften Teil dieser Arbeit in einer neuen Weise erschließen und sie in Reader-Response-Kategorien überführen. Überschneidungen zwischen den theoriegenerierenden Vorgehensweisen werden dabei in je unterschiedlichem Ausmaß evident.

3 Erhebungswege – Entdeckungen – Erkenntnisse

In diesem Kapitel stelle ich u.a. die Daten der empirischen Untersuchung und die Wege ihrer Erhebung vor. Ziel ist es, die Lesemodi der Jugendlichen, genauer den Verlauf der Rezeption entlang von kognitiven, sozialen, emotionalen und narratologischen Operationen, darzustellen und entdeckend zu erschließen. Im Anschluss an Franz Breuer fasse ich hierbei auch solche Informationen als Bestandteile der Rezeption auf, »die sich aus den Verhältnissen und Geschehnissen zwischen den Zeilen, aus dem Beziehungsaspekt der Forschungsinteraktion, den Subtexten des Geschehens im Untersuchungsfeld ablesen […] lassen.«[103] Daraufhin erhalten je unterschiedliche Horizonte, Vorkenntnisse, Erfahrungen und Grade des Verstehens Einlass in die Rezeptionen.

Während in Kapitel 3.2 die Laut-Denk-Protokolle im Mittelpunkt stehen, kommen in Kapitel 3.3 die Interviews in den Blick. In Kapitel 3.4 konzentriere ich mich schließlich auf das Datenmaterial, welches erst im weiteren Verlauf des

---

101 Breuer, Reflexive Grounded Theory, S. 92.
102 Vgl. Strauss u. Corbin, Grounded Theory, S. 95.
103 Breuer, Reflexive Grounded Theory, S. 60.

Forschungsprozesses in Form von Vorstellungsschreiben, Briefen sowie durch das Tischset-Verfahren entstanden ist. In Bezug auf die Auswertung des Gesamtmaterials, welche in Teil V erfolgt, dient die qualitativ-heuristische Auswertung einerseits der Nachvollziehbarkeit einer in empirischen Daten verankerten Theorie, die jedoch losgelöst von Kodes ist. Gerade weil Lesen einen Vorgang darstellt, der sich sukzessive aufbaut und zugleich ständiger Veränderung unterliegt, soll diese Prozesshaftigkeit zunächst unabhängig von ›reduzierenden‹ Konzepten eingeholt werden. Auch für die Besprechung der anderen Datenschnitte (Interviews etc.) bevorzuge ich zunächst eine Zusammenschau, die ohne Kodes operiert, wiewohl diese immer wieder offenbar werden. Andererseits bildet die nachfolgende Untersuchung bereits ein Versatzstück der anschließenden Kategorienbildung.

Entsprechend der oben skizzierten Forschungshaltung bemühe ich mich in der Auseinandersetzung mit den Daten darum, »Relationen, Verhältnisse, Beziehungen oder Strukturen«,[104] die zunächst verdeckt sein können, zu erfassen. Bedingungen und Abläufe von sozial eingebundenen Handlungsweisen oder Bedeutungsauffassungen sollen, wenn möglich, freigelegt werden.[105] Die anschließende Besprechung erhebt keineswegs den Anspruch auf Objektivität, vielmehr spanne ich das empirische Material in einen intersubjektiv nachvollziehbaren Dialog ein. In Bezug auf die Datenschnitte ist die Einsicht leitend, dass »nicht die Rezeption selbst untersucht werden [kann], sondern die nach außen getragenen Produkte der Rezeption der SchülerInnen.«[106]

3.1   Wege der Datenerhebung: Design – Durchführung – Dokumentation

Die Wege der Datenerhebung sind, ganz so wie das Forschungsprojekt selbst, vielgestaltig. Ausgehend von der Fragestellung, welche Charakteristika die Lektüre bzw. Rezeption von Ex 1,1-22 durch Jugendliche kennzeichnen, habe ich in einem ersten Schritt verschiedene Erhebungsverfahren ausgewählt. Im Fokus stehen solche Verfahren, die auf der Ebene hierarchie-höherer Kognitionen angesiedelt sind und, die sich auf motivationale bzw. emotionale Dimensionen sowie Reflexionen im Rahmen von Verstehensprozessen konzentrieren.[107]

Nachdem ich den Methodenkanon im Zuge einer Recherche qualitativer und didaktischer Methoden auf insgesamt sechs verschiedene Verfahren reduziert habe, schloss ein Beratungsgespräch mit Schüler_innen der Offenen Schule

---

[104]   Kleining, Das qualitativ-heuristische Verfahren der Textanalyse am Beispiel der Neujahrsansprachen des Bundeskanzlers Kohl, S. 264.
[105]   Vgl. Ebd., S. 269.
[106]   Arzt, Frauenwiderstand macht Mädchen Mut, S. 87.
[107]   Siehe dazu Richter u. Christmann, Lesekompetenz, S. 28-34; siehe außerdem Garbe u.a. Texte lesen, S. 32f.

Waldau an.[108] Bereits im Herbst 2012 und damit einige Monate vor dem Eintritt in das Feld hat sich die Gelegenheit geboten, eine heterogene Gruppe[109] von Schüler_innen bezüglich der Methodenauswahl zu befragen. Den Jugendlichen habe ich hierzu sechs Verfahren vorgestellt, wobei jeweils zwei Methoden angesichts ihres Erkenntnisinteresses verwandt waren. Zu nennen sind hier das begleitende laute Denken und das nachträgliche laute Denken mittels Textmarkierungen, das Verfassen eines Tagebucheintrages aus der Sicht einer Figur der Erzählung sowie das Schreiben eines Briefes an eine Figur des Ensembles. Darüber hinaus habe ich die Schüler_innen um ihre Einschätzung betreffs Möglichkeiten der Anschlusskommunikation gebeten. Zur Diskussion standen ein persönliches Gespräch infolge der Lektüre oder aber die Bearbeitung eines Fragebogens als einen schriftlichen Beitrag.

Im Anschluss an die Evaluation ließen sich recht eindeutige Meinungsbilder gewinnen: Angesichts der Methoden, welche primär an kognitiven Verarbeitungen interessiert sind, votierte eine Mehrheit der Befragten für das Verfahren des begleitenden lauten Denkens.[110] Ferner wurde der Tagebucheintrag favorisiert und somit ein produktives Schreibverfahren nominiert, das einen Perspektivenwechsel einfordert bzw. empfiehlt. In Bezug auf die Anschlusskommunikation konnte sich neuerlich das mündliche Vorgehen, d.h. das persönliche Gespräch gegenüber einer schriftlichen Dokumentation durchsetzen. Vor dem Hintergrund der gewonnenen Erkenntnisse habe ich das begleitende laute Denken und das persönliche Gespräch als Erhebungsmethoden ausgewählt. Der Tagebucheintrag ist zugunsten eines Online-Blogs aus dem Methodenkatalog entfernt worden. Sowohl in didaktischer als auch in pragmatischer Perspektive bietet eine virtuelle Kommunikation einerseits die Chance, außerhalb der regulären Unterrichtszeit – etwa in einer Freistunde oder sogar jenseits der Schule ›gepflegt‹ zu werden. Andererseits liegt eine Schreibmethode vor, die an die Lebenswelt von Schüler_innen, dezidiert ihr Medienverhalten, anknüpft.

Neben der skizzierten Trias, die den grundlegenden Korpus von Erhebungswegen und Daten als deren Output repräsentiert, habe ich außerdem mit einigen Jugendlichen eine Gruppendiskussion geführt; überdies verfassten die Schüler_innen Briefe und Vorstellungsschreiben.[111]

Da u.a. Feldnotizen, Memos und weitere Beobachtungen mit dem Datenbegriff überschrieben sind, mutet die vorliegende Methodenvarianz bzw. Datendichte äußert umfangreich an. Tatsächlich entspricht die breite Materialsammlung aber den Anleitungen von qualitativ-heuristischer Forschung und Grounded

---

108   Der Kontakt zu den Lernenden wurde mithilfe einer Religionslehrerin der Gesamtschule hergestellt. Gegenüber dem Forschungsvorhaben war die Lehrperson aufgeschlossen und zeigte sich sehr interessiert. Einerseits sollte die Evaluation Einsichten darüber liefern, wie Jugendliche die allgemeine Qualität der Methoden einschätzen und bewerten. Andererseits galt es die konkreten Verfahren für die Erhebung zu ermitteln.

109   Diese Diversität habe ich ausdrücklich ersucht. Es handelt sich hierbei um Subjektzuschreibungen, die von außen kommen und freilich variabel sein können.

110   Jeweils wurde hier zusätzlich eine mündliche und schriftliche Umsetzung angeboten.

111   Sowohl mit Blick auf den Onlineblog wie auch die Verfahren, die außerhalb des zentralen Methodenkanons zu verorten sind, ist jedoch darauf hinzuweisen, dass aus verschiedenen Gründen nicht alle Proband_innen in diese Erhebungsverfahren involviert waren.

Theory: Glaser und Strauss werben dafür, die Datenerhebung keineswegs nur auf eine Form hin zu limitieren, sondern vielfältige »Datenschnitte«[112] zu generieren:[113] Gerade in der Variation von Sample, Forschungsmethode sowie Fragen erkennen Gerhard Kleining und Harald Witt die Möglichkeit, einer Einseitigkeit in der Darstellung des Gegenstandes entgegenzuwirken.[114]

An die Evaluation, welche in Kooperation mit den Schüler_innen der Integrierten Gesamtschule durchgeführt wurde, schloss ein so genannter Pretest an. Im Horizont qualitativer Sozialforschung sind mit diesem Begriff solche Verfahren angesprochen, die zur Qualitätsoptimierung bzw. Überprüfung von Erhebungsmethoden und Forschungsdesigns eingesetzt werden. Mithilfe von Pretests kann potenziellen Störfaktoren vorgebeugt und der Weg für eine erfolgreiche Erhebung gelegt werden. Für die vorliegende Untersuchung hat sich Kjell, ein Schüler des Gymnasiums B.I., bereit erklärt, die Erhebungsverfahren im Vorfeld zu erproben. Zum Zeitpunkt des Vortests war der Jugendliche 16 Jahre alt und besuchte die zehnte Klasse eines niedersächsischen Gymnasiums. Der Pretest lieferte handlungsrelevante Hinweise: Formulierungen und Fragen des Interviewleitfadens konnten verändert, Irritationen im Rahmen der Gesprächsführung reflektiert werden. Mithilfe der ›Schülersicht‹ ließen sich erstmals auch Eindrücke u.a. zum möglichen Lesetempo der Jugendlichen und zum Schwierigkeitsgrad der Erzählung gewinnen.

Die verschiedenen Schritte hin zur empirischen Untersuchung wurden überdies durch eine rege E-Mail-Korrespondenz und ein persönliches Treffen mit dem verantwortlichen Religionslehrer sowie den Schüler_innen selbst gelegt.[115]

Auch vor dem Hintergrund, dass Diversität gegenüber den Jugendlichen ausdrücklich erwünscht war, konstituierte sich eine Gruppe von 14 Schüler_innen, die sich nach eigenen Angaben hinsichtlich ihres Geschlechtes, des kulturellen Hintergrunds, der Religion, etc. durch Verschiedenheit auszeichneten.[116] Die Erhebung selbst fand dann im Frühsommer des Schuljahres 2013 im Jahrgang 9 statt. Über einen Zeitraum von ca. drei Monaten habe ich zweimal wöchentlich, in der Zeit des Religionsunterrichts, jeweils einen/eine Schüler_in zur Lektüre

---

[112] Glaser u. Strauss, Grounded Theory, S. 72.

[113] Vgl. Ebd., S. 73.

[114] Vgl. Kleining u. Witt, Qualitativ-heuristische Forschung als Entdeckungsmethodologie für Psychologie und Sozialwissenschaften. Nunmehr bilden eine fragende Haltung und der vergleichende Umgang mit eintreffenden Informationen nicht nur eine Leitmaxime des empirisch begründeten Vorgehens. Sie lancieren außerdem die erforderliche Motivation, das Feld, falls nötig, immer wieder neu zu betreten, weitere Daten zu gewinnen bis sich letzthin eine ›theoretische Sättigung‹ einstellt bzw. die ›100%-Regel‹ erfüllt ist. Vgl. Glaser u. Strauss, Grounded Theory, S. 73; vgl. Kleining, Lehrbuch Entdeckende Sozialforschung, S. 280. Dabei ist nach J. Strübing »[d]as Kriterium, dass die Daten nichts Neues mehr für die theoretische Kategorie ergeben, […] auslegungsbedürftig und nicht objektiv aus den Daten ableitbar.« Strübing, Grounded Theory, S. 34.

[115] Obwohl die Schüler_innen bereits im Vorfeld über die Untersuchung informiert wurden, habe ich die Teilnehmer_innen der Studie erst im Rahmen einer face-to-face-Begegnung ›angeworben‹.

[116] Wie bereits dargelegt, erfolgte die Teilnahme an der Erhebung freiwillig. Das Einverständnis sowohl der Erziehungsberechtigten als auch der Schüler_innen ist eingeholt worden.

der Erzählung[117] und ihrer Besprechung gebeten.[118] Im Anschluss an die empirische Untersuchung liegen als Hauptdatenquellen nunmehr 14 Laut-Denk-Protokolle und Interviewsequenzen vor, die ich mithilfe eines Tonbandgeräts aufgezeichnet sowie durch das Audio- bzw. Videotranskriptionsprogramm *f4* transkribiert habe.

3.2 Lautes Denken und Laut-Denk-Protokolle

Um die komplexen Rezeptionen der Schüler_innen möglichst umfassend und prozessnah in den Blick nehmen zu können, habe ich das laute Denken als Forschungsmethode ausgewählt. Lautes Denken eignet sich in besonderer Weise zum Nachvollzug kognitiver Prozesse. Es gestattet eine »spezielle Form der Introspektion«,[119] deren Ziel es ist, einen Zugang zur Informationsverarbeitung von Versuchspersonen herzustellen.[120] Nach Margit Schreier erweist sich der Einsatz der Methode u.a. dort als sinnvoll, wo der »Einblick in Verarbeitungsprozesse beim Lesen ganz bestimmter Werke«[121] von Interesse ist – biblische Erzähltexte können hier also ein Beispiel sein. Zugleich lassen sich ein »Gesamtbild des Rezeptionsprozesses«, aber auch einzelne Aspekte dieses Vorgangs abbilden[122] – durch die Lektüre selbst und ihre anschließende Analyse erfolgt eine doppelte Verlangsamung.

Entsprechend der Laut-Denk-Anleitungen zum Lesen und Textverstehen werden die Teilnehmenden dazu aufgefordert, sämtliche Gedanken, die im Rahmen einer Lektüre auftreten, zu verbalisieren.[123] Der/die Forscher_in nimmt sich bei diesem offenen Verfahren zurück. Damit die Äußerungen nachträglich zugeordnet werden können, bietet es sich an, das Textmaterial in einzelne Abschnitte zu zerlegen.[124] Zu berücksichtigen ist hierbei allerdings, dass jede Strukturierung des Textes, die von außen vorgenommen wird, regulierend sowohl auf die Rezeption als auch auf die Textgestaltung einwirkt. Da die Verbalisierung der Gedanken immer schon eine Übersetzungsleistung markiert, die dem Anspruch von Unmittelbarkeit bzw. einer flüssigen Lektüre entgegenläuft, muss dieser Einwand

---

[117] Da der methodische Zugang auf das Spontanitätsmoment der Proband_innen angewiesen ist, wurde auf Hinweise zum Plot verzichtet. Im Blick auf den Umgang mit ›Schreckenstexten‹ muss diese Vorgehensweise aber jeweils situativ entschieden werden. Texte, die z.B. sexualisierte Gewalt darstellen, bedürfen m.E. einer ›langsamen‹ Annäherung, d.h. die Leser_innen sollten auf die Begegnung mit den Texten vorbereitet werden. Siehe hierzu Teil IV, Kapitel 1.2.

[118] Auch in den Folgemonaten sind vereinzelte Treffen anberaumt worden, in welchen einige Teilnehmer_innen Briefe und Vorstellungsschreiben verfasst haben; überdies wurde eine Gruppendiskussion durchgeführt. Siehe dazu Teil IV, Kapitel 3.4.

[119] Göpferich, Translationsprozessforschung, S. 22.

[120] Vgl. Schreier, Qualitative Verfahren der Datenerhebung, S. 410.

[121] Ebd.

[122] Vgl. Steen, Lautes Denken zwischen Validität und Reliabilität, S. 298.

[123] Vgl. Schreier, Zur Rolle der qualitativ-sozialwissenschaftlichen Methoden in der Empirischen Literaturwissenschaft und Rezeptionsforschung, S. 362.

[124] Siehe dazu T. Stark (2010a).

entschärft werden.[125] Schließlich erleichtert eine Einteilung der Erzählung den Leseprozess teilweise sogar.[126]

Lautes Denken kann nicht nur periaktional, d.h. begleitend zur Rezeption erfolgen, sondern zudem postaktional, also im Anschluss an die Lektüre stattfinden.[127] Während Unterbrechungen auf diese Weise zwar vermieden werden können, eröffnet sich mithin die Schwierigkeit, dass bereits vollzogene Kognitionen bei einer nachträglichen Besprechung ggf. nicht weiter zur Verfügung stehen oder infolge von Selbstinszenierungen unausgesprochen bleiben.[128]

Trotz der skizzierten Bedenken stellt lautes Denken innerhalb der empirischen Leseforschung ein zentrales und besonders vielversprechendes Instrument dar, um sich den Rezeptionsvorgängen von Leser_innen anzunähern.[129] Susanna Göpferich konstatiert: »Bei allen Zweifeln, die man an der Validität von LD-Daten hegen kann, muss zunächst festgestellt werden, dass es bis heute keine Methode gibt, mit der man mehr Aufschluss über komplexe Problemlösungsprozesse bekommen kann.«[130]

Nachdem ich zunächst ausschließlich das erste Verfahren für die Untersuchung eingesetzt habe, stellte sich bald heraus, dass die Erweiterung um ein rückblickendes lautes Denken vielmals notwendig ist. Gerade weniger geübten oder auch introvertierten Leser_innen fiel die spontane Äußerung von Gedanken sichtlich schwer. Infolgedessen lag es nahe, den Jugendlichen die Möglichkeit einzuräumen, ihre Überlegungen außerdem retrospektiv vorzubringen. Im Anschluss an das gleichzeitige laute Denken wurden die Leser_innen fortan aufgefordert, den Text neuerlich zu lesen und Schlüsselstellen zu markieren. Um die vormals abgelaufenen Kognitionen zu rekonstruieren und ihre Entscheidung für die Relevanz einer Textstelle zu begründen, kehrten die Schüler_innen nach der Lektüre zu den entsprechenden Markierungen zurück; hier machten sie ihre Gedanken dann transparent. Retrospektiv äußersten sich die Lesenden überwiegend positiv zur wiederholten Rezeption. Verstehensschwierigkeiten, die in der ersten Lesephase aufgetreten waren, konnten nun z.B. behoben und die Erzählung intensiver durchdrungen werden.

Obwohl die Schüler_innen bereits im Vorfeld der Untersuchung über das Laut-Denk-Verfahren informiert wurden, erhielten die Jugendlichen am jeweiligen Tag der Erhebung eine vorformulierte und verständliche Vorgehensinstruktion. Überdies hatten sie die Gelegenheit potenzielle Unsicherheiten und Fragen vorzubringen. Gerade weil der/die Versuchsleiter_in während der Lektüre nicht weiter in das Geschehen involviert sein soll, leistete diese Phase des Austauschs

---

125 Stark, Lautes Denken in der Leseprozessforschung, S. 63.
126 Siehe dazu z.B. auch C. Rosebrock und D. Nix (2008).
127 Vgl. Gahn, Protokolldaten zur Analyse literarischer Verstehensprozesse, S. 198.
128 Vgl. Schreier, Qualitative Verfahren der Datenerhebung, S. 410.
129 Vgl. Schreier, Zur Rolle der qualitativ-sozialwissenschaftlichen Methoden in der Empirischen Literaturwissenschaft und Rezeptionsforschung, S. 362.
130 Göpferich, Translationsprozessforschung, S. 22.

einen wichtigen Beitrag im Blick auf eine erfolgreiche Umsetzung des Verfahrens.[131] Ein detaillierter Zeitrahmen für das periaktionale bzw. postaktionale laute Denken habe ich nicht festgelegt. Der Pretest hatte signalisiert, dass zumindest geübte Leser_innen nur einen geringen Zeitaufwand aufbringen müssen, wenn sie zum ausgewählten Text laut denken. Im Rahmen der Erhebung bestätigte sich diese Einsicht.[132]

Auf Basis der Laut-Denk-Protokolle möchte ich den komplexen Leseakt anschließend ebenso detailliert wie auch prozessnah dokumentieren. Obwohl die Protokolle jeweils unabhängig voneinander erhoben wurden, ist die Darstellung der Ergebnisse als ein Gespräch zwischen den Rezipierenden inszeniert. Unterschiede, Relationen und insbesondere Gemeinsamkeiten im Rahmen der schüler_innenseitigen Lektüre sollen auf diese Weise sichtbar werden. Im Zuge der Besprechung suche ich immer wieder Anschluss an die Erzählung, ziehe Verbindungslinien zu ihr und weise auf Brechungen hin. Auch weil Leser_innen und Text als gleichberechtigte Dialogpartner_innen angesehen werden,[133] leistet theoretisches Vorwissen, insbesondere aus dem Bereich der kognitiven Narratologie bzw. der kognitiven Linguistik, einen maßgebenden Beitrag zur Vermittlung zwischen den beiden Ebenen. Demnach fokussiert kognitive Narratologie »den Zusammenhang zwischen Texten und den kognitiven Prozessen, die die Textrezeption maßgeblich bestimmen.«[134]

Die qualitativ-heuristische Leselinie, die sogleich einen Teilschritt auf dem Weg zu einer gegenstandsverankerten Theorie markiert, folgt der Einteilung des Erzähltextes in einzelne Sinnglieder.[135] Im Anschluss an die Besprechung der Segmente, in welcher bereits spezifische ›Reader-Response-Konzepte‹ sichtbar werden, erfolgt kapitelweise eine erste Erkenntnissicherung, in welcher ich die jeweils zentralen Entdeckungen skizziere. Aufgrund der Materialdichte erhebt die nachfolgende Zusammenschau zwar keinen Anspruch auf Vollständigkeit, gleichwohl soll ein detaillierter Einblick in die Daten und ihre Exploration ermöglicht werden.[136]

---

[131] Siehe dazu z.B. Gahn, Protokolldaten zur Analyse literarischer Verstehensprozesse, S. 198f. Reflektiert werden muss auch hier, dass derartige Interventionsformen auf die Rezeptionen der Schüler_innen einwirken und deren Reaktionen, in unterschiedlicher Intensität, lenken.

[132] Unabhängig vom jeweiligen Leseverstehen der Schüler_innen und trotz des Einsatzes von zweierlei Laut-Denk-Verfahren wurde eine zeitliche Markierung von 20 Minuten bei der Rezeption von Ex 1,1-22 selten überschritten.

[133] Vgl. Nünning, Unreliable Narration zur Einführung, S. 25.

[134] Zerweck, Der cognitive turn in der Erzähltheorie: Kognitive und ›Natürliche‹ Narratologie, S. 219.

[135] Wurde den Jugendlichen die Exodusexposition in Form von zehn Abschnitten präsentiert, kommen diese anschließend, zugunsten der Übersichtlichkeit, teilweise gebündelt in den Blick.

[136] Im Blick auf den Modus der Grounded Theory ist diese Form der schriftlichen Aufarbeitung als einem »Verfertigen und Präsentieren von Überlegungen, Gedankengängen und Deutungen« durchaus üblich, jedoch wohl weder in der Form noch in der Ausführlichkeit, wie sie hier vollzogen wird. Breuer, Reflexive Grounded Theory, S. 103. Spezifische Fragestellungen, welche charakteristisch für heuristische Sozialforschung sind, werden zwar stets an das Material herangetragen, in der Dokumentation aber nicht eigens ausformuliert, sondern vielmehr in den Erläuterungen ersichtlich.

3.2.1 Abschnitte 1-2

> Das sind die Namen der israelitischen Familien, die mit Jakob nach Ägypten kamen. Jeder Sippenchef kam mit seinen Leuten: Ruben, Simoen, Levi und Juda, Issachar, Sebulon und Benjamin. Dan und Naftali, Gad und Ascher. Sie alle stammten von Jakob ab, 70 an der Zahl. Josef war schon vorher in Ägypten. Josef und alle seine Brüder starben, wie jene ganze Generation. Aber die Israeliten und Israelitinnen waren fruchtbar und breiteten sich aus; sie vermehrten sich und wurden ungeheuer stark. Das Land füllte sich mit ihnen (Ex 1,1-7).[137]

Mit Ex 1,1-22 treffen die Leser_innen zunächst auf einen Text, der ihnen wenige Möglichkeiten anbietet, sich in der Lektüre wohl zu fühlen. Es fällt den Jugendlichen schwer, ihre Gedanken zu einem weitgehend unbekannten und fremden Erzählstoff spontan auszudrücken. Insbesondere den Einstieg in die Erzählung nehmen sie u.a. infolge von ›hermeneutischer Differenz‹[138] als unsanft und abrupt wahr. Vielzählig sind die Lesenden irritiert angesichts des Stils der Erzählung, ihren Figuren und deren Hintergründen: »Das fängt ohne Zusammenhang an, so (..) halt irgendwie so mittendrin, also ich weiß nicht so (…), also als ob davor irgendwie noch was fehlt, halt so eine ganze Geschichte […]«,erklärt Lena, nachdem sie die Einleitung gelesen hat. Folgerichtig vermutet die Schülerin, dass die Erzählung auf zurückliegende narrative Ereignisse rekurriert. Obwohl Lena »eigentlich die ganze Bibel gelesen [hat]«, kann sie Anschlussstellen, die ihre Annahme unterstützen, nicht in ihrem biblischen Vorwissen finden. Eine kohärenzfähige Repräsentation der im Text erzählten Sachverhalte bleibt infolgedessen aus.[139]

Auch für Finn gestaltet sich der Einstieg in die Erzählung als problematisch: »Mir sagt keiner der Namen außer Josef was […]«,stellt er fest. Die Namen der israelitischen Söhne sind dem Jugendlichen ebenso unbekannt wie die Figur Jakob.[140] Zunächst wird Finn deshalb »nicht ganz klar, worum es hier geht.« Erst im fremd anmutenden Charakter der Genealogie erkennt der Schüler ein erstes Angebot, sich in der erzählten Welt zu orientieren. Hatte die Erzählinstanz vermutlich die Genese des Volkes Israel nachzuzeichnen gewünscht und eine narrative Brücke zwischen den Erzählwerken konstruieren wollen, nutzt der Schüler die einleitende Passage anderweitig. Ausgehend von den zwölf Söhnen und ihren

---

[137] Jedes Kapitel blendet die Verse von Ex 1,1-22 (Übersetzung nach Bibel in gerechter Sprache), auf welche die Jugendlichen sich jeweils beziehen, ein.

[138] Hermeneutische Differenz verweist in diesem Zusammenhang auf das Verhältnis von Fremdheit zwischen Text und zeitgenössischen Leser_innen. Vgl. Müllner, Gewalt im Hause Davids, S. 30. Nach J. Schutte meint hermeneutische Differenz, dass die Absicht des Autors (Subjekt der Produktion) vom Textverständnis des/der Leser_in (rezipierendes Subjekt) abweicht. Es stellt sich also eine Ungleichzeitigkeit von Intention und Interpretation ein. Schutte, Einführung in die Literaturinterpretation, S. 32.

[139] Vgl. Schwarz, Einführung in die Kognitive Linguistik, S. 190.

[140] Auch andere Leser_innen äußern ihre Unkenntnis angesichts der Namen. Siehe dazu z.B. Joel, Laut-Denk-Protokoll, A. 4; Johannes, Laut-Denk-Protokoll, A. 11; Paul, Laut-Denk-Protokoll, A. 4.

fremd klingenden Namen datiert er die Erzählung hinein in »eine frühere Zeit.« Auffällig ist, dass Finn die Ebene der Vermittlung sowohl in diesem Zusammenhang als auch im Fortgang des lauten Denkens stetig reflektiert: »[…] es wurde ja ganz speziell Sippenchef genutzt […]«, erklärt Finn und schlussfolgert »das heißt, man will ja eigentlich mehr auf die Sippen eingehen oder darauf hindeuten, dass es da verschiedene Sippen gibt […].« Die erzählten Sachverhalte rezipiert der Schüler folglich nicht nur auf der Ebene der erzählten Welt. Er aktiviert überdies ein Schema, das Bezug zur Autor_inneninstanz bzw. zur Erzählstimme herstellt.

Am Beispiel der Figur Josef kommt das Kommunikationsgefälle zwischen Erzählung und Schüler_innen, welches sich gerade zu Beginn der Lektüre aufspannt, abermals zum Ausdruck: »Josef? War das nicht der Vater von Jesus?« fragt Jan verunsichert. Der alttestamentliche Josef und seine Geschichte sind den Jugendlichen weitgehend unbekannt. Zuletzt sind es deshalb weniger die Namen der Figuren[141] und ihre Hintergründe, welche die Aufmerksamkeit der Lesenden in dieser Lektürephase bestimmen, vielmehr rückt das Verhalten der Protagonist_innen in den Fokus:

> Dann hab ich hier halt unterstrichen, […] dass die Israeliten und Israelitinnen halt fruchtbar waren und sta/und sich halt ausbreiteten, weil vorher war da/ waren die ja noch nicht in dem Land. Und so hat man dann […] Vorwissen quasi, damit der ganze Text hinterher erst Sinn macht, quasi.

Im Zuge des retrospektiven lauten Denkens legt Susanna die Informationen, welche mit der einsetzenden Lektüre eingetroffen sind, als wegweisend für die Herausbildung des Textsinns zugrunde.[142] Das Einwanderungsereignis und Israels Wachstum bilden für die Schülerin zentrale Hinweise, mehr noch notwendiges Vorwissen, um Kohärenz herzustellen. Diese Form der Textverarbeitung, die nicht zögernd vorgeht, sondern beim ersten Wort einsetzt, markiert nach van Dijk und Kintsch (1983)[143] ein typisches Merkmal von Textinterpretationen. Die bereits vollzogenen mentalen Repräsentationen werden also erst im Fortgang der Lektüre modifiziert.[144]

Kontrastierend zu den Söhnen weckt Jakob auch auf der Ebene der ›storyworld‹ Interesse seitens der Leser_innen. Die Jugendlichen weisen z.B. darauf hin, dass Jakob nicht nur die Figur ist, »die alle dahin gebracht hat […]«;[145] überdies dient er zur Orientierung, »wenn man nicht so weiß, was mit den Leuten […]

---

[141] Siehe hierzu z.B. Tabea, Laut-Denk-Protokoll, A. 35.

[142] Auch Mona legt diese Informationen als zentrale Hinweise zugrunde, um den Text verstehen zu können. Vgl. Mona, Laut-Denk-Protokoll, A. 24.

[143] Siehe dazu T. A. van Dijk und W. Kintsch (1983).

[144] Vgl. Schwarz, Einführung in die kognitive Linguistik, S. 194. Siehe hierzu außerdem die ›Taxanomie textverstehender Operationen‹ nach J. Grzesik, P. Fleischhauer und N. Meder (1982).

[145] Johannes, Laut-Denk-Protokoll. Entgegen dem Vorgehen seiner Mitschüler_innen wählt Joel eine distanzierte Sprache, um die Rolle Jakobs zu beschreiben: »Also, das ist natürlich ein Schlüsselpunkt, weil es da ja darum geht, dass dieser Typ da mit den Familien nach Ägypten kamen.«

gemeint ist.«[146] Dennoch ruft Jakob auch Skepsis seitens der Rezipierenden hervor: »[Es ist] ein bisschen komisch [...]«, dass »nur [Jakobs] Nachkommen [...] ein komplettes Land [füllen]«, findet Dario und Tabea fragt misstrauisch: »Hat der jetzt 70 Kinder?« Beide sind irritiert angesichts des ebenso plötzlichen wie rasanten Bevölkerungszuwachses[147] und die Verunsicherung angesichts des Ereignisses[148] setzt sich auf der Bewertungsebene fort: »Also, keine Ahnung. Ich weiß nicht, ob es negativ ist oder positiv [...]«, überlegt zum Beispiel Lena. Augenscheinlich hat die Schülerin den Wunsch, die erzählten Ereignisse zu beurteilen. Noch ist ihr jedoch unklar, wie sie die Israelit_innen und deren Wachstum einzuordnen hat.

Angelehnt an ein gesellschaftliches Verständnis von Fortbestand zeichnet Finn dahingegen einen Lebenskreislauf nach, der den Tod gleichermaßen und selbstverständlich einbezieht wie die Geburt. Eine Bewertung, wie Lena sie vorzunehmen wünscht, wird nicht als Absicht des Schülers erkennbar.

> Josef und alle seine Brüder starben wie jene ganze Generation, das ist für mich ein selbstverständlicher Satz, weil irgendwann stirbt eine Generation aus [...] und hat hoffentlich die nächste Generation gezeugt und dann gibt es die nächste Generation. Von daher ist das für mich der verständlichste und normalste Satz, den es überhaupt gibt und der Rest mit den Israelen, Israelisten, die sich ausbreiten und das ganze Land befüllen, das ist auch was Selbstverständliches nach meiner Meinung nach, weil auch in Deutschland füllt sich langsam das Land mit den Deutschen aus oder den Bewohnern [...].

Ausgehend von der Todesmitteilung schildert Finn eine Art Generationenvereinbarung, die gewährleisten soll, dass Gesellschaften dauerhaft existieren können. Bevölkerungswachstum verortet der Schüler dabei nicht ausschließlich im Horizont von Fortpflanzung, sondern auf einer lebensweltorientierten Folie zugleich als Ergebnis von Migration.[149] Als Finn im Zuge des retrospektiven lauten Denkens noch einmal Anschluss an die erzählten Ereignisse sucht und die Eigenschaften ›fruchtbar‹ und ›stark‹ hervorhebt, begründet er seine Entscheidung folgendermaßen:

> Und diese Beschreibungen beschreiben das Volk Israel und das ist ungeheuer wichtig, weil in der ganzen folgenden Geschichte [...] wird das das Problem von Ägypten sein, dass sie sich so

---

146 Susanna, Laut-Denk-Protokoll; vgl. Dario, Laut-Denk-Protokoll, A. 87.89; vgl. Mona, Laut-Denk-Protokoll, A. 24.

147 Schließlich kommt es Tabea »ein bisschen komisch vor, dass dann irgendwie das auf einmal ausgelöscht war und dann sie sich wieder so stark vermehrt haben, irgendwie naja.«

148 Im Rahmen der Entfaltung von ›Reader-Response-Kategorien‹ wird der Ausdruck ›Ereignis‹ im Blick auf die Lektüreweisen der Schüler_innen spezifiziert.

149 Wenn Finn mit ›den Deutschen‹ alle dort lebenden Bewohner_innen adressiert, ruft der Schüler ein transkulturelles, inklusives Schema auf. Konzipiert der Schüler ›die Deutschen‹ und ›die Bewohner‹ indes als voneinander zu differenzierende Gruppen ist die Perspektive – vermutlich auch im Blick auf Israels Einwanderung – als exkludierend zu deuten. Wird Migration in dieser Folge nun als selbstverständlicher Bestandteil des Alltags postuliert, stellt sich die Frage, ob eine Auseinandersetzung mit der Einwanderungsthematik in der Wahrnehmung des Jugendlichen ggf. obsolet erscheint.

unheimlich vermehren und das sie so, so viele und so stark sind und sie kommen ja anscheinend nicht darauf klar oder können das nicht unter Kontrolle bekommen, in ihrem eigenen Land und deshalb ist es enorm wichtig zu wissen […].

Den ersten Abschnitt, der auch den Ausgangspunkt seiner Rezeption darstellt, liest der Schüler als Exposition. Nachdem Finn zunächst eine überforderte ägyptische Gemeinschaft konstruiert, welche auf die Situation scheinbar ›nicht klar kommt‹, bietet er alternativ dazu mangelnde Kontrollkompetenzen als erklärende Figureninformationen an. Da weder die Erzählinstanz noch die Figuren derartige Eigenschaften explizieren, müssen diese vom Jugendlichen elaborativ ergänzt werden. Hatte Finn eingangs noch keine Gründe für das ägyptische Vorgehen deklamiert, bezeichnet er nun, ebenso wie andere Lesende, das stärker werdende Israel als »Auslöser dafür, dass Ägypten gegen Israel vorgeht […].« Indem er in Bezug auf die Ägypter_innen von »ihrem eigenen Land« spricht, zieht der Schüler eine nationale Grenze, woraufhin Israel exkludiert wird und geopolitische Besitzverhältnisse zum Ausdruck kommen.[150]

Während Finn auf Basis seiner aktivierten Schemata sowohl einen konsistenten Deutungsweg angesichts der Todesnotiz als auch des Wachstums gefunden hat, ist Eva im Zuge der ersten Rezeption noch sichtlich irritiert. »Warum starben die denn alle auf einmal?« fragt sie und gibt weiterhin zu bedenken, dass » ja eigentlich immer jemand nachgeboren [wird] […].« Zumal die Schülerin im Blick auf die erzählte Welt bzw. ›früher‹ das Schema einer Großfamilie zugrunde gelegt hat, tritt die Wendung und damit das Ereignis unerwartet für sie ein. »[…] [D]ass so viele Generationen ausgestorben sind […]«, hätte Eva nicht vermutet. Zuletzt legt sie ihre Zweifel aber nieder und setzt die Lektüre fort. Die Schülerin vertraut der Erzählstimme und stellt das Postulat von ›Unzuverlässigkeit‹ zurück.

Erste Erkenntnisse

Scheinbar plötzlich, ohne Vorwarnung, haben die Schüler_innen die erzählte Welt betreten und müssen sich darin zurechtfinden. Die einleitenden Verse nehmen die Lesenden vermutlich als ›in-medias-res-Einstieg‹ wahr, der charakteristisch für Kurzgeschichten ist. Auch weil die Situation den Jugendlichen zu Erhebungsbeginn unvertraut ist, halten sie sich mit spontanen Äußerungen u.U. vorerst zurück. Ihre lauten Gedanken infolge der ersten beiden Abschnitte sind weitgehend repetitiv: Nachdem die Schüler_innen die Einleitung gelesen haben, wiederholen sie das soeben Empfangene oftmals wörtlich.

Neben Lesebarrieren,[151] die mitunter in Form von Syntax und Semantik hervortreten, ist ein zentraler Grund für das textnahe Lesen mit aller Wahrschein-

---

[150] Ob der Schüler mittels seiner Aussage überdies Verantwortlichkeiten zuweisen will, bleibt angesichts der fehlenden Explikation offen.

[151] Einige Leser_innen stoßen sich am Ausdruck ›Sippenchef‹. Paul indes erklärt: »Ja, Sippenchef, das ist so was, so ein Chef, von so einer Gemeinschaft oder von dieser/von den Leuten, ne?« Paul, Laut-Denk-Protokoll.

lichkeit in den ›unausgefüllten‹ Unbestimmtheits- und Leerstellen zu finden, welche die Einleitung hinterlässt. Sowohl angesichts der genealogischen Liste als auch im Blick auf die Fertilität Israels stehen den Schüler_innen teils weder geeignete textimmanente noch textexterne Deutungsangebote zur Verfügung, die es ihnen erlauben, das Erzählte in einen kohärenten Rahmen zu integrieren. Vereinzelt lesen sie die Hinweise zwar als Informationen, die für den weiteren Erzählverlauf konstitutiv sind, diese Lektüre vollzieht sich in der Regel aber erst im Zusammenhang der retrospektiven Rezeption. Wo die Unbestimmtheits- und Leerstellen zu zahlreich sind, als dass die Jugendlichen sie füllen können, wird der Dialog zwischen Text und Leser_in einseitig, sofern er ausschließlich durch die Erzählung bestimmt ist. Das Lesen avanciert daraufhin zu einem weitgehend repetitiven Akt: Der verarbeitungsökonomische Aufwand, den die Leser_innen leisten müssen, mutet aufgrund fehlender Wissensstrukturen als zu aufwendig[152] an. Narrative Strategien, die mit Unbestimmheitsstellen arbeiten, schlagen in dieser Folge fehl. Dass hierbei Differenz- und ›VerAnderungs‹-Konstruktionen durchbrechen können, gerade da sie seitens des Königs provoziert werden, zeigt exemplarisch Finns Rezeption. Augenscheinlich stehen dem Schüler textexterne ›frames of references‹,[153] auf deren Grundlage er Ägyptens Ängste entkräften kann, zumindest einstweilig nicht zur Verfügung. Noch sind den Leser_innen die Figuren und die Erzählinstanzen mehrheitlich unbekannt. Obzwar sie durchaus Zweifel im Blick auf das Figurenhandeln äußern, wählen sie vorerst eine Interpretationsstrategie, die auf der Basis von Zuverlässigkeit angelegt ist.

3.2.2 Abschnitte 3-5

> Da kam in Ägypten ein neuer König an die Regierung, der Josef nicht kennengelernt hatte. Der sagte seinen Leuten: »Seht doch, das Volk Israel ist zahlreicher und stärker als wir selbst. Lasst uns klug gegen sie vorgehen, damit sie nicht weiter wachsen und uns eventuell den Krieg erklären, sich zu unseren Feinden schlagen, gegen uns kämpfen und dann aus diesem Land auswandern.« Da setzten sie Aufseher ein, die Israel durch schwere Zwangsarbeit unterdrücken sollten. Das Volk musste die Vorratsstädte Pitom und Ramses für Pharao bauen. Trotzdem wuchs es und verbreitete sich immer mehr, so sehr sie es auch schikanierten. Da fürchtete Ägypten sich vor Israel. Sie ließen die Nachfahren Jakobs immer härtere Sklavenarbeit tun. Sie machten ihnen das Leben damit

---

[152] Siehe hierzu auch Schneider, Grundriß zur kognitiven Theorie der Figurenrezeption am Beispiel des viktorianischen Romans, S. 54.

[153] Siehe hierzu Teil II, Kapitel 2.2., dort Abschnitt (B) und Kapitel 3.3.2. Nach A. Nünning gelten das Weltwissen von Leser_innen, ihre Wirklichkeitsmodelle sowie gesellschaftlich verankerte Konzepte von Normalität, ethische und moralische Einstellungen als textexterne ›frames of reference‹. Vgl. Nünning, Unreliable Narration zur Einführung, S. 29f.

schwer, dass sie ihnen Schwerstarbeit mit Lehm und Ziegeln sowie sonstiger Plackerei auf dem Feld auferlegten. Unter brutalen Bedingungen mussten sie für Ägypten schuften (Ex 1,8-14).

In Vers 8 betritt erstmals der König die Bühne der Erzählung und lädt die Leser_innen sogleich zur Auseinandersetzung ein:

> Da stellt sich mir die Frage, warum das wichtig ist, dass er Josef nicht kennengelernt hatte oder was das für eine Bedeutung haben sollte oder was dann anders gewesen wäre, wenn er Josef gekannt hätte […].[154]

Vor dem Hintergrund der historischen Diskrepanz, die zwischen dem Text, seiner Entstehungszeit und der aktuellen Rezeptionsumgebung aufgespannt ist, liegt erzähltheoretisch formuliert eine Andeutung vor, die seitens der Rezipierenden spezifische Erwartungshaltungen weckt. Im Horizont der rätselhaften Mitteilung versucht Finn, das Gelesene zu entschlüsseln und Hinweise im Text zu finden, die ihm bei der Auflösung helfen. Den Kommentar der Erzählstimme nimmt er auf und überlegt, welche Absicht hinter dem Einwurf stehen könnte. Wennschon der Schüler herausarbeitet, dass Hinweis und Figurenhandeln zueinander in Beziehung stehen, ist ihm »[…] einfach nicht ganz klar, was da genannt ist […].« Zwar erkennt Finn, dass die Mitteilung auf Zusammenhänge referiert, welche relevant für das Verständnis des Erzählten sind; die Informationen reichen aber nicht aus, um Kohärenz herzustellen. Im Zuge des Gefälles verweist er schließlich darauf, »[…] die story dahinter auch nicht [zu kennen].« Als der Schüler die entsprechende Passage im Verlauf des retrospektiven lauten Denkens aufruft, bringt er seine Irritation neuerlich zum Ausdruck. Obwohl die Erzählstimme andeutet, dass Josefs Hintergründe für die Erzählung bedeutsam sind, verweigert das Informationsgefälle eine produktive Auseinandersetzung. Finn nimmt den Einwurf wahr und markiert ihn als wichtig,[155] letzthin fehlt ihm jedoch das entsprechende biblische Vorwissen, um seinen Gedanken ein Fundament zu bauen und eine kohärente Repräsentation zu entwickeln.[156]

Ausgehend von den Hinweisen der Erzählinstanz überlegt Dario,[157] sowohl im Rahmen der direkten als auch der retrospektiven Lektüre, ebenfalls wie Pharaos Verhalten und die Abwesenheitsnotiz miteinander kombiniert werden können:

> Ja, was der (.) Josef? Er hat ihn nicht kennengelernt, was […] wahrscheinlich damit zusammenhängen soll, […] dass der deswegen so skrupellos ist, weil er ihn nicht kennengelernt, nicht weiß, wie der/wie, wie sich (...), wie soll ich das sagen, wie, wie

---

154 Finn, Laut-Denk-Protokoll.
155 Vgl. Finn, Laut-Denk-Protokoll, A. 40.
156 Den Kommentar der Erzählinstanz können viele Leser_innen nicht sinnhaft einordnen.
157 Auch Susanna markiert den Hinweis der Erzählstimme als eine Veränderung, welche die erzählten Ereignisse zentral bedingt. Deutlich differenziert die Schülerin zwischen einem alten König, der Josef kannte und dem neuen König, der ein Wachstum des Volkes verhindern will. Vgl. Susanna, Laut-Denk-Protokoll, A. 40.

diese Leute eigentlich sind, woher sie kommen und was ihre Abstammung ist.

Dario wählt einen Rezeptionsweg, der ihm ausgehend von zugewiesenen Eigenschaften erlaubt, das Handeln der Figur zu deuten. Das Verhalten des Königs postuliert der Schüler als Resultat seiner Unkenntnis. Pharaos Sorge kann der Schüler womöglich nachvollziehen. Auch als er die Episode im Fortgang der Lektüre abermals kommentiert, nimmt Dario den Einwurf der Erzählinstanz zum Anlass, um Pharaos Handeln zu erklären. In Bezug auf seine vormalige Rezeption bringt er die verschiedenen Merkmale, welche Pharaos Handeln begründen, nun noch intensiver miteinander ins Gespräch.

> Ein neuer König, um zu betonen, dass es wieder neuen (König?), der ihn nicht gekannt hatte, also skrupellos war. Aber Israel ist/und deswegen fürchtete er sich und sagt, dass sie zahlreich und stärker sind als Ägypten selber, was natürlich für ihn eine Bedrohung ist und deswegen will er klug gegen sie vorgehen. Wie wir schon gesagt hatten, was er nicht wirklich tut, so (..). Weil er sie unterdrückt.

Die fehlende Kenntnis des Königs bedingt in der Wahrnehmung des Schülers dessen Furcht[158] und motiviert ihn zur Demagogie. Das hieran anknüpfende ›othering‹ Pharaos zeichnet Dario nach und legt dessen Konsequenzen frei. Ausgehend vom Figurenkonzept, das der Jugendliche sukzessive aufgebaut hat, postuliert er das Verhalten des Königs als natürlich und die beworbene Strategie als daran anknüpfende, allerdings gescheiterte Folge. Unterdrückung weist der Schüler einerseits zwar konsequent zurück, andererseits macht er sie jedoch wie schon die Furcht produktiv für sein Figurenmodell.

Ebenso wie Dario, aber expliziter, weist Tabea darauf hin, dass Pharao »sich bedroht fühlt« – und die Schülerin kann ihn verstehen. Es sind »ja so viele« sagt sie und übernimmt die Sichtweise des Königs. Dabei hatte sie seine Worte eben noch als gezielte Rhetorik gekennzeichnet.[159]

Auch Lena, die sich mit der einsetzenden Lektüre noch unentschlossen in Bezug auf das Wachstum und seine Bewertung zeigte, entscheidet nach dem Lesen des zweiten Abschnittes, »dass sie sich dann doch negativ vermehrt haben, für die, als der neue ägyptische König gekommen ist […].«Alternativ zur sachlich-unparteiisch anmutenden Perspektive der Erzählstimme bietet der König Lena eine Blickrichtung an, der sie folgen und die sie zunächst ggf. teilen kann.[160] Schließlich nimmt Lena aber Anteil am Leid, welches den Israelit_innen widerfährt:

> Weil, ich mein, die armen Leute so, weil sie kein Recht haben so richtig auf Leben, obwohl sie eigentlich stärker sind als die Anderen so, weil sie viel mehr sind und trotzdem werden sie halt

---

[158] Siehe auch Dario, Laut-Denk-Protokoll, A. 108.
[159] Alsbald grenzt sich die Schülerin aber von Pharaos Maßnahmen ab.
[160] Vgl. Lena, Laut-Denk-Protokoll, A. 9.

so gezwungen, irgendwelche Arbeiten für das/für die zu machen. Ja (...). Das ist halt so Quälerei eigentlich.

Die erzählten Ereignisse lösen gewissermaßen eine Emotionalisierung bei Lena aus: Ein Prozess des Nachempfindens von Gefühlen wird aktiviert, welcher bei der Lektüre einsetzt und spezifische Bewertungen evoziert.[161] Perspektivierung und Emotionalisierung gehen miteinander einher:[162] Die Emotionalisierung umgreift einerseits Empathie, d.h. ein Mitfühlen seitens der Leser_innen und andererseits Prozesse der Identifikation, wobei die Gefühle der Figuren als eigene erlebt werden.[163] Die Bedingung für Lenas Empathie gründet im Lebensrecht der Israelit_innen, welches sie durch die Zwangsarbeit beschnitten sieht. Dass die zahlenmäßig überlegenen Israelit_innen von den ›Anderen‹, vermeintlich Schwächeren, unterdrückt werden, markiert die Schülerin als weiteren Widerspruch, der ihre Bewertung lenkt. Die Gegenüberstellung, welche von der Erzählung angebahnt wird, nimmt Lena in Form eines ›doing difference‹ auf. Die Fokalisierungsinstanzen und Perspektiventräger_innen (Erzähler_in und Pharao) stellt die Schülerin einander nicht kontrastierend gegenüber, vielmehr setzt sie deren Blickrichtungen in Beziehung zueinander und oszilliert dazwischen.[164] Während die Erzählstimme neutral über das Wachstum berichtete,[165] ermöglicht der König Lena, weiteres Wissen anzuhäufen, die Information zu bewerten und potenzielle Spannung abzubauen. Da Pharao zu diesem Zeitpunkt der Lektüre (neben der Erzählstimme) die einzig verfügbare Wahrnehmungs- bzw. Mitteilungsinstanz darstellt, ist Lenas Wahl mutmaßlich nicht an die Figur bzw. ihre Perspektive geknüpft, sondern eher pragmatisch motiviert. Zumal die Schülerin das Bevölkerungswachstum beurteilen möchte, nutzt sie die nächstliegende Chance, um ihren Wunsch nach einer Bewertung einzulösen. Differenzierungen zwischen den unterschiedlichen Stimmen und ihren Redebeiträgen nimmt Lena nicht vor.

Auf der Basis von Multiperspektivität, welche die Erzählstimme und Pharao den Leser_innen anbieten, gelangt auch Finn im Zuge der retrospektiven Besprechung zu der Einsicht, wonach die Israelit_innen zahlreicher und stärker sein müssen als die Ägypter_innen:[166] »[…] das ist ja eigentlich der, der Super-GAU, den sich die Ägypter so vorstellen, dass sie Krieg führen mit einer überlegenen, in ihrem eigenen Land vertretenen, Macht […]«, bilanziert er. Hineinversetzt in die Perspektive der Ägypter_innen gleicht die Vorstellung der Unterlegenheit einer atomaren Katastrophe. Die ausdrucksvolle Bildsprache, die Finn einsetzt, um seine Gedanken zu illustrieren, kann das Verschmelzen von textinternen Zeichen

---

161 Vgl. Schwarz-Friesel, Sprache und Emotion, S. 212. Im Anschluss an C. Voss soll »[d]em Rezipienten […] eine gefühlsmäßige Teilnahme am präsentierten Geschehen ermöglicht, in ihm sollen eigene Emotionen geweckt werden durch die […] eingebauten Emotionen.« Voss, Textgestaltung und Verfahren der Emotionalisierung in der BILD-Zeitung, S. 20.

162 Vgl. Schwarz-Friesel, Sprache und Emotion, S. 222.

163 Vgl. Ebd., S. 213.

164 Siehe hierzu auch Schneider, Grundriß zur kognitiven Theorie der Figurenrezeption am Beispiel des viktorianischen Romans, S. 122.

165 Siehe dazu die Ausführungen in Teil III, Kapitel 2.4.

166 Vgl. Finn, Laut-Denk-Protokoll, A. 53.

und ›mitgebrachten‹ textexternen Schemata sowie die Emotionalisierung transparent machen. Insofern der Schüler die Worte des Königs hierbei nicht eindeutiger von der antizipierten Sichtweise des ägyptischen Volkes abgrenzt, ist diese Lektüre mutmaßlich dem retrospektiven Rezeptionsverfahren geschuldet: Zu diesem Zeitpunkt der Erhebung liegt Finn die gesamte Erzählung vor; ihm ist bereits bekannt, wie die Ägypter_innen mit den Hebräer_innen verfahren werden. Als der Jugendliche im Anschluss an seine Überlegungen gefragt wird, ob er die Angst des Volkes verstehen kann, ruft er persönliche Wissensbestände und Erfahrungen auf:

> Naja, in Deutschland gibt es ja irgendwie – ich weiß nicht wie viele – aber wir haben nicht wenig Einwanderer und Ausländer in unserem Land. Auch in Waldau haben wir nicht wenige. Aber, ich hab jetzt keine Angst, nur weil ich meinen schwarzen Freund Pascal in der Klasse hab, hab ich keine Angst, dass die Schwarzen irgendwie jetzt versuchen Deutschland einzunehmen oder so. Weil normalerweise, wenn man friedlich ist, sind die meisten meist auch friedlich und ich versteh mich super mit ihm und ich hab jetzt keine Angst, dass die irgendetwas Böses tun würden.

»[W]ir haben nicht wenige Einwanderer und Ausländer in unserem Land« konstatiert Finn und beschreibt im weiteren Verlauf der Rede seinen persönlichen Zugang zu Migration. Nachdem er die erzählten Ereignisse dazu vorerst auf einer nationalen Folie spiegelt, wendet er sich der lokalen Ebene, also seinem persönlichen Umfeld zu. Der Vergleich mit eigenen Erfahrungen bzw. deren Aktivierung führt dann zum Unverständnis für die Situation des Königs. Und obwohl Finn darum bemüht ist, die Angst Ägyptens und u.U. auch den ihr eingeschriebenen Rassismus zurückzuweisen, stellt er durch seine gleichermaßen exklusive wie kollektivierende Rede (z.B. die ›Schwarzen‹) eine Distanz her, die Abgrenzung signalisiert.

Schon bald meldet der Schüler allerdings Zweifel daran an, »ob die Israeliten wirklich Krieg wollen gegen die Ägypter und das Land einnehmen wollen.« Ausgehend von den Mitteilungen der Erzählstimme, die Finn augenscheinlich privilegiert, stellt er die Annahme des Königs in Frage:

> Aber, ich bin jetzt mal der Meinung/sie sind ja eingewandert, dass man/da hat man auch ein bestimmtes/zumindest ich hätte so ein gewisses Gefühl oder auch so eine bestimmte Dankbarkeit, überhaupt in dem Land sein zu dürfen. Weil, sie sind ja nicht ohne Grund eingewandert wahrscheinlich und dann würde man keinen Krieg führen.

Hatte Finn zunächst an eine universelle Einwanderungsperspektive angeknüpft, korrigiert er sich und spricht stattdessen selbstreferenziell, wohl aber hypothetisch, von seinen persönlichen Gefühlen im Angesicht von Migration. Finn wäre dankbar und verweist hiermit implizit auf eine Verpflichtung, die er angesichts von Migration konstitutiv voraussetzt: Einwanderung findet in den Augen des Schülers nicht unweigerlich statt, sie bedarf der Erlaubnis. Dass die Israelit_innen, die »ja nicht ohne Grund eingewandert [sind]«, einen Krieg gegen

Ägypten planen, erscheint dem Jugendlichen unter diesen Bedingungen wenig plausibel.[167] Das Wort Einwanderung aktiviert spezifische Wissensbestände bzw. Referenzen, die das Textverstehen des Jugendlichen organisieren und sich in der dargelegten Sinnstiftung kanalisieren. Auch ohne Einsicht in die Perspektive der Hebräer_innen zu erhalten, kann Finn mithilfe des aufgerufenen Schemas reflektiert auf die Situation reagieren und Pharaos Rede daraufhin als unzuverlässig hinterfragen. Die königliche Rhetorik deutet Finn als Zeichen von Angst, die sich performativ in der Unterwerfung Israels äußert[168] und seitens des Schülers scharf kritisiert wird.[169] Ein meinungsbildendes Potenzial der Erzählung kommt hier deutlich zum Ausdruck: Pharaos Maßnahme markiert der Schüler nicht nur als »total idiotisch«, sondern nennt sie obendrein »unsinnig.« Denn im Anschluss an Finn setzt harte Arbeit ja keinesfalls den Fortpflanzungstrieb außer Kraft, »zumindest nicht voll und ganz.«

Auf der Grundlage von speziellen textexternen ›frames of references‹ konstatiert Finn dann rückblickend: »Also, das ist natürlich die Befürchtung von so hohen Mächten immer, dass irgendetwas passiert, weil dann bist du natürlich auch Schuld und das willst du nicht sein. Dann ergreifst du lieber Vorsorgen.« Im Zuge der Perspektivenübernahme zeichnet Finn die Handlungsmaßnahmen herrschaftlicher Akteur_innen nach. Die Sorge, sich aufgrund fehlender Prävention schuldig zu machen, bildet im Verständnis des Schülers eine Eigenschaft von Machtinhaber_innen. Neuerlich gehen textinterne und kontextuelle Informationen eine bedeutungskonstituierende Verbindung ein, die elaborativ funktioniert. Pharaos Initiative stellt für Finn eine Motivation dar, um über Verantwortung und Macht zu reflektieren.

Wie eng die Vorstellungen der Jugendlichen zum König mit jenen von Macht verknüpft sind, wird auch im Gespräch mit Eva sichtbar. Ebenso wie Finn, allerdings noch pointierter, legt die Schülerin Pharaos Machtversessenheit als Ursache für die gewaltvollen Handlungen frei:

> Ja, also zu drei: Also, der will dann ja sozusagen sein eigenes Volk
> nur noch mehr unterdrücken, um dann selbst die größte Macht
> zu haben und das ist ja eigentlich schon ein bisschen blöd, weil
> der König ja eigentlich seine/sein Volk auch unterstützen sollte
> und halt nur halt das Beste für es tun sollte.

Die Beurteilung von Eva vollzieht sich in drei Schritten. Israel und Ägypten interpretiert sie als *eine* Gemeinschaft. Weil die Schülerin Pharao als unterdrückerisch und machtbegierig charakterisiert, lehnt sie das Vorgehen der Figur ab. Bestimmend für die Negation ist jedoch nicht nur das Geschehen innerhalb der erzählten Welt, sondern ferner der Bezug zu eigenen ›frames of references‹. Insofern Eva Könige scheinbar als altruistische Diener ihrer Untertanen konzipiert,

---

[167] Vgl. Finn, Laut-Denk-Protokoll, A. 59. Im Anschluss an den Genozid gelangt Finn zu einer gegenläufigen Einschätzung. Er konstatiert, »dass da eine gewissen Feindseligkeit auch zwischen dem Volk, also den beiden Völkern bestand, das ist ja auch raus zu lesen aus dem Text.«
[168] Vgl. Ebd., A. 13.
[169] Siehe dazu Schwarz-Friesel, Sprache und Emotion, S. 213f.

rekurriert sie auf ein ideelles Schema von Monarchie, das Pharao, der im Anschluss an die Schülerin viel eher um seinen Thron fürchtet,[170] nicht erfüllt. Die Bewertung markiert damit eine Art Scharnier zwischen den Welten.

In ähnlicher Weise wie Eva reagiert Melina: Sie erklärt: » Ja, also der König [...] ist auf jeden Fall kein guter König, sondern ist nur auf Macht und Krieg und so was aus.« Die Schülerin aktiviert ebenfalls einen Referenzrahmen, woraufhin Machtwahn und kriegerische Ambitionen nicht in das Portfolio eines Königs gehören, diesem ggf. dezidiert entgegenstehen. Das Verhalten des Königs charakterisiert Melina sodann als desinteressiert und rücksichtslos.[171]

»Also, das finde ich natürlich jetzt nicht so gut, weil das sind ja immer noch Menschen, die man da unterdrückt«, meint auch Paul und überlegt, wie die Ägypter_innen das so genannte Problem moralisch vertretbarer lösen können: »Hätte man die, [...] wenn man die schon versklavt, nicht einfach in ihr Land sozusagen zurückbringen oder verbannen können (.), so was denke ich.« Aufgrund des fehlerhaften Figurenhandelns versetzt sich der Schüler in die erzählte Situation hinein und denkt darüber nach. In Form von ›natürlich‹ zeigt Paul an, dass ein Umgang, wie er in Gestalt von Zwangsarbeit hervortritt, generell abzulehnen ist. Obwohl der Hinweis ›das sind ja immer noch Menschen‹ das ethische Fehlverhalten bekräftigen soll, nimmt Paul mit seiner Bemerkung eine Unterscheidung vor, die Menschsein entlang von Herkunft (Israel/Ägypten) andersartig gewichtet. Abermals motiviert die Erzählung ein ›othering‹.

Auch Eva schlüpft kurzzeitig in die Perspektive der Ägypter_innen. Nachdem sie das Ereignis zunächst rekonstruiert hat, stellt sie zur Diskussion, warum die Völker keine Allianz eingehen »und dann halt zusammen so versuchen [...] andere Länder zum Beispiel zu erobern [...].« Ebenso wie Paul rezipiert Eva die Erzählung insofern textnah, als sie eine Handlungsoption vorschlägt, die ihr im Blick auf ›storyworld‹ denkbar erscheint – und zwar die Chance auf ein Bündnis der Völker bzw. deren gemeinsame Kriegsführung. Einen Wechsel der Perspektive hin zu einer übergeordneten Bewertungs- oder Reflexionsebene nehmen die Jugendlichen nicht vor. Die Erzählung regt Paul und Eva zum Aufruf spezifischer Schemata an, die einseitig-hegemonial gelenkt sind. Die Wissensbestände, welche die Jugendlichen in Form von Verbannung, Allianz und Eroberung produktiv machen, lassen sich im Bereich des Krieges ansiedeln.[172]

Johannes lehnt die Unterdrückungsmaßnahmen, die den Israelit_innen widerfahren, ebenfalls ab. Als sich der Schüler dem Abschnitt retrospektiv zuwendet und nach den potenziellen Ursachen für das Vorgehen gefragt wird, erklärt er: »Und deswegen waren die halt neu und dann wurden die halt dann schikaniert [...].« Das Selbstverständnis, welches in der Rede von Johannes anklingt, legt nahe, dass er die erzählte Situation wiedererkennen kann. Für den Schüler eröffnet sich möglichenfalls ein Rahmen, in welchem Ägyptens Reaktion durchaus

---

170   Vgl. Eva, Laut-Denk-Protokoll, A. 31.
171   Vgl. Melina, Laut-Denk-Protokoll, A. 12.14.
172   Insofern das babylonische Exil und die persische Fremdherrschaft Erfahrungen markieren, welche die Exposition mutmaßlich verarbeitet, stehen die Überlegungen der Jugendlichen den diskursiven Absichten der Erzählung diametral entgegen.

denkbar, sie ihm vielleicht sogar vertraut ist. Wenn Johannes Erläuterungen auf den ersten Blick als indifferent und passiv anmuten, ist jedoch darauf hinzuweisen, dass der Jugendliche bereits im Horizont der ersten Lektüre ablehnend auf das unterdrückerische Vorgehen reagiert hat: »Ich find es ein bisschen doof, dass die da jetzt die Zwangsarbeiten lassen und dass sie (übelst?) die unterdrücken, dass sie das bauen sollen.« Obwohl Johannes seine Absage in Form von ›die da‹ recht unspezifisch adressiert, zeigt der Lektürekontext, dass die Ägypter_innen angesprochen sind.[173] Weil der Jugendliche seine Kritik aber zurückhaltend vorträgt, ist zu fragen, ob er die Maßnahme als solche akzeptiert, die Art der Umsetzung dahingegen ablehnt. Insbesondere missfällt Johannes nämlich, dass die Israelit_innen, »dass sie so **schwer** arbeiten müssen und dass sie auch unter **schweren** Bedingungen oder **brutalen** Bedingungen […] für Ägypten, für das Land, arbeiten mussten.«[174]

Dass Pharaos Vorgehen seitens der Lesenden keineswegs nur negative Emotionen auslöst, wird exemplarisch deutlich als Josefine dahinter ein pazifistisches und obendrein demographisches Anliegen Pharaos vermutet. Die Schülerin findet »schön, was der König denen sagt. […] Weil […], er sagt, dass [das] Land weiter wachsen kann und […], dass man im Krieg dann halt auch die Feinde schlagen kann […].« Josefine folgt Pharaos Perspektive und zeigt Zuspruch angesichts der Möglichkeiten, die sie aus den Worten ableitet.[175] Ebenso wie andere Lesende aktiviert die Schülerin ein herrschaftlich-nationales Raster im Rahmen ihrer Lektüre. Augenscheinlich geht Pharaos Strategie auf.

Gelenkt von der Überzeugung, dass »keiner Krieg will«, legt Sinan infolge der Identifikation schließlich seine Welt- und Wertevorstellungen als die des Königs zugrunde. Der Schüler verbindet positive Assoziationen mit Pharaos Vorgehen und bestätigt das Figurenhandeln: »[Es] ist eigentlich richtig, was er sagt […] (.).« Auch als der Schüler die Erzählung anschließend noch einmal zusammenfasst, begründet er die gewaltsamen Handlungen Ägyptens mit der Furcht vor Krieg und Emigration.[176] Die rhetorischen Mittel, welche Pharao bemüht, kommentiert der Jugendliche ggf. deshalb nicht, weil sie im Schatten der positiven Zielrichtung und zuletzt wohl auch im Gros der Informationen verschwinden.

Der König beabsichtigt, »Krieg oder Schlimmeres zu verhindern«, vermutet Eva und knüpft, wennschon sie Pharaos Vorgehen grundsätzlich ablehnt, ebenfalls an die königliche Rhetorik an.

Wesentlich kritischer rezipiert dahingegen Susanna die Worte des Königs, die sie als Aufruf zum Krieg deutet und deshalb missbilligt. Die Israeliten werden sterben, schlussfolgert die Schülerin und denkt die Worte des Königs in ihrer radikalsten Form weiter.[177] Obwohl sich ihre schlimmsten Befürchtungen vorerst nicht bestätigen, hinterfragt Susanna die Zwangsarbeit kritisch: »Also, […] die

---

[173] Eine explizite Differenzierung zwischen König und Volk nimmt der Schüler nicht vor.
[174] Hervorhebung durch Verfasserin. Als »eigentlich […] nicht so nett« beurteilt Susanna die Verfahrensweise der Ägypter_innen und reagiert damit ebenso zurückhaltend wie ihr Mitschüler.
[175] Offen bleibt, wen die Schülerin konkret adressiert.
[176] Vgl. Sinan, Laut-Denk-Protokoll, A. 48.
[177] Vgl. Susanna, Laut-Denk-Protokoll, A. 11.

Ägypter haben die Israeliten ja ziemlich unterdrückt und eigentlich ist das ja (..) nicht so nett (lacht), weil diese Vorratsstätten, ich glaub, waren das irgendwie so, wo dann so ganz viele Speicher oder so was waren, für das Korn oder so.« Vor dem Hintergrund, dass »die Israeliten halt zum Beispiel keinen Krieg anfangen oder stärker werden als die ganzen Ägypter«, schlägt Susanna im Rahmen des retrospektiven lauten Denkens den weniger vorbelasteten Begriff ›aufpassen‹ vor, um die erzählten Ereignisse zu beschreiben. Die Funktion der Unterdrückung beantwortet die Jugendliche mit Argumenten, welche der König ihr zuvor angeboten hatte. Indem sie implizit auf Pharao verweist, stellt Susanna nicht nur Kohärenz her, die Schülerin deutet u.U. ferner an, mit wessen Augen sie das Geschehen wahrnimmt. Ebenso ist es aber möglich, dass Susanna mittels der Wiedergabe von Pharaos Worten eine Abgrenzung zur Figur herstellt. Insofern sie Krieg als ein Ereignis wahrnimmt, welches unbedingt zu vermeiden ist, wird die leserinnenseitige Modifizierung, welche Susanna vornimmt, nachvollziehbar.

In der Perspektive eines erheblichen Anteils der Jugendlichen erscheint das ägyptische Volk als unterdrückerisch und in seinem Denken und Verhalten äquivalent zum König. Angeleitet durch die Erzählung entsteht im Zuge der Lektüre ein Kollektivmodell vom drangsalierenden Ägypten.[178] Ausgehend von Pharaos Rede entwirft z.B. Dario im Verlauf der fortschreitenden Lektüre ein Modell des ägyptischen Volkes, welches Israel »sagen wir mal beschäftigt [hat], damit sie ihnen nichts zufügen können [...].« Der Schüler setzt augenscheinlich ein ägyptisches Volk voraus, welches den Worten des Königs folgt und entsprechend verunsichert ist. Obwohl die Erzählstimme die Sätze so arrangiert, dass die Furcht der Ägypter_innen ihr Vorgehen begründen kann, gibt sie diese Lesart keinesfalls explizit vor. Um aber Kohärenz herzustellen, legt Dario die »Hoffnung, dass [die Israelit_innen] ihnen nichts antun« als leitendes Handlungsmotiv der Ägypter_innen zugrunde. Interessant an der Wortwahl des Schülers erscheint dabei die Verwendung des eher wertneutralen Verbs ›beschäftigen‹. Zwar kann der Ausdruck auf ein hierarchisch organisiertes Arbeitsverhältnis verweisen, die von der Erzählinstanz vorgebrachten brutalen Bedingungen werden darin aber nur unvollständig abgebildet. Eine vergleichbare Bewertung nimmt alsdann Paul vor, wenn er von ein »bisschen« Versklavung durch Ägypten spricht.

Schließlich vermuten auch Susanna, Jan und Lena, dass das neuerliche Wachstum Israels die steigende Angst der Ägypter_innen bedingt. Die härteren Arbeitsmaßnahmen[179] oder auch Bekämpfungen[180] deuten die Schüler_innen daraufhin als Versuch Ägyptens, sich gegen die ›drohende Übermacht‹ zu wehren.[181] ›Sie haben Angst‹, so beschreibt Lena die Gefühle des ägyptischen Volkes und

---

[178]   Siehe hierzu z.B. Jan, Laut-Denk-Protokoll, A. 10; Lena, Laut-Denk-Protokoll, A. 21; Susanna, Laut-Denk-Protokoll, A. 13.

[179]   Vgl. Jan, Laut-Denk-Protokoll, A. 12.

[180]   Vgl. Lena, Laut-Denk-Protokoll, A. 9.

[181]   Vgl. Ebd. Im Gegenüber dazu überlegt Susanna rückblickend, ob Ägypten u.U. eine Strategie verfolgt hat, in deren Zuge die israelitischen Einwander_innen das Land aufgrund der prekären Bedingungen freiwillig verlassen. Vgl. Susanna, Laut-Denk-Protokoll, A. 45.

ruft dessen Perspektive auf.[182] Implizit setzt die Schülerin damit voraus, dass die Ägypter_innen den Worten des Königs vertrauen.

Rückblickend überlegt Susanna, ob die israelitischen Einwander_innen das Land aufgrund der prekären Bedingungen womöglich freiwillig verlassen – und Ägyptens Strategie damit geradewegs Vorschub leisten.[183]

Erste Erkenntnisse

Weitaus lebendiger als die einführenden Verse rezipieren die Jugendlichen die Abschnitte 3-5. Dabei tritt durch Pharao nicht nur eine neue Fokalisierungsinstanz bzw. ein Perspektiventräger in Erscheinung; erstmals agiert mit dem König auch eine der zentralen Figuren von Ex 1,1-22 und lädt die Jugendlichen sogleich zu kontroversen Diskussionen ein: Entlang von Macht, Unterdrückung und Angst entspannen sich Gespräche, in deren Zuge persönliche Wissens- und Erfahrungsbestände der Lesenden produktive Verbindungen mit textseitigen Informationen eingehen. Das Figurenhandeln evoziert emotionale und bewertende Äußerungen seitens der Leser_innen.[184] Zentral kommen diese Reaktionen in Ablehnung gegenüber Pharao zum Ausdruck. Und obwohl die Antipathie auf der Diskurs-Ebene eine erwünschte Wirkung markiert, weisen die Rezeptionen auf teils problematische Abzweigungen hin, die diesen Weg geebnet haben. Der kulturellen Gewalt, mit welcher Pharao interveniert, können sich die Lesenden nicht immer vollständig entziehen – sie folgen dann der ›ver*andernden*‹ Rhetorik des Königs. Physische Gewalt lehnen die Jugendlichen dahingegen konsequent ab.

Im Blick auf die Ägypter_innen konzipieren die Schüler_innen mitunter eine Gemeinschaft, die ihrem König folgt und dessen Verfahren billigt. Inwieweit das Handeln der Figuren freiwillig stattfindet bzw. repressiven Strukturen unterliegt, klammern die Leser_innen, ebenso wie die Erzählung, weitgehend aus ihren Überlegungen aus. Weil die Erzählstimme wiederholt und geradezu formelhaft darauf hinweist,[185] dass sich das Volk Israel trotz der erlebten Gewalt vermehrt, entwerfen die Lesenden u.a. Figuren, denen es »egal«[186] ist, was ihnen widerfährt, »die nicht allzu viele Probleme damit«[187] haben und sich zuletzt durchsetzen.[188] Während die Schüler_innen im Bevölkerungswachstum der Israelit_innen einerseits den zentralen Auslöser für die Unterdrückung erkennen, sehen sie darin andererseits ein widerständiges Moment. Dabei können ihre Bewertungen (positive wie negative) auch als Scharnier zwischen ›storyworld‹ und je eigener Lebenswelt funktionieren.

---

[182] Vgl. Lena, Laut-Denk-Protokoll, A. 9.
[183] Vgl. Susanna, Laut-Denk-Protokoll, A. 45.
[184] Dabei ist zu berücksichtigen, dass innerhalb der Erzählung, bis zu diesem Zeitpunkt der Lektüre, ausschließlich gewaltvolle Ereignisse entfaltet wurden.
[185] Siehe dazu Lahn u. Meister, Einführung in die Erzähltextanalyse, S. 160.
[186] Lena, Laut-Denk-Protokoll.
[187] Dario, Laut-Denk-Protokoll. Der Schüler schränkt seine Einschätzung aber noch ein.
[188] Vgl. Eva, Laut-Denk-Protokoll, A. 31.33.

3.2.3 Abschnitt 6

> Der ägyptische König gab eines Tages den Hebammen der Heb-
> räerinnen – eine hieß Schifra, die andere Pua – den Befehl: »Wenn
> ihr den Hebräerinnen bei der Geburt beisteht und am Geschlecht
> erkennt, dass es ein Junge ist, dann sollt ihr ihn töten; ist es ein
> Mädchen, lasst es leben« (Ex 1,15-16).[189]

Hatten die Worte von Pharao mithin Verständnis oder sogar Zuspruch seitens
der Jugendlichen hervorgerufen, verändern sich die Reaktionen, als die Figur physisch gewaltsam handelt und damit im Widerspruch zum Wertesystem der Lesenden steht.[190] Im Zuge der sich steigernden Gewalt wächst auch die Ablehnung
der Schüler_innen. Kontrastierend zu den bereits besprochenen Gewaltdarstellungen rezipieren die Teilnehmer_innen den geplanten Genozid des Königs weitaus emotionaler. Die voraussichtlich persuasive Strategie der Erzählstimme, d.h.
die leser_innenseitige Emotionalisierung geht auf:[191] »Allein schon, dass sie Babys
töten wollen […], dafür sollten sie eigentlich selbst sterben.« Lenas Verhalten
kann die Auslösung der affektiven Beteiligung beispielhaft widerspiegeln. Obwohl Pharao den Tötungsbefehl ausgesprochen hat, richtet sich die Wut der
Schülerin gegen alle Ägypter_innen, die in das repressive System involviert sind.
Wie tief Lenas Ablehnung reicht, legt das eingeforderte Strafmaß frei. Mit dem
Verweis auf »eigentlich« flechtet die Jugendliche allerdings eine Relativierung in
ihre Bewertung ein.

»Und in Vers sechs geht der König jetzt noch eins weiter«, deutet indes Melina die Situation und Susanna konstatiert: »Also, das ist ja eigentlich dann quasi
schon Mord.« Die Schülerin verurteilt das Handeln von Pharao und entlarvt dessen genozidale Absichten. Die Leserinnen sind sich einig: Der König intendiert,
das Wachstum Israels mit allen Mitteln zu verhindern.[192] »[D]er nimmt irgendwie
keine Rücksicht auf irgendwas, sondern will einfach seinen Willen irgendwie
durchsetzen«, charakterisiert Melina Pharao und macht die Eigenschaften, welche
sie in ihr Figurenmodell einträgt, transparent.

›Es sind doch die Frauen, welche die Kinder überhaupt erst gebären. Sollten
es in dieser Konsequenz nicht auch die Mädchen sein, die mit ihrem Leben be-
zahlen müssen?‹,[193] überlegt dahingegen Susanna und stellt Pharaos Strategie zugleich in Frage. Im Unterschied zu einigen Mitschüler_innen ist die Jugendliche
tiefer eingetaucht in die erzählte Welt. Sie bemüht einen Denkweg, der weniger
emotional-moralisierend funktioniert, als vielmehr im Sinne eines ›close-readings‹

---

[189]   In Bezug auf die Redewendung ›Hebammen der Hebräerinnen‹ weicht die Darstellung zugunsten der
        Polyvalenz von der Vorlage (›Bibel in gerechter Sprache‹) ab.
[190]   Siehe hierzu die Arbeit von A. Bamberger (2010). Die empirischen Ergebnisse ihrer Rezeptionsstudie
        stimmen durchaus oft mit den Einsichten der vorliegenden Untersuchung überein. Siehe dazu auch
        Teil II, Kapitel 3.1, dort Abschnitt (A).
[191]   Vgl. Schwarz-Friesel, Sprache und Emotion, S. 223.
[192]   Vgl. Susanna, Laut-Denk-Protokoll, A. 21.45; vgl. Eva, Laut-Denk-Protokoll, A. 39; vgl. Melina,
        Laut-Denk-Protokoll, A. 14.
[193]   Vgl. Susanna, Laut-Denk-Protokoll, A. 21.

nahe an die Figur heranrückt. Der König ist grausam; Susanna hat die Eigenschaft gewissermaßen akzeptiert und ihr mentales Modell entsprechend gestaltet. Nun muss sie allerdings feststellen, dass Pharao nicht nur brutal, sondern überdies einfältig ist: Er hat das *falsche* Geschlecht gewählt. »Eigentlich«, so die Schülerin, »wäre es ja irgendwie ein bisschen logischer, wenn die die Mädchen nicht leben lassen würden. Die Mädchen könnten ja quasi mehrere Nachfahren zeugen oder die sind quasi die, die es dann austragen.«

Auch Dario unterstellt Pharao taktisches Fehlverhalten, die Schwäche der königlichen Politik verortet er jedoch anderswo als Susanna.

> Wenn man guckt, [...] wie er [der König] nachher handelt, geht er nicht wirklich klug gegen sie vor [...]. Dass sie ihm einen Krieg erklären, ist nach dieser Behandlung eigentlich sehr logisch [...].
> [...] Wie er es macht, hat er dafür gesorgt, dass die restlichen seiner Befürchtungen [...], wahr werden.

Wiederholt weist Dario darauf hin, dass Pharaos Maßnahmen kontraproduktiv sind, er die Folgen seines Handelns nicht nachhaltig abwägt. In der Wahrnehmung des Schülers agiert der König unklug, weil er die Verwirklichung der vorgebrachten Ängste im Sinne einer selbsterfüllenden Prophezeiung geradezu erzwingt: »Er hat dafür gesorgt, dass [...] diese Befürchtungen [...] wahr werden [...]«, resümiert der Jugendliche. Wennschon Darios Kritik im Blick auf die Gesamtheit der Maßnahmen negativ anmutet, kann er den strategischen Impetus einzelner Handlungsschritte durchaus nachvollziehen. Die Fähigkeit des Schülers, Pharaos Motive zu erschließen, ist dicht damit verwoben, dass er erkennt, welches Weltbild das Handeln des Königs bestimmt.[194]

> Okay, er sorgt dafür, dass keine männlichen Nachfahren kommen, [...] um damit das Volk zu schwächen, nehme ich an. damit die sich nicht aufwiegeln können, weil ja nur Männer die Waffe [...] nehmen können. Soweit die Theorie und (4 Sek.) [...] was so eine Frage wäre: Macht er sich damit nicht so eigentlich die Hilfe, die er sich von denen holt, kaputt? Die Frauen können ja nicht allzu hart für ihn arbeiten (...) und deswegen macht er sich ja eigentlich das, was er sich von denen holt, bis auf die Sicherheit, dass sie ihn nicht stürzen, eigentlich den Teil kaputt.

Unter Berücksichtigung der strukturellen Bedingungen innerhalb der ›storyworld‹ und Pharaos Handeln darin, ruft Dario spezifische Vorstellungen von Geschlecht auf und macht sie fruchtbar für die Rezeption.[195] Nur Männer können zur Waffe greifen, konstatiert er und entfaltet sukzessive ein System, welches Männer und Frauen entlang von Waffengebrauch (als exklusiver Gelegenheit der Gegenwehr), körperlicher Arbeit sowie Widerstand einander binär gegenüberstellt. Als konstitutiv erweist sich die Annahme, dass Frauen Männern unterlegen sind. Insofern Dario militärische Handlungen dezidiert männlich kodiert, mutet Pharaos Maß-

---

[194] Vgl. Bredella, Narratives und interkulturelles Verstehen, S. 44.
[195] Die Referenzzentren, die er dabei nutzt, spezifiziert Darion nicht näher.

nahme in dieser Hinsicht erfolgsversprechend für den Schüler an. Weil der aufgespannte Geschlechterbias Darios Interpretation lenkt, kann er das Figurenhandeln zwar zunächst nachvollziehen; im Fortlauf irritieren die sozial-kategorial angelegten Schemata aber seine Gedankengänge. Vor dem Hintergrund einer ökonomisch-herrschaftlichen Logik misstraut Dario scheinbar der Effektivität weiblicher Sklavinnen und hierauf auch der königlichen Strategie.[196]

Obwohl Eva die geschlechterspezifische Arbeitsteilung ebenfalls als Befehls-
grundlage favorisiert, grenzt sich die Jugendliche von einem Rollenverständnis
ab, das sie in Bezug auf die Gegenwart zurückweist:

> Also, vielleicht wollte [der König] [...] also das Volk schwächen,
> weil die Männer waren ja früher so die Krieger sozusagen und
> die Frauen haben sich ja eher um die Familie und so gekümmert.
> Ja (.), das war ja noch nicht so wie heute.

Infolge eines Geschlechtermodells, das Männer und Frauen auf Basis von zugewiesenen Tätigkeiten in unterschiedliche Lebensbereiche einordnet, versucht Eva
Pharaos Vorgehen zu erklären. Dass die Schülerin in diesem Zusammenhang eine
spezielle, im ›Früher‹ situierte Deutungsfolie bemüht, kommt durch die Abgrenzung von Vergangenheit und Gegenwart zum Vorschein. Erzählte und historische Wirklichkeit verhalten sich indessen augenscheinlich kongruent.

Im Unterschied zu seinen Mitschüler_innen sucht Sinan die Ursache für Pharaos Befehl weder in einem auf Fortpflanzung gründenden Verständnis von Geschlecht noch in der Dualität von sozial konstruierten Geschlechterrollen. Infolge eines androzentrischen Denk- und Handlungshorizonts, den der Schüler
für die erzählte Welt entfaltet hat, ist es vielmehr die Konkurrenz anderer Männer, konkret deren Machtstreben, das Pharao fürchtet. »Die Entscheidung von
ihm ist einfach doof«,[197] meint Sinan dann im Blick auf den Tötungsauftrag und
begründet seine Verweigerung mit dem egalitären Lebensrecht aller Geschlechter.[198]

Einen neuen Deutungsweg schlägt schließlich Johannes vor, wenn er die
Entscheidung des Königs als eine Strategie liest, die das Wachstum Ägyptens anstrebt. Den Wunsch, die Mädchen mögen am Leben bleiben, übersetzt der Schüler als Strategie, um »mehr Kinder zu zeugen, damit die noch stärker werden.«

---

[196] Weil Frauen »nicht allzu hart [...] arbeiten können«, meldet Dario Zweifel an Pharaos Strategie an.
Darios Einsicht, wonach die Ermordung männlicher Säuglinge einem möglichen Krieg vorbeugen
kann, teilen auch andere Leser_innen. Lena beurteilt Pharaos Vorgehen so z.B. als logisch, »weil,
wenn sie nur noch Mädchen haben wollen, dann können sie ja auch nicht mehr so in den Krieg
ziehen, ohne Jungen.«

[197] Siehe dazu auch Sinan, Laut-Denk-Protokoll, A. 33.

[198] Vgl. Ebd. A. 35. Sofern Frauen die Möglichkeit auf Regentschaft in diesem Deutungsraster allerdings
pauschal verweigert wird, operiert auch diese Interpretation mit spezifischen Geschlechter-
distinktionen.

Erste Erkenntnisse

Keine andere Figur der Erzählung ist so präsent wie Pharao und keine andere Figur gerät derartig in die Kritik. Der König hat erstaunlich viele direkte Redeanteile; ihm ist das letzte Wort vorbehalten. Dass alle Lesenden auf Pharao referieren und er die Figur markiert, welche besonders intensiv verhandelt wird, erscheint vor diesem Hintergrund nur folgerichtig. Wie bereits zuvor zeigt sich dabei auch in Bezug auf Pharao, dass der Aufruf von kontextuellen Schemata bzw. textexternen ›frames of references‹ im direkten Zusammenhang mit der elaborativen Figurenrezeption steht. Ausgehend vom Handeln des Königs haben die Lesenden unterschiedliche Eigenschaften der Figur inferiert und so ihr mentalen Modelle gestaltet. Auch vor dem Hintergrund von Informationen, wie etwa der Amtsbezeichnung, rüstet die Überzahl der Jugendlichen Pharao mit Charakteristika aus, die gemeinhin negativ konnotiert sind. Insofern sein Vorgehen vielmals im Horizont dieser Eigenschaften gedeutet wird, reagieren die Rezipient_innen ablehnend auf die Figur. Aber: Obwohl die Jugendlichen Pharaos Taktik in diesem Zuge auf einer Metaebene ablehnen, treten sie dennoch an die Figur heran und reflektieren die Maßnahmen aus einer hegemonialen Perspektive heraus. Dabei provoziert Pharaos Handeln Rezeptionen, die außerhalb des Werte- und Normensysteme der Leser_innen angelegt sind.

Anteilnahme zeigen die Lesenden darüber hinaus angesichts von Fragen, welche entlang der Geschlechterdualität verlaufen. Ebenso wie die Schüler_innen die Geschlechterinszenierungen des Textes aufnehmen und im Horizont eines ›traditionellen‹ Rollenmodells reproduzieren[199] bzw. neu bebildern, distanzieren sie sich davon. Die erzählte Welt funktioniert in dieser Folge als Kontrastfolie im Blick auf leser_innenseitige Erfahrungs- und Wissensgrundlagen von Geschlecht, die mitunter als Korrektive eingeschaltet werden. Noch deutlicher als zuvor, legen die Rezeptionen nun frei, dass die Jugendlichen durchaus bereit sind, die Raster der Erzählung zugunsten von vertrauten, lebensweltlichen Referenzrahmen zu verlassen. Dabei sind die Schemata, welche in diesem Zusammenhang aufgerufen werden, teils ›intersektional‹ angelegt.

Im Horizont einer kognitiven Narratologie stellen interpretative Lesestrategien, die zunächst fremdartige oder irritierende Inhalte durch den Austausch mit speziellen ›frames of references‹ sinnvoll inkludieren können, eine ›Naturalisierung‹[200] dar: »[T]o naturalize a text is to bring it into relation with a type of discourse or model which is already, in some sense, natural and legible.«[201] Insbesondere im Blick auf den Mordauftrag hilft der erweiterte Referenzrahmen den Schüler_innen, das merkwürdige und als falsch postulierte Vorgehen einzuordnen bzw. es zu naturalisieren. Verdachtsmomente oder auch kritische Reflexionen entlang von Sexismus und Rassismus werden vor diesem Hintergrund erst

---

[199] Unklar bleibt dabei, inwieweit die Geschlechterkonstruktionen, speziell im Blick auf die biblische Erzählung, durch kulturgeschichtliche Vorwissensbestände seitens der Leser_innen bedingt sind.
[200] Sofern sich der Ausdruck auf Leseprozesse bezieht, wird in einfache Guillemets gesetzt.
[201] Culler, Structuralist Poetics, S. 162.

dann möglich, wenn die Leser_innen über diesbezüglich anschlussfähige Voraussetzungssysteme verfügen.[202]

Gerade angesichts ›intersektionaler‹ Konstruktionsprozesse, die seitens der Erzählung gewissermaßen forciert werden, verweisen die Interpretationen der Jugendlichen auf verflochtene Kodierungen von Geschlecht, Körper und Arbeitskraft. Infolge der jeweilig aktivierten ›frames of references‹, welche die Jugendlichen mit der Exposition abstimmen, lagern sich ›Intersektionen‹ zum Teil wirkmächtig in die u.a. ›naturalisierten‹ und emotionalisierten Rezeptionen ein. Schließlich fordert die Erzählung durch den Mordauftrag an männlichen Säuglingen eine Diskussion ein, die sich zweigeschlechtlichen Differenzierungen kaum entziehen kann: Warum dürfen die Mädchen leben, warum müssen die Jungen sterben? Der geschlechtliche Dualismus ist einer Antwortsuche immer schon vorgeschaltet.

3.2.4 Abschnitte 7-8

> Aber die Hebammen verehrten Gott und taten nicht das, was der ägyptische König ihnen gesagt hatte. Sie ließen auch die männlichen Kinder am Leben. Da bestellte Pharao die Hebammen zu sich und herrschte sie an: »Warum macht ihr so etwas, lasst die Jungen leben?« Die Hebammen antworteten ihm: »Die Hebräerinnen sind anders als die ägyptischen Frauen. Sie sind stark und gesund. Bevor noch eine Hebamme zu ihnen kommt haben sie schon geboren« (Ex 1,17-19).

Die Hebammen gehören zum kleinen Ensemble der Hauptfiguren von Ex 1,1-22. Analog zu Pharao haben sie direkte Redeanteile und werden überdies namentlich genannt. Als Schifra und Pua führt die Erzählstimme die beiden Protagonistinnen ein und stellt sie dem Publikum vor. Dabei ruft bereits die soziale Kategorie Hebamme[203] seitens der Schüler_innen spezifische Wissensschemata hervor, die sie einsetzen, um sich in die beiden Frauen einzufühlen und deren Handeln zu beurteilen. Weil ihre Profession von ihnen erwartet »bei neuem Leben zu helfen«, statt »es gleich wieder zu Ende zu bringen«, unterstützt Eva Schifras und Puas Verhalten.[204] Ausgehend vom ›Berufsethos‹, den die Schülerin zum Bewertungsmaßstab erhebt, setzt sie das Handeln der Hebammen gewissermaßen als deren Pflicht voraus und relativiert es damit zugleich. Schließlich konstatiert sie, dass »die Hebammen ja sozusagen für die Geburt [stehen] […], als so ein Bild. Mithilfe der Illustration kreiert Eva einen symbolischen Zugang zum Erzählten und überdies zu den Figuren.

Auch Finn rezipiert die beiden Hebammen vor dem Hintergrund einer lebensbejahenden Folie. Im Kontrast zu Eva rekurriert er allerdings nicht auf ein

---

202 Vgl. Sommer, Fremdverstehen durch Literaturunterricht, S. 35f.
203 Siehe hierzu Schneider, Grundriß zur kognitiven Theorie der Figurenrezeption am Beispiel des viktorianischen Romans, S. 144f.
204 Vgl. Eva, Laut-Denk-Protokoll, A. 21.

verpflichtendes Moment im Rahmen der Geburtshilfe, um eine spezifische Bewertung vorzunehmen. Finn ist vielmehr daran gelegen, die Gefühlslage von Schifra und Pua nachzuempfinden: »[F]ür Hebammen [ist das] immer schwer wahrscheinlich, Kinder umbringen zu müssen, auf Befehl.« Einhergehend mit ihrer Liebe zu Gott, die der Schüler als exklusive Lebensbejahung deutet, übersetzt er Schifras und Puas Befehlsverweigerung als notwendige Folge ihrer göttlichen Ehrerbietung: Die Liebe zu Gott entspricht im Verständnis des Jugendlichens der Liebe zum Leben, schließlich der Liebe zum Kind, dem die Frauen zum Leben verhelfen.[205] Zumal »sie bereit sind, dafür das Risiko in Gefahr zu nehmen doch die Kinder am Leben zu lassen«, begreift Finn Schifras und Puas Vorgehen als Dienst an Gott bzw. ihrem Glauben, dem sie alles Handeln unterordnen:

> Also, wenn man jemanden verehrt, dann ist das wirklich eine (.) krasse Aussage so und deshalb ist das ziemlich hoch angesetzt das Wort und deshalb wird sich, wer auch immer das geschrieben hat (lacht), […] das extra gewählt haben das Wort, weil das sagt ziemlich viel aus, das sagt mehr aus als manch anderes Wort. Also verehren, da muss schon eine mehr dafür da sein als bewundern zum Beispiel. Das heißt, das ist nochmal eine Stufe höher, meiner Meinung nach. Und wenn sie dann wirklich Gott verehrten, dann ist das ja fast schon eine, eine Unterstufung, dass sie sich unter Gott gestuft haben und für ihn da sind und das zeugt dann auch so [von] einer gewissen […] Arbeitsbereitschaft.

Schifras und Puas widerständiges Handeln erschließt sich für Finn final erst unter der Voraussetzung, dass sie Gott verehren. Ausführlich bespricht der Schüler infolgedessen die Funktion der Zuschreibung und dies auch im Blick auf die Autor_inneninstanz. Hatte Finn im Rahmen des direkten lauten Denkens noch überlegt, ob »da mit dem Ehre gemeint [ist], dass sie die Ehre geben, indem sie das Leben, das grad auf die Welt gekommen ist, nicht töten«, trägt er im Zuge des retrospektiven Verfahrens die göttliche Verehrung als Motiv in die lebensrettenden Maßnahmen ein.[206] Im Verlauf der Lektüre hat sich Finns mentales Figurenmodell konkretisiert und an Substanz gewonnen. Informationen, welche zuvor noch nicht vollständig in das Modell integriert waren, hat der Schüler erst nachträglich, vermutlich mit der Absicht einer Modifizierung, eingearbeitet.[207]

Die Mitteilungen, die im Blick auf Schifra und Pua seitens der Erzählung eintreffen, aktivieren spezifische Wissensschemata, entlang derer sich der Verstehensvorgang von Eva und Finn vollzieht. Da die Funktionen, welche die Schemata jeweils erfüllen, unterschiedlich sind, variiert auch die inhaltliche Füllung der Konzepte. Während bei Eva ein eher enges Schema evident wird, das

---

[205] Vgl. Finn, Laut-Denk-Protokoll, A. 23.

[206] Siehe hierzu außerdem Ebd., A. 78.

[207] Siehe dazu Schneider, Grundriß zur kognitiven Theorie der Figurenrezeption am Beispiel des viktorianischen Romans, S. 97. Die Überlegungen hat der Schüler offenkundig permanent verfügbar gehalten.

sie als Bewertungssystem an die Episode anlegt, rekurriert Finn auf breiter angelegte Referenzen, welche zunächst Empathie und dann theologische Abstraktio-
nen ermöglichen bzw. motivieren.

Wo die Vorgehensweise der Hebammen im Lichte ihrer Gottesbeziehung
gedeutet wird, schildern die Lesenden ein weitgehend altruistisches Handeln
Schifras und Puas – *für* die Kinder, das Volk und nicht zuletzt auch Gott. Mithin
erhalten die beiden Frauen infolge dieser Leselinie eine Art Abhängigkeitsstatus:
»Ich glaube, [die haben] eher so Gott als ihren, nicht so richtig Herrscher [ange-
sehen], also eher so (..), dass er bestimmt, was mit ihnen passiert und was sie
machen.«, meint zum Beispiel Eva. Gerade im Zuge einer ideologiekritischen
Lektüreweise ist diese Form der Interpretation interessant. Zwar wurde im Rahmen der Analyse von Ex 1,1-22 die Motivation der Geburtshelferinnen mit ihrer
Gottesfurcht verknüpft; Abhängigkeiten, wie sie Eva schildert, sind allerdings unberücksichtigt geblieben.

Schließlich ist der Gedanke, nach dem Gott durch Erzählstimme profiliert
wird, detaillierter zu befragen: Ohne explizit für Sympathie zu werben, gelingt der
Erzählinstanz das Geschick, Gott durch die Handlungen von Schifra und Pua
positiv zu inszenieren: »[Weil sie] Gott so sehr geliebt haben, haben sie dann halt
so vielen Kindern das Leben gerettet«,[208] erklärt Susanna und Lena konstatiert:
»Sie haben […] keine Babys getötet, weil sie […] so an Gott geglaubt haben.«
Dass Schifra und Pua ›ein Herz hatten‹[209] und Pharaos Vorgehen »halt nicht in
Ordnung finden«,[210] begreifen die Schüler_innen als Qualitäten, die unmittelbar
dem Glauben der Frauen geschuldet und hierdurch verursacht sind. Weil Schifra
und Pua »Gottes Grundregeln«[211] folgen, lassen sie die Kinder am Leben. Die
Eigenschaft gottesfürchtig bzw. die Verehrung, markiert spätestens in der Kombination mit Schifras und Puas Widerstand eine sympathielenkende Information
– und dies sowohl im Hinblick auf die Hebammen als auch auf Gott, die Figuren
profilieren sich demnach wechselseitig.[212]

Vielzählig sind die leser_innenseitigen Deutungen zu Schifra und Pua zugleich an Pharao gebunden, der als eine Art Kontrastfolie eingesetzt wird. »Okay,
die Hebammen sind gut. […] Die Hebammen, die machen das irgendwie nicht,
was der König ihnen sagt.« Als Folge der Befehlsverweigerung reagiert Joel affirmativ auf Schifras und Puas Handeln. Die Figurenkonstellation, welche vorliegend in einer Opposition aufgeht, ermöglicht dem Schüler, mit den Kategorien
gut und böse zu operieren. Strukturalistisch gesprochen sind Schifra und Pua die
Heldinnen, Pharao der Gegner. Gerade weil der König *die* Machtposition innerhalb der erzählten Welt repräsentiert, bewundern die Schüler_innen die Furchtlosigkeit und den Mut der beiden Frauen.

---

208 Susanna hat die Gottesfurcht vorher schon folgendermaßen gedeutet: »Also, ich fand […] es gut,
     dass die Hebammen trotzdem nicht das gemacht haben, was der ägyptische König gesagt hat, son-
     dern halt das, was, was **sie geglaubt haben**, nämlich, **dass man keine Menschen töten sollte**.«
209 Vgl. Paul, Laut-Denk-Protokoll, A. 23.
210 Tabea, Laut-Denk-Protokoll.
211 Dario, Laut-Denk-Protokoll.
212 Siehe hierzu auch Schneider, Grundriß zur kognitiven Theorie der Figurenrezeption am Beispiel des
     viktorianischen Romans, S. 121.

Unter Berücksichtigung ihrer jeweiligen Wissensstrukturen und im Dialog mit der Erzählung gelingt es den Leser_innen erstaunlich gut, Schifras und Puas Situation zu beurteilen und nachzuempfinden.[213] Da die Jugendlichen sowohl aufgrund der textinternen Informationen als auch mithilfe ihres Weltwissens (also durch den Einsatz von ›frames‹ bzw. ›scripts‹) antizipieren können, dass Schifras und Puas Handeln negative Konsequenzen auslöst, entwerfen sie spezifische, elaborativ erschlossene Vorstellungen von den Figuren. Nicht einmal den Tod, der im Anschluss an einige dieser Schemata als Strafe folgt, fürchten die Hebammen: »[Ihnen] ist ihr eigener Tod egal«,[214] vermutet Dario, und Lena erwartet ebenfalls, dass die Hebammen »wahrscheinlich [...] sterben müssen.« Beide konzipieren eine erzählte Welt, die hegemonial organisiert ist, in der die Missachtung der Obrigkeit mit dem Tod sanktioniert wird. Durch so genannte ›Emotions-scripts‹, welche die Lesenden sozialisationsbedingt erlernt haben,[215] können sie abwägen, welche figurenseitigen Reaktionen in Bezug auf die erzählte Ausgangslage wahrscheinlich sind.

Im Unterschied zu stark konventionalisierten ›scripts‹ erscheint die narrativ dargebotene Situation ungleich komplexer. Die sozial- und kulturgeschichtliche Distanz zu den erzählten Ereignissen erwartet spezifische Abstraktionsleistungen von den Jugendlichen. Trotz des ›garstig breiten Grabens‹ und den doch wenig detaillierten Figureninformationen sind die Hinweise der ›storyworld‹ für viele Schüler_innen anschlussfähig, um mithilfe ihrer außertextuellen ›frames of references‹ Figureneigenschaften zu inferieren und die erzählte Situation zu imaginieren.

> Und die Hebammen [...] hören nicht auf [den König], was ich auch ziemlich mutig finde und auch gut ist, dass sie die männlichen Kinder dann auch am Leben lassen, dass irgendwie versuchen zu verheimlichen.

> Also, finde ich auch von den Hebammen gut, dass sie immer noch dazu stehen und nicht irgendwie verleugnen, dass sie die Jungen leben lassen und sich für die einsetzen.

Augenscheinlich hat auch Melina ein Modell der erzählten Welt entworfen, in welchem sich das Handeln von Schifra und Pua keinesfalls selbstverständlich ereignet. Die verschiedenen sozialen (Macht-)Positionen der Figuren fließen in die Rezeption der Schülerin ein.

Die Gedanken- und Handlungsmöglichkeiten der Hebammen werden den Leser_innen dann besonders zugänglich, wenn sie Pharaos Verhalten abgewogen haben und das Umfeld als gefahrverheißend einordnen. Die Fähigkeit zur Perspektivenübernahme bzw. zum -wechsel ist dabei maßgebend: Infolge der Annahme, dass Schifra und Pua die Konsequenzen ihrer Tat erahnen können, loben die Jugendlichen das Figurenhandeln. Von der Beharrlichkeit, mit welcher die

---

213 Siehe dazu z.B. Finn, Laut-Denk-Protokoll, A. 23.70.78.
214 Im Verlauf der Lektüre verändert Dario seine Einschätzung noch. Vgl. Dario, Laut-Denk-Protokoll, A. 32.
215 Vgl. Schneider, Grundriß zur kognitiven Theorie der Figurenrezeption am Beispiel des viktorianischen Romans, S. 107.

beiden Frauen vorgehen, sind sie beeindruckt. Den Schüler_innen gefällt, dass die Hebammen nicht auf den König hören, sondern ihrer Überzeugung folgen.[216] Rezeptionen, woraufhin der Widerstand direkt im Glauben der Figuren verortet wird,[217] konfligieren dabei keineswegs mit der Handlungsmacht von Schifra und Pua. Nach den Aussagen der Jugendlichen können Autonomie und Glaube konkurrenzlos nebeneinander bestehen.[218] Das inferierte Wertesystem der beiden Frauen ist möglichenfalls vielen Leser_innen vertraut und sie finden darin Anschlussstellen:[219] »Ja, das hätte ich auch gemacht […]. Ja, da haben sie sich eine gute Ausrede einfallen lassen«, erklärt Tabea spontan, als sie erkennt, mit welcher Strategie die beiden Frauen dem König entgegentreten. Weil sich Schifra und Pua unmittelbar zuvor als Sympathieträgerinnen etabliert haben und Tabea in diesem Zuge bereits in deren Sichtweise hineingeschlüpft ist, kann sie übergangslos auf die Handlung reagieren und sich partiell mit den Figuren identifizieren.[220] Die Jugendliche entfaltet ein Ähnlichkeitskonzept, welches ihr eine persönliche Annäherung an die Hebammen ermöglicht; sie deutet das Figurenhandeln selbstreferenziell und rückt dadurch stärker in den Mittelpunkt der literarischen Kommunikation.[221] Nach Paul Ricœr kann hier ein »Entwurf von Welt«[222] entstehen, der bewohnt wird, um eigene »wesenhaften Möglichkeiten darin zu entwerfen.«[223] Dass die Jugendliche ebenso wie die anderen Rezipient_innen entsprechend eines Machiavellismus die Mittel, welche die Geburtshelferinnen einsetzen, nicht detaillierter hinterfragt, kann einerseits dem Verhältnis zwischen Leserin und Figuren geschuldet oder andererseits das Textverstehen im engeren Sinn, d.h. die Ermittlung von Propositionen betreffen. »Ich weiß nicht«, meint Melina im Blick auf das ›othering‹ und fährt fort, »da sieht man ja auch noch mal, dass die Hebammen sich halt dafür einsetzen und auch zu dem, was sie machen stehen und nicht dann irgendwie doch vor Angst das leugnen oder.«

Ausgehend von Schifras und Puas Wunsch, das Leben der Kinder zu schützen und gleichsam einer Strafe zu entgehen, akzeptieren bzw. befürworten die

---

[216] Vgl. Eva, Laut-Denk-Protokoll, A. 21; vgl. Lena, Laut-Denk-Protokoll, A. 29; vgl. Melina, Laut-Denk-Protokoll, A. 16; vgl. Mona, Laut-Denk-Protokoll, A. 32; vgl. Susanna, Laut-Denk-Protokoll, A. 23. Siehe z.B. auch Sinan, Laut-Denk-Protokoll, A. 38; Joel, Laut-Denk-Protokoll, A. 22; vgl. Paul, Laut-Denk-Protokoll, A. 23.

[217] Diese Lesart ist nicht abgeschlossen, sondern besteht neben anderen.

[218] Allerdings besteht hier auch die Möglichkeit, dass die Leser_innen bereits formulierte Gedanken im Zuge der weiteren Lektüre verworfen haben. Unter Umständen ist der Arbeitsaufwand, die Gedanken erneut abzurufen, zu groß. Siehe dazu Schneider, Grundriß zur kognitiven Theorie der Figurenrezeption am Beispiel des viktorianischen Romans, S. 53.

[219] Siehe hierzu Ebd., S. 118.

[220] Im Anschluss an J. Eder liegt eine Identifikation mit literarischen Figuren dann vor, wenn sich Zuschauer_innen bzw. Leser_innen »in mindestens einer relevanten Hinsicht vorstellen können, sich in der Situation des fiktiven Wesens zu befinden oder dessen Eigenschaften zu haben.« Eder, Die Figur im Film, S. 600. In ähnlicher Weise beschreibt auch E. Andringa mit dem Begriff der Identifikation den Vergleich zur eigenen Person bzw. eine Wiedererkennung. Vgl. Andringa, The Interface between Fiction and Life, S. 208f.

[221] Siehe dazu Dieckmann, Segen für Isaak, S. 129.

[222] Ricœur, Philosophische und theologische Hermeneutik, S. 32.

[223] Ebd.

Leser_innen das Handeln der beiden Frauen.[224] Zwar erkennen die Jugendlichen, dass sich die Hebammen einer List bedienen, die kulturell-gewaltvollen Werkzeuge, welche sie heranziehen, reflektieren sie mehrheitlich jedoch nicht: Obwohl Eva andere Worte gewählt hätte als die Figuren, reagiert sie positiv auf die erzählte Situation, die sie als absolutes Bewertungsraster zugrunde legt. Die Hebammen agieren selbstbewusst, das gefällt Eva.[225] Die emotionale Belastung für Schifra und Pua kann die Schülerin einschätzen, empathisch darauf reagieren und das Figurenhandeln in diesem Horizont bewerten.

Da einmal vorgenommene Kategorisierungen in der Gefahr stehen, bestimmtes Verhalten vorschnell darunter einzuordnen, liegt der Verdacht nahe, dass die Jugendlichen Schifras und Puas Handeln bedenkenlos befürworten.[226] Das vermeintlich kritische Potenzial, welches im Rahmen der Lektüre freigesetzt werden kann, bleibt unter dieser Voraussetzung verhüllt. Denn obwohl die Schüler_innen die Aussage der Geburtshelferinnen mehrheitlich als Ausrede entlarven, überführen sie die Eigenschaften ›anders‹, ›stark‹ und ›gesund‹, die den Hebräerinnen von den Hebammen zugewiesen werden, in ihre Rezeptionen. Die Möglichkeit, dass die Hebräerinnen stärker und gesünder sind als die ägyptischen Frauen, erscheint vielen von ihnen offenbar einsichtig.[227] »Ich glaube teilweise stimmt das schon«, meint Mona und beschreibt das Vorgehen der Hebammen weiterhin als eine ›Mittel-zum-Zweck-Strategie‹, die sie »gut« findet. Susanna indessen bezweifelt, »dass die ganzen Hebräerinnen schon, dass die schon geboren haben, bevor […]«die Hebammen eintreffen. Viel eher hat die Schülerin das »Gefühl, dass sie schon während der ganzen Geburt da waren« – und die unzuverlässige Aussage von den Figuren intendiert ist.[228] Obwohl Susanna die Distinktion teilweise dekonstruiert, bleibt der aufgespannte Rahmen exklusiv: Die Schülerin adressiert ausschließlich die Hebammen. Ihr Interesse gilt demnach nicht vorrangig den Hebräerinnen, sondern Schifra und Pua, deren List sie mittels des Einwandes zu demaskieren beabsichtigt.

Auf anderem Weg, aber zu einem ähnlichen Ziel, nämlich figuraler Unzuverlässigkeit, gelangt auch Lena, die zu bedenken gibt, dass Schifra und Pua die Kinder prinzipiell »umbringen« könnten, nachdem sie bereits geboren sind.

Als Finn, wie die meisten seiner Mitleser_innen, zu dem Entschluss gelangt ist, dass sich die Geburtshelferinnen einer Ausrede bedienen, stellt er zur Diskussion, »wie die ägyptische Frauen sind so, wenn man das mal verallgemeinern sollte, ob die dann gebrechlich sind und nicht ohne Hebamme Kinder gebären können.« Als einziger der Lesenden hinterfragt Finn den Dualismus und verbalisiert seine Bedenken im Zusammenhang des ›otherings‹. Da der Jugendliche die implizite semantische Präsupposition erkennt, kann er den Wahrheitsgehalt von

---

224 Vgl. Mona, Laut-Denk-Protokoll, A. 38; vgl. Paul, Laut-Denk-Protokoll, A. 38; vgl. Susanna, Laut-Denk-Protokoll, A. 25; vgl. Tabea, Laut-Denk-Protokoll, A. 61.

225 Vgl. Eva, Laut-Denk-Protokoll, A. 37.

226 Siehe hierzu Schneider, Grundriß zur kognitiven Theorie der Figurenrezeption am Beispiel des viktorianischen Romans, S. 54.

227 Schüler_innen, die sich nicht zur Passage geäußert haben, sind hier inbegriffen.

228 Die Schülerin leitet ihre Äußerung folgendermaßen ein: »Aber, irgendwie habe ich glaube ich eher so das Gefühl […].«

Schifras und Puas Aussage anzweifeln und sein Figurenmodell entsprechend des ›Plausibilitätsverdachts‹ gestalten. Schließlich meldet Finn obendrein Skepsis angesichts einer Argumentation an, die ihm zumindest in gegenwärtiger Perspektive antiquiert erscheint: »[…] die Ausrede würde heutzutage meiner Meinung nach einfach keiner mehr sagen, weil das […] deutet sich ja manchmal Stunden oder Tag vorher an […].« Obwohl Finn die fiktionale Welt von der empirischen abgrenzt, legt er einen aktuellen Deutungshorizont an, um die Handlungen in der ›storyworld‹ zu bewerten. Unter Umständen kann der Schüler erst durch die Loslösung der Erzählung aus ihrem soziokulturellen Kontext einen Zugang zur Episode finden.[229] Dass Finn ein Figurenmodell aufbaut, welches sukzessive an Komplexität gewinnt, kommt anschaulich zum Ausdruck, als der Schüler retrospektiv laut denkt.

> ob […] die ägyptischen Hebammen, wenn es denn auch ägyptische Hebammen waren überhaupt, ob die wirklich dann den […] Hebräerinnen, also den Ausländern, beigestanden haben. Oder, ob die nicht eher so Schreckschrauben waren, die dann […] schon darauf gewartet haben, dass das ein Junge ist, den sie dann gleich töten können.

Hatte Finn im Rahmen des direkten lauten Denkens noch keine Zweifel in Bezug auf Schifras und Puas Motive angemeldet, stellt er diese nun in Frage. Vor dem Hintergrund ethnischer Andersheit, die der Schüler zwar unter Vorbehalt annimmt, versetzt er sich kurzweilig in die Perspektive von Schifra und Pua. In dieser Folge betritt *er* eine erzählte Welt, in welcher »die Feindseligkeit auch zwischen […] den beiden Völkern« das Vorgehen der Figuren lenkt. Ausgehend von der inferierten Situation sowie Schifras und Puas Position darin traut Finn den beiden Frauen zu, mit den Plänen des Königs zu sympathisieren. Auch weil die Erzählung im Blick auf den Ausdruck ›beistehen‹ unspezifisch ist, verdichtet sich Finns Irritation.[230] Kohärenz im Zuge des missachteten Befehls kann er erst herstellen, als die Erzählstimme darauf hinweist, dass die beiden Frauen Gott verehren. Da der Schüler die Vokabel ›verehren‹ mit einer unbedingten Bereitschaft gegenüber Gott übersetzt, lassen die beiden Frauen die Kinder zuletzt »*doch* […] am Leben.«[231] Wennschon offen bleibt, ob Finn an seinen ursprünglichen Überlegungen festhält, diese zugunsten neuer Ergänzungen verdrängt oder aber miteinander verbindet,[232] hat er eine Interpretationslinie entwickelt, die es ihm erlaubt, sein bereits etabliertes Figurenmodell, trotz der lebenserhaltenden Maßnahmen, aufrecht zu erhalten. Insofern Finns Mitteilungen, im Unterschied zu vielen seiner Mitschüler_innen, sehr ausführlich sind, legt sich die Vermutung nahe, dass er weniger auf bereits entworfene Schlussfolgerungen rekurriert, sondern gänzlich neue Überlegungen einbringt. Ursachen hierfür können einerseits in der Einsicht zu finden sein, wonach lokale Kohärenz »optimal für jeweils zwei

---

229   Siehe dazu Dieckmann, Segen für Isaak, S. 113f.
230   Vgl. Finn, Laut-Denk-Protokoll, A. 64.
231   Hervorhebung durch Verfasserin.
232   Vgl. Schneider, Grundriß zur kognitiven Theorie der Figurenrezeption am Beispiel des viktorianischen Romans, S. 53.

Sätze konstruiert werden kann.«[233] Andererseits könnte Finn bereits vollzogene Ergänzungen infolge einer neuen Hypothese negieren. Womöglich sind die Schemata auch so tief im Gedächtnis ›vergraben‹, dass eine Aktivierung der Ökonomie des Textverstehens entgegensteht.

Melina zeigt sich ebenfalls unschlüssig im Hinblick auf Schifras und Puas Herkunft:[234]

> Ich glaube es waren sogar Ägypterinnen, oder? Ich weiß nicht (..). Auf jeden Fall finden sie es halt auch nicht gut, was der König macht und auch wenn dann die geborenen Kinder von ja einem anderen Volk kommen irgendwie, dass sie es trotzdem am Leben lassen.

Melina ist unentschlossen: Sind Schifra und Pua Ägypterinnen oder doch Hebräerinnen? Schließlich stellt die Schülerin das Problem der Herkunft vorerst zurück. Auf der Grundlage ihres Figurenmodells legt sie zunächst einmal frei, dass Schifra und Pua das Handeln des Königs ablehnen. Erst in einem weiteren Schritt kehrt sie zu ihrer eingangs formulierten Vermutung zurück. Obwohl die ethnische Zugehörigkeit noch immer ungewiss ist, imaginiert Melina die Hebammen als Figuren, welche die Kinder unabhängig ihres kulturellen Hintergrundes retten wollen: Selbst wenn das Moment der ethnischen Andersheit vorher noch relevant war, weicht es nunmehr dem Wunsch, den Säuglingen zu helfen. Entschiedener als ihre Mitschülerin reagiert Mona auf das erzählte Ereignis:

> Also, ich würde eher vermuten, dass die auch aus Ägypten kommen, weil ich glaube nicht, dass [...] die Hebräerinnen auf den ägyptischen König hören würden. Aber andererseits ist es auch unlogisch, dass die ägyptischen Hebammen den Hebräerinnen irgendwie helfen.

Mona stellt die beiden Völker einander kontrastierend gegenüber. In diesem Verlauf entfaltet sie ein Schema, welches auf Basis von ethnischer Differenz ein Miteinander der Figuren ausschließt. Obwohl sich diese Leselinie bald als inkonsistent erweist, hält Mona die entworfene kulturelle Opposition weiterhin aufrecht. Die Unbestimmtheitsstelle kann sie nicht auflösen und ihr Denkkonzept stößt an seine Grenzen.

Die Informationsvergabe, die in Bezug auf Schifras und Puas Herkunft erfolgt, löst bei gezieltem Nachfragen verschiedene Irritationen seitens der Leser_innen aus. Und auch wenn der narratologische Ausdruck ›Überraschung‹ an dieser Stelle unpassend erscheint, wird ein Überraschungseffekt »als Abweichung von einem mentalen Schema«[235] in kognitionspsychologischer Perspektive durchaus erkennbar. Entsprechend der jeweiligen Figurenmodelle und Erwartungshorizonte müssen die Jugendlichen recht unvermittelt neue Hypothesen generieren,

---

[233] Ebd.

[234] Die Schülerin wurde allerdings nach der Herkunft der Hebammen gefragt. Siehe dazu Melina, Laut-Denk-Protokoll, A. 55.57. In ihrem Brief weist die Schülerin den Figuren dann eine hebräische Herkunft zu. Siehe dazu Melina, Brief.

[235] Lahn u. Meister, Einführung in die Erzähltextanalyse, S. 162.

um Kohärenz im Angesicht der Zugehörigkeitsfrage herzustellen. Dass die Interpretationsmodelle unterschiedlich tragfähig bzw. weiterführend sind, ist soeben deutlich geworden und ggf. seitens der Erzählstimme beabsichtigt.

Erste Erkenntnisse

Literarische Texte ermöglichen den Zutritt in alternative Welten. Schifra und Pua laden hierzu ein und fördern damit einen Austausch zwischen den ›Welten‹ (erzählte Welt/Lebenswelt der Jugendlichen): Die Jugendlichen reagieren positiv auf die zwei widerständigen Figuren, die gleichsam Mut und Herz beweisen. Die Hebammen motivieren sie zu Inferenzbildungen, Perspektivenübernahmen, Emotionalisierungen, Bewertungen und Reflexionen. Gerade die Verflechtung von kontextuellen Wissensbeständen, individuellen Wertehaltungen und textseitigen Informationen führt zu teils komplexen Auseinandersetzungen. Wirksam werden in diesem Zusammenhang mitunter Vorgänge, welche die ›Theory of Mind‹ als Berücksichtigungen mentaler Zustände konstatiert, sie kommen z.B. in ›Emotionsscripts‹ zum Ausdruck. Demnach verfügen Menschen über die Kompetenz, sich in »Andere hineinzuversetzen und Vorhersagen über ihr Handeln zu treffen, indem [sie] Wissen über ihre Auffassungen und Intentionen heranziehen.«[236]

Sympathie als spezifische Bewertungsemotion, die unmittelbar daran gekoppelt ist, wie eine Figur beurteilt wird, kanalisiert sich auf der Ebene der Rezeptionen zentral in Form von Zustimmung gegenüber Schifra und Pua. Das positive Einverständnis, welches die Lesenden signalisieren, resultiert sowohl aus Informationen, die von den textuellen Instanzen, d.h. der Erzählstimme und den Figuren, als Beurteilungskontexte[237] angeboten werden als auch aus den persönlichen Einstellungen der Leser_innen. Inwieweit die Schüler_innen dabei ihre eigenen Bewertungsmaßstäbe zugunsten von solchen, die sie für die erzählte Welt bzw. deren Bewohner_innen postulieren, zurückstellen oder gar suspendieren, geht aus den Daten nicht eindeutig hervor.[238] Ausgehend von den Lektüreprotokollen wird jedoch erkennbar, dass die Leser_innen teils ethische Maßstäbe für Schifra und Pua konstruieren, die entlang ›göttlicher Grundregeln‹[239] verlaufen. Ein solches Wertesystem ist mutmaßlich auch deshalb der Sympathie gegenüber den Figuren zuträglich, weil viele Jugendliche Kongruenzen zu eigenen Wertvorstellungen erkennen bzw. voraussetzen:[240] Diese Einsicht unterstützt die These,

---

[236] Bredella, Narratives und interkulturelles Verstehen, S. 45. Auch im Rahmen von Perspektivenübernahmen werden diese Tendenzen erkennbar. Siehe dazu Teil V, Kapitel 2.1.3.

[237] Mit dem Ausdruck Beurteilungskontext beschreibt A. Nünning die ersten wertenden Informationen, die von der Erzählinstanz mit Blick auf eine Figur angeboten werden und Sympathie bzw. Antipathie seitens der Rezipierenden fördern. Vgl. Nünning, Grundzüge eines kommunikationstheoretischen Modells der erzählerischen Vermittlung, S. 108.

[238] Siehe dazu Schneider, Grundriß zur kognitiven Theorie der Figurenrezeption am Beispiel des viktorianischen Romans, S. 117.

[239] Vgl. Dario, Laut-Denk-Protokoll, A. 112.

[240] Schneider, Grundriß zur kognitiven Theorie der Figurenrezeption am Beispiel des viktorianischen Romans, S. 118.

nach der im Rahmen literarischer Rezeption »letztlich immer die moralischen Bewertungsmaßstäbe des Rezipienten angesprochen [sind], der die verbalen und non-verbalen Handlungen der Figuren und/oder der Erzählinstanz billigt oder mißbilligt und daraus eine sympathische oder antipathische Grundhaltung gegenüber der Figur ableitet.«[241]

Damit die Erzählstimme Schifra und Pua als Sympathieträgerinnen etablieren kann, ist sie auf Leser_innen angewiesen, die das unterdrückerische System von Pharao ablehnen. Um überdies ein Figurenmodell zu fördern, in welchem das sympathische Verhalten der Akteurinnen positiv mit deren Glaubensüberzeugungen korrespondiert, visiert die Erzählstimme wohl Gesprächspartner_innen an, die diese Informationen sinnvoll in ihre mentalen Modelle integrieren können. Andernfalls besteht die Möglichkeit, die Mitteilungen der Erzählinstanz als manipulative Strategie zu negieren. Beide Varianten sind vorliegend virulent geworden: Schüler_innen, die Schifra und Pua im Sinne des postulierten Idealtypus als widerständige Gottesstreiterinnen figurieren, äußern sich mit Blick auf die Gottesfigur positiv – und weil Sympathie mit der Tendenz zur Perspektivenübernahme und emotionalen Beteiligung einhergeht, kann der Hinweis auf die Gottesfurcht als lenkend verstanden werden. Einzig Joel äußert sein Unbehagen offen und trägt Kritik vor. Der Schüler befürwortet das rebellische Auftreten der beiden Frauen, die Dimension Gott lässt er aber unberücksichtigt.[242]

Bewertungsemotionen wie Sympathie erscheinen im Anschluss an die Datenanalyse nicht nur konstitutiv für u.a. Inferenzbildungsprozesse; wo sie als Primat der Urteilsfindung verankert sind, wirken sie obendrein äußerst persistent. Obwohl sich Schifra und Pua einer Lüge bedienen, in deren Folge sie gewaltvoll argumentieren, ruft ihr Vorgehen mithin zwar Skepsis, jedoch keine ausdrückliche Ablehnung seitens der Leser_innen hervor. Getragen von dem Wunsch, einen antizipierten Konflikt positiv umzuwenden bzw. den Status Quo beizubehalten, sind Notlügen von der Universalie des Sprechens, »sachlich treffend auf die Welt«[243] zu rekurrieren, ausgenommen.[244] Im Rahmen dieser Entscheidungsfindung kann Sympathie respektive Antipathie gegenüber dem/der Empfänger_in der Lüge ein bedeutender Antriebsfaktor sein. Weil Schifra und Pua eine Motivation zugewiesen wird, welche die Jugendlichen befürworten, akzeptieren sie das eingesetzte Mittel – die ›intersektionalen‹ Ressourcen, derer sich die beiden Frauen dabei bedienen, diskutieren die Lesenden in aller Regel nicht.

Dass die Schüler_innen mit den beiden Frauen ›in Dialog treten‹, ist jedoch nicht nur den Figuren selbst geschuldet, die Erzählstimme trägt ebenfalls dazu bei: Figureninformationen wie die Berufsbezeichnung oder die Eigenschaft ›verehren‹, welche den Hebammen ›expressis verbis‹ zugeteilt werden, aktivieren mithin spezifische Schemata bzw. ›scripts‹, die spezifische Muster enthalten. Die da-

---

[241] Ebd.
[242] Siehe hierzu die Protokolldaten von Jan und Joel.
[243] Gardt, Referenz und kommunikatives Ethos, S. 15.
[244] Vgl. Ebd.

raufhin aufgespannten Wissensnetze lenken die Text-Leser_innen-Kommunikation und verursachen spezielle Sinnbildungsprozesse.[245] Direkte Mitteilungen der Erzählstimme erweitern bzw. vervollständigen die Jugendlichen teils durch indirekte Informationen, die sie elaborativ aus dem Figurenhandeln ableiten.[246] Schifras und Puas Argumentationslinie deuten die Schüler_innen so nicht etwa als Widerspruch zu den Äußerungen der Erzählstimme,[247] sondern komplementär hierzu als Folge der konstatierten Gottesfurcht. Gott, aber auch den König, nehmen die Jugendlichen u.a. als Relations-Figuren in Dienst, um die Motivation(en) der Hebammen zu erschließen und ihnen spezifische Eigenschaften zuzuweisen – immer wieder stehen die beiden Frauen deshalb *in Beziehung*.

Die Leser_innen sprechen von den Hebammen als Widerstandskämpferinnen, Gegenspielerinnen, Rebellinnen und furchtlose Gottesstreiterinnen und weisen ihnen auf diese Weise Handlungsmacht zu. Trotz der Skepsis, die einige Schüler_innen im Blick auf Schifras und Puas Aussage äußern, befürworten sie das Vorgehen der beiden Frauen und zeigen Verständnis für die konfliktbeladenen Figuren. Es mag an der Fremdheit der Namen liegen, dem ungewohnten Klang, dem jeweiligen Textverständnis oder aber an den reichhaltigen Möglichkeiten, die zur Beschreibung vorliegen – namentlich genannt werden die beiden Frauen von den Schüler_innen nie. »Was ist ein Schifra?« fragt Joel.

3.2.5 Abschnitte 9-10

> Deshalb ließ Gott es den Hebammen gut gehen. Und das Volk wuchs und wurde immer stärker. Weil die Hebammen also der Gottheit die Ehre gaben, stärkte sie deren Familien. Pharao auf der anderen Seite wies sein ganzes Volk an: »Jeden neugeborenen Jungen werft in den Nil, alle Mädchen lasst am Leben!« (Ex 1,20-22)

Die Lesenden beschreiben Gott als handlungsmächtig und entscheidend für den Erzählverlauf: »Die Hebammen haben so an Gott geglaubt und (...) deswegen hat er dann die Familien gestärkt.«[248] Wo Gott[249] bzw. die Gottheit thematisiert wird, sind die schüler_innenseitigen Äußerungen überwiegend positiv: Das Vorgehen

---

[245] Die erzähltheoretisch gängige Unterscheidung von expliziter und impliziter Informationsvergabe sowie von Eigen- und Fremdkommentar wird seitens der Rezipierenden hierbei nicht vorgenommen. Siehe dazu Teil II, Kapitel 2.3.1.

[246] Siehe hierzu Schneider, Grundriß zur kognitiven Theorie der Figurenrezeption am Beispiel des viktorianischen Romans, S. 95f.

[247] Siehe dazu Teil III, Kapitel 2.4.

[248] Tabea, Laut-Denk-Protokoll.

[249] Kontrastierend zu seinen Mitschüler_innen nimmt Johannes eine ethnische Zuweisung im Hinblick auf Gott vor, und zwar, wenn er ›diesen‹ in Ägypten verortet. Vermutlich ist diese Einordnung den Hebammen geschuldet, welchen der Schüler einen ägyptischen Hintergrund attestiert. Da Johannes seine Überlegungen nicht detaillierter ausgestaltet, bleibt unklar, wie er das Gelesene verarbeitet und semantisiert. Vgl. Johannes, Laut-Denk-Protokoll, A. 134.136.

der Hebammen setzt Melina so etwa in unmittelbare Beziehung zu ihrem Glauben. Gottes Handeln deutet sie als Zuspruch und Ermutigung an die Hebammen, den Weg des Widerstandes fortzuführen.[250] Unter Berücksichtigung ihrer Wissens- bzw. Erfahrungsbestände, die Melina als ›Top-down-Information‹ elaborativ verarbeitet, inferiert sie Eigenschaften von Gott, welche auf der Erzähleben zwar nicht konkret vermittelt werden, die aber durchaus mitgesagt sein können.

Susanna stattet die Gottesfigur außerdem mit perzeptiven Fähigkeiten, also mit spezifischen Sinnen aus: »[...] dadurch, dass halt diese Hebammen das gemacht haben, hat anscheinend dann ja das Gott auch gesehen oder quasi bemerkt und fand das dann halt gut. Und [...] die Familien [...] sind [...] ja immer trotzdem weiter gewachsen.« Die Schülerin schlussfolgert, dass Gott Schifras und Puas Handeln positiv bewertet. Das Sehen oder Bemerken Gottes[251] nimmt sie zugleich als Ausgangspunkt und Beleg ihrer Inferenzbildung. In Susannas Perspektive tritt Gott als eine weitere Fokalisierungs- und Bewertungsinstanz innerhalb der erzählten Welt hervor. Weil sie die Reaktion der Gottesfigur als direkte Konsequenz des Widerstandes von Schifra und Pua interpretiert, stellt Susanna wie auch viele ihrer Mitschüler_innen eine Synthese zwischen den mentalen Figurenmodellen her.

Dass Gott in den Vorstellungen der Jugendlichen mithin über das Menschliche hinausweist, wird beispielhaft deutlich als Dario laut denkt:

> Die Hebammen handeln **nicht für irgendeinen skrupellosen Menschen, sondern für Gott** oder in dem Fall für die Familien und deswegen sorgt er dafür, dass sie dort auch wieder wegkommen. Und weil sie an Gott glaubten, also nach seinen Sachen gehandelt haben, hat er dafür gesorgt, dass es ihnen gut geht.[252]

Der Schüler imaginiert Gott als handlungsanleitende, wirkmächtige und überdies männliche Instanz: Gott sorgt dafür, dass es Schifra und Pua gut geht, er stärkt die Familien und initiiert den Exodus, zu welchem Dario gedanklich bereits vorausgeschritten ist. Im Anschluss an den Jugendlichen bildet Gott das Antonym zu skrupellosen Menschen wie z.B. Pharao.

Augenscheinlich bewegt sich auch Finn außerhalb anthropomorpher Vorstellungsrahmen; Gott figuriert der Schüler symbolisch und fragt deshalb, wie Gottes Wirken erklärbar ist, »wenn er doch materiell eigentlich nicht besteht?« Die textgeleiteten Informationen erscheinen vorerst inkompatibel mit den theologischen Wissensstrukturen des Schülers. Zuletzt findet Finn aber einen Weg, der hermeneutischen Engführung zu entgehen. Die ausbleibende Bestrafung der Hebammen deutet er infolge der ›Naturalisierung‹ als göttliches Handeln, das durch Pharao realisiert wird.[253]

---

[250] Vgl. Melina, Laut-Denk-Protokoll, A. 20.66.
[251] Siehe dazu die Überlegungen in Teil III, Kapitel 2.3 und Kapitel 2.4.
[252] Hervorhebung durch Verfasserin. Siehe dazu auch Dario, Laut-Denk-Protokoll, A. 35.
[253] Vgl. Finn, Laut-Denk-Protokoll, A. 29. Da sich Finn an dieser Stelle missverständlich ausdrückt, bleibt unklar, ob die dargelegte Lektüreweise tatsächlich Finns Anliegen widerspiegelt.

Während in den bisher vorgestellten Lektüreprotokollen eine persönliche Beziehung zu Gott in unterschiedlichen Ausprägungen transparent wurde, muten die vergleichbaren Laut-Denk-Daten von Johannes und Joel distanzierter an. Bemüht gleichgültig resümiert Joel mit Blick auf Abschnitt 9: »Dann [kommt] wieder irgendwas mit Gott, dass Gott super ist und so.« Die Art, in welcher der Schüler seine Überlegungen vorbringt, legt eine Interpretation nahe, woraufhin Joel die Erzählung als religionskritisches Werkzeug einsetzt. Durch Intonation und sprachliche Mittel, wie z.B. Indefinitpronomen, bringt der Schüler seine Ablehnung hervor. Zu kurz greift die Analyse jedoch, wenn Joel eine Lesart unterstellt wird, in der das reflektierende Moment zugunsten einer genuinen Absage an Religion negiert wird. Unter Umständen trägt Joels Kritik textexterne Erfahrungsstrukturen und genrespezifisches Wissen gleichermaßen in sich. Die Informationen aus der erzählten Welt nimmt der Jugendliche auf und markiert sie im Horizont der Diskursebene als Leser_innenlenkung.[254] Schließlich weist auch Joel darauf hin, dass Gott richtungsweisend für Schifras und Puas Handeln ist. »Aber, die haben halt Gott verehrt«, konstatiert der Schüler und erklärt weiterhin, »das ist so der Grund, warum sie das nicht gemacht haben und dann lassen sie deswegen dann auch die männlichen Kinder am Leben.«

Hatten sich die Leser_innen bereits zuvor kritisch mit der Frage nach dem Genozid und der ihm vorgeschalteten Geschlechterunterscheidung auseinandergesetzt, ruft Pharaos Befehl an das ägyptische Volk die Problematik neuerlich auf. Gerade weil sie das Recht auf Leben unabhängig von Geschlechtergrenzen ansiedeln, verurteilen die Jugendlichen[255] Pharaos Vorgehen und die daraus resultierende Ungerechtigkeit.[256]

> Also, ich finde (.) das blöd halt, dass die […] eigentlich nur die Jungs in den Nil werfen wollen. Also ich finde, wenn, sollte man jetzt nicht die Mädchen alle am Leben lassen, weil niemand kann ja was dafür, als was er jetzt geboren wird und als was nicht und (..). Ja, ich find das generell irgendwie ein bisschen blöd von dem Pharao, dass er will, dass die ganzen Jungen umgebracht werden.

Pharaos Verhalten lehnt Eva ab. »Niemand kann ja was dafür, als was er jetzt geboren wird und als was nicht«, erklärt die Jugendliche voller Mitgefühl und zeigt an, dass Maßnahmen, die Menschen aufgrund ihres Geschlechts ungleich behandeln, grundlos sind. Als Ursache für diese Bewertung und zugleich Weg dorthin, tritt die Annahme der Schülerin hervor, wonach Geschlechtlichkeit nicht der persönlichen Entscheidung unterliegt, sondern durch Willkür bestimmt ist. Obschon Evas Aussage dabei potenziell offen hält, wie die Schülerin Geschlecht erfasst, kann der Verweis auf die Geburt als eine Vorstellung übersetzt werden, die Geschlecht qua Sex denkt. Da die Jugendliche wiederholt von Jungen und Mädchen

---

254 Joel nutzt allerdings nicht den Terminus ›Leser_innenlenkung‹.

255 Siehe hierzu Eva, Laut-Denk-Protokoll, A. 25; Lena, Laut-Denk-Protokoll, A. 39; Sinan, Laut-Denk-Protokoll, A. 33.35.46; Susanna, Laut-Denk-Protokoll, A. 29.

256 Johannes charakterisiert das Vorgehen von Pharao als rassistisch: »Ja, ich finde das auch hier ist wieder das ein bisschen rassistisch, dass die Jungs getötet werden bei der Geburt und die Mädchen halt an Leben gelassen werden (..) und ja.«

ausgeht, mutet das System bzw. das Schema, in welchem sie interagiert, als ein zweigeschlechtliches an, welches obendrein ontologisch erscheint. Insofern Eva dann aber von einem nicht näher konkretisiertem ›was‹ respektive ›was nicht‹ spricht, unterläuft sie die binäre Matrix ggf. auch. Als Ergebnis dieser Leselinie gelangt Eva bereits im Vorfeld ihrer Argumentation zu der Einsicht, dass die Maßnahme des Königs, welche sie an das ägyptische Volk rückbindet, ungerecht ist. Auch wenn sich die Schülerin missverständlich ausdrückt, als sie erklärt, »dass man jetzt nicht alle Mädchen am Leben lassen sollte«, stellt sie damit mutmaßlich keine Forderung, die für einen Genozid von Mädchen wirbt, vielmehr unterwandert Eva Pharaos sexistisches Vorgehen.

»[J]edes Geschlecht hat das Recht zu leben«, stellt Sinan klar. Die Entscheidung des Königs findet der Schüler »sinnlos«, »dumm« und zuletzt »einfach doof.« »Was haben die gegen Jungen?« fragt Lena, die das gesamte ägyptische Volk adressiert und Joel erkennt: »Jetzt dreht der Pharao durch.« Während Finn im Rahmen der ersten Lesephase noch unentschlossen angesichts Pharaos Motiven war,[257] hat er im Verlauf der fortschreitenden Lektüre offenkundig eine Erklärung gefunden. Hinter der Entscheidung, die Jungen zu töten, vermutet Finn nun eine kriegsstrategische und zugleich in der Geschlechterdualität gründende Absicht des Königs. Zumal er das binäre Denkkonzept hierbei als Pharaos markiert, stellt der Schüler Distanz zur Figur her.[258]

Dass der König seinen Auftrag zuletzt an das gesamte Volk richtet, bringen einige Jugendliche ins Gespräch: Den neuerlichen Befehl deuten sie z.B. als Zeichen des königlichen Scheiterns[259], aber auch als Hinweis auf die Beharrlichkeit von Pharao.[260] Auffällig in diesem Zusammenhang ist die Irritation, welche durch die Redewendung »Pharao **auf der anderen Seite**« (Ex 1,22)[261] ausgelöst wird. Die Schüler_innen verstehen das Idiom teils topografisch und gehen infolge ihrer ›mental-maps‹ davon aus, dass ein weiterer König die erzählte Welt betreten hat: »Ja und […] jetzt [fängt] auch der Pharao von der anderen Seite an und will seinem Volk auch anordnen, dass sie die neugeborenen Jungen in den Nil werfen, also auch genauso schlecht wie der König«, meint so z.B. Melina[262] und auch Joel überlegt, wer die Figur auf der anderen Seite wohl sein könnte.[263] Vor dem Hintergrund seines Vorwissens ruft Dario die ›andere Seite‹ in Form eines soziogeografisch abgegrenzten Gebietes auf. Den Palast des Königs markiert er daraufhin als einen von der Bevölkerung getrennten Bereich, dessen Grenze der Nil ist.[264]

---

257   Hineinversetzt in Pharaos Perspektive hatte Finn zunächst überlegt, ob die Ermordung der Jungen im Zusammenhang mit der Zwangsarbeit stehen könnte: »Vielleicht, weil Frauen für Zwangsarbeit nicht, nicht gemacht worden sind oder warum auch immer: Weil, weil, weil Männer stärker arbeiten könnten«, denkt Finn laut.

258   Vgl. Finn, Laut-Denk-Protokoll, A. 32.

259   Vgl. Tabea, Laut-Denk-Protokoll, A. 29.

260   Vgl. Mona, Laut-Denk-Protokoll, A. 41; vgl. Paul, Laut-Denk-Protokoll, A. 30.

261   Fragen zur Bibelübersetzung (›Bibel in gerechter Sprache‹) werden im Zusammenhang von Teil V, Kapitel 4 noch näher erläutert.

262   Siehe hierzu auch Lena, Laut-Denk-Protokoll, A. 39.

263   Vgl. Joel, Laut-Denk-Protokoll, A. 40.

264   Vgl. Dario, Laut-Denk-Protokoll, A. 40.

In der Lektüre von Gott verschmelzen textimmanente Informationen mit kontextuellen Erfahrungen, Überzeugungen und Wissensbeständen der Lesenden. Die von der Erzählung dargebotenen Mitteilungen rufen seitens der Rezipient_innen verschiedene Schemata wach, die u.a. im ›naturalisierten‹ Wechselspiel bzw. Interaktionsmodus mit Textbotschaften jeweils spezifische Fragen, Bedeutungen und Bewertungen hervorbringen. Wo die Schüler_innen Gott als ultimative moralische Instanz begreifen, wird die Figur vermutlich zur Orientierungsfolie, welche die Beurteilungen der Lesenden maßgeblich lenkt. Die Informationen, welche seitens der Erzählung eintreffen, bauen in diesem Fall sinnvoll auf den Wissensstrukturen der Jugendlichen auf und die Kohärenz ist gewährleistet. Da in diesen Lektüre-Auszügen die Wirkmacht Gottes nirgends hinterfragt wird, legt sich die These nahe, dass die Schülerinnen die pragmatischen Präsuppositionen, d.h. die nicht-wortgebundenen Anteile, durch Erfahrungswissen ergänzen, um inhaltliche Zusammenhänge anzupassen. Die Autor_inneninstanz kann sich also scheinbar »getrost auf diese wenigen semantischen Hinweise beschränken, weil sie auf das Wissen der Leserschaft […] und auf die Aktivierung dieses Wissens im Zuge der Lektüre vertrauen darf.«[265] Gerade unter Berücksichtigung der zeitlichen Diskrepanz, die zwischen dem Entstehungskontext der Erzählung und der aktuellen Rezeptionssituation liegt, erscheint diese Lektüreform bemerkenswert. Wenn textseitige Mitteilungen (z.B. zu Gott) ein ausgeprägtes Echo von Wissensstrukturen auslösen, kann der Grad, die Grenzen der Interpretation zu überschreiten, schmal werden. Die Gottesrezeptionen der Jugendlichen sollen hier zwar kein Beleg sein, sie veranschaulichen aber literarische Durchlässigkeit und Bedeutungsoffenheit.

Schließlich setzen die Protokollauszüge neuerlich ins Bild, dass die Lesenden Fragen im Umfeld des Genozids sowie die ihm eingetragene Geschlechterdifferenz kritisch bewerten. Ungleichheit, wie sie hierdurch entsteht, weisen die Schüler_innen nicht einfach zurück, sondern reflektieren sie vielmals vor dem Hintergrund der Egalität von Männern und Frauen.

3.2.6 Zwischenfazit

Die besprochenen Laut-Denk-Protokolle geben grundlegende Einblicke in die Rezeptionstätigkeiten der Jugendlichen.

In Rekurs auf zentrale Fragestellungen dieser Arbeit greife ich weiterführende Einsichten, die im Rahmen der Dokumentation hervorgetreten sind, anschließend noch einmal auf.

Dass auch gewaltvolle Texte Einlass in biblische Bildungsprozesse ist für eine Bibeldidaktik der Vielfalt grundlegend. In einer pädagogisch-didaktisch gerahmten Begegnung mit Erzählungen wie z.B. Ex 1 können Jugendliche achtsam für

---

[265] Garbe u.a., Texte lesen, S. 49.

Unterdrückungs- und Ungleichheitsverhältnisse werden, die sie ja nicht nur in biblischen Texten antreffen, sondern (in anderer Gestalt) gleichermaßen in ihren eigenen Lebenswelten. Auch weil die in den Texten dargestellten Formen von Unterdrückung und Gewalt oftmals an alltagsweltliche Rahmungen anknüpfen, werden die Verletzungen, die hieraus resultieren, u.U. von den jugendlichen Leser_innen übersehen. Rassismen, die die Figuren einsetzen, sind in ›verandernde‹ Architekturen eingelassen: Vermeintlich Fremdes wird im ›Eigenen‹ negativ gespiegelt. Die Ängste, die daraufhin innerhalb der erzählten Welt motiviert werden und das ›othering‹ bedingen, können die Lesenden im Zuge von emotionaler Beteiligung mitunter durchaus nachvollziehen. Vor dem Hintergrund von aktivierten Wissensbeständen und Werthaltungen bzw. mittels Perspektivenübernahme reflektieren sie das Figurenhandeln und die Ereignisse innerhalb der ›storyworld‹. Wenn die Jugendlichen infolgedessen versuchen gewaltsame Vorgehensweisen, z.B. im Bereich von Rassismus oder Sexismus, zu entkräften, nutzen sie dabei teils unbewusst Strategien, die ebenfalls mit diskriminierenden ›Intersektionen‹ operieren. Wo sich die Gewalt indes gegen die männlichen Säuglinge richtet, lehnen die Schüler_innen Differenzierungen als Legitimationsmittel ab. Zwar initiiert nicht erst der Mordaufruf die Zurückweisung, er verstärkt allerdings das Unrechtsempfinden der Jugendlichen.

Synergieeffekte von ›frames of references‹ und textseitigen Mitteilungen, die in Bezug auf ›intersektionale‹ Konstruktionsprozesse hervortreten, werden ferner im Rahmen von zugewiesenen Figureneigenschaften sichtbar. In Rekurs auf Informationen wie z.B. die Amtsbezeichnung statten die Jugendlichen Pharao weitgehend mit negativ konnotierten Eigenschaften aus. Allerdings lehnen sie nicht den Status ›König‹ ab, sondern Pharaos mangelhafte Performance im Amt. Im Gegenüber dazu agieren Schifra und Pua in aller Regel als Sympathieträgerinnen und bilden eine Kontrastfolie zu Pharao. Das positive Einverständnis der Lesenden knüpft sich hierbei einerseits an Informationen, die von der Erzählstimme und den Figuren als Beurteilungskontexte zur Verfügung gestellt werden, andererseits an individuelle ›frames of references‹. Gerade aus dem Zusammenwirken von Vorwissen, persönlichen Wertehaltungen und textseitigen Hinweisen resultieren komplexere Rezeptionen. Figurenbezogene Merkmale (z.B. die soziale Kategorie Hebamme, die vertrauensvolle Verbindung zwischen den Geburtshelferinnen und Gott) setzen spezielle Wissensschemata, Perspektivierungen und Emotionen frei. Und: Was Gott ›gut findet‹, nimmt mutmaßlich Einfluss auf die Beurteilungen der Leser_innen.[266]

Die Einsicht, nach welcher Jungen und Mädchen dazu tendieren, sich gleichgeschlechtlichen Figuren zuzuwenden bzw. mit ihnen zu sympathisieren, findet im Anschluss an die Laut-Denk-Protokolle keine sichtbare Bestätigung. Im Zuge der Rezeption von Ex 1 werden Figuren – und hier schließe ich mich Alexandra Renners Beobachtung an – »nicht aufgrund ihres Geschlechts, sondern aufgrund

---

[266] Dabei drängt sich die Frage auf, wie die Jugendlichen eine vergleichbare Fürsprache Gottes im Blick auf Pharao bewerten würden.

der von ihnen gezeigten Charaktereigenschaften und Verhaltensweisen bewundert [...].«[267]

Zu Beginn der Lektüre treten *Lesebarrieren*,[268] die z.B. durch Syntax oder Semantik bedingt sind, häufig auf und motivieren ein textnahes Lesen. Überdies stehen den Jugendlichen, gerade im Rahmen der Einleitung, intertextuelle Informationen, die seitens der Erzählstimme fruchtbar gemacht werden, nicht sinnbildend zur Verfügung. Sofern die Unbestimmtheits- bzw. Leerstellen zu vielzählig sind, als dass die Leser_innen sie komplettieren oder durch ›Naturalisierungen‹ sinnvoll kombinieren könnten, entsteht zumindest in rezeptionsästhetischer Perspektive ein Gefälle: Die Erzählung vermisst ein prüfendes und gleichermaßen kreatives Gegenüber.

3.3 Interviews

Nachdem ich in Kapitel 3.2 die Laut-Denk-Protokolle detailliert vorgestellt und besprochen habe, gilt es nun jene Daten näher in den Blick zu nehmen, die im Verlauf der Interviews entstanden sind. Im Anschluss an das laute Denken habe ich die Jugendlichen zum persönlichen Gespräch gebeten.[269]

Ausgehend von unterschiedlichen Schwerpunktsetzungen geben die anschließenden Kapitel u.a. Einblicke in die Lesegewohnheiten der Schüler_innen, ihre Einstellungen zu Glaube und Religion sowie zu ihrem Umgang mit der Bibel bzw. dem Koran.[270] Die gewonnenen Einsichten sollen die Exploration der leser_innenseitigen Rezeptionen auf einer Metaebene unterstützen. Konturiert werden deshalb u.a. die biografisch verankerten Erfahrungs-, »Bedeutungs- und Sinnwelten«[271], welche die Jugendlichen umgeben, die ihre Leseaktivitäten prägen und lenken. Dabei sind die Informationen der Jugendlichen immer auch als ihr persönliches Repräsentationsforum bzw. als Ausschnitte der je eigenen sozialen Welt anzusehen und deshalb in einem Modus von Sensibilität wahrzunehmen.[272] Die nachfolgende Dokumentation verfolgt nicht das Ziel, ein möglichst vollstän-

---

267 Renner, Identifikation und Geschlecht, S. 264.

268 Einige Leser_innen stoßen sich z.B. am Ausdruck ›Sippenchef‹. Siehe dazu Johannes, Laut-Denk-Protokoll, A. 5; Josefine, Laut-Denk-Protokoll, A. 39; Sinan, Laut-Denk-Protokoll, A. 2.

269 Im Vorfeld sowie unmittelbar vor der Besprechung sind die Schüler_innen über das weitere Vorgehen informiert worden. Obwohl auch diese Materialschau, angesichts der anschließenden Kategorienbildungen, ein heuristisches Anliegen vertritt, findet sie zunächst in einem weitgehend deskriptiven Modus statt.

270 Die Interessen und Freizeitbeschäftigungen der Jugendlichen werden hier nicht eigens erläutert, nähere Details sind bei den elektronischen Zusatzmaterialien zu finden, vgl. dazu den Hinweis im Inhaltsverzeichnis.

271 Breuer, Reflexive Grounded Theory, S. 49. Auch wenn die Schüler_innen nachfolgend immer wieder Einblicke in ihre Biografien gewähren, wird es doch nicht möglich sein, Ansätze und Theoreme der Biografieforschung hinreichend zu vertiefen.

272 Fragestellungen, die u.U. durch die Mitteilungen der Heranwachsenden evoziert werden, die jedoch außerhalb des zu untersuchenden Forschungsbereichs liegen, berücksichtigt die Darstellung nicht.

diges Portrait oder eine Biografie der einzelnen Leser_innen zu entwerfen. Vielmehr möchte ich der Einsicht Rechnung tragen, dass sich Lesen mehrdimensional vollzieht: Neben Kognitionen, Motivationen und Emotionen bilden Reflexionen und Anschlusskommunikationen zentrale Dimensionen von Lesekompetenz.[273] Im Anschluss an den DFG-Forschungsschwerpunkt ›Lesesozialisation in der Mediengesellschaft‹ (1998-2004)[274] liegt das Verstehen von Texten einer ganzheitlichen Persönlichkeitsbildung zugrunde. Lesesozialisation ist damit sowohl personal als auch sozial und überdies medial bedingt. Gerade weil Bedeutungskonstruktionen über Kognitionen im engeren Sinne hinausweisen, sie mit dem Vorwissen, den Erfahrungen, den soziokulturellen Umgebungen, den Emotionen, Motivationen und Einstellungen der Lesenden korrespondieren,[275] sollen diese Hintergründe im Folgenden exemplarisch beleuchtet werden. Das aktuelle Leseverhalten ist von gegenwärtigen und vergangenen Einflüssen sowie durch unmittelbare Leseerfahrungen geprägt.

Die Umgangsweisen mit Literatur und anderen Medien, die jeweiligen Haltungen der Jugendlichen zu Glaube und Religion u.v.m. betrachte ich als Informationen, die diesem Erkenntnisinteresse in die ›Hände spielen‹. Sie können zur heuristischen Erschließung der Textrezeptionen beitragen.

Für die Untersuchung habe ich das ›halbstandardisierte Leitfadeninterview‹ als Methode eingesetzt. Nach Margit Schreier verweist die Bezeichnung Interview dabei weniger auf eine singuläre Methode, vielmehr ist ein Spektrum von Verfahren zur Generierung verbaler Daten anvisiert.[276] Interviews können z.B. offen, narrativ, episodisch oder mithilfe eines Leitfadens strukturiert sein. Beim halbstandardisierten Leitfadeninterview werden vor Untersuchungsbeginn relevante Aspekte des ausgewählten Themenbereichs identifiziert. Auf bestehende Theorien oder Ergebnisse früherer Untersuchungen kann hierbei ebenso zurückgegriffen werden wie auf einschlägiges Alltagswissen.[277] Das Prinzip eines theoriegelenkten Vorgehens wird insofern realisiert als speziell solche Informationsanliegen in die Themen und Fragen des Leitfadens transformiert werden, die aus theoretischen Vorkenntnissen abgeleitet sind. Insbesondere durch den Prozess der Vorbereitung offeriert das Leitfadeninterview – im Gegenüber z.B. zur narrativen Variante – hinreichende Chancen, theoretische Einsichten in die Erhebung zu integrieren.[278] Unter Berücksichtigung der einschlägigen Anleitungen habe ich den Interviewleitfaden entlang verschiedener thematischer Schwerpunkte bzw. Fragestellungen organisiert. Ausgehend vom Erkenntnisinteresse können die Fragen sowohl offen als auch geschlossen gestaltet sein. Durch den festgelegten

---

[273] In Teil II, Kapitel 3.3.1 wird ›Lesekompetenz‹ näher erläutert.
[274] Siehe dazu Groeben u. Hurrelmann (2004).
[275] Vgl. Martínez u. Scheffel, Einführung in die Erzähltheorie, S. 145.
[276] Vgl. Schreier, Zur Rolle der qualitativ-sozialwissenschaftlichen Methoden in der Empirischen Literaturwissenschaft und Rezeptionsforschung, S. 359.
[277] Schreier, Qualitative Verfahren der Datenerhebung, S. 404.
[278] Vgl. Gläser u. Laudel, Experteninterviews und qualitative Inhaltsanalyse als Instrumente rekonstruierender Untersuchungen, S. 115

Fragenkatalog, der in jedem Gespräch zum Einsatz kommt, verspricht »das Leitfadeninterview eine hohe interindividuelle Vergleichbarkeit.«[279] Dennoch besteht die Möglichkeit, das Skript zu verlassen und Aspekte, je nach Bedarf und Situation, zu vertiefen.[280]

Auch weil sich das ›halbstandardisierte Leitfadeninterview‹ in der Perspektive einer empirischen Literaturwissenschaft bereits vielzählig profilieren konnte,[281] hat sich das Verfahren als weiterführend für die vorliegende Untersuchung dargeboten. Anschließend möchte ich dies veranschaulichen.[282]

3.3.1 Themenblock A – Soziodemografische Auskünfte

Die Fragen, die ich im Rahmen von Themenblock A gestellt habe, sollen Auskunft über das Alter, das Geschlecht, die angestrebten Bildungsziele sowie die Zugehörigkeit bzw. Nicht-Zugehörigkeit zu einer Religionsgemeinschaft der Teilnehmer_innen geben.[283] Die aufgefächerten Informationen betrachte ich dabei als vorrübergehende, d.h. relationale Zuschreibungen.

Die Gesprächsatmosphäre während des gesamten Interviews war angenehm und freundlich. Bereitwillig und ohne Scheu haben die Jugendlichen auf die Fragen geantwortet.

3.3.1.1 Alter

Knapp 30% der befragten Schüler_innen sind 14 Jahre alt. Der überwiegende Anteil (71%) hat bereits ein Alter von 15 Jahren erreicht. Diese Angaben entsprechen dem relativen Durchschnittswert von Schüler_innen der Jahrgangsstufe neun an weiterführenden Schulen.[284]

Die entwicklungspsychologischen Aufgaben, welche das Jugendalter[285] flankieren und die mithin ihr Zentrum bilden, habe ich in Teil II, Kapitel 1.3.1 skizziert. Im Anschluss an die dort vorgetragenen Einsichten bezeichnet das Jugendalter eine Phase des Umbruchs, die keineswegs gleichförmig verläuft, sondern diverse Ausprägungen hat. Kindheit und Jugend sind nicht als statische Phasen

---

279 Schreier, Zur Rolle der qualitativ-sozialwissenschaftlichen Methoden in der Empirischen Literaturwissenschaft und Rezeptionsforschung, S. 360.

280 Vgl. Ebd., S. 360. Der Freiheit beliebige Themen zu kommunizieren, sind jedoch durch den Leitfaden Grenzen gesetzt. Siehe hierzu Heinze, Das Leitfadeninterview, S. 232f.

281 Schreier, Zur Rolle der qualitativ-sozialwissenschaftlichen Methoden in der Empirischen Literaturwissenschaft und Rezeptionsforschung, S. 360.

282 Zugunsten der Übersichtlichkeit sind zuvor eigenständige Fragen, die aber ein ähnliches Erkenntnisinteresse verfolgen, teils zusammengefasst. Die Daten werden somit in eine ›hermeneutisch-produktive‹ Leselinie überführt.

283 Die Auffächerung dieser Informationen, die sogleich kategorial anmutet, setzt Überschneidungen voraus und erkennt die Problematik etikettierender Zuschreibungen an.

284 Vgl. Hahn, Religionsunterricht in der Sekundarstufe I, S. 577.

285 Siehe hierzu noch ausführlicher Teil II, Kapitel 1.3.1.

anzusehen, sondern als Prozesse, die historischem, sozialem und kulturellem Wandel unterliegen.

3.3.1.2 Geschlecht

Wenn eine Arbeit, die statische Geschlechterbilder zurückweist und stattdessen Flexibilität und Uneindeutigkeit (auch in Bezug auf andere Kategorien betont) die Frage nach geschlechtlichen Zuweisungen stellt,[286] ergibt sich ein Paradoxon. Es tritt auf, weil den Teilnehmer_innen einerseits die Gelegenheit gegeben sein soll, sich als Mädchen oder Junge, Frau oder Mann zu definieren – und vor dem Hintergrund dieser potenziellen Zugehörigkeiten können theoretische Erkenntnisse gewonnen werden. Andererseits gilt es, solche mithin repressive Kategorisierungen loszulösen von sozial und kulturell vermittelten Festschreibungen.[287] Wie also kann eine Antwort nach geschlechtlichen Zugehörigkeiten eingeholt werden, ohne Gefahr zu laufen, derartige Markierungen als selbstverständlich zu vermitteln; sie ggf. zu stabilisieren?

Da begriffliche Zuschreibungen (selbst, wenn sie ›queer‹ sind) letzthin immer auch Kategorisierungen hervorbringen, kann diese Schwierigkeit kaum aufgelöst werden. Dennoch drängen sich Fragen nach der Geschlechtlichkeit (mehr noch ihrer Performance) von Leser_innen auf – und zwar spätestens sobald die Perspektiven an Theoreme zur Adoleszenz anknüpfen, wo Geschlecht weitaus deutlicher als andere biografische Merkmale in den Vordergrund rückt.[288]

Wegweisend für das gemeinsame Gespräch bzw. die Auswertung war und ist Offenheit, sowohl gegenüber Akteur_innen, die sich mit ›traditionellen‹ binären Kategorien identifizieren als auch solchen, die in gesellschaftlich-tradierten Schemata keinen Platz finden, diesbezüglich u.U. verunsichert, frustriert, wütend oder indifferent sind. Deutungsoffen mutet deshalb das Erkenntnisbedürfnis an: Zum einen möchte ich innerhalb der Analyse sensibel sein für mögliche, freilich heterogene, geschlechtsspezifische Rezeptionsweisen, die an *typische* Inszenierungsmuster (z.B. im Rahmen von Männlichkeit o. Weiblichkeit) erinnern. Wo die Daten es zulassen, möchte ich zum anderen Brüche darin aufdecken und vermeintliche Spezifika entlang von Geschlecht irritieren. Weil verschiedene empirische Studien darauf hinweisen, dass Mädchen und Jungen biblische Figuren unterschiedlich rezipieren, ist zu erkunden, ob diese Einsicht hinsichtlich Ex 1,1-22 Bestätigung findet.[289] Denn zumindest vordergründig scheinen Prozesse des ›doing gender‹ in Bezug auf die Laut-Denk-Protokolle nicht als Basis der Sinnbildung zu funktionieren.

Vor dem Hintergrund der skizzierten Interessenlagen habe ich die Jugendlichen nach einer geschlechtlichen Zugehörigkeit gefragt. Vielmals zeigten sie sich in dieser Folge überrascht, reagierten mit einem Lächeln oder quittierten

---

[286] Die theoretische Basis für die vorliegenden Ausführungen wurde im zweiten Teil der Arbeit dargelegt.

[287] Diese Perspektive gilt auch für die anderen Kategorien, die hier ›abgetastet‹ werden.

[288] Vgl. King, Geschlecht und Adoleszenz im sozialen Wandel, S. 40.

[289] In Teil IV, Kapitel 3.2 wurde auf diese Fragestellung bereits Bezug genommen.

die Erkundigung mit einem Räuspern. Augenscheinlich waren sie verwundert angesichts einer Frage, deren Antwort, anders als die von Alter, Name oder Religiosität, erfahrungsgemäß mehr als offensichtlich anmutet.

Zu jeweils gleichen Anteilen haben sich die Befragten den Identitätskategorien männlich/weiblich zugeordnet haben.[290] Auch wenn die Untersuchungsergebnisse im Rahmen dieser Studie keine Repräsentativität beanspruchen, erlaubt die Ausgewogenheit – wohlbemerkt der Zweigeschlechtlichkeit – den beschriebenen Erkenntnisanliegen in spezifischer Weise Rechnung zu tragen. Demnach kann ein reflektierter Umgang mit der Kategorie Geschlecht erweiterte und womöglich neue Perspektiven angesichts der schüler_innenseitigen Rezeptionsweisen hervorbringen. Insofern die Jugendlichen ein binäres Geschlechtersystem im Blick auf ihre eigene Person nicht in Frage stellen, liegt der Verdacht nahe, dass sie auch die Erzählung durch eine heterosexuell vermittelte Matrix empfangen.

3.3.1.3 Schulabschluss

Die Hälfte der Teilnehmer_inner strebt das Abitur als Ziel und zugleich Abschluss der schulischen Laufbahn an (vier Schülerinnen und drei Schüler). Die Gruppe der Jugendlichen, welche künftig die gymnasiale Oberstufe besuchen möchte, umfasst damit die meisten Proband_innen im Rahmen der Erhebung. Vier der Schüler_innen wollen hingegen den Mittleren Schulabschluss erreichen, zwei Teilnehmer_innen streben den Hauptschulabschluss an. Lediglich eine Schülerin ist zum Zeitpunkt der Untersuchung noch unentschlossen angesichts ihrer schulischen Ziele.[291]

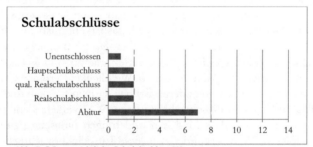

Abb. 5: Voraussichtliche Schulabschlüsse[292]

---

290   Die Selbstpositionierungen der Schüler_innen werden im Folgenden übernommen, d.h. Jugendliche, die sich als weiblich markieren, werden Schülerinnen genannt und Jugendliche, die sich als männlich markieren, werden in Form der Kategorie Schüler abgebildet.

291   Sowohl in Bezug auf Geschlecht als auch in Bezug auf die sozialen und kulturellen Hintergründe zeichnen die Daten zu den angestrebten Schulabschlüssen ein recht ausgewogenes Bild. Hinweise auf die soziale Herkunft der Schüler_innen finden sich erst in den nachfolgenden Kapiteln. An dieser Stelle wird auf diese Ergebnisse bereits vorgegriffen.

292   Die Angaben auf der X-Achse entsprechen jeweils der Anzahl an Schüler_innen.

3.3.1.4 Religion

Während die Hälfte der Befragten zumindest formal dem Christentum angehört[293] und hier dominieren mit 90% die Mitglieder der evangelischen Kirche,
lebt ein nahezu identisch großer Anteil der Jugendlichen außerhalb einer
Religionsgemeinschaft. Ein Schüler ist Muslim, zu seiner Konfession hat er sich
nicht geäußert.[294] Da Jugendliche hierzulande mit der Vollendung des 14. Lebensjahres eine uneingeschränkte Religionsmündigkeit erwerben, können sie
fortan selbstverantwortlich über die Teilnahme am Religionsunterricht entscheiden.[295] Infolge dieses juristischen Passus wie auch in Bezug auf eine tendenziell
konfessionelle Bindung in westdeutschen Regionen ist die Summe von
Jugendlichen, die ohne eine religiöse Zugehörigkeit am Religionsunterricht teilnehmen, durchaus bemerkenswert.

3.3.2 Themenblock B – Einblicke in die Lesesozialisation und das Leseverhalten

Das folgende Kapitel liefert einen Einblick sowohl in Lesesozialisationen der
Schüler_innen als auch in das aktuelle Medienverhalten, wobei Printmedien, insbesondere das Buch, im Fokus stehen.[296]
   Wie schon zuvor wird in diesem Zusammenhang abermals der Austausch
mit theoretischen und empirischen Befunden fruchtbar gemacht. Die Ergebnisse
der vorliegenden Studie können in diesen Erkenntnissen gespiegelt werden und
zugleich neue Einsichten hervorbringen.

3.3.2.1 Lesealltag und -aktivitäten

Unlängst weisen Forschungen darauf hin, dass Kommunikationspraxen von Jugendlichen entlang ihrer aktuellen Medienentwicklung verlaufen und ko-konstruiert werden. Während das Lesen von Kurznachrichten, virtuellen Pinnwandnoti-
zen oder Blog-Einträgen dieser kommunikativen Praxis wie selbstverständlich zu
eigen ist, markiert literarisches Lesen im traditionellen Verständnis dahingegen

---

[293] Gerade in den westlichen Teilen Deutschlands ist eine Konfessionsbindung noch immer alltäglich
und so sind die Mitgliedschaftszahlen in den Kirchen nach wie vor hoch. Vgl. Gensicke,
Werteorientierungen, Befinden und Problembewältigung. S. 204.

[294] Hier ist allerdings darauf hinzuweisen, dass der Schüler auch nicht explizit danach gefragt wurde. Mit
Ausnahme von einem weiteren Schüler haben alle anderen Teilnehmer_innen ihre Konfession direkt
bei der Frage nach der Religionszugehörigkeit angegeben.

[295] Bis zur Vollendung des 18. Lebensjahres ist in Bayern und im Saarland hingegen die Zustimmung
der Erziehungsberechtigten zur Nichtteilnahme am Religionsunterricht erforderlich. Die
Jugendlichen können sich in diesen Bundesländern nur entgegen dem Wunsch der Erziehungsberechtigten oder durch Kirchenaustritt der Teilnahme am Religionsunterricht entziehen.

[296] Neuerlich ist in diesem Zusammenhang darauf hinzuweisen, dass die vorzustellenden Einsichten lediglich einen Ausschnitt aus diesen Bereichen abbilden können und insofern keineswegs als umfassende oder repräsentative Ergebnisse zu verstehen sind.

»keinen Bezugspunkt altersgruppenbezogener jugendlicher Selbstdefinition.«[297] Den JIM-Studien zufolge bilden Handy,[298] Internet und Fernsehen die zentralen Medien, die von Jugendlichen genutzt werden.[299] Überdies weisen Forschungen auf quantitative Unterschiede im Blick auf die Lektürefrequenzen entlang der Zweigeschlechtlichkeit hin: Mädchen lesen demnach nicht nur häufiger als Jungen, sondern auch mehr.[300]

Im Anschluss an eine empirische Studie von Christian Dawidowski verweist die Phase der Adoleszenz auf »eine Allianz zwischen dem (literarischen) Lesen als Bildungsinstrument und der Computernutzung zur Akkumulation informatorischer und kommunikativer Vorteile [...].«[301] Symptomatisch können daher Ausdrücke wie ›Angehörige des Hochkulturschemas‹, ›Kreative Freizeitelite‹ oder ›Bildungsorientierte‹ verstanden werden, welche in empirischen Studien jene Proband_innen ansprechen und ›bündeln‹, die in ihrer Freizeit Bücher lesen.[302] Speziell das Lesen anspruchsvoller Werke stellt für diese Gruppe ein Symbol ästhetischer und humanistischer Selbstbildung dar, das an Erwartungen von sozialen, ökonomischen und kulturellen Kapitalanlagen geknüpft ist.[303] Daraufhin »sind es weniger intrinsische Motive wie Lustgewinn oder ein intensives emotionales Erleben, die zum literarischen Lesen führen, als vielmehr extrinsische und durch kulturelle oder soziale Normen vermittelte Motive.«[304] Wohl auch in dieser Folge wird die Kluft zwischen freizeitlichen Lesebedürfnissen und schulischer Pflichtlektüre in der Phase der Adoleszenz als besonders ausgeprägt erlebt. Prototypisch mündet das Leseverhalten der Kindheit in einem Abbruch der Leseentwicklung an dessen Abschluss der/die Nicht-oder Vielleser_in steht. Während in Bezug auf die Nicht- bzw. Wenigleser_innen literale Aktivitäten nun einzig durch die Pflichtlektüre erfüllt werden, erfährt die Leseentwicklung von Vielleser_innen eine Fortsetzung. Bei ihnen bilden sich Lesemodalitäten wie das instrumentelle Lesen, das Konzeptlesen, das Lesen zur diskursiven Erkenntnis, das partizipatorische Lesen, das ästhetische sowie intime Lesen aus und weiter.[305]

Vor dem Hintergrund der darlegten Befunde möchte ich erkunden, welches Leseverhalten und welche Motivationen die Jugendlichen der vorliegenden Studie, die ja ihrerseits den ›digital natives‹[306] angehören, charakterisiert.

---

297   Hurrelmann, Sozialisation der Lesekompetenz, S. 55.
298   Die Internetnutzung via Handy ist im Jahr 2013 vergleichbar mit der über Laptop oder Computer. Siehe dazu: Medienpädagogischer Verbund Südwest, JIM-Studie 2013.
299   Laut der JIM-Studie (2013) sind »Zwölf- bis 19-Jährige in Deutschland [durchschnittlich] 179 Minuten täglich (Mo-Fr) online. Der Großteil dieser Zeit wird nach Angaben der Jugendlichen für den Bereich Kommunikation verwendet, vor allem die Nutzung von Online-Communities spielt dabei für viele eine zentrale Rolle (75% mindestens mehrmals pro Woche).« Medienpädagogischer Verbund Südwest, JIM-Studie 2013.
300   Siehe hierzu noch einmal die JIM-Studie sowie auch die KIM-Studie, die ebenfalls als Download vom mpfs zur Verfügung gestellt wird.
301   Dawidowski, Literarische Bildung in der heutigen Mediengesellschaft, S. 350f.
302   Siehe dazu Ebd. und außerdem Leven u.a., Familie, Schule, Freizeit, S. 98f.
303   Vgl. Garbe, Literarische Sozialisation, S. 37f.
304   Dawidowski, Literarische Bildung in der heutigen Mediengesellschaft, S. 418.
305   Vgl. Garbe u.a., Texte lesen, S. 205f.
306   Vgl. Hurrelmann u. Quenzel, Lebensphase Jugend, S. 196.

Der Frage, ob das Lesen von Printmedien einen Raum in ihrer Freizeit einnimmt, stimmen 71% der Jugendlichen – überwiegend die Teilnehmerinnen – zu. Zurückhaltung im Hinblick auf ihr freizeitliches Lektüreverhalten äußern mit 31% ausschließlich Schüler. Für diese Gruppe bildet Lesen keine Tätigkeit, die den Alltag wesentlich begleitet oder gar mitbestimmt.

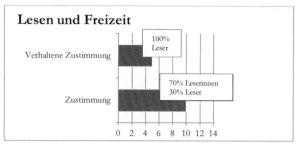

Abb. 6: Lesen und Freizeit

Die Hälfte der Schüler_innen liest regelmäßig, zumeist zwei bis viermal wöchentlich, abends vor dem zu Bettgehen oder morgens, dann in aller Regel die Zeitung. Die Zeitspannen der ›jugendlichen‹ Lektüren reichen von einer halben Stunde bis hin zu intensiven Lesezeiten. 29% der Befragten lesen täglich, hier etwa Zeitungen, aber auch fiktionale Literatur und Illustrierte. Daneben vollziehen einige der Befragten außerdem eine Lektürepraxis, die sich mit dem Stichwort ›intensive Lesephase‹ überschreiben lässt: »Manchmal habe ich so eine Phase, da lese ich dann richtig viel und jeden Tag und dann manchmal auch gar nicht, weil ich es dann auch irgendwie von der Zeit her nicht schaffe, mit der Schule oder so und ja«, berichtet z.B. Melina. Die Perspektive, nach welcher die Bewältigung schulischer Aufgaben einen Faktor markiert, der die Lesezeit beschränkt, teilen auch Mitschüler_innen von Melina.

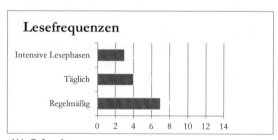

Abb. 7: Lesefrequenzen

Die Lesemotivationen der Jugendlichen, d.h. der Wille »bzw. die Bereitschaft zu lesen«,[307] liegen allen voran im Bereich des intimen Lesens, welches sich durch Genuss und Spaß an der Lektüre oder das Hineintauchen in fiktionale Welten ausdrückt: »Also, Bücher lese ich zum Beispiel gerne, weil man da halt sich gut in

---

[307] Philipp, Lesen empeerisch, S. 57.

andere, ja, Welten quasi versetzen lassen kann«, erklärt Susanna und auch Johannes hat beim Lesen Spaß daran, »sich eine eigene Welt [zu] denken.« Daneben greifen die Jugendlichen ferner zum Zeitvertreib, aus Gründen der Entspannung z.B. als ›Einschlafhilfe‹ oder auf Anraten ihrer ›peers‹[308] zu Printmedien. Lediglich eine Teilnehmerin weist auf Bildungszwecke hin, die sie durch die Lektüre zu erfüllen wünscht. Da viele Schüler_innen regelmäßig oder sogar täglich die Zeitung lesen, ist diese Informationslust ebenfalls als Motivationsfaktor zu berücksichtigen.

Empirische Befunde, wonach das Leseverhalten von Jugendlichen durch kulturelle Kapitalwünsche bestimmt ist, werden im Anschluss an die Auskünfte der Schüler_innen ebenso wenig bestätigt wie die Einsicht, nach welcher der Grad der formalen Schulbildung über die Lesetätigkeiten mitbestimmt.

3.3.2.2 Lesestoffe

»Die aktuellen Lesevorlieben deutscher Jugendlicher sind inzwischen ein echtes Desiderat.«[309] Im Anschluss an neuere empirische Ergebnisse tendieren Leserinnen zur Lektüre von fiktionalen Texten, Biographien sowie zu Stoffen mit Lebensbezug, wohingegen Leser eher Fantasy, Sachbücher, Zeitungen, Zeitschriften und Heldengeschichten rezipieren.[310] Untersuchungen, die nicht zwischen geschlechtsspezifischen Lektüreweisen differenzieren und jugendliche Genrevorlieben insgesamt anvisieren, verweisen indes (eher unspezifisch) auf eine Mischung von Best- und Longsellern sowie tradierter Schullektüre als favorisierte Literatur von Heranwachsenden.[311] Klaus Gattermaier (2003) nennt im Zuge einer Befragung von Schüler_innen der achten Jahrgangsstufe (1999) zehn Genres, welche die Buchpräferenzen von Jugendlichen exemplarisch widerspiegeln. In der Reihenfolge ihrer Beliebtheit bei den Befragten werden Horror- und Gruselgeschichten (56%), lustige Bücher (54%), Bücher über die Probleme von Jugendlichen (52%), Abenteuerbücher (51%), Bücher über eigene Hobbys (48%), Liebesgeschichten, Krimis und Thriller (jeweils 46%), Science Fiction, Fantasy (jeweils 41%) sowie moderne Romane (33%) und Bücher, die sich mit Sport (31%) beschäftigen, als die favorisierten Lesestoffe angeführt.[312] Im Anschluss an die JIM-Studien bilden Zeitungen *das* Printmedium, welches Jugendliche am häufigsten rezipieren.[313]

---

308   Der Begriff ›peergroup‹ wird für »Gruppen von etwa gleichaltrigen Kindern
       oder Jugendlichen [verwendet], die meist im Umfeld von Bildungsinstitutionen entstehen, aber freiwillig zustande kommen und sich dem direkten Einfluss Erwachsener mit zunehmendem Alter entziehen.« Ecarius u.a., Jugend und Sozialisation, S. 113.
309   Philipp, Lesen empeerisch, S. 83.
310   Vgl. Pieper, Lese- und literarische Sozialisation, S. 116.
311   Vgl. Franz, Lese- und Medienverhalten von Schülern und Schüler_innen der 8. Jahrgangsstufe, S. 13ff.
312   Gattermaier, Literaturunterricht und Lesesozialisation, S. 323f.
313   Siehe dazu Medienpädagogischer Verbund Südwest, JIM-Studie 2013.

Auch im Rahmen der vorliegenden Studie verweisen die befragten Schüler_innen vielmals auf die genannten Genres als die von ihnen bevorzugten Lektürestoffe. Krimis stoßen dabei mit 36% auf die größte Zustimmung. Ebenfalls bei vielen Leser_innen beliebt sind Romane und Sachbücher, spannungsgeladene Literatur sowie Zeitungen und Magazine. Vereinzelt führen die Jugendlichen Genres wie Fantasy und Thriller, Horrorliteratur und Satire, Erzählungen mit Happy End und ferner Literatur im Bereich von Mythologie und Philosophie an.

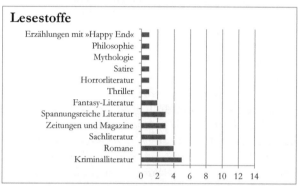

Abb. 8: Lesestoffe*314

3.3.2.3 Leseumgebungen

Dass jedes Individuum seine persönliche Lesekultur ko-konstruiert, bildet eine zentrale Auffassung im Rahmen von Lesesozialisationstheorien. Besonders prominent ist diese Einsicht im so genannten ›Mehrebenenmodell der Lesesozialisation‹. Ausgehend von der Makro-, der Meso- und der Mikro-Ebene veranschaulicht Bettina Hurrelmann anhand familiärer Lesesozialisationen wie sich gesellschaftliche Rahmenbedingungen innerhalb von Familien konkretisieren und alsdann im Handeln von Kindern und Jugendlichen wirksam werden. Die verschiedenen Einflussebenen sind hier nicht streng ›von oben nach unten‹ organisiert, sie stehen in einem dynamischen Wechselverhältnis: »Familien-, Schul- und Altersgruppenkulturen stellen eben nicht nur Vermittlungsagenturen von Mitgliedschaftskompetenzen an das Individuum dar, sondern wirken auf diese auch verändernd zurück.«[315] Prototypisch verlaufen Sozialisationsprozesse in familiären Lebenswelten entlang von zweierlei Leitmotiven, die zugleich Beispiele sowohl einer negativen als auch positiven Lesesozialisation sein können.[316] Während ›schriftferne‹ Haushalte literale Aktivitäten unter dem Vorzeichen gesellschaftlichen Drucks als fremde und leistungsbesetzte Handlungen tendenziell ablehnen, wird in ›schriftnahen‹ Umgebungen hingegen eine positive Beziehung zu Lesetätigkeiten angebahnt. »Auf der Mikro-Ebene des kindlichen Handelns führen diese

---

[314] Der * signalisiert die Möglichkeit einer Mehrfachnennung.
[315] Hurrelmann, Sozialisation der Lesekompetenz, S. 40.
[316] Siehe dazu z.B. I. Pieper u.a. (2004). Siehe außerdem N. Groeben u. S. Schroeder (2004).

Sozialisationsbedingungen in der Regel zur Reproduktion der elterlichen Verhaltensweisen.«[317]

Wenngleich die genannten Sozialisationsmechanismen insbesondere die Kindheit prägen, wirken die Erfahrungen bis in das Jugendalter hinein. Mit den Stichworten funktionale Literalität und diskursive Literarität beschreiben Garbe u.a. (2006) die Weiterentwicklung von Lesekompetenz im Rahmen der Adoleszenz. Anders als die funktionale Literalität (auch ›workplace literacy‹), die im schulischen Fachunterricht oder im Erwerbsleben zur Geltung kommt, treten im Rahmen von diskursiver Literarität Prozesse der Anschlusskommunikation in den Vordergrund.»In dieser Phase öffnet sich das lesende (jugendliche) Subjekt wieder in Richtung eines ›Anderen‹, der nun aber nicht mehr [wie oftmals in der Kindheit] die erwachsene Bezugsperson ist, sondern ›fremde‹ Personen, Gruppen, Kulturen usw. [...].«[318]

Weil das Medien- und Rezeptionsverhalten in der Adoleszenz eine sekundäre literarische Initiation erlebt, entwickeln Jugendliche »als ihren wichtigsten Lesemodus die Fähigkeit und die Bereitschaft, lesend an der sozialen und kulturellen Wirklichkeit teilzunehmen.«[319] Als zentrale Sozialisationsinstanz tritt nun u.a. die ›peergroup‹ hervor.[320] Sie wird zur wesentlichen ›Schaltstelle‹, die über literarische Aktivitäten mitbestimmt.[321] Da Forschungen zur Lesesozialisation solche Prozesse untersuchen, »die auf individuell-biografischer Ebene zur Entwicklung der Motivation und Praxis führen, geschriebene Sprache im Medienangebot zu rezipieren«,[322] können die hier vorzustellenden Befunde einen Einblick in die Lesesozialisation der Schüler_innen geben. Neben Fragen zur literarischen Anschlusskommunikation werden obendrein die Möglichkeiten der Jugendlichen, auf Literatur zugreifen zu können, eruiert. Überdies soll ein Einblick in die Leseumgebungen und -aktivitäten der Kindheit gewährt werden.

Sowohl die Frage, ob Bücher ihnen bereits aus der Kindheit bekannt sind[323] als auch die Erkundigung nach dem Besitz von Büchern, wird von allen Befragten bejaht. »In unserem Haus sind mehr Bücher als in [der] Bibliothek« behauptet Dario, der ebenso wie andere Schüler_innen vom Elternhaus mit Literatur versorgt wird. »Wir kaufen meistens die Bücher. Also, wir haben ganz viele in Schränken stehen«, erklärt auch Tabea.

---

317   Garbe u.a., Texte lesen, S. 185.
318   Ebd., S. 38. Im Kindesalter sind i.d.R. die Eltern die zentralen Ansprechpersonen, wobei sich Kinder im Zuge einer Phase der Autonomisierung »aus der Abhängigkeit von erwachsenen Vermittlern lösen [...].« Ebd. Im Jugendalter werden dann wieder Ansprechpartner_innen aufgesucht.
319   Vgl. Graf, Lesegenese in Kindheit und Jugend, S. 133. Im Anschluss an die Forschungsliteratur liegen bislang nur wenig empirische Befunde zum Einfluss von Gleichaltrigen auf die Lesesozialisation vor.
320   Vgl. Philipp, Lesen empeerisch, S. 50.
321   Vgl. Groeben u. Schroeder, Versuch einer Synopse, S. 340. Erwachsene sind fortan primär für die Versorgung mit Lesestoff verantwortlich und weniger Ansprechpartner_innen im Hinblick auf literarische Erfahrungen.
322   Rosebrock, Literarische Sozialisation, S. 443.
323   Einige Schüler verweisen in diesem Zusammenhang darauf, dass sie in ihrer Kindheit weitaus mehr gelesen haben als momentan. Siehe hierzu Finn, Interview, A. 42; Joel, Interview, A. 36; Paul, Interview, A. 44.

Bibliotheken dagegen nutzen die Befragten selten. Zumeist verweisen die Jugendlichen in diesem Fall auf die schuleigene Bücherei, die z.B. zur Beschaffung von Lernmaterialen aufgesucht wird.

Die wichtigsten Gesprächspartner_innen im Blick auf Printmedien, insbesondere Bücher und Zeitungen, sind die Familien der Jugendlichen. Anschlusskommunikation findet mit 64% zuvorderst mit den Eltern und den Geschwistern bzw. im Rahmen der gesamten Familie statt. Analog zu den Einsichten der Lesesozialisationsforschung treten auch im Rahmen dieser Studie die Mütter als zentrale Bezugspersonen hervor. Darüber hinaus nennen die Jugendlichen ferner ihre Klassenkamerad_innen, Freund_innen und die Schule als Interaktionspartner_innen im literarischen Gespräch. Neben Erfahrungen, die sich auf ein spezifisches Buch beziehen, werden in diesen Kontexten zudem Lektüreempfehlungen ausgetauscht. Entsprechend der jeweiligen Genres vollzieht sich der Dialog dabei zum Teil mit unterschiedlichen Personen, wie im Gespräch mit Eva deutlich wird:

Also, wenn ich jetzt was Geschichtliches lese, dann rede ich hauptsächlich mit meinen Eltern drüber. Und wenn ich jetzt irgendwie einen Krimi lese, dann ist das so irgendwie bei meiner besten Freundin und mir immer irgendwie: Ja, sie fängt an zu lesen und sagt dann: »Ja, lies das auch mal, ich will mich mit dir da drüber austauschen.«

Vor dem Hintergrund der dargelegten Einsichten muten die Leseumgebungen der Schüler_innen geradezu idealtypisch an. Der Zu- und Umgang mit Literatur bzw. anderen Printmedien wird seit der Kindheit durch die sozialen Umwelten der Jugendlichen gewährleistet und wirkt bis in die Gegenwart hinein. Differenzpositionen, wie sie z.B. in Form von Geschlecht oder den angestrebten Bildungsabschlüssen handlungsanleitend sein könnten, treten nicht erkennbar hervor.

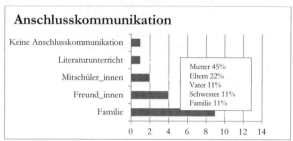

Abb. 9: Anschlusskommunikation*

3.3.3 Themenblock C – Glauben und Kirche, Religion und Religionsunterricht

Glaube, Religion und Kirche bilden in einer abendländisch und christlich geprägten Welt dicht beisammen liegende Bereiche, die auch von Jugendlichen »stark miteinander identifiziert«[324] werden. Obwohl Religiosität gerade in der Adoleszenz einen enormen Rückgang erlebt,[325] sind die Lebenswelten vieler Heranwachsender noch immer von religiösen Momenten durchzogen und mithin sogar durch sie determiniert.

Die anschließenden Kapitel rufen die Perspektiven, Überzeugungen und sozialisationsbezogenen bzw. biografischen Erfahrungen der Schüler_innen im Blick auf Religion, Glauben sowie deren institutionellen Rückbindungen exemplarisch auf. Angelehnt an die Motivationen empirisch-religiöser Biografieforschung sollen hierbei einerseits »Ausprägungen gegenwärtiger Orientierungen und Deutungen«[326] in Bezug auf Religiosität sowie andererseits »Formen gelebter religiöser Praxis«[327] als Dimensionen freigelegt werden, die die Rezeption des biblischen Textes voraussichtlich mitbestimmen. Im Anschluss an die Erzählungen der Jugendlichen vermischen sich dabei zum Teil nicht nur gesellschaftliche, institutionelle und individuelle Ebenen, auch die Grenzen zwischen den formal zu trennenden Kategorien Glaube, Religion, Kirche werden fluide.

3.3.3.1 Religion, Gott und Glauben

»Es besteht kein Zweifel: Aufwachsen heute ist nicht zwingend ein Aufwachsen mit Religion, schon gar nicht mit Glaube!«[328]

Nach Erkenntnissen des Religionsmonitors (2013) rangiert Religion im Vergleich mit den Lebensbereichen Familie, Freunde, Freizeit, Arbeit/ Beruf und Politik auf dem vorletzten Platz; lediglich Spiritualität beurteilen Jugendliche als weniger bedeutsam.[329] Im Anschluss an die 16. Shell Jugendstudie nimmt die religiöse Orientierung von Jugendlichen weder ausgeprägten Einfluss auf die eigene Lebensgestaltung noch lenkt sie elementare biografische Entscheidungen.[330] Dabei spiegeln die evangelischen Jugendlichen den Trend »einerseits weg von der persönlichen Gottesvorstellung, andererseits hin zu religiöser Unsicherheit«[331] besonders eindrucksvoll wider.[332]

---

[324] Ziebertz u. Riegel, Letzte Sicherheiten, S. 142.
[325] Vgl. Gensicke, Werteorientierung, Befinden und Problembewältigung, S. 205.
[326] Kalloch u.a., Lehrbuch der Religionsdidaktik, S. 240.
[327] Ebd.
[328] Heil u. Ziebertz, Religion, Glaube und Aufwachsen heute, S. 23.
[329] Vgl. Pollack u. Müller, Religionsmonitor.
[330] Vgl. Hurrelmann u. Quenzel, Lebensphase Jugend, S. 210.
[331] Gensicke, Werteorientierungen, Befinden und Problembewältigung, S. 205.
[332] Auch die Ergebnisse der 17. Shell Jugendstudie bestätigen diesen Befund. Demnach stimmen 37% der evangelischen Jugendlichen der Aussage, »dass der Glaube an Gott eine wichtige Leitlinie ihres Lebens ist« zu.

In diesem Kapitel möchte ich Hinweise darauf geben, wie sich Religiosität z.B. in den aktuellen Lebenswelten der Jugendlichen, in biografischen Stationen oder auf anderen Ebenen manifestiert. »Jeder Glaube hat seine Geschichte. Wer von seinem Glauben erzählt, erzählt auch von sich«,[333] sagt Lothar Kuld und entfaltet damit eine Einsicht, die in Bezug auf die Mitteilungen der Schüler_innen m.E. unbedingt zu berücksichtigen ist.

Im Vergleich zu Forschungsergebnissen, die Jugendlichen ein abstinentes Verhalten im Blick auf klassisch gelebte Religiosität bescheinigen,[334] zeichnen die vorliegenden Daten hierzu ein diametrales Bild, was sowohl den Stellenwert von Religion als auch den Glaube an Gott betrifft.[335] Demnach empfinden 64% der Jugendlichen eine große Vertrautheit gegenüber der eigenen Religion, die sich sogleich im zugeschriebenen Stellenwert und einer insgesamt wenig distanzierten Begegnung niederschlägt. Faktoren für die hohe Zustimmung sind wechselseitig im Gottesglaube der Jugendlichen, ihren familiären-religiösen Sozialisationen, den ›peers‹, außerdem im Religionsunterricht, in kirchlichen Bildungsangeboten und schließlich im (meist christlichen) Wertesystem selbst zu finden. Religiosität und die Zugehörigkeit zu einer Religion vermitteln den Schüler_innen u.a. Sicherheit. Sie ist ihnen z.B. eine »Stütze im Leben«[336] und sensibilisiert die Wahrnehmung für das, »was so insgesamt um einen herum […] geschieht«[337] bzw. wie es betrachtet wird. Daneben ereignet sich durch Religiosität ferner identifikatorisches Potenzial:

> […] ich finde man sollte schon (eigene?) Religion haben. Weil ich finde, ist halt so was, das gehört zu einem, das charakterisiert einen, wie das so ist. Weil, wenn man jetzt keine hat, dann ist es genauso: »Ja, das ist mir eigentlich egal«. Und ich finde, das ist eigentlich nicht so gut und ich finde eine Religion muss halt jeder haben, um zu wissen, was man halt haben möchte.

Für Johannes signalisiert Religion Zugehörigkeit und gibt Auskunft über das, »was man haben möchte.« Religion bietet dem Schüler die Chance zur Selbstdefinition und markiert insofern ein Identifikationsmerkmal, das »halt jeder haben [muss].« Eher ablehnend reagiert der Schüler deshalb auf Personen, die sich keiner Religionsgemeinschaft zugehörig fühlen. Die Kirche, findet Johannes, »ist eigentlich eine gute Idee. Weil, da kann man halt jetzt da dahin gehen, abschalten, weil es ist ja immer ruhig. Der […] der Pfarrer erzählt dann immer Sachen über die Bibel.«

Obwohl Melina betont, dass die Zugehörigkeit zu einer Glaubensgemeinschaft »jedem selbst überlassen« ist, rät auch sie dazu, sich einer »Gemeinde oder Kirche« anzuschließen: Glaube und dessen praktischen Vollzug beschreibt die Schülerin als einen selbstverständlichen Bestandteil ihrer persönlichen Lebens-

---

[333] Kuld, Lebensgeschichte(n), S. 276.
[334] Die 17. Shell Studie konstatiert: »Typisch ist, dass Jugendliche zwar einer Kirche angehören, aber nicht besonders religiös sind.« Dabei markiert Religion aber eine durchaus beständige Größe in Bezug auf das Wertesystem der Befragten.
[335] Im Anschluss an die 17. Shell Jugendstudie bewerten 68% der Jugendlichen in den neuen Bundesländern den Glauben an Gott als unwichtig, im Gegenüber dazu sind es in den alten Bundesländern 45%.
[336] Eva, Interview, A. 67.
[337] Dario, Interview, A. 72.

und Erfahrungswelt. Einen Alltag ohne die traditionellen Kirchenbesuche, wie etwa zu Ostern oder Weihnachten, kann sich Melina nicht vorstellen; sie sei ja so aufgewachsen und Religion darum »eigentlich immer so präsent«, sagt sie. Ein Großwerden in und mit gelebter Glaubenspraxis beschreibt ebenfalls Susanna und setzt den Stellenwert von Religion im Blick auf die eigene Lebenswelt »[s]chon relativ hoch« an. Die Kirche beschreibt sie als einen vorurteilsfreien Raum, der stets anlaufbar ist; das findet die Schülerin »total gut.«

Sind für Melina und Susanna insbesondere die Eltern zentrale Sozialisationsinstanzen im Rahmen von Religion, ist Sinans Ansprechpartnerin die Großmutter. Sie motiviert den Jugendlichen zur Koranlektüre und ist ihm überdies Wegweiserin in Glaubensfragen und -praktiken.[338]

Mona gehört keiner Religionsgemeinschaft an, dennoch ist ihr Religion, gerade durch den Austausch im Religionsunterricht sowie mit Freund_innen und Familie, vertraut. Obwohl Religiosität für die Schülerin selbst »[n]icht so einen hohen Stellenwert« hat, kann sie ihre Bedeutsamkeit aber nachempfinden:

> […] für viele Menschen ist das ein Teil ihres Lebens, weil sie sich
> da sozusagen zurückziehen können, etwas haben, woran sie
> glauben. Zum Beispiel in einer schwierigen Zeit, dass sie dann
> jemanden haben, ja.

Religion drückt sich für Mona zentral im Glauben der Menschen aus. Sie nimmt Religion als einen Schutzraum wahr, der Rückzug und Gemeinschaft zulässt. Die Kirche, sagt Mona, ist ein Ort der Meditation und Ruhe, »wo man sich zurückziehen kann (4 Sek.) und wo man […] beten kann, wenn man irgendwie gerade Probleme hat oder so.«

Finn hingegen, der ebenfalls keiner Religionsgemeinschaft angehört, bemisst den Stellenwert von Religion an der Aussicht, »keine schlechte Note« zu erzielen. Wenn sich der Schüler dabei vorerst zwar abseits von Religion positioniert, ist ihm der Hinweis, dass er einen Glauben hat – und zwar »einen Glauben an […] etwas Anderes« – allerdings wichtig. Für Finn sind Glauben und Religion unterschiedliche, voneinander zu differenzierende Bereiche. Glauben bezeichnet in dieser Gegenüberstellung »das Denken an irgendwas […], das ja alle irgendwie [verbündet]« und insofern gemeinschaftsstiftendes Potenzial besitzt. Auch Joel, der wie Finn außerhalb einer Religionsgemeinschaft lebt, glaubt »schon an was, nur nicht an irgendeinen Allah oder irgendeinen Gott oder sonst was, irgendwie nicht so was halt. Eher so eine eigene Religion oder so was.« Mit seiner Perspektive kann der Schüler paradigmatisch für eine »relative Mehrheit der Jugend [stehen], für die Gottesglauben im Leben nur wenig bedeutet.«[339] Weil er »einfach keinen Bock [hat sich] ein Jahr lang diesen Kram da anzuhören, […] irgendwas mit christlichem Glauben und Gott und so was«, hat sich Joel gegen die Teilnahme am Konfirmand_innenunterricht entschieden. Merklich ist der Schüler darum bemüht, sich von Religion und Glaube, wie er ihn durch die Kirche als christlich verantwortete »Geldmacherei« vermittelt sieht, zu distanzieren. Die im

---

[338] Vgl. Sinan, A. 46.
[339] Gensicke, Werteorientierungen, Befinden und Problembewältigung, S. 204.

Zuge der Kasseler Forschungswerkstatt gewonnene Erkenntnis, dass Jugendliche mit einer kritisch-ablehnenden Haltung selbstbewusst agieren und ihre Position leidenschaftlich vertreten, löst Joel beispielhaft ein.[340]

Kritisch zur Kirche äußert sich auch Paul, der ebenfalls keiner Religionsgemeinschaft angehört. Die Ablehnung des Schülers speist sich nun allerdings weniger aus aktuellen Erfahrungen bzw. Beurteilungen, vielmehr erinnert der Jugendliche an historisches Fehlverhalten der Kirche.[341] Schließlich bilanziert er, dass »man nicht unbedingt eine Kirche braucht.« Obwohl die Einstellungen von Joel und Paul empirische Einsichten, wie sie die Shell oder die SINUS-Studien präsentieren, bestätigen,[342] vertreten die beiden Schüler im Blick auf die hier befragte Lerngruppe gewissermaßen eine Minderheit. Der Befund, nach welchem ein Glaube an Gott nur in den wenigsten jugendlichen Lebenswelten bzw. - führungen einen Platz hat,[343] steht eher im Widerspruch zu den vorliegen Daten. Das Gottesbild der Jugendlichen, welches seinerseits einen Faktor in Bezug auf Textverarbeitungsprozesse darstellt,[344] ist mehrheitlich positiv gestaltet: »Also, ich finde [Religion] ist schon sehr wichtig, ich glaube schon da dran und es gibt mir auch so eine Stütze im Leben, dass ich immer denke, also es muss nicht alles so kommen, […] es kann auch noch irgendetwas Unerwartetes kommen.« Eva glaubt an Gott. In ihrem Glauben findet sie einen Anker, der ihr Orientierung und Hoffnung gibt. Die eigene Religion und deren Glaubenspraktiken sind der Schülerin vertraut. Seit der Kindheit besucht Eva gemeinsam mit ihrer Familie an Feiertagen die Gottesdienste der Kirchengemeinde. Zu Weihnachten betreut sie die Vorbereitung und Durchführung des jährlichen Krippenspiels.[345] Wennschon die Kirche straff organisiert ist, findet Eva sie gut. Schließlich sei Strenge ja »jetzt nicht unbedingt schlecht, oder?« fragt sie rhetorisch.

Auch Tabea beschreibt ihren Glauben als äußerst stabil; Religion hat hohe Priorität für sie; die Schülerin glaubt »fest an Gott«. Und obwohl »die meisten [Familienmitglieder] schon aus der Kirche komplett ausgetreten [sind], weil sie einfach nicht mehr daran glauben«, ist Tabea das Christentum insbesondere im vergangenen Jahr viel vertrauter geworden. Den wesentlichen Grund hierfür erkennt die Jugendliche dabei nicht etwa in den Vorleseerinnerungen der Kindheit, die sie mit der Bibel und ihrer Mutter verbindet, sondern im Konfirmationsunter-

---

[340] Vgl. Freudenberger-Lötz, Theologische Gespräche mit Jugendlichen, S. 40.
[341] Vgl. Paul, Interview, A. 82.
[342] In diesem Zusammenhang ist zwischen den Shell Jugndstudien von 2006 und 2010 zu differenzieren. Während in der 15. Shell Jugendstudie immerhin 69% der Befragten das Item ›Ich finde es gut, dass es die Kirche gibt‹ bestätigten, dokumentiert die Jugendstudie 2010 ein unterdurchschnittliches Vertrauen Jugendlicher gegenüber Kirchen. Zu berücsichtigen ist dabei allerdings, dass der Bereich Religiosität im Rahmen der 16. Shell Jugendstudie weniger Raum eingenommen hat als in der vorangegangenen Untersuchung. Fragen zur Kirche bildeten hier keinen eigenständigen Bereich. Vgl. Gensicke, Jugend und Religiosität, S. 216f. und Schneekloth, Jugend und Politik, S. 141. Da die aktuelle 17. Shell Jugendstudie erst im Anschluss an die vorliegende Analyse veröffentlicht wurde, findet sie im Rahmen dieser Veröffentlichung nur punktuell Berücksichtigung.
[343] Siehe hierzu z.B. auch H.-G., B. Kalbheim u. U. Riegel (2003) und B.-I. Hämel (2007). Der ›Religionsmonitor‹ (2013) operiert im Gegenüber zu den erstgenannten Studien mit einem recht weiten Religionsbegriff.
[344] Vgl. Theis, Biblische Texte verstehen lernen, S. 152.
[345] Vgl. Eva, Interview, A. 65.95.

richt, den Tabea erst kürzlich besucht hat. An der Kirche gefällt ihr, »dass einfach jeder«[346] willkommen ist und seine/ihre Anliegen vorbringen kann. Zur Gemeindepfarrerin pflegt die Schülerin ein vertrauensvolles Verhältnis, das sie wertschätzt.

Der Glaube an Gott und die gelebte Religion bedeuten für Dario, sein Umfeld und das, was darin geschieht, in einem speziellen Modus, den er nicht genauer konkretisiert, wahrzunehmen.[347] Die affirmativen Zuschreibungen, die der Schüler in diesem Zuge entfaltet, knüpfen mutmaßlich auch hier an Erfahrungen wie z.B. den regelmäßigen Besuch von Gottesdiensten an.[348] Wenn Dario Zeit hat, geht er »immer vorbei« in der Kirche und »[hilft] aus.«

In Rekurs auf ›Typen im Umgang mit Glaubensfragen‹ weist die überwiegende Anzahl der Schüler_innen einen Glauben auf, der als gefestigt respektive reflektiert zu denotieren ist: Bei ihnen »begegnet partiell auch bewusst gelebter Glaube. Diese Schülerinnen und Schüler erleben ihren Glauben als Orientierung und Halt.«[349] Zustimmung signalisiert die Mehrheit der Jugendlichen auch in Bezug auf die Kirche und ihre Angebote, in die immerhin 58% der Befragten aktiv involviert sind. Kirche wird von diesen Schüler_innen in aller Regel als Rückzugsort wahrgenommen, der stets zugänglich ist und Chancen des offenen Dialogs bietet. Zwar distanzieren sich die Jugendlichen zum Teil von einer kirchlichen ›Sonntagspflicht‹ und historischem Fehlverhalten, eine Empörung gegenüber den kirchlichen Institutionen oder die Aktualisierung einer ohnehin ablehnenden Haltung, wie sie etwa die SINUS-Studie (2013) nahelegt,[350] kann dem überwiegenden Anteil der Schüler_innen aber nicht nachgewiesen werden.

Schließlich sind Familie und Konfirmanden_innenunterricht von eminenter Bedeutung[351] für die positiven Haltungen der Jugendlichen; ihr Erleben von Glaube, Religion und Kirche. Allerdings stellen im Anschluss an die Gespräche nicht bloß die lebensgeschichtlichen Erinnerungen eine Produktionsstätte von Religiosität und mitunter religiöser Identität dar, sondern auch aktuelle Erfahrungen.

---

[346] Siehe hierzu auch Susanna, Interview, A. 90.

[347] Vgl. Dario, Interview, A. 72.

[348] Vgl. Ebd., A. 101.

[349] Freudenberger-Lötz, Theologische Gespräche mit Jugendlichen, S. 38.

[350] SINUS Markt- und Sozialforschung GmbH, MDG–Milieuhandbuch 2013. Die Empörung in Bezug auf die Kirche wird im Rahmen der Sinus-Studie als kurzweilig bezeichnet, weil der Erhebung die Skandale um sexuelle bzw. sexualisierte Gewalt in der katholischen Kirche unmittelbar vorausgingen.

[351] Diese Einsichten bestätigen religionspädagogische und empirische Befunde, wonach gerade auch die Familie von wesentlicher Bedeutung für die religiöse Sozialisation ist. Siehe hierzu z.B. Schwab, Religiöse Sozialisation, S. 283f. Siehe ferner Pollack u. Müller, Religionsmonitor.

3.3.3.2 Religionsunterricht

Obwohl Leistungsbeurteilungen und Zeugnisnoten mehrheitlich im Widerspruch zu theologischen Denk- und Argumentationsfiguren stehen,[352] unterliegt der Religionsunterricht dem Lerndruck des öffentlichen Schulwesens. Nach Art. 7 sowie in Verbindung mit Art. 4 des Grundgesetzes gilt Religionsunterricht in Deutschland als ›ordentliches Lehrfach‹. Wirksam wird eine so genannte ›res mixta‹, die Staat und Kirche gleichsam als Verantwortungsinstanzen festlegt. Wie andere Unterrichtsfächer untersteht der Religionsunterricht damit den Bildungszielen öffentlicher Schulen, die durch das Grundgesetz, die staatlichen Kultusministerien der Bundesländer und die ihnen zugewiesenen Schulämter organisiert sind: Religionsunterricht in Deutschland ist zeitlich und räumlich gerahmt, kompetenz- und leistungsorientiert, pädagogisch und didaktisch eingebettet.

Nach den Ergebnissen einer breitangelegten Untersuchung von Anton A. Bucher zur Beliebtheit des katholischen Religionsunterrichts, nimmt die Hälfte der befragten Jugendlichen gerne am Religionsunterricht teil. Dennoch aber liegt das Fach in einem Beliebtheits-Ranking im hinteren Drittel platziert.

Insbesondere vor dem Hintergrund der Implikationen dieser Arbeit ist die Frage, wie die heterogene Proband_innengruppe ihren Religionsunterricht bewertet, von zentralem Interesse. Sowohl eine Religionspädagogik der Vielfalt als auch interreligiöse, interkulturelle und pluralitätsfähige religionsdidaktische Ansätze[353] betonen den Dialog zwischen ›gleichberechtigt Verschiedenen‹[354] als grundlegend für religiöse Bildungsprozesse. Obwohl die Forschungsschule formal einen christlichen und überdies konfessionellen Religionsunterricht praktiziert, können am Fach Schüler_innen teilnehmen, die einer anderen oder keiner Religionsgemeinschaft angehören. Vielfalt im Religionsunterricht wird auf diese Weise zumindest äußerlich eingelöst und gefördert. Wie die Jugendlichen nun selbst auf das pluralitätsfähige Konzept reagieren, werde ich im Folgenden skizzieren.[355]

93% der Schüler_innen ziehen eine positive Bilanz im Blick auf die multikonfessionelle Ausrichtung des Religionsunterrichts. Als Gründe für ihre Zustimmung nennen die Jugendlichen u.a. die Rückgriffmöglichkeiten auf unterschiedliche religiöse Expertise und Erfahrungen. »[M]an lernt auch mehr«, erklärt Jan und verweist beispielhaft auf Sinan, der als Moslem »seine Erfahrungen« in den Religionsunterricht hineinträgt und mit seinen Mitschüler_innen teilt. Daneben gefällt den Jugendlichen außerdem die dialogische Struktur des Unterrichts, welche Meinungspluralität zulässt und einen Eingang in Sichtweisen religiöser bzw. nicht-religiöser Teilnehmer_innen eröffnet: Gerade weil Eva ein Leben

---

[352] Vgl. Hilger, Welche Wirkung hat der Religionsunterricht, S. 286.
[353] Siehe dazu z.B. B. Grümme u.a. (2012); U. Schwab u.a. (2002). Siehe außerdem Teil II, Kapitel 1.3.
[354] Die jeweiligen Ansätze verwenden dabei i.d.R. aber nicht den Wortlaut im Anschluss an A. Prengel.
[355] Interessante Einsichten im Blick auf die Frage, wie Jugendliche religiöse Differenzen wahrnehmen, bietet z.B. auch F. Schweitzer (2009).

ohne Religion für sich selbst ausschließt, gefällt ihr, dass sie im Religionsunterricht »auch mal die Meinung von Leuten hört, zum Beispiel von Leuten, die an Nichts glauben oder so.«

Zumal der Religionsunterricht aber doch eine überwiegend christlich geprägte Ausrichtung hat, mag Finn besonders, »wenn man dann so kleine Schlenker macht, zu anderen Religionen. [...] Weil wenn man in der großen Welt rumschaut, dann sind wir nicht die Einzigen, wir hier in Deutschland, die wir überwiegend Christen haben«. Finn hebt heraus, dass es in anderen Religionen »mindestens genau so viel zu sehen und zu entdecken und zu erforschen und zu lesen« gibt – und das ist »eine gute Sache«, findet er. Vielfalt als Faktor von Ausgewogenheit wie auch Schutzschild angesichts einer christlichen Monopolstellung betont außerdem Joel, der es bevorzugt, »wenn dann irgendwie [...] von allem so ein bisschen was vertreten ist.«

Obwohl Sinan die religiöse Diversität im Unterricht »eigentlich ganz gut« findet, bemängelt er die teils fehlenden Partizipationsmöglichkeiten: »[D]as Doofe ist, dass ich dann halt [...] bei den meisten Themen, nicht so Bescheid weiß und dann [...] nicht mitmachen kann.« Gerne würde Sinan den Islam einmal stärker fokussieren. Auch Lena zeigt sich insofern zurückhaltend, als sie den Eindruck hat, die unterschiedlichen Religionen erhielten im Unterricht zu wenig Raum für eine differenzierte Entfaltung. Die Schülerin findet das »ein bisschen schade [...].«[356]

Neben religiöser Vielfalt und dem damit einhergehenden Lern- und Bildungszuwachs heben einige Schüler_innen das Arbeiten im Klassenverband positiv hervor. Das gemeinsame Lernen schätzen die Jugendlichen hierbei insbesondere im Spiegel von Erfahrungen der Grundschule wert, wo in aller Regel ein konfessioneller Religionsunterricht praktiziert wurde.[357]

Wie schon angesichts religiöser Diversität ist das Ergebnis in Bezug auf die allgemeine Bewertung des Religionsunterrichts durch hohes Einvernehmen und Zuspruch seitens der Jugendlichen gekennzeichnet. 85% der Schüler_innen sind zufrieden mit ihrem aktuellen Religionsunterricht, das Fach gefällt ihnen. Ablehnend äußert sich keiner/keine der Befragten, 15% sind allerdings indifferent. Als maßgebender positiver Urteilsfaktor tritt dabei sowohl die Möglichkeit hervor, im Religionsunterricht das Allgemeinwissen aus- und fortbilden zu können als auch die Chance, einen Einblick in die Genese, Deutungsmuster und Praktiken verschiedener Religionen zu erhalten: »Man lernt viel [im Religionsunterricht], was man jetzt sonst nicht unbedingt wissen würde, über die Geschichten und über die ganzen Religionen generell, wie die entstanden sind und so«, findet Mona. Darüber hinaus heben Schüler_innen wie z.B. Eva die Auseinandersetzung mit lebensweltlichen Themen als relevant für ihre Beurteilung hervor: »(...) Also, bei uns ist es so, man lernt jetzt nicht nur im Religiösen viel dazu, sondern man lernt für das Leben einfach auch (.) viel.« Joel findet es ebenfalls »cool, wenn

---

356 Lena, Interview, A. 54.
357 Siehe dazu z.B. Johannes, Interview, A.66; Josefine, Interview, A. 58; Mona, Interview, A. 58.

man halt nicht [...] nur über Religion redet, sondern auch über Allgemein, über die Menschen und so was«

Einige Schüler nehmen den geringen fachlichen Anspruch zum Anlass für ihre Zustimmung: »Ja, wir machen halt eher viel mündlich [...]«, erklärt Dario und erkennt darin zugleich die Möglichkeit, sich »etwas einfacher [...] gute Noten zu beschaffen.« Jan lacht verhalten und sagt: »(...) Es ist nicht schwer, es ist schön leicht. Man muss sich nicht so anstrengen.«

Neben den genannten Aspekten gründen die positiven Haltungen der Jugendlichen außerdem in Zufriedenheit mit dem Fachlehrer: »Also, der Unterricht macht mir halt mit Herrn W. sehr Spaß«, argumentiert z.B. Josefine. Finn dagegen betont das gemeinschaftsstiftende Potenzial, welches trotz religiöser Verschiedenheit »ja alle irgendwie [verbündet].«

Im Unterschied zu ihren Mitschüler_innen kann sich Lena nicht recht entscheiden. Den Religionsunterricht bewertet die Jugendliche jeweils themenspezifisch und in Abhängigkeit des Lehrenden. Momentan gefällt Lena der Unterricht, die Inhalte findet sie ansprechend.[358] Im Zuge einer neuen Lerneinheit könnte sich ihre Einschätzung allerdings ändern.

Kontrastierend zu empirischen Forschungsergebnissen erfreut sich der Religionsunterricht großer Beliebtheit seitens der befragten Schüler_innen. Das Fach bietet ihnen die Möglichkeit zum interreligiösen bzw. interkulturellen Austausch, es fördert die Allgemeinbildung und verlangt von den Jugendlichen Kompetenzen, die sie oftmals als einlösbar und angemessen wahrnehmen. Gerade in der Perspektive einer Religionspädagogik der Vielfalt und hier insbesondere im Blick auf interkulturelle bzw. interreligiöse Zusammenhänge sind diese Einsichten wertvoll. Religiöse Pluralität wird von den Teilnehmer_innen als Form gemeinschaftlichen Lernens geschätzt, die Interesse und Begeisterung weckt. Wenn die Schüler_innen hierbei zwischen ›Eigenem‹ und ›Fremden‹ unterscheiden bzw. Differenzen kommunizieren, rufen sie keine diskriminierenden Merkmale auf. Vielmehr beschreiben sie eine Gesprächskultur, die in erster Linie die Chancen von religiöser Verschiedenheit sowie Gemeinsamkeit fokussiert – religiöses Lernen kann in dieser Spur zu dialogischem Lernen werden. Das eigene Unterrichtsmodell ziehen die Schüler_innen konfessionell-getrennten Formen vor. Auf der Folie einer christlich geprägten Lebenswelt weisen die Jugendlichen sodann konfessionelle Majoritäts- und Absolutheitsansprüche zurück.

Die Haltungen der Teilnehmer_innen unterstützen den positiven Trend quantitativer Untersuchungen, nach welchen die »Grundstimmung gegenüber allen religiösen Gruppen und Gemeinschaften [...] durch eine positive Offenheit gekennzeichnet [ist]. Auch wenn es darum geht, ob man die wachsende religiöse Vielfalt als eine Bereicherung ansieht [...].«[359]

---

[358] Vgl. Lena, Interview, A. 82.
[359] Pollack u. Müller, Religionsmonitor.

3.3.4 Themenblock D – Bibel

»Spätestens mit der Pubertät setzt der Schrei: ›O je, sie kommt mit den Bibeln!‹ ein. Warum wird Bibelarbeit als ›einfach ätzend‹ empfunden?«[360] Im Anschluss an Horst Klaus Berg nennen Schüler_innen Erfahrungen, Relevanz und Effektivität als Desiderate biblischen Lernens. Viele Jugendliche suchen vergebens nach dem Sitz biblischer Überlieferungen, nicht nur in den eigenen Lebenszusammenhängen, sondern auch in weiterreichenden Perspektiven. Zwar erheben sie die ›Schrift‹ als zu pflegendes Traditionsgut, eine Referenz zu individuellen Erfahrungen vermissen die Jugendlich aber zumeist: »Es ist kaum noch ersichtlich, dass die Bibel heute als Motiv und Inspiration zu humaner Lebensgestaltung wirksam ist«,[361] prognostiziert Berg. Auch infolge derartiger Befunde kann ersichtlich werden, warum die biblischen Kenntnisse Jugendlicher innerhalb der Fachliteratur als »allenfalls rudimentär«[362] beurteilt werden. Die Textsammlungen aus den Bereichen des Alten und des Neuen Testaments können nur wenige Jugendliche korrekt zuordnen. Lediglich einer Minderheit sind biblische Protagonist_innen näher vertraut.[363]

Davon abzugrenzen sind im Anschluss an die Ergebnisse des DFG-Projekts ›Bibelverständnis und Bibelumgang in sozialen Milieus in Deutschland‹ (2007) allerdings Jugendliche, die z.B. ein katholisch-liberales Bildungsmilieu repräsentieren. Die Bibel wird in diesen Kontexten aufgefasst »als Metapher und Mittel der Erziehung«;[364] die individuelle Betroffenheit von Leser_innen gilt als Vehikel zur Übertragbarkeit der Texte. Jugendliche, die sich in evangelikalen Milieus bewegen, erfassen die Bibel sodann »als die alles entscheidende Richtlinie Gottes, ja als Gottes Wort. Sie ist das einzige Buch, das Autorität hat.«[365]

Wie nun reagieren die hier befragten Schüler_innen auf das Medium Bibel? Bestätigen sie Befunde, wonach die Bibel als langweilig, altmodisch und unzeitgemäß wahrgenommen wird?[366] Wie steht es um ihre Kenntnisse; wann und wo lesen sie in der Bibel? Neben den Einstellungen der Jugendlichen in Bezug auf die Bibel gibt das anschließende Kapitel überdies Einblicke in die Leseerfahrungen und Motivationen der Schüler_innen. Ausgehend von den Rückmeldungen der Teilnehmer_innen werden ferner Überlegungen zum biblischen Vorwissen angestellt.

3.3.4.1 Stellenwert und Erwartungen

Nach wie vor gilt die Bibel als ein Lehr- und Lernbuch, als eine Textsammlung, in welcher Bekanntes und Vertrautes gleichsam wie Fremdes, Widersprüchliches

---

360 Bosold, Zugänge zur Bibel für Schülerinnen und Schüler der Sekundarstufe I, S. 631.
361 Berg, Arbeit mit der Bibel/Bibeldidaktik, S. 336.
362 Müller, Schlüssel zur Bibel, S. 51.
363 Vgl. Ebd.
364 Gabriel u. Erzberger, Bibelverständnis und Bibelumgang in sozialen Milieus in Deutschland, S. 96f.
365 Ebd., S. 96.
366 Siehe hierzu N. Mette (2013).

und Unverständliches nebeneinander changieren. Die Bibel »war und ist schon immer ein ›didaktisches Buch‹[,]«[367] konstatieren Mirjam und Ruben Zimmermann.

Biblische Didaktik betont die Korrespondenz zwischen den Texten auf der einen Seite und den Rezipierenden auf der anderen Seite. Sie folgt der Annahme, dass das ›Buch der Bücher‹ auch heute noch Anschlussstellen bereithält, die zur »eigenen, kritischen und produktiven«[368] Auseinandersetzung mit den Texten einlädt. Allerdings muten die beiden Seiten zunehmend als zweierlei Ufer des ›garstig breiten Grabens‹ an, dessen Überwindung vielmals ungewiss ist[369] – und dies gerade wenn Jugendliche das Gegenüber sind: »Die Bibel ist ihnen überwiegend fremd«,[370] bilanziert Peter Müller. Während das Interesse an biblischen Erzählungen bei Kindern noch hoch ist, wandelt sich diese positive Haltung im Zuge des Heranwachsens. In der Sekundarstufe I laufen Zurückweisung und Abneigung gegenüber der Bibel ansteigend konform.[371] Auch weil eine Bibeldidaktik der Vielfalt an die Bedürfnisse von Lernenden anschließen soll, ist die Frage, wie die hier befragten Jugendlichen die Bibel bewerten und welche Erwartungen sie an die Lektüre knüpfen, bedeutsam. In Rekurs auf Joachim Theis ist »die Tendenz einen Bibeltext mißzuverstehen bzw. verzerrt zu verstehen zwar abhängig von der Lesesituation, aber im besonderen [sic!] von der Voreinstellung mit der der konkrete Text rezipiert wird.«[372]

»[J]etzt liegt die [Bibel] eigentlich nur noch so in der Ecke (…)«, erklärt Tabea. Die Aussage der Schülerin bildet beispielhaft ab, wie die Jugendlichen der Bibel im Alltag begegnen: 71% der Schüler_innen verneinen die Frage, ob die Bibel einen Stellenwert für sie besitzt. Sowohl in den Lebenswelten dieser Jugendlichen als auch in den Umgebungen der Teilnehmer_innen, die hier weniger entschlossen agieren, hat die Bibel keinen Platz. Die Texte »sollten realistisch klingen und unserer Zeit entsprechen, aber das tun sie halt einfach nicht«, argumentiert Joel seine Abweisung und greift damit jene Verlustdeterminante auf, die Horst Klaus Berg mit dem Begriff der Erfahrungen überschreibt. Gerade weil Joel biblische Texte entlang der Parameter Zeitgemäßheit, Wortwörtlichkeit und Wahrheit beurteilt, charakterisiert er Bibelleser_innen als leichtgläubig. Einen Verstehenszugang zur Bibel, der mit seiner erfahrbaren bzw. aktuellen Wirklichkeit in Einklang steht, ›sucht‹ der Schüler offensichtlich vergebens.

---

[367]   Zimmermann u. Zimmermann, Bibeldidaktik, S. 1.

[368]   Porzelt, Grundlinien biblischer Didaktik, S. 115.

[369]   Diese durchaus prekäre Ausgangslage gründet nicht nur in dem Verhältnis von Text und Leser_innen, sondern oftmals auch im Umgang mit der Bibel im Religionsunterricht. Insbesondere aufgrund der Vielfalt an thematischen Zugängen, die im Religionsunterricht gelegt werden, konstatiert I. Breitmaier, »dass biblische Texte im Religionsunterricht nur noch verwendet werden, indem sie zur Begründung bereits vorher gefasster theologischer Einstellungen herangezogen werden.« Schließlich scheint die Intensität der Auseinandersetzung mit biblischen Texten, gerade ab der Mittelstufe, »weitgehend den Vorlieben und Stärken der Lehrperson überlassen zu bleiben.« Breitmaier, Muss es denn wortwörtlich sein, S. 138ff.

[370]   Müller, Schlüssel zur Bibel, S. 51.

[371]   Vgl. Wuckelt, »Lot und die Salzstange, S. 173; vgl. Renner, Identifikation und Geschlecht, S. 152.

[372]   Theis, Biblische Texte verstehen lernen, S. 158.

Dezidiert nicht wortwörtlich ist indessen der Zugang, den Susanna wählt, wenn sie zur Bibel greift. Biblische Erzählungen gefallen der Schülerin: Sie erzählen »meistens so von ziemlich starker Überzeugung« und davon, »dass Leute für was einstehen«, das findet Susanna gut. Ablehnend reagiert die Jugendliche hingegen auf Texte, die sich »frauenverachtend« äußern. »[A]lso, es ist alles schon ziemlich brutal [...]«, meint Eva. Obwohl sie die Formen ›biblischer Gewalt‹ nicht näher konkretisiert, entwirft die Schülerin mithilfe der narrativ dargestellten Brutalität gedankliche Ausschnitte, die es ihr erlauben, »sich auch so in die frühere Zeit, so ein bisschen noch rein[zu]denken.« Erwartungen an die Texte hat die Schülerin nicht, viel lieber möchte sie von den jeweiligen Erzählungen überrascht werden. Die Bibel, das bestätigt auch Jan, »[i]st meistens sehr brutal, aber eigentlich auch nicht schlecht zu lesen.«

Entgegen des niedrigen Stellenwertes, welcher der Bibel auf übergeordneter Ebene zugeschrieben wird, äußern sich die Jugendlichen überwiegend positiv zur Textsammlung, die sie trotz ihrer alten und teils schwierigen Sprache als spannend bzw. interessant erleben. Während Lena daraufhin hinweist, dass einige Erzählungen »überhaupt keinen Sinn« ergeben oder gar »schlecht geschrieben« sind, »klingen [andere] manchmal sogar logisch oder erinnern« die Schülerin an eigene Erfahrungen. Referenzialität im Blick auf persönliche Lebenszusammenhänge markiert nicht nur eine zentrale Erwartung, die gerade Leserinnen an die Bibel richten, sondern stellt zum Teil ein bereits eingelöstes Lektüreerlebnis dar. In biblischen Texten sucht Mona allen voran »einen Rat [...], wie es im Leben weitergehen soll, so eine Art versteckte Botschaft« – und bisweilen hat sie »schon was gefunden.« Wenn die Texte Mona jedoch »das Leben [zeigen], wie es damals war«, ist sie aber irritiert, wenn in den vermeintlich faktualen Erzählungen Wunder geschehen:[373] »Also, ich kann mir jetzt nicht vorstellen, dass das wirklich passiert ist«, erklärt sie. Figuren wie Schifra und Pua können im Anschluss an Melina z.B. als Vorbilder für Selbstinitiative und -vertrauen dienen: »[D]ie machen ja nicht das, was der König sagt, sondern setzen das um, was sie für gut befinden und so.«

Vergleicht man die Lesestoffe, welche die Jugendlichen im Anschluss an Teil IV, Kapitel 3.3.2.2 bevorzugen, ergeben sich nur marginale Schnittmengen in Bezug auf die Charakteristika, die sie biblischen Texten zuschreiben.[374] Während die Jugendlichen (29%) überwiegend keine Erwartungen an die Bibel formulieren, erfüllen sich in der Begegnung mit biblischen Texten für 21% der Befragten jedoch Wünsche, die nach Horst Klaus Berg in den Begriffen Relevanz und Effizienz aufgehen können. Diese Gruppe, die genuin Schülerinnen vereint, nimmt z.B. lesend an den Erfahrungen biblischer Figuren teil. In den Erzählungen finden die Leserinnen u.a. kleine Botschaften, Orientierungsmöglichkeiten und teils auch konkrete Handlungsvorschläge.

---

[373] Zur Rezeption von Wundererzählungen durch Jugendliche siehe z.B. die empirischen Studien von A. Reiß (2015) und H. Bee-Schroedter (1998).

[374] Lediglich für Johannes löst sich im Zuge der Lektüre biblischer Erzählungen (zumindest in der Außenbetrachtung) seine literarische Vorliebe in Form von ›Spannung‹ ein.

3.3.4.2 Vorkenntnisse: Biblische Erzählungen

»Für das Verstehen eines Bibeltextes ist das allgemeine Bibelwissen, das in Schemata organisiert ist, bedeutsam.«[375] Unter der Perspektive von Vorwissen möchte ich nachfolgend abbilden, welche biblischen Erzählungen den Jugendlichen bekannt sind, ob und wann ihnen die Lektüre gefällt.

In einer übergeordneten Perspektive lässt sich Vorwissen[376] als »ein leseunspezifischer Faktor«[377] verstehen, »der [aber] für den Leseprozess von großer Bedeutung ist.«[378] Im Anschluss an Tobias Stark und ausgehend von verschiedenen kognitionspsychologischen Lesetheorien, können inhaltliches Vorwissen,[379] sprachliches Wissen im engeren Sinn und metakognitives Wissen voneinander differenziert werden.[380] Im Hinblick auf inhaltliches Vorwissen, das sich mit der hier zu erörternden Frage nach biblischen Kenntnissen verbindet, unterscheide ich zwischen allgemeinem Weltwissen und spezifischem Kontext- bzw. Spezialwissen. Die Wissensbestände, die damit angesprochen sind, vollziehen sich zumeist deklarativ[381] und explizit, d.h. sie werden in aller Regel bewusst abgerufen.[382] Während das allgemeine Weltwissen Bereiche wie etwa Textsortenwissen oder Kenntnisse zu literarischen Darstellungsmitteln umgreift, referiert das Spezialwissen auf historisches und literaturgeschichtliches Wissen sowie auf Bestände, welche die jeweiligen Entstehungskontexte von Texten betreffen.[383]

Die Frage nach dem Vorwissen ist deshalb interessant, weil es Leser_innen dabei unterstützt, neu eintreffende Informationen in bereits gegebene Wissensstrukturen einzupassen. Mithilfe von vorwissensgestützten Schemata können Rezipient_innen auch dann eine kohärente Textrepräsentation aufbauen, wenn Textinhalte und -zusammenhänge nicht in ihrer Gesamtheit verdeutlicht werden. Indem es die Aufmerksamkeit der Lesenden entlang von wichtigen Textinformationen filtert, strukturiert Vorwissen zugleich den Text. Vorwissen kann überdies ein Entlastungsfaktor im Blick auf das Arbeitsgedächtnis sein und Raum für strategische Aktivitäten schaffen.[384]

Übertragen auf biblische Texte können Überlegungen im Horizont des Weltwissens solche Wissensbestände integrieren, die auf biblische Figuren oder unterschiedliche Erzählungen rekurrieren. Gerade wenn biblische Texte aufeinander Bezug nehmen, kann ein Wissen um diese Beziehungshaftigkeit die Lektüre

---

[375] Theis, Biblische Texte verstehen lernen, S. 159.

[376] Siehe hierzu auch Teil II, Kapitel 3.3.

[377] McElvany, Förderung von Lesekompetenz im Kontext der Familie, S. 38.

[378] Ebd.

[379] Diese Form des Vorwissens markiert in literaturdidaktischer Perspektive den Hauptgegenstand empirischer Untersuchungen. Vgl. Stark, Zur Interaktion von Wissensaktivierung, Textverstehens- und Bewertungsprozessen beim literarischen Lesen, S. 117.

[380] Vgl. Ebd., S. 114.

[381] Deklaratives Wissen lässt sich wiederum unterscheiden in semantisches (tendenziell abstraktes Weltwissen) und episodisches (an Erinnerungen und Erfahrungen geknüpft) Wissen. Vgl. Ebd., S. 115f.

[382] Vgl. McElvany, Förderung von Lesekompetenz im Kontext der Familie, S. 38.

[383] Vgl. Stark, Zur Interaktion von Wissensaktivierung, Textverstehens- und Bewertungsprozessen beim literarischen Lesen, S. 115.

[384] Vgl. McElvany, Förderung von Lesekompetenz im Kontext der Familie, S. 38. Siehe dazu ausführlich T. A. van Dijk u. W. Kintsch (1983).

erleichtern. Die einleitenden Verse der Exodusexposition suchen Anschluss an die Josefserzählung. Leser_innen, die hier keine entsprechenden Referenzen abrufen können, bleiben u.U. verwirrt hinter ihren Rezeptionen zurück. Ihnen fehlen hilfreiche Anknüpfungspunkte, um Kohärenz herzustellen.

Im Gegenüber zu den Laut-Denk-Protokollen, wo durchaus diverse Formen von Vorwissen wie z.B. historische Kenntnisse sichtbar wurden, kommt hier ausschließlich inhaltliches Weltwissen in den Blick.[385] Ich möchte aufzeigen, welche Erzählungen den Schüler_innen bekannt sind und worin sich diese Kenntnis ausdrückt.[386] Vor dem Hintergrund von den biblischen Lieblingserzählungen der Jugendlichen werden zudem exemplarische Kennzeichen von positiven bzw. bedeutsamen Lektüreerfahrungen konturiert.

Mit Ausnahme von einem Schüler ist allen Teilnehmer_innen mindestens eine biblische Erzählung bekannt. Sinan, der sich zwar an keine biblischen Geschichten erinnern kann, ruft indes Koransuren auf, die ihm im Gedächtnis sind. Besonders häufig verweisen die Jugendlichen im Anschluss an die Frage nach biblischen Erzählungen auf Geschichten von Jesus und Mose, ihre Ausführungen bleiben dabei weitgehend unspezifisch: »[…] die ganze Jesus-Geschichte kenne ich; […] die ganze Mose-Geschichte kenne ich […]«, erklärt Johannes. Als der Schüler von mir darum gebeten wird, seine Kenntnisse zu konkretisieren, verweist er zunächst zwar auf die Geburt Mose, schließlich beendet Johannes seine Darlegung allerdings recht unvermittelt.

Im Blick auf das Neue Testament beziehen sich die Jugendlichen überwiegend auf die Geburts- und Passionserzählung, vereinzelt auch auf die Auferstehungsgeschichte. Mitunter bringen die Schüler_innen zudem Jesu Wirken und Leben ins Gespräch, einzelne Geschichten heben sie hierbei i.d.R. nicht explizit hervor. Lediglich Eva denkt daran, wie Jesus das Wasser geteilt hat.[387] Ob sie tatsächlich Jesu Gang über das Wasser oder aber die Teilung des Schilfmeeres durch Mose erinnert, bleibt unklar. Im Horizont der Exodustradition ist immerhin 29% der Jugendlichen die Aussetzungserzählung vom Nil in lebendiger Erinnerung: »Das ist die, wo die Mutter ihr Kind in den Weidenkorb macht und auf den Nil setzt, so«, schildert Lena den Plot ihrer Lieblingserzählung. Die narrativen Ereignisse sind der Schülerin »ein bisschen, halt im anderen Sinn« vertraut, deshalb gefällt Lena der Text. Überdies nennen die Teilnehmer_innen den Meeresdurchzug sowie die Erzählung vom goldenen Kalb. Weitere Titel bzw. biblische Protagonist_innen, welche die Jugendlichen auflisten, sind u.a. im Bereich der Urgeschichte angesiedelt. Daneben rufen sie vereinzelt Josef und seine Brüder, David und Goliath, Daniel in der Löwengrube sowie als neutestamentliche Figur den barmherzigen Samariter auf.

---

[385] Sofern in diesem Zusammenhang auch Spezialwissen virulent wird, kommt dieses freilich ebenfalls in den Blick.

[386] Obwohl eine intensivere Auseinandersetzung auf der Ebene von Vorwissen wünschenswert gewesen wäre, ließ der enge Zeitrahmen diese Vertiefung nicht zu bzw. andere Fragestellungen hätten dafür weichen müssen.

[387] Vgl. Eva, Interview, A. 85.

Die Mehrheit der Befragten hat keine Lieblingserzählung; neben Lena nennen einzig Mona und Tabea die Weihnachtsgeschichte als ihre Favoritin. Beide knüpfen positive Erfahrungen an die Erzählung: »[...] wir gehen zwar in die Kirche jedes Weihnachten, obwohl ich nicht in der Kirche Mitglied bin und (.) da wird die [Weihnachtsgeschichte] auch immer vorgespielt [...]«, erzählt Mona; Tabea empfindet ganz ähnlich. Die Schülerinnen verbinden mit der Weihnachtserzählung ein konkretes biografisch tradiertes Ereignis, das sie offensichtlich wertschätzen; diese positive Stimmung übertragen beide auf die Geburtserzählung.

Auf einen reichhaltigen ›Fundus‹ biblischer Erzählungen kann das Gros der Schüler_innen scheinbar nicht zugreifen.[388] Weil biblische Erzählungen vielmals miteinander in Beziehung stehen, fehlt den Jugendlichen voraussichtlich grundlegendes internes biblisches Vorwissen, das ihnen die Rezeption erleichtern kann. Wichtige intertextuelle Informationen avancieren im Rahmen von Lektüreprozessen möglichenfalls zu Randnotizen, deren Funktion die Leser_innen nicht erschließen können.[389] Sodann unterstützen die Rückmeldungen der Jugendlichen die Einschätzung, wonach »die Bibelkenntnisse der Acht- oder Neuntklässler [...] eher überschaubar«[390] sind.

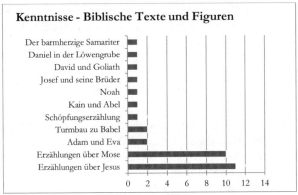

Abb. 10: Kenntnisse: Biblische Texte und Figuren

3.3.4.3 Leseanlässe und Lesezeiten

Wo sind die Orte, an welchen die Lesenden mit biblischen Texten in Berührung treten, wer begleitet die Lektüre, wann und wie vollzieht sie sich?

Empirische Untersuchungen weisen darauf hin, dass die Rezeptionserfahrungen von Jugendlichen im Zusammenhang mit der Bibel primär in der

---

388 Diesen Befund dokumentieren auch andere empirische Untersuchungen. Den Bibelkenntnissen von Kindern widmet sich z.B. die Arbeit von H. Hanisch u. A. A. Bucher (2002).

389 Das Spezial- bzw. Kontextwissen, dass in anderen Situationen des Gesprächs durchaus hervorgetreten ist, erweist sich, infolge der hier dargebotenen Ausführungen, als recht dürftig.

390 Bosold, Zugänge zur Bibel für Schülerinnen und Schüler der Sekundarstufe I, S. 631.

Kindheit verankert liegen. Dabei zeigt sich aber bereits mit Blick auf die Grund-schulzeit eine Tendenz, nach welcher die Begegnung mit biblischen Erzählungen in erster Linie durch den Religionsunterricht tradiert bzw. angeregt wird.[391] Im Anschluss an empirische Befunde zu biblischen Lesefrequenzen (Shell Jugend-studie 2000) greifen lediglich 1% aller Befragten sehr oft und 2% oft zur Bibel; 79% indes lesen nie darin. »Mit dem Alter geht die Lektüre leicht zurück; etwas mehr weibliche Jugendliche lesen überhaupt in der Bibel. Die Jugendlichen mit Hauptschulabschluss tun dies zu geringstem Anteil, diejenigen mit Oberschulniveau zu größtem.«[392].

Die durchaus hohe private Lesebereitschaft der Jugendlichen gerät in Bezug auf biblischen Texte offensichtlich an ihre Grenzen. Sinan und Eva sind die ein-zigen der befragten Schüler_innen, die zu Hause, dann gemeinsam mit der Groß-mutter oder Mutter, im Koran bzw. in der Bibel lesen. Ihre Klassen-kamerad_innen dagegen setzen bzw. setzten sich allenfalls im Religionsunterricht und teilweise während der Konfirmationszeit mit biblischen Texten auseinander. Eine Annäherung an die Bibel erfolgt für die Teilnehmer_innen dieser Studie also stets in Begleitung von theologisch und bibelwissenschaftlich ausgebildetem Per-sonal, welches in aller Regel zudem über pädagogisch-didaktische Expertise ver-fügt. Während die Jugendlichen im Blick auf die ›Kategorien‹ Religiosität und Kirche durchaus große Zustimmung zeigten, kommt dieser affirmative und so-gleich sozialisationsbedingte Faktor im Gegenüber mit der Bibel nicht zur Gel-tung.

3.3.5 Themenblock E – Die Erzählung und ihre Wirkung

Im nunmehr abschließenden Kapitel wird der Bogen zurückgeschlagen zur Exo-dusexposition.[393] Wie haben die Leser_innen die erzählte Welt nach dem Lauten Denken verlassen, wo sind sie irritiert, was gefällt ihnen, welche Momente evo-zieren Ablehnung und warum? Diese und weitere Fragen, z.B. nach dem Vorwis-sen zu Ex 1, lenken die nachfolgenden Ausführungen.

3.3.5.1 Vorkenntnisse: Exodus 1

Dem überwiegenden Anteil der Jugendlichen ist Ex 1 im Rahmen der Untersu-chung zum ersten Mal begegnet. Einige Leser_innen (36%) haben die Erzählung allerdings schon einmal im Religions- oder im Konfirmationsunterricht gelesen

---

[391] Vgl. Harnisch u. Bucher, Da waren die Netze randvoll, S. 61. Auch A. Wuckelt (1994) kommt im Anschluss an ihre empirische Forschung zu dem Ergebnis, dass über die Hälfte der befragten Schü-ler_innen (Jugendliche) erstmals im Religionsunterricht mit biblischen Texten in Berührung getreten ist. Vgl. Wuckelt, »Lot und die Salzstange«, S. 174.

[392] Fuchs-Heinritz, Religion, S. 167. Zu ähnlichen Ergebnissen gelangt auch die Allensbacher Untersuchung (2005).

[393] Gedanken und Ideen, welche die Jugendlichen im Rahmen der direkten bzw. retrospektiven Lektüre noch nicht formuliert haben, sollten an dieser Stelle für sie thematisierbar werden und zugleich ein Angebot der Anschlusskommunikation darstellen.

oder zumindest ›was davon gehört‹,[394] teils sind ihnen Figuren und auch narrative Settings wie z.B. der Nil, bekannt.[395] Lediglich ein Schüler besitzt detaillierte Kenntnisse zu Ex 1.[396]

Vor dem Hintergrund ihrer (überschaubaren) Vorkenntnisse fehlen den Jugendlichen in der Auseinandersetzung mit Ex 1 vermutlich grundlegende Anknüpfungspunkte, um weiterführende Schemata zu aktivieren. Zentrale Namen, Orte oder Handlungen, mit deren Hilfe die Lesenden Relationen herstellen können, stehen ihnen nicht zur Verfügung.

3.3.5.2 Bewertungen und Eindrücke

Infolge der bereits gewonnenen Einsichten, wobei exemplarisch sowohl an das Interesse der Jugendlichen angesichts biblischer Texte als auch an interreligiöse bzw. kulturübergreifende Auseinandersetzungen zu erinnern ist, drängt sich die Frage auf, welches Fazit die Jugendlichen im Anschluss an die Lektüre von Ex 1,1-22 ziehen. Nach Gisela Kittel lassen »sich biblische Erzählungen und vornehmlich die Exodusgeschichten […] in dem Maß [erschließen], wie es gelingt, die Erfahrungen zu vergegenwärtigen, die sich in den Geschichten versammeln.«[397] Im Folgenden wird konturiert, ob die Schüler_innen Begebenheiten, die in Ex 1 geschildert werden, als erfahrungsbezogen, relevant und effizient übersetzen. In dieser Spur arbeite ich u.a. heraus, welche Kanäle (erzählte Welt, eigene Lebenszusammenhänge, soziale und gesellschaftliche Bezüge etc.) die Jugendlichen jeweils nutzen, wenn sie über Ex 1 sprechen? Eingelassen in das Erkenntnisinteresse sind überdies Aspekte, die narratologische Kategorien wie etwa Ereignisse oder Figuren betreffen.[398]

(A) Beurteilungen auf der Ebene der gesamten Erzählung

Die Lektüre von Ex 1,1-22 hinterlässt einen überwiegend positiven Eindruck bei den Leser_innen. Maßgebend für die Bewertungen der Jugendlichen sind Schifra und Pua: »Mir hat das gefallen, dass die Hebammen dann (..), so halt nicht einfach gemacht haben, was der König ihnen gesagt hat, sondern auch an ihrem Glauben sich festgehalten haben und das halt dann nicht gemacht haben«. Das Aufbegehren der Hebammen imponiert Tabea. Dass Schifra und Pua im Widerstreit mit Pharao »an ihrem Glauben […] festgehalten haben«, stellt sie dabei in unmittelbare Referenz zum Protest der Frauen. Mit Ablehnung reagiert Tabea indes auf Pharao, den sie als ängstlich charakterisiert. Die Sorge »da irgendwie bekämpft zu werden«, lässt Tabea als Begründung für Pharaos Vorgehen nicht gelten.

---

[394]   Siehe dazu z.B. Jan, Interview, A. 12; Melina, Interview, A. 14; Mona, Interview, A. 10; vgl. Susanna, Interview, A. 10; Tabea, Interview, A. 12.

[395]   Siehe hierzu Eva, Interview, A. 19; Joel, Interview, A. 22; Lena, Interview, A. 76.

[396]   Den Text hat Dario erst kürzlich im Konfirmand_innenunterricht behandelt, zuvor allerdings bereits in der Grundschule besprochen. Vgl. Dario, Interview, A. 14.

[397]   Kittel, Exodus, S. 94.

[398]   Siehe hierzu ausführlicher Teil V, Kapitel 2.1.

Während Tabeas Bewertung der erzählten Welt zugrunde liegt, ruft Paul für seine Deutung einen faktualen Rahmen auf. Die Erzählung gefällt dem Schüler, »weil man hat dadurch halt noch einmal gesehen, dass diese Könige versklavt haben, dass aber nicht alle im Volk immer zum Pharao gehört haben und auch mal so eine Ausrede oder List benutzt, um den Anderen helfen, den Schwächeren.« Das Ereignis der Versklavung betrachtet Paul einerseits als Bestätigung seines kultur-geschichtlichen Vorwissens und insofern auch als Bildungspotenzial. In der Linie einer befreiungstheologischen Hermeneutik betont der Jugendliche andererseits die Option für Schwächere, welche Schifra und Pua mittels einer List erwirken. Zumal der Schüler im Blick auf die Hebammen abermals eine generalisierende Formulierung (›nicht alle im Volk‹) wählt, die nicht figurengebunden funktioniert, historisiert er diese Handlung möglichenfalls und unterstellt ihr Kontinuität (›im-mer‹). Auch Paul weist Pharaos Absicht, »diese ganze Israeliten zu versklaven und so auszurotten«, zurück.

Auf wissensbildendes Potenzial in Bezug auf die Exposition verweist sodann Johannes. Die Erzählung beurteilt der Schüler rückblickend als spannend und unterhaltsam, zudem »war [es] mal was anderes, zu wissen, wie die dahin gekom-men sind, die Israeliten.« Ob Johannes die Einwanderung in einen historischen Zusammenhang einordnet oder aber als literarisches Geschehnis bzw. Ereignis deutet, spezifiziert er nicht.

Dass die Rezeptionen der Jugendlichen gerade im Rahmen der Unter-drückung über die erzählten Inhalte hinausweisen und an historische Wis-senskanäle anknüpfen, zeigt sich auch im Gespräch mit Finn. Der Schüler ist ir-ritiert, »dass damals der ägyptische König einfach Anweisungen gegeben hat und das Volk hat bedingungslos einfach akzeptiert und alle haben ihm gehorcht, so eine totalitäre Macht.« Finn figuriert Pharao nicht nur als eine »totalitäre Macht«; der Verweis auf ›damals‹ kann außerdem andeuten, dass der Schüler die erzählten Ereignisse (zumindest an dieser Stelle) als historische Informationen ansieht. Ausgehend vom Volk, das er als vollkommen angepasst wahrnimmt, vollzieht sich die Zuschreibung des Schülers zunächst entlang textgeleiteter Informatio-nen. Schließlich grenzt Finn die Geschehen der ›storyworld‹ von lebensweltlichen Erfahrungen, die er nunmehr undifferenziert zum Allgemeinzustand erklärt, ab: »So was gibt es heute nicht mehr«, erklärt der Jugendliche und begründet durch den Kontrast zugleich, warum ihm die Erzählung gefallen hat. In der Rezeption von Finn spannt sich eine spezifische Alterität auf. Die Antike funktioniert in-nerhalb dieser Argumentationsstruktur als Negativfolie zu einer ihr überlegenen Gegenwart, die Verhältnisse, wie sie der Schüler beschreibt, überwunden hat. Kri-tisch äußert sich Finn jedoch in Bezug auf den Erzählstil: »[…] diese Geschichten von früher sind immer sehr strikt geschrieben und auch sehr, sehr eigenwillig, das ist generell so.« In der Auseinandersetzung mit biblischen Texten vermisst der Schüler eine Bedeutungsoffenheit, die unterschiedliche Auslegungen akzeptiert oder gar motiviert.

> Und die haben immer einen bisschen fixierten Blick auf ein
> einziges Ziel hin, meiner Meinung nach und sind immer auch so
> geschrieben und lassen keine anderen Überlegungen zu,

manchmal. Und man muss immer das interpretieren, was in dem
Text steht, das finde ich, meiner Meinung nach, manchmal nicht
so erfreulich.

An den Umgang mit biblischen Texten knüpft Finn textseitige Reglementierungen, die im ›fixierten Blick‹ zum Ausdruck kommen und Interpretationen jenseits einer ›sola scriptura‹ disziplinieren bzw. sich ihnen verweigern. Im Unterschied zu Finn hebt Dario gerade die Widerständigkeit des Volkes als Kriterium seiner positiven Bewertung hervor. Die Exodusexposition findet er gut, weil sie »zeigt, dass es […] ein Volk es schafft, trotz jedweder Schwierigkeiten sich, trotzdem eigentlich […] gut zu gedeihen […].« Die Art und Weise, »wie einige Leute mit anderen Leuten umgehen«,[399] missfällt Dario. Positiv betont er deshalb auch die Resistenz, mit welcher die Israelit_innen der widerfahrenen Gewalt begegnen. Im Handeln der Gottesfigur erkennt er ein vertrautes und gleichsam wiederkehrendes Moment. Religion ist dem Schüler wichtig, sie prägt seine Wahrnehmung und schafft Sensibilität für das, »was so insgesamt um [ihn] herum […] geschieht.« Die Rezeption der Gottesfigur trägt dieser Haltung mit aller Wahrscheinlichkeit Rechnung und ist in die Lesart eingelassen.[400]

Dass die königliche Macht seitens der Lesenden keineswegs ausschließlich negativ konnotiert ist und mithin sogar eine positive Lektüreerfahrung markiert, wird sichtbar, wenn Josefine die daran gekoppelten Gestaltungsmöglichkeiten und Innovationspotenziale akzentuiert.[401] Als die Schülerin um eine Begründung ihrer affirmativen Sichtweise auf Pharao gebeten wird, entgegnet sie: »Weil [es] sozusagen dann eine neue Macht gab. Und […] vielleicht hätte er dann […] auch was anderes gemacht als der König davor.« Den König beschreibt Josefine rückblickend als eine »neue Macht«, die zunächst vielversprechenden Wandel in Aussicht gestellt hatte. Obwohl die Erwartungen der Schülerin im weiteren Verlauf der Erzählung unerfüllt bleiben, revidiert Josefine ihren ersten Eindruck auch dann nicht, als sie das Vorgehen von Pharao im weiteren Verlauf des Gesprächs kritisiert. Vielmehr wird erkennbar, dass beide Betrachtungen einvernehmlich koexistieren können.

Ebenso wie Josefine verbindet Sinan sowohl positive als auch negative Assoziationen mit Pharao, ohne diese konkret miteinander ins Gespräch zu bringen. Weil der Schüler die Rede des Königs als pazifistisches Anliegen deutet, gefällt ihm an der Erzählung zunächst insbesondere, »dass der König halt auch gesagt hat, dass sie keinen Krieg wollen und so. Und dass sie nicht wollen, dass sie aus dem Land auswandern […] und dann, dass halt die Hebammen nicht auf den Pharao gehört haben und halt die Jungen auch am Leben gelassen haben […].« Einerseits signalisiert Sinan Zustimmung in Bezug auf Pharao und andererseits lobt er das rebellierende Auftreten von Schifra und Pua. Schließlich verurteilt Sinan, »[…] dass der Pharao halt alle Jungen […] töten wollte und dass er halt

---

399 Dario bezieht sich hier auf die ›storyworld‹.
400 Siehe hierzu Theis, Biblische Texte verstehen lernen, S. 152.
401 Vgl. Josefine, Interview, A. 18. Insofern Josefine den Ausdruck »neue Macht« hierbei in unmittelbare Referenz zum »König davor« rückt, versteht sie die Begriffe augenscheinlich synonym.

[...] als einziger Mann dort ist.« Auf der Folie eines hegemonialen Männlichkeits-konstrukts unterstellt Sinan Pharao spezifische Machtambitionen. Die Herstel-lung bzw. Erhaltung der sozialen Monopolstellung vollzieht sich dabei dezidiert innerhalb eines Konkurrenzsystems von Männern. Dass seine Bewertungen an-tithetisch angelegt sind, scheint den Schüler entweder nicht zu stören oder ver-sperrt sich ihm, insofern er die Episoden unabhängig voneinander gelesen hat. Die Möglichkeit, wonach die lokale Kohärenzbildung und damit ein satzübergrei-fendes Verstehen tatsächlich fehlgeschlagen sein könnte, legt sich nahe, weil Sinan in der Reflexion von Ex 1 eigens darauf hinweist:»Halt nur, dass ich ein paar Wörter nicht wusste und dann halt den ganzen Satz nicht [...] verstanden habe, weil das ja das Wort ist, was der ganze Satz ausmacht. Und (..) sonst fand ich den [Text] eigentlich ganz gut.«

Im Gegenüber zu ihren Mitschüler_innen hebt Eva weniger inhaltliche Be-sonderheiten der Erzählung als entscheidungsrelevant für ihre Zustimmung her-vor, sondern Imaginationsangebote:»Also, in der Bibel, da hat man ja schon so ein paar Bilder gesehen und man konnte das dann immer so mit denen in Ver-bindung bringen.« Im Zuge der Lektüre von Ex 1 verknüpft Eva bereits gespei-cherte biblische Bilder mit neu eintreffenden Eindrücken und kreiert so ein Mo-dell der ›storyworld‹, das auch durch erinnerte Orte und Figuren anderer bibli-scher Erzählungen belebt wird:»Dann gibt es ja noch so eine Geschichte, daher hatte ich dann dieses Bild von dem Nil, wo dieser Sohn, ja, in den Nil geworfen wird.« Im weiteren Gesprächsverlauf fällt der Schülerin der Name des Kindes ein. Ausgehend von Mose weist sie abermals auf die Verbindungslinien zwischen den Erzählungen hin. Schwierigkeiten bereiten ihr jedoch die politischen Verhältnisse der erzählten Welt, die sie als diktatorisch schildert und aufgrund ihrer persönli-chen Lebenssituation kaum nachvollziehen kann.

Nachdem Mona und Susanna den Widerstand von Schifra und Pua als Teil-aspekt der Erzählung anführen, der ihnen besonders gefallen hat, loben sie in einem übergeordneten Bewertungsmodus die Verständlichkeit von Ex 1,1-22:»Also«, meint Mona, »ich fand die war ziemlich einfach zu verstehen, gab jetzt nicht irgendwelche Wörter oder Zusammenhänge, die ich nicht so verstanden habe.« »Mir hat es gut gefallen, weil ich fand es war jetzt nicht zu schwer geschrie-ben«, erklärt auch Susanna, die außerdem die Thematik der Erzählung positiv betont. Die Schülerin interessiert sich für Konflikte zwischen Völkergruppen.[402] Dass Ex 1 diesen Inhalt aufgreift und hierzu Motive wie etwa »Völkermord« ent-faltet, lehnt die Schülerin als Ereignis innerhalb der ›storyworld‹ zwar ab, auf der Ebene ihres Selbstkonzeptes als Leserin fühlt sich Susanna jedoch angesprochen. Im Anschluss an Jan greift Ex 1 antisemitische Analogien auf. Die Ereignisse, die im ersten Teil der Erzählung narrativiert werden, rufen in ihm Erinnerungen »an die Judenverfolger«[403] wach. Schließlich hebt Jan aber nicht die gewaltvollen As-pekte als besonders interessant hervor, sondern den positiven Ausgang von Ex 1.

---

[402] Vgl. Susanna, Interview, A. 38-40.
[403] Vermutlich adressiert Jan mit ›die Jugendverfolger‹ die verantwortlichen Akteur_innen im Zusam-menhang des nationalsozialistischen Holocausts.

Die Erzählung, so das recht knappe Fazit, »[w]ar schön kurz [...]« und dennoch reich an Informationen.

Lediglich zwei Leser_innen reagieren indifferent bzw. ablehnend auf Ex 1,1-22. Während Joel darauf hinweist, dass das Lesen »[...] nicht Bombe, aber auch nicht schlecht, nicht richtig schlecht« war, erklärt Lena nach einer kurzen Phase des Nachdenkens, ihr habe »[e]igentlich nichts« gefallen. Maßgebend für Joels Bewertung ist das narrative Setting. Der Schüler kommt »halb aus dem Sudan«; der Nil ist »[...] fast so halb [sein] Heimatland [...].« Dass die Erzählung auf die geografischen bzw. vertrauten Bezugspunkte referiert, findet der Schüler »ganz cool«. Die Settings Nil und Ägypten assoziiert Joel womöglich mit einem Gefühl von Heimat, das ihm eine Annäherung an die Erzählung erlaubt.[404] Im Gegenüber dazu kann Lena in der gesamten Erzählung keine Anschlussstellen finden, die ihr literarisches Vergnügen bereiten. Sie kann nicht verstehen, »[...] was sie gemacht haben damals und warum sie so, so herzlos waren [...].« Durch den Verweis auf ›damals‹ zieht Lena eine zeitliche Grenze zwischen ihrer erlebten Gegenwart und der narrativ vermittelten Vergangenheit, der sie vermutlich Faktualität zuschreibt. Heutzutage, so eine mögliche Lesart ihrer Aussage, werden derartige Angelegenheiten auf andere Weise gelöst. Pharaos Maßnahmen, die Lena gleichsam an das gesamte ägyptische Volk rückbindet, evozieren deutliches Unbehagen seitens der Schülerin.

Die Beurteilungen der Jugendlichen in Bezug auf Ex 1 fallen überwiegend positiv aus. Motiviert werden die Bewertungen und die daraufhin aktivierten Schemata einerseits durch die Ereignisse bzw. das Figurenhandeln innerhalb der erzählten Welt, andererseits infolge von u.a. den religiösen Einstellungen, kulturgeschichtlichen Kenntnissen, Lesefertigkeiten sowie persönlichen Interessen der Schüler_innen. Neben Erfahrung, Relevanz und Effektivität treten überdies das Bildungspotenzial, die Imaginationsangebote oder die Verständlichkeit der Erzählung als weitere Beurteilungskriterien hervor. Trotz der überwiegend positiven Lektüreerlebnisse weisen die Jugendlichen im gemeinsamen Gespräch auf Aspekte der Erzählung hin, die ihnen zumindest auf der Ebene der ›storyworld‹ missfallen.[405] Deutlich tritt in diesem Zusammenhang die Ablehnung gegenüber Pharao hervor. Neben der Versklavung kritisieren die Schüler_innen insbesondere die genozidalen Absichten und die ihnen zugrundeliegende Geschlechterdifferenz.

(B) Beurteilungen auf der Ebene der Figuren

»Meist sind die Figuren, die Heldinnen und Helden, die den Leserinnen und Lesern am stärksten im Gedächtnis bleiben.«[406] In Rekurs auf ›Bottom-up‹- und ›Top-down‹-Prozesse, die im Rahmen der Informationsverarbeitung wirksam

---

[404] Tatsächlich markiert Joel den Nil und Ägypten als die einzigen Merkmale im Rahmen von Ex 1,1-22, die er » ganz cool fand.«

[405] Die positiven Lektüreerlebnisse und die Negation von Pharaos Handeln schließen einander keineswegs aus. Denn: Emotionale Beteiligung unterschiedlicher Art kann das Lesevergnügen steigern.

[406] Bachorz, Zur Analyse der Figuren, S. 51.

werden, konzeptualisiert Ralf Schneider Figuren als mentale Modelle von Leser_innen.[407] Tatsächlich funktionieren literarische Figuren »zwar nicht einfach mimetisch zur Lebenswelt«,[408] sie sind »aber maßgeblich durch die mimetische Beziehung zu lebensweltlichen Menschen«[409] geprägt: Oftmals nehmen Leser_innen Figuren als reale Personen wahr, sie bewerten ihr Handeln nach alltäglichen Maßstäben und projizieren menschliche Emotionen auf sie.[410]

Die positiven Beurteilungen der Jugendlichen im Blick auf die Exodusexposition, die vielmals auch mit persönlichen Statements einhergehen, sind vor allem durch die Figuren, namentlich Schifra und Pua, bestimmt. Bereits im Rahmen des Lauten Denkens wurde erkennbar, dass die Hebammen Interesse bei den Jugendlichen wecken. Die Gespräche mit den Schüler_innen legen frei, dass diese Zuwendung über die unmittelbare Lektüre hinaus fortwirkt und durch Sympathie gegenüber den Figuren gekennzeichnet ist. Den Schüler_innen gelingt es erstaunlich gut, die Situation der Hebammen zu beurteilen, deren Gefühle und Urteile vorauszuahnen bzw. nachzuempfinden. Da die Lesenden sowohl auf Basis der textinternen Informationen (›bottom-up‹) als auch elaborativ (›top-down‹), d.h. mithilfe ihrer jeweiligen ›frames of references‹ imaginieren können, dass Schifras und Puas Handeln innerhalb der ›storyworld‹ negative Konsequenzen auslösen kann, reagieren sie emotional auf das Erzählte und inferieren darauf aufbauend spezifische Figureneigenschaften:

> Und das ist eine große Leistung. Viele Menschen schaffen das auch in unserer heutigen Zeit nicht und das haben wir über mehrere Jahrhunderte immer wieder gesehen, man nehme sich so die NS-Zeit als Beispiel. Sich da gegen etwas aufzulehnen, weil man die Gottheit verehrt, wie das ja in dem Text geschrieben wurde, das erfordert erstens eine absolute Zuneigung zu Gott, wie ich schon gesagt habe, diese krasses Wort verehren. [...] da muss man wirklich, wirklich seinen Gott verehren, dass man sich dann so nicht einmal vor dem Tod fürchtet und trotzdem so was macht, dann. Das ist so das, woran ich dann denke, das ist in unserer heutigen Gesellschaft auch nicht mehr geworden.

Einfühlsam schildert und bewertet Finn das Handeln der Hebammen. Er zeichnet zwei Figuren, die aufgrund ihres unerschütterlichen Glaubens den Mut zum Protest in einer Notsituation finden, den Finn lobend hervorhebt. Gesellschafts- und gegenwartskritisch setzt der Schüler mit dem nationalsozialistischen Antisemitismus eine besonders eindrückliche Vergleichsfolie an, um die Verbrechen des Königs und die Anstrengung, sich einem derartigen System zu widersetzen, freizulegen. Nicht einmal den Tod, der im Anschluss an dieses Schema als Strafe folgt, fürchten Schifra und Pua. Obwohl Finn konstatiert, dass Pharao »[...] eigentlich eine zentrale Person in der Geschichte ist, sind die Hebammen viel

---

[407] Vgl. Schneider, Grundriß zur kognitiven Theorie der Figurenrezeption am Beispiel des viktorianischen Romans, S. 97. Siehe dazu auch Teil II, Kapitel 2.2, dort Abschnitt (B) und Kapitel 3.3.2.

[408] Müllner, Zeit, Raum Figuren, Blick, S. 11.

[409] Ebd.

[410] Vgl. Bachorz, Zur Analyse der Figuren, S. 65; vgl. Breger u. Breithaupt, Einleitung, S. 13.

interessanter [...]« für den Schüler. Wenn Finn an die Erzählung denkt, dann fallen ihm zuvorderst Begriffe wie Widerstand und Rebellion ein.[411]

Auch Eva schließt sich der positiven Bewertung an. Schifras und Puas Handeln charakterisiert sie als ›selbstbewusst‹. Das Figurenmodell von Pharao beschreibt sie sodann »als eine höhere Macht«, worin sie das Handeln der Hebammen spiegelt. Hineinversetzt in Schifras und Puas Perspektive gibt die Schülerin schließlich zu bedenken, dass die beiden Frauen einen alternativen Weg hätten wählen können, den Eva aufgrund ihres Mitgefühls vermutlich akzeptieren würde.

»Ich find es halt toll, wenn man sich dann halt dafür einsetzt, halt auch gegen einen König, [...] man sagt ja mal die Frauen sind so ein bisschen (..), dass die Frauen nichts so könnten und ich finde es halt stark von denen, dass sie sich halt einfach dafür einsetzen«, sagt Josefine. Mithilfe des Figurenhandelns konterkariert die Schülerin sexistische Vorwürfe, infolgedessen Frauen »nichts so könnten [...].« Ob sie mit ihrer Bewertung auf aktuelle geschlechtsspezifische Vorstellungen rekurriert, eigene Erfahrungen memoriert oder aber spezielle Konventionen für die erzählte Welt voraussetzt, bleibt angesichts ihrer recht allgemeinen Formulierung offen. Dass sich Schifras und Puas Protest gegen eine Person höheren Status richtet, markiert Josefine allerdings sprachlich und sensibilisiert damit für die besondere Situation der Figuren.

Die Herausforderung, sich einem König biblischer Zeiten zu widersetzen, betonen außerdem Melina und Mona: »[...] in der Zeit haben, glaub ich, viele auch auf den König gehört, egal, was der für Sachen von denen wollte und die Hebammen haben das nicht gemacht und haben auf ihren Verstand gehört und auf Gott.« Mithilfe ihres Vorwissens imaginiert Mona die erzählte Welt. Ein ziviles Aufbegehren oder Protestbewegungen bezweifelt die Schülerin im Blick auf die ›storyworld‹. Sie vermutet, dass Schifra und Pua mit ihrem Vorgehen eine Ausnahme bilden. Wenn Mona innerhalb dieser Argumentationsstruktur u.a. lobend auf den Verstand der Hebammen hinweist, kritisiert sie implizit einerseits Pharaos Maßnahmen und stellt andererseits das Erkenntnisvermögen der Bevölkerung in Frage. Schließlich gehen Glaube und Verstand eine befreiende Symbiose ein.

Dass Schifra und Pua »[...] praktisch die Mutigen in der Geschichte sind und sich von nichts beirren lassen [...]«, hebt auch Melina positiv hervor. Im Anschluss an die Schülerin agieren die Hebammen als Vorbilder. Sie können Leser_innen »Mut machen und zeigen, dass man sich auch wehren kann [...] also, dass man praktisch auch nicht alles machen muss [...], was der König da angeordnet hat.« Melina richtet sich gegen die systemisch angelegte strukturelle, physische und symbolische Gewalt, wie sie durch Pharao verkörpert wird: »Es geht um Macht, also von dem König. Dann um Sklaverei, [...] dass man halt das Volk vernichten will, man will die Anderen fertig machen, damit man ganz allein an der Macht ist oder so.« Die gewaltvollen Mittel, die Pharao einsetzt, deutet Melina

---

[411]   Vgl. Finn, Interview, A. 24.

als Strategie, welche den König zu uneingeschränkter Macht führen soll und keine Mitstreitenden duldet.

Die zeitliche Distanz zu den erzählten Ereignissen verlangt den Jugendlichen besondere Abstraktionsleistungen ab.[412] Auf der Grundlage von textuellen Informationen sowie mithilfe ihres Weltwissens gelingt es den Schüler_innen aber, emotionale Regungen seitens der Figuren abzuleiten und die erzählte Situation zu imaginieren:

> Die Hebräerinnen, die haben sich zwar wahrscheinlich einerseits ein bisschen, ja, schlecht gefühlt oder hatten ein bisschen Angst, falls halt der Pharao das rausfindet und sie dann halt auch irgendwie bestraft dafür. Aber andererseits […] waren die bestimmt, ziemlich mutig und halt auch stolz […].

Susanna kann Schifras und Puas Gefühle in Bezug aufs Pharaos Reaktion antizipieren. Damit dieser Verstehensweg funktioniert, muss die Schülerin zwischen den Perspektiven der Figuren und den Fokalisierungsmöglichkeiten oszilieren. Die Gedanken- bzw. Gefühlswelt der Hebammen wird ihr und anderen Leser_innen erst zugänglich, wenn sie Pharaos Verhalten abgewogen haben und ein Aufbegehren ihm gegenüber als gefahrverheißend deuten.

Lediglich zwei Schüler führen Pharao als Figur an, die sie am stärksten interessiert. Gerade weil der König »[…] so ein durchgeknallter Typ war und die alle umbringen wollte […]«, gilt Joels Aufmerksamkeit Pharao. Waren bislang Angst und Macht die zentralen Motive, welche die Lesenden im Horizont der königlichen Rede und den daraus resultierenden Handlungen diskutiert haben, bringt Joel eine neue Einflussgröße ins Gespräch. Warum, fragt sich der Schüler, ist der König bloß »so krass neidisch auf die […]? […] ja, vielleicht wären sie irgendwann ein stärkeres Volk gewesen, vielleicht hätten sie einen Krieg angefangen. Aber, das war ja alles nicht sicher.« Mithilfe des Konjunktivs entschleiert Joel nicht nur die Unschärfe von Pharaos Aussage, indirekt nimmt er zudem die daran anknüpfenden Maßnahmen kritisch in den Blick. Da sich der königliche Neid in der Wahrnehmung des Schülers u.a. darin ausdrückt, Israel unterlegen zu sein, entlarvt Joel Pharaos Argwohn als unbegründet.

Auch Dario hat im Anschluss an die Lektüre keine einsichtige Erklärung gefunden, die Pharaos Vorgehen als begründet ausweist und gerade deshalb gefällt ihm die Figur.[413] Der Schüler möchte Pharaos Motivation verstehen, sie weckt sein Interesse.

3.3.6 Zwischenfazit

Die Interviews gewähren Einblicke in die Lebenswelten der Teilnehmer_innen. In Bezug auf die Rezeptionsprozesse der Lesenden können sie als kontextuelle

---

[412] Zum Teil weisen die Leser_innen explizit auf die zeitliche Distanz hin.
[413] Vgl. Dario, Interview, A. 30.

Informationen dienen und so Erklärungen für bestimmte Leseoperationen bereithalten. Entlang der einzelnen Themenblöcke (A-E) möchte ich anschließend noch einmal zentrale Einsichten, die sich infolge der Interviews ergeben haben, zusammenfassend präsentieren.[414]

Themenblock A: Ausgehend von den soziodemografischen Auskünften der Jugendlichen stellt sich die Proband_innengruppe in Bezug auf das Geschlechterverhältnis als ausgewogen dar. Vier Schüler_innen sind 14 Jahre alt, zehn Teilnehmer_innen haben bereits ein Alter von 15 Jahren erreicht. Zum Zeitpunkt der Erhebung streben 50% der Jugendlichen das Abitur als Ziel ihrer schulischen Laufbahn an, vier Schüler_innen wollen den (qualifizierenden) Realschulabschluss erwerben, zwei Schüler_innen indes den Hauptschulabschluss. Eine Schülerin hat noch nicht über den Schulabschluss entschieden. Im Unterschied zu den Erkenntnissen anderer empirischer Untersuchungen treten Merkmale wie das Geschlecht oder der kulturelle Hintergrund zumindest nicht vordergründig als wirkmächtige Differenzmerkmale hervor.

Die Hälfte der Teilnehmer_innen verweist auf das Christentum als der eigenen Religion. Mit einem Anteil von 90% sind Mitglieder der evangelischen Kirche am stärksten vertreten. Sechs der Befragten gehören keiner Glaubensgemeinschaft an, ein Schüler ist Muslim.

Themenblock B: Die Jugendlichen sind aktive Leser_innen; 71% der Befragten bejahen die Frage, ob das Lesen von Printmedien in die Freizeitgestaltung integriert sei. Gerade die Schülerinnen treten in Übereinstimmung mit anderen Studien als Vielleserinnen hervor. Für 31% der Teilnehmenden – und hierzu gehören ausschließlich Schüler – markiert Lesen keine Aktivität, welche in den Alltag eingelassen ist. 50% der Schüler_innen lesen regelmäßig, wobei sich die Zeitspannen von einer halben Stunde bis hin zu intensiven Lesezeiten erstrecken. 29% der Jugendlichen lesen täglich, zumeist sind darunter routinierte Zeitungsleser_innen. Einige der Schüler_innen durchleben spezielle Lesephasen, die zeitweilig auftreten, als sehr intensiv wahrgenommen werden und über Stunden bzw. Tage fortdauern können. Das beliebteste literarische Genre der Jugendlichen sind Krimis. Allen Befragten sind Bücher nicht nur seit ihrer Kindheit bekannt, sondern stehen ihnen als materielle Besitztümer überdies frei zur Verfügung. Die wichtigsten Gesprächspartner_innen im Rahmen der Anschlusskommunikation sind die Familien der Jugendlichen, hier insbesondere die Mütter.

Themenblock C: Unter Berücksichtigung von Typen im Umgang mit Glaubensfragen (Kasseler Forschungswerkstatt) ist für die Mehrheit der Schüler_innen ein gefestigter Glauben kennzeichnend. Die Jugendlichen beschreiben sich selbst als religiös, ihr Glaube und daran gebundene Praktiken sind ihnen wichtig und vertraut. Der Institution Kirche begegnen die Schüler_innen überwiegend positiv.

---

[414] Schließlich ist abermals darauf hinzuweisen, dass die gewonnenen Erkenntnisse, trotz des entdeckenden Modus', durch eigene Interpretationsstrukturen und Erkenntnisinteressen geprägt sind.

Als Sozialisationsinstanzen und biografische Begleiterinnen tragen sowohl die Familien als auch der Konfirmandenunterricht maßgeblich zu den affirmativen Haltungen der Teilnehmer_innen im Hinblick auf Glaube, Religion und Kirche bei.

93% der Schüler_innen befürworten die multikonfessionelle und interreligiöse Gestaltung des Religionsunterrichts. Als Gründe für ihre Zustimmung nennen die Jugendlichen z.B. die Rückgriffmöglichkeiten auf unterschiedliches religiöses Expert_innenwissen, die dialogische Ausrichtung des Unterrichts, die gleichsam offen ist für Sichtweisen religiöser und nicht-religiöser Teilnehmer_innen, das Kennenlernen verschiedener Religionen oder das gemeinsame Lernen im Klassenverband.

Ebenfalls positiv fällt die allgemeine Bewertung des Religionsunterrichts aus. Bestimmend hierfür ist u.a. die Möglichkeit, das Allgemeinwissen aus- und fortbilden zu können. Im Religionsunterricht erhalten die Jugendlichen Einblicke in die Genese, Deutungsmuster und Praktiken verschiedener Religionen, das gefällt ihnen. Darüber hinaus heben einige Schüler_innen die Beschäftigung mit lebensweltlichen und interessanten Themen als Einflussfaktor in Bezug auf die Beurteilung hervor. Schließlich korrespondiert die Zufriedenheit auch mit einem vermeintlich geringen Schwierigkeitsgrad des Fachs und überdies mit der Lehrkraft.

Themenblock D: Die Mehrheit der Jugendlichen weist die Frage, ob die Bibel einen Stellenwert für sie besitzt, zurück. Das ›Buch der Bücher‹ hat in den Lebenswelten dieser durchaus leseambitionierten und teils religiösen Schüler_innen keinen festen Platz. Auf die Bibel treffen die Teilnehmenden nahezu ausschließlich im Religionsunterricht oder während der Konfirmationszeit. Gleichwohl äußern sich die Jugendlichen überwiegend positiv zur Textsammlung, deren Lektüre sie u.a. als spannend, interessant und teils handlungsanleitend erleben. Allen Teilnehmer_innen ist mindestens je eine Erzählung bzw. ein Text der Bibel bekannt; besonders häufig verweisen sie hier auf die Erzählungen von Mose und Jesus. Eine Lieblingserzählung oder spezifische Erwartungen an die Texte haben dagegen nur wenige Schüler_innen.

Themenblock E: Dem überwiegenden Anteil der Jugendlichen ist die Exodusexposition erstmalig im Rahmen der Studie begegnet. Die Möglichkeit, an erzählungsrelevante Wissensbestände anzuknüpfen, steht ihnen folglich nicht zur Verfügung; gerade zu Beginn der Lektüre bereitet den Schüler_innen das fehlende Vorwissen Schwierigkeiten.

Das grundsätzliche Interesse der Jugendlichen im Hinblick auf biblische Texte schlägt sich auch in der Bewertung der Exodusexposition nieder. Angeregt werden die positiven Rückmeldungen u.a. durch das Figurenhandeln und die Ereignisse innerhalb der erzählten Welt sowie durch religiöse Einstellungen, kulturgeschichtliche Referenzen, Lesefertigkeiten und persönliche Interessen der Schüler_innen. Neben Erfahrung, Relevanz und Effektivität markieren das Bildungspotenzial, die Imaginationsangebote oder die Verständlichkeit der Erzählung weitere Beurteilungskriterien, die das positive Feedback bestimmen. Mit Ablehnung reagieren die Lesenden in aller Regel auf Elemente des Plots, die seitens der Erzählstimme dazu bestimmt sind, negiert zu werden. Insbesondere Pharao wird von den Schüler_innen heftig kritisiert. Sein Handeln ruft Unverständnis und überdies spezifische Bewertungen seitens der Jugendlichen hervor.[415]

3.4 Weitere Erhebungsverfahren

Über die vorgestellten Methoden hinaus sind im Verlauf der empirischen Forschung weitere Verfahren zum Einsatz gekommen, die ich anschließend in den Blick nehme. Neben einem Onlineblog, der eigens für die Untersuchung konzipiert wurde,[416] habe ich ferner handlungs- und produktionsorientierte Schreibbzw. Gesprächsverfahren eingesetzt; einige Schüler_innen verfassten zudem kurze Vorstellungsschreiben. Sie geben Auskunft über z.B. die Familienkonstellationen der Jugendlichen oder die privaten Räume, in welchen sie sich bewegen.[417]

3.4.1 Briefmethode

Durch den Einsatz der Briefmethode sollten emotionale Reaktionen[418] (Emotionalisierungen) der Jugendlichen in Bezug auf die literarischen Figuren geweckt werden. Dazu gehören z.B. Empathie, Perspektivenübernahme und -wechsel sowie Identifikationen. Darüber hinaus wollte ich den Leser_innen die Gelegenheit geben, sich mit ihren Mitschüler_innen über die Erzählung auszutauschen.[419]

In einem ersten Schritt habe ich die Jugendlichen darum gebeten, einen **Brief** an eine Figur der Erzählung zu verfassen. In einem zweiten Schritt kam als Impulsgeberin für das literarische Gespräch die **Tischset-Methode** zum Einsatz,

---

[415] Verständnisprobleme, die im formalen bzw. sprachlichen Schwierigkeitsgrad von Ex 1 gründen, bilden – über die gesamte Erzählung hinweg betrachtet – eine Ausnahme.

[416] Mithilfe eines Onlineblogs, als zunächst dritter Form der Datengewinnung, sollten die Schüler_innen angeregt werden, sich im virtuellen Raum über den Text auszutauschen. Ziel war es, den Jugendlichen außerhalb der engen Rahmungen schulischen Lernens ein Setting für gemeinsame Gespräche bzw. Chats bereitzustellen. Bereits zu einem recht frühen Zeitpunkt der Erhebung zeigte sich, dass die Jugendlichen den Blog trotz wiederholter Werbung nicht nutzen. Da sich die wenigen, vorhandenen Blogeinträge als notizenartige Wiederholungen der Laut-Denk-Protokolle erwiesen, haben sie keinen Einlass in die Auswertung erhalten.

[417] Weil die Vorstellungsschreiben mitunter äußerst persönliche Einblicke gewähren und die Anonymität der Jugendlichen gerade in diesem Zusammenhang geschützt werden soll, können diese ›sensiblen‹ Daten hier nicht im Detail vorgestellt werden. Solche Informationen, die keiner vertraulichen Behandlung bedürfen, habe ich an unterschiedlichen Stellen in die Auswertung eingeflochten.

[418] Siehe dazu Christmann u. Schreier, Kognitionspsychologie der Textverarbeitung und Konsequenzen für die Bedeutungskonstitution literarischer Texte, S. 275.

[419] Erkenntnisse darüber zu gewinnen, wie die Jugendlichen ihre persönlichen Meinungen vertreten, welche Aspekte der Erzählung sie betonen oder im Gegenteil gerade nicht berücksichtigen, bildeten aus forschender Sicht die zentralen Anliegen. Schließlich kann eine Gruppendiskussion zu spontanen, ggf. affektiven Reaktionen einladen.

an die im Fortgang der Austausch anschloss. Durchgeführt wurden die Verfahren abermals parallel zum Religionsunterricht, innerhalb einer 45-minütigen Einzel- bzw. Kleingruppenarbeitsphase. An der Erhebung haben drei Schüler_innen (Melina, Mona und Dario) teilgenommen.

In Rekurs auf Kaspar H. Spinner, der als einer der prominentesten Vertreter des handlungs- und produktionsorientierten Literaturunterrichts gilt, bieten produktive Verfahren ihren Anwender_innen die Gelegenheit zu einer stärkeren Ich-Beteiligung; zudem motivieren sie zur Perspektivenübernahme und zum Fremdverstehen.[420] Gerade im Anschluss an rezeptionsästhetische Befunde, wonach der Sinn von Texten zentral durch die Lesenden mitbestimmt wird, stellt Spinner die Briefmethode als vermittelnde Instanz zwischen beiden Kommunikanten dar: »Wenn Schülerinnen und Schüler z.B. einen Brief an eine literarische Figur schreiben, dann entsteht eine Verbindung von persönlicher Weltsicht und Wahrnehmung der im Text gestalteten Figur.«[421] Subjektive Verstehenszugänge werden damit gezielt angestrebt. Eigene Einschätzungen, Anfragen und Handlungsvorschläge erhalten in Bezug auf die Figur bzw. ihr Verhalten ein Ausdrucksforum.[422] Briefe zu schreiben, fördert bzw. erfordert z.B. die Fähigkeit zur Empathie oder Reflexionsvermögen angesichts der Wissensbestände der/des Adressat_innen, die eine Nachricht andernfalls u.U. nicht verstehen können.[423] Anschließend nehme ich zwei Briefe, welche die Schüler_innen verfasst haben, detaillierter in den Blick.[424]

---

[420] Vgl. Spinner, Produktive Verfahren im Literaturunterricht, S. 34f.

[421] Ebd., S. 34.

[422] Vgl. Ebd., S. 38; siehe außerdem Reich, Methodenpool.

[423] Vgl. Ebd. Freilich verfolgt der Einsatz der Briefmethode im Literaturunterricht ferner formelle Bildungsinteressen wie etwa die (richtige) Verwendung von Anrede, Ich-Form und Schlussformel. Die Einhaltung von derlei Stilelementen darf im Rahmen dieser Studie allerdings in den Hintergrund rücken.

[424] Ebenso wie in den vorausgegangenen Kapiteln werden auch die Briefe zunächst unabhängig von den Interviewdaten und den Laut-Denk-Protokollen untersucht. Da Mona und Melina ihre Briefe beide an Schifra und Pua adressiert und ähnliche Aspekte verhandelt haben, wird hier lediglich Monas Brief vorgestellt.

Liebe Schülerin, lieber Schüler,

bitte verfasse einen Brief an eine der Figuren aus der Erzählung. AdressatInnen können z.B.
Pharao, Schifra, Pua, Jakob, AufseherInnen oder andere mögliche Personen der Geschichte sein.
In deinem Schreiben kannst du den Figuren deine Meinung mitteilen und dich zu ihren
Handlungen äußern, du kannst ihnen aber auch Fragen stellen und erläutern, was du vielleicht
nicht verstehst. Erkläre dem der/ EmpfängerIn außerdem, warum du den Brief gerade an
ihn/sie schreibst. Wenn du möchtest, kannst du dich auch vorstellen und mitteilen, wo du
herkommst, wer du bist.

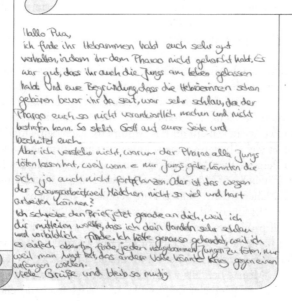

Abb. 11: Brief von Mona an Pua

Mona hat ihren Brief an Pua adressiert, sie bewundert die Figur. Ihr Schreiben
beginnt sie nicht mit einer klassischen Grußformel, vielmehr gleicht der Einstieg
einer Laudatio: Mona lobt den Widerstand der Hebammen, wobei sie die Rettung
der männlichen Säuglinge eigens hervorhebt. Die Schülerin sympathisiert mit den
Hebammen und macht auf diese Weise eine Verbindung zwischen sich selbst und
den Figuren wirksam.[425] Schließlich bewertet Mona Schifras und Puas Handeln
als schlau. Die Begründung, nach welcher die Hebräerinnen gebären, noch bevor
die Hebammen helfend reagieren können, verhindert in der Wahrnehmung der
Schülerin eine Bestrafung durch Pharao. In zweierlei Weise stellt Mona hier ihre
Fähigkeit zum Perspektivenwechsel und sodann zur Empathie unter Beweis: Die
Gründe für das Handeln der Hebammen kann sie nachvollziehen und benennen.

---

[425] Siehe dazu auch Christmann u. Schreier, Kognitionspsychologie der Textverarbeitung und Konsequenzen für die Bedeutungskonstitution literarischer Texte, S. 275.

Hierzu ist es jedoch notwendig, auch Pharaos Verhalten zu antizipieren. Unter der Voraussetzung, dass der König eine Befehlsmissachtung sanktionieren wird, deutet Mona die List der Figuren als strategische Beweisführung im Sinne der Unschuld. Inwieweit die Schülerin in Bezug auf Pharao außertextuelle Wissensbestände heranzieht, gibt der Brief zwar nicht Preis, es ist aber naheliegend, dass im mentalen Figurenmodell des Königs externe Schemata mit textuellen Informationen verschmelzen.

Da Mona lediglich die Funktion von Schifras und Puas Aussage fokussiert, allerdings nicht deren propositionalen Kern, bleibt zu fragen, ob ihr das herabsetzende Moment darin entgeht. Unter Umständen akzeptiert sie die Diskriminierung im Angesicht der übergeordneten und positiv bewerteten Intention. Dass Gott nunmehr an der Seite der Hebammen steht und sie beschützt, sieht die Schülerin als Folge des Widerstandes an, die offensichtlich keinerlei Irritationen auslöst.

Fragend richtet sich Mona erst an die Empfängerinnen, als sie die Gründe für Pharaos genozidalen Absichten diskutiert. Entlang der binären zweigeschlechtlichen Perspektive, die der Text forciert, zieht die Jugendliche verschiedene Tatmotive in Betracht. Während sie die Idee einer scheiternden Fortpflanzung recht bald verwirft, scheint ihr das Argument, nach dem »Mädchen nicht so hart und nicht so viel arbeiten können« indes durchaus plausibel. Obwohl unklar bleibt, wessen Perspektive Mona aufruft, ihre eigene oder die des Königs, steht ihr doch grundsätzlich die Möglichkeit offen, auch diese Begründung zurückzuweisen. Einen solchen Schritt vollzieht die Schülerin aber nicht.

Als Mona abschließend die Vorgehensweisen von Schifra und Pua selbstreferenziell produktiv macht, stellt sie eine besondere Form der Nähe zu ihnen her: »Ich hätte genauso gehandelt« schreibt sie und verleiht ihrer Identifikation, d.h. dem Wiedererkennen des Figurenhandelns im eigenen Handeln, Ausdruck.[426] Warum Mona ebenfalls widerständig gewesen wäre, bringt sie deutlich zur Geltung: Es ist »einfach abartig [vom König] jeden neugeborenen Jungen zu töten, nur weil man Angst hat, das andere Volk könnte Krieg gegen einen anfangen.« Auf Basis der königlichen Rede interpretiert Mona Pharaos Vorgehen als Ergebnis seiner Angst. Auch weil die Schülerin durchschaut, dass die Worte des Königs auf Begebenheiten rekurrieren, die in der Zukunft liegen, weist sie die Begründung entschieden zurück. Die Schlussformel, die Mona dann wählt, verknüpft zugleich Abschied und Appell. »Viele Grüße und bleibt so mutig« schreibt sie. Noch einmal zeigt sich, dass Mona die erzählte Situation durchdrungen hat. Denn Schifras und Puas Handeln kann die Schülerin erst als mutig charakterisieren, wenn sie die daraus hervorgehenden Konsequenzen als gefährlich vorausahnt. Trotz der vermeintlichen Bedrohung fordert die Jugendliche die Hebammen dazu auf, an ihrem Mut festzuhalten.

Im Unterschied zu seinen Mitschülerinnen hat Dario Pharao als Empfänger seines Briefes ausgewählt:

---

[426] Siehe hierzu Andringa, The Interface between Fiction and Life, S. 208f.

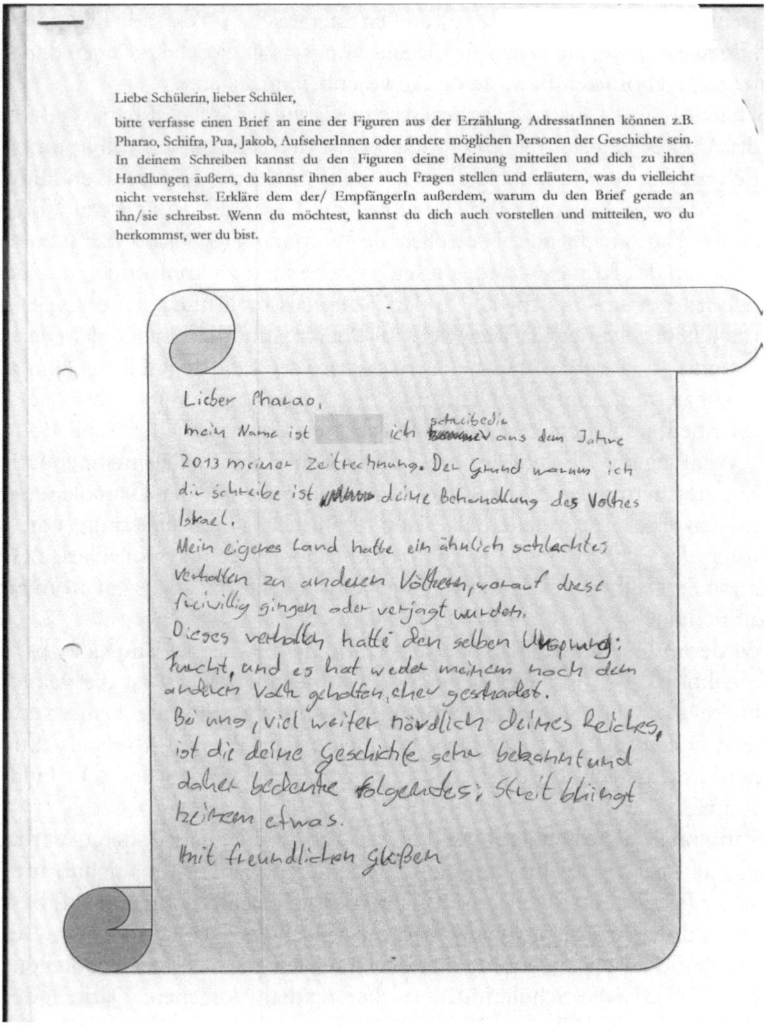

Liebe Schülerin, lieber Schüler,

bitte verfasse einen Brief an eine der Figuren aus der Erzählung. AdressatInnen können z.B. Pharao, Schifra, Pua, Jakob, AufseherInnen oder andere mögliche Personen der Geschichte sein. In deinem Schreiben kannst du den Figuren deine Meinung mitteilen und dich zu ihren Handlungen äußern, du kannst ihnen aber auch Fragen stellen und erläutern, was du vielleicht nicht verstehst. Erkläre dem der/ EmpfängerIn außerdem, warum du den Brief gerade an ihn/sie schreibst. Wenn du möchtest, kannst du dich auch vorstellen und mitteilen, wo du herkommst, wer du bist.

Abb. 12: Brief von Dario an Pharao

Zunächst einmal wird erkennbar, dass Dario eine herzliche Grußformel verwendet, er schreibt »Lieber Pharao« und stellt auf diese Weise gewissermaßen Nähe zur Figur her. Überdies kontextualisiert der Schüler die zeitliche Umgebung, aus der heraus er den Brief versendet: Er reflektiert, dass sein Empfänger womöglich mit einer anderen Zeitrechnung operiert. Zugleich kann der Hinweis auf die Jahreszahl als Signal platziert sein, das historischen Wandel annoncieren soll: Schreibend nähert sich der Schüler der vermeintlich fremden Kultur bzw. ihrer

Repräsentation in einem fremdkulturellen literarischen Text an. Die geografischen Bezugspunkte, die Dario als Orientierungsraster einsetzt, können dabei die kulturelle Zugehörigkeit bzw. deren Abwesenheit anzeigen.[427]

Schließlich legt Dario das Anliegen seines Briefes, nämlich Pharaos »Behandlung des Volkes Israel«, frei. Die Strategie, die der Schüler nun wählt, um seine Blickrichtung zu vermitteln, appelliert an die Einsicht des Königs: Den Hinweis, dass sein »eigenes Land ein ähnlich schlechtes Verhalten zu anderen Völkern« hatte, nutzt Dario nicht nur als belehrende Warnung, er kritisiert damit zugleich das Vorgehen des Königs – ohne diesen jedoch direkt zu konfrontieren. Ebenso wie viele Exeget_innen zieht Dario den Nationalsozialismus, den er zwar nicht begrifflich kennzeichnet, als Vergleichsfolie heran, um Pharaos Handeln darin zu spiegeln und zu bewerten. Für beide Ereignisse setzt der Jugendliche eine nicht näher explizierte Furcht als »Ursprung« des Verhaltens voraus. Aber, »[e]s hat weder meinem noch dem anderen Volk geholfen, eher geschadet« schließt Dario seine Erzählung ab. Obwohl der Jugendliche den Holocaust als mahnendes Beispiel einsetzt, nimmt er in der Linie von Ex 1 sowie auf der Grundlage seiner historischen Kenntnisse ebenfalls eine ethnische Differenzierung vor. Die Erfahrung des Scheiterns, die ja den wesentlichen Zielpunkt von Darios Argumentation darstellt, mutet deshalb weniger einschüchternd an als ggf. vom Schüler beabsichtigt.

Mit dem Wissen der Zukunft erteilt Dario dem König sodann eine abschließende Lektion. »Bei uns, viel weiter nördlich deines Reiches, ist die deine Geschichte sehr bekannt, und daher bedenke Folgendes: Streit bringt keinem etwas.« Warnend richtet sich der Jugendliche noch einmal an Pharao. Abermals aktiviert er daraufhin Unterschiede, diesmal in Form von geografischer und u.U. kultureller Distanz.

Während sich die Schülerinnen Figuren zugewendet haben, deren Verhalten ihnen gefällt, hat Dario eine Figur adressiert, deren Handeln er ablehnt. Im Unterschied zu Mona und Melina, die mit ihrem Brief Zustimmung und ggf. Bewunderung ausdrücken wollen, richtet sich ihr Mitschüler warnend an sein Gegenüber. Auch die jeweiligen Argumentationsstrategien, die sie einsetzen, divergieren insofern, als dass die Schülerinnen stärker textnah vorgehen; Dario indessen schreibt aus einer mittelbaren Distanz heraus.

3.4.2 Tischset-Verfahren

Mit dem Tischset-Verfahren liegt eine speziell für Gruppenarbeiten besonders strukturierende Methode im Bereich des kooperativen Lernens vor. Eingesetzt wird das Verfahren vielmals dort, wo verschiedene Perspektiven, Impulse oder Antworten im Blick auf ein Thema in geordneter Weise zu Wort kommen sollen. Im Anschluss an Petra Freudenberger-Lötz kann die Methode auch »zur

---

[427] Siehe hierzu C. Albrecht (2012).

Initiierung theologischer Gespräche in Kleingruppen dienen.«[428] Die Bezeichnung Tischset (engl. placemat aktivity)[429] ergibt sich aus den verwendeten Arbeitsmaterialien bzw. dem Papierbogen, der in einzelne Schreibbereiche sowie ein gemeinsames Schreibfeld gegliedert ist: Jede/jeder Mitwirkende erhält ein eigenes Feld, in welchem Gedanken, Fragen und Ideen zur Aufgabenstellung notiert werden. Nach dieser Phase der Einzelarbeit haben die Teilnehmenden die Gelegenheit, die Beiträge der anderen Gruppenmitglieder in Stille zu lesen und mit den eigenen Anmerkungen zu vergleichen. Das Plakat wird hierzu so lange gewendet, bis es wieder in die Ausgangssituation zurückgeführt ist. Rückfragen etwa bei Leseschwierigkeiten können in dieser Phase ebenso vorgetragen werden wie Verständnisprobleme. Alternativ besteht die Option, dass jedes Gruppenmitglied seine Notizen laut präsentiert; in diesem Fall erhalten die Zuhörer_innen ebenfalls die Chance, sich fragend an die Vortragenden zu wenden. In einem dritten Schritt werden die Perspektiven gemeinsam erörtert. Die Schüler_innen verständigen sich über ihre jeweiligen Zugänge und Sichtweisen im Blick auf die Thematik bzw. Aufgabenstellung. Indem die Lernenden aufeinander Bezug nehmen, können sie ihre persönlichen Einschätzungen bestätigen, erweitern oder aber revidieren. Die zentralen Ergebnisse des Plenums werden dann in der Mitte des Tischsets schriftlich zusammengetragen und gesichert.[430]

Anschließend möchte ich einen Einblick in das Gespräch von Melina, Mona und Dario geben, das infolge des Tischset-Verfahrens entstanden ist. Ausgehend von Pharaos Antipropaganda[431] haben u.a. folgende Fragen sowohl die Grundlage für die Beschriftung des Tischsets als auch das gemeinsame Gespräch dargestellt:

⇨ Was hat den König wohl zu dieser Aussage motiviert?
⇨ Kannst Du den König verstehen? Bitte begründe deine Antwort.

5   Dario: So, jetzt sag ich mal, was ich dazu geschrieben habe: Also, ich hab geschrieben: Der König hatte Angst vor dem so schnell wachsenden Volk (.) und er hatte auch noch Angst vor dem, […] diesen Reichtum zu verlieren, den dieses Volk für ihn bedeutet hat. Aber, ich meine/.

6   I: Welches Volk meinst Du?

7   Dario: Das Volk Israel, das lebt ja mit in seinem Land und damit hatte er/hat er wahrscheinlich durch Handel da/dadurch auch seine/seinen Reichtum bezogen. Er sagt ja auch, er hätte Angst, sie/dass sie ausziehen. Aber ich denke, dass er mit dieser Sklaverei sie noch eher dazu bewogen hat das Land zu verlassen (.).

428   Freudenberger-Lötz, Theologische Gespräche mit Jugendlichen, S. 109.
429   Ihren Ursprung hat die Methode in Kanada und den USA; hier wurde sie durch eine Kooperation von Lehrer_innen und Wissenschaftler_innen entwickelt und erstmals in der Unterrichtspraxis erprobt. Vgl. Sliwka, Räume und Formen demokratischen Sprechens in der Schule, S. 131.
430   Vgl. Freudenberger-Lötz, Theologische Gespräche mit Jugendlichen, S. 109f.
431   Der entsprechende Ausschnitt (Ex 1,9-10) lag den Schüler_innen nach der Übersetzung der ›Bibel in gerechter Sprache‹ als Kopie vor. Siehe hierzu den Exkurs in Teil V, Kapitel 4.

Also, er hat eigentlich dafür gesorgt, dass das, was er befürchtet hat, eintritt.

8   I: Was meinen die anderen dazu?

9   Melina: Ja, ich denke der König hatte Angst um seine Machtposition und der wollte einfach, ja, demonstrieren, dass er immer noch so der Größte ist und, dass er über die herrschen kann [...], dann werden die halt versklavt. Und ja, ich denke, er wollte halt seine Größe zeigen und er wollte immer mehr Einfluss und er wollte auf keinen Fall, dass ein anderes Volk genau so viel Macht und Stärke oder sogar noch mehr bekommt und hat deshalb so gehandelt.

10   Mona: Ja, ich denke, dass der König Angst davor hatte, dass das Volk Israel sich so schnell vermehrt und dann irgendwann Krieg gegen ihn anfängt, weil die zum Beispiel unzufrieden mit ihm sind oder was auch immer. Und deswegen wollte er die Gefahr stoppen, bevor die dann überhaupt so richtig ausbricht. Weil er seine Macht nicht verlieren wollte.

11   I: Also steht für euch alle schon Macht und, dass er Macht möchte im Zentrum?

12   Mona und Melina: (Ja?)

13   Dario: Zumindest nicht verlieren.

14   (Melina und Mona stimmen Dario zu.)

15   I: [...] also, ihr sagt ja, er hat Angst vor Machtverlust, könnt ihr das verstehen?

16   Dario: Ich denke schon, dass er Schiss hat um sein Volk, weil er muss ja, er [...] steht ja sozusagen über ihm und hat für sie zu sorgen und wenn er dann [...] seine Macht verliert über, über ein anderes Volk, was mit in seinem Land lebt, dann hat er auch gleich weniger Kontrolle über sein eigenes Volk und kann damit auch nicht so gut für es sorgen.

17   Mona: Ja.

18   I: Ja? Versteht ihr das, dass da eine Angst ist?

19   Melina: Ja. So naja. Also, ich glaube jeder hätte, also, wenn der irgendeine Position hat, egal bei was für eine Größe, wenn man (.), keine Ahnung und dann, das droht zu verlieren, bekommt man schon Angst. Aber ich finde nicht gut, wie er dann halt darauf gehandelt hat./

20   Mona: Ja, das finde ich auch nicht gut/

21   Melina: Er hätte das dann anders machen können.

22   Mona: Ja, aber ich kann schon verstehen, weil wenn ich jetzt irgendeine höhere Position hätte, würde ich auch, die auch lieber behalten als sie zu verlieren.

23 Melina: Ja und es muss ja gar nicht um so eine, eine höhere Position gehen, alleine, wenn man zum Beispiel/

24 Dario: Die Verantwortung (unverst.) für irgendwen hat/

25 Melina: In irgendeinem Team der Kapitän oder so was ist und dann will man das ja eigentlich auch nicht verlieren und dann bekommt vielleicht auch ein bisschen Angst. Also, das ist ja praktisch dasselbe. Aber halt, wie er gehandelt hat und was seine Konsequenzen daraus waren/

26 Dario: War nicht so/

27 Melina: Halt nicht/

28 Mona: Ja/

29 Dario: Nicht so gut.

30 Melina: Ja.

Dario eröffnet das Gespräch, dazu liest er seine Notizen zur ersten Frage noch einmal laut vor. Im Anschluss an den Schüler bildet Angst den zentralen Ausgangspunkt für Pharaos Handeln. Während er die Furcht des Königs ausgehend vom schnellen Wachstum Israels direkt aus der Erzählung ableitet, stellt sein zweites Argument eine Ergänzung dar: Aus der Rede von Pharao abstrahiert Dario inferenziell, dass Israel im Zuge von gemeinsamen Handelsabkommen eine Kapitalanlage für den König markiert, deren Verlust es zu vermeiden gilt. Wie schon im Rahmen des lauten Denkens stellt der Jugendliche weiterhin heraus, dass Pharaos Maßnahmen als ›self-fullfilling-prophecy‹ gerade im Widerspruch zu seinen eigentlichen Absichten stehen bzw. das Gegenteil erwirken.

Als nächstes meldet sich Melina zu Wort. In Übereinstimmung mit ihrem Gesprächspartner begründet sie Pharaos Vorgehen vor dem Hintergrund seiner Angst, die sie aber deutlicher als Dario mit königlichem Machtbestreben bzw. einer Herrschaftsdemonstration verknüpft. Zumal Pharao in der Perspektive der Schülerin maßgebend um seinen Einfluss besorgt ist, setzt er die gewaltvollen Instrumente einerseits dazu ein, die eigene Stärke anzuzeigen; andererseits beugt er den persönlichen Ängsten präventiv vor.

Sodann tritt Mona in das Gespräch ein und bestätigt ihrerseits die These von Pharaos Angst. In Rekurs auf die Erzählung verweist die Schülerin auf die rasche Vermehrung Israels und die Sorge vor kriegerischen Ambitionen seitens des Volkes. Hierin erkennt sie Motive, welche die Angst des Königs bzw. das Figurenhandeln lenken. Dass sich tatsächlich ein Krieg ereignen könnte, erscheint der Schülerin insofern denkbar, als die Israelit_innen z.B. ihre Unzufriedenheit gewaltvoll kanalisieren. Ebenso wie Dario und Melina folgt Mona der Annahme, nach welcher der König den Verlust seiner Macht fürchtet.

Die Ängste von Pharao kann Dario durchaus nachvollziehen. Unter der Voraussetzung, dass der König für sein Volk sorgen muss, kann das Erstarken des anderen Volkes einen Kontrollverlust und daran angeschlossen eingeschränkte Fürsorgemöglichkeiten über die eigenen ›Untergebenen‹ bedeuten. Der

Schüler bleibt ganz in der Perspektive des Königs bzw. des Amtes, dem er spezifische Aufgaben zuweist.[432] Deutlich grenzt Dario die beiden Völker voneinander ab und hält die Differenz, die Pharao herbeiführt, aufrecht. Vor dem Hintergrund seines machtvollen Status kann zwar auch Melina die Befürchtungen des Königs verstehen, das daraus hervorgehende Handeln weist sie, ebenso wie Mona, aber zurück. Im Anschluss an Melina hätte Pharao alternative Vorgehensweisen wählen können, die sie allerdings nicht konkretisiert. Obwohl Mona diese Einsicht teilt, betont sie neuerlich die besondere Stellung des Königs, die zur Disposition steht. Die Schülerin versetzt sich in Pharaos Perspektive und wirbt für Verständnis, das ihre Gesprächspartner_innen dann auch signalisieren. Während Dario in diesem Zusammenhang erneut die Verantwortung des Königs betont, sucht Melina den Vergleich zur Gegenwart. Schließlich kann die Jugendliche die Angst von Pharao wohl nachempfinden, die daraus erwachsenden Konsequenzen weist sie indessen weiterhin entschieden zurück – Dario und Mona stimmen ihr zu.

Abermals tritt die Fähigkeit der Schüler_innen zur Perspektivenübernahme hervor. Denn obwohl der König im Rahmen der Exposition die Figur markiert, welche die Lesenden gemeinhin ablehnen, zeigt die vorgestellte Gesprächssequenz, dass die Schüler_innen bereit und fähig sind, Pharaos Perspektive zu übernehmen. Die Deutungsangebote, welche die Erzählung ihnen anbietet, schöpfen die Schüler_innen dabei soweit aus, wie ihr Textverständnis und die persönlichen Einstellungen bzw. Wissensbestände es ihnen erlauben. Immer wieder stellen sie daraufhin unter Beweis, wie gut ihnen ein Transfer zwischen der vermeintlich fremden literarischen Welt und ihrer je eigenen Umgebung gelingt. Das Begehren nach Macht, welches die Jugendlichen unmittelbar mit einem höhergestellten Status verbinden, der ihnen aus ihrer Lebenswelt bekannt ist, akzeptieren sie so z.B. als Motiv für das königliche Vorgehen. Sie sind bereit, die Sorgen von Pharao zu teilen und zeigen Verständnis dafür.

Während die Schüler_innen Pharaos Machtambitionen eindeutig aus seinen Worten ableiten können, hinterfragen sie das politische Kalkül, das strategisch darin eingelagert ist, nicht.[433] Die Israelit_innen bleiben als Objekte der Propaganda gewissermaßen unsichtbar. Dabei erkennt Mona sowohl im Wachstum Israels als auch in einer möglichen Unzufriedenheit des Volkes das Potenzial für einen nahenden Krieg. Wie bereits im Horizont der Laut-Denk-Protokolle sichtbar wurde, setzt Mona die Informationen von Erzählerstimme und Pharao zueinander in Beziehung und erzeugt hierdurch Kohärenz. Die Vermehrungsnotiz nimmt Mona auf und diskutiert unter Berücksichtigung von Pharaos Worten die eventuellen Folgen des Wachstums bzw. die Beweggründe für das Figurenhandeln.

Schließlich zielte der Einsatz des Tischset-Verfahrens überdies darauf ab, alternative Handlungsweisen im Blick auf Pharaos Vorgehen zu entwerfen. Auch

---

[432] Wie Dario persönlich zum Handeln steht, macht er an dieser Stelle nicht deutlich.
[433] Selektiv verfahren die Lesenden ferner mit Pharaos Aufruf zum klugen Vorgehen, den sie allesamt aus ihren Überlegungen aussparen. Zwar verurteilen Dario, Melina und Mona die Handlungsweisen, die aus den Ängsten resultieren, den Appell lassen sie aber unkommentiert.

aus dieser Gesprächsphase möchte ich nun einen gekürzten Ausschnitt besprechen. Die Sequenz setzt dort ein, wo die Jugendlichen bereits lebendig diskutieren und hierzu zwischen der Erzählung und aktuellen Einwanderungsfragen in Deutschland oszillieren. Ein externer Impuls, und zwar der Aufruf zu einem transkulturellen Gedankenexperiment, woraufhin Israelit_innen und Ägypter_innen miteinander als hybride Gesellschaft leben, hat den Anstoß für die Auseinandersetzung geliefert.

73 Dario: Es wäre wahrscheinlich, wenn man das jetzt in dem Moment mischen würde, also in der/dieser Generation, wäre es immer noch unterschiedlich und mit der Zeit/

74 I: Die wohnen da, wenn ich dich unterbrechen darf, schon […] seit mehr als einer Generation. Da leben jetzt schon quasi die Enkelkinder von den ersten Eingewanderten.

75 Dario: Ich würde aber nicht sagen, dass es irgendwer versucht hat die/diese beiden Völker wirklich miteinander zu vermischen, ich würde sagen, die sind immer so ein bisschen separat voneinander gewesen.

76 Melina: Ich glaube auch, dass der König dafür, dann irgendwie zu stolz war, so was irgendwie einzugehen.

77 I: Und wäre das denn die Aufgabe des Königs vielleicht gewesen?

78 Dario: Vielleicht.

79 Melina: Ja natürlich, ja. Weil er ist ja praktisch für sein Land zuständig (Mona spricht im Hintergrund) und für sein Volk und ja. Er hilft ja eigentlich damit irgendwie seinem anderen Volk

80 Dario: […] würde sich jemand hinsetzen und sie wirklich vermischen wollen und auch dafür sorgen, dass sie vermischt werden und dafür zu sorgen, dass jeder so wirklich so komplett gleichberechtigt wird, dann würde ich denken, würde mit den Kindern wieder oder vielleicht dann den Enkeln, hätte es am Anfang sich der König dahin gesetzt, würde zu dem Zeitpunkt wahrscheinlich schon beides vermischt sein und es würde kaum einen großen Unterschied geben.

81 Mona: Ja.

82 Melina: Ja, aber dadurch, dass/

83 Dario: Höchstens durch die Erinnerung an die ursprüngliche Trennung.

84 Melina: Ja genau. Aber dadurch, was er halt gemacht hat, hatten die Ägypter ja auch immer so das Gefühl, dass sie die größeren sind und über den stehen, dass sie praktisch alles mit den machen können und ich denke, das dann wieder rauszubekommen, dass man sagt, »die sind gleichgestellt«, ist denke ich dann ziemlich schwer und dann, also fast schon zu spät. Also hätte man das auf jeden Fall davor machen müssen.

Erneut setzt die Sequenz mit Dario ein, der als erster das Wort ergreift. Auf die Frage nach einer möglichen Durchmischung der bislang voneinander abgegrenzten Völker, reagiert er zunächst skeptisch. Der Jugendliche kann sich weder einen plötzlich herbeigeführten Wandel noch ein langfristig angelegtes Miteinander vorstellen. Vielmehr folgt er der Annahme, dass ›die‹ »immer so ein bisschen separat voneinander gewesen« sind. Melina teilt diese Sichtweise. Ebenso wie Dario bezweifelt sie, dass der König (entgegen seiner eigentlichen Verantwortung) eine derartige Form der Gemeinschaft angebahnt hätte. Als Begründung führt Melina Pharaos Stolz an. Erst unter der Bedingung, dass ein gleichberechtigtes Zusammenleben systematisch bzw. durch einen Akteur reguliert wird, erscheint Dario der zögernde Aufbau einer egalitären Gesellschaft denkbar. Mona, die sich bislang noch nicht am Gespräch beteiligt hat, stimmt der Argumentationslinie zu.

Eine Möglichkeit jedoch, die den Status quo bedrohen könnte, erkennt Dario in der kollektiven Erinnerung an die einstige Trennung. Auch Melina ist skeptisch: In Rekurs auf ein Figurenmodell, das gewissermaßen eine sozialisationsbedingte und gleichsam tradierte Überlegenheit der Ägypter voraussetzt, hält Melina zumindest eine abrupte Transkulturalität für äußerst fraglich. Beide Jugendlichen nutzen spezifische Wissensschemata, um ihre Argumente zu fundieren. Sowohl die Figuren als auch die erzählte Welt avancieren in diesen Deutungs- und Aushandlungsprozessen zu Protagonist_innen einer scheinbar realen Umgebung bzw. Kultur.

In der vorgestellten Sequenz dokumentiert sich nochmals die Bereitschaft und Fähigkeit der Jugendlichen, in einen textnahen Austausch mit der Erzählung zu treten. Konsequent entfalten die Schüler_innen ihre Überlegungen im Horizont der erzählten Welt bzw. ihrer Figuren und durchspielen auf dieser Basis denkbare Handlungsmöglichkeiten. Eine transkulturelle Gemeinschaft, in der sich ein gleichberechtigtes Miteinander vollzieht, weisen die Leser_innen deshalb zurück. Augenscheinlich steht den Jugendlichen dazu spontan kein geeigneter Entwurf in ihrer ›Kognitions-Galerie‹ zur Verfügung. Zwar integrieren Dario, Melina und Mona eigene u.a. alltagspsychologische ›frames of references‹ in ihre Figurenmodelle, primär folgen sie aber der ›VerAnderungsrhetorik‹ von Pharao.

Bemerkenswert ist schließlich das Verständnis der Jugendlichen von ›Durchmischung‹, welches sie vierdimensional einsetzen: In **›zwischenmenschlicher Perspektive‹** reflektieren sie die möglichen Interaktionen und Verhaltensweisen der (ägyptischen) Figuren entlang ihrer potenziellen Eigenschaften. Insofern die Schüler_innen ein selbstständiges Bestreben seitens der »beiden Länder« ausschließen, führen sie gewissermaßen eine **›strukturelle Ebene‹** ein, die den Vorgang der ›Mischung‹ initiiert bzw. verantwortet. Sodann entfalten Dario und Melina **›Gleichberechtigung‹** übereinstimmend als grundlegende Bedingung ihrer Vorstellung von Hybridität. Dabei arbeiten sie heraus, dass ein egalitäres Miteinander nur in Form eines **›langfristig angelegten Prozesses‹** Aussicht auf Erfolg hat.

3.4.3 Zwischenfazit

Gerade im Anschluss an Kompetenzen des Fremdverstehens sind die besprochenen Auszüge weiterführend. Insofern Fremdverstehen im Horizont von erzählender Literatur u.a. die Fähigkeit bezeichnet, sich in fiktionale Figuren einer anderen Kultur als der eigenen einzufühlen, ihre Perspektiven wahrzunehmen und nachzuempfinden, haben die Schüler_innen diese Kompetenz ›par excellence‹ demonstriert. Fremdverstehen umfasst außerdem die Bereitschaft und Fähigkeit, sich auf eine vermeintlich fremde Kultur bzw. ihre literarische Verarbeitung einzulassen. Im Blick auf die Briefe sind sowohl in der Ermutigung der Schülerinnen gegenüber den Hebammen als auch in Darios Warnung, die er an Pharao adressiert, derartige Verstehensprozesse deutlich geworden.

Auch die Gesprächsausschnitte (Tischset-Verfahren) veranschaulichen die Kompetenz der Schüler_innen, fremde Perspektiven einzunehmen und in ihre je eigenen Kontexte zu übersetzen. Neben dem methodisch-didaktischen Setting übernehmen ferner die eingespielten ›frames of references‹ der Jugendlichen eine wichtige Funktion im Rahmen der Distanzüberwindung. Dabei sind aber nicht nur die jeweilig aktivierten Schemata maßgebend für die Auseinandersetzung: Die königliche Rede verlangt ein hohes Maß an Textverstehen bzw. Reflexionsvermögen, der Arbeitsauftrag (Briefmethode) ruft ausdrücklich zum Nachvollzug von Pharaos Perspektive und damit zur Anbahnung von Nähe auf. Dass sich die Jugendlichen mit Kritik zurückhalten, ist also durchaus naheliegend.

Im Unterschied zur Eingangsphase des Unterrichtsgesprächs erhöhte sich die Herausforderung für die Schüler_innen im Verlauf der Diskussion zunehmend. Das gemeinsame Erarbeiten von verschiedenen Handlungsalternativen hat Melina und Mona durchaus Schwierigkeiten bereitet und anfänglich eine gewisse Ratlosigkeit ausgelöst. Im Blick auf transkulturelle Prozesse, die z.B. kulturelle Homogenitätsfiktionen und überdies Eigen-Fremd-Differenzen unterlaufen können,[434] stehen den Schüler_innen möglichenfalls keine anschlussfähigen Schemata der Lebenswelt zur Verfügung, welche die Kommunikation auf einer Metaebene vorantreiben bzw. ›unterfüttern‹. Zwar rekurrieren die Jugendlichen auf spezifische Wissensbestände, die etwa das Zusammenleben verschiedener Kulturen betreffen, diese Überlegungen projizieren sie allerdings konsequent auf die Erzählung, eine Übertragung auf die Lebenswelt findet nicht statt. Schließlich entfalten die Schüler_innen aber ein mehrdimensionales Verständnis von kultureller Durchmischung, das in vielerlei Hinsicht an die entsprechenden wissenschaftlichen Diskussionen anknüpft.

---

[434]   Vgl. Welsch, Transkulturalität, S. 342.

V Reader-Response-Kategorien

Im fünften Teil dieser Arbeit werden die empirischen Materialien in einer neuen Weise betrachtet. Der ›Modus Operandi‹ ist jetzt deutlich fokussierter und zugleich differenzierter, allerdings folgen ihm einige systematische Relevanzentscheidungen: Während die Datenschnitte zuvor weitgehend unabhängig voneinander betrachtet wurden, erfolgt nun, angelehnt an den Stil der Grounded Theory, eine Zusammenführung des empirischen Materials, konkret von Laut-Denk-Äußerungen und Interviewtransskripten.[1] Dazu skizziere ich zunächst noch einmal den Vorgang des Kodierens, um anschließend die Kategorien als Ergebnis der Analyse zu präsentieren. Sie werden dann in eine so genannte Kernkategorie überführt. Im Unterschied zu den Anleitungen der Grounded Theory steht als Ziel nicht eine Theoriebildung im engeren Sinn im Fokus, sondern in erster Linie strebe ich eine Systematisierung und detaillierte Darstellung der Daten in Form von Kategorien an.[2]

1 Kodieren

Für die nachfolgende Auseinandersetzung mit dem empirischen Material sind verschiedene Vorgehensweisen kennzeichnend, die sich an den Anleitungen der Grounded Theory orientieren.[3]

Im Anschluss an die Forschungsfrage, ›was geschieht, wenn Schüler_innen Ex 1 lesen und welche Faktoren den Prozess mitbestimmen?‹, habe ich das Datenmaterial zunächst textnah und kleinschrittig, d.h. offen kodiert.[4] Bei diesem Verfahren werden die Daten aufgebrochen, gründlich untersucht und schließlich mit Kodes überschrieben, das können Begriffe, aber auch umfangreichere Phrasen (In-vivo-Kodes)[5] sein. Im Verlauf der Untersuchung entsteht dann ein Kode-

---

[1] Die Daten, die im Anschluss an die Tischset-Methode bzw. die Briefe gesammelt wurden, werden nur vereinzelt eingespielt. Schließlich haben an dieser Erhebung ›nur‹ drei Schüler_innen teilgenommen.

[2] In einem Exkurs widme ich mich der ›Bibel in gerechter Sprache‹, die im Rahmen der Untersuchung zum Einsatz gekommen ist.

[3] In Teil IV, Kapitel 2.2 wird die Grounded Theory ausführlicher beschrieben. Bei den elektronischen Zusatzmaterialien stehen in Bezug auf das Vorgehen beim offenen Kodieren Beispiele zur Verfügung, vgl. dazu den Hinweis im Inhaltsverzeichnis.

[4] Entsprechend der Daten und ausgehend vom Erkenntnisinteresse des Projektes werden die Kodierverfahren dabei flexibel eingesetzt. Diese Vorgehensweise ist deshalb zulässig, weil ein Forschen im Stil der Grounded Theory nicht notwendigerweise ein Prozedere meint, »dem haargenau zu folgen wäre.« Strübing, Grounded Theory, S. 7.

[5]   Im Unterschied zu ›erfundenen‹ oder abstrahierten theoretischen Kodes, markieren In-vivo-Kodes charakteristische »Ausdrucks-, Redeweisen oder Bezeichnungen der Befragten bzw. der

Katalog[6]. Auf Basis »qualifizierter Beziehungen zwischen Konzepten«[7] sowie durch den stetigen Vergleich werden die Kodes in einem weiteren Schritt systematisiert und teilweise unter neuem Namen als Kategorie[8] zusammengeführt: Rezeptionsbezogene Handlungen der Jugendlichen, wie Bewertungen oder Perspektivenübernahmen, stellen so z.b. Kategorien im Bereich der Aktivität dar. Äußerungen der Leser_innen, die indessen einen speziellen thematischen Fokus aufweisen, habe ich als Kategorien des Inhalts bezeichnet. In einem ›Top-down‹-Modus kann diese Benennung auf der Metaebene repräsentativ für alle hierunter subsummierten Kategorien sein. ›Bottom-up‹ gewendet sind es erst die einzelnen Kategorien, welche die höher geordnete Kategorie konstituieren.[9] Auch diese zentralen bzw. axialen Kategorien stellen Platzhalter dar, in welchen spezielle Beobachtungen verdichtet zum Ausdruck kommen.

2 Zentrale Kategorien

Obwohl die Verfahren des offenen und axialen Kodierens formal getrennte Vorgänge darstellen, »wechselt der Forscher zwischen diesen beiden Modi hin und her, wenn er mit der Analyse beschäftigt ist.«[10] Auch im Rahmen der vorliegenden Untersuchung verliefen die Übergänge von offenen und axialen Kodierprozessen fließend. Zumal die gebildeten Kategorien inklusive ihrer Bestandteile nicht immer trennscharf sind, werden sie als veränderbar vorausgesetzt und die anschließende Einteilung dient als ein Vorschlag: Die Unterscheidung von ›Kategorien der Aktivität‹ und solchen des ›Inhalts‹ ist nach beiden Seiten hin durchlässig. Inhaltliche Kategorien sind so z.B. stets auf die Aktivität der Leser_innen angewiesen und Kategorien der Aktivität suchen Anschluss an spezifische Inhalte, sehr deutlich kommt dies in der Kategorie ›Alterität‹ zum Ausdruck. Aber auch ›kleinere‹ Einheiten können hiervon betroffen sein: Wenn ein Ausschnitt etwa unter der Perspektive von wertenden Äußerungen betrachtet wird, besteht ebenso die Möglichkeit, in derselben Textstelle ein anderes Phänomen zu untersuchen, z.B. die Ermittlung von Figureneigenschaften. Die einzelnen Kategorien

---

Beobachteten, die sich in den Texten bzw. Materialien finden lassen.« Breuer, Reflexive Grounded Theory, S. 78.

[6] Kodes oder Konzepte nennen J. M. Corbin und A. L. Strauss »[k]onzeptuelle Bezeichnungen oder Etiketten, die einzelnen Ereignissen, Vorkommnissen oder anderen Beispielen für Phänomene zugeordnet werden.« Strauss u. Corbin, Grounded Theory, S. 43.

[7] Strübing, Grounded Theory, S. 20.

[8] Im Anschluss an J. M. Corbin und A. L. Strauss stellt die Kategorie »[e]ine Klassifikation von Konzepten« dar, die durch den Vergleich erstellt wird, wobei sich die Konzepte in aller Regel auf ein ähnliches Phänomen beziehen. »So werden die Konzepte unter einem Konzept höherer Ordnung zusammengruppiert – ein abstrakteres Konzept, genannt Kategorie.« Strauss u. Corbin, Grounded Theory, S. 43.

[9] Unter Berücksichtigung des Materials wurde entlang von spezifischen Fragestellungen nach den Charakteristika der zentralen und nunmehr axialen Kategorien gesucht.

[10] Strauss u. Corbin, Grounded Theory, S. 77.

sind außerdem in sich divers und verfügen über unterschiedliche Merkmale: Geschlechter-Bilder können einerseits das Ergebnis von textnahen Schlussfolgerungen darstellen, andererseits bilden sie u.U. eine Konsequenz von bereits vorhandenen Schemata, die im Horizont der literarischen Kommunikation elaborativ verarbeitet werden. Diese Vorgehensweise hat allerdings zur Folge, dass Überschneidungen im Verlauf der Dokumentation von Kategorien der Aktivität und Kategorien des Inhalts kaum zu vermeiden sind.[11]

Die Kategorien dienen nicht dazu, die bereits gewonnen Erkenntnisse abzulösen, vielmehr können sie neue Perspektiven in Bezug auf die Rezeptionsweisen der Jugendlichen einbringen.

2.1 Kategorien der Aktivität

Unter ›Kategorien der Aktivität‹ werden solche Phänomene versammelt, die die Tätigkeiten der Jugendlichen während der Lektüre fokussieren. Folgende Handlungen, die jeweils die Figuren betreffen, kommen daraufhin in den Blick: ›Eigenschaften ermitteln‹, ›Bewerten und verhandeln‹ sowie ›Perspektivenübernahmen‹. Diese Aktivitäten sind direkt miteinander vernetzt und bedingen einander wechselseitig. Als maßgebend stellen sich weite (elaborative) und enge (textnahe) Inferenzen dar,[12] also mentale Vorgänge des Ergänzens bzw. Schlussfolgerns.[13] Sie werden u.a. durch die Erzählinstanz, die Reden und Handlungen der Figuren initiiert.

> [...] enge oder minimale Inferenzen [...] sind zwingend logische Inferenzen, die weitgehend automatisch ablaufen und zum Verständnis des kohärenten Textsinns unabdingbar sind. Zu den weiten Inferenzen zählen die sog. elaborativen Inferenzen (z.B. Schlussfolgerungen über Handlungsziele, Inhalte, Autor/innen-Intentionen etc.), die eine Stufe höher ansetzen als die engen Inferenzen, indem sie eine Verbindung des kohärenten Textsinns mit dem Vorwissen schaffen und weitgehend bewusst sein dürften.[14]

Die Leser_innen werden inferenziell tätig, wenn sie lokale bzw. globale Kohärenz herstellen möchten, sie die Gründe für im Text beschriebene Handlungen, Ereignisse oder Zustände finden wollen und wo sie diese zu bewerten wünschen.[15]

---

[11]   Die Handlungen der Jugendlichen, die in Form von Kategorien zur Geltung kommen, sind erneut in eine produktive Leselinie eingepasst, wobei innerhalb der einzelnen Datenschnitte und zwischen ihnen umher gependelt wird. Einlass in die Analyse bzw. die Dokumentation erhalten (wenn dies möglich ist) auch die Bedingungen, die vermutlich auf diese Handlungen einwirken. Gerade in Bezug auf das Interview und die Tischset-Methode sind die Kategorien zumindest partiell als Ergebnis der Fragen anzusehen, die hier an die Jugendlichen gerichtet wurden.

[12]   Vgl. Christmann u. Schreier, Kognitionspsychologie der Textverarbeitung und Konsequenzen für die Bedeutungskonstitution literarischer Texte, S. 275.

[13]   Vgl. Rickheit u. Strohner, Inferenzen, S. 566.

[14]   Christmann u. Schreier, Kognitionspsychologie der Textverarbeitung, S. 255.

[15]   Vgl. Ebd., S. 256.

2.1.1 Eigenschaften ermitteln

Die ›Ermittlung‹ von figurenbezogenen Eigenschaften bildet eine grundlegende Tätigkeit der Jugendlichen im Rahmen der Auseinandersetzung mit Ex 1. Sie lässt sich als eine Form der Charakterisierung auffassen. Mit dem Begriff der Charakterisierung beschreibt Fotis Jannidis den Vorgang, »bei dem einer Figur Informationen zugeschrieben werden, was entweder sofort oder am Ende eines abgeschlossenen Inferenzprozesses in einer figurenbezogenen Tatsache in der erzählten Welt resultiert«.[16] In der Tat laden figurenspezifische Informationen die Schüler_innen einerseits zu spezifischen Inferenzbildungen ein, andererseits bauen Charakterisierungen auf Schlussfolgerungen auf. Bewertungen sowie daran anschließende Annäherungen bzw. Distanzierungen zu den Figuren markieren dann vielmals ein Ergebnis von ermittelten Figureneigenschaften und zugleich Charakterisierungen selbst. Im engeren Sinn gelten Charakterisierungen hier als Verfahren der Zuweisung von Figureneigenschaften und Persönlichkeitsmerkmalen; im weiteren Verständnis können dazu aber ferner Überzeugungen oder Einstellungen gezählt werden. Vielmals drücken die Leser_innen die Persönlichkeitsmerkmale der Figuren dabei auch durch Handlungsbeschreibungen aus.

Wenn die Jugendlichen Charakterisierungen vornehmen, gehen sie zwar stets vom Erzähltext als zentrale Referenzgröße aus, die Mittelbarkeit der Bezugnahme indessen variiert: Die Zuschreibung von Eigenschaften kann eher textnah, d.h. direkt erfolgen oder das Ergebnis einer relativen Distanz zur Erzählung sein, die indirekten Zugang zum Text bzw. den Figuren sucht. Entsprechend dieser ›Entfernungsmodi‹ unterscheiden sich i.d.R. die inferenziellen Tätigkeiten der Schüler_innen, so dass zwischen engen und weiten Schlussfolgerungen differenziert werden kann. Während im Blick auf direkte Charakterisierungen enge Inferenzbildungen seitens der Leser_innen kennzeichnend sind, der Text also zentraler Ausgangspunkt für ihre mentale Repräsentationen ist, z.B. wenn Kohärenz zwischen neuen Informationen hergestellt wird,[17] erweisen sich für indirekte Charakterisierungen weite Inferenzen als richtungsweisend: Das heißt, die jeweiligen ›frames of references‹ der Rezipient_innen fließen verstärkt in die Charaktersierungen ein; ›Naturalisierungen‹ werden in Gang gesetzt.[18] Eine wichtige Rolle im Horizont dieser ›Top-down‹-Prozesse spielen die individuellen Einstellungen respektive Erfahrungen der Jugendlichen, die sich allerdings mehr oder weniger deutlich artikulieren und auch für eher ›bottom-up‹ gelenkte Prozesse gelten können.

---

[16] Jannidis, Figur und Person, S. 209.

[17] Textnahe Deutungen sind überdies dadurch gekennzeichnet, dass sie am Text überprüfbar sind. Es wird nur »das aus dem Text herausgelesen [...], was auch direkt oder indirekt in ihm steht.« Röckel u. Bubolz, Texte erschließen, S. 85.

[18] Ebenso wie Emotionalisierungen werden ›Naturalisierungen‹ nicht permanent sprachlich angezeigt, dennoch ist zu berücksichtigen, dass diese Prozesse aktiv sind.

Anschließend erfolgt eine Aufgliederung von Charakterisierungen, die *erstens* nahe am Text orientiert sind und die *zweitens* eher elaborativ zustande kommen.[19] Ausprägungen anderer Kategorien treten dabei unweigerlich hervor.

Unter Berücksichtigung der erhobenen Daten und angelehnt an narratologische Erkenntnisse werden durch den Begriff ›direkte Charakterisierung‹ Tätigkeiten der Lesenden erfasst, in deren Folge die Zuweisung von Figureneigenschaften textnah erfolgt. Hieraus resultieren Aktivitäten, die sich vielmals Rezeptionsstrategien des Wiederholens bzw. Nacherzählens bedienen; losgelöst werden enge Inferenzprozesse. Sie tauchen z.B. dort auf, wo die Schüler_innen den Figuren Eigenschaften zuweisen, welche zwar nicht explizit durch die narrativen Instanzen genannt werden, die für die Lesenden jedoch zügig erschließbar sind. Als Dario in Bezug auf die ägyptischen Aufseher erklärt, diese hätten die Israelit_innen »beschäftigt, damit sie ihnen nichts zufügen können […] und sie schlecht behandelt«, erweist sich die inferierte Figureninformation ›schlecht behandelt‹, welche ja zugleich eine Wertung enthält, als textnah – und mit aller Wahrscheinlichkeit ist diese Schlussfolgerung seitens der Erzählung beabsichtigt. Als der Schüler im Fortgang feststellt, dass die gewaltvollen Maßnahmen von Pharao das Wachstum Israels nicht einschränken, ist vermutlich auch diese Lesart auf der Vermittlungsebene erwünscht.

Die Verknüpfung von bereits vorhandenen und neu eintreffenden Informationen, die sich ebenfalls als intendierter Inferenzprozess auf der Diskursebene begreifen lässt, tritt z.B. im Zuge der Mitteilung »Da kam in Ägypten ein neuer König an die Regierung, der Josef nicht kennengelernt hatte« (Ex 1,8) auf. Mit der Eigenschaft ›neu‹ verbinden die Schüler_innen u.a. Momente der Veränderung, die sowohl die erzählte Welt auf einer Metaebene als auch das Handeln von Pharao im engeren Sinn fokussieren.[20] Die Wirksamkeit narrativer Lenkungsmechanismen,[21] die hier zum Ausdruck kommt, zeigt sich außerdem im Blick auf das Vorgehen der Hebammen; besonders, wenn es direkt mit dem Glauben der beiden Frauen in Beziehung gesetzt wird: »[…] die Hebammen verehrten halt Gott und deswegen halt ließen sie die männlichen Kinder am Leben […] daher, dass sie so, so Gott so sehr geliebt haben, haben sie dann halt so vielen Kindern das Leben gerettet, so vielen männlichen Kindern.« Die Rezeption von Susanna stellt sich als eine Mischung aus Nacherzählung und voraussichtlich intendierter Inferenzbildung dar. Die Schlussfolgerungen stehen an der Schwelle von engen bis hin zu weiten Inferenzen. Susanna wiederholt den Wortlaut der Erzählung zwar, zugleich ›überarbeitet‹ sie die dargebotenen Informationen aber inferenziell; sie ergänzt, dass die Hebammen »Gott so sehr geliebt haben […].« Die direkten bzw. indirekten Charaktersierungen, welche die Schülerin in Bezug auf die Geburtshelferinnen entfaltet, beziehen sich auf Gott – und die Eigenschaften sind

---

[19] Sofern die Schüler_innen im Rahmen ihrer Auseinandersetzungen verhandelnd aktiv werden bzw. das Figurenhandeln hinterfragen, gilt diese Form der Bewertung ebenfalls als elaborativ.

[20] Vgl. Susanna, Laut-Denk-Protokoll, A. 40; Jan, Laut-Denk-Protokoll, A. 42.

[21] Trotz derartiger Lenkungspotenziale gelingt es Autor_innen bzw. narrativen Instanzen »niemals […], durch das Medium der Sprache dem Leser eine intendierte ›Bedeutung‹ voll und eindeutig zu vermitteln […].« Röckel u. Bubolz, Texte erschließen, S. 77.

richtungsweisend für die Rettung der Kinder, welche Susanna bereits im Vorfeld positiv gewürdigt hatte. Religion ist der Jugendlichen wichtig, sie glaubt an Gott.[22] Vermutlich prägt diese Haltung auch die Lektüre bzw. die Bewertung der Schülerin. An biblischen Erzählungen schätzt Susanna, dass »[...] sie halt meistens so von ziemlich starker Überzeugung halt erzählen und dass Leute für was einstehen.« Schifra und Pua lösen diese Merkmale ein.

Als Folge von Wiederholungsstrategien, enger und intendierter Inferenzen stellen direkte Charakterisierungen eine zentrale Tätigkeit der Jugendlichen im Rahmen der Rezeption von Ex 1 dar. Die Schlussfolgerungen, welche die Schüler_innen dabei angesichts von Figureneigenschaften ziehen, sind mutmaßlich seitens der Erzählinstanz beabsichtigt und auf der Vermittlungsebene durch sie reguliert.

Im Gegenüber zu den direkten Charakterisierungen, zeichnen sich die indirekten Charakterisierungen der Schüler_innen stärker durch weite Inferenzen, also vertiefende Informationsverarbeitungen aus. Sie reichen vielmals über die Mitteilungen der Erzählung hinaus; vermehrt referieren die Jugendlichen auf bereits angelegte Wissensbestände. Erfahrungen oder persönliche Einstellungen werden als Deutungsmittel herangezogen und regen zum Teil spezifische Bewertungen an. In Finns Laut-Denk-Protokoll sind verschiedene Belege zu finden, welche die Synthese von Erfahrungswissen und textimmanenten Referenzen veranschaulichen können: Aufgrund der Informationen, die der Jugendliche seitens der Erzählung empfangen hat, imaginiert er Pharao als eine totalitäre Macht.[23] Obwohl der Text nicht in dieser Weise vom König spricht und über die Haltung des Volkes schweigt, löst das Figurenhandeln diese indirekte Charakterzuweisung seitens des Schülers aus. Die Bedingung bzw. der Ausgangspunkt für Finns Deutung ist folgender Gesprächsimpuls: ›Berichte bitte, was an der Erzählung Dir gefallen hat.‹ Der Jugendliche verweist in diesem Zuge auf den Unterschied zwischen der antiken ›storyworld‹ und seiner persönlichen Lebenswelt. Mithilfe von zusammenfassenden mentalen Repräsentationen (›der ägyptische König gibt einfach Anweisungen und das Volk gehorcht‹), welche die relevanten Merkmale der Figur aufrufen, gelangt Finn zu der Erkenntnis, dass Pharao eine totalitäre Macht repräsentiert. Sinnbildend sind hier – im Kontrast zu den direkten Charakterisierungen – nicht primär die textseitigen Mitteilungen. Erst die Wissensbestände des Schülers befähigen ihn, das Schema ›Macht‹ als Interpretament einzusetzen.

Im Anschluss an Dario handeln Schifra und Pua »nicht für irgendeinen skrupellosen Menschen, sondern für Gott oder in dem Fall für die Familien und deswegen sorgt er dafür, dass sie dort auch wieder wegkommen.« Ohne, dass die Erzählstimme den König als skrupellos darstellt, schreibt der Schüler Pharao diese Eigenschaft zu bzw. leitet sie indirekt aus dem Figurenhandeln ab. Auch Gott, den Dario als Pharaos Widerpart aufruft, charakterisiert er in diesem Zuge auf der Grundlage von weiten Inferenzen und weist ihm sodann ein Geschlecht

---

22   Vgl. Susanna, Interview, A. 61-66.
23   Vgl. Finn, Interview, A. 14.

zu: Gott ist männlich. Dario organisiert seine figurenbezogenen Beschreibungen antithetisch– Gott ist im Gegensatz zum König nicht skrupellos. Obwohl die Schlussfolgerungen durchaus vom Text ›angespielt‹ werden, fließen die Erfahrungen des Schülers mit aller Wahrscheinlichkeit in die Interpretation ein. Im Verlauf des Interviews hebt Dario im Blick auf die Exposition positiv hervor, »dass [sie] noch einmal zeigt, dass Gott hilft, wenn man ihn braucht.« Zumal der Schüler seine Argumentation untermauert, insofern er gedanklich zum Exodus vorausgreift, macht er sein Vorwissen als Deutungsmittel produktiv.

2.1.2 Bewerten und verhandeln

Im Austausch mit der Erzählung bzw. den Figuren nehmen die Jugendlichen verschiedene Bewertungen vor, die im Zuge von Aushandlungsprozessen teils in unmittelbarer Beziehung mit zugewiesenen Figurenmerkmalen stehen. Bewertungen, die sich auf die Figuren, also ihre Eigenschaften, Handlungsweisen oder Überzeugungen beziehen, sind oftmals dicht an affektive Ausdrucksformen wie Sympathie als ein ›feeling for‹[24] und Antipathie als ein ›feeling against‹ gekoppelt.[25]

Auf der Ebene der ›langue‹ können vielzählige Wörter quantifiziert werden, deren wertende Bedeutung schon lexikalisch verbrieft ist (z.B. habgierig). Darüber hinaus eilen bestimmten, ggf. deskriptiv anmutenden Eigenschaftszuweisungen bereits urteilende Konnotationen voraus. Durch Adjektive wie z.B. gut/schlecht zeigen die Schüler_innen an, inwieweit die Figuren der Erzählung Sollwerte im Rahmen der eigenen Wert- und Normvorstellungen erfüllen. Die Motive für ihre Beurteilungen, die von Bewunderung bis hin zu starker Ablehnung reichen, legen die Jugendlichen dabei nicht immer offen. Überdies zeichnen sich negative und positive Beurteilungen durch sowohl enge als auch weite Inferenztätigkeiten aus. In Bezug auf die elaborativen Vorgänge nehmen die persönlichen Einstellungen der Jugendlichen maßgebenden Einfluss auf ihre Deutungen. Sie bauen auf tiefergehenden Auseinandersetzungen auf und konkretisieren sich zugleich darin. Auch involvierende Verfahren wie etwa Perspektivenübernahmen werden infolgedessen erkennbar. Im Unterschied zu eher deskriptiven Beobachtungen (z.B. ›Pharao ist »eigenwillig«[26]), die zwar ebenfalls (je nach Kontext) unterschiedliche positive und negative Bedeutungen enthalten können,[27] treten bewertende Zuschreibungen, welche eine affektive Komponente be-

---

[24] Vgl. Hillebrandt, Das emotionale Wirkungspotenzial von Erzähltexten, S. 88. Siehe hierzu auch C. Hillebrandt u. E. Kampmann (2014). Im Gegenüber zur Sympathie wird Empathie als ein ›feeling with‹ verstanden; siehe dazu z.B. S. Keen (2007).

[25] Siehe dazu auch Teil V, Kapitel 2.1.1.

[26] Tabea, Interview, A. 24.

[27] In Rekurs auf W. Zillig ist es allerdings kaum möglich, klar zwischen wertenden und nicht-wertenden Wörtern zu differenzieren: »Es konnte so gezeigt werden, daß die Unterscheidung zwischen wertenden und nicht-wertenden Wörtern immer einer Setzung des Linguisten entspringt, der, gestützt auf sein Vorwissen über die Wortverwendung, auf diese Weise angibt, ob ein Wort in erster Linie in deskriptiven oder in evaluativen Sprechakten verwendet wird.« Zillig, Bewerten, S. 82.

sitzen (z.B. ›die Hebammen sind toll‹), häufiger auf. Als Hinweis auf diese persönliche Beteiligung der Jugendlichen kann dabei u.a. die Formel ›Ich finde‹ gelten.

Im Folgenden werden zunächst Bewertungen der Leser_innen erläutert und entlang ihrer Eigenschaften dargestellt, die sich als ablehnend in Bezug auf die Figuren, ihre Handlungen und ggf. Überzeugungen darstellen.

Pharaos gewaltsame Vorgehensweisen motivieren die Schüler_innen u.a. zu Bewertungen und innerer Beteiligung; sie rufen Skepsis und teils Ratlosigkeit hervor. Die narrative Kommunikation zwischen Text und Leser_innen intensiviert sich dadurch zum Teil immens. Sowohl auf einer logischen Ebene als auch in moralischer Hinsicht hinterfragen bzw. verurteilen die Jugendlichen das Figurenhandeln: »Also, der Pharao, der war dann ja schon ziemlich unfair quasi, weil er ja immer noch gesagt hat, dass sie die ganzen neugeborenen Jungen in den Nil werfen sollen und alle Mädchen am Leben lassen. Ja.« Das Verhalten von Pharao konstatiert Susanna als unfair. Das Vorgehen der Figur entspricht offensichtlich nicht dem Norm- und Wertesystem der Schülerin. Obwohl dem Adjektiv bzw. der Eigenschaft ›unfair‹ bereits eine abwertende Bedeutung vorausgeht, rekurriert Susanna auf die Erzählung, um ihren Standpunkt argumentativ zu fundieren, dabei bleibt sie relativ nahe am Text. Eva, die nunmehr eine indirekte Bewertung vornimmt, distanziert sich ebenfalls von Pharaos Handeln: »Da sagt er dann auch nochmal, dass er also sein Volk halt unterdrückt und das ist nicht wirklich […] also, ich finde das es dann eigentlich kein guter König ist, wenn er denen Zwangsarbeiten gibt und (.) ja.« Noch stärker als ihre Mitschülerin orientiert sich Eva zunächst am erzählten Vers, deren Inhalt sie paraphrasiert. Um ihre Bewertung transparent zu machen und deren Kriterien freizulegen, nutzt die Jugendliche die Informationen der Erzählung, die sie dann aber mit eigenen ›frames of references‹ ins Gespräch bringt: Wie schon im Rahmen der entdeckenden Analyse deutlich wurde, widerspricht Pharaos Handeln mitunter den Schemata, welche die Jugendlichen üblicherweise mit Königen verknüpfen. Hieraus resultiert in Bezug auf Eva eine persönliche Beteiligung, die durch die Formel »Ich finde« sichtbar wird. Den König bezeichnet die Schülerin »als eine höhere Macht.« Dabei bemüht sie das Schema als Vergleichsfolie, um Schifras und Puas Handeln positiv darin zu spiegeln. Aus der Perspektive der beiden Frauen gibt die Schülerin zu bedenken, dass die Geburtshelferinnen »ja auch einfach machen [könnten], was ihnen der Pharao sagt.« Das resolute Auftreten der Figuren im Angesicht des **mächtigen** Königs gefällt Eva.[28] Die Beurteilung der Schülerin ist folglich durch den sozialen Kontext (mit)geprägt, in welchem sie die Protagonist_innen verortet.

Auch Melina reagiert zurückweisend auf Pharao. Sie beschreibt ihn als macht- bzw. kriegshungrig und begründet mit den elaborativ inferierten Eigenschaften zugleich ihre bereits vorausgeschickte Ablehnung. In der Perspektive von Melina ist Pharao »auf jeden Fall kein guter König«. Abermals durchkreuzt das Figurenhandeln also die Erwartungen, welche auf der Rezeptionsebene an

---

[28]   Vgl. Eva, Interview, A. 35.

das königliche Amt gebunden sind. Den Befehl des Königs klassifiziert Melina in ihrem Brief als »menschenunwürdig«; Mona nennt ihn »abartig«.

Ihren finalen Höhepunkt erreicht die Antpathie der Leser_innen schließlich im Zuge des Mordauftrags:

> Wieder, der Pharao reagiert (.) wieder zu heftig. Es ist/ich fand das nicht gut, was er da macht, weil einfach jeder Junge oder jedes Mädchen hat einfach das Recht zu leben. Weil, hier sagt er ja, dass er alle Jungen, neugeborenen Jungen in den Nil werfen und alle Mädchen am Leben lassen/(unv.). Die Entscheidung von ihm ist einfach doof.

Sinan knüpft Verbindungen, die über den Text hinausweisen und vorausgehende Wissensbestände involvieren.[29] Dabei weist das Steigerungspartikel »zu« bereits auf eine Negation hin, die Pharaos vorangegangenen Handlungen aufgreift. Stärker kommt die Ablehnung des Schülers, die gleichsam einen Einblick in seine Einstellungen gewährt, jedoch erst im Fortgang zum Ausdruck: »Jeder Junge oder jedes Mädchen hat einfach das Recht zu leben«, konstatiert der Jugendliche. Eine alternative Denk- oder Handlungsweise weist Sinan zumindest in der Perspektive *dieser* Frage von Geschlechteregalität zurück. Die Entscheidungen von Pharao findet der Schüler »einfach doof.«

Die Ablehnung, welche die Leser_innen in Bezug auf Pharao signalisieren, fügt sich in die These von Thomas Anz (2007) ein, wonach literarische Texte Antipathien gegenüber Figuren motivieren, »wenn sie diese mit Merkmalen kennzeichnen, die von den Autoren und ihren Adressaten geteilten ethischen Werten deutlich abweichen.«[30] Die Bewertungen der Schüler_innen in Bezug auf den König können ein Beleg dafür sein.

Im Kontrast zu narrativen Lenkungsstrategien, die antipathische Reaktionen im Angesicht der Figuren befördern, erwecken Darsteller_innen, welche als leidend oder unterdrückt in Szene gesetzt werden, dahingegen zumeist Sympathie seitens der Rezipierenden.[31] Diametral zur Antipathie gelten die »Korrelation von Normen- und Wertesystem«[32] sowie die »Bewältigung von Schwierigkeiten«[33] als Verfahren der Sympathiesteuerung, die darüber hinaus Nähe stiften können. Schifra und Pua erfüllen diese Merkmale offenkundig: »Ja, das hätte ich auch gemacht«, sagt Tabea und projiziert das raffinierte Verhalten der Hebammen auf sich selbst.

Positive Bewertungen betreffen überwiegend die Geburtshelferinnen, aber auch Gott und das Volk Israel lösen affirmative oder zumindest neutral-beschreibende Zuschreibungen aus. Während negative Charaktersierungen mehrheitlich Eigenschaften zur Folge haben, die bereits eine Bewertung anzeigen und Ablehnung seitens Schüler_innen verursachen, erweisen sich die Zuschreibungen nun

---

[29] Vgl. Theis, Biblische Texte verstehen lernen, S. 107.
[30] Anz, Kulturtechniken der Emotionalisierung, S. 232.
[31] Dimpel, Perspektivierung, Fokalisierung, Fokussierung und Sympathiesteuerung zur Einführung; siehe dazu auch Eder, Imaginative Nähe zu Figuren, S. 149.
[32] Dimpel, Perspektivierung, Fokalisierung, Fokussierung und Sympathiesteuerung zur Einführung.
[33] Ebd.

als stärker deskriptiv. Zum Teil geben erst der Kontext bzw. affektive Kommentare der Leser_innen Auskunft über die Art der Beurteilung.[34] Als Melina Schifra und Pua im Rahmen des Interviews als mutig beschreibt und herausstellt, dass sich die beiden Geburtshelferinnen »[…] von nichts beirren lassen […]«, dann bleibt zumindest auf der Ebene der ›langue‹ unspezifisch, wie die Schülerin ihre indirekt hergestellten Charakterisierungen bewertet. Allerdings hat Melina schon bei der ersten Lektüre ihre Zustimmung zum Figurenhandeln ausgedrückt: »Also, finde ich auch von den Hebammen gut, dass sie immer noch dazu stehen und nicht irgendwie verleugnen, dass sie die Jungen leben lassen und sich für die einsetzen.« In ihrem Brief, den Melina an die Hebammen adressiert hat, kommt die Bewunderung der Schülerin ebenfalls deutlich zur Geltung: »Meiner Meinung nach habt ihr euch genau richtig verhalten. […] Den Mut, den ihr bewiesen habt, finde ich großartig. Mit eurem Beschluss die neugeborenen Jungen nicht zu töten [,] habt ihr Großes geleistet.« Josefine teilt die Zustimmung: Sie findet »es halt toll, wenn man sich dann halt dafür einsetzt, halt auch gegen einen König, wenn man dann halt, man sagt ja mal die Frauen sind so ein bisschen (..), dass die Frauen nichts so könnten und ich finde es halt stark von denen, dass sie sich halt einfach dafür einsetzen.« Richtungsweisend für Josefines Bewunderung ist ein (ggf. gesellschaftlich verankertes) diffamierendes Frauenbild, das die Schülerin zurückweist und als *ein* Kriterium für ihre positive Beurteilung heranzieht. In der Perspektive der Jugendlichen durchkreuzen die Hebammen Vorstellungen, wonach »Frauen nichts so könnten.« Ob Josefine ihre Einsicht vor dem Hintergrund von aktuellen geschlechtsspezifischen Vorstellungen entfaltet oder aber spezielle Konventionen für die ›storyworld‹ annimmt, bleibt im Zuge ihrer recht allgemeinen Formulierung offen. Dass der Protest von Schifra und Pua allerdings eine Person mit besonderem Ansehen bzw. Status adressiert, zeigt sie sprachlich an und sensibilisiert damit für die außergewöhnliche Situation, in der das Figurenhandeln stattfindet.

Bereits die entdeckende Untersuchung hat gezeigt, dass die Beziehung zwischen den Hebammen und Gott (gegenseitige Profilierung) spezielle Interpretationen seitens der Jugendlichen aktiviert, die in aller Regel affirmativ sind: »Mir hat das gefallen, dass die Hebammen dann (..), so halt nicht einfach gemacht haben, was der König ihnen gesagt hat, sondern auch an ihrem Glauben sich festgehalten haben und das halt dann nicht gemacht haben.« Die Bewertung, die Tabea ihrer Erklärung vorausschickt, ist für Außenstehende notwendig, um die anschließenden figurenbezogenen Informationen auf einem Positiv-Negativ-Kontinuum lokalisieren zu können. Denn, die elaborativ inferierten Eigenschaften ›Widerständigkeit‹ und ›Glaubensüberzeugung‹ sind nicht unweigerlich positiv konnotiert.[35] Zumal der Schülerin Religion aber sehr wichtig ist und sie überdies »fest an Gott« glaubt, wird die Zustimmung, die vermutlich ebenfalls durch die

---

[34] Wie oben deutlich wurde, trifft diese Eigenschaft teilweise auch auf die negativen Bewertungen zu, z.B. auf die Zuschreibung ›mächtig‹.

[35] Hier sei auf die Arbeiten von V. Barthel (2008) und F. M. Dimpel (2012) hingewiesen, die u.a. diese Eigenschaften als sympathielenkend konstatieren.

Einstellungen der Jugendlichen bedingt ist, auch auf dieser Grundlage greifbarer. Finns Überlegungen lassen sich hier gewissermaßen einreihen:

> Und das ist eine große Leistung. Viele Menschen schaffen das auch in unserer heutigen Zeit nicht und das haben wir über mehrere Jahrhunderte immer wieder gesehen, man nehme sich so die NS-Zeit als Beispiel. Sich da gegen etwas aufzulehnen, weil man die Gottheit verehrt, […] das erfordert erstens eine absolute Zuneigung zu Gott […]. Weil da muss man wirklich, wirklich seinen Gott verehren, dass man sich dann so nicht einmal vor dem Tod fürchtet und trotzdem so was macht dann.

Als Bedingung und Kontext tritt vorliegend der Gesprächsimpuls hervor, Finn möge zentrale Merkmale von Ex 1 benennen. Der Schüler verweist infolgedessen auf die Widerständigkeit der Geburtshelferinnen. Dieser figurenbezogenen Information gehen voraussichtlich aber elaborativ hergestellte Charakterzüge (Glaube und Furchtlosigkeit) der Protagonistinnen voraus, die Finn bereits im Vorfeld dargelegt hat. Die Strategien mit welchen der Schüler dabei unter Bezugnahme des Textes arbeitet, oszillieren zwischen einstellungs-, erfahrungs- sowie vorwissensgestützten Schlussfolgerungen. Finn bahnt zudem die Perspektive der Figuren an. Das opponierende Verhalten der Hebammen stellt sich im Anschluss an den Schüler als Ergebnis ihrer göttlichen Ehrerbietung dar. »Da muss man wirklich, wirklich seinen Gott verehren […]«, postuliert er. Erst unter dieser Voraussetzung kann Finn sich das furchtlose Vorgehen der Figuren erklären. Dass die Widerständigkeit einen besonderen Status hat, macht Finn am Beispiel von historischen und aktuellen Erfahrungen deutlich.

Auch Susanna begrüßt das widerständige Handeln der Hebammen, das sie als Folge des Glaubens der Figuren deutet: »Also, ich fand […] es gut, dass die Hebammen trotzdem nicht das gemacht haben, was der ägyptische König gesagt hat, sondern halt das, was, was sie geglaubt haben; nämlich, dass man keine Menschen töten sollte.« In der Wahrnehmung der Schülerin geht der Glaube der Frauen augenscheinlich mit der Überzeugung einher, »dass man keine Menschen töten sollte.«[36] Zwar kann Susanna sich nicht vorstellen, »dass die Hebammen jetzt unbedingt erst nach der Geburt da angekommen sind«. Dennoch scheint sie die Darstellung der Figuren, die sie als Lüge entlarvt, zu akzeptieren. Susanna antizipiert, »dass der Pharao ihnen was tut«, wenn die Hebammen ihre Verweigerung nicht angemessen begründen. Der potenzielle Raum der Gefährdung, den die Schülerin hier mithilfe von Perspektivenübernahmen entwirft und der sich durch das Handeln der Figuren bzw. ihre jeweiligen Status konstituiert,[37] bildet den Ausgangspunkt für ihre Beurteilung.[38]

---

[36] Tatsächlich kann die Schlussfolgerung der Jugendlichen als intendierte Strategie der Erzählstimme konstatiert werden: Die erlösende Tat geht demnach nicht allein zurück auf Schifra und Pua als Subjekte der Handlung, sondern Gott wird bereits in das Befreiungsnarrativ eingeführt, das später im Exodus gipfelt.

[37] Im Rahmen der Kategorie Perspektivübernahme wird diese Äußerung nochmals besprochen.

[38] Siehe hierzu z.B. auch die Äußerungen von Melina, Laut-Denk-Protokoll, A. 59 oder Mona, Laut-Denk-Protokoll, A. 32.

Melina bewundert Schifra und Pua für ihre Stärke, das Handeln der Figuren findet sie vorbildlich. Das »würde nicht jeder tun«, schreibt sie in ihrem Brief an die Hebammen. Dass das mutige Vorgehen richtig war, bestätigt sich für die Schülerin durch Gott, den sie gewissermaßen als Bewertungshilfe einsetzt: »Denn Gott hat euch nicht im Stich gelassen, sondern unterstützt – Er war für euch da!«

Obwohl Eva Gott ebenfalls als handlungsanleitende Instanz hervorhebt, die Schifras und Puas Vorgehen lenkt, hat die Schülerin in der ersten Lektürephase noch den Beruf der Frauen als Beurteilungskontext eingesetzt, um das Figurenhandeln (ggf. auch entlang von ›scripts‹) zu deuten: »Also, das find ich gut, wie die Hebammen da gehandelt haben, weil, ihr Beruf ist ja eigentlich, bei neuem Leben zu helfen und halt nicht dann das (.), ja das Leben dann gleich wieder zu Ende zu bringen.« Wie die entdeckende Analyse herausgestellt hat, setzt Eva die Rettungsmaßnahmen der Hebammen zwar in gewisser Weise als deren Pflicht voraus, zugleich bringt sie aber ihre Zustimmung bei. Die Schülerin ist davon beeindruckt, dass die beiden Frauen ihre Aufgabe auch mit Pharao als Opponenten erfüllen.[39]

Dass die Rezeption literarischer Texte im hohen Maße durch extra-textuelles Wissen bzw. leser_innenseitige Einstellungen beeinflusst ist, wird am Beispiel der figurenbezogenen Informationen, welche die Lesenden zu Gott bzw. den Hebammen inferieren, sichtbar. In der Lektüre verschmelzen ›Bottom-up‹- und ›Top-down‹-Prozesse. Vermutlich rufen die Mitteilungen von Ex 1 die in den jeweiligen Lebenslagen verankerten Gottesvorstellungen der Jugendlichen auf. Im Wechselspiel mit den mentalen Repräsentationen zu Schifra und Pua lösen sie dann oftmals positive Charakterisierungen aus.[40] Vor dem Hintergrund der Werte bzw. der Glaubenshaltungen, welche die Leser_innen den Hebammen zuweisen und die sie, so scheint es, häufig mit ihnen teilen, konstruieren sie eine Art ›in-group‹,[41] welche die Sympathie gegenüber Schifra und Pua befördert.[42]

Exkurs: Vermittlungsebene

Auch auf der Ebene der Vermittlung nehmen die Schüler_innen – zwar mit Zurückhaltung – verschiedene Bewertungen vor. Als (grobe) Referenzpunkte lassen sich in diesem Zusammenhang einerseits der Erzählstil,[43] d.h. die Art und Weise

---

[39] Vgl. Eva, Interview, A. 35.

[40] V. Barthel (2008) weist darauf hin, dass »Gottglaube, Gottvertrauen, Ansehen, Ehre, Ruhm, Fleiß« im Kontext einer christlich-abendländischen Weltsicht sympathielenkende und deshalb positiv bewertete Figureneigenschaften darstellen. Barthel, Empathie, Mitleid, Sympathie, S. 49.

[41] Siehe hierzu auch Eder, Imaginative Nähe zu Figuren.

[42] Eine Ausnahme bilden hier die Äußerungen von Sinan und Josefine. Beide deuten ihr Einverständnis in Bezug auf Pharaos Ansprache an: In den Worten des Königs erkennen sie eine friedvolle bzw. gute Absicht. Erst im Verlauf der Lektüre verändern sie ihr Figurenmodell und weisen Pharaos Vorgehen zurück. Vgl. Josefine, Laut-Denk-Protokoll, A. 10.12; vgl. Sinan, Laut-Denk-Protokoll, A. 16. Josefines Äußerung ist insofern schwer erschließbar als die Schülerin im Zusammenhang der Lektüre darauf hinweist, dass sie es auch schön findet, dass der König seine Worte **formuliert**.

[43] Unter Stil verstehen Lahn und Meister »die Vielheit der Textprozesse, die dazu führen, dass eine Erzählung ihr volles Vermögen als Erzählung nicht nur von ihrem Inhalt her bekommt, sondern

der narrativen Darstellung und andererseits die Informationsvergabe voneinander differenzieren.

Nicht nur die wenig detaillierte und obendrein retrospektive Darstellung der einführenden Ereignisse stiftet Verwirrung seitens der Jugendlichen, die Schüler_innen verweisen außerdem auf eine lückenhafte Informationsvergabe:

> Das fängt ohne Zusammenhang an, so (..) halt irgendwie so mittendrin, also ich weiß nicht so (…), also als ob davor irgendwie noch was fehlt, halt so eine ganze Geschichte, ja. (...). Und ich hab eigentlich die ganze Bibel gelesen (.). Aber irgendwie, weiß nicht, das ist schon ein bisschen her (lacht).

Bereits im Zuge der entdeckenden Analyse wurde in Bezug auf Lenas Kommentar die Schwierigkeit der Schülerin erkennbar, die Einleitung in einen kohärenten Bedeutungsrahmen zu integrieren. Bedingt ist Lenas Irritation durch den Verdacht, dass die Exposition an eine bereits vorausliegende Geschichte anknüpft. Offenkundig erkennt die Jugendliche in der Art der narrativen Gestaltung Indizien für ihre Hypothese. Da Lena nach eigener Einschätzung aber über fundierte biblische Kenntnisse verfügt, zeigt sie sich zunächst verblüfft darüber, das entsprechende Vorwissen nicht abrufen zu können. Insofern eine regelmäßige biblische Lektüre der Schülerin allerdings einige Zeit zurückliegt, kann sie ihre anfängliche Vermutung zuletzt aufrechterhalten.

Auch Joel meldet Skepsis im Blick auf das hohe Tempo der Narration und den daran gekoppelten Informationsmangel an. Er findet es merkwürdig,

> dass es dauernd so komische Sprünge gab, dass der Pharao dann plötzlich entschieden hat, dass es so und so ist und dann auf einmal, von einem auf den anderen Moment, so ohne Grund, dann auf einmal, was war da? Irgendwas war da. Hab ich eben schon gesagt, dass die Israeliten oder so was, dann auf einmal total viele waren und so und das nicht irgendwie weiter beschrieben.

Die Namen der Genealogie sind Joel ebenso wie der Erzählstil fremd: »Also, ich les jetzt gerade und das sind voll die komischen Namen (..) und irgendwie mittendrin ist ein Punkt und dann kommen nochmal irgendwie Namen (4 Sek.).« Neuerlich entsteht infolge der Lektüre eine hermeneutische Differenz, also eine Ungleichzeitigkeit von Intention und Verstehen. Während die einleitende Liste routinierte Bibelleser_innen unmittelbar zur Josefserzählung führt und ihnen vorherliegende Ereignisse vergegenwärtigt, können die befragten Jugendlichen in aller Regel nicht auf derlei intertextuelle Verknüpfungen zurückgreifen, um Kohärenz herzustellen. Die Genealogie, die u.a. den Übergang von der Familienerzählung zur Volkserzählung anzeigt und einer fortlaufenden Geschichtsdarstellung geschuldet ist, erfüllt in der Wahrnehmung der meisten Lesenden keine

---

auch von der Art und Weise, in der sie gestaltet ist.« Lahn u. Meister, Einführung in die Erzähltextanalyse, S. 190. Als Finn im Blick auf »Geschichten von früher« u.a. deren »fixierten Blick auf ein einziges Ziel hin« kritisch hinterfragt, kann diese Bewertung das Zusammenspiel von Erzählweise und Informationsvergabe betreffen, das insbesondere in den einleitenden Versen zum Ausdruck kommt.

Funktion. Die Namen der Figuren sind stattdessen vielmehr das Motiv für spezifische Bewertungen, die von Belustigung[44] über Irritation[45] bis hin zu Unverständnis[46] reichen. [47] Nur selten ist es den Schüler_innen daraufhin möglich, die Figuren im Horizont von biblischen Kenntnissen zu verorten und sie als Orientierungshilfe zu installieren. Im Anschluss an Finn deutet die ›fremde‹ Namensliste allerdings »auf eine frühere Zeit hin.«

Während sich der Einstieg in die Erzählung für viele Lesende in medias res vollzieht, eilt im Anschluss an Tabea der Schluss ebenso plötzlich wie unvollständig herbei: »[…] ich fand das Ende, das/die geht noch weiter, oder? […]. Ja, das war für mich irgendwie ein bisschen abrupt so, dass das da geendet hat, wo er dann nochmal das Volk aufgefordert hat.« Den offenen und zugleich polyvalenten Ausgang der Erzählung stellt einzig Tabea in Frage. Diese Beobachtung ist insofern interessant, als dass Texte mit einem unbestimmten Abschluss für gewöhnlich die Kohärenzetablierung im Rahmen des Verstehens durchkreuzen; das Ergebnis ist dann oft ein kognitiver Konflikt: Die Lesenden sind dazu auf, ihre mentalen Repräsentationen fortlaufend anzupassen und gleichzeitig nach dem übergeordneten Sinn zu fahnden, der die Erzählung in ein ›Ganzes‹ überführt.[48] Eine Erklärung für die Zurückhaltung der Jugendlichen kann in der topografischen Deutung des abschließenden Verses zu finden sein, die einige Schüler_innen dazu veranlasst nun einen König ›von der anderen Seite‹[49] zu imaginieren.

Auch die Ausdrucksweise, d.h. bestimmte Begriffe wie z.B. ›Sippenchef‹, ›Plackerei‹, ›Vorratsstätte‹ oder der Satzbau (siehe oben) versetzen die Leser_innen teils in Erstaunen und erschweren die narrative Kommunikation. Inhaltliche Auseinandersetzungen finden auf dieser Ebene nur selten statt. Unter Einbezug des Vorwissens werden indessen syntaktische und semantische Merkmale fokussiert.[50] Dabei gilt als Einflussfaktor für die Bewertungen nicht bloß die Erzählweise, sondern das Textsorten-Know-How prägt die Rezeptionen voraussichtlich ebenfalls: Klassische Stilfiguren biblischer Erzählungen wie z.B. die Aneinanderreihung und Wiederholung von Begriffen oder auch Leitwörtern, bringen die Jugendlichen in Bezug auf die Vermittlungsebene nicht ausdrücklich ins Gespräch. Gleichwohl setzten sie sich aber mit Informationen, die mehrfach dargeboten werden (z.B. Hebammen – Gott), auseinander.

---

[44] Vgl. Susanna, Laut-Denk-Protokoll, A. 2.

[45] Vgl. Joel, Laut-Denk-Protokoll, A. 5; vgl. Johannes, Laut-Denk-Protokoll, A. 11.

[46] Vgl. Finn, Laut-Denk-Protokoll, A. 2.

[47] Einige Leser_innen markieren die Liste als nebensächlich. Vgl. Dario, Laut-Denk-Protokoll, A. 44; vgl. Jan, Laut-Denk-Protokoll, A. 26; vgl. Melina, Laut-Denk-Protokoll, A. 26. Allerdings weist Dario darauf hin, dass die Namen konkret für die Erzählung nicht unbedingt interessant sind.

[48] Vgl. Gahn, »Ich mag Geschichten mit Magie und Geheimnissen!«, S. 130.

[49] Fragen im Rahmen der gewählten Bibelübersetzung werden in Teil V, Kapitel 4 besprochen.

[50] In J. Grzesiks, P. Fleischhauers und N. Meders (1982) entworfener ›Taxanomie textverstehender Operationen‹ sind diese Verstehensprozesse auf der ersten bzw. der zweiten Stufe des Textverstehens angesiedelt. Der Grad der Komplexität des Verstehens ist im Anschluss an dieses dimensionale Verfahren noch recht niedrig, was ein Merkmal der Lesekompetenz darstellen kann. Siehe dazu auch J. Gahn (2012b).

Gerade im Rahmen des retrospektiven lauten Denkens verhandeln die Schüler_innen die Relevanz bestimmter Informationen und mitunter auch die dahinterliegende Absicht. Im Zuge der Lektüre bzw. ihrer Besprechung verweisen die Jugendlichen einerseits auf eine mangelhafte Informationsvergabe, andererseits überprüfen und reflektieren sie den Mehrwert der dargebotenen Mitteilungen auf einer Metaebene: Obwohl Finn die Aussage der Erzählstimme »Josef war schon vorher in Ägypten« (Ex 1,5) nach eigenen Angaben nicht in einen sinnhaften Zusammenhang einordnen kann, hebt er die Mitteilung als bedeutsam hervor:

> Ja, dass Josef schon vorher in Ägypten war, das war der Satz, den ich auch vorhin nicht verstanden habe, deshalb habe ich ihn angestrichen, weil er mir wichtig vorkommt, weil sonst würde er nicht da stehen, wenn er unwichtig wäre.

Es wird erkennbar, dass Finn alle Informationen, die hier seitens der Erzählstimme eintreffen, als wichtig beurteilt. Die Schwierigkeit, die sich nunmehr für den Schüler ergibt, betrifft seine fehlenden Kenntnisse bezüglich der Josefserzählung. Obwohl Finn von der Relevanz der Mitteilung überzeugt ist, verweigert ihm sein Wissensstand die Leerstelle zu füllen. Die Veränderungen, welche sich an der Schwelle vom Genesis- zum Exodusbuch vollziehen,[51] können unter dieser Voraussetzung nicht als Beurteilungsmaßstäbe wirksam werden. Finn spürt diese Dissonanz augenscheinlich; er erkennt, dass ihm ein wichtiger Zugang versperrt ist. Die besondere Sensibilität, mit welcher der Schüler innerhalb der Lektüre kontinuierlich vorgeht und die womöglich durch seine intensiven privaten Leseaktivitäten beeinflusst ist,[52] zeigt sich beispielhaft auch, als er im Blick auf den Ausdruck Sippenchef, die Absicht hinter der Wortwahl diskutiert und hiermit die Vermittlungsebene adressiert:

> Also, das mit dem »jeder Sippenchef kam«, habe ich angemarkt, weil da ja ganz bewusst das Wort Sippenchef benutzt wurde und nicht etwa einfach »Jakob kam mit seinen Leuten und seinem Gefolge« oder so was, sondern es wurde ja ganz speziell Sippenchef genutzt, das heißt, man will ja eigentlich mehr auf die Sippen eingehen oder darauf hindeuten, dass es da verschiedene Sippen gibt […].

Die sozialgeschichtlich orientierte Übersetzung nach der ›Bibel in gerechter Sprache‹,[53] nimmt offenkundig Einfluss auf die Rezeption des Schülers. Sie motiviert Finn, die Ebene des Erzählens bzw. die ›Autor_inneninstanz‹ auch im Fortgang in seine Überlegungen einzulassen.[54]

Schließlich beurteilen die Jugendlichen die Informationsvergabe überdies vor dem Hintergrund von Präzision, Plausibilität und Relevanz. Sowohl in Bezug auf

---

51 Siehe dazu Teil III.
52 Siehe hierzu Finn, Interview, A. 40-44.
53 Siehe hierzu Teil V, Kapitel 4.
54 Vgl. Finn, Laut-Denk-Protokoll, A. 38.64.70.

das Wachstum als auch die plötzliche Todesnotiz greifen einigen Leser_innen die textseitigen Informationen zu kurz und hinterlassen Fragen.[55]

2.1.3 Verstehen und Perspektiven übernehmen

Im Anschluss an Jens Eder können Zuschauer_innen Figuren zwar »nicht wirklich in raumzeitlicher oder sozialer Hinsicht nahe sein, sie können aber *imaginieren*, ihnen nahe zu sein, oder sich ihnen nahe *fühlen*.«[56] In Bezug auf die Rezeptionstätigkeiten der Lesenden werden verschiedene Prozesse der Herstellung imaginativer Nähe erkennbar.[57] In den bereits vorgestellten Kategorien sind sie u.a. in Form von Bewertungen bzw. emotionaler Nähe (Sympathie/Antipathie), welche die Leser_innen den Figuren beibringen, in Erscheinung getreten.

Figuren zu verstehen, d.h. z.B. ihre Handlungsmotive oder mentalen Vorgänge perspektivisch zu erfassen, bietet Rezipient_innen ebenfalls die Möglichkeit, sich den Protagonist_innen einer Erzählung anzunähern oder aber im Gegenteil, Distanz zu ihnen herzustellen. Mit dem Konzept der Perspektivenübernahme beschreibt Ansgar Nünning »die Fähigkeit, sich in die Lage eines anderen Subjektes hineinzuversetzen bzw. hineineinzufühlen und eine Situation aus dessen Sicht zu rekonstruieren.«[58] Dieter Geulen (1982) fasst das Phänomen folgendermaßen zusammen:

> Hier geht es darum, daß wir auf der Grundlage unserer Kenntnis von der Position, vom Verhältnis eines anderen zu der Sache, in begründeter Unterstellung imaginieren können, wie *ihm* die Sache erscheint, welches seine Perspektive ist, und daraus wiederum Schlüsse ziehen können, wie er voraussichtlich handeln wird.[59]

Im Horizont von Theorien zum Textverstehen wird konstatiert, dass die in Texten enthaltenen Perspektiven wesentlich zur Generierung mentaler Modelle beitragen.[60] Die Kompetenz, fremde Perspektiven zu berücksichtigen, sie einzunehmen, zwischen ihnen zu wechseln und sie aufeinander zu beziehen, gilt als Bedingung, um die Absichten Anderer zu erschließen.[61] Gerade für das Fremdverstehen ist die Fähigkeit zur Wahrnehmung unterschiedlicher Perspektiven und Denkweisen maßgebend. Nach Rainer K. Silbereisen (1998) setzt der Lernprozess zur Perspektivenübernahme bereits im frühen Kindesalter ein und

---

55 Vgl. Eva, Laut-Denk-Protokoll, A. 6.11; vgl. Joel, Interview, A. 14; vgl. Lena, Laut-Denk-Protokoll, A. 6; vgl. Mona, Laut-Denk-Protokoll, A. 22; vgl. Tabea, Laut-Denk-Protokoll, A. 6.
56 Eder, Imaginative Nähe zu Figuren, Hervorhebung im Original.
57 Die Ausführungen von J. Eder geben hier eine Orientierung; im Detail werden sie aber nicht verarbeitet bzw. produktiv gemacht.
58 Nünning, ›Intermisunderstanding‹, S. 109f.
59 Insofern Charakterisieren und Bewerten vielmals unmittelbar an kognitives bzw. affektives Involvement geknüpft sind, kommt es im Folgenden teils zu Überschneidungen.
60 Vgl. Buhl u.a., Zusammenhänge zwischen der Fähigkeit zur Perspektivenübernahme und dem Textverstehen im Vor- und Grundschulalter.
61 Vgl. Geulen, Soziales Handeln und Perspektivenübernahme, S. 59.

konstituiert den Aufbau einer Theory of Mind[62] bzw. sozialer Kognitionen.[63] Unterscheidungen in Bezug auf Perspektivenübernahmen werden dabei u.a. in Form von sozial-kognitiven und emotionalen Handlungen getroffen: Während eine emotionale Perspektivenübernahme darauf hinweist, dass die Gefühle von Anderen mental erschlossen werden,[64] zielt sozial-kognitive Perspektivenübernahme auf die Fähigkeit ab, die Gedanken und Motive Anderer zu erkennen sowie ihr Verhalten vorauszuahnen. Zum Teil vermischen sich diese Tätigkeiten, sie fallen überdies mit anderen Rezeptionsaktivitäten zusammen.[65]

Anschließend bespreche ich zunächst solche Arten der Perspektivenübernahme[66] bzw. der -anbahnung, die sich als sozial-kognitiv darstellen. Besonders anschaulich wird daraufhin erneut die Fähigkeit der Jugendlichen, die Intentionen der Figuren zu erschließen. Zumal die Leser_innen im Rahmen ihrer Perspektivenübernahmen oftmals auch den Handlungskontext der Figuren berücksichtigen, kann sich dieses Eintasten in die erzählte Situation bereits als eine Tiefendimension von Empathie darstellen.[67]

Die sozial-kognitive Perspektivenübernahme der Leser_innen wird im Wesentlichen durch die Versklavung, den Mordauftrag und den Widerstand angeregt. Während die Jugendlichen im Zuge der ersten beiden Ereignisse zumeist die Perspektive des Königs bzw. der Ägypter_innen anbahnen, rufen sie infolge des Widerstandes die Gedanken von Schifra und Pua auf.

Die Motive für die Versklavung inferieren die Jugendlichen vielmals textnah, insofern sie die Vermehrung des Volkes Israels sowie die Angst des Königs vor einem Krieg als Ausgangspunkte für Pharaos Maßnahmen angeben.[68]

> Ja […], dass das Volk halt trotzdem wuchs und deswegen fürchtete sich halt Ägypten vor Israel, weil die ja immer mehr geworden sind und deswegen […] haben sie die dann halt […] die Nachfahren Jakobs halt immer härtere Sklavenarbeit (zu?) tun, damit es denen halt (..) ja immer schlechter geht, dass die sich nicht vermehren oder dass es ihnen halt einfach nicht so gut in dem Land und dann vielleicht freiwillig gehen sogar, oder.

Zunächst einmal bilden die Informationen, die Susanna seitens der Erzählstimme empfangen hat, die Grundlage für die textnahe Lektüre der Schülerin, welche zugleich eine Perspektivenübernahme signalisiert. Anschließend antizipiert Susanna Ziele, die sie hinter den Maßnahmen vermutet. Hierzu versetzt sich die Jugendliche nun tiefer in die Perspektive der Ägypter_innen.

---

[62] B. Sodian umschreibt mit dem Ausdruck Theory of Mind »alltagspsychologische Konzepte, die wir benutzen, um uns selbst und anderen mentale Zustände zuzuschreiben«. Sodian, Entwicklung der Theory of Mind in der Kindheit, S. 44.

[63] Siehe dazu R. K. Silbereisen (1998).

[64] Vgl. Ebd., S. 834. Mitunter wird diese Form der Anteilnahme auch als Empathie definiert.

[65] Die Inszenierung der Figuren als Protagonist_innen bzw. als Antagonist_innen stellt mutmaßlich einen grundlegenden Lenkungsfaktor in Bezug auf die Art und die Bereitschaft zur Perspektivenübernahme dar. Vgl. Wulff, Empathie als Dimension des Filmverstehens.

[66] Die Äußerungen, welche im Folgenden erläutert und systematisiert werden, gelten ›a priori‹ als Ergebnisse ›weiter‹ Inferenzprozesse.

[67] Vgl. Wulff, Empathie als Dimension des Filmverstehens.

[68] Siehe dazu auch Dario, Laut-Denk-Protokoll, A. 19.

Gerade die Leserinnen nennen das Bedürfnis nach Macht als Antriebsfaktor, der Pharaos Vorgehen bestimmt: »Also, der will dann ja sozusagen sein eigenes Volk nur noch mehr unterdrücken, um dann selbst die größte Macht zu haben«, konstatiert z.B. Eva und legt die Absichten, die sie Pharao unterstellt, frei. Um schließlich die biopolitischen Intentionen des Königs entlang der Geschlechtermatrix zu entlarven, schlüpft die Jugendliche in Pharaos Perspektive. Zweierlei Motive, die auch von anderen Leser_innen inferiert werden, schlägt Eva als Begründung für Pharaos Handlungsweise vor. Neben der Annahme, wonach die Ermordung männlicher Säuglinge ein Bevölkerungswachstum der Israelit_innen verhindert, bilden kriegsstrategische Überlegungen weitere vorwissensgestützte Argumente, welche Eva in den Rastern des ›Herrschers‹ perspektivisch entfaltet. Weitere Leser_innen, wie z.B. Finn, folgen dieser Spur:

> weil auch Jungen sind öfters so Kämpfer, Krieger und auch früher [...]. die haben sich gefürchtet vor den Israeliten und [...] vor einem eventuellen Krieg, dass wenn man befiehl, dass nur Mädchen am Leben bleiben sollen, dass dann mit Mädchen ein leichterer Krieg geführt werden sollte, zumindest dachte sich das der ägyptische Herrscher.

Im Rahmen der Perspektivenübernahme fundiert Finn die eingenommenen Sichtweisen u.a. vor dem Hintergrund kulturgeschichtlicher Kenntnisse, hiermit erreicht er zugleich Distanz. Die Binarität der Geschlechter, die der Schüler dabei produktiv macht und die von der Erzählung provoziert wird,[69] bindet er zurück an Pharao – hinein in einen Kontext, der weit von der eigenen Lebenswelt entfernt liegt.

In der Linie einer doppelten Machtperspektive, wie sie u.a. dem Konzept hegemonialer Männlichkeit[70] zu eigen ist, führt Sinan zwei weitere Motive an, die Pharaos Vorgehen bestimmen: »Der Pharao [...], der reagiert irgendwie [...] halt nur gegen die Jungs als wenn der glaube, der einzige Mann sein soll, dort. Und ja, dass er halt nur umgeben ist von Frauen, die arbeiten.« Einerseits verweist der Schüler auf den Wunsch Pharaos nach einer Alleinherrschaft, die sich potenziellen Konkurrenzkämpfen zwischen Männern verweigert. Andererseits entfaltet Sinan eine Dominanzvorstellung des Königs, in der Frauen als arbeitende Untertaninnen marginalisiert und unterdrückt werden.

Im Unterschied zu den dargelegten Perspektivenübernahmen, die ja fokussiert sind auf die Sichtweise einer Figur bzw. den vermeintlichen kollektiven Blickwinkel einer Gruppe, wandern die Jugendlichen in Bezug auf den Widerstand stärker zwischen den Perspektiven der Protagonist_innen umher. Infolge der Ausrede, die Schifra und Pua gegenüber Pharao vorbringen, schlussfolgert Susanna, dass die beiden Frauen »halt nicht wollten, dass der Pharao ihnen was tut«, sie findet es deshalb »schon logisch, dass sie das gemacht haben [...]«. Augenscheinlich setzt Susanna voraus, dass der König auf eine unbegründete Befehlsverweigerung der Geburtshelferinnen gewaltsam reagieren wird. Die Motive

---

[69] Zum Teil wurden die Schüler_innen auch gezielt nach der geschlechterspezifischen Unterscheidung gefragt.

[70] Siehe dazu Teil II, Kapitel 1.1.2, dort Abschnitt (C).

der Hebammen kann die Schülerin erst herleiten, nachdem sie Pharaos Verhalten antizipiert hat. Auch Mona folgt der Annahme, wonach der König »eher lieber zu denen [ist] als wenn die einfach sagen würden: ›Ja, wir haben die Jungs nicht umgebracht, weil wir nicht auf dich hören wollen.‹« Wie Susanna, muss Mona, um die Intentionen der Figuren zu ergründen, zwischen den Perspektiven der Protagonist_innen oszillieren. ›Emotions-scripts‹ unterstützen die Strategie, weshalb die Perspektivenübernahme affektive Merkmale aufweist.

Die Bedrohung durch Pharao nimmt auch Eva wahr und ruft die Perspektive der Hebammen auf:

> [...] dass die Hebammen [...] also den Gott so verehrt haben [...]. Und ja, deswegen haben die jetzt auch nicht so auf den König gehört und haben dann, ich glaube eher so Gott als ihren, nicht so richtig Herrscher oder/also eher so (..), dass er bestimmt, was mit ihnen passiert und was sie machen und (dann haben sie sich dem?) Pharao widersetzt [...].

Eva bestimmt Gott als Instanz, die Schifras und Puas Verhalten, Denken und Handeln maßgeblich strukturiert.

Neben sozial-kognitiven Perspektivenübernahmen, stellen die Jugendlichen ferner Schlussfolgerungen zur emotionalen Verfassung der Figuren an und vollziehen damit eine affektive bzw. emotionale Perspektivenübernahme; teils werden Emotionalisierungen losgelöst: »[...] das ist ja eigentlich der, der Super-GAU, den sich die Ägypter so vorstellen, dass sie Krieg führen mit einer überlegenen, in ihrem eigenen Land, vertretenen Macht [...].« Bereits im Rahmen der entdeckenden Lektüre wurde Finns Lektüreweise als Form der Perspektivenübernahme gedeutet. Die Gefühle der Ägypter_innen zeichnet der Schüler anschaulich nach. Die expressive Bildsprache, die Finn bemüht, um seine Gedanken zu illustrieren, zeigt, dass der Jugendliche die Emotionen der Figuren aufrufen und sie ggf. sogar nachempfinden kann. Die Gottesfurcht der Hebammen im Angesicht des Tötungsauftrags durchdringt der Schüler nicht nur emotional, sondern auch theologisch:

> dass die Hebammen Gott lieben, meint ja eigentlich, dass sie das Leben viel zu sehr lieben [...] Und deshalb lassen sie auch die männlichen Kinder am Leben. Weil, das ist für Hebammen immer schwer wahrscheinlich, Kinder umbringen zu müssen, auf Befehl. Das könnte niemand machen, damit ist wahrscheinlich einfach gemeint, dass sie auch viel zu sehr die Kinder geliebt haben, die sie da auf die Welt gebracht haben [...].

Die Liebe zu Gott übersetzt der Jugendliche als Liebe zum Leben, die sich in der Rettung der Säuglinge unter Beweis stellt. Obendrein führt der Schüler den Beruf der Geburtshelferinnen als affektiv-perspektivisches Interpretament ein, das seine Erklärung fundiert. Durch den Hinweis »das könnte niemand machen«, signalisiert Finn eine persönliche, voraussichtlich emotionale Beteiligung.

Auch andere Leser_innen bahnen das Innenleben, also z.B. die Gefühle oder Wünsche der Figuren an: Im Anschluss an Susanna sind die Hebammen vermutlich »stolz, weil sie ja den ganzen Jungs halt das Leben gerettet haben.«

Joel[71] fragt sich, »warum der Pharao so krass neidisch auf die ist. […] vielleicht wären sie irgendwann ein stärkeres Volk gewesen, vielleicht hätten sie einen Krieg angefangen. Aber, das war ja alles nicht sicher.« Der Schüler stellt kritische Überlegungen zu Pharaos Handeln an; wegweisend hierfür ist die affektive Perspektivenanbahnung. Durch sein ›Lesen gegen den Strich‹ deckt Joel die fehlende Tragfähigkeit der königlichen Rhetorik auf und entzieht Pharao zugleich den Anspruch auf seine Missgunst. Den emotionalen Zustand (Neid)[72] des Königs, welchen der Schüler als handlungsanleitend markiert, kann er nicht nachvollziehen: Die Ontologie, welche Pharao angesichts der ›bedrohlichen‹ Israelit_innen entfaltet, weist Joel zurück. Susanna ›sucht‹ in den Gefühlen des Königs ebenfalls nach einem Motiv, woraufhin das brutale Vorgehen der Figur für sie erklärbar wird.[73] Auch sie folgt der Ansicht, dass Pharao »durchgeknallt« ist.

Tabea, die im Zuge der Perspektivenanbahnung durchaus empathisch auf die Situation des Königs reagiert, meldet ihrerseits Kritik an dessen Maßnahmen an:

> Ja, der König macht es klug, ne? (.) Nee, ich find das irgendwie ein bisschen komisch, dann auf einmal, dass da ein neuer König ist und dann das Volk irgendwie bekämpfen will (.). Nee. (4 Sek.). Obwohl es verständlich ist, weil das ja so viele sind, er sich bedroht fühlt, aber trotzdem finde ich es irgendwie ein bisschen doof (lacht).

Dario entfaltet die Emotion Angst[74] als Eigenschaft des Königs bzw. als Beweggrund, der ihn antreibt. Aber: Andere Menschen zu unterwerfen »nur weil man Schiss hat«, weist der Schüler als Motiv der Gewalt zurück – und das, obwohl Dario die emotionale Reaktion des Königs versteht. Angelehnt an ein hegemoniales Modelldenken, konstatiert der Schüler, »dass sie zahlreich und stärker sind als Ägypten selber, [ist] […] natürlich für ihn eine Bedrohung […] und deswegen will er klug gegen sie vorgehen.«[75]

2.1.4 Zwischenfazit

Die Aktivitäten, welche die Jugendlichen im Zuge der Lektüre von Ex 1,1-22 vornehmen, betreffen überwiegend die Figuren und geben damit zugleich Auskunft über das Verhältnis der Leser_innen zu ihnen. Die Schüler_innen begleiten einerseits die äußeren Erlebnisse der Protagonist_innen, andererseits bahnen sie Zugänge zu deren Innenleben an. Die Rezeptionstätigkeiten, die in diesem Zusammenhang in Erscheinung treten, umfassen insbesondere die Rekonstruktion von Eigenschaften, die Bewertung von Handlungen und daran gekoppelte Überzeugungen sowie Perspektivenübernahmen. Sympathie bzw. Antipathie werden

---

[71] Diese Sequenz wurde bereits in Teil IV, Kapitel 3.3.5.2, dort im Abschnitt (B) kurz besprochen.
[72] ›Neidisch sein‹ lässt sich auch als eine Eigenschaft deuten.
[73] Vgl. Susanna, Interview, A. 26.
[74] Siehe hierzu Teil IV, Kapitel 3.2.2 und Kapitel 3.4.2.
[75] Siehe dazu auch Finn, Laut-Denk-Protokoll, A. 59.

in dieser Folge wachgerufen; sie bestimmen mit über den Grad der Nähe, welchen die Leser_innen zu den Figuren herstellen. In Übereinstimmung mit theoretischen Einsichten zu narrativen Lenkungsstrategien wecken die Hebammen Sympathie. Sie dienen den Leser_innen zum Teil als Vorbilder und rufen Bewunderung hervor. Vermutlich teilen die Jugendlichen gemeinsame Überzeugungen mit den Figuren oder erkennen darin zumindest Ähnlichkeiten.

Da der König durch sein Handeln offenbar im deutlichen Widerspruch zu den Sollwerten der Schüler_innen steht, löst er gemäß narrativer Steuerungsverfahren indes überwiegend antipathische Reaktionen aus: Sie kanalisieren sich in Ablehnung und erwirken Distanz zur Figur. Wissensgeleitete bzw. erfahrungsbezogene Schemata und daraus resultierende mentale Repräsentationen sind hierbei maßgeblich an den positiven bzw. negativen Beurteilungen der Jugendlichen beteiligt. Enge und weite Inferenzen, die jeweils zur Bedeutungskonstruktion eingesetzt werden, stellen das wohl signifikanteste Bindeglied zwischen den dargebotenen Kategorien der Aktivität dar.

2.2 Kategorien des Inhalts

In diesem Kapitel betrachte und systematisiere ich Kategorien unter einer thematischen Perspektive. Ein Ziel liegt darin, die jeweiligen Deutungsrahmen zu beleuchten, innerhalb derer sich die Jugendlichen mit den Themen der Erzählung, welche sie teils weiterentwickeln und in veränderte Bahnen lenken, beschäftigen. Doch finden inhaltliche Auseinandersetzungen keineswegs losgelöst von den oben skizzierten Aktivitäten statt: Die verschiedenen Kategorien sind wechselseitig miteinander verwoben und aufeinander angewiesen.[76]

Wiederum dient die Erforschung der Kategorien nicht als eine Modifizierung der entdeckenden Analyse, sondern sie soll punktuell eine intensivere Diskussion sowie eine Bündelung von Erkenntnissen ermöglichen. Induktive und deduktive Prozesse wechseln sich dabei insofern ab, als dass die Äußerungen der Schüler_innen wohl die Basis für die dargebotenen Kategorien und ihre Untersuchung bilden, darüber hinaus werden auch theoretische Einsichten bemüht. Sie stellen übergeordnete Erklärungsangebote bereit.[77]

---

[76] Es kommen deshalb Aspekte in den Blick, die schon zuvor in unterschiedlicher Weise verhandelt wurden.

[77] Dimensionalisierungen, die Auskunft über die Ausprägungen der einzelnen Kategorien geben, sind zwar in die Sequenzanalysen eingelassen, sie werden allerdings nicht eigens begrifflich markiert.

2.2.1 Macht

Dass Macht nicht auf einen vorab festgelegten Bereich beschränkt ist, haben die verschiedenen Ausführungen dazu m.E. verdeutlicht.[78] Im Folgenden führe ich dieser vielschichtigen Perspektive allerdings eine Verengung zu: Zwei Aspekte von Macht, die *erstens* biopolitische Dimensionen[79] und *zweitens* das Begehren nach Macht bzw. ihre Perpetuierung ansprechen, werden beleuchtet. Die Dimensionen bedingen einander wechselseitig; sie stehen überdies mit anderen, von Macht durchzogenen Merkmalen in ›intersektionaler‹ Beziehung.

In Anlehnung an ein alltagsweltlich-verbreitetes Verständnis von Macht,[80] sprechen die Jugendlichen zumeist dort von Macht, wo sie (u.a. soziale) Missstände beklagen und das Figurenhandeln negativ bewerten.[81] Gerade im Rahmen der Tischset-Methode haben die Teilnehmer_innen das Thema Macht fokussiert und hierzu sowohl sozial-kognitive als auch emotionale Perspektivenübernahmen in Bezug auf Pharao vorgenommen. Macht erfassen die Leser_innen dabei mehrheitlich eindimensional als Aktionsmacht in der Linie eines ›power over‹, das sie an den König rückbinden und als zentrales Motiv nominieren,[82] welches das Figurenhandeln lenkt:

> Melina: Ja, ich denke der König hatte Angst um seine Machtposition und der wollte einfach, ja, demonstrieren, dass er immer noch so der Größte ist und, dass er über die herrschen kann […]. Und ja, ich denke, er wollte halt seine Größe zeigen und er wollte immer mehr Einfluss und er wollte auf keinen Fall, dass ein anderes Volk genau so viel Macht und Stärke oder sogar noch mehr bekommt und hat deshalb so gehandelt.

> Mona: Ja, ich denke, dass der König Angst davor hatte, dass das Volk Israel sich so schnell vermehrt und dann irgendwann Krieg gegen ihn anfängt, weil die zum Beispiel unzufrieden mit ihm sind oder was auch immer. Und deswegen wollte er die Gefahr stoppen, bevor die dann überhaupt so richtig ausbricht. Weil er seine Macht nicht verlieren wollte.

> Dario: Ich denke schon, dass er Schiss hat um sein Volk, weil er […] steht ja sozusagen über ihm und hat für sie zu sorgen und wenn er dann […] seine Macht verliert über, über ein anderes Volk, was mit in seinem Land lebt, dann hat er auch gleich weniger Kontrolle über sein eigenes Volk und kann damit auch nicht so gut für es sorgen.

---

[78] Siehe dazu u.a. Teil II, Kapitel 1.1.3 (hier auch die Fußnote 143) sowie Kapitel 1.1.4.

[79] Fokussiert werden in diesem Zusammenhang nicht M. Foucaults Überlegungen zu den Machtverhältnissen im Rahmen von Leben und Tod im 19.Jhd., die er mit dem Ausdruck Biomacht überschreibt, sondern seine Ausführungen zu vorangegangenen Zeiten. Vgl. hierzu Foucault, Sexualität und Wahrheit, S. 1130f.

[80] Vgl. Imbusch, Macht und Herrschaft in der wissenschaftlichen Kontroverse, S. 9.

[81] Ausnahmen sind z.B. im Gespräch zwischen Melina, Mona und Dario zu finden. Siehe dazu Teil IV, Kapitel 3.4.2.

[82] Siehe hierzu Imbusch, Macht und Herrschaft in der wissenschaftlichen Kontroverse, S. 11.

Obwohl die Schüler_innen die Beweggründe des Königs u.a. im Anschluss an die ›Übernahme‹ seiner ›ver*ändernden*‹ Rhetorik sowie im Spiegel der sozialen Position (Pharao) erfassen und nachvollziehen können,[83] lehnen sie die daran gekoppelten Konsequenzen, die sich final in Gewalt niederschlagen, ab.[84] Maßgebend für die Auseinandersetzung sind die Vorstellungen, welche das Schema König loslöst (Macht, Status Kontrolle, Verantwortung) und die infolge des Figurenhandelns enttäuscht werden: »Es geht um Macht, also von dem König. Dann um Sklaverei, um (..) ja, dass man halt das Volk vernichten will, man will die Anderen fertig machen, damit man ganz allein an der Macht ist […]«, erklärt Melina.

Auch Finn arbeitet die biopolitischen Interessen, welche den Unterdrückungsmaßnahmen zugrunde liegen, heraus: Die »Israeliten sollen mit harter Zwangsarbeit daran gehindert werden, sich weiter auszubreiten […].« Die Kontrollmacht, welche die Ägypter_innen zu verlieren drohen, hebt Finn sodann als weiteres Handlungsmotiv im Horizont der Unterdrückung hervor.[85] »Und der Pharao hat sich wahrscheinlich ein bisschen angegriffen gefühlt, würde ich vermuten, weil sonst würde er das ja nicht machen, so Völkermord begehen und (..) (unv.)«, gibt Susanna zu bedenken und ruft die Perspektive des Königs sowie dessen genozidalen Absichten ebenfalls auf.

Die biopolitischen Maßnahmen, die der König einleitet und die im Mordauftrag an männlichen Säuglingen gipfeln, irritieren viele Leser_innen und evozieren ihre Ablehnung. Dennoch können sie Pharaos Absichten im Zuge kulturgeschichtlich-›intersektionaler‹ Deutungsmuster inferieren: »[…] weil das Volk sich halt immer noch weiter ja (.) vermehrt und deswegen will er dann halt, dass die Jungen abgetötet werden […] also die Jungen sind ja auch, könnten vielleicht auch in den Krieg ziehen«, überlegt Melina als sie nach möglichen Gründen in Bezug auf das Figurenhandeln gefragt wird und Dario schlussfolgert: »Okay, er sorgt dafür, dass keine männlichen Nachfahren kommen und um damit das Volk zu schwächen, nehme ich an.« Einen ähnlichen Referenzrahmen macht Eva produktiv:

> […] Die Frauen können ja nicht von anderen Frauen schwanger werden, deswegen denke ich, dass er damit die Geburtenrate runterschrauben wollte. […] der wollte vielleicht auch damit sein Volk dann, also das Volk schwächen, weil die Männer waren ja früher so die Krieger sozusagen und die Frauen haben sich ja eher um die Familie und so gekümmert. Ja (.), das war ja noch nicht so wie heute.

Auch Eva setzt kriegsstrategische Überlegungen und historische Geschlechtervorstellungen ›intersektional‹ zueinander in Beziehung, um das Figurenhandeln zu beleuchten; dabei nimmt sie zugleich eine Abgrenzung von eigenen Lebenserfahrungen vor.

---

[83]   Siehe dazu Melina, Tischset-Verfahren, A. 19; Mona, Tischset-Verfahren, A. 22. Siehe hierzu auch Finn, Laut-Denk-Protokoll, A. 59.
[84]   Siehe dazu Tischset-Verfahren, A. 25-30.
[85]   Vgl. Finn, Laut-Denk-Protokoll, A. 52.

Während die Mehrheit der Jugendlichen die Macht des Königs auf dem Hintergrund einer negativen Bevollmächtigung d.h. als ein ›power over‹ deutet, betont Josefine die Innovationspotenziale, die mit dem neuen König einhergehen können. »Weil er sozusagen dann eine neue Macht gab. Und […] vielleicht hätte er […] dann auch was anderes gemacht als der König davor.« Die Schülerin verweist auf eine positive Dimension von Macht; sie rückt damit an das Verständnis eines ›power to‹ heran, dass sie folgendermaßen darlegt: »Weil er sagt, dass das […] Land weiter wachsen kann und er halt auch sagt, dass man im Krieg dann halt die Feinde schlagen kann (.) und ja.« Josefine hebt auf die Aktionsmacht also die Befähigung des Königs ab (›power to‹), spezielle – in diesem Fall kriegerische – Ziele erreichen zu können.[86]

2.2.2 Gott – Glauben – Widerstand

Im Anschluss an entwicklungs- und kognitionspsychologische Modelle zeichnet sich Glaubensentwicklung[87] durch unterschiedliche Stufen aus, die typischerweise prozessual verlaufen.[88] Gerade in Bezug auf das frühe Jugendalter folgen Forscher_innen der Annahme, dass Glaubensinhalte und -überzeugungen in dieser Phase oftmals unkritisch angenommen werden.[89] Dabei bildet aber die Fähigkeit zum formal-operatorischen Denken sowohl eine Bedingung als auch ein Merkmal dieses Stadiums. Jugendliche sind also mehrheitlich in der Lage, die eigene Person zu reflektieren. Im Gegenüber zur Kindheit ändert sich daraufhin z.B. die Vorstellung von Gott, die nun zunehmend an Komplexität gewinnt und die Heranwachsenden deshalb vielmals an ihre Grenzen führt.[90]

Die Jugendlichen, die im Rahmen dieser Studie befragt wurden, berichten überwiegend von einem vertrauensvollen Gottesverhältnis und einer durchaus tiefen Glaubensüberzeugung. Auch jenseits von Religionszugehörigkeit sind die Haltungen neutral bis affirmativ.[91] Die positiven Erfahrungen, von welchen die Jugendlichen erzählen und auf die sie zurückgreifen können, wirken sich vermutlich auf die Rezeption von Ex 1 aus. Vor dem Hintergrund der Einsicht, nach welcher Sympathie gegenüber Figuren dort angeregt wird, wo die Darsteller_innen dem Wertesystem der Lesenden nahe stehen, stellt die teils enge Beziehung der Jugendlichen zu Gott sehr wahrscheinlich *einen* Faktor im Kontext der

---

[86] Siehe dazu Imbusch, Macht und Herrschaft in der wissenschaftlichen Kontroverse, S. 11.

[87] Da in den vorangegangenen Kapiteln bereits vielzählig auf die Hebammen und Gott verwiesen wurde und ich Redundanzen vermeiden möchte, fasse ich mich in der nachfolgenden Darstellung bewusst kurz.

[88] Obwohl die Stufen prinzipiell durchlässig sind, werden Stufentransformationen oftmals als andauernd und krisenhaft erlebt. Vgl. Bucher u. Oser, Entwicklung von Religiosität und Spiritualität, S. 611.

[89] Vgl. Fricke, Von Gott reden im Religionsunterricht, S. 16.

[90] Vgl. Fowler, Stufen des Glaubens, S. 170–180.

[91] Mit bemühter Gleichgültigkeit reagiert Joel auf die Darstellung von Gott, die ihm vermutlich miss-fällt. Vgl. Joel, Laut-Denk-Protokoll, A. 26.

Sympathiesteuerung dar.[92] Das Handeln von Schifra und Pua, das überwiegend Bewunderung seitens der Lesenden auslöst, verknüpfen sie mehrheitlich mit dem Glauben der beiden Frauen, den sie wohl auch deshalb als positive Eigenschaft nominieren: Susanna gefällt, dass Schifra und Pua an ihrem Glauben, den die Schülerin als lebensbejahend voraussetzt, festgehalten haben.[93] Und Tabea stellt die Befehlsverweigerung der Figuren ebenfalls in einen direkten Zusammenhang mit der Glaubensüberzeugung: »[D]ie Hebammen, wollten das ja nicht machen, weil sie so an Gott glauben und das halt nicht in Ordnung finden.«

Schifra, Pua und Gott bilden voraussichtlich eine ›in-group‹, mit welcher sich die Schüler_innen solidarisieren können. Dabei funktioniert Gott zum Teil auch als Beurteilungshilfe, um das Figurenhandeln zu bewerten.[94] Einige Leser_innen weichen in Bezug auf die beziehungsstiftenden Ausdrücke allerdings vom erzählten Vokabular ab; das Verb ›verehren‹ ersetzen sie durch Begriffe wie ›lieben‹ oder ›glauben‹: »Dass die Hebammen Gott lieben, meint ja eigentlich, dass sie das Leben viel zu sehr lieben, man könnte Gott auch einfach mit dem Leben in Verbindung setzen oder das Leben ist Gott oder Gott ist das Leben.«[95] Ausgehend vom Figurenhandeln modelliert Finn Gott als Sinnbild des Lebens. Schifras und Puas rettende Maßnahmen markieren in der Wahrnehmung des Schülers die notwendige Folge ihrer göttlichen Ehrerbietung. Zugleich ist Finn aber irritiert:

> Okay, warum geben die Hebammen der Gottheit die Ehre. Geben/ist da mit dem Ehre meinen gemeint, dass sie die Ehre geben, indem sie das Leben, das grad auf die Welt gekommen ist, nicht töten oder wie ist das gemeint dann? Das weiß ich nicht jetzt ganz und wie kann es Gott den Hebammen gut gehen lassen, wenn er doch materiell eigentlich nicht besteht? Das ist die Frage [...].

Bereits innerhalb der entdeckenden Analyse wurde aufgezeigt, dass sich Finn außerhalb anthropomorpher Vorstellungsrahmen bewegt; Gott deutet der Schüler symbolisch. Zunächst ist er deshalb in Konflikt mit der narrativen Darstellung der Gottesfigur geraten, was die Kohärenzbildung erschwerte. Im Fortgang der Lektüre hat Finn aber Erklärungen zum Figurenhandeln gefunden (naturalisiert), die vermutlich mit seinen Einstellungen harmonieren oder diesen zumindest nicht widersprechen.[96]

Indem Leser_innen wie Finn den Ausdruck ›verehren‹ durch Begriffe wie ›lieben‹ oder ›glauben‹ ersetzen bzw. dazwischen changieren, bauen sie ggf. eine strategische Brücke, die ihnen den Zugang zum Erzählten erleichtert. Ob die Jugendlichen den Begriff ›verehren‹ aufgrund seiner Semantik vorsätzlich negieren oder unbewusst ein Wort wählen, das ihnen vertrauter ist und Nähe zu den Figuren herstellt, bleibt offen.

---

[92] Jedoch stellen auch die Schüler_innen, die keiner Religionsgemeinschaft angehören, solche Verbindungen her.
[93] Vgl. Susanna, Laut-Denk-Protokoll, A. 23.48.
[94] Siehe dazu z.B. Melina, Brief.
[95] Siehe hierzu auch Susanna, Laut-Denk-Protokoll, A. 48.
[96] Vgl. Finn, Laut-Denk-Protokoll, A. 70.

2.2.3 Alterität

In Rekurs auf Anja Becker und Jan Mohr (2012) ist mit dem Konzept der Alterität »[…] ein irgendwie Anderes, eine Andersheit angesprochen, ein Gegensatz markiert. Mit ihm rückt etwas Abweichendes, Fremdes, Unvertrautes in den Blick.«[97] Die Herstellung von Alterität ist in Ex 1 sowohl auf der Ebene des ›discourse‹ als auch der ›story‹ – allerdings gegenläufig – angelegt. Dass Alterität als Reader-Response-Kategorie hervortritt,[98] ist nicht nur vor diesem Hintergrund naheliegend, sondern auch im Anschluss an die einschlägige Fachliteratur: Texte, die zeitlich bzw. räumlich von den Realitäten aktueller Leser_innen entfernt liegen, versprechen ein hohes Alteritätspotenzial und kommen deshalb immer schon als interkulturelles Spannungsfeld in Frage:[99]

> dass damals der ägyptische König einfach Anweisungen gegeben hat und das Volk hat bedingungslos einfach akzeptiert und alle haben ihm gehorcht, so eine totalitäre Macht. So was gibt es heute nicht mehr. Es gibt ganz viele Unterschiede und wenn man zwischen den Zeilen liest, findet man die auch.

Bereits im Rahmen der entdeckenden Analyse habe ich Finns Rezeption in der Perspektive von Alterität gedeutet. Die Andersheit kommt m.E. durch die komplementär zueinander angelegten Referenzrahmen zustande,[100] welche der Leser jeweils für die biblische Darstellung bzw. die eigene Lebenswelt voraussetzt.[101] Alterität stellt sich daraufhin als ein Interpretament dar, das Gegensätze anzeigt.

Das politische System, das Eva in der ›storyworld‹ wiedererkennt, ist ihr unvertraut. Weil die Schülerin »noch nicht so eine Diktatur miterlebt« hat, fällt es ihr schwer, die erzählte Welt zu imaginieren.[102] Es ist aber nicht allein die soziale Umgebung, die Eva und weitere Mitschüler_innen als abweichend zur eigenen Lebenswelt konstatieren, Finn hinterfragt zudem die verfügbaren Wissensvoraussetzungen der Figuren. Im Hinblick auf Schifras und Puas List gibt der Schüler zu bedenken: »[…] die Ausrede würde heutzutage […] einfach keiner mehr sagen, weil das können […], das deutet sich ja manchmal Stunden oder Tag vorher an.«[103] Auch als Finn danach gefragt wird, ob er die Angst des Königs verstehen kann, stellt er im Austausch mit der Erzählung sowie auf der Grundlage von erfahrungsbezogenen Schemata eine Abgrenzung her:

> Naja, in Deutschland gibt es ja irgendwie – ich weiß nicht wie viele – aber wir haben nicht wenig Einwanderer und Ausländer in unserem Land. Auch in Waldau haben wir nicht wenige. Aber,

---

[97]   Becker u. Mohr, Alterität, S. 5.
[98]   Obwohl Geschlechterkonstruktionen ebenfalls als Alteritätsdiskurse hervortreten, werden sie anschließend gesondert betrachtet.
[99]   Vgl. Gerner, Das Eigene und das Andere, S. 228. Siehe hierzu auch Wintersteiner, Transkulturelle literarische Bildung, S. 174.
[100]   Siehe dazu Albrecht, Fremdheit als kulturkonstitutive Deutungskategorie, S. 111.
[101]   Vgl. Wintersteiner, Transkulturelle literarische Bildung, S. 174.
[102]   Siehe dazu auch Wulff, Empathie als Dimension des Filmverstehens.
[103]   Siehe dazu auch Finn, Laut-Denk-Protokoll, A. 18.

ich hab jetzt keine Angst, nur weil ich meinen schwarzen Freund Pascal in der Klasse hab, hab ich keine Angst, dass die Schwarzen irgendwie jetzt versuchen Deutschland einzunehmen oder so. Weil normalerweise, wenn man friedlich ist, sind die meisten meist auch friedlich und ich versteh mich super mit ihm und ich hab jetzt keine Angst, dass die irgendetwas Böses tun würden.

»Wir haben nicht wenige Einwanderer und Ausländer in unserem Land«, resümiert Finn und konzipiert die Israelit_innen bzw. deren Handlungsabsichten analog zu »Einwanderer[n] und Ausländer[n]«, die er im persönlichen Umfeld verortet. Die Ereignisse innerhalb der ›storyworld‹ spiegelt Finn in den Bildern seiner eigenen Lebenswelt wider, wobei er »Einwanderer und Ausländer« zumindest sprachlich objektiviert. Schließlich befördert die Kontrastierung mit den persönlichen Erfahrungen allerdings Finns Unverständnis in Bezug auf Pharaos Vorgehen. Doch obwohl er in diesem Zuge beabsichtigt, Ägyptens Furcht und ggf. den ihr inkorporierten Rassismus zu negieren, kreiert er durch seine gleichsam exklusive wie generalisierende Rede ebenfalls eine Abgrenzung, die im ›Wir-Die-Schema‹ zum Ausdruck kommt. Im Fortgang nimmt Finn das Migrationsschema neuerlich auf und bettet seine Vorstellungen hierzu in den Kontext der erzählten Welt ein:[104]

> Naja, es wird ja nichts erzählt, ob die Israeliten wirklich Krieg wollen gegen die Ägypter und das Land einnehmen wollen. Aber, ich bin jetzt mal der Meinung/sie sind ja eingewandert, dass man/da hat man auch ein bestimmtes/zumindest ich hätte so ein gewisses Gefühl oder auch so eine bestimmte Dankbarkeit, überhaupt in dem Land sein zu dürfen. Weil, sie sind ja nicht ohne Grund eingewandert wahrscheinlich und dann würde man keinen Krieg führen.

Pharaos Rhetorik hinterlässt Zweifel bei Finn und motiviert ihn zum Nachdenken. In der Perspektive eines Migranten gewährt der Jugendliche schließlich einen Einblick in seine persönliche emotionale Überzeugung: »Ich hätte so ein gewisses Gefühl oder auch so eine bestimmte Dankbarkeit überhaupt in dem Land sein zu dürfen.« Finn wäre dankbar für die Möglichkeit, zu immigrieren. Einerseits impliziert der Schüler damit ein Gefühl, das nähe-stiftendes Potenzial besitzt. Andererseits kann Dankbarkeit auf der Seite von Gast*geber_innen* aber besondere Erwartungen freisetzen, die infolge des Verbes ›dürfen‹ eine hierarchische Beziehung signalisieren. Dass die Israelit_innen kriegerische Ziele im Blick auf Ägypten verfolgen, erscheint Finn infolge der aufgespannten Referenzen wenig plausibel.

Eine Konfliktsituation, die auf ethnischer Andersheit aufbaut, identifiziert sodann Mona:

> Also, ich würde eher vermuten, dass die [Hebammen] auch aus Ägypten kommen, weil ich glaube nicht, dass welche/die Hebräerinnen auf den ägyptischen König hören würden. Aber

---

[104]   Auch diese Sequenz wurde im Verlauf der heuristischen Analyse bereits gesichtet.

anderseits ist es auch unlogisch, dass die ägyptischen Hebammen den Hebräerinnen irgendwie helfen.

Ein Miteinander der Figuren kann sich Mona kaum vorstellen; zu stark interveniert das alteritäre Moment und schränkt die Imaginationsräume der Leserin ein. Die beiden Völker verortet Mona in einem ethnischen Spannungsfeld, das ihr die Vorstellung von Interkulturalität innerhalb der erzählten Welt verweigert. Doch nicht nur Mona ist irritiert: Bereits im Rahmen der entdeckenden Analyse wurde deutlich, dass Finn ebenfalls einige Fragen im Hinblick auf Schifras und Puas Herkunft hat:

> Ich hab das »bei der Geburt beistehen« […] unterstrichen, weil ich mir so […] gedacht hab, ob das wirklich ist so, dass die ägyptischen Hebammen, wenn es denn auch ägyptische Hebammen waren überhaupt, ob die wirklich dann den […] Hebräerinnen, also den Ausländern, beigestanden haben. Oder, ob die nicht eher so Schreckschrauben waren, die dann […] dabei standen, schon darauf gewartet haben, dass das ein Junge ist, den sie dann gleich töten können. […], das ist halt überhaupt nicht definiert, was die unter beistehen […] verstehen […] und dass da eine gewisse Feindseligkeit auch zwischen […] den beiden Völkern bestand, das ist ja auch raus zu lesen aus dem Text.

Auf der Basis von ethnischer Andersheit, die Finn gleichwohl mit Vorbehalt postuliert, übernimmt der Schüler kurzzeitig Schifras und Puas Perspektive. Er entwirft eine erzählte Welt, in der »die Feindseligkeit […] zwischen den beiden Völkern« das Figurenhandeln mutmaßlich mitbestimmt. Vor dem Hintergrund der imaginierten Situation sowie Schifras und Puas Stellung darin, erscheint Finn die Möglichkeit, dass die Frauen Pharaos genozidalen Wunsch teilen, durchaus glaubhaft. Zumal der Schüler den Ausdruck ›beistehen‹ als eine ›unschließbare‹ Leerstelle erfasst, verdichtet sich die Irritation. Kohärenz infolge der lebensrettenden Maßnahmen generiert Finn jedoch, als die Erzählstimme auf die Gottesfurcht der Hebammen hinweist.[105]

Innerhalb der ›storyworld‹ von Ex 1 wird die Wahrnehmung der Israelit_innen als ›die Anderen‹, ›die Fremden‹ und letzthin ›die Bedrohung‹ durch Pharao initiiert. Infolge von narrativen Lenkungsstrategien kehrt sich diese Perspektive auf der Rezeptionsebene aber zunehmend um:[106] Die Jugendlichen erheben Einspruch gegen das gewaltsame Vorgehen von Pharao und die Hebammen geben dem Protest der Leser_innen im Zuge ihres Widerstandes statt. Bevor die brutalen Maßnahmen jedoch in Kraft treten, hält z.B. Paul das Schema vom israelitischen Volk als Objekt noch aufrecht:

> Ja, […] dass die halt trotzdem weiterwachsen und sie sie irgendwie nicht aufhalten konnten und dann haben sie (sie?) halt noch härter versklavt, das ist auch nicht so gut. Hätte man die, wenn man die […] schon versklavt, nicht einfach in ihr Land

---

105 Vgl. Finn, Laut-Denk-Protokoll, A. 70.
106 Siehe dazu Teil V, Kapitel 2.1.

sozusagen zurückbringen oder verbannen können (.), so was
denke ich.

»Also das finde ich natürlich jetzt nicht so gut, weil das sind ja immer noch
Menschen, die man da unterdrückt«, erklärt Paul im Blick auf die Versklavung
der Israelit_innen und macht seine Verweigerung transparent. Die Gewalt, die
den Israelit_innen in Form von Versklavung widerfährt, lehnt Paul ab und schlägt
stattdessen Maßnahmen vor, die der herrschaftlichen Logik des Königs wohl entsprechen, allerdings weniger brutal anmuten. Obwohl Paul das Handeln von Pharao ablehnt, trennt er sich vorerst nicht vom exkludierenden bzw. hegemonialen
Blickwinkel der Figur. Bereits im Verlauf der entdeckenden Analyse wurde Pauls
Lektüre besprochen. Zwar weist der Schüler das Ereignis der Unterdrückung ausdrücklich zurück, zugleich signalisiert er allerdings einen Unterschied zwischen
Ägypten (Subjekt) und Israel (Objekt). »[…] das sind ja immer **noch** Menschen,
die man da unterdrückt«, konstatiert Paul. Die möglichen Gründe für die Einwanderung der Israelit_innen kommentiert der Schüler dabei nicht.[107]

Dass die Abgrenzungen, welche die Lesenden vornehmen, nicht nur die Figuren und ihre Kontexte betreffen, sondern vereinzelt auch aktuelle Entwürfe
zum Orient involvieren, zeigt Monas Äußerung:

> Heutzutage ist es ja glaub ich – also, ich weiß nicht, ob das immer
> noch so ist […], dass auch in vielen Ländern da, im vorderen
> Orient, da war es andersherum, dass die die Mädchen meistens,
> glaub ich, umgebracht haben und nur die Jungs am Leben
> gelassen haben. Ja.

Vor dem Hintergrund von Wissensbeständen zum Orient, die Mona allerdings
mit Vorsicht entfaltet, hinterfragt die Schülerin den Tötungsauftrag. Pharaos genozidale Absichten widersprechen den soziokulturellen Referenzen, welche die
Jugendliche für ihre Deutung aufruft. Die Alterität ist zweifach angelegt: Einerseits enthält sie eine zeitliche Komponente, d.h. eine Unterscheidung von früher
und heute. Andererseits tritt eine Abgrenzung in Bezug auf den Vorderen Orient
als Kulturraum hervor, den die Schülerin vermutlich abseits der eigenen Umgebung verortet.

2.2.4 Geschlechter-Bilder

Gender,[108] so Judith Butler (2012), »ist der Mechanismus, durch den
Vorstellungen von Männlichkeit und Weiblichkeit produziert und naturalisiert
werden. Gender könnte aber auch der Apparat sein, durch den solche Vorstellungen dekonstruiert und denaturalisiert werden.«[109] In aller Regel unterliegen

---

[107] Ebenso wie Sinan und Lena hat Paul die Erzählung nicht noch einmal aus der Retrospektive angeschaut. Die Methode des nachträglichen Lauten Denkens wurde erst im Anschluss an die Lektüre
dieser ersten drei Teilnehmer_innen eingeführt.

[108] Siehe hierzu Teil II, Kapitel 1.1.2, dort Abschnitt (C).

[109] Butler, Die Macht der Geschlechternormen und die Grenzen des Menschlichen, S. 74.

Vorstellungen und Konstruktionen im Rahmen von Geschlecht einem hetero-normativem Denk- bzw. Handlungssystem. Nur selten sind geschlechtsbezogene Bedeutungsmuster und -praktiken wertneutral. Vielmehr stehen sie in einem engen Zusammenhang mit Macht und Herrschaft sowie verschiedenen Ausprägungen von Gewalt, die im Geschlecht ›gerinnen‹ und sowohl historisch als auch kulturell wandelbar sind.

Die Exodusexposition verhandelt Geschlecht als eine Kategorie, die mehrdimensional wirksam wird: In narratologischer Perspektive sind hier die Ebenen des ›discourse‹, der ›story‹ und der ›Rezeption‹ zu unterscheiden.

Im Zuge der Geschlechtermatrix, die innerhalb der erzählten Welt zur Geltung kommt und die ausschließlich das ›Männliche‹ bzw. ›Weibliche‹ voraussetzt, werden die Jugendlichen gewissermaßen in ein binäres System von Zweigeschlechtlichkeit gedrängt, das stereotype Vorstellungsbilder, insbesondere ›Genderismen‹ und ›Sexismen‹ befördert:[110]

> Okay, er sorgt dafür, dass keine männlichen Nachfahren kommen und um damit das Volk zu schwächen nehme ich an, damit die sich nicht aufwiegeln können, weil ja nur Männer [...] die Waffen nehmen können und das Ganze sich wehren könnten. Soweit die Theorie und (4 Sek.) [...] was mir so durch den Kopf geht, was so eine Frage wäre: Macht er sich damit nicht so eigentlich die Hilfe, die er sich von denen holt kaputt? Die Frauen können ja nicht allzu hart für ihn arbeiten (...) und deswegen macht er sich ja eigentlich, das was er sich von denen holt, bis auf die Sicherheit, dass sie ihn nicht stürzen, eigentlich den Teil kaputt (5 Sek.) und macht es trotzdem, skrupellos.

Bereits im Zuge der entdeckenden Analyse habe ich diese Laut-Denk-Sequenz von Dario erörtert. Die Analyse hat gezeigt, dass die Kritik, welche der Schüler an Pharaos Vorgehen anmeldet, zentral in ›intersektionalen‹ bzw. ›inter-kategorialen‹[111] Konstruktionen entlang von Geschlecht, (körperlicher) Arbeit und Wehrhaftigkeit aufgeht. Die Basis für Darios Überlegungen bilden nicht nur die strukturellen Bedingungen der ›storyworld‹ und Pharaos Handeln darin, sondern ferner soziokulturelle Schemata des Schülers. Vor dem Hintergrund, dass »nur Männer [...] die Waffen nehmen können«, entwirft der Jugendliche sukzessive ein System, welches Männer und Frauen infolge spezifischer Eigenschaften gegeneinander ausspielt; dabei sind den Vorstellungen von Geschlecht bereits Klassismen eingetragen. Zumal die dargebotene Geschlechterordnung Darios Überlegungen maßgebend bestimmt, kann der Schüler die Strategie des Königs vorerst zwar nachvollziehen, zugleich wird Geschlecht in seiner interdependenten Gestalt aber zum Hebel, der die vormals kohärenten Gedankengänge irritiert.

---

[110] Der Ausdruck Genderismen bezeichnet u.a. Festschreibungen im Rahmen geschlechtsbedingter Rollenstereotype. Zur bibeldidaktischen Dekonstruktion bzw. Konstruktion von Geschlecht siehe z.B. M. Wischer (2007). In Bezug auf die Literaturdidaktik ist auf die Arbeiten von H. Decke-Cornill hinzuweisen.

[111] Beide Praktiken werden hier nicht als Analysestrategien, sondern als vorreflexive Handlungen verstanden.

Die geschlechtsspezifischen Referenzen, die Dario für die erzählte Welt produktiv macht, legen sich also wie ein Filter über seine Vorstellungsmöglichkeiten: Kriegerisches bzw. opponierendes Handeln kodiert Dario als rein männliche Attribute und kann den Mordauftrag daraufhin nachvollziehen. Weil der Schüler aber voraussetzt, dass Frauen »nicht allzu hart für [Pharao] arbeiten« können, bezweifelt er in der Perspektive einer ökonomisch-herrschaftlichen Logik die Wirksamkeit weiblicher Sklavinnen und damit ferner die königliche Taktik.

In den geschlechtsspezifischen Rezeptionen der Jugendlichen werden teils alteritäre bzw. ›intersektionale‹ Konstruktionen offenbar, die auf dem Hintergrund soziokultureller ›frames of references‹ zustande kommen und Kohärenz stiften. Kennzeichnend ist dabei in Bezug auf viele Leser_innen eine persönliche Abgrenzung sowohl von den Figuren als auch der erzählten Welt:

> Okay, mir erschließt sich nicht, warum man die Jungen töten soll und die Mädchen am Leben lassen soll. Vielleicht, weil Frauen für Zwangsarbeit […] nicht gemacht worden sind oder warum auch immer: Weil, weil, weil Männer stärker arbeiten könnten. Ich weiß es nicht […]. Weil auch Jungen sind öfters so Kämpfer, Krieger und auch früher hatten sich ja/ man/haben wir ja gerade schon gesehen; man/die haben sich gefürchtet vor den Israeliten und vor der/vor einem eventuellen Krieg, dass wenn man befiehl, dass nur Mädchen am Leben bleiben sollen, dass dann mit Mädchen ein leichterer Krieg geführt werden sollte, zumindest dachte sich das der ägyptische Herrscher.

Ähnlich wie Dario – allerdings mit Vorsicht – entfaltet Finn seine Argumentation auf der Grundlage binärer geschlechtlicher Zuschreibungen, die zunächst durch ein Spektrum biologistischer bzw. sozialer Differenzmerkale ausgelöst werden. In der dargebotenen Perspektive des Schülers können Männer möglichenfalls »stärker arbeiten« als Frauen; fernerhin gelten sie als Kämpfer. Erkennbar wird die Tendenz des Schülers zu einer »Ver(zwei)geschlechtlichung«[112] von Arbeitskraft und damit verbunden auch von Körperlichkeit. Undurchsichtig bleiben jedoch die logischen Schlüsse, die Finn zieht: Nimmt der Jugendliche an, dass die ›kräftigen Männer‹ den biopolitischen Maßnahmen des Königs länger Stand halten als Frauen, die angreifbarer für körperliche Schwäche sind? Unter dieser Bedingung könnte Finn bereits die Zwangsarbeit als genozidale Strategie deuten. Im Fortgang des lauten Denkens inferiert der Schüler dann kriegsstrategische Überlegungen, um Pharaos Handeln zu begründen. Abermals bemüht er für seine Schlussfolgerungen spezielle Geschlechterzuschreibungen. In ihnen überlagern sich Sexismen und Genderismen, welche Finn allerdings an das soziokulturelle Voraussetzungssystem der erzählten Welt bzw. den ägyptischen Herrscher rückbindet. Insofern er den ›Standort‹ seiner Deutung anzeigt, begrenzt Finn ihren Geltungsanspruch und distanziert sich davon bzw. vom Figurenhandeln.[113]

---

112 Schaufler, Schöne Frauen, S. 113.
113 Eine von der Gegenwart entkoppelte vergeschlechtlichte Arbeitsteilung, die Differenz stiftet, wird auch in folgenden Laut-Denk-Protokollen erkennbar: Vgl. Eva, Laut-Denk-Protokoll, A. 39; vgl. Lena, Laut-Denk-Protokoll, A. 26; vgl. Melina, Laut-Denk-Protokoll, A. 53.

Ein weiteres Vorstellungskonzept, das gerade im Zusammenhang von ›Männlichkeiten‹ verhandelt wird, kommt in den Überlegungen von Sinan zur Geltung:

> Der Pharao oder der König find ich, der, der reagiert irgendwie […] halt nur gegen die Jungs als wenn der glaube, der einzige Mann sein soll, dort. Und ja, dass er halt nur umgeben ist von Frauen, die arbeiten. […] dass kein neuer Pharao kommt, nur er bleibt.

Beispielhaft zeichnet Sinan mit seiner Beschreibung des Königs, die ja zentral aufgeht in der strukturellen Repression von Frauen sowie der homosozialen Dominanz über andere Männer, grundlegende Phänomene nach, die im Kontext konstruktivistischer Männlichkeitsforschungen analysiert werden.[114] In der Linie eines patriarchalen bzw. hegemonialen Handlungsentwurfs legt der Schüler einerseits Pharaos Ambition, und zwar die Ausbeutung von Frauen als Arbeitskräfte, frei. Andererseits deutet Sinan den Tötungsauftrag als eine Strategie des Königs, um die Alleinherrschaft zu sichern.

Auch Susanna sucht Anschluss an Pharaos biopolitische Motive und diskutiert auf dieser Folie die Geschlechterdifferenz, welche ›im‹ Körper ihren Kulminationspunkt findet. Maßgebend für die Überlegungen der Schülerin sind vorwissensgestützte Schemata, woraufhin sich die genozidalen Absichten des Königs in der Sabotage des geschlechtlich-organisierten Reproduktionssystems erfüllen. Einen logischen Denkfehler in Bezug auf die Strategie von Pharao identifiziert Susanna jedoch, wenn sie die Rolle der Mädchen im Blick auf Schwangerschaft und Geburt als besonders bedeutsam postuliert. Abermals stellt sich die Kategorie Körper daraufhin als Hebel und Signifikant der Geschlechterdifferenz dar:

> Also, das ist ja eigentlich dann quasi schon Mord […], wenn der ägyptische König halt diesen Hebammen der Hebräerinnen halt diesen Befehl gab, dass sie die Kinder, also die Jungs halt töten sollen. Weil, dann können die sich ja ziemlich schwer nur vermehren (.). Obwohl, eigentlich wäre es ja irgendwie ein bisschen logischer, wenn die die Mädchen nicht leben lassen würden. Die Mädchen könnten ja quasi mehrere Nachfahren zeugen oder die sind quasi die, die es dann austragen.

Obwohl die Exodusexposition Genderismen und Sexismen durchaus provoziert, lädt sie die Leser_innen zum Aufruf von Egalität ein:

> Johannes: […] auf jeden Fall finde ich das nicht gut so, weil jeder hat ja ein Recht auf Leben, egal, ob Junge oder Mädchen und ja.

> Sinan: Weil das einfach (.) dumm ist, dass sie ein Mädchen leben lassen und einen Jungen nicht, dass sie ihn direkt töten sollten. Also: Jeder, jedes Geschlecht hat das Recht zu leben, deswegen.

Ausgelöst durch das Figurenhandeln beziehen Johannes und Sinan deutliche Position: In Konfrontation mit dem König ist die egalitäre Haltung, nach der »jedes

---

[114] Siehe hierzu z.B. Aulenbacher, Meuser u. Riegraf, Soziologische Geschlechterforschung, S. 116. Einen guten Einblick in die ›Geschichte der Männlichkeiten‹ bietet die gleichnamige Monografie von J. Martschukat u. O. Stieglitz (2008). Siehe hierzu außerdem Teil II, Kapitel 1.1.2, dort Abschnitt (C).

Geschlecht [...] das Recht zu Leben« hat, das maßgebliche Argument des schülerseitigen Einspruchs. Dass sich der Genozid entlang der Geschlechtermatrix entscheidet, konstatiert Sinan als »sinnlos« bzw. »dumm«. Eine geschlechterbezogene Unterscheidung lässt er nicht gelten.

Auch Eva kritisiert die geschlechterbezogene Differenz, die dem Mordauftrag eingeschrieben ist und sie schärft in diesem Zuge ferner die Aufmerksamkeit für andere Ungleichheitsmerkmale: »Ja, ich fand es ein bisschen komisch, dass der Pharao nur die Jungs irgendwie halt umbringen wollte und nicht die Mädchen. Weil, [...] man kann sich nicht entscheiden, als was man geboren wird und auch in welchem Land [...].« Evas Argumentation fußt auf der Einsicht, nach welcher Identitätskategorien, wie z.B. Geschlecht oder Nationalität, abseits der eigenen Entscheidungsfreiheit liegen. Inwieweit das Verständnis der Schülerin dabei ontologisch bestimmt ist, bleibt unklar.[115]

Josefine würdigt Schifras und Puas Aufbegehren schließlich als Korrektiv eines stereotypen Rollenmodells: »[M]an sagt ja mal die Frauen sind so ein bisschen (..), dass die Frauen nichts so könnten und ich finde es halt stark von denen, dass sie sich halt einfach dafür einsetzen.« Das widerständige Handeln der Hebammen ermöglicht Josefine sexistische Unterstellungen, wonach »Frauen nichts so könnten« zu entkräften, das findet die Schülerin toll.

2.2.5 Zwischenfazit

Im Rahmen der Beschäftigung mit Ex 1,1-22 und seinen Figuren setzen sich die Jugendlichen auf inhaltlicher Ebene mit lebensweltlich-anschlussfähigen Themen, wie z.B. Macht oder Geschlecht, auseinander. In Relation zum Text erhalten hier unterschiedliche historische, soziale und kulturelle Schemata sowie persönliche Einstellungen Einzug in die Rezeptionen der Leser_innen.

Die Besprechung hat gezeigt, dass die Äußerungen der Schüler_innen überwiegend mehrfach kodiert sind, was ein grundlegendes Indiz für die Beziehungshaftigkeit der Kategorien darstellt. Offenkundig wird die unmittelbare Verwobenheit von Kategorien des Inhalts und Kategorien der Aktivität.

Analog zu einem konventionellen Verständnis von Macht dokumentieren die Ausführungen, dass die Schüler_innen Macht überwiegend als ein ›power over‹ auffassen, welches sie an Pharao rückbinden. Eine produktive Dimension von Macht (z.B. der Wissensvorsprung von Schifra und Pua), die allerdings je nach Kontext positive und negative Wirkmechanismen zur Folge haben kann, erkennen die Lesenden im Blick auf das Vorgehen der Protagonist_innen in der Regel nicht.

Die teils enge Beziehung der Jugendlichen zu Gott[116] prägt voraussichtlich die Auseinandersetzung mit Ex 1 und stellt *einen* Faktor der Sympathielenkung

---

[115]   Siehe dazu Teil IV, Kapitel 3.2.5.
[116]   Siehe dazu Teil IV, Kapitel 3.3.3.1.

dar. Das Handeln von Schifra und Pua, welches überwiegend auf die Zustimmung der Lesenden stößt, führen die Jugendlichen im Wesentlichen auf den Glauben der Figuren zurück. Gott wird vielmals als grundlegende Einflussgröße inferiert, welche das lebensrettende Vorgehen der Hebammen lenkt. Die Geburtshelferinnen und Gott stellen gewissermaßen eine ›in-group‹ dar, die nähestiftendes Potenzial besitzt. Die seitens der Erzählung angestrebte doppelte Sympathielenkung ist dabei einerseits durch das Wertesystem bedingt, das die Lesenden mutmaßlich mit ihren Lieblingsfiguren teilen.[117] Andererseits erweist sich u.a. die aktive Bewältigung der Schwierigkeiten als zuträglich in Bezug auf die affirmativen Reaktionen der Jugendlichen.

Ebenso wie Macht stellt Alterität eine Reader-Response-Kategorie dar, die mehrdimensional funktioniert. Insbesondere sind alteritäre Konstruktionen in Deutungen eingelassen, in welchen kulturelle, historische und soziale Differenzmerkmale berührt werden und einander ›intersektional‹ überlagern. Unterscheidungen nehmen die Schüler_innen diesbezüglich sowohl innerhalb der ›storyworld‹ (z.B. Ägypten-Israel) vor als auch extratextuell (z.B. Vergangenheit-Gegenwart): Als Ergebnis der literarischen Kommunikation verschmelzen die Ebenen mithin.

Die in Ex 1 lancierte Geschlechtermatrix, die im geplanten Mord an männlichen Säuglingen manifest wird, veranlasst die Lesenden teilweise zum Entwurf konkurrierender und ›intersektional‹ aufgeladener Geschlechterbilder. Auf einer Metaebene fördert die im Genozid verankerte Ungleichbehandlung jedoch ablehnende Reaktionen seitens der Jugendlichen, die daraufhin vehement Stellung gegen Pharaos diskriminierendes Vorgehen beziehen.

3 Selektives Kodieren

Das selektive Kodieren bündelt die zentralen Entdeckungen der Untersuchung. Mithilfe einer ›storyline‹, dem roten Faden der Geschichte,[118] werden die gewonnenen Einsichten in eine Grounded Theory überführt, deren konzeptuelles Zentrum die Kernkategorie bildet. Die Integration von einzelnen Kategorien hin zu der datengestützten Theorie vollzieht sich abstrakt und über den gesamten Forschungsprozess hinweg. Sämtliche Analyseschritte, die im Rahmen der empirischen Untersuchung eingeleitet werden, sind bereits als Versatzstück des selektiven Kodierens und überdies als Bestandteil der Geschichte aufzufassen. Dazu gehören in Bezug auf die vorliegende Studie neben den soeben besprochenen Reader-Response-Kategorien ferner die Ergebnisse und Reflexionen infolge der heuristischen Sozialforschung. Das Umfeld, die Bedingungen, die Teilnehmer_innen, ja der gesamte Forschungsfall, sind als Co-Autor_innen aktiv in den ›Schreibprozess‹ involviert.

---

[117] Siehe dazu Teil IV, Kapitel 3.3.5.2, dort Abschnitt (B); siehe ferner Teil V, Kapitel 2.1.2.
[118] Vgl. Strauss u. Corbin, Grounded Theory, S. 95.

Im Zentrum der vorliegenden empirischen Untersuchung stehen jugendliche Lesarten der Exodusexposition. Mit Ex 1 liegt dabei eine Textsorte vor, die den gewaltsamen und schwierigen biblischen Erzählungen angehört. Damit einher geht korrelatives Potenzial, das in den Kategorien der Aktivität und des Inhalts anschaulich geworden ist.

Obwohl die Rezeptionen der Schüler_innen keineswegs identisch verlaufen, berühren die textbezogenen Äußerungen der Lesenden mehrheitlich die Figuren; hier insbesondere deren Handlungen und Eigenschaften; schließlich die Ereignisse, in die sie involviert sind. Die Jugendlichen nehmen einerseits Anteil bzw. beobachten die äußeren Erlebnisse von Protagonist_innen und Antagonist_innen. Andererseits verschaffen sie sich durch Perspektivenübernahmen Zugänge zu deren Innenleben. Die Bewertungen, Überzeugungen und Inhalte, welche die Leser_innen sowohl implizit als auch explizit diskutieren, bilden eine Schnittstelle zwischen den Merkmalen der Figuren und den jeweils eigenen. Diese **wechselseitig angeregte Kommunikation**, die erst durch die Zusammenführung von text-[119] und leser_innenseitigen Eigenschaften sichtbar wird und in ein komplexes Netzwerk verschiedenster Aktivitäten bzw. Inhalte eingelassen ist, lässt sich als Kernkategorie im Rahmen der Rezeption von Ex 1 bestimmen.

4 Exkurs: Die ›Bibel in gerechter Sprache‹

Bereits seit mehr als einem Vierteljahrhundert wird im US-amerikanischen Sprachraum vielfach in einer so genannten ›inclusive language‹ geschrieben, gesprochen und nicht selten auch gepredigt.[120] Inklusive Sprache soll einen Beitrag dazu leisten, Diskriminierungen, die ja oftmals durch Sprachpraktiken tradiert sind und sich darin manifestieren, abzubauen. Eine inklusive Sprache widersetzt sich damit sprachlich-struktureller Gewalt, die z.B. in der Nichtbeachtung bestimmter Geschlechter, sozialer oder religiöser Gruppen zum Ausdruck kommt. In dieser hermeneutischen Spur ist Sprache »kein neutrales Kommunikationsmittel, sondern diskursives Instrument gesellschaftlichen Handelns. Sprache ist Spiegel gesellschaftlicher Realität, zugleich aber auch ein Ort, an dem sich sozialer Protest und konservativer Widerstand artikulieren.«[121]

Mit dem Pilotprojekt ›Bibel in gerechter Sprache‹[122] haben sich im deutschen Sprachraum erstmalig Theolog_innen der Aufgabe gewidmet, die ›Heilige Schrift‹ auf Basis einer ›inclusive language‹ und fernerhin idiomatisch zu übersetzen.[123] In der Einleitung zur ›Bibel in gerechter Sprache‹ erklären die Herausgeber_innen:

---

119 Hierzu gehören gleichermaßen Merkmale auf der Ebene des ›discourse‹ wie auch der ›story‹.
120 Siehe dazu Köhler, Gerechte Sprache als Kriterium von Bibelübersetzungen, S. 21–34.
121 Hellinger, Vorschläge zur sprachlichen Gleichbehandlung von Männern und Frauen, S. 276.
122 Der breiten Öffentlichkeit wurde die ›Bibel in gerechter Sprache‹ im Oktober 2006 auf der Frankfurter Buchmesse präsentiert.
123 Im Folgenden werden nur solche Merkmale der ›Bibel in gerechter Sprache‹ in den Blick genommen, welche die Übersetzung betreffen.

»Der Name *Bibel in gerechter Sprache* erhebt nicht den Anspruch, dass die Übersetzung ›gerecht‹ ist, andere aber ungerecht. Sie stellt sich der Herausforderung, dem biblischen Grundthema Gerechtigkeit in besonderer Weise zu entsprechen.«[124] Neben der Fokussierung auf eine geschlechtergerechte Sprache, die sich z.B. in der Abwesenheit des generischen Maskulinums zeigt, adressiert die noch junge Bibelübersetzung zudem soziale Gerechtigkeit, Sensibilität im Blick auf den jüdisch-christlichen Dialog sowie den Gottesnamen und die -bezeichnungen.[125] Durch ihre Sprachverwendung stärkt die ›Bibel in gerechter Sprache‹ sogleich marginalisierte und diskriminierte Gruppen.[126] Herrschaftliche Verhältnisse, die in Personenbezeichnungen, wie Magd oder Knecht zwar graduell sichtbar werden, jedoch romantisierende bzw. fehlerhafte Vorstellungen auslösen können, lehnt die ›Bibel in gerechter Sprache‹ ab und integriert deshalb u.a. sozialgeschichtliche Befunde in die Übersetzungen.[127] Die ›Bibel in gerechter Sprache‹ hat eine breite Resonanz in Fachkreisen und darüber hinaus gefunden. Die Stimmen, die sich zu Wort melden, stellen sich als ambivalent dar; sie reichen von hoher Zustimmung bis hin zu deutlicher Ablehnung.

Gerade weil die ›Bibel in gerechter Sprache‹ – trotz poetischer Raffinessen und exegetischem Verantwortungsbewusstsein[128] – überwiegend klar und verständlich im Wortlaut bleibt,[129] eröffnet ihr Gebrauch m.E. didaktische Potenziale. Die ›Bibel in gerechter Sprache‹ wendet sich »in einer heutigen Sprache an heutige Menschen«[130] und ausdrücklich auch an Jugendliche.[131] Wörter oder Wendungen, deren Bedeutungen sich gegenwärtigen Hörer_innen und Leser_innen biblischer Texte mutmaßlich entziehen, werden in eine verständliche Sprache übertragen.[132] Zugleich verweigert die Übersetzung den Leser_innen keinesfalls die sperrigen, schwierigen und gewaltvollen Texte, welche die Bibel und gerade das Erste Testament zahlreich bereithält. Gerecht werden soll die Bibelübersetzung immer und »vor allem dem Ausgangstext.«[133] Auf diese Weise versucht die ›Bibel in gerechter Sprache‹ u.a. dem legitimen und einzufordernden Anspruch einer bleibenden Fremdheit inklusive der darin aufgehobenen

---

[124]   Bail u.a., Bibel in gerechter Sprache, S. 9, Hervorhebung im Original.
[125]   Siehe hierzu Köhler, Gerechte Sprache als Kriterium von Bibelübersetzungen, S. 368–386.
[126]   Vgl. Fischer, Die »Bibel in gerechter Sprache«, S. 67.
[127]   Vgl. Bail u.a., Bibel in gerechter Sprache, S. 10.
[128]   Die Angemessenheit der Übersetzung und das ihr eingetragene Verständnis von Interpretation wird zum Teil sehr kritisch in den Blick genommen. J. Schröter etwa moniert: »Die Übersetzerinnen und Übersetzer der ›Bibel in gerechter Sprache‹ begehen mit ihrer Vermischung von Übersetzung und Interpretation […] einen grundlegenden methodischen Fehler.« Schröter, Übersetzung und Interpretation, S. 100.
[129]   Da die Übersetzungen von unterschiedlichen Personen verantwortet werden, gilt diese Einsicht u.U. nicht für alle Texte gleichermaßen.
[130]   Bail u.a., Bibel in gerechter Sprache, S. 11.
[131]   Vgl. Schiffner, Geschlechtergerechte Bibeln, S. 295.
[132]   Vgl. Ebach, Übersetzen, S. 4f.
[133]   Bail u.a., Bibel in gerechter Sprache, S. 11.

Erfahrungen gerecht zu werden.[134] Während die ›Gute Nachricht Bibel‹ die Ursprungssprache den aktuellen Sprachgewohnheiten vielmals unterwirft und andere Übersetzungen demgegenüber möglichst konkordant zur Herkunftssprache angelegt sind,[135] findet die ›Bibel in gerechter Sprache‹ hier eine relative Balance. Im Unterschied zur Darstellung der Exodusexposition in Kinder- und Jugendbibeln liegt mit der gewählten Übersetzung von Ex 1 nach der ›Bibel in gerechter Sprache‹ ein Text vor, der trotz seiner Besonderheiten in vielerlei Hinsicht den Kennzeichen anderer Bibelübersetzungen und schließlich dem Ausgangstext entspricht.[136]

Das sozialgeschichtliche und geschlechtergerechte Profil der ›Bibel in gerechter Sprache‹ tritt auch im Blick auf Erhard Gerstenbergers Übersetzung des Exodusbuches heraus. Im Duktus einer inklusiven und sozialgeschichtlich beeinflussten Sprache verwandelt Gerstenberger die ›israelitischen Söhne‹ so z.B. in die ›israelitischen Familien‹ und die Formel »jeder kam mit seinem Haus« wird durch die Bezeichnung »Sippenchef« ersetzt. Der Wunsch nach einer verständlichen Sprache kommt z.B. durch den Einsatz neuzeitlicher Begriffe wie »Regierung«, »Aufseher«, »Sklavenarbeit« zum Ausdruck. Der Variationsreichtum bzw. die Polyvalenz hebräischer Semantik findet in der Übersetzung u.a. dort Einlass, wo Gerstenberger Pharao im Dialog mit Schifra und Pua (Ex 1,15) nicht in einer neutralen Übertragung von אמר ›sprechen‹ lässt, stattdessen ›herrscht‹ der König die beiden Hebammen an.[137]

Die Analyse der empirischen Materialen bestätigt den Eindruck, woraufhin die Übersetzung von Ex 1 durch die ›Bibel in gerechter Sprache‹ zumindest den sprachlichen und stilistischen Erwartungen der Jugendlichen an biblische Texte gerecht wird. Darüber hinaus zeigt sich, dass die Erzählung mehrheitlich an die entsprechenden Lesekompetenzen der Schüler_innen anknüpft. In der Regel verfügen die Teilnehmer_innen über einen Wortschatz, der es ihnen ermöglicht, Begriffe und Satzfolgen zu erschließen sowie Verknüpfungen vorzunehmen. Die textseitigen Informationen nehmen die Lesenden auf und verarbeiten sie in unterschiedlicher Intensität weiter.[138]

---

[134] Vgl. Dölecke, Einer fremden Welt begegnen. A. Dölecke schildert in seinem Beitrag unterrichtsbezogene Erfahrungen mit der ›Bibel in gerechter Sprache‹ und entfaltet in diesem Zusammenhang sowohl das Potenzial wie auch die Schwierigkeiten im Umgang mit der Übersetzung.

[135] Siehe dazu J. Ebach (2014a).

[136] Erhalten bleibt deshalb z.B. auch die Subordination, also die Widerständigkeit des Erzählstils. Die Nähe zwischen dem hebräischen Text bzw. dessen exegetischer Bearbeitung (Teil III) und der empirisch eingesetzten Textvorlage (Teil IV; Teil V) stellte eine wesentliche Bedingung für diese Untersuchung dar.

[137] Siehe dazu Finn, Laut-Denk-Protokoll, A. 72.

[138] Eine Ausnahme gerade angesichts der Reflexion über Sprache, Inhalt und Stil bildet Finn. Der Jugendliche diskutiert im Rahmen seiner Lektüre von Ex 1 nicht nur über den Stil der Erzählung, er beschäftigt sich ferner mit der ›intentio auctoris‹ und verknüpft damit Fragen nach der Wahl für bestimmte Begriffe wie z.B. Sippenchef.

VI Einsichten und Impulse

Im letzten Teil dieser Arbeit sollen noch einmal grundlegende ›Einsichten‹ im Hinblick auf die Bezugsdisziplinen Exegese und Bibeldidaktik präsentiert werden.[1] Im ersten Kapitel wende ich mich aus der Perspektive einer intersektionalen Bibelauslegung wichtigen Erkenntnissen der Untersuchung zu und formuliere daraufhin Impulse für eine intersektionale Bibelauslegung. Eingespielt werden hier auch Einsichten aus der empirischen Leseforschung. Die bereits im Vorfeld entworfenen Merkmale einer Bibeldidaktik der Vielfalt werden im zweiten Kapitel unter Berücksichtigung der empirischen Ergebnisse reflektiert und erweitert.

1 Impulse für eine intersektionale Bibelauslegung

Vor dem Hintergrund der Erkenntnisse dieser Studie gilt es nunmehr, Kennzeichen einer intersektionalen Bibelauslegung zu skizzieren. Die Ergebnisse der Untersuchung werden teilweise gebündelt und an verschiedenen Beispielen veranschaulicht.

Intersektionale Bibelauslegung deckt verschiedene Gewaltformen auf

Als Wegbereiterin einer intersektionalen Exegese hat feministische Bibelauslegung schon früh erkannt, dass Geschlecht eine wirkmächtige und gleichermaßen gewaltvolle Kategorie des Alten Orients markiert, die sich auch in den erzählten Welten des Ersten Testaments niederschlägt: »Gewalt gegen Frauen durchdringt den Lebensalltag von Frauen im Patriarchat, durchdringt also auch biblische Texte als Produkte dieser Gesellschaftsform.«[2] Allerdings verdeutlicht die neuere bibelwissenschaftliche Geschlechterforschung, dass auch patriarchale Strukturen, die Männer ja grundsätzlich in Dominanzpositionen befördern, Ausdruck einer Gewalt gegen Männer sein können. Die narratologisch-intersektionale Auslegung der Exodusexposition unterstützt diese These: Alle Söhne Israels sollen sterben. Von physischer Gewalt sind insbesondere männliche Figuren betroffen. Mit einiger Wahrscheinlichkeit verbirgt sich hinter Pharaos Mordaufruf in Ex 1,16. 22 die Aussicht auf ein nicht-reproduktionsfähiges, männerloses Volk, das in der Welt des Alten Testaments nicht nur seine Identität, sondern überdies seine politische bzw. militärische Geltungsmacht verliert: Ohne Männer kann Israel nicht

---

[1]   Die ›Einsichten‹ bieten keine Zusammenfassung der gesamten Studie. Siehe hierzu die jeweiligen Zwischenfazits.

[2]   Müllner, Sexuelle Gewalt im Alten Testament, S. 44.

fortbestehen. Während sich die Gewalt zunächst ganz offenkundig und zwar physisch gegen Männer richtet, berührt sie im Angesicht des Patriarchats gleichermaßen, nunmehr aber symbolisch-strukturell, Frauen: Sie werden marginalisiert.[3]

Wenn sich die Figuren gegen die bestehenden Unterdrückungsverhältnisse auflehnen und wie die Hebammen aus vermeintlich stereotypen Mustern ausbrechen, wird Ungleichheit bzw. strukturelle Gewalt aktiv bekämpft: Auf der Ebene der erzählten Welt, ihrer diskursiven Vermittlung und dort, wo Leser_innen dazu angeregt werden, den biblischen Frauenfiguren – trotz patriarchaler Raster – etwas zuzutrauen, sie ihnen ggf. sogar als Vorbild dienen. Die fünfzehnjährige Melina sagt, dass Schifra und Pua »einem [...] Mut machen und zeigen, dass man sich auch wehren kann.«

Die Gewalt findet ihren Ausgangspunkt aber nicht allein in der Kategorie Geschlecht. In den Strukturen der erzählten Welt sowie im Handeln ihrer Bewohner_innen ist sie ›intersektional‹ angelegt: Kategorien wie Geschlecht, Körper und sozialer Status korrespondieren im Rahmen der Exodusexposition miteinander und entfalten auf diese Weise ihr Gewaltpotenzial. Infolge der sozialen, kulturellen und ökonomischen Positionierungen, die in den Israelit_innen zusammentreffen, widerfahren dem Volk verschiedenste Formen von Gewalt. Sie reichen von verbalen rassistischen Attacken bis zu körperlicher Ausbeutung und gipfeln im Mordauftrag an den israelitischen Söhnen, dessen Verwirklichung ungewiss bleibt. Gewalt darf auch deshalb nicht homogenisiert werden, ihre Funktionen, Strategien, Folgen, Subjekte und Objekte sind verschieden; dieser Diversität ist exegetisch Rechnung zu tragen.

Das Zeigen auf Gewalt in der Bibel lässt sich als eine spezifische Strategie verstehen, den Apparat des Schweigens, der unterschiedliche Formen von Gewalt (auch heute) umgibt, zu demontieren. Intersektionale Sensibilität schärft hier die Aufmerksamkeit für wirkmächtige interdependente Einschreibungen, welche ihrerseits von weiteren Gewaltformen flankiert sind. Eine narratologisch-intersektionale Bibelauslegung vermag die komplexen Architekturen von Gewalt aufzudecken, zu destabilisieren und sie ggf. sogar umzustürzen.[4]

Intersektionale Bibelauslegung setzt Macht- und Herrschaftsverhältnisse voraus

Obwohl die Interpretation von gewaltsamen Bibeltexten intersektionalen Herangehensweisen gewissermaßen in die Hände spielt, ist eine intersektionale Bibelauslegung keinesfalls für die Auslegung dieser Texte reserviert: Das Aufdecken von Gewalt markiert nicht ihre einzige Zielperspektive. Auch die Untersuchung von Macht- und Herrschaftsverhältnissen stellt eine Kernaufgabe intersektionaler

---

[3]   Vermutlich klammert der ägyptische König eine von Frauen ausgehende Gefahr ›per se‹ aus seinen Befürchtungen aus; in der Linie hegemonialer Männlichkeitslogik gelten einzig Männer als Rivalen. Schließlich ereignet sich Gewalt in Ex 1 auch dort, wo Eltern ihre Kinder, Familien ihre Verwandten zu verlieren drohen. Siehe dazu Teil III, dort Kapitel 1.3.4 und Kapitel 2.3.3.

[4]   Sodann ist jeweils abzuwägen, wie von den Objekten und Subjekten der Gewalt gesprochen werden kann, ohne Gefahr zu laufen, Gewalt zu reproduzieren oder gar neu zu verursachen.

Arbeit dar, die vielmals mit der Analyse von Gewalt einhergeht. Macht- und Herrschaftsverhältnisse sind in Bezug auf das Erste Testament unbedingt vorauszusetzen. Eine Welt abseits des Patriarchats, der Dominanz von Königen über Untertan_innen, der Überlegenheit von Einheimischen gegenüber Fremden existiert wenigstens auf struktureller Ebene nicht. Im Kontrast zu einem im Rahmen dieser Studie nachweislichen[5] alltagsweltlichen Verständnis von Macht, welches oft eindimensional im Sinne eines ›power over‹[6] funktioniert, erweist sich Macht im Zuge von Intersektionalität als vielschichtiger und überdies deutungsoffener: Sowohl Pharao als auch die Hebammen setzen Essentialisierungen strategisch ein. Mithilfe von Rassismus ›erspielen‹ sie sich jeweils Macht, die infolgedessen weder einseitig von ›oben‹ nach ›unten‹ verläuft, noch bestimmten Figuren oder sozialen Statusgruppen vorbehalten ist.

Die narratologische Durchdringung der Spielarten von Macht legt frei, dass Machtverhältnisse in Ex 1 u.a. entlang von Geschlecht, Kultur und Raum zustande kommen: Die ›seperate female sphere‹, die in der Exodusexposition mit dem ›Raum der Geburt‹ vorliegt, bildet gewissermaßen die Basis für Schifras und Puas Handlungsmacht. Aufgrund der soziokulturell bedingten Abgrenzung nach außen, die geschlechtlich markiert bzw. motiviert ist, ermöglicht die ›seperate female sphere‹ den Figuren, bereichsspezifisches Wissen anzuhäufen, das im Rahmen von Ex 1 einen (zumindest vorrübergehenden) Machtwechsel zugunsten der Geburtshelferinnen herbeiführt. Soziale Kategorien wie Wissen, ökonomischer Status und Geschlecht beschränken und erweitern die Handlungsoptionen der Figuren. Sie gehen Bündnisse ein und eröffnen auf diese Weise Machtpotenziale. Die emanzipatorisch-befreiende Lektüre, welche nunmehr in Aussicht steht, bietet sich im Zuge intersektionaler Sensibilität aber sogleich als fragmentarisch dar. Denn die Analyse zeigt, dass die gewonnene Handlungsmacht der Hebammen auch (symbolisch) gewaltsame Dimensionen hat.

Intersektionale Bibelauslegung funktioniert anti-, intra- und inter-kategorial

Dass soziale Ungleichheit einerseits aus struktureller bzw. kultureller Gewalt hervorgehen kann und sie andererseits bestimmte Ausprägungen von Gewalt erst befördert, ist im Zuge dieser Studie deutlich geworden. Biblische ›storyworlds‹ sind ›per se‹ von sozialen Ungleichheiten durchzogen. Wenn für feministische Exegese deshalb »eine Haltung radikalen Mißtrauens«[7] maßgebend ist, so kann intersektionale Sensibilität der richtungsweisende Modus intersektionaler Bibelauslegung sein. Soziale Kategorisierungen und daran anschließende Ungleichheiten werden strategisch aufgesucht und z.B. mithilfe kulturgeschichtlicher bzw. kognitiver Instrumente der Narratologie dekodiert. Dies kann in Anlehnung an anti-, intra- und inter-kategoriale Zugänge geschehen.

---

5   Siehe hierzu Teil V, Kapitel 2.2.1.

6   Eine Ausnahme bildet hier das Gespräch zwischen Melina, Mona und Dario. Siehe dazu Teil IV, Kapitel 3.4.2. Und auch in den Laut-Denk-Protokollen treten zum Teil Lektüreweisen auf, die Macht im Horizont eines ›power to‹ auffassen.

7   Doob Sakenfeld, Feministische Verfahrensweisen im Umgang mit der Bibel, S. 63.

Im Verlauf der exegetischen und empirischen Untersuchung hat sich die Kategorie Geschlecht immer wieder als Basis der Unterscheidung zwischen Figuren herauskristallisiert, die überdies spezielle Macht- und Herrschaftsverhältnisse hervorbringt. Dass diese Verteilungsstrukturen nicht einfach vorliegen, sondern das Ergebnis sozialer Handlungen und Denkweisen sind, lässt sich z.B. mittels einer *anti-kategorialen, d.h. dekonstruktiven Herangehensweisen* thematisieren. Als sich die Hebammen gegen Pharaos Gewaltmaßnahmen auflehnen, unterwandern sie vermeintliche geschlechterbezogene Zuschreibungen (z.B. Weiblichkeit und Passivität) in Bezug auf das Alte Testament. Voraussetzung für intersektionale bzw. anti-kategoriale Sensibilität ist sodann oftmals kontextuelles Wissen. Denn gerade wenn die Raster der Kategorienbildung auf den jeweiligen Ebenen (z.B. Darstellung, ›storyworld‹, Rezeption) erkannt sind, besteht die Option für ihre Dekonstruktion. Zugleich muss besonders in Bezug auf die Auseinandersetzung mit antiken Textmaterialien geprüft werden, wie tragfähig oder weiterführend bestimmte neuzeitliche Konzepte sind. Ihr Einsatz ist zwar zulässig, er sollte aber bewusst erfolgen. Im Blick auf die Analyse biblischer Texte erweist sich die Verbindung von kulturgeschichtlicher und kognitiver Narratologie daraufhin als äußerst produktiv. Sie erweitert den gegenwartorientierten Kriterienkatalog von heutigen Ausleger_innen und schützt sie auf der Interpretationsebene vor ggf. inadäquaten Urteilsbildungen.

Während eine anti-kategoriale Perspektive soziale Kategorien auflöst, insofern sie z.B. ihre Begrenztheit, den ›gemachten‹ Charakter kritisch beleuchtet, arbeitet ein *intra-kategorialer Ansatz* durchaus mit Kategorien; nämlich mit ihren internen Differenzen, Ungleichheiten und Mehrfachkodierungen: Homogenisierungen, wie sie etwa der ägyptische König angesichts der Israelit_innen oder die Hebammen betreffs der hebräischen Frauen vornehmen, veranschaulichen, dass soziale Kategorisierungen wie z.B. Geschlecht bereits Rassismen und Bodyismen enthalten. Kategorien sind also selbst interdependent.

Eine intersektionale Bibelauslegung, wie ich sie vorschlage, betont die Vielfalt von Seins- und auch Interpretationsweisen. Im Rahmen der vorliegenden Studie schärft diese Perspektive über die Textwelt hinaus auch die Aufmerksamkeit für biblische Rezeptionsweisen, die infolgedessen nicht vorschnell bestimmten Kategorisierungen unterworfen werden sollten: Trotz einer geteilten Gemeinsamkeit wie z.B. der Religion oder dem Alter können Interpretationen verschieden ausfallen. Die diversen Deutungsansätze der Schüler_innen sind *ein* Beleg dafür. Es gibt Übereinstimmungen und Ähnlichkeiten, nicht aber *die* typischen Auslegungen der Leserinnen bzw. der Leser.

Ein *inter-kategorialer Ansatz* fragt u.a. nach den Wechselwirkungen und Verknüpfungen zwischen unterschiedlichen Differenzlinien. Ungleichheits- und Machtverhältnisse, die kategorialen Zuschreibungen eingetragen sind, lassen sich auf dieser Grundlage benennen: Die psychischen und physischen Gewalthandlungen, die Pharao unter dem Vorzeichen des eigenen Machterhalts gegen Israel einsetzt, bauen auf verschiedenen Differenzen auf, die der Aggressionsmotor sind. Der sozial untergeordnete Status Israels, der sich deutlich im Frondienst äußert, korrespondiert mit Israels Fremdheit, welche den Boden für Rassismen nährt. Exemplarisch zeigt das Textbeispiel, dass soziale Ungleichheit und ggf. daran anschließende Gewalt in Ex 1 ›inter-kategorial‹ zustande kommt. Doch auch abseits der erzählten Welt sind kategoriale Verschränkungen immer wieder konkret anschaulich geworden – und zwar auf der empirischen Rezeptionsebene. Oftmals drängt der Mordauftrag an den männlichen Säuglingen die Teilnehmer_innen dieser Studie geradewegs in ein binäres ›Geschlechterdenken‹ hinein, das aber ›inter-kategorial‹ funktioniert: Den aufgerufenen Vorstellungen von Geschlecht sind bereits Klassismen und Bodyismen inhärent.

Das Zusammenspiel der drei Zugänge, welches freilich verkürzt, *erstens* die Interdependenz von sozialen Kategorien untersucht, *zweitens* Differenzen darin aufdeckt und *drittens* die Dekonstruktion dieser Differenzlinien anvisiert, hat – und die Analysen bestätigen es – enormes heuristisches Potenzial, das Türen zum kritischen Weiter-, Um- und Neudenken im Rahmen der Bibelauslegung öffnet.

Intersektionale Bibelauslegung ist kontextuell

Bereits in der Einleitung ist deutlich geworden, dass eine intersektionale Exegese den biblisch-literarischen Text gleichermaßen berücksichtigt wie seinen Kontext. Synchrone und diachrone Vorgehensweisen werden miteinander kombiniert. In Bezug auf den Text ist da zunächst einmal die narratologische Ausdifferenzierung von ›story‹ und ›discourse‹ maßgebend, wobei für beide Ebenen spezielle erzähltheoretische Untersuchungskategorien zur Verfügung stehen. Der Blick auf den Kontext bzw. das Umfeld der Texte vollzieht sich entlang verschiedener Perspektiven, die vielfältige Verstehensmöglichkeiten von Ex 1 ins Spiel bringen und helfen können, die Grenzen der Interpretation auszuloten.

Kontextuelle Ansätze wie z.B. feministische oder befreiungstheologische Exegesen folgen dem Anspruch, wonach die Rezeptionshorizonte der (impliziten und realen) Leser_innen in die Textauslegungen eingebracht werden sollen. Das Paradigma einer intersektionalen Bibelauslegung, das für die vorliegende Studie richtungsweisend ist, folgt dieser Prämisse und fasst Kontextualität mehrdimensional auf: Neben den ersten, heute nur noch implizit wahrnehmbaren Leser_innen von Ex 1, deren ›frames of references‹ in Form von Streifzügen durch die ›Welt der Textentstehung‹ in die exegetische Analyse integriert worden sind, rückten außerdem aktuelle Leser_innen empirisch in den Fokus: Diese Erforschung von ›alltäglichen‹ Rezeptionen bietet die Möglichkeit, gegenwärtige Leseerfahrungen in die Textauslegung einzubeziehen. Wenn Leser_innen und biblische Texte in Dialog treten, dann bewegen sich beide mit »ihrer ganzen Welt«[8] aufeinander zu. Obwohl diese ›ganze Welt‹ im Zuge einer empirischen Untersuchung nur bruchstückhaft ersichtlich wird, gewähren die Untersuchungen von Laut-Denk-Protokollen, Interviews sowie der Einsatz von Briefmethode und Tischset-Verfahren m.E. Einblicke in u.a. das Erfahrungswissen, das die Jugend-

---

[8] Müllner, Sexuelle Gewalt im Alten Testament, S. 74.

lichen im Austausch mit Ex 1 aktivieren. Im Spiegel der empirischen Daten können die exegetisch gewonnenen Einsichten neu betrachtet werden. Erkenntnisinteressen der kognitiven Narratologie sind hier weiterführend.

Bibellektüren, die in ›alltäglichen‹ Zusammenhängen zustande kommen, unterliegen anderen Modi als wissenschaftliche Bibelauslegungen.[9] Die Rahmungen, in welchen sich Alltagslektüren bewegen, sind einerseits enger gesteckt, da Laien aufgrund voraussichtlich begrenzter Wissensbestände und Kompetenzen bestimmte Textzugänge verschlossen bleiben. Andererseits eröffnet eine Auseinandersetzung, die jenseits wissenschaftlicher Standards stattfindet, zugleich Freiräume für intuitive, emotionale und persönliche Deutungen, die in akademischen Kontexten eher selten einen Platz haben: Figuren, und diese Erkenntnis ist keinesfalls neu, spielen für Leser_innen »eine besondere Rolle.«[10] Denn sie tendieren dazu, Figuren als reale Personen aufzufassen, ihr Handeln entlang alltäglicher Maßstäbe zu beurteilen und menschliche Emotionen auf sie zu übertragen.[11] Der König der Exodusexposition ist als Antagonist angelegt, nur in Ausnahmefällen werden Leser_innen von Ex 1 mit ihm sympathisieren. Die Inszenierung von Pharao soll eine möglichst große Distanz zwischen der Figur und Rezipierenden herbeiführen – meine empirische Untersuchung zeigt, dass dieser Lenkungsmechanismus funktioniert. Das Konzept ›König‹ aktiviert auf Seiten vieler Schüler_innen Vorstellungen, die im Rahmen einer wissenschaftlichen Bibelauslegung so kaum vorkommen dürften; zumindest, wenn kulturgeschichtliche Befunde der ›Top-Down‹-Bewegung Grenzen setzen. Die Figurenrezeptionen der Jugendlichen können den Interpretationsspielraum erweitern. Ihre Bibellektüren sind kontextuell. Sie bieten ein Gegengewicht zur eher distanzierten, wissenschaftlichen Bibelauslegung an und eröffnen neue Perspektiven zu narrativen Lenkungsstrategien eröffnen.

Abseits von z.B. Kreativität und Fantasie können fehlende Bibelkenntnisse das Textverstehen einschränken: Die Namen der Söhne Israels, welche zu Beginn von Ex 1 aufgeführt werden, sind den jugendlichen Leser_innen in aller Regel fremd und es entspannt sich eine hermeneutische Differenz. Der Genealogie, die u.a. als Bindeglied zwischen Familienerzählung und Volkserzählung dient, weisen die Lesenden mehrheitlich keine besondere Funktion zu. Stattdessen liefern die Namen zum Teil den Ausgangspunkt für Belustigung, Irritation, Desinteresse oder Unverständnis. Obwohl die Erzählstimme signalisiert, dass Josefs ›Background‹ für den Erzählverlauf relevant ist, verhindert das Informationsgefälle zwischen Text und Leser_innen zumeist eine produktive Auseinandersetzung. Als Orientierungshilfen, die den Eintritt in die erzählte Welt erleichtern können, kommen die Figuren kaum zum Einsatz, die narrative Kommunikation verliert daraufhin an Dynamik. Mitunter können fehlende ›bibelwissenschaftliche‹ Kompetenzen[12] zu Missverständnissen führen, z.B. dort, wo die Trennung zwischen

---

9   Siehe hierzu z.B. die verschiedenen Beiträge von C. Schramm, die sich mit dieser Thematik beschäftigen.
10   Jannidis, Figur und Person, S. 229.
11   Bachorz, Zur Analyse der Figuren, S. 65.
12   Siehe hierzu auch Teil IV, Kapitel 3.3.4.

›fact‹ und ›fiction‹ unspezifisch wird: Der Gewalt, mit der Pharao Israel begegnet, schreiben die Jugendlichen zum Teil Historizität zu. Das Zusammenspiel von Vertrautheit und Fremde, das durch aktivierte text- und wissensgeleitete Schemata zustande kommt, verwischt die Grenzen zwischen Erzählung und Wirklichkeit. Sowohl in exegetischer als auch didaktischer Perspektive besteht hier Reflexionsbedarf.

Die Rezeptionen der Schüler_innen können die *Aufmerksamkeit für herrschaftsstabilisierende und bedrückende Lesarten sensibilisieren*, die u.U. durch biblische Texte, im vorliegenden Fall durch Ex 1, angestoßen werden. Im Zuge von Lesarten, die dort ansetzen, wo die Jugendlichen ihre alltägliche (Lebens-)Plausibilität mit den Ereignissen der erzählten und historisch-entfernten Welt in Verbindung bringen, kommen mitunter inter-kategorial strukturierte Argumentationen zustande, die Diskriminierungspotenzial besitzen. Insbesondere der Mordauftrag an männlichen Säuglingen provoziert auf der Rezeptionsebene konkurrierende und ›intersektional‹ aufgeladene Geschlechterkonstruktionen. Dass ›unterdrückende‹ und ›befreiende‹ Auslegungen aber dicht beieinander liegen, sie sogar miteinander verflochten sind, hat die empirische Untersuchung mehrfach aufgezeigt. Ebenso wie Ex 1 zu Interpretationen motiviert, die gewaltsame Dimensionen enthalten, setzt die Auseinandersetzung *emanzipatorische Lektüren* in Gang:

Der Einsatz von Briefmethode und Tischset-Verfahren veranschaulicht, dass die Exodusexposition zu Fremdverstehen anleiten kann. Im Austausch mit der Erzählung haben Dario, Melina und Mona die vermeintlich fremden Perspektiven der Figuren eingenommen[13] und sie kontextuell gedeutet – auf der Grundlage von Ex 1 sowie lebensweltlicher Anschlussstellen. Das befreiende Potenzial, was sich hierauf ereignet, umgreift sowohl Perspektivenübernahmen, ihre Reflexionen, Einfühlungsvermögen und überdies Emotionalisierungen: Es ist »einfach abartig [vom König], jeden neugeborenen Jungen zu töten, nur weil man Angst hat, das andere Volk könnte Krieg gegen einen anfangen« schreibt Mona in ihrem Brief an Pua. Pharaos Handeln deutet Mona als Ergebnis seiner Angst, die sie als Begründung für Gewalt entschlossen ablehnt. Ausdrücklich lobt die Schülerin schließlich den Widerstand der beiden Frauen.

Die skizzierten Kennzeichen der jugendlichen Lektüreweisen decken verschiedene Anknüpfungspunkte auf, die das Gespräch zwischen wissenschaftlicher und alltäglicher Bibelauslegung, gerade auch im Horizont von Intersektionalität, fördern können. Die empirisch eingeholte Kontextualität eröffnet neue Lesarten im Blick auf Ex 1. Sie schärft u.a. den Blick für *intuitive, emotionale und persönliche Deutungen*, für ggf. *eingeschränkte Interpretationsspielräume*, *herrschaftsstabilisierende*, *bedrückende* Lektüren und schließlich *emanzipatorische Auslegungen*.

---

13   Siehe hierzu Teil IV, Kapitel 3.4.1 und Kapitel 3.4.2, siehe dazu ferner Teil V, Kapitel 2.1.3.

2 Impulse für eine Bibeldidaktik der Vielfalt

Bereits im zweiten Teil dieser Studie habe ich theoretisch-hermeneutische Weichen für eine Bibeldidaktik der Vielfalt gelegt. Unter Berücksichtigung der empirisch gewonnenen Einsichten sowie in Anlehnung an eine intersektionale Bibelauslegung werden die in Teil II, Kapitel 1.3.4 skizzierten Kennzeichen einer Bibeldidaktik der Vielfalt keinesfalls abgelöst, zum Teil aber reformuliert, erweitert und in fokussierter Weise gebündelt. Die Merkmale bauen aufeinander auf und bedingen sich wechselseitig, sie gelten als unabgeschlossen.[14] In Anlehnung an das (Bibel)Didaktische Dreieck bilden Subjekte, biblische ›Gegenstände‹ und Prozesse weitere Schnittstellen, wo die Darstellungen implizit und explizit ansetzen.[15] Texte, die Gewalt darstellen und ›vice versa‹ ein Denken in Rastern von Gewalt fördern oder aber durchkreuzen können, bilden einen Hintergrund für die Überlegungen. Die Vorschläge richten sich an die höhere Sekundarstufe I sowie die Sekundarstufe II.

Differenzsensibilität

»Ich bin nicht Du und ich weiß Dich nicht.«[16] Dieses Paradigma, das grundlegend für pädagogische Vielfaltsansätze ist, soll auch im Rahmen einer Bibeldidaktik der Vielfalt richtungsweisend sein – es folgt zugleich der Einsicht von der »Unbestimmbarkeit der Menschen«[17]. Im Zeichen einer Bibeldidaktik der Vielfalt stellt sich Identität stets als fragmentarisch dar: Vielfaltorientierte Ansätze arbeiten mit einem unabgeschlossenen, situationsabhängigen und prozessualen Identitätsbegriff. Auch in der Linie exegetischer, bibeldidaktischer und religionspädagogischer Zugänge, die sich als kontextuell verstehen, wird die Einmaligkeit von Erfahrungen, persönlichen Merkmalen und Einstellungen betont und als vielfältig, d.h. als different vorausgesetzt: *Erstens* in Bezug auf die Lehrenden und Lernenden, *zweitens* die ›Gegenstände‹ sowie *drittens* die Prozesse.

Im Horizont einer Bibeldidaktik der Vielfalt gilt die Bibel so z.B. gerade nicht als ein exklusiv jüdisch-christliches Medium, deren dialogischer Zugang beschränkt ist. Die literarische Kommunikation steht unterschiedlichen Adressat_innen, ihren Kontexten, Fragen, Irritationen, Kritiken und Hoffnungen offen. Vielfalt wird von der Vielfalt aus gedacht und ins Handeln hineingetragen: Aus der Sicht von Pädagog_innen und Schüler_innen gilt es, das Bewusstsein einerseits für die eigenen diversen ›frames of references‹ zu schärfen, welche den

---

[14] Die angestrebten Kompetenzen sind facettenreich und mutmaßlich unterschiedlich schnell erlernbar; sie können je nach Kontext oder Lernsituation neu bestimmt werden.

[15] Siehe hierzu Teil II, Kapitel 1.3.4. Ausgespart wird eine kritische Reflexion von institutionellen und strukturellen Rahmenbedingungen, die zwar grundlegend für vielfaltsbezogene Ansätze ist, hier aber nicht ausreichend Platz hat.

[16] Möller, Die Liebe ist das Kind der Freiheit, S. 11 zit. n. Prengel, Pädagogik der Vielfalt, S. 185.

[17] Ebd., S. 183.

Umgang miteinander und die biblische Lektüre prägen.[18] Andererseits soll eine Annäherung an die Referenzrahmen der ›ersten‹ Leser_innen und darüber hinaus die antiken ›storyworlds‹ samt ihrer Bewohner_innen erfolgen. Historische und literaturwissenschaftliche Perspektiven können hier gleichermaßen weiterführend sein. Sie verdeutlichen auch, dass die Herstellung bzw. Wahrnehmung von Differenz ein historisch gewachsenes Phänomen ist.

Selbst(bewusste)positionierungen

Ein Selbst-bewusstsein um die eigene, einzigartige wohl aber begrenzte Position kann ›Selbst(bewusste)positionierungen‹ z.b. im Modus von Antidiskriminierung sowie Fremdverstehen fördern: Selbstbewusstsein umfasst Selbstreflexion und Selbstwertschätzung sowie Selbst-Sinn-Konstruktion, hierunter fällt z.B. die Religiosität. Das Selbstbewusstsein nimmt Einfluss auf das Denken, Fühlen und Handeln.[19] Selbst(bewusste)positionierungen setzen Reflexionsvermögen in Bezug auf das eigene Handeln, dessen Ursachen und Wirkungsweisen ebenso voraus wie im Angesicht des Nicht-Ichs. Fragen in Bezug auf soziale bzw. Identitätsmerkmale, die ja mitbestimmen über Privilegierungsmechanismen, können hier weiterführend sein.[20] ›Selbst(bewusste)positionierungen‹, die *erstens* auf die Bereitschaft von Lernenden angewiesen sind, in sich hinein zu horchen, die eigenen Standpunkte, Erfahrungen sowie Handlungen im Angesicht des ›Nicht-Ichs‹ zu reflektieren und die *zweitens* auf dieser Basis (selbst)bewusst eingenommen werden (ggf. auch entschlossen unentschlossen), bilden *eine* Grundlage um ›gegen den Strich‹ zu handeln bzw. zu lesen. ›Lesen gegen den Strich‹,[21] das eine Strategie kontra-intuitiven-Handelns aber auch ideologiekritischer Bibelauslegung markiert, nehmen die Jugendlichen im Austausch mit Ex 1 oftmals ganz ohne äußere Anleitungen vor.

Erkennen – Anerkennen – Verkennen

Intersektionale Techniken, die ich als *Erkennen, Anerkennen und Verkennen* bezeichne, können das Selbst- und Fremdverstehen, den Zugang zu Texten und Lebens(kon)texten in neue Dynamiken versetzen. Als Teilkompetenzen im Horizont von Vielfalt fördern sie intersektionale Sensibilität. Im Austausch mit Ex 1 haben Schüler_innen und Lehrer_innen die Chance, sozial-kulturelle Identitäts-

---

[18] Im Anschluss an die vorliegende Studie sowie auch die Ergebnisse der 17. Shell Jugendstudie ist hier durchaus mit Offenheit und Interesse seitens der Schüler_innen zu rechnen. Die Mehrheit der Jugendlichen, die im Rahmen der Shell Jugendstudie befragt wurden, markiert den erstmals aufgeführten Wert ›Die Vielfalt der Menschen anerkennen und respektieren‹ als wichtig. Vgl. Deutsche Shell Holding GmbH, Shell Jugendstudie. Jugend 2015.

[19] Siehe hierzu V-J. Dietrich (2014).

[20] Die Anti-Bias-Arbeit bietet hier hilfreiche Anknüpfungspunkte und Methoden (z.B. die Blume der Macht).

[21] M. Busche und O. Stuve (2010) verweisen hier auf Technik des ›kontra-punktischen Lesens‹.

marker wie z.B. Geschlecht, sozialer Status oder Glaube als Bedingung von Gewalt oder aber im Gegenteil von Gewaltabstinenz zu erkennen, anzuerkennen und ggf. zu verkennen.

Unter *Erkennen* verstehe ich ein erstes Wahrnehmen von kategorialen Zuweisungen, was z.B. dazu führen kann, Praktiken der Kategorisierung sowie ihre Konsequenzen kritisch zu befragen und sie u.a. auf der Grundlage von Selbst(bewussten)positionierungen als persönlich-, sozial- und struktur-relevant *anzuerkennen*. Ebenso wie Lernende werden Lehrende vermutlich eigene z.B. Gewalt-Erfahrungen (mit wechselnden Subjekt- und Objektpositionen) abrufen können – und das genaue Hinsehen kann Aufmerksamkeit für die sozialen Kategorisierungen wecken, die hier im Spiel sind. In Ex 1,1-22 treten verschiedene ›intersektionale‹ Zuweisungspraktiken auf, die Diskriminierungen zur Folge haben: »Die Hebräerinnen sind nicht wie die Ägypterinnen. Sie sind lebendig und können leicht gebären« (Ex 1,19). Ein *Verkennen* sozialer Kategorisierungen kann z.B. als ›Lesen bzw. Handeln gegen den Strich‹ erfolgen und involviert Dekonstruktionen. Auf einer Meta-Ebene strebt Verkennen einen Abbau von indirekten und direkten Gewaltzuständen an. Als Literatur bietet die Bibel hierbei ›Probehandeln‹ in einem Raum an, der einerseits ausreichend Distanz zur eigenen Lebenswirklichkeit anbietet, andererseits aber die notwendige Nähe für Übersetzungsleistungen dorthin in Aussicht stellt. Mittels anti-, intra- und inter-kategorialer Zugänge, die im Unterricht freilich anders heißen dürfen, können ›intersektionale‹ Spielarten auf personaler, struktureller und epistemisch-symbolischer Ebene erkannt, anerkennt und verkannt werden – und dies sowohl auf der Subjekt- als auch auf der Objektebene. Dafür sowie für eine Bibeldidaktik der Vielfalt insgesamt ist ein komplexes Macht-, Herrschafts- und Gewaltverständnis grundlegend.

Anschließend setze ich die Techniken[22] *Erkennen – Anerkennen – Verkennen* jeweils in Bezug zu anti-, intra- und inter-kategoriale Zugänge.

	Erkennen	*Anerkennen*	*Verkennen*
Anti-kategorial	›Erkennen‹ kann in der Spur einer anti-kategorialen-Strategie bedeuten, dass Lehrkräfte[23] und Schüler_innen kategoriale Konstruktionen sowie Formen des Kategorialen ›doings‹ zunächst einmal bewusst aufsuchen. Fundstellen können	Soziale Kategorien wie z.B. Geschlecht rufen auf Text- und Interpretationsebene ungleiche Schemata auf, die jeweils soziokulturellen Rahmungen bzw. Erfahrungen unterliegen. Ein Vergleich der jeweils aktivierten (Text und	Wo ein anti-kategoriales Herangehen seinen Ausgang von bereits erkannten und anerkannten kategorialen Zuordnungen und Praktiken her nimmt, erfolgt Verkennen im Sinne der Dekonstruktion mittelbar, d.h. bewusst von

---

[22] Da die Schritte wechselseitig aufeinander aufbauen, kann die Unterscheidung von Erkennen, Anerkennen und Verkennen nicht immer trennscharf erfolgen.

[23] Lehrkräfte sollten diese Reflexionsschritte bereits im Rahmen der Unterrichtsvorbereitung vornehmen.

	u.a. biblische Texte, ihre Rezeptionen (z.B. in Medien wie Kunst oder Film) und sogleich die aktuellen Lebenswelten auf einer Meta-, Meso- und Mikro-Ebene sein.	Rezeption) Vorstellungen verdeutlicht, dass Geschlecht unterschiedlich performt wird und die Kategorie aus verschiedenen, nicht festgelegten, wohl aber Sozial- bzw. kulturgeschichtlich gängigen Bestandteilen zusammengebaut ist.	außen.[24] Aber: Kategorien können auch unmittelbar und zwar von innen heraus, ggf. intuitiv dramatisiert werden: Schifra und Pua brechen aus traditionellen Rollenmustern aus und irritieren hegemoniale Männlichkeitsentwürfe des Ersten Testaments. Kategoriale Zuschreibungen werden daraufhin brüchig.
Intra-kategorial	›Intra-kategoriales Erkennen‹ zielt darauf ab, soziale Kategorien zu finden, die heterogen, variabel, deutungs- und handlungsoffen sind: Anstelle von Einseitigkeit betont eine Bibeldidaktik der Vielfalt die Vielseitigkeit von Seinsweisen. Sie werden nicht nur in alltäglichen Lebenszusammenhängen anschaulich, sondern auch in biblischen ›storyworlds‹.	Wenn prototypische kategoriale Vorstellungen konterkariert werden z.b. von biblischen Figuren oder auch realen Personen(Gruppen), bietet sich durch die reflexive Begegnung mit ihnen eine vielversprechende Grundlage, um soziale Kategorien als facettenreich, unabgeschlossen und beweglich anzuerkennen bzw. Normierungen, Vereinseitigungen, künstlich angelegte Identitäts- und Handlungsgrenzen zu verkennen.	Gerade der Mordauftrag an männlichen Säuglingen motiviert die empirischen Leser_innen zu vereinseitigten, teils ›inter-kategorialen‹ Geschlechterkonstruktionen. Diese schematischen Bilder lassen sich im Zuge eines intra-kategorialen-Vorgehens aufnehmen und kontra-intuitiv bearbeiten. Antikes und gegenwärtiges ›Kategorienwissen‹ kann hierbei an die Beweggründe heranführen, die z.B. hierarchisch-essentialistische Männlichkeits- und Weiblichkeitskonzeptionen, Formen des ›doing gender‹ und darüber hinweg strukturelle Geschlechter(miss)verhältnisse prägen.
Inter-kategorial	›Inter-kategoriales-Erkennen‹ bedeutet zunächst einmal, die Aufmerksamkeit für kategoriale	Eine Anerkennung von kategorialen Verflechtungen lässt sich z.B. über	Stereotype Zuschreibungen sind oft vorbewusst im Denken und Handeln

---

[24] Diese Vorgehensweise ist kennzeichnend für die Leser_innen der vorliegenden Untersuchung.

	Interdependenzen zu Schärfen. einzelne ›Race-‹, ›Class- oder ›Gender-Brillen‹ werden durch eine ›Interdependenz-Brille‹ ausgetauscht. Da aber bereits das Tragen der anderen Spezialbrillen kompliziert ist,[25] erfordert das neue Sehen einige Übung. Plakative Beispiele können hier durchaus hilfreich sein. Sie sind sowohl in den biblischen ›storyworlds‹ als auch in den Lebenszusammenhängen von Lernenden und Lehrenden auf unterschiedlichen Ebenen zu finden.	Selbst(bewusste)positionierungen anbahnen. Gerade Selbst-reflexionen und Selbst-Sinn-Konstruktionen können Lehrenden und Lernenden die eigenen ›inter-kategorialen-Handlungen‹ vor Augen führen. Und auch die biblischen Texte liefern vielerlei Grundlagen, um inter-kategoriale Verflechtungen zu erkennen. Ex 1 kann hierfür ein Beispiel sein.	von Akteur_innen verankert. Durch kontra-intuitives Handeln lassen sich ggf. unbemerkte Gewaltpraktiken, die ›inter-kategorial‹ zustande kommen, strategisch aufdecken. Gewaltabstinenz kann so gefördert werden. Das Figurenhandeln in Ex 1 nutzen einige Schüler_innen, um gängige ›inter-kategoriale‹ und in diesem Fall diskriminierende Vorstellungen in Bezug auf Geschlecht und politische Teilhabe zu verkennen. Sofern derartige Intersektionen erkannt, als alltäglich und zudem potenziell gewaltstiftend anerkannt werden, kann diese Erfahrung des Verkennens die Jugendlichen zu weiteren inter-kategorialen Dekonstruktionen ermutigen.

Abb. 13: Strategien und Zugänge im Rahmen intersektionaler Sensibilität

Die Anwendung intersektionaler Techniken kann Schüler_innen dabei helfen, »die Welt der AuslegerInnen besser zu verstehen. Der Versuch, die Gewalt und ihre Strukturen zu begreifen, beendet noch nicht die Gewalt. Aber das Begreifen hilft dabei, in einer Welt voller Gewalt zu leben und Schritte gegen die Gewalt zu unternehmen.«[26] Ex 1 gibt diesem Anliegen einen Raum.

Über kurz oder lang

Eine Bibeldidaktik der Vielfalt, die unter der Perspektive von egalitärer Differenz den Abbau von Ausgrenzungen, Dominanz- und Unterordnungsverhältnissen

---

[25] Der Gebrauch einer geschlechtersensiblen Sprache stellt z.B. nicht-routinierte Anwender_innen oftmals vor Herausforderungen und bedarf der Übung.

[26] Müllner, Erzählen gegen das Schweigen, 81.

sowie Diskriminierungen, d.h. Gewaltabstinenz in einem umfassenden Verständnis anstrebt, geht kurze und lange Wege. ›Selbst(bewusste)positionierungen‹ und ›intersektionale Sensibilität‹ z.B. erfordern teils ausgedehnte Trainings, die nur über weitreichend angelegte Bildungsprozesse möglich sind. Der Erwerb von diesbezüglichen Teilkompetenzen wie etwa Kontextualisieren, Differenzieren, Empathie oder auch Fachwissen ist deshalb von besonderer Bedeutung. Ein breit gefächerter Methodenfundus, unterschiedliche Arbeitsarrangements sowie eine Lerngruppe, in der verschiedene Einstellungen, Erfahrungen und Kompetenzen zu Wort kommen, stellen sich dabei als weiterführend dar. Die Haltung und ein Durchhalten der Lehrkraft sind ebenfalls entscheidend. Schließlich gilt es zu erörtern, welche verbalen und non-verbalen Grenzen sinnvoll für die Begegnung im Unterricht sind bzw. wie innerhalb der Institution Schule ein Schonraum eingerichtet werden kann, der sowohl die Möglichkeit zum persönlichen Rückzug als auch zum vertrauensvollen Austausch bereitstellt.

Exkurs: Die Västeras-Methode – oder ein alternatives Ende

Die Västeras-Methode[27] (nach der gleichnamigen schwedischen Stadt, wo die Methode entwickelt wurde) leitet in eine literarische Unterhaltung ein und strukturiert diese zugleich. Der persönliche Textzugang wird dabei in ein Gespräch auf der Metaebene überführt. Bevor der tatsächliche Austausch einsetzt, erfolgt eine individuelle Lektürephase. Die Teilnehmenden werden gebeten, einen ausgewählten Text wiederholt zu lesen und mit Symbolen zu kennzeichnen:[28] Das Fragezeichen (?) zeigt Unverständnis, Widersprüche oder offene Fragen an. Ein Ausrufungszeichen (!) symbolisiert zentrale Erkenntnisse bzw. Einsichten. Der Stern (★) verweist auf eine Textstelle, die den Jugendlichen persönlich wichtig ist, sie vielleicht auch aufgrund eigener Lebenserfahrungen betroffen macht oder sie dazu motiviert, die eigene Umgebung in die Lektüre einzuflechten. Ein Herz (♥) steht für das, was die Schüler_innen emotional anspricht. Anschließend kommt die Lerngruppe miteinander ins Gespräch. Die Teilnehmer_innen können besprechen, welche Perspektiven sie überrascht haben, ob Gefühle der Befremdung, der Wut oder der Freude aufgetreten sind und warum? Gab es möglichenfalls neue Entdeckungen. Passt der Text zum eigenen Leben, wo liegen diese Anknüpfungspunkte? Solche und ähnliche Fragen strukturieren das Gespräch und können neue Einsichten hervorbringen, die voraussichtlich zur Vertiefung des Arbeitsprozesses führen. Die unterschiedlichen Statements und Zugänge zum Text bleiben dabei gleichberechtigt nebeneinander bestehen, nicht »in eine einheitliche Botschaft aufgelöst«,[29] die der methodisch-hermeneutisch anvisierten Vielfalt von Denk- und Handlungsweisen entgegenläuft. In dieser Spur möchte auch ich von einer gebündelten, ›alles auf einen Punkt bringenden‹ Schlussformel absehen. Stattdessen sollen noch einmal die Jugendlichen zu Wort kommen:

---

27 Siehe dazu Pfeifer, Didaktik des Ethikunterrichts, S. 148; U. Pohl-Patalong (2013).
28 In den unterschiedlichen Beschreibungen variieren die Symbole und auch ihre Bedeutung.
29 Pohl-Patalong, Wer bin ich und wie gestalte ich mein Leben, S. 105.

? »Also, wie man überhaupt auf diese Idee kommt, ein komplettes Land zu unterwerfen, nur weil man Schiss hat [...].«[30]

! »Denn Gott hat euch nicht im Stich gelassen, sondern unterstützt – Er war für euch da!«[31]

★ »Und dann, wenn man dann so kleine Schlenker macht, zu anderen Religionen, [...] da gibt es mindestens genau so viel zu sehen und zu entdecken und zu erforschen und zu lesen, das ist [...] eine gute Sache. Weil wenn man in der großen Welt rumschaut, dann sind wir nicht die Einzigen, wir hier in Deutschland, die wir überwiegend Christen haben.«[32]

♥ »Man kann sich nicht entscheiden, als was man geboren wird und auch in welchem Land.«[33]

---

[30]   Dario, Interview, A. 30.
[31]   Melina, Brief.
[32]   Finn, Interview, A. 56.
[33]   Eva, Interview, A. 21.

VII Literatur- und Abbildungsverzeichnis

1 Bibeltexte und Übersetzungen

Bail, Ulrike u.a. (Hg.) (2011), Bibel in gerechter Sprache. Taschenausgabe, Gütersloh.
Elliger, Karl / Rudolph, Wilhelm (Hg.) (1997), Biblica Hebraica Stuttgartensia, Stuttgart.
Stanton, Elizabeth Cady (2002), The Woman's Bible. A Classic Feminist Perspective, Mineola.

2 Sekundärliteratur

Abel, Julia (2006), Konstruktionen ›authentischer‹ Stimmen. Zum Verhältnis von Stimme und Identität in Feridun Zaimoglus ›Kanak Sprak‹, in: Andreas Blödorn u.a. (Hg.), Stimme(n) im Text. Narratologische Positionsbestimmungen, Berlin / New York (Narratologia, 10), 297–320.
Achenbach, Reinhard u.a. (2014), Vorwort, in: Ders. u.a. (Hg.), Wege der Freiheit. Zur Entstehung und Theologie des Exodusbuches: die Beiträge eines Symposions zum 70. Geburtstag von Rainer Albertz, Zürich (Abhandlungen zur Theologie des Alten und Neuen Testaments, 104), 7–8.
Albertz, Rainer (1994), A History of Israelite Religion in the Old Testament Period. Volume I: From the Beginnings to the End of the Monarchy, 1. Aufl. Louisville.
Albertz, Rainer (1997), Religionsgeschichte Israels in alttestamentlicher Zeit 2. Vom Exil bis zu den Makkabäern, 2. Aufl. Göttingen (Grundrisse zum Alten Testament, 8).
Albertz, Rainer (2012), Exodus 1–18. Zürich.
Albrecht, Corinna (2012), Fremdheit als kulturkonstitutive Deutungskategorie: Ein interkultureller Zugang zum »Fremden«, in: Gerlinde Baumann u.a. (Hg.), Zugänge zum Fremden. Methodisch-hermeneutische Perspektiven zu einem biblischen Thema, Frankfurt am Main (Linzer Philosophisch-Theologische Beiträge, 25), 109124.
Alkemeyer, Thomas / Bröskamp, Bernd (1998), Diskriminierung/ Rassismus, in: Ommo Grupe / Dietmar Mieth (Hg.), Lexikon der Ethik im Sport. Schorndorf: Hofmann (Schriftenreihe des Bundesinstituts für Sportwissenschaft 99), 91–97. URL: http://www.ssoar.info/ssoar/bitstream/handle/document/13482/ssoar-1998-alkemeyer_et_al-diskriminierung_rassismus.pdf?sequence=1, abgerufen am 04.06.2015.
Alkier, Stefan (2005), Die Bibel im Dialog der Schriften und das Problem der Verstockung in Mk 4. Intertextualität im Rahmen einer kategorialen Semiotik biblischer Texte, in: Ders. / Richard B. Hays (Hg.), Die Bibel im Dialog der Schriften. Konzepte intertextueller Bibellektüre, Tübingen, 1–22.
Alter, Robert (1981), The Art of Biblical Poetry, Edinburgh.
Amin, Abbas (2013), Ägyptomanie und Orientalismus: Ägypten in der deutschen Reiseliteratur (1175–1663). Mit einem kommentierten Verzeichnis der Reiseberichte (383–1845), Berlin / Bosten.
Andringa, Els (2004), The Interface between Fiction and Life: Patterns of Identification in Reading Autobiographies, in: Poetics Today 25 (2), 205–240.

Anz, Thomas (2007), Kulturtechniken der Emotionalisierung. Beobachtungen, Reflexionen und Vorschläge zur literaturwissenschaftlichen Gefühlsforschung, in: Karl Eibl u.a. (Hg.), Im Rücken der Kulturen, Paderborn, 207–239.

Arzt, Silvia (1999), Frauenwiderstand macht Mädchen Mut. Die geschlechtsspezifische Rezeption einer biblischen Erzählung, Innsbruck.

Arzt, Silvia u.a. (2009), Gender und Religionspädagogik der Vielfalt, in: Annebelle Pithan u.a. (Hg.), Gender, Religion, Bildung. Beiträge zu einer Religionspädagogik der Vielfalt, 1. Aufl. Gütersloh, 9–29.

Assmann, Aleida (2009), Erinnerungsräume: Formen und Wandlungen des kulturellen Gedächtnisses, München.

Assmann, Jan (1998), Moses der Ägypter. Entzifferung einer Gedächtnisspur, München.

Assmann, Jan (2000), Herrschaft und Heil. Politische Theologie in Altägypten, Israel und Europa, München.

Assmann, Jan (2002), Das kulturelle Gedächtnis, 4. Aufl. München.

Assmann, Jan (2015), Exodus. Die Revolution der Alten Welt, 1. Aufl. München.

Auberlen, Eckhard (2004), New Historicism, in: Ralf Schneider (Hg.), Literaturwissenschaft in Theorie und Praxis. Eine anglistisch-amerikanistische Einführung, Tübingen, 83115.

Auga, Ulrike (2013), Geschlecht und Religion als interdependente Kategorien des Wissens. Intersektionalitätsdebatte, Dekonstruktion, Diskursanalyse und die Kritik antiker Texte, in: Ute E. Eisen u.a. (Hg.), Doing Gender   Doing Religion. Fallstudien zur Intersektionalität im frühen Judentum, Christentum und Islam, 1. Aufl. Tübingen (Wissenschaftliche Untersuchungen Zum Neuen Testament, 302) 37–74.

Bachorz, Stephanie (2004), Zur Analyse der Figuren, in: Peter Wenzel (Hg.), Einführung in die Erzähltextanalyse. Kategorien, Modelle, Probleme, Trier (WVT-Handbücher zum literaturwissenschaftlichen Studium, 6), 51–67.

Bachtin, Michail M. (1979), Die Ästhetik des Wortes. Herausgegeben und eingeleitet von Rainer Grübel. Aus dem Russischen übersetzt von Rainer Grübel und Sabine Reese. Erstausg. Frankfurt am Main (Edition Suhrkamp, 967).

Bal, Mieke u.a. (1988), Und Sara lachte. Patriarchat und Widerstand in biblischen Geschichten, 1. Aufl. Münster.

Bal, Mieke (1997), Narratology. Introduction to the Theory of Narrative, 2. Aufl. Toronto / Buffalo.

Bal, Mieke (1999), »Close Reading Today. From Narratology to Cultural Analysis«, in: Walter Grünzweig / Andreas Solbach (Hg.), Grenzüberschreitungen: Narratologie im Kontext. Transcending Boundaries: Narratology in Context, Tübingen, 19–40.

Ballhorn, Egbert / Steins, Georg (Hg.) (2007), Der Bibelkanon in der Bibelauslegung. Methodenreflexionen und Beispielexegesen, Stuttgart.

Ballhorn, Egbert (2011), Israel am Jordan. Narrative Topographie in Jos 22 und im Josuabuch, 1. Aufl. Göttingen (Bonner biblische Beiträge, 162).

Bamberger, Astrid (2010), Ex 1,15–22 in einer empirischen Lesestudie. Ein alttestamentlicher Beitrag zur Verhältnisbestimmung zwischen Ästhetik und Hermeneutik, in: Universitätsbibliothek Wien: E-Theses. URL: http://othes.univie.ac.at/9368/1/2010-01-25_9625391.pdf, abgerufen am 10.05.2015.

Bar-Efrat, Shimon (1989), Narrative Art in the Bible, London / New York.

Bar-Efrat, Shimon (2006), Wie die Bibel erzählt. Alttestamentliche Texte als literarische Kunstwerke verstehen, Dt. Erstausg., 1. Aufl. Gütersloh.

Bar-Efrat, Shimon (2006), Die Erzählung in der Bibel, in: Helmut Utzschneider / Erhard Blum (Hg.), Lesarten der Bibel. Untersuchungen zu einer Theorie der Exegese des Alten Testaments, Stuttgart, 100–116.

Barsch, Achim u.a. (1994), Einleitung, in: Ders. u.a. (Hg.), Empirische Literaturwissenschaft in der Diskussion, 1. Aufl. Frankfurt am Main, 9–17.

Barthel, Verena (2008), Empathie, Mitleid, Sympathie. Rezeptionslenkende Strukturen mittel-alterlicher Texte in Bearbeitungen des Willehalm-Stoffs, Berlin / New York (Quellen und Forschungen zur Literatur- und Kulturgeschichte, 50).

Baumann, Gerlinde (2003), Die Metapher der Ehe zwischen JHWH und Israel in den alttesta-mentlichen Prophetenbüchern – (nicht nur) feministisch-kritisch betrachtet, in: Manfred Oeming / Gerd Theißen (Hg.), Theologie des AT aus der Perspektive von Frauen, Münster, Hamburg, London (Beiträge zum Verstehen der Bibel, 1), 173–177.

Baumann, Gerlinde (2011), Arbeitsverpflichtung/Fron, in: WiBiLex. URL: http://www.bibel-wissenschaft.de/wibilex/das-bibellexi-kon/lexikon/sachwort/anzeigen/details/arbeitsverpflichtung-fron/ch/66842b1d13e020c64ae4fb505c14563c/#h5, abgerufen am 16.04.2015.

Baur, Wolfgang (2004), Osiris und Mose – die »Wassermänner« Ägyptens und der Bibel, in: Welt und Umwelt der Bibel (1), 37.

Beauvoir, Simone de (1968), Das andere Geschlecht. Sitte und Sexus der Frau, Reinbek bei Hamburg.

Beck, Anna (2013), Raum und Subjektivität in Londonromanen der Gegenwart. URL: http://d-nb.info/1068530464/34, abgerufen am 20.07.2015.

Becker, Anja / Mohr, Jan (2012), Alterität. Geschichte und Perspektiven eines Konzeptes. Eine Einleitung, in: Dies. (Hg.), Alterität als Leitkonzept für historisches Interpretieren, Berlin (Deutsche Literatur. Studien und Quellen, 8), 1–58.

Bee-Schroedter, Heike (1998), Neutestamentliche Wundergeschichten im Spiegel vergangener und gegenwärtiger Rezeptionen. Historisch-exegetische und empirisch-entwicklungspsy-chologische Studien, Stuttgart.

Beinke, Inga u.a. (2006), Der Leser als Subjekt des Verstehens, in: Norbert Groeben /Bettina Hurrelmann (Hg.), Empirische Unterrichtsforschung in der Literatur- und Lesedidaktik. Ein Weiterbildungsprogramm, Weinheim / München (Lesesozialisation und Medien), 73-94.

Bell, Desmond u.a. (Hg.) (2014), Lebenswelten, Textwelten, Diversität. Altes und Neues Tes-tament an Hochschulen für Angewandte Wissenschaften, Tübingen (Neutestamentliche Entwürfe zur Theologie, 20).

Berg, Horst Klaus (1991), Ein Wort wie Feuer. Wege lebendiger Bibelauslegung, München, Stuttgart (Handbuch des biblischen Unterrichts, 1).

Berg, Horst Klaus (1993), Grundriss der Bibeldidaktik. Konzepte, Modelle, Methoden. Mün-chen / Stuttgart (Handbuch des biblischen Unterrichts, 2).

Berg, Horst Klaus (2013 [2002]), Arbeit mit der Bibel/Bibeldidaktik, in: Gottfried Bitter u.a. (Hg.), Neues Handbuch religionspädagogischer Grundbegriffe, München, 336–343.

Berges, Ulrich (2011), Kollektive Autorschaft im Alten Testament, in: Christel Meier-Staubach / Martina Wagner-Egelhaaf (Hg.), Autorschaft. Ikonen – Stile – Institutionen, Berlin, 29–39.

Berlin, Adele (1983), Poetics and Interpretation of Biblical Narrative, Winona Lake, Eisen-brauns.

Berner, Christoph (2010), Die Exoduserzählung, Tübingen (Forschungen zum Alten Testa-ment, 73).

Berquist, Jon L. (2006), Postcolonialism and Imperial Motives for Canonization, in: Rasiah S. Sugirtharajah (Hg.), The Postcolonial Biblical Reader, Malden / Oxford, 78–95.

Biberger, Bernd (2009), Sohn/Tochter (AT), in: WiBiLex. URL: http://www.bibelwissen-schaft.de/de/wibilex/das-bibellexikon/lexikon/sachwort/anzeigen/details/sohn-toch-ter-at/ch/48b78875b632f5f4b6b44fe2945a642f/, abgerufen am 16.04.2015.

Bieberstein, Klaus (2004), Grenzen definieren. Israels Ringen um Identität, in: Joachim Kügler (Hg.), Impuls oder Hindernis? Mit dem Alten Testament in multireligiöser Gesellschaft; Beiträge des Internationalen Bibel-Symposions Bayreuth, 27.–29. September 2002, Müns-ter, 59–72.

Bieritz, Karl-Heinz / Kähler, Christoph (1985), Art. Haus III, in: TRE, Band 14, Berlin / New York.

Birk, Hanne / Neumann, Birgit (2002), Go-between: Postkoloniale Erzähltheorie, in: Ansgar Nünning (Hg.), Neue Ansätze in der Erzähltheorie, Trier (WVT-Handbücher zum literaturwissenschaftlichen Studium, 4), 115–152.

Blödorn, Andreas u.a. (Hg.) (2006), Stimme(n) im Text. Narratologische Positionsbestimmungen, Berlin / New York (Narratologia, 10).

Blum, Hans-Joachim (1997), Biblische Wunder – heute. Eine Anfrage an die Religionspädagogik, Stuttgart.

Boer, Dick (2008), Erlösung aus der Sklaverei. Versuch einer biblischen Theologie im Dienst der Befreiung, Münster (Edition ITP-Kompass, 8).

Boff, Leonardo (1980), Kreuzweg der Gerechtigkeit, Mainz.

Bortolussi, Marisa / Dixon Peter (2009), Psychonarratology: Foundations for the Empirical Study of Literary Response, Cambridge.

Bosold, Iris (2013), Zugänge zur Bibel für Schülerinnen und Schüler der Sekundarstufe I, in: Mirjam Zimmermann / Ruben Zimmermann (Hg.), Handbuch Bibeldidaktik, Tübingen (UTB, 3996), 629–633.

Bourdieu, Pierre (1987), Die feinen Unterschiede. Kritik der gesellschaftlichen Urteilskraft, Frankfurt am Main (Suhrkamp-Taschenbuch Wissenschaft, 658).

Bourdieu, Pierre (2006 [1989]), Sozialer Raum, Symbolischer Raum, in: Jörg Dünne / Stephan Günzel (Hg.), Raumtheorie. Grundlagentexte aus Philosophie und Kulturwissenschaften, 1. Aufl. Frankfurt am Main, 354–367.

Böhm, Andreas (1994), Grounded Theory – Wie aus Texten Modelle und Theorien gemacht werden, in: Ders. u.a. (Hg.), Texte verstehen. Konzepte, Methoden, Werkzeuge, Konstanz (Schriften zur Informationswissenschaft, 14), 121–140.

Bös, Mathias (2008), Ethnizität, in: Nina Baur u.a. (Hg.), Handbuch Soziologie, 1. Aufl. Wiesbaden, 55–76.

Bredella, Lothar (2012), Narratives und interkulturelles Verstehen. Zur Entwicklung von Empathie-, Urteils- und Kooperationsfähigkeit, Tübingen (Giessener Beiträge zur Fremdsprachendidaktik).

Breger, Claudia / Breithaupt, Fritz (2010), Einleitung, in: Dies. (Hg.), Empathie und Erzählung, 1. Aufl. Freiburg im Breisgau u.a. (Rombach Wissenschaften: Reihe Litterae, 176), 7–20.

Breitmaier, Isa (2007), Muss es denn wortwörtlich sein? Eine Auseinandersetzung mit Bibelinterpretation und Bibeldidaktik, in: Gerlinde Baumann / Elisabeth Hartlieb (Hg.), Fundament des Glaubens oder Kulturdenkmal? Vom Umgang mit der Bibel heute, Leipzig, 133–151.

Breitmaier, Isa / Sutter Rehmann, Luzia (2008), Hinführungen, in: Dies. (Hg.), Gerechtigkeit lernen. Seminareinheiten zu den drei Grundkategorien von Gerechtigkeit; mit allen Materialien auf CD-ROM, 1. Aufl. Gütersloh (Lehren und lernen mit der Bibel in gerechter Sprache, 1), 13–17.

Breuer, Franz (2009), Reflexive Grounded Theory. Eine Einführung für die Forschungspraxis, 1. Aufl. Wiesbaden.

Brockhaus (2005): Der Brockhaus in drei Bänden. Band 3: PAI–Z. 3. Aufl. Leipzig / Mannheim.

Brüsemeister, Thomas (2008), Qualitative Forschung. Ein Überblick, 2. Aufl. Wiesbaden (Hagener Studientexte zur Soziologie).

Bublitz, Hannelore (2006), Geschlecht, in: Hermann Korte / Bernhard Schäfers (Hg.), Einführung in Hauptbegriffe der Soziologie, 6. Aufl. Opladen (Einführungskurs Soziologie, 1), 85–104.

Bucher, Anton A. (1990), Gleichnisse verstehen lernen. Strukturgenetische Untersuchungen zur Rezeption synoptischer Parabeln. Mit einem Geleitwort von Fritz Oser, Fribourg (Praktische Theologie im Dialog, 5).

Bucher, Anton A. / Oser, Fritz (2008), Entwicklung von Religiosität und Spiritualität, in: Rolf Oerter / Leo Montada (Hg.), Entwicklungspsychologie, 6. Aufl. Weinheim, Basel, 607–624.

Bucher, Anton A. (2013), Gewalt in der Bibel, in: Mirjam Zimmermann / Ruben Zimmermann (Hg.), Handbuch Bibeldidaktik, Tübingen (UTB, 3996), 693–696.

Budde, Jürgen / Venth, Angela (2010), Genderkompetenz für lebenslanges Lernen. Bildungsprozesse geschlechterorientiert gestalten, Bielefeld.

Buhl, Heike M. u.a. (2009), Zusammenhänge zwischen der Fähigkeit zur Perspektivenübernahme und dem Textverstehen im Vor- und Grundschulalter, in: Diskurs Kindheits- und Jugendforschung 4 (1), 75–90. URL: http://nbn-resolving.de/urn:nbn:de:0168-ssoar-334467, abgerufen am 19.02.2015.

Bultmann, Christoph (1992), Der Fremde im antiken Juda. Eine Untersuchung zum sozialen Typenbegriff »ger« und seinem Bedeutungswandel in der alttestamentlichen Gesetzgebung, Göttingen (Forschungen zur Religion und Literatur des Alten und Neuen Testaments, 153).

Burhardt, Katharina (2010), AchtklässlerInnen entdecken einen Zugang zu Wundererzählungen. Einblicke in die Forschungswerkstatt »Theologische Gespräche mit Jugendlichen« des Sommersemesters 2008, Kassel (Beiträge zur Kinder- und Jugendtheologie, 7).

Burzan, Nicole (2011), Soziale Ungleichheit. Eine Einführung in die zentralen Theorien, 4. Aufl. Wiesbaden.

Busche, Mart / Stuve, Olaf (2010), Bildungs- und Sozialarbeit intersektional erweitern, in: Christine Riegel u.a. (Hg.), Transdisziplinäre Jugendforschung. Grundlagen und Forschungskonzepte, 1. Aufl. Wiesbaden, 271–288.

Butler, Judith (1997), Körper von Gewicht. Die diskursiven Grenzen des Geschlechts, 1. Aufl. Frankfurt am Main (Edition Suhrkamp, 1737).

Butler, Judith (2010), Raster des Krieges. Warum wir nicht jedes Leid beklagen. Frankfurt am Main / New York.

Butler, Judith (2012), Die Macht der Geschlechternormen und die Grenzen des Menschlichen, 2. Aufl. Frankfurt am Main (Suhrkamp-Taschenbuch Wissenschaft, 1989).

Clauss, Manfred (2009), Geschichte des Alten Israel. München (Oldenbourg Grundriss der Geschichte, 37).

Coats, George W. (1999), Exodus 1–18, Grand Rapids (The Forms of the Old Testament Literature, 2a).

Combahee River Collective (1977), The Combahee River Collective Statement. URL: http://historyisaweapon.com/defcon1/combrivercoll.html, abgerufen am 20.05.2015.

Connell, Raewyn (1987), Gender and Power. Society, the Person, and Sexual Politics, Stanford.

Connell, Raewyn (2015), Der gemachte Mann. Konstruktion und Krise von Männlichkeiten, 4. Aufl. Wiesbaden (Geschlecht und Gesellschaft, 8).

Connell, Raewyn / Messerschmidt, James W. (2005), Hegemonic Masculinity: Rethinking the Concept, in: Gender and Society 19, 829–859, URL: http://gas.sagepub.com/content/19/6/829.full.pdf+html, abgerufen am 11.06.2015.

Charlton, Michael (1997), Rezeptionsforschung als Aufgabe einer interdisziplinären Medienwissenschaft, in: Ders. / Silvia Schneider (Hg.), Rezeptionsforschung. Theorien und Untersuchungen zum Umgang mit Massenmedien, Opladen, 16–39.

Christmann, Ursula / Schreier, Margit (2003), Kognitionspsychologie der Textverarbeitung und Konsequenzen für die Bedeutungskonstitution literarischer Texte, in: Fotis Jannidis u.a. (Hg.), Regeln der Bedeutung. Zur Theorie der Bedeutung literarischer Texte, Berlin / New York (Revisionen. Grundbegriffe der Literaturtheorie, 1), 246–285.

Christmann, Ursula (2004), Lesen, in: Roland Mangold u.a. (Hg.), Lehrbuch der Medienpsychologie, Göttingen u.a., 419–442.

Christmann, Ursula (2011), Lesen, in: Gerhard Lauer / Christine Ruhrberg (Hg.), Lexikon Literaturwissenschaft. Hundert Grundbegriffe, Ditzingen, 168–171.

Crenshaw, Kimberlé W.: Demarginalizing the Intersection of Race and Sex: A Black Feminist Critique of Antidiscrimination Doctrine, Feminist Theory and Antiracist Politics. URL: http://allisonbolah.com/site_resources/reading_list/Demarginalizing_Crenshaw.pdf, abgerufen am 21.04.2014.

Crüsemann, Frank (2003), Kanon und Sozialgeschichte. Beiträge zum Alten Testament, Gütersloh.

Culler, Jonathan (2002 [1975]), Structuralist Poetics: Structuralism, Linguistics and the Study of Literature, London / New York.

Davis, Kathy (2013), Intersektionalität als »Buzzword«: Eine wissenschaftssoziologische Perspektive auf die Frage: »Was macht eine feministische Theorie erfolgreich?« in: Helma Lutz u.a. (Hg.), Fokus Intersektionalität. Bewegungen und Verortungen eines vielschichtigen Konzeptes, 2. Aufl. Wiesbaden (Geschlecht & Gesellschaft, 47), 59–73.

Dawidowski, Christian (2009), Literarische Bildung in der heutigen Mediengesellschaft. Eine empirische Studie zur kultursoziologischen Leseforschung, Frankfurt am Main u.a. (Siegener Schriften zur Kanonforschung, 6).

Dawidowski, Christian / Korte, Hermann (Hg.) (2009), Literaturdidaktik empirisch. Aktuelle und historische Aspekte, Frankfurt am Main / New York (Bibliographien zur Literatur- und Mediengeschichte, 11).

Deifelt, Wanda (2009), Hermeneutics of the body: a feminist liberationist approach*, in: Renate Jost / Klaus Raschzok (Hg.), Gender – Religion – Kultur. Biblische, interreligiöse und ethische Aspekte, Stuttgart (Theologische Akzente, 6), 55–66.

Deleuze, Gilles / Guattari, Felix (1997), Tausend Plateaus. Kapitalismus und Schizophrenie, Berlin.

Dennerlein, Katrin (2009), Narratologie des Raumes, Berlin (Narratologia, 22).

Dern, Christian (2013), Dialogische Bibeldidaktik. Biblische Ganzschriften des Alten und Neuen Testaments in den Sekundarstufen des Gymnasiums, ein unterrichtspraktischer Entwurf, Kassel (Beiträge zur Kinder- und Jugendtheologie, 23).

Deutsche Shell Holding GmbH (Hg.) (2015), Shell Jugendstudie. Jugend 2015. URL: http://www.shell.de/ueber-uns/die-shell-jugendstudie/multimediale-inhalte/_jcr_content/par/expandablelist_643445253/expandablesection.stream/1456210165334/d0f5d0 9f09c6142df03cc804f0fb389c2d39e167115aa86c57276d240cca4f5f/flyer-zur-shell-jugendstudie-2015-auf-deutsch.pdf, abgerufen am 19.04.2017.

Deutsche Shell Holding GmbH (Hg.) (2015), 17. Shell Jugendstudie: eine pragmatische Generation im Umbruch. URL: http://www.shell.de/medien/shell-presseinformationen/2015/shell-jugendstudie-eine-pragmatische-generation-im-umbruch.html, abgerufen am 19.04.2017.

Dieckmann, Detlef (2003a), Empirische Bibelforschung als Beitrag zur Wahrnehmungsästhetik. Am Beispiel von Gen 10,12–20, in: Ders., Wie schön sind deine Zelte, Jakob! Beiträge zur Ästhetik des Alten Testaments, Neukirchen-Vluyn (Biblisch-theologische Studien, 60), 13–42.

Dieckmann, Detlef (2003b), Segen für Isaak. Eine rezeptionsästhetische Auslegung von Gen 26 und Kotexten, Berlin / New York (Beihefte zur Zeitschrift für die alttestamentliche Wissenschaft, 329).

Dieckmann, Detlef (2007), Identität in der Krise des Exils. Israels Segens-Existenz nach Sach 8, Gen 12 und Gen 26, in: Alexander Deeg u.a. (Hg.), Identität. Biblische und theologische Erkundungen, Göttingen, 23–40.

Dieckmann, Detlef (2013), Bibelforschung, Empirische, in: WiBiLex: URL: http://www.bibelwissenschaft.de/wibilex/das-bibellexikon/lexikon/sachwort/anzeigen/details/bibelforschung empirische/ch/2d9f646c8aaca8ad4f6cdd011300690d/#h2, abgerufen am 23.07.2015.

Dietrich, Veit-Jakobus (2014), Die Entdeckung und Entwicklung des ›Selbst‹ in der Jugendzeit – Konturen einer (theologischen) Anthropologie des Jugendalters im Anschluss an empirische Studien, in: Ders. u.a., »Dann müsste ja in uns allen ein Stück Paradies stecken.« Anthropologie und Jugendtheologie, Stuttgart (Jahrbuch für Jugendtheologie, 3), 91–105.

Dietrich, Walter / Mayordomo, Moisés (2005), Gewalt und Gewaltüberwindung in der Bibel. Zürich.

Dietrich, Walter (2009), Israel und die Völker der hebräischen Bibel, in: Rainer Christoph Schwinges / Matthias Konradt (Hg.), Juden in ihrer Umwelt. Akkulturation des Judentums in Antike und Mittelalter, Basel, 7–27.

Dietrich, Walter u.a. (2014), Die Entstehung des Alten Testaments, 1. Aufl. Stuttgart (Theologische Wissenschaft. Sammelwerk für Studium und Beruf, 1).

Dietze, Gabriele u.a. (2007), Einleitung, in: Katharina Walgenbach u.a. (Hg.), Gender als interdependente Kategorie. Neue Perspektiven auf Intersektionalität, Diversität und Heterogenität, Opladen, 7–22.

Dietze, Gabriele u.a. (2007), »Checks and Balances.« Zum Verhältnis von Intersektionalität und Queer Theory, in: Katharina Walgenbach u.a. (Hg.), Gender als interdependente Kategorie. Neue Perspektiven auf Intersektionalität, Diversität und Heterogenität, Opladen, 107–139.

Dimpel, Friedrich Michael (2012), Perspektivierung, Fokalisierung, Fokussierung und Sympathiesteuerung zur Einführung. Mit Beispielanalysen zum Erec Hartmanns von Aue, in: IASL Online. URL: http://www.iaslonline.de/index.php?vorgang_id=3623, abgerufen am 27.02.2015.

Dohmen, Christoph / Hieke, Thomas (2005), Das Buch der Bücher. Die Bibel – eine Einführung, 1. Aufl. Regensburg (Topos Taschenbuch, 542).

Do Mar Castro Varela, María / Dhawan, Nikita (2015), Postkoloniale Theorie. Eine kritische Einführung, 2. Aufl. Bielefeld.

Donner, Herbert (1986), Geschichte des Volkes Israel und seiner Nachbarn in Grundzügen 2. Von der Königszeit bis zu Alexander dem Großen. Mit einem Ausblick auf die Geschichte des Judentums bis Bar Kochba, Göttingen (Grundrisse zum Alten Testament, 4).

Doob Sakenfeld, Katharine (1989), Feministische Verfahrensweisen im Umgang mit der Bibel, in: Letty M. Russell (Hg.), Befreien wir das Wort. Feministische Bibelauslegung. München, 63–74.

Dozeman, Thomas B. (2009), Commentary on Exodus, Grand Rapids / Cambridge (Eerdmans Critical Commentary).

Dozeman, Thomas B. (2014), Exodus, in: Gale A. Yee u.a. (Hg.), Fortress Commentary on the Bible. The Old Testament and Apocrypha, Minneapolis, 137–178.

Dölecke, Alexander (2010), Einer fremden Welt begegnen. Die ›Bibel in gerechter Sprache‹ im Evangelischen Religionsunterricht der Sekundarstufe II, in: Internetangebot des Religionspädagogischen Instituts Loccum der Evangelisch-lutherischen Landeskirche Hannovers. URL: http://www.rpi-loccum.de/material/ru-in-der-sekundarstufe-2/sek2_doelecke, abgerufen am 25.03.2015.

Dörr, Volker C. (2009), ›Third space‹ vs. Diaspora. Topologien transkultureller Literatur, in: Helmut Schmitz (Hg.), Von der nationalen zur internationalen Literatur. Transkulturelle deutschsprachige Literatur und Kultur im Zeitalter globaler Migration, Amsterdam / New York (Amsterdamer Beiträge zur neueren Germanistik, 69), 59–76.

Dressler, Bernhard (2012), »Religiös reden« und »über Religion reden« lernen – Religionsdidaktik als Didaktik des Perspektivenwechsels, in: Bernhard Grümme u.a. (Hg.), Religionsunterricht neu denken. Innovative Ansätze und Perspektiven der Religionsdidaktik; ein Arbeitsbuch, Stuttgart (Religionspädagogik innovativ, 1), 68–78.

Dyma, Oliver (2010), Ehe (AT), in: WiBiLex. URL: http://www.bibelwissenschaft.de/wibilex/das-bibellexikon/lexikon/sachwort/anzeigen/details/ehe-at/ch/3d6d29b1010bc69c1e5884cbf386c3ee/, abgerufen am 15.04.2015.

Ebach, Jürgen (2007), Genesis 37–50, Freiburg im Breisgau u.a. (Herders Theologischer Kommentar zum Alten Testament).

Ebach, Jürgen (2009), Josef und Josef. Literarische und hermeneutische Reflexionen zu Verbindungen zwischen Genesis 37–50 und Matthäus 1–2, Stuttgart (Beiträge zur Wissenschaft vom Alten und Neuen Testament, 187).

Ebach, Jürgen (2014a), »Übersetzen – üb' Ersetzen!«. Von der Last und Lust des Übersetzens, in: Bibel und Kirche (1), 2–7.

Ebach, Jürgen (2014b), Die Wege und die Freiheit. Plural und Singular – grammatische Notizen und hermeneutische Erwägungen bei der Lektüre des zweiten Buches der Tora, in: Reinhard Achenbach u.a. (Hg.), Wege der Freiheit. Zur Entstehung und Theologie des Exodusbuches: Die Beiträge eines Symposions zum 70. Geburtstag von Rainer Albertz, Zürich (Abhandlungen zur Theologie des Alten und Neuen Testaments, 104), 9–34.

Ebach, Ruth (2014), Das Fremde und das Eigene. Die Fremdendarstellungen des Deuteronomiums im Kontext israelitischer Identitätskonstruktionen, Berlin / Boston (Beihefte zur Zeitschrift für die alttestamentliche Wissenschaft, 471).

Ebner, Martin / Gabriel, Karl (Hg.) (2008), Bibel im Spiegel sozialer Milieus. Eine Untersuchung zu Bibelkenntnis und -verständnis in Deutschland, Münster / Berlin (Forum Religion & Sozialkultur – Religions- und Kirchensoziologische Texte, 16).

Ecarius, Jutta u.a. (2011), Jugend und Sozialisation, Wiesbaden (Basiswissen Sozialisation, 3).

Echterhoff, Gerald / Straub, Jürgen (2004), Narrative Psychologie: Facetten eines Forschungsprogramms, Teil 2. Handlung Kultur Interpretation, in: Zeitschrift für Sozial- und Kulturwissenschaften (13), 151–186.

Eco, Umberto (2004), Die Grenzen der Interpretation, 3. Aufl. München.

Eco, Umberto (2005 [1987]), Streit der Interpretationen, Berlin.

Eder, Jens (2007), Imaginative Nähe zu Figuren, in: montage AV. Zeitschrift für Theorie und Geschichte audiovisueller Kommunikation 15 (2), 135–160, 149.

Eder, Jens (2008), Die Figur im Film. Grundlagen der Figurenanalyse, Marburg (Marburger Schriften zur Medienforschung).

Eder, Sigrid (2008), Wie Frauen und Männer Macht ausüben. Eine feministisch-narratologische Analyse von Ri 4, Freiburg im Breisgau u.a. (Herders Biblische Studien, 54).

Egger, Monika (2011), »Hagar, woher kommst du? und wohin gehst du?« (Gen 16,8*). Darstellung und Funktion der Figur Hagar im Sara(i)-Abra(ha)m-Zyklus (Gen 11,27–25,18), Freiburg im Breisgau (Herders biblische Studien, 67).

Eikelpasch, Rolf / Rademacher, Claudia (2010), Identität, 3. Aufl. Bielefeld (Einsichten – Themen der Soziologie).

Eisen, Ute E. (2006), Die Poetik der Apostelgeschichte. Eine narratologische Studie, Fribourg / Göttingen (Novum Testamentum et Orbis Antiquus. Studien zur Umwelt des Neuen Testaments, 58).

Eisen, Ute E. u.a. (2013), Zur Frage nach der Intersektionalität in den Bibelwissenschaften. Eine Einleitung, in: Dies. u.a. (Hg.), Doing Gender – Doing Religion. Fallstudien zur Intersektionalität im frühen Judentum, Christentum und Islam, 1. Aufl. Tübingen, 1–36.

Ellmenreich, Elisabeth (1988), Pua und Schiphra – zwei Frauen im Widerstand, in: Eva Renate Schmidt u.a. (Hg.), Feministisch gelesen, Stuttgart, 39–45.

Erbele-Küster, Dorothea (2009), Narrativität, in: WiBiLex. URL: https://www.bibelwissenschaft.de/wibilex/das-bibellexikon/lexikon/sachwort/anzeigen/details/narrativitaet/ch/e49b925928606aaebf11dfca206f095d/#4, abgerufen am 15.07.2015.

Erbele-Küster, Dorothea (2013), Lesen als Akt des Betens. Eine Rezeptionsästhetik der Psalmen, Eugene.

Erll, Astrid / Roggendorf, Simone (2002), Kulturgeschichtliche Narratologie: Die Historisierung und Kontextualisierung kultureller Narrative, in: Ansgar Nünning (Hg.), Neue Ansätze in der Erzähltheorie, Trier (WVT-Handbücher zum literaturwissenschaftlichen Studium, 4), 73–113.

Eßbach, Wolfgang (2012), Gemeinschaft – Rassismus – Biopolitik, in: Birgit Riegraf u.a. (Hg.), Medien – Körper – Geschlecht. Diskursivierungen von Materialität. Festschrift für Hannelore Bublitz, 1. Aufl. Bielefeld, 201–215.

Exum, Jo Cheryl (1994), »You Shall Let Every Daughter Live«: A Study of Exodus 1:8–2:10', in: Athalya Brenner (Hg.), A Feminist companion to Exodus to Deuteronomy, Sheffield (Feminist Companion to the Bible, 6).

Fend, Helmut (2003), Entwicklungspsychologie des Jugendalters. Ein Lehrbuch für pädagogische und psychologische Berufe, 3. Aufl. Opladen (UTB für Wissenschaft: Psychologie).

Ferchhoff, Wilfried (2007), Jugend und Jugendkulturen im 21. Jahrhundert. Lebensformen und Lebensstile, 1. Aufl. Wiesbaden.

Finkelstein, Israel / Silberman, Neil Asher (2006), Keine Posaunen vor Jericho. Die archäologische Wahrheit über die Bibel, 3. Aufl. München.

Finnern, Sönke (2007), Auswahlliteratur zur Analyse von Erzähltexten. URL: http://www.nt2.evtheol.uni-muenchen.de/bibliografie/narrative_analyse/index.html., abgerufen am 02.12.2015.

Finnern, Sönke (2010), Narratologie und biblische Exegese. Eine integrative Methode der Erzählanalyse und ihr Ertrag am Beispiel von Matthäus 28, Tübingen (Wissenschaftliche Untersuchungen zum Neuen Testament, 2. Reihe, 285).

Finsterbusch, Karin (2008), Geburt (AT), in: WiBiLex. URL: http://www.bibelwissenschaft.de/nc/wibilex/dasbibellexikon/details/quelle/WIBI/zeichen/g/referenz/19062/cache/fdd22cadcf62921fef79bb0ad765c8a8/, abgerufen am 10.05.2015.

Fischer, Georg (2008), Wege in die Bibel. Leitfaden zur Auslegung, Stuttgart.

Fischer, Georg / Markl, Dominik (2009), Das Buch Exodus. Stuttgart.

Fischer, Georg (2011), Die Anfänge der Bibel. Studien zu Genesis und Exodus, Stuttgart.

Fischer, Irmtraud u.a. (1999), Einführung, in: Erhard Gerstenberger / Ulrich Schoenborn (Hg.), Hermeneutik, sozialgeschichtlich. Kontextualität in den Bibelwissenschaften aus der Sicht (latein)amerikanischer und europäischer Exegetinnen und Exegeten, Münster (Exegese in unserer Zeit – Kontextuelle Bibelinterpretation, 1), 1–8.

Fischer, Irmtraud (1995), Gottesstreiterinnen. Biblische Erzählungen über die Anfänge Israels, Stuttgart.

Fischer, Irmtraud (2004), Gender-faire Exegese. Gesammelte Beiträge zur Reflexion des Genderbias und seiner Auswirkungen in der Übersetzung und Auslegung von biblischen Texten, Münster (Exegese in unserer Zeit, 14).

Fischer, Irmtraud (2007), Die »Bibel in gerechter Sprache« – eine notwendige Stimme im Konzert der deutschen Bibelübersetzungen, in: Elisabeth Gössmann u.a. (Hg.), Der Teufel blieb männlich. Kritische Diskussion zur »Bibel in gerechter Sprache«. Feministische, historische und systematische Beiträge, Neukirchen-Vluyn, 65–79.

Fischer, Irmtraud (2009), Der Mensch lebt nicht als Mann allein… Kann eine biblische Anthropologie gender-fair sein? in: Sigrid Eder / Dies. (Hg.), … männlich und weiblich schuf er sie … (Gen 1,27); zur Brisanz der Geschlechterfrage in Religion und Gesellschaft, Innsbruck / Wien, 14–28.

Fischer, Irmtraud (2009), Egalitär entworfen – hierarchisch gelebt. Zur Problematik des Geschlechterverhältnisses und einer genderfairen Anthropologie im Alten Testament, in: Bernd Janowski u.a. (Hg.), Der Mensch im alten Israel. Neue Forschungen zur alttestamentlichen Anthropologie, Freiburg im Breisgau (Herders biblische Studien, 59), 265–298.

Fischer, Irmtraud (Hg.) (2013), Macht – Gewalt – Krieg im Alten Testament. Gesellschaftliche Problematik und das Problem ihrer Repräsentation, Freiburg im Breisgau (Quaestiones Disputatae, 254).

Fischer, Irmtraud (2013), Inklusion und Exklusion – Biblische Perspektiven, in: Annebelle Pithan u.a. (Hg.), »… dass alle eins seien« – Im Spannungsfeld von Exklusion und Inklusion, Münster (Forum für Heil- und Religionspädagogik, 7), 9–23.

Flick, Uwe u.a. (2008), Was ist qualitative Forschung? Einleitung und Überblick, in: Ders. u.a. (Hg.), Qualitative Forschung. Ein Handbuch, 6. Aufl. Reinbek bei Hamburg (Rowohlts Enzyklopädie, 55628), 13–29.

Flick, Uwe (2009), Triangulation in der qualitativen Forschung, in: Ders. u.a. (Hg.), Qualitative Forschung. Ein Handbuch, 6. Aufl. Reinbek bei Hamburg (Rowohlts Enzyklopädie, 55628), 309–318.

Fludernik, Monika (1996), Towards a ›Natural‹ Narratology, London / New York.

Fludernik, Monika (2003), Natural Narratology and Cognitive Parameters, in: David Herman (Hg.), Narrative Theory and the Cognitive Sciences, Stanford (CSLI Lecture Notes, 158), 243–270.

Forster, Edgar J. (2007), Gewalt ist Männersache, in: Erich Lehner / Christa Schnabl (Hg.), Gewalt und Männlichkeit, Wien (Männerforschung, 1), 13–26.

Foucault, Michel (2013 [1976]), Sexualität und Wahrheit: Erster Band: Der Wille zum Wissen, in: Die Hauptwerke: Mit einem Nachwort von Axel Honneth und Martin Saar (Quarto), 3. Aufl. Frankfurt am Main.

Foucault, Michel (2013 [1976]), Überwachen und Strafen. Die Geburt des Gefängnisses, in: Die Hauptwerke: Mit einem Nachwort von Axel Honneth und Martin Saar (Quarto), 3. Aufl. Frankfurt am Main.

Foucault, Michel (2005), Analytik der Macht. Auswahl und Nachwort von Thomas Lemke. Frankfurt am Main.

Foucault, Michel (1999 [1976]), In Verteidigung der Gesellschaft. Vorlesungen am Collège de France (1975–76), Frankfurt am Main.

Fowler, James W. (2000), Stufen des Glaubens. Die Psychologie der menschlichen Entwicklung und die Suche nach Sinn. Lizenzausgabe, Gütersloh.

Frank, Sabine (2004), Das Exodusmotiv des Alten Testaments. Religionsgeschichtliche, exegetische sowie systematisch-theologische Grundlagen und fachdidaktische Entfaltungen, 1. Aufl. MünsterForum Theologie und Pädagogik, 10).

Franz, Kurt (2002), Lese- und Medienverhalten von Schülern und Schüler_innen der 8. Jahrgangsstufe: Ausgewählte Ergebnisse einer empirischen Untersuchung in vier Bundesländern, in: Ders. / Franz-Josef Payrhuber (Hg.), Lesen heute. Leseverhalten von Kindern und Jugendlichen und Leseförderung im Kontext der PISA-Studie, (Schriftenreihe der Deutschen Akademie für Kinder- und Jugendliteratur Volkach e.V., 28), 2–25.

Freudenberger-Lötz, Petra (2007), Theologische Gespräche mit Kindern. Untersuchungen zur Professionalisierung Studierender und Anstöße zu forschendem Lernen im Religionsunterricht, Stuttgart.

Freudenberger-Lötz, Petra (2012), Theologische Gespräche mit Jugendlichen. Erfahrungen, Beispiele, Anleitungen: ein Werkstattbuch für die Sekundarstufe, München.

Frevel, Christian (2011), Introduction: The Discourse on Intermarriage in the Hebrew Bible, in: Ders. (Hg.), Mixed Marriages. Intermarriage and Group Identity in the Second Temple Period, New York, 1–14.

Frevel, Christian (2013), Der Eine oder die Vielen? Monotheismus und materielle Kultur in der Perserzeit*, in: Christoph Schwöbel (Hg.), Gott, Götter, Götzen. XIV. Europäischer Kongress für Theologie (11.–15. September 2011 in Zürich), Leipzig (Veröffentlichungen der Wissenschaftlichen Gesellschaft für Theologie, 38), 238–265.

Fricke, Michael (2005), »Schwierige« Bibeltexte im Religionsunterricht. Theoretische und empirische Elemente einer alttestamentlichen Bibeldidaktik für die Primarstufe, 1. Aufl. Göttingen (Arbeiten zur Religionspädagogik, 26).

Fricke, Michael (2007), Von Gott reden im Religionsunterricht. Mit 23 Abbildungen, Göttingen.

Fricke, Michael (2012), Rezeptionsästhetisch orientierte Bibeldidaktik – mit Kindern und Jugendlichen die Bibel auslegen, in: Bernhard Grümme u.a. (Hg.), Religionsunterricht neu denken. Innovative Ansätze und Perspektiven der Religionsdidaktik; ein Arbeitsbuch, Stuttgart (Religionspädagogik innovativ, 1), 210–222.

Fuchs-Heinritz, Werner (2000), Religion, in: Shell Deutschland Holding (Hg.), Jugend 2000. 13. Shell Jugendstudie, Opladen, 157–180.

Gabriel, Karl / Erzberger, Johanna (2007), Bibelverständnis und Bibelumgang in sozialen Milieus in Deutschland. Ergebnisse aus einem DFG-Projekt, in: Christoph Bizer u.a. (Hg.), Bibel und Bibeldidaktik, Neukirchen-Vluyn (Jahrbuch der Religionspädagogik, 23), 87–103.

Gahn, Jessica (2010), »Ich mag Geschichten mit Magie und Geheimnissen!«. Kognitionswissenschaftliche Erfassung literarästhetischer Verstehensleistung bei Texten, die die Kohärenzetablierung erschweren, in: Gerhard Rupp u.a. (Hg.), Aspekte literarischen Lernens. Junge Forschung in der Deutschdidaktik, 1. Aufl. Münster (Leseforschung, 2), 129–143.

Gahn, Jessica (2012a), Protokolldaten zur Analyse literarischer Verstehensprozesse: beispielhafte Auswertung eines Laut-Denk-Protokolls, in: Irene Pieper / Dorothee Wieser (Hg.), Fachliches Wissen und literarisches Verstehen. Studien zu einer brisanten Relation, Frankfurt am Main u.a. (Beiträge zur Literatur- und Mediendidaktik, 22), 193–210.

Gahn, Jessica (2012b), Verstehen literarischer Texte aus kognitionstheoretischer Perspektive: Ergebnisse eines aufgabenbasierten Pretests, in: Daniela Frickel u.a. (Hg.), Literaturdidaktik im Zeichen von Kompetenzorientierung und Empirie: Perspektiven und Probleme, Freiburg im Breisgau (Schriftenreihe des Arbeitskreises Literaturdidaktik im Symposion Deutschdidaktik, 1), 187–210.

Gallet, Laetitia (2004), Der Nil in der ägyptischen Religion. Geschichte von der Quelle des Lebens, in: Welt und Umwelt der Bibel (1), 4–7.

Galtung, Johan (1973), Einleitende Bemerkungen zu bestimmten Schlüsselbegriffen, in: Ders. / Dieter Senghaas (Hg.), Kann Europa abrüsten? Friedenspolitische Optionen für die siebziger Jahre, München, 92–99.

Galtung, Johan (1998), Frieden mit friedlichen Mitteln. Friede und Konflikt, Entwicklung und Kultur, Opladen (Friedens- und Konfliktforschung, 4).

Garbe, Christine u.a. (2009), Texte lesen. Lesekompetenz – Textverstehen – Lesedidaktik – Lesesozialisation, Paderborn (StandardWissen Lehramt, UTB, 3110).

Garbe, Christine (2013), Literarische Sozialisation – Mediensozialisation, in: Volker Frederking u.a. (Hg.), Taschenbuch des Deutschunterrichts. Band 2. Literatur- und Mediendidaktik, 2. Aufl. Baltmannsweiler, 23–42.

Gardt, Andreas (2008), Referenz und kommunikatives Ethos. Zur Forderung nach Wahrheit im Alltag des Sprechens, in: Steffen Pappert u.a. (Hg.), Verschlüsseln, Verbergen, Verdecken in öffentlicher und institutioneller Kommunikation, Berlin (Philologische Studien und Quellen), 15–30.

Garleff, Gunnar (2004), Urchristliche Identität in Matthäusevangelium, Didache und Jakobusbrief, Münster (Beiträge zum Verstehen der Bibel, 9).

Gattermaier, Klaus (2003), Literaturunterricht und Lesesozialisation. Eine empirische Untersuchung zum Lese- und Medienverhalten von Schülern und zur lesesozialisatorischen Wirkung ihrer Deutschlehrer, Regensburg.

Geertz, Clifford (1987), Dichte Beschreibung. Beiträge zum Verstehen kultureller Systeme, Frankfurt am Main (suhrkamp taschenbuch wissenschaft, 696).

Geiger, Michaela (2010), Gottesräume. Die literarische und theologische Konzeption von Raum im Deuteronomium, Stuttgart (Beiträge zur Wissenschaft vom Alten und Neuen Testament, 183).

Geiger, Michaela (2012), Raum, in: WiBiLex. URL: http://www.bibelwissenschaft.de/stichwort/65517/, abgerufen am 22.07.2014.

Gendi, Magdi S. (2012), Pharaoh as a Character in Exodus 1–2. An Egyptian Perspective, in: Athalya Brenner / Gale A. Yee (Hg.), Exodus and Deuteronomy, Minneapolis (Texts @ Contexts series), 55–66.

Genette, Gérard (1998), Die Erzählung, München.

Gensicke, Thomas (2006), Jugend und Religiosität, in: Klaus Hurrelmann / Mathias Albert (Hg.), Jugend 2006. Eine pragmatische Generation unter Druck, Frankfurt am Main, 203–239.

Gensicke, Thomas (2010), Werteorientierungen, Befinden und Problembewältigung, in: Shell Deutschland Holding (Hg.), Jugend 2010. Eine pragmatische Generation behauptet sich. 16. Shell Jugendstudie, Frankfurt am Main, 187–242.

Gerner, Volker (2007), Das Eigene und das Andere. Eine Theorie der Deutschdidaktik am Beispiel des identitätsorientierten Literaturunterrichts, Marburg.

Gertz, Jan Christian (2000), Tradition und Redaktion in der Exoduserzählung. Untersuchungen zur Endredaktion des Pentateuch, Göttingen (Forschungen zur Religion und Literatur des Alten und Neuen Testaments, 186).

Gertz, Jan Christian (2009), »Im Schweiße deines Angesichts…«. Alttestamentliche Perspektiven zum Thema »Sinn der Arbeit – Ethos der Arbeit«, in: Manfred Oeming / Walter Boës (Hg.), Alttestamentliche Wissenschaft und kirchliche Praxis. Festschrift Jürgen Kegler, Berlin / Münster (Beiträge zum Verstehen der Bibel, 18), 267–283.

Gesenius, Wilhelm (1962), Hebräisches und aramäisches Handwörterbuch über das Alte Testament. Bearbeitet von Frants Buhl, 17. Aufl. Heidelberg.

Gesenius, Wilhelm (2005), Hebräisches und aramäisches Handwörterbuch über das Alte Testament. 3. Teil K–M, 15. Aufl. Berlin u.a.

Geulen, Christian (2007), Geschichte des Rassismus, München (C.H. Beck – Wissen).

Geulen, Dieter (1982), Soziales Handeln und Perspektivenübernahme, in: Ders. (Hg.), Perspektivenübernahme und soziales Handeln. Texte zur sozial-kognitiven Entwicklung, 1. Aufl. Frankfurt am Main, 24–72.

Gies, Kathrin (2009), Geburt, ein Übergang. Rituelle Vollzüge, Rollenträger und Geschlechterverhältnisse; eine alttestamentliche Textstudie, St. Ottilien (Arbeiten zu Text und Sprache im Alten Testament, 88).

Gildemeister, Regine / Wetterer, Angelika (1992), Wie Geschlechter gemacht werden. Die soziale Konstruktion der Zweigeschlechtlichkeit und ihre Reifizierung in der Frauenforschung, in: Gudrun-Axeli Knapp / Angelika Wetterer (Hg.), Traditionen Brüche. Entwicklungen feministischer Theorie, Freiburg im Breisgau (Forum Frauenforschung, 8), 201–254.

Gildemeister, Regine (2010), Doing Gender: Soziale Praktiken der Geschlechterunterscheidung, in: Ruth Becker / Beate Kortendiek (Hg.), Handbuch Frauen- und Geschlechterforschung. Theorie, Methoden, Empirie, 3. Aufl. Wiesbaden, 137–145.

Gillmayr-Bucher, Susanne (2008), Altes Testament – Komposition und Genese, in: Dies. u.a. (Hg.), Bibel verstehen. Schriftverständnis und Schriftauslegung, Freiburg im Breisgau (Theologische Module, 4), 37–86.

Gillmayr-Bucher, Susanne (2013), Erzählte Welten im Richterbuch. Narratologische Aspekte eines polyfonen Diskurses, Leiden / Boston (Biblical Interpretation Series, 116).

Gillmayr-Bucher, Susanne (2016), Die literarische Konzeption der Figur Gott im Buch Exodus, in: Ute E. Eisen / Ilse Müllner (Hg.), Gott als Figur. Narratologische Analysen biblischer Texte und ihrer Adaptionen. Freiburg im Breisgau (Herders Biblische Studien, 82), 57–87.

Glaser, Barney G. / Strauss, Anselm L. (2010), Grounded Theory. Strategien qualitativer Forschung, 3. Aufl. Bern.

Gläser, Jochen / Laudel, Grit (2010), Experteninterviews und qualitative Inhaltsanalyse als Instrumente rekonstruierender Untersuchungen, 4. Aufl. Wiesbaden.

Göpferich, Susanne (2008), Translationsprozessforschung. Stand, Methoden, Perspektiven, Tübingen.

Graf, Werner (2007), Lesegenese in Kindheit und Jugend. Einführung in die literarische Sozialisation, Baltmannsweiler (Deutschunterricht. Grundwissen Literatur, 2).

Graf, Wilfried (2009), Kultur, Struktur und das soziale Unbewusste: Plädoyer für eine komplexe, zivilisationstheoretische Friedensforschung; Johan Galtungs Gewalt- und Friedenstheorie kritisch-konstruktiv weiterdenken, in: Utta Isop u.a. (Hg.), Spielregeln der Gewalt. Kulturwissenschaftliche Beiträge zur Friedens- und Geschlechterforschung, Bielefeld (Kultur & Konflikt, 1), 27–66.

Greifenhagen, Franz V. (2002), Egypt on the Pentateuch's Ideological Map. Constructing Biblical Israel's Identity, Sheffield / New York (Journal for the Study of the Old Testament, Supplement Series, 361).

Groeben, Norbert / Hurrelmann, Bettina (2004), Lesesozialisation in der Mediengesellschaft. Ein Forschungsüberblick, Weinheim / München.

Groeben, Norbert / Schroeder, Sascha (2004), Versuch einer Synopse: Sozialisationsinstanzen und Ko-Konstruktion, in: Norbert Groeben / Bettina Hurrelmann (Hg.), Lesesozialisation in der Mediengesellschaft. Ein Forschungsüberblick, Weinheim / München, 306–348.

Grzesik, Jürgen u.a. (1982), Interaktions- und Leistungstypen im Literaturunterricht. Eine handlungstheoretische Feldstudie unterrichtlicher Komplexität, Opladen.

Gruber, Judith (2013). Theologie nach dem Cultural Turn. Interkulturalität als theologische Ressource, Stuttgart (ReligionsKulturen, 12).

Grümme, Bernhard u.a. (Hg.) (2012), Religionsunterricht neu denken. Innovative Ansätze und Perspektiven der Religionsdidaktik; ein Arbeitsbuch, Stuttgart (Religionspädagogik innovativ, 1).

Grümme, Bernhard (2012), Alteritätstheoretische Religionsdidaktik, in: Ders. u.a. (Hg.), Religionsunterricht neu denken. Innovative Ansätze und Perspektiven der Religionsdidaktik; ein Arbeitsbuch, Stuttgart (Religionspädagogik innovativ, 1), 119–132.

Gutiérrez Rodríguez, Encarnación (2006), Ethnisierung und Vergeschlechtlichung Revisited oder über Rassismus im neoliberalen Zeitalter. URL: https://www.academia.edu/3174402/Ethnisierung_und_Vergeschlechtlichung_Revisi_ted_oder_%C3%BCBC ber_Rassismus_im_neoliberalen_Zeitalter, abgerufen am 05.06.2015.

Gutiérrez Rodríguez, Encarnación (2011), Intersektionalität oder: Wie nicht über Rassismus sprechen? In: Sabine Hess (Hg.), Intersektionalität revisited. Empirische, theoretische und methodische Erkundungen, 1. Aufl. Bielefeld, 77–100.

Gutiérrez, Gustavo (1992 [1973]), Theologie der Befreiung, 10. Aufl. Mainz.

Gutiérrez, Gustavo (2004), Die Lage und die Aufgaben der Theologie der Befreiung, in: Ders. / Gerhard Ludwig Müller (Hg.), An der Seite der Armen. Theologie der Befreiung, Augsburg, 53–78.

Günzel, Stephan (2008), Spatial turn – topographical turn – topological turn. Über die Unterschiede zwischen Raumparadigmen, in: Jörg Döring / Tristan Thielmann (Hg.), Spatial Turn. Das Raumparadigma in den Kultur- und Sozialwissenschaften, Bielefeld, 219–237.

Hagemann, Otmar (2003), Qualitativ-heuristische Methodologie im Lehr-Dialog, in: Ders. / Friedrich Krotz (Hg.), Suchen und Entdecken. Beiträge zu Ehren von Gerhard Kleining, Berlin, 31–62.

Hagemann-White, Carol (2010 [1992]), Strategien gegen Gewalt im Geschlechterverhältnis, in: Ilse Lenz (Hg.), Die neue Frauenbewegung in Deutschland. Abschied vom kleinen Unterschied; ausgewählte Quellen, 2. Aufl. Wiesbaden, 476–483.

Hagemann-White, Carol (2002), Gewalt im Geschlechterverhältnis als Gegenstand sozialwissenschaftlicher Forschung und Theoriebildung. Rückblick, gegenwärtiger Stand, Ausblick, in: Regina-Maria Dackweiler / Reinhild Schäfer (Hg.), Gewalt-Verhältnisse. Feministische Perspektiven auf Geschlecht und Gewalt, Frankfurt am Main / New York (Reihe »Politik der Geschlechterverhältnisse«, 19), 29–52.

Hahn, Matthias (2013 [2002]), Religionsunterricht in der Sekundarstufe I, in: Gottfried Bitter u.a. (Hg.), Neues Handbuch religionspädagogischer Grundbegriffe, München, 577–582.

Haikal, Fayza (2004), Wasserbilder in der altägyptischen Literatur, in: Welt und Umwelt der Bibel (1), 26-29.

Hall, Stuart (1994), Neue Ethnizitäten, in: Ders. (Hg.), Rassismus und kulturelle Identität. Ausgewählte Schriften 2, Hamburg, 15–25.

Hallet, Wolfgang / Neumann, Birgit (2009), Raum und Bewegung in der Literatur: Zur Einführung, in: Dies. (Hg.), Raum und Bewegung in der Literatur. Die Literaturwissenschaften und der Spatial Turn, Bielefeld, 11–32.

Hanisch, Helmut / Bucher, Anton (2002), Da waren die Netze randvoll. Was Kinder von der Bibel wissen, Göttingen / Zürich.

Hanisch, Helmut (2007), Wunder und Wundergeschichten aus der Perspektive von Kindern und Jugendlichen. Eine empirische Annäherung, in: Werner H Ritter / Michaela Albrecht (Hg.), Zeichen und Wunder, Göttingen (Biblisch-theologische Schwerpunkte, 31), 130–160.

Hann, Martin (2005), Die Bibel, Paderborn (KulturKompakt, 2591).

Haupt, Birgit (2004), Zur Analyse des Raums, in: Peter Wenzel (Hg.), Einführung in die Erzähltextanalyse. Kategorien, Modelle, Probleme, Trier (WVT-Handbücher zum literaturwissenschaftlichen Studium, 6), 70–87.

Hauptmeier, Helmut / Schmidt, Siegfried J. (1985), Einführung in die empirische Literaturwissenschaft, Braunschweig.

Hämel, Beate-Irene (2007), Textur-Bildung. Religionspädagogische Überlegungen zur Identitätsentwicklung im Kulturwandel, Ostfildern (Zeitzeichen, 19).

Hämel, Beate-Irene / Schreijäck, Thomas (2012), Förderung interkultureller Bildung in Religionsunterricht und Schule, in: Bernhard Grümme u.a. (Hg.), Religionsunterricht neu denken. Innovative Ansätze und Perspektiven der Religionsdidaktik; ein Arbeitsbuch, Stuttgart (Religionspädagogik innovativ, 1), 146–158.

Häusl, Maria (2012), Zugänge zum Fremden: Einblicke in die alttestamentliche Forschung, in: Gerlinde Baumann u.a. (Hg.), Zugänge zum Fremden. Methodisch-hermeneutische Perspektiven zu einem biblischen Thema, Frankfurt am Main (Linzer Philosophisch-Theologische Beiträge, 25), 13–30.

Heckl, Raik (2014), Vom Mythos zur Geschichte. Die priesterliche Konzeption der Volkswerdung Israels in Ex 1,1–14 und ihre Voraussetzungen, in: Jens Kotjatko-Reeb u.a. (Hg.), Nichts neues unter der Sonne. Zeitvorstellungen im Alten Testament. Festschrift für Ernst-Joachim Waschke zum 65. Geburtstag, Berlin / Boston (Beihefte zur Zeitschrift für die alttestamentliche Wissenschaft, 450), 113–135.

Hedwig-Jahnow-Forschungsprojekt (1994), Feministische Hermeneutik und Erstes Testament, in: Hedwig Jahnow (Hg.), Feministische Hermeneutik und erstes Testament. Analysen und Interpretationen, Stuttgart.

Heil, Stefan / Ziebertz, Hans-Georg (2013 [2002]), Religion, Glaube und Aufwachsen heute, in: Gottfried Bitter, Rudolf Englert, Gabriele Miller und Karl Ernst Nipkow (Hg.), Neues Handbuch religionspädagogischer Grundbegriffe, München, 23–30.

Heinze, Franziska (2013), Das Leitfadeninterview, in: Barbara Drinck (Hg.), Forschen in der Schule. Ein Lehrbuch für (angehende) Lehrerinnen und Lehrer, 1. Aufl. Opladen / Toronto (UTB, 3776), 227–251.

Heller, Birgit (2003), Gender und Religion, in: Johann Figl (Hg.), Handbuch Religionswissenschaft. Religionen und ihre zentralen Themen, Innsbruck / Göttingen, 758–769.

Hellinger, Marlies (2004), Vorschläge zur sprachlichen Gleichbehandlung von Männern und Frauen, in: Karin M. Eichhoff-Cyrus (Hg.), Adam, Eva und die Sprache. Beiträge zur Geschlechterforschung. Mannheim (Thema Deutsch, 5), 275–291.

Helms, Gabriele (2003), Challenging Canada. Dialogism and Narrative Techniques in Canadian Novels, Montreal / Ithaca.

Herman, David (1999), Introduction: Narratologies, in: Ders. (Hg.), Narratologies. New Perspectives on Narrative Analysis, Columbus, 1–30.

Herman, David (Hg.) (2003), Narrative Theory and the Cognitive Sciences, Stanford (CSLI Lecture Notes, 158).

Hermans, Chris (1990), Wie werdet ihr die Gleichnisse verstehen? Empirisch-theologische Forschung zur Gleichnisdidaktik, Kampen / Weinheim (Theologie & Empirie, 12).

Hilger, Georg (2013), Welche Wirkung hat der Religionsunterricht? Evaluation und Leistungsbewertung, in: Ders. u.a. (Hg.), Religionsdidaktik. Ein Leitfaden für Studium, Ausbildung und Beruf, 3. Aufl. vollständig überarbeitete Neuausgabe 2010, München, 282–290.

Hillebrandt, Claudia (2011), Das emotionale Wirkungspotenzial von Erzähltexten: Mit Fallstudien zu Kafka, Perutz und Werfel, Berlin (Deutsche Literatur: Studien und Quellen, 6).

Hillebrandt, Claudia / Kampmann, Elisabeth (Hg.) (2014), Sympathie und Literatur: Zur Relevanz des Sympathiekonzeptes für die Literaturwissenschaft, Berlin (Allgemeine Literaturwissenschaft – Wuppertaler Schriften, 19).

Hohm, Michael (2006), Zum Zusammenhang von Sprachbewusstheit, Lesekompetenz und Textverstehen: Historische, fachdidaktische und unterrichtspraktische Aspekte der Problematik, in: Universität Würzburg. Opus. Universitätsbibliothek. URL: https://opus.bibliothek.uni-wuerzburg.de/frontdoor/index/index/docId/1653, abgerufen am 17.08.2015.

Hornscheidt, Antje (2007), Sprachliche Kategorisierung als Grundlage und Problem des Redens über Interdependenzen. Aspekte sprachlicher Normalisierung und Privilegierung, in: Katharina Walgenbach u.a. (Hg.), Gender als interdependente Kategorie. Neue Perspektiven auf Intersektionalität, Diversität und Heterogenität, Opladen, 65–106.

Hurrelmann, Bettina (2004), Sozialisation der Lesekompetenz, in: Ulrich Schiefele u.a. (Hg.), Struktur, Entwicklung und Förderung von Lesekompetenz. Vertiefende Analysen im Rahmen von PISA 2000, 1. Aufl. Wiesbaden, 37–60.

Hurrelmann, Bettina (2009), Prototypische Merkmale der Lesekompetenz, in: Norbert Groeben / Dies. (Hg.), Lesekompetenz. Bedingungen, Dimensionen, Funktionen, 3. Aufl. Weinheim / München (Lesesozialisation und Medien), 275–286.

Hurrelmann, Klaus / Quenzel, Gudrun (2012), Lebensphase Jugend. Eine Einführung in die sozialwissenschaftliche Jugendforschung, 11. Aufl. Weinheim, Basel (Grundlagentexte Soziologie).

Imbusch Peter (2002), Der Gewaltbegriff, in: Wilhelm Heitmeyer / John Hagan (Hg.), Internationales Handbuch der Gewaltforschung, Wiesbaden, 26–57.

Imbusch, Peter (2011), Macht und Herrschaft in der wissenschaftlichen Kontroverse, in: Ders. (Hg.), Macht und Herrschaft. Sozialwissenschaftliche Konzeptionen und Theorien, 2. Aufl. Wiesbaden, 9–35.

Ingarden, Roman (1997), Gesammelte Werke, Band 13. Vom Erkennen des literarischen Kunstwerks. Herausgegeben von Rolf Fieguth und Edward M. Swiderski, Tübingen.

Inhetveen, Katharina (2008), Macht, in: Nina Baur (Hg.), Handbuch Soziologie. 1. Aufl. Wiesbaden, 253–272.

Institut für Demoskopie (Hg.) (2005), Geschichten aus der Bibel. Die Weihnachtsgeschichte kennen jung und alt, aber viele Geschichten aus der Bibel sind den Jüngeren inzwischen unbekannt, in: Allensbacher Berichte (20). URL: http://www.ifd-allensbach.de/uploads/tx_reportsndocs/prd_0520.pdf, abgerufen am 02.12.2015.

Iser, Wolfgang (1994), Der Akt des Lesens. Theorie ästhetischer Wirkung, 4. Aufl. München.

Iser, Wolfgang (1994), Die Appellstruktur der Texte, in: Rainer Warning (Hg.), Rezeptionsästhetik. Theorie und Praxis, 4. Aufl. München (UTB, 303), S 228–252.

Jannidis, Fotis (1999), Der nützliche Autor, in: Ders. u.a. (Hg.), Rückkehr des Autors. Zur Erneuerung eines umstrittenen Begriffs, Tübingen (Studien und Texte zur Sozialgeschichte der Literatur, 71), 353–389.

Jannidis, Fotis u.a. (2000), Autor und Interpretation, in: Ders. u.a. (Hg.), Texte zur Theorie der Autorschaft, Stuttgart, 7–29.

Jannidis, Fotis u.a. (Hg.) (2000), Texte zur Theorie der Autorschaft, Stuttgart.

Jannidis, Fotis (2004), Figur und Person. Beitrag zu einer historischen Narratologie, Berlin (Narratologia, 3).

Jannidis, Fotis (2006), Wer sagt das? Erzählen mit Stimmverlust, in: Andreas Blödorn u.a. (Hg.), Stimme(n) im Text. Narratologische Positionsbestimmungen, Berlin / New York (Narratologia, 10), 151–164.

Jannidis, Fotis (2011), Figur, in: Gerhard Lauer / Christine Ruhrberg (Hg.), Lexikon Literaturwissenschaft. Hundert Grundbegriffe, Ditzingen.

Jericke, Detlef (2012), Hebräer / Hapiru, in: WiBiLex. URL: http://www.bibelwissenschaft.de/wibilex/das-bibellexikon/lexikon/sachwort/anzeigen/details/hebraeer-hapiru/ch/c658d589416937f6258323d4ac3a5122/#h3, abgerufen am 09.05.2015.

Joannès, Francis (2004), Göttliche Gewässer. Wasser und Flusskulte im alten Orient, in: Welt und Umwelt der Bibel (1), 8–13.

Jost, Renate (2006), Gender, Sexualität und Macht in der Anthropologie des Richterbuches, Stuttgart (Beiträge zur Wissenschaft vom Alten und Neuen Testament, Band 164).

Jost, Renate (2006), Feministisch-exegetische Hermeneutiken des Ersten Testaments, in: Helmut Utzschneider / Erhard Blum (Hg.), Lesarten der Bibel. Untersuchungen zu einer Theorie der Exegese des Alten Testaments, Stuttgart, 255–274.

Kafitz, Dieter (1978), Figurenkonstellation als Mittel der Wirklichkeitserfassung. Dargest. an Romanen d. 2. Hälfte d. 19. Jh., Kronberg im Taunus (Freytag, Spielhagen, Fontane, Raabe).

Kalloch, Christina u.a. (2009), Lehrbuch der Religionsdidaktik. Für Studium und Praxis in ökumenischer Perspektive, Freiburg im Breisgau (Grundlagen Theologie).

Kaloudis, Anke (2014), »Dann müsste ja in uns allen ein Stück Paradies stecken.« – Biblische Texte mit religionsphilosophischen Begriffen öffnen, in: Veit-Jakobus Dietrich u.a. (Hg.), »Dann müsste ja in uns allen ein Stück Paradies stecken.« Anthropologie und Jugendtheologie, Stuttgart (Jahrbuch für Jugendtheologie, 3), 150–157.

Karle, Isolde (2009), Die Bibel als Medium der Identitätsbildung, in: Gottfried Adam u.a. (Hg.), Bibeldidaktik. Ein Lese- und Studienbuch, 3. Aufl. Berlin u.a. (Schriften aus dem Comenius-Institut: Studienbücher, 2).

Kauz, Sophie (2009), Frauenräume im Alten Testament am Beispiel der Siedlung, in: lectio difficilior. URL: -http://www.lectio.unibe.ch/09_2/kauz_frauenraeume.html, abgerufen am 22.07.2014.

Keel, Othmar (2004), Ägyptenbilder der Bibel – Eine Einführung, in: Susanne Bickel (Hg.), In ägyptischer Gesellschaft. Aegyptiaca der Sammlungen Bibel+ Orient an der Universität Freiburg Schweiz, Freiburg, 8–11.

Keen, Suzanne (2007), Empathy and the Novel, New York.

Kellenberger, Edgar (2006), Die Verstockung Pharaos. Exegetische und auslegungsgeschichtliche Untersuchungen zu Exodus 1–15, Stuttgart (Beiträge zur Wissenschaft vom Alten und Neuen Testament, 9. Folge, 171).

Kerner, Ina (2008), Differenzen und Macht. Zur Anatomie von Rassismus und Sexismus, 1. Aufl. Frankfurt am Main (Politik der Geschlechterverhältnisse, 37).

Kessler, Rainer (1995), Das Wirtschaftsrecht der Tora, in: Kuno Füssel / Franz Segbers (Hg.), »…so lernen die Völker des Erdkreises Gerechtigkeit«. Ein Arbeitsbuch zu Bibel und Ökonomie, 78–96.

Kessler, Rainer (2002), Die Ägyptenbilder der Hebräischen Bibel. Ein Beitrag zur neueren Monotheismusdebatte, Stuttgart.

Kessler, Rainer (2008), Sozialgeschichte des alten Israel. Eine Einführung, 2. Aufl. Darmstadt.

Khan-Svik, Gabriele (2010), Ethnizität und Bildungserfolg – begriffsgeschichtlich und empirisch beleuchtet, in: Leonie Herwartz-Emden / Jörg Hagedorn (Hg.), Ethnizität, Geschlecht, Familie und Schule. Heterogenität als erziehungswissenschaftliche Herausforderung, 1. Aufl. Wiesbaden, 15–31.

Kindt, Tom (2011), Erzähltheorie, in: Gerhard Lauer / Christine Ruhrberg (Hg.), Lexikon Literaturwissenschaft. Hundert Grundbegriffe, Ditzingen, 87–90.

King, Vera (2000), Geschlecht und Adoleszenz im sozialen Wandel. Jugendarbeit im Brennpunkt gesellschaftlicher und individueller Veränderungen, in: Dies. / Burkhard K. Müller

(Hg.), Adoleszenz und pädagogische Praxis. Bedeutungen von Geschlecht, Generation und Herkunft in der Jugendarbeit, Freiburg im Breisgau, 37–58.

King, Vera (2004), Die Entstehung des Neuen in der Adoleszenz. Individuation, Generativität und Geschlecht in modernisierten Gesellschaften. 1. unver. Nachdruck, Opladen.

Kirsch, Tobias (2005), Männlichkeit als Machtstruktur. Die geschlechtliche Seite von Macht, Herrschaft und Gewalt, in: Martin Krol u.a. (Hg.), Macht – Herrschaft – Gewalt. Gesellschaftswissenschaftliche Debatten am Beginn des 21. Jahrhunderts, Münster (Verhandlungen mit der Gegenwart, 1), 225–232.

Kittel, Gisela (2012), Exodus, in: Rainer Lachmann u.a. (Hg.), Elementare Bibeltexte. Exegetisch, systematisch, didaktisch, Göttingen (Theologie für Lehrerinnen und Lehrer, 2), 81–99.

Klein, Christian / Schnicke, Falko (Hg.) (2014), Intersektionalität und Narratologie. Methoden – Konzepte – Analysen, Trier (Schriftenreihe Literaturwissenschaft, 91).

Klein, Johannes (2002), David versus Saul. Ein Beitrag zum Erzählsystem der Samuelbücher, Stuttgart (Beiträge zur Wissenschaft vom Alten und Neuen Testament, 158).

Kleine, Michael (2004), Hilfe für Schwache im Alten Testament: Motivation und Formen der Hilfe im Kontext von Familie und Staat. URL: http://archiv.ub.uni-marburg.de/diss/z2007/0476/pdf/dmk.pdf, abgerufen am 14.04.2015.

Kleining, Gerhard (1989), Heuristisch-qualitative Methoden der Textanalyse, in: Hans-Joachim Hoffmann-Nowotny (Hg.), Kultur und Gesellschaft: gemeinsamer Kongreß der Deutschen, der Österreichischen und der Schweizerischen Gesellschaft für Soziologie Zürich 1988; Beiträge der Forschungskomitees, Sektionen und Ad-hoc-Gruppen, Zürich, 794–795. URL: http://www.ssoar.info/ssoar/bitstream/handle/document/4113/ssoar-1989-kleining-heuristisch-qualitative_methoden_der_textanalyse.pdf?sequence=1, abgerufen am 16.12.2014.

Kleining, Gerhard (1991), Das qualitativ-heuristische Verfahren der Textanalyse am Beispiel der Neujahrsansprachen des Bundeskanzlers Kohl, in: Manfred Opp de Hipt / Erich Latniak (Hg.), Sprache statt Politik? Politikwissenschaftliche Semantik- und Rhetorikforschung, Opladen, 246–277.

Kleining, Gerhard (1994), Qualitativ-heuristische Sozialforschung. Schriften zur Theorie und Praxis, Hamburg-Harvestehude.

Kleining, Gerhard (1995), Lehrbuch Entdeckende Sozialforschung. Band 1. Von der Hermeneutik zur qualitativen Heuristik, Weinheim.

Kleining, Gerhard / Witt Harald (2000), Qualitativ-heuristische Forschung als Entdeckungsmethodologie für Psychologie und Sozialwissenschaften: Die Wiederentdeckung der Methode der Introspektion als Beispiel, in: Forum Qualitative Sozialforschung 1 (1, Art. 13). URL: http://www.qualitative-research.net/index.php/fqs/article/view/1123/2494, abgerufen am 10.12.2014.

Kleining, Gerhard (2001), Offenheit als Kennzeichen entdeckender Forschung, in: Kontrapunkt: Jahrbuch für kritische Sozialwissenschaft und Philosophie (1), 27–36.

Kleining, Gerhard (2010), Qualitative Heuristik, in: Günter Mey / Katja Mruck (Hg.), Handbuch Qualitative Forschung in der Psychologie, 1. Aufl. Wiesbaden, 65–78.

Klinger, Cornelia (2003), Ungleichheit in den Verhältnissen von Klasse, Rasse und Geschlecht, in: Gudrun-Axeli Knapp / Angelika Wetterer (Hg.), Achsen der Differenz. Gesellschaftstheorie und Feministische Kritik II, Münster (Forum Frauenforschung, 16), 14–48.

Klinger, Cornelia / Knapp, Gudrun-Axeli (2007), Achsen der Ungleichheit - Achsen der Differenz: Verhältnisbestimmungen von Klasse, Geschlecht, »Rasse«/Ethnizität, in: Dies. / Birgit Sauer (Hg.), Achsen der Ungleichheit: zum Verhältnis von Klasse, Geschlecht und Ethnizität. ORT

Knapp, Gudrun-Axeli (2008), Verhältnisbestimmungen: Geschlecht, Klasse, Ethnizität in gesellschaftstheoretischer Perspektive, in: Cornelia Klinger / Dies. (Hg.), ÜberKreuzungen. Fremdheit, Ungleichheit, Differenz, 1. Aufl. Münster, 138–170.

Knauth, Thorsten / Schroeder, Joachim (1998), Über Befreiung?! in: Dies. (Hg.), Über Befreiung. Befreiungspädagogik, Befreiungsphilosophie und Befreiungstheologie im Dialog, Münster / New York (Jugend – Religion – Unterricht, 4), 1–8.

Knauth, Thorsten / Joachimsen, Maren Alice (Hg.) (2017), Einschließungen und Ausgrenzungen. Zur Intersektionalität von Religion, Geschlecht und sozialem Status für religiöse Bildung, New York / Münster (in Vorbereitung).

Knieling, Reiner / Ruffing, Andreas (Hg.) (2012), Einführung, in: Dies. (Hg.) Männerspezifische Bibelauslegung. Impulse für Forschung und Praxis, Göttingen (Bibel-theologische Schwerpunkte, 36), 7–15.

Knieling, Reiner / Ruffing, Andreas (Hg.) (2015), Männerbeziehungen. Männerspezifische Bibelauslegung II. Impulse für Forschung und Praxis, Göttingen (Bibel-theologische Schwerpunkte, 37).

Köhler, Hanne (2012), Gerechte Sprache als Kriterium von Bibelübersetzungen. Von der Entstehung des Begriffes bis zur gegenwärtigen Praxis, 1. Aufl. Gütersloh, 21–34.

Krah, Hans, Raumkonstruktionen und Raumsemantiken in Literatur und Medien. Entwurf einer textuell-semiotischen Modellierung. URL: http://www.phil.uni-passau.de/fileadmin/group_upload/48/Grundlagen.pdf, abgerufen am 04.12.2013.

Krall, Hannes (2004), Jugend und Gewalt. Herausforderungen für Schule und Soziale Arbeit, Wien (Pädagogik und Gesellschaft, 3).

Kratz, Reinhard Gregor (2013), Historisches und biblisches Israel. Drei Überblicke zum Alten Testament, Tübingen.

Krauss, Heinrich / Küchler, Max (2005), Die Josef-Erzählung, Freiburg.

Krauss, Wolfgang (1994), Identität als Narration: Die narrative Konstruktion von Identitätsprojekten. URL: http://web.fu-berlin.de/postmoderne-psych/berichte3/kraus.htm, abgerufen am 05.08.2013.

Kreckel, Reinhard (1990), Klassenbegriff und Ungleichheitsforschung, in: Peter A. Berger / Stefan Hradil (Hg.), Lebenslagen, Lebensläufe, Lebensstile; Soziale Welt. Sonderband 7, Göttingen, S. 51–79.

Kreckel, Reinhard (2004), Politische Soziologie der sozialen Ungleichheit, 3. Aufl. Frankfurt am Main / New York.

Kropač, Ulrich (2003), Bibelarbeit als Dekonstruktion: neue Perspektiven für das biblische Lernen, in: Katechetische Blätter: Zeitschrift für Religionsunterricht, Gemeindekatechese, kirchliche Jugendarbeit, 128, 369–374.

Kropač, Ulrich (2010), Biblisches Lernen, in: Georg Hilger u.a. (Hg.), Religionsdidaktik. Ein Leitfaden für Studium, Ausbildung und Beruf, 6. Aufl. München, 416–433.

Krotz, Friedrich (2005), Neue Theorien entwickeln. Eine Einführung in die Grounded Theory, die Heuristische Sozialforschung und die Ethnographie anhand von Beispielen aus der Kommunikationsforschung, Köln.

Kuld, Lothar (2013 [2002]), Lebensgeschichte(n) – Glaubensgeschichte(n), in: Gottfried Bitter u.a. (Hg.), Neues Handbuch religionspädagogischer Grundbegriffe, München, 276–281.

Kunz-Lübcke, Andreas (2007), Das Kind in den antiken Kulturen des Mittelmeeres. Israel – Ägypten – Griechenland, Neukirchen-Vluyn.

Kunz-Lübcke, Andreas (2008), Familie, in: WiBiLex. URL: http://www.bibelwissenschaft.de/wibilex/das-bibellexikon/lexikon/sachwort/anzeigen/details/familie-1/ch/9cc7de10f0ef6776a2e99f9681f7118e/#h0, abgerufen am 14.04.2015.

Lahn, Silke / Meister, Jan Christoph (2008), Einführung in die Erzähltextanalyse, Stuttgart / Weimar.

Lang, Bernhard (1996), Die Fremden in der Sicht des Alten Testaments, in: Rainer Kampling / Bruno Schlegelberger (Hg.), Wahrnehmung des Fremden. Christentum und andere Religionen, Berlin, 9–38.

Lang, Bernhard (2008), Arbeit (AT), in: WiBiLex. URL: https://www.bibelwissenschaft.de/wibilex/das-bibellexikon/lexikon/sachwort/anzeigen/details/arbeit-at/ch/3b6d0ac06b77f441d2508a5d537b1dad/#h3, abgerufen am 14.04.2015.

Lanser, Susan S. (1999), »Sexing Narratology: Towwards a Gendered Poetics of Narrative Voice«, in: Walter Grünzweig / Andreas Solbach (Hg.), Grenzüberschreitungen: Narratologie im Kontext. Transcending Boundaries: Narratology in Context, Tübingen, 167–183.

Lehmkuhl, Tobias (2003), Gott und sein Preis In: Berliner Zeitung. URL: http://www.berliner-zeitung.de/archiv/jan-assmann-fuehrt-seine--mosaische-unterscheidung--in-wahre-und-falsche-religion-aus-gott-und-sein-preis,10810590,10120354.html, abgerufen am 14.07.2013.

Lehnen, Julia (2006), Interaktionale Bibelauslegung im Religionsunterricht, Stuttgart (Praktische Theologie heute, 80).

Lehner-Hartmann, Andrea (2011), Perspektiven und Leitlinien für einen genderbewussten Religionsunterricht, in: Andrea Qualbrink u.a. (Hg.), Geschlechter bilden. Perspektiven für einen genderbewussten Religionsunterricht, 1. Aufl. Gütersloh, 79–91.

Leimgruber, Stephan (1995), Interreligiöses Lernen. München.

Leiprecht, Rudolf / Lutz, Helma (2005), Intersektionalität im Klassenzimmer: Ethnizität, Klasse, Geschlecht, in: Ders. / Anne Kerber (Hg.), Schule in der Einwanderungsgesellschaft, Schwalbach im Taunus, 218–234.

Lenz, Ilse (2010), Intersektionalität: Zum Wechselverhältnis von Geschlecht und sozialer Ungleichheit, in: Ruth Becker / Beate Kortendiek (Hg.), Handbuch Frauen- und Geschlechterforschung. Theorie, Methoden, Empirie, 3. Aufl. Wiesbaden, 158–165.

Lenz, Ilse (2014), Wechselwirkende Ungleichheiten. Von den Dualismen zur Differenzierung von Differenzen, in: Martina Löw (Hg.), Vielfalt und Zusammenhalt. Verhandlungen des 36. Kongresses der Deutschen Gesellschaft für Soziologie in Bochum und Dortmund 2012. Teilband 1, Frankfurt am Main / New York, 843–858.

Liebsch, Katharina (2008), Religion, in: Nina Baur u.a. (Hg.), Handbuch Soziologie, 1. Aufl. Wiesbaden, 413–429.

Liebsch, Katharina (2011), »Jugend ist nur ein Wort«: Soziologie einer Lebensphase und einer sozialen Gruppe, in: Dies. (Hg.), Jugendsoziologie. Von Adoleszenten, Teenagern und nachwachsenden Generationen, München, 11–31.

Leven, Ingo u.a. (2010), Familie, Schule, Freizeit: Kontinuitäten im Wandel, in: Shell Deutschland Holding (Hg.), Jugend 2010. Eine pragmatische Generation behauptet sich. 16. Shell Jugendstudie, Frankfurt am Main, 53–128.

Lindemann, Klaus (2009), Ein Rückblick auf die Entstehung der Offenen Schule Kassel-Waldau, in: Dorit Bosse / Peter Posch (Hg.), Schule 2020 aus Expertensicht. Zur Zukunft von Schule, Unterricht und Lehrerbildung, 1. Aufl. Wiesbaden, 99–104.

Lohfink, Norbert (1983), »Gewalt« als Thema alttestamentlicher Forschung, in: Ders. (Hg.), Gewalt und Gewaltlosigkeit im Alten Testament, Freiburg im Breisgau u.a. (Quaestiones Disputatae, 96), 15–50.

Lorey, Isabell (2008), Kritik und Kategorie. Zur Begrenzung politischer Praxis durch neuere Theoreme der Intersektionalität, Interdependenz und Kritischen Weißseinsforschung, in: eipcp URL: http://eipcp.net/transversal/0806/lorey/de, abgerufen am 03.06.2015.

Lösch, Klaus (2005), Begriff und Phänomen der Transdifferenz: Zur Infragestellung binärer Differenzkonstrukte, in: Lars Allolio-Näcke u.a. (Hg.), Differenzen anders denken. Bausteine zu einer Kulturtheorie der Transdifferenz, Frankfurt am Main / New York, 26–52.

Löw, Martina (2001), Raumsoziologie, 1. Aufl. Frankfurt am Main.

Lutz, Helma / Wenning, Norbert (2001), Differenzen über Differenz – Einführung in die Debatten, in: Dies. (Hg.), Unterschiedlich verschieden. Differenz in der Erziehungswissenschaft, Opladen, 11–24.

Lutz, Helma u.a. (2013), Fokus Intersektionalität – eine Einleitung, in: Dies. u.a. (Hg.), Fokus Intersektionalität. Bewegungen und Verortungen eines vielschichtigen Konzeptes, 2. Aufl. Wiesbaden (Geschlecht & Gesellschaft, 47), 9–31.

Lüdtke, Hartmut (1989), Expressive Ungleichheit. Zur Soziologie der Lebensstile, Opladen.

Malmes, Judith (2009), Die Erzählung von Jiftach und seiner Tochter (Ri 11,29–40), in: Protokolle zur Bibel (18), 1–30.

Marazzi, Christian, Armut, in: SOCIALinfo. Wörterbuch der Sozialpolitik. URL: http://www.socialinfo.ch/cgi-bin/dicopossode/show.cfm?id=54, abgerufen am 25.09.2013.

Martínez, Matías / Scheffel, Michael (2009), Einführung in die Erzähltheorie, 8. Aufl. München.

Martínez, Matías (2011), Figur, in: Ders. (Hg.), Handbuch Erzählliteratur. Theorie, Analyse, Geschichte, Stuttgart / Weimar, 145–150.

Martschukat, Jürgen / Stieglitz, Olaf (2008), Geschichte der Männlichkeiten, Frankfurt am Main / New York (Historische Einführungen, 59).

Mathews McGinnis, Claire R. (2008), Exodus as a »Text of Terror« for children, in: Marcia J. Bunge u.a. (Hg.), The Child in the Bible, Grand Rapids, 24–44.

McCall, Leslie (2005), The Complexity of Intersectionality, in: Chicago Journals. Signs. Journal of Women in Culture and Society, vol. 30, no. 3. URL: http://www.jstor.org/stable/full/10.1086/426800#_i3, abgerufen am 02.06.2015.

McElvany, Nele (2008), Förderung von Lesekompetenz im Kontext der Familie, Münster u.a. (Pädagogische Psychologie und Entwicklungspsychologie, 64).

Mecheril, Paul (2008), Der Begriff der Zugehörigkeit als migrationspädagogischer Bezugspunkt, in: Barbara Rendtorff / Svenia Burckhart (Hg.), Schule, Jugend und Gesellschaft. Ein Studienbuch zur Pädagogik der Sekundarstufe, Stuttgart, 78–88.

Medienpädagogischer Verbund Südwest (Hg.), Pressemitteilung. URL: http://www.mpfs.de/fileadmin/JIM-pdf13/PM5_JIM2013.pdf, abgerufen am 30.08.2014.

Mendl, Hans (2000), Religiöses Lernen als Konstruktionsprozess. Schülerinnen und Schüler begegnen der Bibel, in: Burkard Porzelt / Ralph Güth (Hg.), Empirische Religionspädagogik. Grundlagen – Zugänge – aktuelle Projekte, Münster u.a., 139–152.

Mette, Norbert (2013), Zeitgemäßheit der Bibel, in: Mirjam Zimmermann / Ruben Zimmermann (Hg.), Handbuch Bibeldidaktik, Tübingen (UTB, 3996), 667–670.

Meuser, Michael (2002), »Doing Masculinity« – Zur Geschlechtslogik männlichen Gewalthandelns, in: Regina-Maria Dackweiler / Reinhild Schäfer (Hg.), Gewalt-Verhältnisse. Feministische Perspektiven auf Geschlecht und Gewalt, Frankfurt am Main / New York (Politik der Geschlechterverhältnisse, 19), 53–78.

Meuser, Michael (2006), Geschlecht und Männlichkeit. Soziologische Theorie und kulturelle Deutungsmuster, 2. Aufl. Wiesbaden.

Meyers, Carol (1997), The Family in Early Israel, in: Leo G. Perdue u.a. (Hg.), Families in Ancient Israel, Louisville, 1–47.

Meyers, Carol (2010), Archäologie als Fenster zum Leben von Frauen in Alt-Israel, in: Irmtraud Fischer u.a. (Hg.), Tora, Stuttgart (Die Bibel und die Frauen, 1,1), 63–109.

Michel, Andreas (2013), Texts of Terror für Alte? Gewalt gegen ältere Menschen im Alten Testament, in: Irmtraud Fischer (Hg.), Macht – Gewalt – Krieg im Alten Testament. Gesellschaftliche Problematik und das Problem ihrer Repräsentation, Freiburg im Breisgau (Quaestiones Disputatae, 254), 53–82.

Milevski, Urania (2016), Stimmen und Räume der Gewalt. Erzählen von Vergewaltigung in der deutschen Gegenwartsliteratur, Bielefeld (Figurationen des Anderen 5).

Millard, Matthias (2012), Neben dem Patriarchat. Reaktualisierungen erzählter Vergangenheit in den Büchern Richter, Rut und Samuel, in: Reiner Knieling / Andreas Ruffing (Hg.), Männerspezifische Bibelauslegung. Impulse für Forschung und Praxis, Göttingen (Bibeltheologische Schwerpunkte, 36), 62–78.

Moritz, Martina / Vater, Gerhard (2014), Beziehungen in Unterricht und Schule, in: Schulpädagogik heute 5 (9). URL: http://www.osw-online.de/images/pdf/publikation/sh9_02_praxis_01_moritz_vater-red.pdf, abgerufen am 04.12.2014.

Möller, Michael Lukas (1986), Die Liebe ist das Kind der Freiheit, 1. Aufl. Reinbek bei Hamburg.

Mutschler, Bernhard (2014), Die Bibel als Ausgangspunkt, Grundlage und Anleitung für den Umgang mit Diversität. Begriffliche Annäherungen, literarische und theologische Beobachtungen, theologische Überlegungen zu einem neuen Diskurs, in: Ders. u.a. (Hg.), Lebenswelten, Textwelten, Diversität. Altes und Neues Testament an Hochschulen für Angewandte Wissenschaften, Tübingen (Neutestamentliche Entwürfe zur Theologie, 20), 249–319.

Müller, Peter (2009), Schlüssel zur Bibel. Eine Einführung in die Bibeldidaktik, 1. Aufl. Stuttgart.

Müllner, Ilse (1996), Tödliche Differenzen. Sexuelle Gewalt als Gewalt gegen Andere in Ri 19, in: Luise Schottroff / Marie-Theres Wacker (Hg.), Von der Wurzel getragen. Christlich-feministische Exegese in Auseinandersetzung mit Antijudaismus, Leiden / New York, 81–100.

Müllner, Ilse (1997), Gewalt im Hause Davids. Die Erzählungen von Tamar und Amnon (2 Sam 13, 1–22), Freiburg im Breisgau u.a. (Herders biblische Studien Bd. 13).

Müllner, Ilse (1999), Sexuelle Gewalt im Alten Testament, in: Ulrike Eichler / Dies. (Hg.), Sexuelle Gewalt gegen Mädchen und Frauen als Thema der feministischen Theologie, Gütersloh, 40–75.

Müllner, Ilse (1999), Handwerkszeug der Herren? Narrative Analyse aus feministischer Sicht, in: Erhard Gerstenberger / Ulrich Schoenborn (Hg.), Hermeneutik, sozialgeschichtlich. Kontextualität in den Bibelwissenschaften aus der Sicht (latein)amerikanischer und europäischer Exegetinnen und Exegeten, Münster (Exegese in unserer Zeit - Kontextuelle Bibelinterpretation 1), 133–147.

Müllner, Ilse (2006a), Der eine Kanon und die vielen Stimmen. Ein feministisch-theologischer Entwurf, in: Marlen Bidwell-Steiner / Karin S. Wozonig (Hg.), A canon of our own? Kanonkritik und Kanonbildung in den Gender Studies. Innsbruck, 42–57.

Müllner, Ilse (2006b), Zeit, Raum Figuren, Blick. Hermeneutische und methodische Grundlagen der Analyse biblischer Erzähltexte, in: Protokolle zur Bibel (15), 1–24.

Müllner, Ilse (2011), Heimat im Plural. Biblische Stimmen zum babylonischen Exil, in: Johanna Rahner / Mirjam Schambeck (Hg.), Zwischen Integration und Ausgrenzung. Migration, religiöse Identität(en) und Bildung – theologisch reflektiert, Berlin / Münster (Bamberger Theologisches Forum, 13), 83–106.

Müllner, Ilse (2011), Erzählen gegen das Schweigen, in: Monika Jakobs (Hg.), Missbrauchte Nähe. Sexuelle Übergriffe in Kirche und Schule. Fribourg (Theologische Berichte, 34), 51–91.

Müllner, Ilse (2012), Hebamme. In. WiBiLex. URL:http://www.bibelwissen-schaft.de/wibilex/das-bibellexikon/lexikon/sachwort/anzeigen/details/hebamme-2/ch/85fd49bbbe971a869234bbf39f037493/, abgerufen am 18.04.2013.

Nationales Projektmanagement PISA (Hg.) (2015), Lesekompetenz, in: Technische Universität München. URL: http://www.pisa.tum.de/kompetenzbereiche/lesekompetenz/, abgerufen am 18.08.2015.

Nauerth, Thomas (2009), Fabelnd denken lernen. Konturen biblischer Didaktik am Beispiel Kinderbibel, Göttingen.

Naurath, Elisabeth (2010), Gewaltprävention als Genderthema? Die Bedeutung von Emotionen für ethische Bildungsprozesse im Religionsunterricht, in: rpi loccum. URL: http://www.rpi-loccum.de/material/aufsaetze/theo_naurath, abgerufen 08.12. 2016.

Nehring, Andreas / Tielesch, Simon (2013), Identität – Hybridität – Diaspora, in: Dies. (Hg.), Postkoloniale Theologien. Bibelhermeneutische und kulturwissenschaftliche Beiträge, Stuttgart (Bibelhermeneutische und kulturwissenschaftliche Beiträge, 11), 143–148.

Neumann, Birgit (2005), Erinnerung – Identität – Narration: Gattungstypologie und Funktionen kanadischer »Fictions of Memory«, Berlin / New York.

Neumann, Birgit (2005), Literatur, Erinnerung, Identität, in: Astrid Erll / Ansgar Nünning (Hg.), Gedächtniskonzepte der Literaturwissenschaft: Theoretische Grundlegung und Anwendungsperspektiven, Berlin / New York, 149–178.

Neumann, Michael (2013), Die fünf Ströme des Erzählens. Eine Anthropologie der Narration, Berlin / Boston (Narratologia, 35).

Niederhoff, Burkhard (2001), Fokalisation und Perspektive. Ein Plädoyer für friedliche Koexistenz, in: Poetica (33), 1–21.

Niehl, Franz W. (2006), Bibel verstehen. Zugänge und Auslegungswege: Impulse für die Praxis der Bibelarbeit, München.

Noack, Winfried (2014), Inklusion und Exklusion in der funktional differenzierten und globalisierten Gesellschaft, Berlin.

Noth, Martin (1943), Überlieferungsgeschichte, Stuttgart.

Nünning, Ansgar (1989), Grundzüge eines kommunikationstheoretischen Modells der erzählerischen Vermittlung. Die Funktionen der Erzählinstanz in den Romanen George Eliots, Trier (Horizonte – Studien zu Texten und Ideen der europäischen Moderne, 2).

Nünning, Ansgar (1998), Unreliable Narration zur Einführung: Grundzüge einer kognitiv-narratologischen Theorie und Analyse unglaubwürdigen Erzählens, in: Ders. (Hg.), Unreliable Narration. Studien zur Theorie und Praxis unglaubwürdigen Erzählens in der englischsprachigen Erzählliteratur, 1. Aufl. Trier, 3–39.

Nünning, Ansgar (2000), ›Intermisunderstanding‹. Prolegomena zu einer literaturdidaktischen Theorie des Fremdverstehens: Erzählerische Vermittlung, Perspektivenwechsel und Perspektivenübernahme, in: Lothar Bredella u.a. (Hg.), Wie ist Fremdverstehen lehr- und lernbar? Vorträge aus dem Graduiertenkolleg »Didaktik des Fremdverstehens«, Tübingen (Giessener Beiträge zur Fremdsprachendidaktik), 84–132.

Nünning, Ansgar (2001), Mimesis des Erzählens: Prolegomena zu einer Wirkungsästhetik, Typologie und Funktionsgeschichte des Akts des Erzählens und der Metanarration, in: Wilhelm Füger / Jörg Helbig (Hg.), Erzählen und Erzähltheorie im 20. Jahrhundert. Festschrift für Wilhelm Füger, Heidelberg (Anglistische Forschungen, 294), 13–47.

Nünning, Ansgar (2009), Formen und Funktionen literarischer Raumdarstellung: Grundlagen, Ansätze, narratologische Kategorien und neue Perspektiven, in: Wolfgang Hallet / Birgit Neumann (Hg.), Raum und Bewegung in der Literatur. Die Literaturwissenschaften und der Spatial Turn, Bielefeld, 33–53.

Nünning, Ansgar (2010), Kulturen als Erinnerungs- und Erzählgemeinschaften: Grundzüge und Perspektiven einer kulturgeschichtlichen Erzählforschung, in: Peter Hanenberg u.a. (Hg.), Rahmenwechsel Kulturwissenschaften, Würzburg, 237–256.

Nünning, Ansgar (2013), Wie Erzählungen Kulturen erzeugen: Prämissen, Konzepte und Perspektiven für eine kulturwissenschaftliche Narratologie, in: Alexandra Strohmaier (Hg.), Kultur – Wissen – Narration. Perspektiven transdisziplinärer Erzählforschung für die Kulturwissenschaften, Bielefeld (Kultur- und Medientheorie), 15–53.

Nünning, Vera / Nünning, Ansgar (2000), Von ›der‹ Erzählperspektive zur Perspektivenstruktur narrativer Texte: Überlegungen zur Definition, Konzeptualisierung und Untersuchbarkeit von Multiperspektivität, in: Dies. (Hg.), Multiperspektivisches Erzählen. Zur Theorie und Geschichte der Perspektivenstruktur im englischen Roman des 18. bis 20. Jahrhunderts, Trier, 3–38.

Nünning, Vera / Nünning, Ansgar (2000), Multiperspektivität aus narratologischer Sicht: Erzähltheoretische Grundlagen und Kategorien zur Analyse der Perspektivenstruktur narrativer Texte, in: Dies. (Hg.), Multiperspektivisches Erzählen. Zur Theorie und Geschichte der Perspektivenstruktur im englischen Roman des 18. bis 20. Jahrhunderts, Trier, 39–77.

Nünning, Vera / Nünning Ansgar (2002), Von der strukturalistischen Narratologie zur ›postklassischen‹ Erzähltheorie. Ein Überblick über neue Ansätze und Entwicklungstendenzen, in: Dies. (Hg.), Neue Ansätze in der Erzähltheorie, Trier (WVT-Handbücher zum literaturwissenschaftlichen Studium, 4), 1–33.

Nünning, Vera u.a. (Hg.) (2004), Erzähltextanalyse und Gender Studies, Stuttgart (Sammlung Metzler, 344).

Obermann, Andreas (2008), Religionsunterricht (AT), in: WiBiLex. URL: http://www.bibel-wissenschaft.de/wibilex/das-bibellexi-kon/lexikon/sachwort/anzeigen/details/religionsunterricht-at/ch/bc24de14cd545b5f59b2dc531de7cde2/, abgerufen am 15.08.2015.

Oberthür, Rainer (1995), Kinder und die großen Fragen. Ein Praxisbuch für den Religionsunterricht, München.

O' Donnell Setel, Drorah (1998), Exodus, in: Carol A. Newsom / Sharon H. Ringe (Hg.), Women's Bible Commentary. Expanded ed, Louisville (KY), 30–39.

Offene Schule Waldau (2014), Wir über uns – das pädagogische Konzept der Offenen Schule Kassel-Waldau. URL: http://www.osw-online.de/index.php/ueber-uns, abgerufen am 04.12.2014.

Olson, Dennis T. (2010), Literary and Rhetorical Criticism, in: Thomas B. Dozeman (Hg.), Methods for Exodus, Cambridge / New York, 13–54.

Oswald, Wolfgang (2005), Exodusbuch, in: WiBiLex. URL: http://www.bibelwissen-schaft.de/nc/wibilex/das-bibellexikon/details/quelle/WIBI/zei-chen/e/referenz/11553/cache/7c2496efcdf5410d892831bb74113b00/, abgerufen am 04.03.2013.

Oswald, Wolfgang (2009), Staatstheorie im Alten Israel. Der politische Diskurs im Pentateuch und in den Geschichtsbüchern des Alten Testaments, Stuttgart.

Otto, Eckart (2006), Mose. Geschichte und Legende. Originalausg, München (C.H. Beck – Wissen, 2400).

Pfeifer, Anke (2002), Wie Kinder Metaphern verstehen. Semiotische Studien zur Rezeption biblischer Texte im Religionsunterricht der Grundschule, Münster (Bibel – Schule – Leben, 3).

Pfeifer, Volker (2009), Didaktik des Ethikunterrichts. Bausteine einer integrativen Wertever-mittlung, 2. Aufl. Stuttgart.

Pfister, Manfred (2001), Das Drama. Theorie u. Analyse, 11. Aufl. München (UTB, 580).

Philipp, Maik (2010), Lesen empeerisch. Eine Längsschnittstudie zur Bedeutung von peer groups für Lesemotivation und -verhalten, Wiesbaden.

Phillips, Layli (2006), The Womanist Reader, New York / London.

Pickel, Gert (2008), Religionssoziologie. Eine Einführung in zentrale Themenbereiche, 1. Aufl. Wiesbaden.

Pieper, Irene u.a. (2004), Lesesozialisation in schriftfernen Lebenswelten. Lektüre und Mediengebrauch von HauptschülerInnen, Weinheim (Lesesozialisation und Medien).

Pieper, Irene (2010), Lese- und literarische Sozialisation, in: Michael Kämper-van den Boogart / Kaspar H. Spinner (Hg.), Lese- und Literaturunterricht. Teil 1: Geschichte und Entwick-lung; Konzeptionelle und empirische Grundlagen, Baltmannsweiler (Deutschunterricht in Theorie und Praxis, 11/1), 87–147.

Pithan, Annebelle u.a. (Hg.) (2009), Gender, Religion, Bildung. Beiträge zu einer Religionspä-dagogik der Vielfalt, 1. Aufl. Gütersloh.

Pithan, Annebelle (2009), Gender und Bildung, Frauenstudien und Frauenbildung. Für eine genderbewusste Religionspädagogik der Vielfalt. URL: http://www.comenius.de/the-men/Gender-und-Bildung/Genderbewusste-Religionspaedagogik-der-Viel-falt_2009.php?bl=828, abgerufen am 28.06.2015.

Pithan, Annebelle (2010), Geschlechtergerechte Religionspädagogik der Vielfalt, in: Loccumer Pelikan (2), 53–58.

Pithan, Annebelle (2011), Wo steht die geschlechterbewusste Religionspädagogik? In: Andrea Qualbrink u.a. (Hg.), Geschlechter bilden. Perspektiven für einen genderbewussten Reli-gionsunterricht, 1. Aufl. Gütersloh, 67–78.

Pithan Annebelle u.a. (Hg.) (2013), »... dass alle eins seien« – Im Spannungsfeld von Exklusion und Inklusion, Münster (Forum für Heil- und Religionspädagogik, 7).

Pixley, Jorge (2010), Liberation Criticism, in: Thomas B. Dozeman (Hg.), Methods for Exodus, Cambridge / New York, 131–162.

Plaskow, Judith (1980 [1978]), Blaming the Jews for the Birth of Patriarchy, in: Lilith (7), 11–12.

Ploner, Maria Theresia (2011), Die Schriften Israels als Auslegungshorizont der Jesusgeschichte. Eine narrative und intertextuelle Analyse von Mt 1–2, Stuttgart (Stuttgarter Biblische Beiträge, 66).

Pohl-Patalong, Uta (2008), Wer bin ich und wie gestalte ich mein Leben? Jakob bibliologisch erkundet, in: Richard Riess (Hg.), Ein Ringen mit dem Engel. Essays, Gedichte und Bilder zur Gestalt des Jakob, Göttingen, 103–117.

Pohl-Patalong, Uta (2013), Religionspädagogik. Ansätze für die Praxis, Göttingen (Elementar – Arbeitsfelder im Pfarramt).

Pollack, Detlef / Müller, Olaf (2013), Religionsmonitor. Verstehen was verbindet. Religiosität und Zusammenhalt in Deutschland, in: Bertelsmann-Stiftung (Hg.). URL: http://www.religionsmonitor.de/pdf/Religionsmonitor_Deutschland.pdf, abgerufen am 13.11.2014.

Popitz, Heinrich (1992), Phänomene der Macht, 2. Aufl. Tübingen.

Poplutz, Uta (2008), Erzählte Welt. Narratologische Studien zum Matthäusevangelium, Neukirchen-Vluyn (Biblisch-theologische Studien, 100).

Porzelt, Burkard (2000), Qualitativ-empirische Methoden in der Religionspädagogik, in: Ders. / Ralph Güth (Hg.), Empirische Religionspädagogik. Grundlagen – Zugänge – aktuelle Projekte, Münster (Empirische Theologie, 7), 63–84.

Porzelt, Burkard / Güth, Ralph (2000), Vorwort, in: Dies. (Hg.), Empirische Religionspädagogik. Grundlagen – Zugänge – aktuelle Projekte, Münster u.a. (Empirische Theologie, 7), 7–8.

Porzelt, Burkard (2012), Grundlinien biblischer Didaktik, Bad Heilbrunn.

Prengel, Annedore (2000), Pädagogik der Vielfalt als Pädagogik auch für Kinder in Not, in: Ute Geiling (Hg.), Pädagogik, die Kinder stark macht. Zur Arbeit mit Kindern in Not, Opladen, 29–39.

Prengel, Annedore (2001), Egalitäre Differenz in der Bildung, in: Helma Lutz / Norbert Wenning (Hg.), Unterschiedlich verschieden. Differenz in der Erziehungswissenschaft, Opladen, 93–107.

Prengel, Annedore (2006), Pädagogik der Vielfalt. Verschiedenheit und Gleichberechtigung in interkultureller, feministischer und integrativer Pädagogik, 3. Aufl. Wiesbaden.

Preyer, Gerhard (2012), Rolle, Status, Erwartungen und soziale Gruppe. Mitgliedschaftstheoretische Reinterpretationen, Wiesbaden.

Puar, Jasbir (2005), Queer Times, Queer Assemblages. URL: http://www.jasbirpuar.com/assets/Queer-Times-Queer-Assemblages.pdf, abgerufen am 01.06.2015.

Puar, Jasbir (2011), »Ich wäre lieber eine Cyborg als eine Göttin.« Intersektionalität, Assemblage und Affektpolitik. Übersetzt von Monika Mokre. URL: http://eipcp.net/transversal/0811/puar/de, abgerufen am 01.06.2015.

Qualbrink, Andrea u.a. (Hg.) (2011), Geschlechter bilden. Perspektiven für einen genderbewussten Religionsunterricht, 1. Aufl. Gütersloh

Rakel, Claudia (2003), Judit – über Schönheit, Macht und Widerstand im Krieg. Eine feministisch-intertextuelle Lektüre, Berlin (Beihefte zur Zeitschrift für die alttestamentliche Wissenschaft, 334).

Rakel, Claudia (2003), Grundbegriffe, in: Irene Leicht u.a. (Hg.), Arbeitsbuch Feministische Theologie. Inhalte, Methoden und Materialien für Hochschule, Erwachsenenbildung und Gemeinde, Gütersloh, 25–41.

Reich, Kersten, Methodenpool, in: Universität Köln (Hg.). URL: http://methodenpool.unikoeln.de, abgerufen am 04.12.2014.

Reiß, Annike (2015), »Man soll etwas glauben, was man nie gesehen hat« – Theologische Gespräche mit Jugendlichen zur Wunderthematik, Kassel (Beiträge zur Kinder- und Jugendtheologie, 33).

Reiß, Annike (2015), Jugendtheologie, in: WiBiLex. URL: https://www.bibelwissenschaft.de/wirelex/das-wissenschaftlich-religionspaedagogische-lexikon/lexikon/sachwort/anzeigen/details/jugendtheologie/ch/191dae9b85e9d0d57214f43bed89af0d/, abgerufen am 12.08.2015.

Rendtorff, Barbara / Burckhart, Svenia (2008), Schule, Jugend und Gesellschaft. Ein Studienbuch zur Pädagogik der Sekundarstufe, Stuttgart.

Rendtorff, Rolf (1999), Theologie des Alten Testaments. Ein kanonischer Entwurf, Neukirchen-Vluyn (Kanonische Grundlegung 1).

Renner, Alexandra (2013), Identifikation und Geschlecht. Die Rezeption des Buches Judit als Gegenstand empirischer Bibeldidaktik, Berlin (Ökumenische Religionspädagogik, 7).

Reuschlein, Nina (2013), Biblische Metaphern und Grundschulkinder. Eine qualitative empirische Studie zum Verständnis ausgewählter Ich-bin-Worte in Kinderbildern, Bamberg (Schriften aus der Fakultät Humanwissenschaften der Otto-Friedrich-Universität Bamberg, 11). URL: http://d-nb.info/1058948342/34, abgerufen am 01.12.2015.

Reuter, Julia (2002), Ordnungen des Anderen. Zum Problem des Eigenen in der Soziologie des Fremden, Bielefeld.

Reuter, Julia (2011), Geschlecht und Körper. Studien zur Materialität und Inszenierung gesellschaftlicher Wirklichkeit, 1. Aufl. Bielefeld (Gender Studies).

Richter, Tobias / Christmann, Ursula (2002), Lesekompetenz: Prozessebenen und interindividuelle Unterschiede, in: Norbert Groeben / Bettina Hurrelmann (Hg.), Lesekompetenz. Bedingungen, Dimensionen, Funktionen, Weinheim (Lesesozialisation und Medien), 25–53.

Ricoeur, Paul (1974), Philosophische und theologische Hermeneutik, in: Ders. / Eberhard Jüngel (Hg.), Metapher: Zur Hermeneutik religiöser Sprache, München, 24–44.

Rickheit, Gert / Strohner, Hans (2003), Inferenzen, in: Gert Rickheit u.a. (Hg.), Psycholinguistik. Psycholinguistics. Ein internationales Handbuch. An International Handbook, Berlin / New York (Handbücher zur Sprach- und Kommunikationswissenschaft 24), 566–577.

Riegel, Ulrich / Ziebertz, Hans-Georg (2001), Mädchen und Jungen in der Schule, in: Georg Hilger u.a. (Hg.), Religionsdidaktik. Ein Leitfaden für Studium, Ausbildung und Beruf. München, 361–372.

Rimmon-Kenan, Shlomith (2002), Narrative Fiction. Contemporary Poetics. New Accents, 2. Aufl. London / New York.

Roggenkamp, Antje / Wermke, Michael (Hg.) (2013), Gender, Religion, Heterogenität. Bildungshistorische Perspektiven gendersensibler Religionspädagogik, Leipzig (Studien zur religiösen Bildung, 2).

Rojas, Esteban (1998), Die Zukunft der Befreiungstheologie, in: Thorsten Knauth / Joachim Schroeder (Hg.), Über Befreiung. Befreiungspädagogik, Befreiungsphilosophie und Befreiungstheologie im Dialog, Münster / New York (Jugend – Religion – Unterricht 4), 171–181.

Roose, Hanna / Büttner, Gerhard (2004), Moderne und historische Laienexegesen von Lk 16, 1–13 im Lichte der neutestamentlichen Diskussion, in: Zeitschrift Neues Testament 7 (13), 59–69.

Rosebrock, Cornelia (2006), Literarische Sozialisation, in: Heinz-Jürgen Kliewer / Inge Pohl (Hg.), Lexikon Deutschdidaktik. Band 1: A – L, Baltmannsweiler,443–450.

Rosebrock, Cornelia / Nix, Daniel (2008), Grundlagen der Lesedidaktik und der systematischen schulischen Leseförderung, Baltmannsweiler.

Röckel, Gerhard / Bubolz, Georg (2006), Texte erschließen. Grundlagen, Methoden, Beispiele für den Deutsch- und Religionsunterricht, 1. Aufl. Düsseldorf.

Römer, Thomas (2013), Fremde, in: Michael Fieger u.a. (Hg.), Wörterbuch alttestamentlicher Motive, Darmstadt, 162–166.

Römer, Thomas (2013), Zwischen Urkunden, Fragmenten und Ergänzungen: Zum Stand der Pentateuchforschung, in: Zeitschrift für die alttestamentliche Wissenschaft 125 (1), 2–24.

Römer, Thomas (2014), Mose und die Frauen in Exodus 1–4, in: Reinhard Achenbach u.a. (Hg.), Wege der Freiheit. Zur Entstehung und Theologie des Exodusbuches: Die Beiträge eines Symposions zum 70. Geburtstag von Rainer Albertz, Zürich (Abhandlungen zur Theologie des Alten und Neuen Testaments, 104), 73–86.

Rösch, Heidi (1992), Migrationsliteratur im interkulturellen Kontext. Eine didaktische Studie zur Literatur von Aras Ören, Aysel Özakin, Franco Biondi und Rafik Schami, Frankfurt am Main (Interdisziplinäre Studien zum Verhältnis von Migrationen, Ethnizität und gesellschaftlicher Multikulturalität, 5), SEITEN

Rösch, Heidi (1998), Migrationsliteratur im interkulturellen Diskurs. Vortrag zu der Tagung Wanderer-Auswanderer-Flüchtlinge 1998 an der TU Dresden. TU Dresden, in: www.fulbright.de URL: http://www.fulbright.de/fileadmin/files/togermany/information/2004-05/gss/Roesch_Migrationsliteratur.pdf, abgerufen am 03.05.2013.

Ruffing, Andreas (2014), Vielfalt von Männlichkeitskonzepten. Männerspezifische Bibelauslegung, in: Bistum Münster. URL: http://www.bistum-muenster.de/downloads/Seelsorge/2014/US_Dez2014_Andreas_Ruffing.pdf, abgerufen am 28.04.2015.

Rupp, Stefanie (2013), Semantisch-lexikalische Störungen bei Kindern. Sprachentwicklung: Blickrichtung Wortschatz. Mit 38 Abbildungen. Mit einem Geleitwort von Walter Huber und Christiane Hoffschildt, Berlin / Heidelberg.

Ryan, Marie-Laure (2009), Space, in: Hühn, Peter u.a. (Hg.), Handbook of Narratology, Berlin (Narratologia, 19), 420–433.

Sarrazin, Thilo (2010), Deutschland schafft sich ab. Wie wir unser Land aufs Spiel setzen, München.

Schaufler, Birgit (2002), »Schöne Frauen – Starke Männer«. Zur Konstruktion von Leib, Körper und Geschlecht, Opladen (Augsburger Reihe zur Geschlechterforschung, 3).

Schaumberger, Christine / Schottroff, Luise (1988), Schuld und Macht. Studien zu einer feministischen Befreiungstheologie, München.

Schelkshorn, Hans (2010), Die bleibende Herausforderung der lateinamerikanischen Theologie der Befreiung. Ein philosophisches Plädoyer für einen neuen Dialog, in: Gunter Prüller-Jagenteufel u.a. (Hg.), Theologie der Befreiung im Wandel. Revisionen – Ansätze – Zukunftsperspektiven, 1. Aufl. Aachen (Concordia. Reihe Monographien, 51), 9–20.

Schiewer, Gesine Leonore (2009), Kognitive Emotionstheorien – Emotionale Agenten – Narratologie. Perspektiven aktueller Emotionsforschung für die Sprach- und Literaturwissenschaft, in: Martin Huber / Simone Winko (Hg.), Literatur und Kognition. Bestandsaufnahmen und Perspektiven eines Arbeitsfeldes, Paderborn, 99–11.

Schiffner, Kerstin (2007), Lukas liest Exodus. Kanongrenzen überschreitende Beobachtungen, in: Egbert Ballhorn / Georg Steins (Hg.), Der Bibelkanon in der Bibelauslegung. Methodenreflexionen und Beispielexegesen, Stuttgart, 304–313.

Schiffner, Kerstin (2008), Lukas liest Exodus. Eine Untersuchung zur Aufnahme ersttestamentlicher Befreiungsgeschichte im lukanischen Werk als Schrift-Lektüre, Stuttgart (Beiträge zur Wissenschaft vom Alten und Neuen Testament, 172.

Schiffner, Kerstin (2009), Geschlechtergerechte Bibeln – geschlechtergerechte Bildung. Die Bibel in gerechter Sprache und die Gütersloher Erzählbibel, in: Annebelle Pithan u.a. (Hg.), Gender, Religion, Bildung. Beiträge zu einer Religionspädagogik der Vielfalt, 1. Aufl. Gütersloh, 294–304.

Schlag, Thomas / Schweitzer, Friedrich (2011), Brauchen Jugendliche Theologie? Jugendtheologie als Herausforderung und didaktische Perspektive, Neukirchen-Vluyn.

Schlag, Thomas (2013), Von welcher Theologie sprechen wir eigentlich, wenn wir von Jugendtheologie sprechen? In: Petra Freudenberger-Lötz, Friedhelm Kraft und Ders. (Hg.), »Wenn man daran noch so glauben kann, ist das gut so.« Grundlagen und Impulse für eine Jugendtheologie, Stuttgart (Jahrbuch für Jugendtheologie, 1), 9–23.

Schlag, Thomas (2015), Brauchen Jugendliche die Bibel? Jugendtheologie in bibeldidaktischer Perspektive, in: Nadja Troi-Boeck u.a. (Hg.), Wenn Jugendliche Bibel lesen. Jugendtheologie und Bibeldidaktik, Zürich, 13–21.

Schmid, Konrad (2008), Literaturgeschichte des Alten Testaments. Eine Einführung, 1. Aufl. Darmstadt.

Schmid, Konrad (2011), Schriftgelehrte Traditionsliteratur. Fallstudien zur innerbiblischen Schriftenauslegung im Alten Testament, Tübingen (Forschungen zum Alten Testament, 77).

Schmid, Konrad (2013), Gibt es Theologie im Alten Testament? Zum Theologiebegriff in der alttestamentlichen Wissenschaft, Zürich (Theologische Studien, 7).

Schmid, Wolf (2008), Elemente der Narratologie, 2. Aufl. Berlin / New York (Narratologia, 8).

Schmid, Wolf (2008), ›Wortkunst‹ und ›Erzählkunst‹ im Lichte der Narratologie, in: Ders. u.a. (Hg.), Wortkunst, Erzählkunst, Bildkunst. Festschrift für Aage A. Hansen-Löve, München (Die Welt der Slaven. Sammelbände, 30), 23–37.

Schmidt, Siegfried J. (1991), Grundriß der empirischen Literaturwissenschaft, Frankfurt am Main.

Schmidt, Tanja (2008), Die Bibel als Medium religiöser Bildung. Kulturwissenschaftliche und religionspädagogische Perspektiven, Göttingen.

Schmidt, Uta (2003), Zentrale Randfiguren. Strukturen der Darstellung von Frauen in den Erzählungen der Königebücher, Gütersloh.

Schmitz, Barbara (2004) Gewalt und Widerstand – Schifra und Pua. Eine Bibelarbeit zu Ex 1,8–22, in: Bettina Eltrop u.a. (Hg.), Frauenwiderstand, Stuttgart (FrauenBibelArbeit, 12), 21–27.

Schmitz, Barbara (2008), Prophetie und Königtum. Eine narratologisch-historische Methodologie entwickelt an den Königsbüchern, Tübingen (Forschungen zum Alten Testament, 60).

Schneekloth, Ulrich (2010), Jugend und Politik: Aktuelle Entwicklungstrends und Perspektiven, in: Shell Deutschland Holding (Hg.), Jugend 2010. Eine pragmatische Generation behauptet sich, Frankfurt am Main, 129–164.

Schneider, Ralf (2000), Grundriß zur kognitiven Theorie der Figurenrezeption am Beispiel des viktorianischen Romans, Tübingen (ZAA Studies, 9).

Schnotz, Wolfgang (2001), Wissenserwerb und Multimedia, in: Unterrichtswissenschaft. Zeitschrift für Lernforschung 29 (4), 292–318.

Schnotz, Wolfgang (2006), Was geschieht im Kopf des Lesers? Mentale Konstruktionsprozesse beim Textverstehen aus der Sicht der Psychologie und der kognitiven Linguistik, in: Hardarik Blühdorn u.a. (Hg.), Text – Verstehen. Grammatik und darüber hinaus. Institut für Deutsche Sprache Jahrbuch 2005, Berlin / New York, 222–238.

Scholz, Susanne (1999), Exodus. Was Befreiung aus »seiner« Sicht bedeutet, in: Luise Schottroff / Marie-Theres Wacker (Hg.), Kompendium feministische Bibelauslegung, 2. Aufl. Gütersloh, 26–39.

Scholz, Susanne (2000), The Complexities of ›His‹ Liberation Talk: A Literary-Feminist Reading of the Book of Exodus, in: Athalya Brenner (Hg.), Exodus to Deuteronomy. A Feminist Companion to the Bible (Second Series), Sheffield, 20–40.

Schottroff, Luise / Wacker, Marie-Theres (Hg.) (1998), Kompendium feministische Bibelauslegung, Gütersloh.

Schönert, Jörg (2004), Narratologie als Texttheorie – mit Perspektiven für die textanalytische Praxis interkultureller Narratologie? in: Magdolna Orosz / Ders. (Hg.), Narratologie interkulturell. Entwicklungen, Theorien, Frankfurt am Main / New York (Budapester Studien zur Literaturwissenschaft, 5), 179–188.

Schramm, Christian (2008), Alltagsexegesen. Sinnkonstruktion und Textverstehen in alltäglichen Kontexten, Stuttgart.

Schramm, Christian (2009), »Wenn zwei einen Text lesen...« Alltägliches Bibelverstehen empirisch untersucht, in: Bibel und Kirche (2), 114–118.

Schramm, Christian (2014a), Im Alltag liest man die Bibel anders als an der Uni!? Von Alltagsexegesen als inspirierendem Lernfeld und den Chancen eines empirical turn in der Exegese, in: Zeitschrift für das Neue Testament (17), 2–11.

Schramm, Christian (2014b), Empirisch gepflückt: Alltagsexegesen. Forschungsüberblick und methodologische Erwägungen, in: Protokolle zur Bibel (23), 2–40.

Schreier, Margit (2006), Qualitative Verfahren der Datenerhebung, in: Norbert Groeben / Bettina Hurrelmann (Hg.), Empirische Unterrichtsforschung in der Literatur- und Lesedidaktik. Ein Weiterbildungsprogramm, Weinheim / München (Lesesozialisation und Medien), 399–420.

Schreier, Margit (2013), Zur Rolle der qualitativ-sozialwissenschaftlichen Methoden in der Empirischen Literaturwissenschaft und Rezeptionsforschung, in: Philip Ajouri u.a. (Hg.), Empirie in der Literaturwissenschaft, Münster (Poetogenesis. Studien und Texte zur empirischen Anthropologie der Literatur, 8), 355–378.

Schreiner, Josef / Kampling, Rainer (2000), Der Nächste – der Fremde – der Feind: Perspektiven des Alten und Neuen Testaments, Würzburg (Die Neue Echter Bibel: Themen, 3).

Schreiner, Peter u.a. (Hg.) (2005), Handbuch Interreligiöses Lernen. Eine Veröffentlichung des Comenius-Instituts, Gütersloh.

Schroer, Silvia / Bietenhard, Sophia (Hg.) (2003), Feminist Interpretation of the Bible and the Hermeneutics of Liberation, London / New York (Journal for the Study of the Old Testament Supplement Series, 374).

Schroer, Silvia (2014), Schuf Gott den Mann nach seinem Bild? Biblische Männerbilder und Gottesbilder im Fokus der theologischen Genderforschung, in: Nina Jakoby u.a. (Hg.), Männer und Männlichkeiten. Disziplinäre Perspektiven, Zürich (Reihe Zürcher Hochschulforum, 53), 117–133.

Schröder, Thomas (2003), Die Handlungsstruktur von Texten. Ein integrativer Beitrag zur Texttheorie, Tübingen.

Schröter, Jens (2007), Übersetzung und Interpretation. Bemerkungen zur »Bibel in gerechter Sprache.« In: Ingolf U. Dalferth und Ders. (Hg.), Bibel in gerechter Sprache? Kritik eines misslungenen Versuchs, Tübingen, 99–111.

Schutte, Jürgen S. (2005), Einführung in die Literaturinterpretation, 5. Aufl. Stuttgart (Sammlung Metzler, 217).

Schüepp, Susann (2006), Bibellektüre und Befreiungsprozesse. Eine empirisch-theologische Untersuchung mit Frauen in Brasilien, Berlin / Wien (Exegese in unserer Zeit, 16).

Schwab, Ulrich (2013 [2002]), Religiöse Sozialisation, in: Gottfried Bitter u.a. (Hg.), Neues Handbuch religionspädagogischer Grundbegriffe, München, 282–289.

Schwab, Ulrich u.a. (Hg.) (2002), Entwurf einer pluralitätsfähigen Religionspädagogik, Gütersloh / Freiburg im Breisgau (Religionspädagogik in pluraler Gesellschaft 1).

Schwarz, Tobias (2010), Bedrohung, Gastrecht, Integrationspflicht. Differenzkonstruktionen im deutschen Ausweisungsdiskurs, Bielefeld (Kultur und soziale Praxis).

Schwarz-Friesel, Monika (2007), Sprache und Emotion, Tübingen (UTB, 2939).

Schwarz, Monika (2008), Einführung in die Kognitive Linguistik, 3. Aufl. Tübingen / Basel (UTB Uni-Taschenbücher, 1636).

Schweitzer, Friedrich (1999), Kinder und Jugendliche als Exegeten? Überlegungen zu einer entwicklungsorientierten Bibeldidaktik, in: Desmond Bell u.a. (Hg.), Menschen suchen – Zugänge finden. Auf dem Weg zu einem religionspädagogisch verantworteten Umgang mit der Bibel. Festschrift für Christine Reents, Wuppertal, 238–245.

Schweitzer, Friedrich (2007), Wie Kinder und Jugendliche biblische Geschichten konstruieren. Rezeptionsforschung und Konstruktivismus als Herausforderung des Bibelunterrichts, in: Christoph Bizer u.a. (Hg.), Bibel und Bibeldidaktik, Neukirchen-Vluyn (Jahrbuch der Religionspädagogik, 23), 199–208.

Schweitzer, Friedrich (2009), Wie Kinder und Jugendliche religiöse Differenzen wahrnehmen – Möglichkeiten und Grenzen der Orientierung in der religiösen Pluralität, in: Anton A. Bucher u.a. (Hg.), »In den Himmel kommen nur, die sich auch verstehen.« Wie Kinder über religiöse Differenz denken und sprechen, Stuttgart (Jahrbuch für Kindertheologie, 8), 39–49.

Schweitzer, Friedrich (2011), Kindertheologie und Elementarisierung: Wie religiöses Lernen mit Kindern gelingen kann, Gütersloh.

Schüngel-Straumann, Helen (2002), Anfänge feministischer Exegese. Gesammelte Beiträge, mit einem orientierenden Nachwort und einer Auswahlbibliographie, Münster (Exegese in unserer Zeit, 8).

Schüssler Fiorenza, Elisabeth (1988), Brot statt Steine. Die Herausforderung einer feministischen Interpretation der Bibel, Freiburg.

Schüssler Fiorenza, Elisabeth (1989), Entscheiden aus freier Wahl: Wir setzen unsere kritische Arbeit fort, in: Letty M. Russell (Hg.), Befreien wir das Wort. Feministische Bibelauslegung, München, 148–161.

Schüssler Fiorenza, Elisabeth (2003), Ekklesia der Frauen. Radikal-demokratische Vision und Realität, in: Andrea Eickmeier / Jutta Flatter (Hg.), Vermessen! Globale Visionen – konkrete Schritte. Wegmarken durch den feministischen Alltag. Arbeitsbuch zu Elisabeth Schüssler Fiorenzas kritischer Befreiungstheologie, Münster (Sonderausgabe 3 zur Schlangenbrut), 42–50.

Schüssler Fiorenza, Elisabeth (2008), Gerecht ist das Wort der Weisheit. Historisch-politische Kontexte feministischer Bibelinterpretation, Luzern.

Schüssler Fiorenza, Elisabeth (2009), Gender, Sprache und Herr-schaft*. Feministische The*logie als Kyriarchatsforschung, in: Renate Jost / Klaus Raschzok (Hg.), Gender – Religion – Kultur. Biblische, interreligiöse und ethische Aspekte, Stuttgart (Theologische Akzente, 6), 17–36.

Schüssler Fiorenza, Elisabeth (2011), Die kritisch-feministische The*logie der Befreiung. Eine entkolonisierende-politische Theologie, in: Francis Schüssler Fiorenza u.a. (Hg.), Politische Theologie. Neuere Geschichte und Potenziale, Neukirchen-Vluyn, 23–41.

Schüssler Fiorenza, Elisabeth (2014), Between Movement and Academy: Feminist Biblical Studies in the Twentieth Century, in: Dies. (Hg.), Feminist Biblical Studies in the 20th Century. Scholarship and Movement, Atlanta (The Bible and Women, 9.1), 1–17.

Seybold, Klaus (2006), Poetik der erzählenden Literatur im Alten Testament, Stuttgart (Poetologische Studien zum Alten Testament, 2).

Siebert-Hommes, Jopie (2010), Die Retterinnen des Retters Israels. Zwölf ›Töchter‹ in Ex 1 und 2, in: Irmtraud Fischer u.a. (Hg.), Tora, Stuttgart (Die Bibel und die Frauen, 1,1), 276–291.

Sielert, Uwe u.a. (2009), Kompetenztraining »Pädagogik der Vielfalt«. Grundlagen und Praxismaterialien zu Differenzverhältnissen, Selbstreflexion und Anerkennung, 1. Aufl. Weinheim (Pädagogisches Training).

Silbereisen, Rainer K. (1998), Soziale Kognition – Entwicklung von sozialem Wissen und Verstehen, in: Rolf Oerter / Leo Montada (Hg.), Entwicklungspsychologie, 4. Aufl. Weinheim, 823–861.

SINUS Markt- und Sozialforschung GmbH (2013), MDG - Milieuhandbuch 2013. Religiöse und kirchliche Orientierungen in den Sinus-Milieus. Im Auftrag der MDG Medien-Dienstleistung GmbH. MDG Medien-Dienstleistung GmbH (Hg.). URL: http://www.ruhr-uni-bochum.de/pastoral/mam/images/auszug_sinus-studie_2013.pdf, abgerufen am 14.11.2014.

Sliwka, Anne (2004), Räume und Formen demokratischen Sprechens in der Schule: Kooperatives Lernen – Deliberation im Klassenrat – Deliberationsforum, in: Annedore Prengel u.a. (Hg.), Demokratische Perspektiven in der Pädagogik. Annedore Prengel zum 60. Geburtstag, 1. Aufl. Wiesbaden, 127–141.

Sodian, Beate (2007), Entwicklung der Theory of Mind in der Kindheit, in: Hans Förstl (Hg.), Theory of Mind. Neurobiologie und Psychologie sozialen Verhaltens, Heidelberg, 43–56.

Soiland, Tove (2012), Die Verhältnisse gingen und die Kategorien kamen Intersectionality oder Vom Unbehagen an der amerikanischen Theorie. URL: http://portal-intersektionalitaet.de/theoriebildung/diskussionspapiere/diskussionspapier-soiland/, abgerufen am 02.06.2015.

Sommer, Roy (2000), Fremdverstehen durch Literaturunterricht. Prämissen und Perspektiven einer narratologisch orientierten interkulturellen Didaktik, in: Lothar Bredella / Herbert Christ (Hg.), Fremdverstehen zwischen Theorie und Praxis. Arbeiten aus dem Graduierten-Kolleg»Didaktik des Fremdverstehens«, Tübingen (Giessener Beiträge zur Fremdsprachendidaktik), 18–42.

Southwood, Katherine (2011), Die ›heilige Nachkommenschaft‹ und die ›fremden Frauen‹. ›Mischehen‹ als inner-jüdische Angelegenheit, in: Johanna Rahner / Mirjam Schambeck (Hg.), Zwischen Integration und Ausgrenzung. Migration, religiöse Identität(en) und Bildung – theologisch reflektiert, Berlin / Münster (Bamberger Theologisches Forum, 13), 61–82.

Sölle, Dorothee (1979), Der Mensch zwischen Geist und Materie. Warum und in welchem Sinne muss die Theologie materialistisch sein? in: Willy Schottroff / Wolfgang Stegemann (Hg.), Der Gott der kleinen Leute. Sozialgeschichtliche Bibelauslegungen. Band 2: Neues Testament, München, 15–36.

Surkamp, Carola (2003), Die Perspektivenstruktur narrativer Texte. Zu ihrer Theorie und Geschichte im englischen Roman zwischen Viktorianismus und Moderne, Trier (Studien zur Englischen Literatur- und Kulturwissenschaft, 9).

Sparks, Kenton L. (2010), Genre Criticism, in: Thomas B. Dozeman (Hg.), Methods for Exodus, Cambridge / New York, 55–94.

Spieckermann, Hermann (2004), Gottes Liebe zu Israel. Studien zur Theologie des Alten Testaments. Unveränd. Studienausg, Tübingen (Forschungen zum Alten Testament, 33).

Spiering, Nele (2014), »Da fürchtete Ägypten sich vor Israel« (Ex 1,12). Exegetische Perspektiven auf Diversität am Beispiel von Ex 1,1–22, in: Silke Förschler u.a. (Hg.), Verorten – Verhandeln – Verkörpern. Interdisziplinäre Analysen zu Raum und Geschlecht, Bielefeld (Dynamiken von Raum und Geschlecht, 1), 275–305.

Spiering, Nele (2015), (K)Ein Haus für alle? Verflechtungen von Raum und Gewalt am Beispiel der Erzählung von Josef und Potifars Frau, in: Sonja Lehmann u.a. (Hg.), Neue Muster, alte Maschen? Interdisziplinäre Perspektiven auf die Verschränkungen von Geschlecht und Raum, Bielefeld (Dynamiken von Raum und Geschlecht, 2), 277–297.

Spiering-Schomborg, Nele (2017), Manifestationen von Ungleichheit. Exegetische und bibeldidaktische Perspektiven zur Hagar-Erzählung im Horizont von Intersektionalität und Vielfalt, in: Thorsten Knauth / Maren Alice Joachimsen (Hg.), Einschließungen und Ausgrenzungen. Zur Intersektionalität von Religion, Geschlecht und sozialem Status für religiöse Bildung, New York / Münster, 61–78.

Spinner, Kaspar H. (1999), Produktive Verfahren im Literaturunterricht, in: Ders. (Hg.), Neue Wege im Literaturunterricht. Informationen, Hintergründe, Arbeitsanregungen, Hannover (Perspektiven), 33–41. URL: http://www.germanistik.uni-wuerzburg.de/fileadmin/05010600/Materialien/Hochholzer/LesenSS07/Spinner_Neue_Wege_im_Literaturunterricht.pdf, abgerufen am 03.12.2014.

Standhartinger, Angela (2015), Sohn Gottes und Jungfrau zugleich. Die Josefsgestalt in »Josef und Aseneth«, in: Bibel und Kirche (1), 19–23.

Stanzel, Franz K. (1955), Die typischen Erzählsituationen im Roman. Dargestellt an ›Tom Jones‹, ›Moby Dick‹, ›The Ambassadors‹, ›Ulysses‹ u.a., Wien / Stuttgart.

Stark, Tobias (2010a), Zur Interaktion von Wissensaktivierung, Textverstehens- und Bewertungsprozessen beim literarischen Lesen – Erste Ergebnisse einer qualitativen empirischen

Untersuchung, in: Iris Winkler u.a. (Hg.), Poetisches Verstehen. Literaturdidaktische Positionen – empirische Forschung – Projekte aus dem Deutschunterricht, Baltmannsweiler, 114–131.

Stark, Tobias (2010b), Lautes Denken in der Leseprozessforschung. Kritischer Bericht über eine Erhebungsmethode, in: Didaktik Deutsch 16 (29), 58–83.

Staub, Martial (2008), Im Exil der Geschichte, in: Zeitschrift für Ideengeschichte (II/1), 5–23.

Staubli, Thomas (2008), Geschlechtertrennung und Männersphären im Alten Israel. Archäologische und exegetische Beobachtungen zu einem vernachlässigten Thema, in: Bibel und Kirche (3), 166–174.

Steen, Gerard J. (1994), Lautes Denken zwischen Validität und Reliabilität, in: Achim Barsch u.a. (Hg.), Empirische Literaturwissenschaft in der Diskussion, 1. Aufl. Frankfurt am Main, 297–305.

Steinberg, Naomi (2010), Feminist Criticism, in: Thomas B. Dozeman (Hg.), Methods for Exodus, Cambridge / New York, 163–192.

Steins, Georg (1994), »Fremde sind wir …«. Zur Wahrnehmung des Fremdseins und zur Sorge für die Fremden in alttestamentlicher Perspektive, in: Jahrbuch für Christliche Sozialwissenschaften (35), 133–150.

Steins, Georg (2006), Kanonisch lesen, in: Helmut Utzschneider / Erhard Blum (Hg.), Lesarten der Bibel. Untersuchungen zu einer Theorie der Exegese des Alten Testaments, Stuttgart, 45–64.

Sternberg, Meir (1985), The Poetics of Biblical Narrative. Ideological Literature and the Drama of Reading, Bloomington.

Stettberger, Herbert (2012), Empathische Bibeldidaktik. Eine interdisziplinäre Studie zum perspektivinduzierten Lernen mit und von der Bibel, Berlin / Münster (Bibel – Schule – Leben, 9).

Stichweh, Rudolf (2005), Inklusion und Exklusion. Studien zur Gesellschaftstheorie, Bielefeld.

Stiebritz, Andrea (2009), Figuren und Figurenwelten. Eine Untersuchung zum Erzählwerk von Jane Austen und Charles Dickens, Trier (Jenaer Studien zur Anglistik und Amerikanistik, 13).

Stone, Ken (1996), Sex, Honor, and Power in the Deuteronomistic History, Sheffield (Journal for the study of the Old Testament: Supplement Series, 234).

Straub, Jürgen (1998), Personale und kollektive Identität. Zur Analyse eines theoretischen Begriffs, in: Aleida Assmann / Heidrun Friese (Hg.), Identitäten. Erinnerung, Geschichte, Identität (3), Frankfurt am Main, 73–104.

Strauss, Anselm L. / Corbin, Juliet M. (1996), Grounded Theory: Grundlagen qualitativer Sozialforschung, Weinheim.

Strauss, Anselm L. (1998), Grundlagen qualitativer Sozialforschung. Datenanalyse und Theoriebildung in der empirischen soziologischen Forschung, 2. Aufl. München (UTB, 1776).

Strube, Sonja Angelika (2009), Bibelverständnis zwischen Alltag und Wissenschaft. Eine empirisch-exegetische Studie auf der Basis von Joh 11,1–46, Berlin (Tübinger Perspektiven zur Pastoraltheologie und Religionspädagogik, 34).

Strübing, Jörg (2008), Grounded Theory. Zur sozialtheoretischen und epistemologischen Fundierung des Verfahrens der empirisch begründeten Theoriebildung, 2. Aufl. Wiesbaden (Qualitative Sozialforschung, 15).

Sturm-Trigonakis, Elke (2007), Global playing in der Literatur: Ein Versuch über die Neue Weltliteratur.

Sutter Rehmann, Luzia (1995), Geh, frage die Gebärerin. Feministisch-befreiungstheologische Untersuchungen zum Gebärmotiv in der Apokalyptik, Gütersloh.

Synek, Eva M. (2003), Pluralität innerhalb der Religionen, in: Johann Figl (Hg.), Handbuch Religionswissenschaft. Religionen und ihre zentralen Themen, Innsbruck / Göttingen, 734–757.

Talabardon, Susanne (2011), Das Sklavenrecht in der hebräischen Bibel und seine Interpretation bis zum Hochmittelalter, in: Joachim Kügler u.a. (Hg.), Bibel und Praxis. Beiträge des

Internationalen Bibel-Symposiums 2009 in Bamberg, 1. Aufl. Münster (Kulturwissenschaftliche Religionsstudien), 189–221.

Tautz, Monika (2007), Interreligiöses Lernen im Religionsunterricht. Menschen und Ethos im Islam und Christentum, Stuttgart (Praktische Theologie heute, 90).

Theis, Joachim (2005), Biblische Texte verstehen lernen. Eine bibeldidaktische Studie mit einer empirischen Untersuchung zum Gleichnis vom barmherzigen Samariter, Stuttgart (Praktische Theologie heute, 64).

Theißen, Gerd (2001), Die Religion der ersten Christen: Eine Theorie des Urchristentums. 2., durchges. Aufl. Gütersloh.

Theißen, Gerd (2003), Zur Bibel motivieren. Aufgaben, Inhalte und Methoden einer offenen Bibeldidaktik, Gütersloh.

Thöne, Yvonne Sophie (2012), Liebe zwischen Stadt und Feld: Raum und Geschlecht im Hohelied, Münster / Berlin (Exegese in unserer Zeit, 22).

Trible, Phyllis (1984), Texts of terror. Literary-Feminist Readings of Biblical Narratives, Philadelphia (Overtures to Biblical Theology, 13).

Trible, Phyllis (1987), Mein Gott, warum hast du mich vergessen! Frauenschicksale im Alten Testament, Gütersloh (Gütersloher Taschenbücher und Siebenstern, 491).

Troi-Boeck, Nadja (2013), Konflikt und soziale Identität. Soziale Werte, Exklusion und Inklusion in einer heutigen Kirchengemeinde und im Matthäusevangelium, Stuttgart.

Tsianos, Vassilis / Pieper, Marianne (2011), Postliberale Assemblagen. Rassismus in Zeiten der Gleichheit, in: Sebastian Friedrich (Hg.), Rassismus in der Leistungsgesellschaft. Analysen und kritische Perspektiven zu den rassistischen Normalisierungsprozessen der »Sarrazindebatte«, 1. Aufl. Münster, 114–132.

Uehlinger, Christoph (2004), Koexistenz und Abgrenzung in der alttestamentlichen Diasporaliteratur, in: Joachim Kügler (Hg.), Impuls oder Hindernis? Mit dem Alten Testament in multireligiöser Gesellschaft; Beiträge des Internationalen Bibel-Symposions Bayreuth, 27.–29. September 2002, Münster, 87–106.

UNESCO (1950), Statement on racc. Paris, 18 July 1950. URL: http://unesdoc.unesco.org/images/0012/001229/122962eo.pdf, abgerufen am 04.06.2015.

Utzschneider, Helmut / Ark Nitsche, Stefan (2008), Arbeitsbuch literaturwissenschaftliche Bibelauslegung. Eine Methodenlehre zur Exegese des Alten Testaments, 3. Aufl. Gütersloh.

Utzschneider, Helmut / Oswald, Wolfgang (2013), Exodus 1–15, Stuttgart (Internationaler Exegetischer Kommentar zum Alten Testament).

van Dijk, Teun A. / Kintsch, Walter (1983), Strategies of Discourse Comprehesion, New York.

Vette, Joachim (2005), Samuel und Saul. Ein Beitrag zur narrativen Poetik des Samuelbuches, Münster (Beiträge zum Verstehen der Bibel, 13).

Voss, Cornelia (1999), Textgestaltung und Verfahren der Emotionalisierung in der BILD-Zeitung, Frankfurt am Main / New York (Münchener Studien zur literarischen Kultur in Deutschland, 31).

Wacker, Marie-Theres / Rieger-Goertz, Stefanie (2006), Vorwort, in: Dies. (Hg.), Mannsbilder. Kritische Männerforschung und theologische Frauenforschung im Gespräch, Berlin (Theologische Frauenforschung in Europa, 21), 11–19.

Wahl, Klaus / Wahl, Melina Rhea (2013), Biotische, psychische und soziale Bedingungen für Aggression und Gewalt, in: Birgit Enzmann (Hg.), Handbuch Politische Gewalt. Formen – Ursachen – Legitimation – Begrenzung, Wiesbaden, 15–42.

Waldenfels, Bernhard, Topographie des Fremden. URL: http://www.merzbach.de/VoortrekkingUtopia/Datos/texto/Waldenfels_Topographie.pdf, abgerufen am 17.04.2015.

Walgenbach, Katharina (2007), Gender als interdependente Kategorie, in: Dies. u.a. (Hg.), Gender als interdependente Kategorie. Neue Perspektiven auf Intersektionalität, Diversität und Heterogenität, Opladen, 23–64.

Walgenbach, Katharina (2012), Intersektionalität – eine Einführung. URL: www.portal-inter-sektionalität.de, abgerufen am 29.05.2015.

Wallis, Gerhard (1993), Art. sadäh/saday, in: Theologisches Wörterbuch zum Alten Testament, 7. Aufl. Stuttgart, 709–718.

Weber, Max (1976), Wirtschaft und Gesellschaft: Grundriss der verstehenden Soziologie, 5. rev. Aufl., Studienausg, Tübingen.

Weinert, Franz E. (2001), Vergleichende Leistungsmessung in Schulen – Eine umstrittene Selbstverständlichkeit, in: Ders. (Hg.), Leistungsmessungen in Schulen, Weinheim / Basel, 17–31.

Welke-Holtmann, Sigrun (2006), Das Konzept von primärer und sekundärer Religion in der alttestamentlichen Wissenschaft – eine Bestandsaufnahme, in: Andreas Wagner (Hg.), Primäre und sekundäre Religion als Kategorie der Religionsgeschichte des Alten Testaments, Berlin / New York: (Beihefte zur Zeitschrift für die alttestamentliche Wissenschaft, 364), 45–55.

Welsch, Wolfgang (2000), Transkulturalität. Zwischen Globalisierung und Partikularisierung, in: Alois Wierlacher u.a. (Hg.), Jahrbuch Deutsch als Fremdsprache, München (Intercultural German Studies, 26), 327–351.

Wenning, Norbert (2007), Heterogenität in Schule und Unterricht. Handlungsansätze zum pädagogischen Umgang mit Vielfalt, in: Sebastian Boller u.a. (Hg.), Heterogenität in Schule und Unterricht. Handlungsansätze zum pädagogischen Umgang mit Vielfalt, 1. Aufl. Weinheim, 21–31.

West, Candace / Zimmerman Don H. (1991), Doing Gender, in: Judith Lorber / Susan A. Farrell (Hg.), The Social Construction of Gender, Newbury Park u.a., 13–27.

West, Candace / Fenstermaker, Sarah (1995), Doing Difference, in: Gender & Society 9 (1), 8–37. URL: http://www.csun.edu/~snk1966/Doing%20Difference.pdf, abgerufen am 05.07.2015.

Wetterer, Angelika (2010), Konstruktion von Geschlecht: Reproduktionsweisen der Zweigeschlechtlichkeit, in: Ruth Becker / Beate Kortendiek (Hg.), Handbuch Frauen– und Geschlechterforschung. Theorie, Methoden, Empirie, 3. Aufl. Wiesbaden, 126–136.

White, Hayden (1990), Die Bedeutung der Form: Erzählstrukturen in der Geschichtsschreibung, Frankfurt am Main.

Willems, Joachim (2011), Interreligiöse Kompetenz. Theoretische Grundlagen, Konzeptualisierungen, Unterrichtsmethoden, 1. Aufl. Wiesbaden.

Willenberg, Heiner (2007), Kompetenzhandbuch für den Deutschunterricht. Auf der empirischen Basis des DESI-Projekts, Baltmannsweiler.

Williams, Delores (1995), Sisters in the Wilderness: The Challenge of Womanist God-Talk, Maryknoll.

Windelband, Wilhelm (1910), Über Gleichheit und Identität, Heidelberg.

Windisch, Monika (2014), Behinderung – Geschlecht – Soziale Ungleichheit. Intersektionelle Perspektiven, 1. Aufl. Bielefeld (Gesellschaft der Unterschiede, 17).

Winker, Gabriele / Degele, Nina (2007), Feministische Theorien. Intersektionalität als Mehrebenenanalyse. URL: http://www.feministisches-institut.de/intersektionalitaet/, abgerufen am 02.06.2015.

Winker, Gabriele / Degele, Nina (2010), Intersektionalität. Zur Analyse sozialer Ungleichheiten, 2. Aufl. Bielefeld.

Winslow, Karen S. (2011), Mixed Marriage in Torah Narratives, in: Christian Frevel (Hg.), Mixed Marriages. Intermarriage and Group Identity in the Second Temple Period, New York, 132–149.

Wintersteiner, Werner (2006), Transkulturelle literarische Bildung. Die »Poetik der Verschiedenheit« in der literaturdidaktischen Praxis, Innsbruck.

Wischer, Mariele (2007), Differenzen im Paradies. Aspekte einer geschlechtergerechten Bibeldidaktik in Theorie und Praxis, in: Christoph Bizer u.a. (Hg.), Bibel und Bibeldidaktik, Neukirchen-Vluyn (Jahrbuch der Religionspädagogik, 23), 146–155.

Wischer, Mariele (2009), Lebens-Texte – genderreflektiert. Befreiende Bibeldidaktik für Kinder und Jugendliche, in: Annebelle Pithan u.a. (Hg.), Gender, Religion, Bildung. Beiträge zu einer Religionspädagogik der Vielfalt, 1. Aufl. Gütersloh, 273–286.

Wolf, Volkrad (1997), Das Bemühen des Lesers um Bedeutung. Eine Lesetheorie, problematisiert an didaktischen Beispielen, Münster / New York.

Wollrad, Eske (1999), Wildniserfahrung. Womanistische Herausforderung und eine Antwort aus Weißer feministischer Perspektive, Gütersloh.

Wollrad, Eske (2005), Weißsein im Widerspruch. Feministische Perspektiven auf Rassismus, Kultur und Religion, Königstein im Taunus.

Wöhrle, Jakob (2012), Fremdlinge im eigenen Land. Zur Entstehung und Intention der priesterlichen Passagen der Vätergeschichte, Göttingen (Forschungen zur Religion und Literatur des Alten und Neuen Testaments, 246).

Wöhrle, Jakob (2014), Frieden durch Trennung. Die priesterliche Darstellung des Exodus und die persische Reichsideologie, in: Reinhard Achenbach u.a. (Hg.), Wege der Freiheit. Zur Entstehung und Theologie des Exodusbuches: Die Beiträge eines Symposions zum 70. Geburtstag von Rainer Albertz, Zürich (Abhandlungen zur Theologie des Alten und Neuen Testaments, 104), 87–111.

Wuckelt, Agnes (1994), »Lot und die Salzstange«. Lebenswelten Jugendlicher und die Bibel, in: Hubert Frankemölle (Hg.), Die Bibel. Das bekannte Buch – das fremde Buch, Paderborn, 173–183.

Wulff, Hans J. (2003), Empathie als Dimension des Filmverstehens. Ein Thesenpapier, in: montage AV. Zeitschrift für Theorie und Geschichte audiovisueller Kommunikation 12 (1), 136–161.

Würzbach, Natascha (2001), Erzählter Raum. Fiktionaler Baustein, kultureller Sinnträger, Ausdruck der Geschlechterordnung, in: Wilhelm Füger / Jörg Helbig (Hg.), Erzählen und Erzähltheorie im 20. Jahrhundert. Festschrift für Wilhelm Füger, Heidelberg (Anglistische Forschungen, 294), 105–129.

Würzbach, Natascha (2004), Raumdarstellung, in: Vera Nünning u.a. (Hg.), Erzähltextanalyse und Gender Studies, Stuttgart (Sammlung Metzler, 344), 49–71.

Yee, Gale A. (2010), Postcolonial Biblical Criticism, in: Thomas B. Dozeman (Hg.), Methods for Exodus. Cambridge / New York, 193–234.

Yuval-Davis, Nira (2013), Jenseits der Dichotomie von Anerkennung und Umverteilung: Intersektionalität und soziale Schichtung, in: Helma Lutz u.a. (Hg.), Fokus Intersektionalität. Bewegungen und Verortungen eines vielschichtigen Konzeptes, 2. Aufl. Wiesbaden (Geschlecht & Gesellschaft, 47), 203–221.

Zehnder, Markus (2005), Umgang mit Fremden in Israel und Assyrien. Ein Beitrag zur Anthropologie des »Fremden« im Licht antiker Quellen, Stuttgart (Beiträge zur Wissenschaft vom Alten und Neuen Testament, 168).

Zehnder, Markus (2009), Fremder (AT), in: WiBiLex. URL: http://www.bibelwissenschaft.de/wibilex/das-bibellexikon/lexikon/sachwort/anzeigen/details/fremder-at/ch/de7184f87651fe911d8bbce1bd2cfd18/, abgerufen am 19.04.2015.

Zenger, Erich (1987), Das Buch Exodus, 1. Aufl. Düsseldorf (Geistliche Schriftlesung: Erl. zum Alten Testament für d. geistl. Lesung, 7).

Zenger, Erich (2001), Was ist der Preis des Monotheismus? Die heilsame Provokation von Jan Assmann, in: Herder-Korrespondenz (55), 186–191.

Zenger, Erich / Frevel, Christian (2012), Einleitung in das Alte Testament, 8. Aufl. Stuttgart.

Zerweck, Bruno (2002), Der cognitive turn in der Erzähltheorie: Kognitive und ›Natürliche‹ Narratologie, in: Ansgar Nünning (Hg.), Neue Ansätze in der Erzähltheorie, Trier (WVT-Handbücher zum literaturwissenschaftlichen Studium, 4), 219–242.

Zeuske, Michael (2013), Handbuch Geschichte der Sklaverei. Eine Globalgeschichte von den Anfängen bis zur Gegenwart, Berlin / Boston.

Ziebertz, Hans-Georg (2002), Interreligiöses Lernen und die Pluralität des Religionsunterrichts, in: Ulrich Schwab u.a. (Hg.), Entwurf einer pluralitätsfähigen Religionspädagogik,

Gütersloh / Freiburg im Breisgau (Religionspädagogik in pluraler Gesellschaft, 1), 121–143.

Ziebertz, Hans-Georg / Riegel, Ulrich (2008), Letzte Sicherheiten. Eine empirische Studie zu Weltbildern Jugendlicher, 1. Aufl. Gütersloh (Religionspädagogik in pluraler Gesellschaft, 11).

Zillig, Werner (1982), Bewerten. Sprechakttypen der bewertenden Rede, Tübingen (Linguistische Arbeiten, 115).

Zimmermann, Mirjam / Zimmermann, Ruben (2013), Vorwort. In Dies. (Hg.), Handbuch Bibeldidaktik, Tübingen (UTB, 3996), VII–VIII.

Zimmermann, Mirjam / Zimmermann, Ruben (2013), Bibeldidaktik – eine Hinführung und Leseanleitung, in: Dies. (Hg.), Handbuch Bibeldidaktik, Tübingen (UTB, 3996), 1–21.

Zimmermann, Peter (2006), Grundwissen Sozialisation. Einführung zur Sozialisation im Kindes- und Jugendalter, 3. Aufl. Wiesbaden.

Zierau, Cornelia (2009), Wenn Wörter auf Wanderschaft gehen … Aspekte kultureller, nationaler und geschlechtsspezifischer Differenzen in deutschsprachiger Migrationsliteratur, Tübingen (Stauffenburg Discussion, 27).

3 Abbildungsverzeichnis